Karl Schwarz

Zur Geschichte der neuesten Theologie

Karl Schwarz

Zur Geschichte der neuesten Theologie

ISBN/EAN: 9783743309388

Hergestellt in Europa, USA, Kanada, Australien, Japan

Cover: Foto ©Lupo / pixelio.de

Manufactured and distributed by brebook publishing software
(www.brebook.com)

Karl Schwarz

Zur Geschichte der neuesten Theologie

Inhalt.

Drittes Buch.
Der philosophisch-dogmatische Proceß.

Erstes Buch.

—◆—

Einleitung.

Die Voraussetzungen des kritischen Processes.

———

Erstes Kapitel.

Die moderne Theologie. Hegel, Schleiermacher, Neander, De Wette.

Wo beginnt die Geschichte der neuesten Theologie? Die Beantwortung dieser Frage ist weniger schwierig, als sie auf den ersten Augenblick erscheinen mag. Denn es läßt sich mit großer Bestimmtheit, bis auf die Jahreszahl, der Anfangspunkt bezeichnen, von dem die neueste theologische Entwickelung, in der wir selbst noch mitteninne stehen, ausgeht.

Es ist das Jahr 1835, es ist das Erscheinen des „Lebens Jesu" von Strauß, das Datum, welches wir an die Spitze stellen.

Wir meinen keineswegs, daß das genannte Werk ein epochemachendes sei, in dem Sinne, daß von ihm ein schöpferisch belebender Gedanke ausgegangen, in ihm eine neue Grundlegung der Theologie gegeben sei. Im Gegentheil. Seine positive Kraft ist unendlich gering, desto größer dagegen seine erschütternde und zerstörende Wirkung gewesen. Dasselbe bezeichnet nicht sowol eine Epoche, als eine Krise, nicht sowol einen Anfangs= als einen Schlußpunkt. Mit ihm beginnt eine völlige Zersetzung, eine Scheidung des bis dahin Zusammengehörenden, eine Zerstörung unendlich vieler Illusionen, eine

1*

Aufhebung vieler Halbheiten und Unklarheiten. Und auf dem Grunde dieser Zersetzung treten ganz neue Parteibildungen hervor, spitzen sich die Gegensätze schärfer und feindlicher zu, werden neue und tiefere Vermittelungen gesucht. Das Jahr 1835 hat für die Theologie eine ähnliche Bedeutung wie das Jahr 1848 für das Staatsleben. Die politische Revolution ist, wie dies bei uns Deutschen wol erklärlich, in der Wissen= schaft, in der Philosophie und Theologie, schon in den dreißi= ger Jahren anticipirt, nur mit dem Unterschiede, daß unsere wissenschaftliche Revolution viel tiefer begründet, viel allseitiger verbreitet, viel energischer ins Bewußtsein gedrungen und damit viel gründlicher überwunden ist als die politische. Das kommt daher, weil die virtuose Kraft des deutschen Volks in der Wissenschaft liegt, während es in der Politik, wenigstens in den letzten Jahrhunderten, nicht über das äußerste Unvermögen hinausgekommen ist.

Wenn wir von der Krise des Jahres 1835 den Aus= gangspunkt nehmen, ist vor allem nöthig, die Bedeutung, d. i. die historische Nothwendigkeit derselben zu verstehen; wir müssen den Zustand der Theologie ins Auge fassen, der diesen Auflösungen voranging und eine Neubildung möglich machte. Der alte Gegensatz des Rationalismus und Supranaturalis= mus, der noch vom vorigen Jahrhundert her sich bis in die ersten Decennien des 19. hineinzog, war überwunden. Diese beiden Richtungen, beide gleich einseitig und oberflächlich, beide auf dem gemeinsamen Boden des Dualismus, einer äußer= lichen, mechanischen Weltanschauung, erwachsen, waren durch einen tiefern Geistesdrang, durch ein neuerwachtes religiöses Gemüthsleben, wie durch eine neue Vertiefung des specula= tiven und historischen Sinnes überwunden. Nicht etwa, daß der Supranaturalismus selbst diesen Sieg erkämpft. Er hatte sich vielmehr nur ebenso nüchtern und äußerlich, ebenso geistig unfruchtbar, ebenso verständig=doctrinär erwiesen wie sein Gegner. Er hatte ebenso sehr wie der Rationalismus zu seiner Voraussetzung eine dualistische Trennung von Gott und Welt, welche wahrlich dadurch nicht besser gemacht wurde, daß dann und wann außerordentliche Eingriffe in die Welt, die sogenannten Wunder, statuirt wurden. Durch diese Wunder, dies ausnahmsweise Eingreifen Gottes in die Welt, dies isolirte, zusammenhangslose Wirken, wurde ja sein me= chanisches Verhältniß zu ihr nicht aufgehoben, vielmehr als das gewöhnliche und ordnungsmäßige bestätigt. Ueberhaupt hatten sich beide Richtungen bis zur Ununterscheidbarkeit mit= einander verfitzt. Aus ihrer Vermischung waren eine Menge von Afterbildungen, von unreinen Gestalten hervorgegangen. Die Verwirrung in allen diesen Unterscheidungen des ratio= nalen Supranaturalismus und des supranaturalen Rationa= lismus, des nur formellen und des materiellen Vernunftge= brauchs, des supra und contra naturam u. s. w. hatte ihren Höhepunkt erreicht, niemand wußte mehr, in welche Klasse er sich selbst, noch weniger, in welche er andere setzen solle.

Der gemeinsame Charakter dieser ganzen Theologie war der der Haltungslosigkeit und Zusammenhangslosigkeit. Das alte orthodoxe System war an allen Punkten durchbrochen und aus seinen sichern Fugen gerückt, an seine Stelle kein neues getreten. Die ethisch=praktischen Grundlagen desselben, die Lehren von der Sünde und Gnade, waren verlassen oder doch beiseitegestellt, dagegen die Prolegomena der Dogmatik, die formalen Fragen über Offenbarung und Inspiration, über den Wunder= und Weissagungsbeweis in den Vordergrund ge= treten. Aber auch hier überall Unsicherheit und Halbheit, ein kleinliches Feilschen um ein bischen mehr Vernunft und Offen=

barung, um diese oder jene Wunder; ein feiges Sich=Abwen=
den von den alten Dogmen, ohne offene und scharfe Kritik,
ein äußerliches, rein gelehrtes Sichbeschäftigen mit der Hei=
ligen Schrift, welches man „biblische Theologie“, „biblischen
Supranaturalismus“ nannte, ohne Glaubenskraft und ohne
Gedankeninhalt, — dabei viel Moral und viel gesunder Men=
schenverstand, aber beides in der schlaffsten und ordinärsten
Gestalt. Das ist das Bild jener aufgelösten und charakterlosen
Uebergangstheologie, welche die zweite Hälfte des 18. Jahr=
hunderts erfüllt und in der Mitte steht zwischen der alten,
orthodoxen und der modernen Theologie. Es fehlt ihr ebenso
sehr an rechtem Glauben wie an rechter Vernunft. Es fehlt
ihr an eindringendem Geschichtssinn, wie an zusammenhän=
gender Gedankenentwickelung. Alles ist äußerlich und dem
Bewußtsein entfremdet. Die Theologen gleichen Buchhal=
tern, welche Rechnung führen über ihnen selbst nicht gehörende
Posten, Alterthümlern, die ein rein gelehrtes Interesse neh=
men an den anvertrauten Schätzen; oder sie sind Vernünft=
ler, deren Vernunft die Vergangenheit nur zu meistern, nicht
zu verstehen vermag, die sich nur in dem engen Kreise der
neuesten Gegenwart und ihrer Vernunftconstructionen bewegen.
Die Geschichte ist zu einem äußerlichen Kram, die Vernunft
zu einem platten sensus communis herabgesunken. Die schär=
fern und mehr negativen Formen dieser Uebergangstheologie,
welche unter den Namen: Aufklärung, Popular=Philosophie,
Philanthropie, Rationalismus und Naturalismus bekannt sind,
haben das Verdienst, daß sie ein gut Theil des alten dogma=
tischen Schuttes wirklich hinweggeräumt, daß sie die Moral
in den Mittelpunkt gestellt, daß sie die menschliche Seite
des Christenthums schärfer ins Auge gefaßt, daß sie den hi=
storischen Pragmatismus in seinen Entwickelungen vor=

zugsweise betont haben. Und in ihren Negationen, in den Instincten ihrer Abwendung haben diese Aufklärer und Rationalisten fast überall recht. Aber desto dürftiger und roher sind sie in ihren Positionen. Hier zeigt sich die ganze Schlaffheit und Idealitätslosigkeit jener Zeit. Da der Geist sich von den übernatürlichen Jenseitigkeiten, von all den Wunder- und Gnadenerweisungen abgewandt, ergreift er mit um so stürmischerer Hast die ihm vor den Füßen liegende wirkliche Welt. Da er die Ueberlieferungen einer heiligen Vergangenheit von sich gestoßen, kehrt er ein in die Gegenwart, um der Stimme der Vernunft zu lauschen und ihren Forderungen allein zu gehorchen.

Aber — welch eine Welt elendester Gemeinheit und plattester Spießbürgerlichkeit breitet sich nun aus! Welch eine Moral, die nun die Stelle der Religion vertreten soll! Eine Moral der gemeinen Nützlichkeit und Zweckmäßigkeit, des versteckten Egoismus und Eudämonismus! Welch eine Philanthropie! Ein Verhätscheln der lieben Natur in allen ihren Schwächen und Unarten, ohne Zucht und Gesetz, ohne Vertiefung und Erhebung des Geistes! Und welch ein geschichtlicher Pragmatismus an Stelle der Wunder und Offenbarungsacte! Ein Pragmatismus der kleinen, persönlichen Motive, an denen die großen Entscheidungen der Weltgeschichte hängen, ein Hintergrund von gemeinen Künsten, von Staatsintriguen und Priesterbetrug, durch welche Religionen gestiftet und erhalten werden. In diesem Sinne wurde die Kirchen- und Dogmengeschichte zu einer Sammlung unserer Vernunft unerklärlicher Irrthümer, zu einer Geschichte der menschlichen Thorheit. In diesem Sinne ist nicht allein das Werk des Moses, auch die Geschichte Christi, der „Plan" seines Lebens durch die Betrugs-Hypothese beschmuzt. — Die Fragmente des Reimarus sprechen am stärksten und unverhohlensten die Stimmung jener Zeit, gegenüber den völlig unverständlich und ungenießbar gewordenen Uebernatürlichkeiten der Schrift aus.

So ist denn der Charakter dieser ganzen Aufklärerei der, daß die Uebernatürlichkeit und Unnatürlichkeit des alten dogmatischen Christenthums, welche wie ein unerträglicher Alp auf dem Bewußtsein lagerte, abgewälzt wurde, um an ihre Stelle die gemeine Natürlichkeit zu setzen. So kommt also das ewig wahre Princip des Rationalismus: die Suprematie der Vernunft, hier nur in den gemeinsten und geistlosesten Formen zur Erscheinung. Denn diese Vernunft ist in Wahrheit nur der platteste Verstand, der seine Grenze hat sowol an dem speculativen Erkennen als an dem unmittelbaren Gefühl; dieses Wissen ist keine zusammenhängende, mit innerer Nothwendigkeit sich entwickelnde Wissenschaft, sondern nur gedankenloser, als eine neue Autorität auftretender bon sens; diese historisch=kritische Gelehrsamkeit ist nur ein äußerlicher Apparat, ohne wahrhafte Vertiefung in die Vergangenheit, ohne Geschmack und Sinn für den religiösen wie den poetischen Kern der kanonischen Schriften. Also nicht zu groß ist die Herrschaft der Vernunft in diesem Rationalismus, sondern allzu gering! Sie soll herrschen ganz und unbeschränkt, aber nur dann, wenn sie das ist, was sie sein soll. Nur dann, wenn sie die Wahrheit der Offenbarung, das ist die unmittelbaren und schöpferischen Kräfte des Geistes, in sich trägt. Nur dann, wenn sie nicht allein theoretische, sondern auch praktische Vernunft ist. Wenn sie, mit Einem Wort, das ganze Geistesleben, in allen seinen Höhen und Tiefen, zusammenfaßt. So ist denn der alte Rationalismus, mit seiner Verherrlichung des nüchternen Verstandes, nicht etwa zu auflösend und destructiv, nein! nur zu platt und or-

tinär! Es fehlt ihm an religiösem Sinn, an speculativem
Sinn und an Geschichtssinn. Das Bedeutendste, was der Ra=
tionalismus des 18. Jahrhunderts geleistet hat, sind seine hi=
storisch=kritischen Forschungen, die durch Semler und Eich=
horn eingeleitete Kritik des Kanon, die durch Planck, Stäud=
lin, Spittler und andere geförderte Behandlung der Kirchen=
und Dogmengeschichte. Aber auch diesen Arbeiten haftet die
Einseitigkeit der ganzen Zeit an! Die durchaus subjective Art
der Behandlung, der Mangel an Vertiefung in die Vorstel=
lungen und Sitten der Vergangenheit, in die objective Ver=
nunft der Geschichte! Erst durch Lessing und Herder ist
der Uebergang gemacht aus der subjectiven Vernunft in die
geschichtliche, wie durch Kant aus der endlichen Moral in die
absolute. Und namentlich die beiden: Lessing und Kant,
stehen auf der Grenzscheide zwischen dem Rationa=
lismus der alten Zeit und dem Idealismus der
neuen. Lessing, welcher eine wahrhaft geschichtliche Behand=
lung, auch für die kanonischen Schriften, anbahnte dadurch,
daß er die göttliche Offenbarung als eine allmählich fortschrei=
tende, eine Erziehung des Menschengeschlechts er=
kannte; Kant, welcher in der praktischen Vernunft, im Ge=
wissen, den absoluten Punkt fand, von dem aus die ganze
endliche Welt der Erscheinungen beherrscht werden sollte.

Dieser die neu anbrechende Zeit charakterisirende Idealis=
mus kündigt sich schon in den siebziger Jahren des 18. Jahr=
hunderts an in mancherlei Erscheinungen, als eine über die
platte Verständigkeit und die endliche Moral hinausgehende
höhere Geistesoffenbarung. — Schon seit Bodmer und Brei=
tinger, vor allem seit Klopstock, war die conventionelle Ver=
standespoesie durchbrochen, waren die lange niedergehaltenen
Kräfte der Phantasie und des Gemüthslebens entfesselt. In

Stolberg und Jacobi, in Lavater, Hamann und Herder sehen
wir die Propheten des neuen Geisteslebens erstehen, in wel=
chem Poesie, Philosophie und Religion noch aus Einer gemein=
samen Quelle strömen. Charakteristisch diesen Männern allen,
welche wol öfter von den Supranaturalisten zu Hülfe gerufen
und als die Glaubens=Philosophen in Anspruch genommen
werden, ist, daß sie mit den Aeußerlichkeiten des Supranatura=
lismus gar nichts gemein haben, daß das Lavater'sche πάντα
θεῖα ἀνθρωπίνα ihnen allen obenansteht; daß die Offenba=
rung für sie eine ganz andere Bedeutung hat als die engherzig=
theologische und nur die Bezeichnung für das aus den Tiefen
des Gemüthes hervorquellende Geistesleben ist. Dieser ästhe=
tisch=philosophische Idealismus der sogenannten Genia=
litätsmänner wurde fortgebildet durch die Fichte=Schelling'sche
Philosophie und durch das Bündniß, welches sie einging mit
dem poetischen Aufschwunge der Zeit: in der Romantik.
Unendlich vieldeutig inhalt= und beziehungsreich ist dieser
Name, und wir können hier nicht unternehmen, auch nur an=
nähernd die geistige Bedeutung der durch sie benannten Rich=
tung zu erschöpfen. Hier nur so viel: die Romantik bezeichnet
den ungeheuern Umschwung des Geistes, der sich zu Ende des
18. und in den ersten Decennien des 19. Jahrhunderts voll=
zieht und der sich nicht auf Poesie und Philosophie allein
beschränkt, sondern ein Umschwung im gesammten Denken und
Empfinden der Menschheit ist, der von der Poesie und Phi=
losophie ausgeht, aber nur, um von hier aus alle einzelnen
Wissenschaften: die Theologie, die Geschichte, die Politik, die
Jurisprudenz, mit zu ergreifen und zu durchdringen. Das
Charakteristische ist: der schroffe Gegensatz gegen die Prosa des
vergangenen 18. Jahrhunderts, gegen die Aufklärung, gegen
die Nüchternheit und Plattheit des Verstandes, gegen die aus=

schließende Herrschaft der Reflexion, gegen die gemeinbür=
gerliche Moral; der Durchbruch durch die Endlichkeit zum
Unendlichen, das Ergreifen und Sichzueignen des Unendlichen
durch Sinn und Gefühl, durch alle die schöpferischen und
unmittelbaren Kräfte, welche, die Verstandesvermittelungen
überspringend, das Absolute als ein im Menschengeiste ewig
Gegenwärtiges verkünden. Aber, so heilsam und nothwendig
diese ideale Erhebung des Geistes auch war, verfiel doch die
Romantik als Schule und Doctrin nur allzu bald allen den
Einseitigkeiten und Uebertreibungen, zu welchen sie die Schroff=
heit ihres ursprünglichen Gegensatzes hinführte. Sie wurde
zu einem abstracten und phantastischen Idealismus,
welcher alle verständigen Vermittelungen von sich ausschloß
und alle sittlichen Ordnungen überflog, zu einer Unmittel=
barkeitsmanie, welche nur in Gefühlen schwelgen und in
Phantasien spielen wollte; zu einer Poesie des Unendli=
chen, der jede begrenzte Form und Gestalt fehlte und die sich
in die Dämmer=, Traum= und Zauberwelt der Märchen und
Legenden verlor. Mit dieser Abwendung von der
Wirklichkeit, die nicht poetisch gestaltet wurde, sondern als
reine Prosa liegen blieb, hing aufs engste zusammen die
Flucht vor der Gegenwart, vor der verständigen, geord=
neten, lichten Welt der neuen Zeit. Die von allen Fesseln
des Verstandes abgelöste Phantasie floh in das Mittelalter, in
dieser Wunderregion konnte sie ihr zügelloses Spiel am freiesten
entfalten. Und dieses Spiel der Phantasie, diese anfänglich nur
poetische Vorliebe für Mittelalter und Katholicismus, wurde bald
zum prosaischen Ernste, zum geheimen oder öffentlichen Conver=
titenthume. Denn es fand sich bei den Meisten kein Gegenge=
wicht sittlicher, gewissenhafter Ueberzeugung. Das eitle, dilettan=
tische Spiel war der ganze Lebensinhalt, so wurde das Spiel zum

Ernst, der ästhetische Genuß zum praktischen, bigotten Kir=
chenglauben.

Die Romantik hat in ihren Beziehungen zu Religion und
Kirche gar mannichfache Entwickelungsstufen durchlaufen, von
der ersten fast heidnischen Religionsmacherei und neuen My=
thenerfindung durch die Innigkeit der Novalis'schen Mystik
hindurch in die Phantastik hinein und von hier in den
kirchlichen Positivismus.   Das Charakteristische bleibt
aber die Phantasiereligion, welche wieder mit innerer
Nothwendigkeit, weil ihr Verstand und Gewissen fehlt, und
weil ihr Inhalt ein so loser, aus lauter Spiel und Willkür
zusammengewobener ist, durch das Gefühl innerster Unbefrie=
digung und Unsicherheit in einen festen und handgreiflichen
Positivismus umschlägt.   Ueberschauen wir jetzt alle diese
Ausgänge und Caricaturen der Romantik, so mögen wir leicht
geneigt sein, den Umschwung des Bewußtseins, der durch sie
vollzogen, nur gering anzuschlagen.   Und dennoch war er ein
gewaltiger.   Es wurde von der Poesie aus der Weg nach der
Religion gebahnt.   Es wurden die Quellen derselben wieder
aufgegraben.   Es wurde der verdorrte Boden des Verstandes
mit Strömen der Begeisterung getränkt, es wurden alle die
Schranken niedergerissen, welche zwischen der Welt des End=
lichen und des Unendlichen aufgebaut waren.   Die Bessern
und Empfänglichen alle fühlten das Heranziehen einer neuen
Zeit; Männer wie Novalis und Schleiermacher haben dies
Gefühl mit hinreißender Begeisterung verkündet.   Dessenun=
geachtet ist die neue Erweckung des religiösen Lebens keines=
wegs allein auf diese ästhetisch=philosophische Erhebung zurück=
zuführen.   Ja! wir haben hier eigentlich noch gar nicht die
Religion als solche, in ihrem gediegenen Metall, in ihrem
ursprünglichen Lager, sondern nur noch die Religion in der

Poesie, den Berührungspunkt von Religion und Poesie. Es mußte noch ein anderer bedeutsamer Factor hinzutreten, um den theoretischen Idealismus zu einem praktischen zu machen, um die verfliegende ästhetische und philosophische Begeisterung zu einer wahrhaft religiösen zu befestigen, um sie aus den Kreisen der Geistreichen und Gebildeten in die Massen hinüberzuführen, um sie zu einer wirklichen Herzensreligion, zu einer praktischen Lebensangelegenheit, zu einem volksthümlichen Bedürfniß zu gestalten. Dieser wichtige Factor war: die Noth und der Ernst der Zeit. Der Kampf um das Höchste, um Herd, Vaterland und Freiheit. Ein solcher Kampf, in welchem der Mensch alles daransetzt, sein ganzes endliches Selbst freudig in den Tod gibt, ist: Religion. Diese Todesfreudigkeit, diese Zuversicht auf den Sieg, mitten in den Zeiten tiefster Schmach und Erniedrigung ist: Glaube. In diesem Feuer der Begeisterung schmilzt alles Irdische dahin, wird die Seele geöffnet dem Unendlichen, in Hingebung an den göttlichen Willen, in Dank für die wunderbare Errettung.

So kam mit den Freiheitskriegen über das deutsche Volk ein neuer religiöser Geist, eine Tiefe und ein Ernst des sittlichen Lebens, welcher seine Wurzeln in der Religion hat und sich aufs wesentlichste von der flachen und selbstgefälligen Aufklärungsmoral unterschied.

Auf diesen Voraussetzungen ruht die sogenannte moderne Theologie. Sie unterscheidet sich ebenso sehr von der Uebergangstheologie des 18. Jahrhunderts wie von der orthodoxen des 16. und 17. Von dieser durch ihren Inhalt, von jener durch ihre Form. Denn sie strebt wenigstens danach, aus der Zerfallenheit und Zerbröckelung der Vergangenheit heraus den neuen Geist in eine neue Form zu bin-

ben, das religiöse Bewußtsein der Gegenwart in die Einheit
des Systems zu fassen, in seinem innern und nothwendigen
Zusammenhange darzustellen. An der Spitze dieser modernen
Theologie stehen die Namen zweier Männer, die beide aus
der romantischen Gährung hervorgegangen, ohne die Verirrungen derselben zu theilen, die den Verstand wieder aufnahmen in die Speculation, die die Wissenschaft wieder
mit dem Glauben versöhnten, die, so verschiedene Wege sie
auch sonst wandelten, die immanente Einheit, die Durchdringung des Göttlichen und Menschlichen, zur Grundlage ihres
Systems machten.

Wir meinen die Beiden: Hegel und Schleiermacher.
Hegel steht in einem doppelten Gegensatze zu seiner Zeit. Er
hat von der alten Aufklärungsperiode wie von der romantischen Gährung, aus der er hervorging, sich gleicherweise abgewandt. Aber — nicht zu leugnen ist es, am stärksten ist
seine Antipathie, am schroffsten ist seine Abstoßung gegen Aufklärung und Rationalismus, gegen das rationalistische Subject, das bornirte, praktisch-verständige, welches sich von dem
Absoluten hinweggewandt, sich auf sich gestellt hat und sich in
seiner elenden Nützlichkeitsmoral befriedigt, meinend, damit
alle Höhen und Tiefen des menschlichen Geistes ermessen zu
haben. Hegel ist eine gewaltige, gediegene, man möchte sagen, geistig-massive Natur. Er hat die ganze Leerheit des
sich auf sich stellenden, außerhalb des Objects stehenden und
über dasselbe raisonnirenden Subjects erfahren; er dürstet nach
Objectivität, er will sich versenken in die absolute Substanz,
eine Philosophie geben, welche sich nicht beruhigt bei der ver-
meintlichen Erkenntniß, daß man von dem Göttlichen nichts
erkennen könne. Er hat mit seiner ganzen Zeit den heißen
Drang nach erneuerter und innerlicher Vertiefung in das ab-

folute Wesen der Dinge empfunden und dies Gefühl mit wun=
derbarer Kraft ausgesprochen. So sagt er in seiner „Phäno=
menologie": „Der Geist ist durch · die substanzlose Reflexion
hindurch und über sie hinausgegangen. Von den Träbern sich
hinwegwendend, verlangt er nur von der Philosophie nicht
sowol das Wissen Dessen, was er ist, als zur Herstellung
jener Substantialität und der Gediegenheit des Sinnes erst
wieder durch sie zu gelangen. Während früher der Blick,
statt in der Gegenwart zu weilen, zum göttlichen Wesen hin=
aufglitt und nur mit Zwang auf das Irdische geheftet werden
konnte, scheint jetzt die Noth des Gegentheils vorhanden.
Denn der Sinn ist so sehr in dem Irdischen festgewurzelt,
daß es gleicher Gewalt bedarf, um ihn darüber zu erheben.
Der Geist zeigt sich so arm, daß er sich, wie in der Sand=
wüste der Wanderer, nur nach dem dürftigen Gefühl der
Göttlichkeit überhaupt für seine Erquickung zu sehnen scheint.
An diesem, woran dem Geiste genügt, ist die Größe seines
Verlustes zu ermessen."

Hegel will nun, und das ist der Kern seiner Philosophie,
die absolute Substanz mit dem Subject, die Spinozistische
Philosophie mit der Fichte'schen versöhnen. Er hat das Recht
und die unendliche Bedeutung des Selbstbewußtseins, das
Fichte zur Geltung gebracht, in seiner Tiefe erfahren, er ist
von dem Gedanken durchdrungen, daß nichts für den Men=
schen einen Werth hat, was nicht durch sein Selbstbewußt=
sein hindurchgegangen und sich vor demselben bewährt hat.
Aber er hat auch die völlige Hohlheit desselben erkannt, so=
bald nicht das Absolute selbst als seine Grundlage, als sein
eigenes Wesen gesetzt ist. Der Grundgedanke seiner Philoso=
phie ist daher: das Absolute ist Proceß, ist die Selbstentwicke=
lung der Substanz zum Subject. Damit sollen Wahrheit und

Wissen, Object und Subject, Idee und Wirklichkeit, oder um alle diese Gegensätze kurz zusammenzufassen, Göttliches und Menschliches, in ihrer Tiefe versöhnt, sie sollen als zusammengehörende Momente Eines Processes erkannt werden.

Soll ich sogleich sagen, wie sich diese Idee theologisch äußerte? Für die Dogmatik hat sie die Bedeutung, daß die völlig äußerlichen und verschlissenen Offenbarungsvorstellungen der Supranaturalisten umgebildet und tiefer gefaßt wurden. So daß die Offenbarung sich bewahrheitete als eine ewige, continuirliche, innerliche, durch die ganze Geschichte hindurchgehende, als der immanente Proceß des göttlichen Lebens im menschlichen. Der Offenbarungsbegriff wurde also wieder zu Ehren gebracht, aber zugleich wesentlich verändert, denn aus der äußerlichen Offenbarung wurde eine innerliche, aus der einmaligen eine ewige, aus der particularistischen eine universale, aus der wunderbaren eine geistig-nothwendige. Ganz ähnlich erging es der Lehre von der Menschwerdung Gottes. Auch sie, welche die Rationalisten leichtsinnig verschleudert, ihren tiefern speculativen Gehalt nicht ahnend, wurde wieder aufgenommen, ja als der Kern des Christenthums erkannt und in den Mittelpunkt der Betrachtung gestellt. Freilich war diese philosophische Menschwerdung Gottes, näher betrachtet, eine ganz andere als die theologische, denn auch sie war nicht eine einmalige, sondern eine ewige, nicht eine exclusive, die sich nur in der Person Christi vollzog, sondern eine solche, welche die wesentliche Einheit des Göttlichen und Menschlichen als zweier zusammenhängender Momente Eines Processes zur Voraussetzung hatte.

In dem Allen stehen Hegel und Schelling noch auf Einer Linie, sie verfolgen dasselbe Ziel, ja! Schelling gebührt das

Verdienst, zuerst mit genialer Kraft den Gedanken der ewigen Menschwerdung Gottes und seiner durch die Geschichte hindurchgehenden Offenbarung wieder ans Licht gezogen und diesen vom Rationalismus verworfenen Eckstein zur Grundlage seines philosophischen Systems gemacht zu haben. Der Unterschied zwischen Schelling und Hegel, wie er namentlich in der wunderbvollen Vorrede zur „Phänomenologie" mit hinreißender Kraft ausgesprochen, bestand darin, daß Hegel für die Ergreifung des Absoluten nicht die Form der Unmittelbarkeit (des Gefühls, wie Schleiermacher, der intellectuellen Anschauung, wie Schelling wollte) für die höchste hielt, sondern vielmehr die der Vermittelung, des begreifenden Erkennens. Er stellte sich damit der ganzen Romantik mit ihrer Gefühls- und Phantasieschwelgerei, mit ihrer Unmittelbarkeitsmanie entgegen. Er erhob im Namen der Wissenschaft eine gewaltige Polemik nicht allein gegen Schelling, nein! ebenso sehr und noch mehr gegen Fries, Jacobi, Hamann, Schleiermacher, gegen die Romantiker allesammt. Man muß sich das übertriebene Genialitätswesen, das Pochen auf das Gefühl, das halb poetische, halb prophetische Gerede jener Zeit vergegenwärtigen, um den wissenschaftlichen Zorn Hegel's begreifen und würdigen zu können, der mit Recht fürchtete, daß bei diesem Schwall der Begeisterung alles verständige Urtheil verloren gehe, daß sich die Philosophie in Fühlen, Anschauen und Ahnen, in die Willkür eines geistreichen Dilettantismus auflösen werde. Die Zucht des Denkens in einer geistig dissoluten Zeit, die Arbeit der Wissenschaft in einer Periode genialer Genußsucht wieder in ihr Recht eingeführt zu haben — das ist nicht das geringste Verdienst Hegel's, und vornehmlich war es diese Energie des Denkens, die Unwiderstehlichkeit seiner logischen Kraft, welche ihm die Gewalt gab über seine

Zeit und ihn zum geistigen Herrscher fast auf ein Menschen=
alter erhob. Sah sich doch selbst der geniale Urheber der
Identitätsphilosophie von diesem „später Gekommenen“ ver=
drängt, in dem er nur einen zweiten Wolf, einen schematisi=
renden Verbreiter seiner eigenen Ideen zu erkennen vermochte.

Aber — es ist unleugbar, gerade mit dieser logischen
Kraft Hegel's hing sehr nahe zusammen eine Verirrung, die
in der Anwendung seiner Philosophie auf die Theologie oft
genug und nicht mit Unrecht gerügt ist —, ich meine die
scholastische.

Der erste Jubel der Speculation, nach langer Gedanken=
leere wieder in die Tiefen des christlichen Inhalts hinabge=
stiegen zu sein, steigerte sich zu dem Wahn, als ob das or=
thodoxe Dogma und die moderne Speculation wirklich an allen
Punkten zusammengingen, ihrem ganzen Inhalt nach sich
deckten und nur der Form nach verschieden seien. So ge=
schah es, daß der ganze Inhalt der Vorstellung, ohne durch
das Feuer der Kritik wirklich hindurchgegangen zu sein, wieder
hineingelegt wurde in den Begriff, daß die Personen=Tri=
nität, die beiden Naturen bis zur communicatio idiomatum,
die Erbsünde und die Stellvertretung, ohne weitere kritische
Bedenken orthodox construirt und die Versöhnung von Glau=
ben und Wissen als der Triumph der neuen Philosophie laut
verkündet wurde. Daub, Marheineke, Hinrichs, Göschel,
Conradi, Rosenkranz, Erdmann waren es vornehmlich, die
dieser Verwirrung nach Kräften Vorschub leisteten, die die
scholastischen Constructionen nach allen Seiten hin durchführ=
ten und das Zeitalter mit einer durch und durch unwahren,
eingebildeten Rechtgläubigkeit beschenkten. Viel trug dazu bei
der allgemeine Restaurationstrieb, der nach dem Befreiungs=
kriege, von den Regierungen ausgehend und zunächst auf dem

politischen Gebiete wirksam, auch die Theologie mit ergriff. Hegel kam im Jahre 1818 nach Berlin, also zu einer Zeit, da die politische Restauration in vollem Zuge war, als die Bemühungen der Regierungen dahin gingen, die noch von den Freiheitskriegen nachvibrirenden Aufregungen zu dämpfen, alle in der Nation aufwallenden Wünsche und idealen Hoffnungen auf das rechte bureaukratische Maß zurückzuführen. Man hatte es hier freilich nicht allein mit jugendlichem bis zum verbrecherischen Fanatismus eines Sand sich steigerndem Uebermuth, nicht allein mit der deutschen Burschenschaft oder den Excessen der Wartburgsfeier, nicht allein mit einzelnen exaltirten Universitätsprofessoren, einem Luden, Fries, Oken oder Jahn zu thun, es handelte sich in der That um Größeres, um die Zukunft Deutschlands, es handelte sich darum, ob aus dem Feuer dieser Freiheitskriege ein neues, ein politisch und sittlich wiedergeborenes Deutschland hervorgehen solle oder nicht; ob es mit Einem Worte zu einer politischen Regeneration oder nur zu einer Restauration komme. Und Hegel stand hier mit seinem Widerwillen gegen allen abstracten Idealismus, mit seiner tiefgehenden Abneigung gegen alle leere Exaltation auf Seiten der Restauration. Er sprach sich überall sehr stark gegen die Politik der Wünsche und Ideale aus, ihm war Fries „der Heerführer aller Seichtigkeit", er hatte nur Beistimmung für die Vertreibung De Wette's aus Berlin, er war es, zu dem die ehemaligen Burschenschafter Fr. Förster und Heinr. Leo wallfahrteten, um sich durch ihn von ihren alten politischen Sünden lossprechen und durch ihn convertiren zu lassen. Und in der That, der bekannte Satz Hegel's: „Was wirklich ist, das ist vernünftig", schien nur allzu geeignet zur Verherrlichung jedes status quo, zu einem politischen wie theologischen Positivismus. Freilich fügte

2*

Hegel zu seiner Vertheidigung hinzu: unter Wirklichkeit sei nicht Alles zu verstehen, was blos existire, auch das Schlechteste und Trivialste; vielmehr sei dies Wort im eminenten Sinne zu nehmen als das von der Idee erfüllte Sein. Aber diese authentische Interpretation half nicht sehr viel, da ja in der Anwendung des Satzes sich die Neigung nur allzu sehr kund gab, alles Thatsächliche zu construiren, mit dem Gedanken zu erfassen und als dasjenige, was so sein müsse und nicht anders sein könne, zu erweisen. Die kritiklose Construction der Wirklichkeit war überwiegend. Die Speculation absorbirte noch die Kritik. Es fehlte Hegel selbst entschieden an Sinn und Talent nach dieser Richtung, wie aus den vielfach ironischen und abschätzigen Urtheilen über Wolf und Niebuhr deutlich hervorgeht. Freilich hatte er in seinen Geschichtsconstructionen en gros kaum noch Zeit für kritische Details, für die Ausscheidung der wahren Wirklichkeit aus der angeblichen und schlechten. Er nahm die Geschichte nur noch in Bausch und Bogen, in großen Massen, um in ihr die reiche und nothwendige Entwickelung der Idee nachzuweisen. So schlug denn der Satz: „Alles, was wirklich ist, ist vernünftig", in seiner theologischen Anwendung gar oft in Dogmatismus um; die philosophische Speculation und das orthodoxe Dogma setzten sich nirgends gründlich und aufrichtig auseinander. So blieb denn auch jene für die Theologie unendlich wichtige Idee der Menschwerdung mindestens in einer gewissen Amphibolie stehen. Sie wurde ohne weiteres auf die historische Person Jesu von Nazareth angewandt, ohne daß genaue Rechenschaft darüber gegeben, in welchem Sinne sie gerade in diesem Einzelnen erfüllt wurde und ob in einer specifischen für alle Andern unerreichbaren Weise. Die theologischen Schüler Hegel's, namentlich die der ersten Periode,

gingen darauf noch um ein Bedeutendes weiter. Was der
Meister unbestimmt gelassen, das Verhältniß des historischen
Jesus zu der Idee der Gott-Menschheit, füllten sie aus, und
zwar im Sinne der Orthodoxie. Sie construirten den historischen Christus als den absoluten Punkt in der Weltgeschichte,
als die absolute Verwirklichung der Idee, die sich sonst nur
in relativer und unvollkommener Weise darstelle. Sie machten
den Weg von oben nach unten, sie gingen von der Idee des
Gott-Menschen aus, zeigten, daß diese eine nothwendige sei,
und schlossen dann, daß die Nothwendigkeit auch eine historische
Wirklichkeit haben müsse und daß sie diese in Jesu von Nazareth erhalten habe. Der letzte Schluß enthielt offenbar einen
Sprung, und eine Frage, zu deren Beantwortung der historische
Weg eingeschlagen werden mußte, wurde einfach durch eine
Construction von obenher gelöst. Hier ist es nun, wo Strauß
eingreift in die Entwickelung der Hegel'schen Philosophie. Der
Fortschritt, den er begründete, bestand darin, daß er zuerst
den Uebergang von der eigentlichen Speculation zu den
historisch-kritischen Fragen machte, daß er die vielen
Unbestimmtheiten und Verwirrungen entfernte, welche sich auf
diesem Uebergange eingeschlichen, daß er die orthodoxen Selbsttäuschungen und Irrthümer, mit denen sich die erste Generation der Hegelianer trug, rückhaltlos aufdeckte; daß er den
wesentlichen Unterschied zwischen Vorstellung und Begriff, zwischen Dogma und Speculation hervorhob und
an allen einzelnen Punkten mit unbestochener Gewissenhaftigkeit
nachwies.

Aber die Hegel'sche Philosophie, an der wir soeben
eine übertriebene Vorliebe für das Bestehende, eine Vergötterung der Wirklichkeit — theologisch ausgedrückt, eine Hinneigung zum Dogmatismus — wahrnahmen, litt doch, ge-

nauer besehen, ebenso sehr an dem scheinbar entgegengesetzten
Gebrechen. Nämlich an einem leeren Formalismus, an
einem solchen, der den ganzen Werth und Reichthum der Wirklichkeit gar nicht zu erkennen und zu erschöpfen vermag. Die
Kehrseite jenes Positivismus war eine abstracte Begriffsvergötterung, ein ganz unfruchtbares Construiren von oben
herab, welches nie an die wirklichen Thatsachen herankam,
vielmehr immer in einem todten Begriff, einem logischen
Schema hängen blieb. Trotz aller Versicherungen des Gegentheils —, die Logik war und blieb das Alles Beherrschende,
die logischen Kategorien der weitesten Art, das Ansichsein,
Fürsichsein und Anundfürsichsein, die Indifferenz, Differenz
und Einheit der Differenz und Indifferenz, die Objectivität,
Subjectivität und Einheit der Objectivität und Subjectivität
— u. s. w. vertraten die Stelle der geschichtlichen Kategorien,
mit ihnen wurde fortwährend gearbeitet, durch sie wurde gleichsam der Geschichte, welche man speculativ begreifen wollte,
alles Blut ausgesogen, und nicht lebendige Charaktere, sondern
todte Begriffsschemen, nicht reelle Persönlichkeiten, sondern
geisterhafte Allgemeinheiten bestimmten die Ereignisse.

Ein eigenes Schicksal, welches diese „Philosophie der
Wirklichkeit" hatte! Ein beständiges Schwanken zwischen
schlechter Empirie und abstracter Formel! zwischen Construiren des Einzelnen und Unfähigkeit für das Individuelle!
Eine Philosophie der Geschichte, bei welcher die Geschichte die
Philosophie verunreinigte und die Philosophie die Geschichte
ausdörrte!

Und in der Anwendung dieser Philosophie auf das Christenthum trat es deutlich hervor, wie nicht einmal die Elemente desselben rein und sicher erfaßt wurden. Vor allem,
die ganze ethische Seite des Christenthums, die vom Ratio-

nalismus so ausschließlich, freilich auch so oberflächlich hervor=
gehobene, wurde hier nicht allein gering gehalten, sondern
auch angetastet und untergraben. Das Recht der Freiheit
und der Persönlichkeit, die Wurzel aller Sittlichkeit, wurde
durch die Macht der Nothwendgkeit erdrückt. Der Mensch
wurde zu einem verschwindenden Moment in der Dialektik des
Absoluten.

Und — was das Schlimmste — dies Absolute hatte in
sich selbst keinen Kern der Persönlichkeit. Es war vielmehr
nur eine Abstraction, ein absolutes Sein, das erst in der Welt
und durch sie, das erst im menschlichen Bewußtsein zum Be=
wußtsein seiner selbst kommt. Das Absolute ist bei Hegel
nicht das die Welt setzende Princip, sondern nur das in der
Welt werdende, oder genauer, es gibt hier kein Princip,
welches als solches das Vollste, das Schöpferische ist, sondern
nur einen Anfang, der als solcher das Abstracteste ist.

Wenn der Hegel'schen Philosophie vielfach der Pantheis=
mus vorgeworfen worden, so ist, abgesehen von allen Gehässig=
keiten, welche einen solchen Vorwurf begleiten, diese Beschul=
digung wenigstens nicht genau, denn der Gott, der seine Wirk=
lichkeit und Vollendung erst in der Welt, im Menschengeiste
feiert, ist nicht sowol Alles als Nichts, ist eine Abstraction,
und der wirkliche Gott ist eben der Mensch.

Der Standpunkt dieser Philosophie wird also am richtig=
sten bezeichnet werden als der des Umschlagens von Pan=
theismus in Anthropologismus, und wenn auch Hegel
selbst und seine eigentlichen Schüler nie einem nackten Anthro=
pologismus zugestimmt haben, wie er später in Feuerbach
zu Tage gekommen; wenn Hegel sicherlich diese Consequenzen
verworfen haben würde, so gilt doch von seiner Philosophie
ohne Zweifel, daß sie in einem innern Zwiespalt, gleichsam

in der Schwebe zwischen Pantheismus und Anthropologismus stehen geblieben und daß Feuerbach nur als ihr letzter und nothwendiger Ausläufer angesehen werden muß.

Er hat wirklich nichts Anderes gethan, als daß er sich zwischen Pantheismus und Atheismus entschied; daß er den pantheistischen Hintergrund abbrach, die ganze Metaphysik als ein Reich von Schemen zerstörte, woraus dann von selbst folgte, daß der Mensch, die concrete Darstellung des Abso- luten, die Spitze der wirklichen Welt, das Resultat des Ent- wickelungsprocesses, als der Gott dieser Welt hintrat.

Ich habe hier diese Ausgänge der Hegel'schen Philosophie nur andeuten können, hier, wo es sich darum handelte, die Bedeutung Hegel's für die moderne Theologie im allgemeinen festzustellen; ich werde aber die Strauß'sche Kritik wie die Feuerbach'sche Anthropologie noch ausführlicher besprechen müssen, da sie die eigentlichen Spitzen der Auflösungstheologie bezeichnen und gleichsam als die Häupter des Convents in dem Revolutionsdrama auftreten.

Hier nur so viel: die Hegel'sche Philosophie hat in ihrem Verhältniß zur Theologie einen raschen und verhängnißvollen Lauf durchgemacht, von den Höhen orthodoxer Scholastik herab bis in die tiefen Abgründe der Atheologie und des Atheismus. So hyperconservativ der Anfang, so verzweiflungsvoll nihili- stisch das Ende, so eingebildet die Rechtgläubigkeit des An- fangs, so frech die Ungläubigkeit des Endes.

Einen ganz andern, einen gerade entgegengesetzten Verlauf hat bekanntlich die Schleiermacher'sche Theologie gehabt.

Sie fing an mit den Reden über die Religion, mit un- verhülltem Pantheismus. Sie war in ihrem Urheber erfüllt mit scharfer Kritik, mit souveräner Verachtung gegen seine geistlosen Standesgenossen —, aber sie wurde im weitern Ver-

laufe immer anschließender und versöhnlicher. Die Schüler
Schleiermacher's haben sich der bei weitem größern Zahl nach
immer tiefer in den positiven Gehalt nicht der Religion allein,
nein! auch der alten Dogmatik eingesponnen und längst den
Anfangspunkt des Meisters, seine kecken von romantischem
Uebermuth strömenden Provocationen, seine schneidige und zer=
störende Dialektik vergessen, um den alten Inhalt mit einigen
von ihm entlehnten Gedanken dem Bewußtsein der Gegenwart
nahe zu bringen.

Wenn, wie schon angedeutet, die moderne Theologie nicht
mehr in den Gegensatz des Rationalismus und Supra=
naturalismus gebracht werden kann, wenn vielmehr dieser
Gegensatz ein ganz anderer geworden und als der der zer=
setzenden, oder der kritischen Theologie und der restau=
rirenden, oder der Symboltheologie bezeichnet werden
muß, so stehen die Schüler Schleiermacher's der größern Zahl
nach der letztern Seite viel näher als der erstern; ja, sie haben
recht eigentlich den Uebergang gebildet und die Brücke geschla=
gen für unsern heutigen Confessionalismus, so unbequem
er ihnen auch mit der Zeit geworden, und so wenig Dank sie
dafür geerntet haben.

So viel ist übrigens gleich von vornherein zuzugeben,
daß der Einfluß Schleiermacher's, wenn auch sein Auftreten
weniger geräusch= und prätensionsvoll war als das Hegel's,
wenngleich hier nicht ein ganz neues, absolutes Wissen ver=
heißen wurde — doch ein ungleich nachhaltigerer, ein stille
und innerlich umbildender war; daß Schleiermacher's Einwir=
kungen noch immer fortgehen, während die Hegel's erschöpft
und ausgelebt sind, daß aus dem Boden, welchen Schleier=
macher für die Theologie zubereitet, noch immer neue Wissens=
keime treiben, und daß, obgleich er nicht eine geschlossene

Schule gebildet, eine solche Fülle der Anregungen von ihm ausgegangen, daß selbst seine heftigsten Gegner das, was sie sind, nur durch ihn geworden.

Schleiermacher hat in der That das Bindungsmittel ge= funden, durch welches die aufgelöste und zerfaserte Theologie noch einmal zu einer neuen Mischung zusammengefaßt und in einen neuen Gährungsproceß gebracht wurde. Und er hat diese neubelebende Kraft nur deshalb ausüben können, weil er nicht von der Theologie selbst ausging, in welcher alles ausgehöhlt und entgeistet war, weil er vielmehr aus der ästhe= tisch = philosophischen Gährung des neuen Jahrhunderts, die wir mit dem allgemeinen Namen der Romantik benannt, her= vorging und diese fruchtbringenden Gewässer hinüberleitete in den verdorrten Boden der Theologie. Man kann ihn in die= ser Beziehung mit Lessing, Herder, Jacobi vergleichen. Aber seine Einwirkung auf die Theologie war eine viel nachhaltigere als die dieser Männer. Der Dilettantismus der Genannten regte wol an, aber er brach sich wieder an dem alten Ge= mäuer der Fachtheologie. Auch Schleiermacher trat zuerst im Philosophenmantel auf, aber er eroberte allmählich das Gebiet der Theologie, er bewältigte die starren Massen und schmolz sie um; er wurde Theologe, der Reformator der neuen Theologie. Wie sehr er in alle Poren der Theologie ein= gedrungen, sieht man daraus, daß er der Stützpunkt geworden für die verschiedenartigsten Richtungen. Denn seine Wirksam= keit geht weit hinaus über die Zahl derjenigen, welche sich für seine eigentlichen und privilegirten Schüler halten.

Die Orthodoxie, wenn auch in sehr gemilderten Formen, hat sich an ihn angelehnt in Männern wie Twesten, Nitzsch, Sack, J. Müller; — ein juste-milieu, ein Gemisch aus biblischer Theologie und Schleiermacher'schen Formeln trit-

uns entgegen in Neander, Ullmann, Umbreit, Lücke, Ols=
hausen, Hundeshagen, Hagenbach und Andern; die rationali=
stische Kritik und nüchterne Gelehrsamkeit erfüllen sich mit sei=
nem Geiste in De Wette, Baumgarten=Crusius, Hase, Bleek,
Thilo, Schwarz in Jena, Gieseler, Credner, Schneckenburger,
A. Schweizer. Auch der Pietismus hat durch Schleiermacher
neues Leben und freiern Flügelschlag gewonnen, und wenn
diese Mischung auch nicht gerade in der Wissenschaft nam=
hafte Vertreter hat, finden sich doch tüchtige und vorzügliche
Prediger dieser Richtung, welche aus seinem Geistesleben ge=
schöpft und durch die Innerlichkeit und Innigkeit seiner Reli=
giosität tief ergriffen sind.

Ja! was noch mehr —, nicht allein in diese vielfach
nuancirte mittlere Schicht, in diese sogenannte Vermitte=
lungstheologie drangen seine Einwirkungen ein; — sie er=
strecken sich bis zu den äußersten Endpunkten der confessionellen
Kirchenmänner wie der kritischen Theologen. Auf der einen
Seite stehen Männer wie J. Ch. K. Hofmann in Erlangen,
Baumgarten in Rostock, ja, das in diesem Augenblick äußerste
Extrem moderner Kirchlichkeit, Kliefoth, bei denen allen
noch jetzt die Schleiermacher'schen Influenzirungen unverkenn=
bar sind, auf der andern die äußersten Spitzen der Kritik:
Ch. F. Baur und Strauß.

Es wird von diesen Beiden noch ausführlicher die Rede
sein. Hier nur so viel: auch Baur ist von Schleiermacher
ausgegangen; seine erste Schrift über Mythologie ist noch
ganz von diesem Standpunkte aus geschrieben. Und gerade
sein Ursprung von Schleiermacher her hat, so scheint es, ihm
die kritische Richtung erhalten, die sonst bei den Hegelianern
so wenig zu finden. Ueberhaupt ist die Vereinigung Schleier=
macher'scher und Hegel'scher Bildung, in Norddeutschland so

selten, in Schwaben eine sehr gewöhnliche, und die Eigenthümlichkeit der neuen tübinger Schule ist nicht zum geringsten Theile aus dieser Verbindung verständigen kritischen
Sinnes mit Speculation zu erklären. Dies gilt auch von
Strauß. Ueber ihn wurde bei seinem ersten Auftreten zwischen der Hegel'schen und Schleiermacher'schen Schule ein wunderlicher Streit geführt, in welchem jede derselben ihn von sich
abwies und der andern wie einen Spielball zuwarf. Das
Wahre an diesem lächerlichen Beginnen war, daß Strauß in
der That weder aus der Hegel'schen noch der Schleiermacher'-
schen Theologie allein, sondern nur aus einer eigenthümlichen
Mischung der sonst sich feindlich berührenden Elemente erklärt
werden kann. Die Hegel'sche Philosophie allein war nicht im
Stande, eine solche Erscheinung hervorzubringen. Höchstens
die ihr zu Grunde liegende Idee der Immanenz und die Abneigung gegen die Wunder, „diese geistloseste Weise der Beglaubigung", wie schon Hegel sie genannt, gab den Antrieb,
bildete die Voraussetzung für die einzelnen kritischen Operationen, welche ja vorzugsweise darauf hinausgingen, die Wundererzählungen der evangelischen Geschichte ihres historischen
Charakters zu entkleiden und in Mythen aufzulösen. Aber die
ganze Ausführung, die kritische Arbeit im Einzelnen, war nicht
in der Hegel'schen Schule erlernt. Vielmehr waren die von
Semler und Eichhorn ausgehenden Untersuchungen über den
Kanon und die einzelnen Schriften desselben in rationalistischen Kreisen zuerst weiter geführt und hatten dann ihren
Höhepunkt in den Arbeiten De Wette's, Schleiermacher's,
Gieseler's erreicht. Schleiermacher zuerst hatte Vorlesungen
über das Leben Jesu in Berlin gehalten, voll von zersetzender
Skepsis, von combinirendem Scharfsinn. Vorzugsweise um
sie zu hören, ging der damalige Repetent David Strauß 1831

von Tübingen nach Berlin. Sie gaben ihm den stärksten An=
stoß zu seinem Zerstörungswerk.

So weit also gehen die Schleiermacher'schen Impulse.
In alle Höhen und Tiefen unserer Theologie, von einem
Pole zum andern.

Es ist gewiß nicht leicht, die ganze wissenschaftliche Be=
deutung des einzigen Mannes in ein paar arme Worte, in
ein paar allgemeine Kategorien, zusammenzufassen. Schleier=
macher war unendlich verschieden von Hegel, in seiner Per=
sönlichkeit wie in seiner Wissenschaft. Beide Männer haben
sich nie nahe gestanden, so nahe sie auch äußerlich 'einander
gestellt waren in ihrem gemeinsamen Wirken an der neuge=
stifteten Universität Berlin, dem Centralpunkte deutscher Wis=
senschaft, von dem damals auf das gesammte erneute und be=
freite Deutschland eine geistig=befruchtende Kraft ausging, ohne
Gleichen. Unter den ersten Geistern unserer Nation, welche
hier versammelt wurden, standen diese beiden Männer in erster
Reihe. Aber sie berührten sich fast nur, um sich abzustoßen,
eine tiefgehende Antipathie erfüllte sie bis zu Ende. Strauß
hat einmal die beiden Theologen Daub und Schleiermacher
in der Grundverschiedenheit ihres Charakters verglichen mit
den Homerischen Helden Ajax und Ulysses — vielleicht ließe
sich diese Vergleichung auf Hegel und Schleiermacher mit
demselben Rechte anwenden. — Denn, wie Hegel's Eigen=
thümlichkeit substantielle Gediegenheit war, die in den Grund
der Dinge, in die unaufgeschlossenen Tiefen des Universums
hinabdringt, so war Schleiermacher im Leben wie in der
Wissenschaft der Repräsentant der Subjectivität, der Mann
der rastlosesten Beweglichkeit, des beißendsten Witzes wie des
erregbarsten Gefühls. Es war in ihm eine wunderbare Feder=
kraft und Agilität des Geistes. Eine dialektische Virtuosität

nicht allein des Wissens, sondern auch des Wollens, nicht
allein intellectueller, sondern ebenso sehr ethischer Art. Aber
bei dieser immer Funken sprühenden Dialektik, bei dieser rast-
losen Beweglichkeit seines sittlichen Strebens und Arbeitens
offenbarte sich zugleich — und eben in diesem Contraste lag
die unwiderstehliche Gewalt seiner Persönlichkeit — eine tiefe
Innerlichkeit des zartesten Gemüthslebens, in welche das freie
dialektische Spiel immer wieder zurückgelenkt wurde, in der
die Unruhe seines Geistes zur Ruhe und Versöhnung ein-
kehrte, in der alle Gegensätze sich wieder auflösten, alle fluten-
den Zweifel ihren festen Ankergrund fanden.

Daß ich es ganz kurz sage, in ihm war eine seltene Vereinigung von tiefer und sublimer Religiosität, von Mystik im
besten Sinne des Worts, und unendlich beweglicher Verstan-
desreflexion.

Durch die Vereinigung dieser beiden Elemente hatte er
die tief einschneidende Wirksamkeit in der Zeit, die reinigende
und die belebende, die auflösende und die auferbauende Kraft.

Der Hauptanstoß, welcher von Schleiermacher ausging,
kam von einer ganz andern Seite als der von Hegel. Wenn
dieser auf die metaphysischen Grundprobleme zurückging, die
göttliche Trinität, das Verhältniß von Gott und Welt, auf
die Idee der Menschwerdung und Offenbarung; so blieben bei
Schleiermacher, wenigstens in seinen eigentlich theologischen
Schriften, diese letzten Ausgänge gleichsam verdeckt. Nur in
den „Reden über die Religion" trat er offen mit einem gewissen trunkenen, noch von der Romantik her überschäumen-
den Enthusiasmus für die pantheistische Gottversenkung, für
den „heiligen" Spinoza hervor, nur in seiner Dialektik hat
er, hier freilich mit viel größerer Umsicht und Mäßigung,
das immanente Verhältniß von Gott und Welt als nothwen-

tig zusammengehörender Correlata bestimmt — sonst überall
läßt er diese letzten speculativen Probleme ungelöst und ihre
Beantwortung nur errathen. Von der größten und weitgrei=
fendsten Bedeutung dagegen und der Ausgangspunkt seiner
ganzen reformatorischen Thätigkeit war die Analyse des We=
sens der Religion. Er hat gleichsam diese lange verschüttete
Region des Geistes von neuem entdeckt, er hat die Religion,
die damals von den Brosamen der Moral oder der Dogmatik
lebte, wieder in ihre eigenen Rechte eingesetzt, die ihr eigene
Provinz des Geisteslebens ihr erobert und sie damit wieder zu
Ehren gebracht gegenüber den Gebildeten und ihren Ver=
ächtern. Es ist dies für das erste Auftreten Schleiermacher's
sehr charakteristisch. Er will die Gebildeten wiedergewin=
nen für die Religion, ihnen zeigen, daß das, was sie bis
dahin für Religion genommen und als solche verachtet, gar
nicht Religion war, sondern nur ein todter Niederschlag der=
selben, daß die Religion nicht nur mit dem freiesten Leben
des Geistes sich versöhnen lasse, nicht nur mit den schönsten
Blüten des Geistes sich schmücken dürfe, nein! daß sie selbst
die lebendige Quelle und die tiefste Wurzel alles Geistes=
lebens, das freieste und innerlichste Weben des Gemüthes sei.
Diese Stellung zur Bildung, welche mit der Religion ver=
söhnt werden soll, ebenso wie die Religion mit der Bildung,
ist der Schleiermacher'schen Theologie durchweg eigen geblie=
ben. Und war doch niemand zur Lösung solcher Aufgabe,
an der die Rationalisten aufs kläglichste gescheitert, geeigneter
als eben Schleiermacher! Er, der Mann des zartesten Ge=
fühls, des durchdringendsten Verstandes, der umfassendsten,
durch die Kenntniß des classischen Alterthums wie der Philo=
sophie bereicherten Geistesbildung! Stand er doch wirklich
auf der Höhe der Zeit und war zugleich in alle Tiefen

ihres gewaltigen und unbefriedigten Strebens hinabgestiegen! Hatte er sich doch die Religion in der erregtesten, innerlich= sten, geistig=sublimirtesten Form, in derjenigen, in welcher sie mit allen Bildungs= und Wissenselementen der Gegenwart wohl vereinbar ist, erhalten! Der Gedanke, daß die Reli= gion eine primitive Kraft sei, die allen Vermittelungen des Thuns wie des Denkens vorangehe, hat nach allen Seiten hin fruchtbare Consequenzen gehabt. Auf die Dogmatik na= mentlich hat er eine gründlich reinigende und aufräumende Wirksamkeit ausgeübt. Denn die höchste Norm war nun nicht mehr, wie bisher, der Buchstabe der Schrift, oder eine dogmatische Formel, oder ein Grundsatz des gesunden Men= schenverstandes, sondern das religiöse Gefühl, der Zustand des frommen Selbstbewußtseins, vor dem sich ein jeder Lehr= satz bewähren, in dem er seinen Wiederklang finden mußte. So wurde denn, und mit vollem Rechte, ein gut Theil des alten dogmatischen Materials als gar nicht in die Darstellung des religiösen Lebens gehörend über Bord geworfen, der Ge= schichte, der Kosmologie, der Metaphysik überwiesen; der übrigbleibende Kern aber wurde so gereinigt von der äußer= lichen und schlecht supranaturalistischen Vorstellung, daß Schleier= macher mit Recht der Gründer der neuen Dogmatik genannt wird. Und hier zeigt sich die tief eindringende, überall auf= räumende, zur Rechten und zur Linken abschneidende, eine neue Bahn brechende Kraft seiner Dialektik. Denn darin liegt der wahrhaft epochemachende Werth der Schleiermacher'= schen „Dogmatik", dieses classischen Werkes, dem aus den letzten drei Jahrhunderten nichts, aus der Zeit der Reforma= tion nur Calvin's „Institutio" zur Seite gestellt werden kann, daß das religiöse Gefühl mit sicherm Takte alles für den Glauben Wesentliche hervorhob, während alle die dürren

Aeste der Dogmatik und alle die Auswüchse eines äußerlichen Vorstellens mit dem scharfen Messer der Kritik weggeschnitten wurden.

Schleiermacher hat auch darin gezeigt, daß er in den Mittelpunkt des Glaubens viel tiefer eingedrungen als Hegel, daß er nicht die metaphysische Formel der Dreieinigkeit, son= dern die volle anthropologische Mitte der Erlösung in den Vordergrund gestellt, daß er mit Einem Wort den ganzen religiösen Inhalt des Christenthums von dem Begriff der Er= lösung und des Erlösers aus einheitlich entwickelt hat. Die Schleiermacher'sche Dogmatik ist deshalb so tief eingeschlagen in das Bewußtsein der Zeit, weil sie das innerste Streben derselben so richtig getroffen, weil sie einen Kern des Christen= thums ausgesondert, reicher und lebensvoller als der Ra= tionalismus es vermocht, zugleich aber bei dieser Vertiefung in das innerste Wesen des Christenthums mit großer Freiheit alles preisgegeben, was nur zu den Außenwerken gehört, was nur einen vorübergehenden Werth hat und dem Geiste unserer Zeit nicht mehr assimilirt werden kann. Ich erinnere an seine Kritik der Erbsünde, die nach seiner Darstellung nichts Anderes ist als die Gemeinschaftssünde, an seine Umbildung der alten juridischen Stellvertretungslehre, aus der er eine Lebens= gemeinschaft mit Christo machte, an seine Kritik der Lehre von den beiden Naturen, von der Dreieinigkeit u. s. w. Aber freilich, wie sehr ist diese reinigende und geistig umbildende Thätigkeit Schleiermacher's später vergessen und in den Hinter= grund gestellt worden! Wie wenige gab es von seinen Schülern, welche ein so geschärftes wissenschaftliches Gewissen bewahrten, daß sie sich mit einem Kern des Christenthums, wie Schleiermacher ihn geboten, begnügt, wie wenige, welche die scharfe kritische Spürkraft und wahrhafte Geistesfreiheit mit inniger Religiosität verbanden wie er; wie viele dagegen, die nur dem praktischen Triebe folgten, der verfallenen Kirche wieder aufzuhelfen, und die sogleich darangingen, den neuen Bau zu beginnen, ohne die ungeheure Masse des Schuttes hinwegzuräumen, ohne die alten Bausteine genauer zu unter=suchen, die sie zur Grundlage des Gebäudes machten! Der wirkliche Schleiermacher war den Meisten viel zu scharf und spitzig, viel zu unruhig und skeptisch, und sie fanden es be=quemer und praktischer, ihn zu ihrem eigenen Bedürfniß herab=zuziehen, als sich zu ihm zu erheben. Und dennoch muß zu=gegeben werden, daß auch bei Schleiermacher selbst, wenigstens in seiner Dogmatik, noch manche Unklarheiten und Zweideutig=keiten übrig blieben, noch manche Schleier nicht gehoben wur=den, die wol diejenigen, welche in die philosophischen Grund=anschauungen seiner Dialektik nicht tiefer eingedrungen, zu täuschen vermochten. Schleiermacher schließt, diesen Grund=anschauungen zufolge, das Uebernatürliche viel strenger und entschiedener aus, als es dem Rationalismus möglich war. Denn dieser leugnete wol die Wunder, war aber vom Stand=punkte eines äußerlichen Deismus nicht dazu fähig, dem Wun=derbegriff die letzten Wurzeln abzuschneiden. Dem außer= und überweltlichen Gott entspricht es vollkommen, daß er sich auch in einer äußerlich und übernatürlich eingreifenden Wirksamkeit offenbare. So ist das Wunder die unmittelbarste Consequenz des Deismus. Schlechthin ausgeschlossen ist es dagegen vom Standpunkt der Immanenz, eines innerlichen, nothwendigen und stetigen Zusammenseins und Ineinanderwirkens von Gott und Welt, wie Schleiermacher ihn einnimmt. Er bestimmte das Verhältniß von Gott und Welt in seiner Dialektik als das zweier Correlata, sodaß weder ein Sein Gottes ohne

die Welt noch außer der Welt zu denken sei, daß vielmehr
Gott nichts anderes sei als die lebendige Einheit der
Welt, oder, wie er sich sonst ausdrückt, „die Totalität alles
Seienden als Einheit betrachtet", während er die Welt als die in
die Vielheit und Getheiltheit auseinander gehende Totalität faßte.
Nach dieser Definition bleiben zwar Gott und Welt zwei ver=
schiedene, aber doch wieder schlechthin zusammengehörige Be=
griffe, ähnlich wie bei Spinoza die natura naturans und
natura naturata. Alle göttliche Thätigkeit verläuft nur in
der Sphäre der Natur, in ihren Gesetzen und Zusammen=
hängen, welche von Gott selbst gesetzt sind; ein außer= und
übernatürliches, vereinzeltes, sogenanntes unmittelbares
Wirken Gottes gibt es nicht. Diesen Gedanken, daß alles
Göttliche zugleich natürlich sei, oder, wie es auch anders aus=
gesprochen wird, daß, „aus dem Interesse der Frömmigkeit
nie ein Bedürfniß entstehen könne, eine Thatsache so aufzu=
fassen, daß durch ihre Abhängigkeit von Gott ihr Bedingtsein
durch den Naturzusammenhang schlechthin aufgehoben werde",
mit andern Worten, diese Vernichtung des Wunderbegriffs,
führt Schleiermacher aber, wenigstens in seiner Dogmatik, nicht
überall mit voller Bestimmtheit durch, weicht vielmehr der
Entscheidung der eigentlichen Streitfrage aus, wenn er sagt:
„das Uebernatürliche sei nicht schlechthin übernatürlich";
wenn er von den Wundern behauptet, sie gehören nicht noth=
wendig mit zu der Lehre von der Würde und dem Geschäft
des Erlösers, sondern nur zu der Lehre von der Schrift; wenn
er namentlich von der Auferstehung und Himmelfahrt aussagt,
sie können nicht als eigentliche Bestandtheile der Lehre von
Christi Person angesehen werden: wenn er mit Einem Wort
überall darauf ausgeht, die Wunder zu beschränken und ihre
Bedeutung herabzusetzen, ohne aber ihre thatsächliche

3 *

Wirklichkeit mit Unumwundenheit in Abrede zu stellen. So
bleibt denn überall der Schein übrig, als ob diese Wirklichkeit
der Wunder nicht angetastet, nur ihr Werth auf das rechte
Maß zurückgeführt werden solle. So nennt Schleiermacher
gerade zu die Erscheinung des Erlösers in der Menschheit ein
Wunder, und in der That ist die Einzigkeit, Unerreichbarkeit
und Urbildlichkeit, welche er ihm zuschreibt, ein solches und
mit den Gesetzen der menschlichen, durch Irrthum und Sünde,
durch den Kampf und Widerstand der dem Geiste voraneilen=
den Sinne nothwendig hindurchgehenden Natur, wie sie in der
Lehre von der Sünde beschrieben wird, nicht zu vereinigen.
An diesem Punkte durchbricht Schleiermacher offenbar den
Standpunkt der Immanenz — hier tritt ein die Gesetze der
menschlichen Gattung überschreitendes Moment ein und an
diesen Punkt knüpfen sich daher auch als nothwendige Folge
alle die Halbheiten und Unklarheiten, alle die supranaturalen
Anwandlungen Schleiermacher's und seiner ganzen Schule an.
Wenn er das „Wunder" in der Erscheinung des Erlösers so
bestimmt, daß „sein eigenthümlicher geistiger Gehalt aus dem
Gehalt des menschlichen Lebenskreises, dem er angehörte, nicht
erklärt werden könne, sondern nur in der allgemeinen Quelle
des geistigen Lebens, in einem schöpferischen, göttlichen
Act", seine Begründung habe, so knüpfen sich an diesen
„schöpferischen Act" viel unklare und die schwachen Theologen=
köpfe leicht verwirrende Vorstellungen von einem vereinzelten
und ganz ausnahmsweisen Wirken Gottes außer den Natur=
zusammenhängen, während doch, genau genommen, nichts
anderes hier ausgesagt ist als das, was von jeder genialen,
Neues schaffenden Kraft, von jedem eine neue Geistesepoche
heraufführenden Heros gilt. Ist doch diese allgemeine geistige
Quelle selbst als Kraft der Natur zu betrachten und nicht

anders von einem schöpferischen Acte Gottes abzuleiten als jede Wirkung natürlicher Kräfte.

Wir sind weit davon entfernt, diese supranaturalen Ueber= bleibsel, welche noch über der Schleiermacher'schen Dogmatik lagern, dem großen Manne zu einem sittlichen Vorwurfe zu machen und als Mangel an Aufrichtigkeit anzusehen. Wir meinen vielmehr, es seien diese Mängel nicht sowol der Per= son, als jener ganzen Zeit, deren bedeutendster Vertreter Schleiermacher war, zuzurechnen, der Zeit der anbrechenden, noch von Dünsten umhüllten Morgenröthe, der Zeit einer be= ginnenden neuen Geistesepoche, in welcher, nach den Zerstö= rungen und Verflachungen des Rationalismus, das Streben naturgemäß darauf gerichtet war, bei dem aufzuführenden Neubau mit der Vergangenheit nirgends ganz zu brechen, viel= mehr überall die anknüpfenden Fäden aufzusuchen, die über= lieferte Lehre durch Vergeistigung weiter zu bilden und die alten Bausteine zu verwenden für die neue Kirche. Indessen wollen wir hier doch sogleich aufmerksam machen auf den großen Unterschied zwischen Schleiermacher selbst und der ersten Gene= ration seiner Schüler. Bei Schleiermacher war dieser supra= naturale Schein nur ein dünner, leicht verhüllender Flor, nur ein Act zarter Schonung, nur ein seiner neuen Theo= logie noch anhängender Rest des Alten, während in Wahrheit die von allen Punkten aus unterwühlende Kritik das ganze supranaturale Gehäuse, in welches der christliche Glaube bis= her eingeschlossen gewesen, zerstörte; bei dem größten Theil seiner ersten Schüler dagegen, die so tief unter dem Meister standen, daß sie seine letzten Intentionen kaum ahnten, und denen namentlich die kritische Kraft seines Geistes ganz fehlte, hatte sich der alte Inhalt der Dogmatik wie eine zähe Masse erhalten, die dem Geschmack der Zeitgenossen genießbar gemacht wurde durch

die moderne Lehre vom Gefühl und einige der neuen ideali=
stischen Periode entnommenen Ausdrucksweisen.

Das eclatanteste Beispiel einer solchen Art von Schleier=
macherianismus ist die Dogmatik von Twesten. Dies
äußerlich sehr abgeglättete und wohlgeschriebene, aber ganz
unproductive Werk liefert den Beweis, wie wohl ausführbar
es ist, die orthodoxe Dogmatik mit Schleiermacher's Sätzen
aufzuputzen, die Lehre vom Gefühl als dem Quellpunkt der
Religion vorzutragen und dabei den ganzen Inhalt der alten
Dogmatik wohlerhalten wieder vorzuführen, unter dem Vor=
geben, alles dies finde sich im christlichen Gefühl wieder; die
Trinität mit ihren scholastischen Bestimmungen, die beiden
Naturen, ja! den Teufel in eigener Person, dessen sich Herr
Twesten mit besonderer Wärme und Vorliebe angenommen. —
Wir finden in diesen und ähnlichen dogmatischen Werken wol
das Bestreben, im einzelnen manches auszubessern und ab=
zufeilen, manche Härten der alten Dogmatik abzustumpfen,
manchen Aeußerlichkeiten eine Wendung nach innen zu geben,
und es wird oft genug wiederholt, an die Stelle der mecha=
nischen Weltanschauung solle die organische treten; aber
nirgends sehen wir reine Formen, volle Consequenzen, neue
Fundamente; die Kritik soll nur die Haut ritzen, nirgends ins
faule Fleisch einschneiden, sodaß schließlich eine sehr unklare
Mischung des Modernen und Altgläubigen, des speculativen
Gedankens und der supranaturalistischen Vorstellung, der freien
Wissenschaft und des biblischen Glaubens die Folge solchen
Strebens ist. So wurde denn nach allen Seiten hin re=
tractirt. In der Dogmatik wurde es Sitte, den Sabella=
nismus Schleiermacher's aufzugeben und, Twesten's gar nicht
zu gedenken, übernahm Nitzsch es namentlich, wenn auch in
etwas zögernder und dunkel räthselnder Weise, die Bedenken

Lücke's über die ontologische Trinität zu beschwichtigen, ihm
auf den rechten Weg zu verhelfen. Ferner kam man inner=
halb des Schleiermacher'schen Kreises auch darin bald überein,
daß das Judenthum mit dem Alten Testament aus seiner Er=
niedrigung wieder zu erheben, daß hier ein heiliges Land gött=
licher Erweisungen sei, eine engere heilige Geschichte in der
großen Profangeschichte, wie Nitzsch ausführte und Umbreit
accompagnirte, wozu sich denn auch wol noch ein kopfschüt=
telndes Bedauern über Schleiermacher's Unbekanntschaft mit
dem Alten Testamente, über seine Unkenntniß der hebräischen
Sprache gesellte.

Und wie es überhaupt Sitte wurde in diesen Kreisen,
von einer tiefern Erfassung dieses oder jenes Dogmas zu
reden, so namentlich fand man, daß es der Schleiermacher'=
schen Sündenlehre noch gar sehr an dieser Tiefe gebreche,
und man erfand im Anschluß an Jakob Böhme'sche Specula=
tionen eine neue Sündentheorie, die freilich ebenso wenig mit
der biblischen wie mit der symbolischen Auffassung zu verei=
nigen, welche aber wenigstens die dunkeln Schatten einer vor=
zeitlichen und unauslöschlich fortwirkenden Sündenthat auf das
ganze Menschengeschlecht warf. Es ist gewiß charakteristisch,
daß die bedeutendste dogmatische Monographie in dieser Rich=
tung, das Werk J. Müller's von der Sünde, so sorgfältig
und sauber es auch im einzelnen gearbeitet ist, so fein auch
das Reflexionsgespinnst sein mag, doch seinem letzten Re=
sultat nach keinen andern Werth hat als den einer seltsamen
und abenteuerlichen Hypothese, die selbst von den Verehrern
ihres Urhebers nur als eine wissenschaftliche „Curiosität" be=
trachtet wird.

Auch war es gewiß nicht zufällig, daß gleichzeitig eine
tiefere Erfassung der Christologie erstrebt wurde, welche zu

einem gleich unglücklichen Resultate führte und die völlige
Unfruchtbarkeit im organischen Fortbilden der Dogmatik
nur allzu offen bloßlegte. Ich meine das Dorner'sche Werk:
„Die Geschichte der Lehre von der Person Christi", welches
trotz allen Aufgebotes von Gelehrsamkeit, doch in seinem End-
resultat als ein verfehltes, als eine dogmatische Misgeburt
angesehen werden muß. Denn — was war aus der alten
Lehre von den beiden Naturen, der göttlichen und menschlichen
in ihrer Vereinigung zu Einer Person geworden? Ein mo-
dernes in sich haltloses Zwitterwesen zwischen dem Schleiermacher'schen Christus, dem sündlosen und vollkommenen Menschen, und dem orthodoxen Gottmenschen. Eine Person, welche
in der That nicht mehr Person, die vielmehr das Collectivum
der menschlichen Natur darstellt, die „aller menschlichen
Individualitäten Urbilder in sich sammelt".

Man sieht deutlich aus diesen prägnantesten Beispielen,
in welche Verwirrungen und Abenteuerlichkeiten ein Theil der
Schleiermacher'schen Schule hineingerieth, in dem unglücklichen
Bestreben, tiefer zu sein als der Meister, und auf absonder-
liche Weise zwischen dem Bewußtsein der Gegenwart und der
Orthodoxie zu vermitteln. Diese Schleiermacherianer sind es
denn auch vorzugsweise gewesen, welche, ohne es zu wissen
und zu wollen, der neuetablirten Rechtgläubigkeit bis zu den
äußersten Spitzen des Confessionalismus hin in die Hände
gearbeitet haben. Denn für verständige Naturen, für solche,
welche scharfe Bestimmungen und einfache Consequenzen liebten, war es unmöglich, auszuhalten in diesem Synkretismus
des Alten und Neuen, in diesen sich tiefsinnig geberdenden
Unklarheiten, in dieser Wolkenschicht zwischen Himmel und
Erde; — sie wollten festen Boden unter den Füßen, und
so stellten sie sich auf den festen Rechtsboden unserer Kirche,

auf die Symbole mit ihren scharfen und verständig artikulirten Formeln.

Aber — es wurde schon angedeutet, es gab noch eine andere, von den zur Orthodoxie hinneigenden Schülern sich wenn auch nur durch eine leichte Nuance unterscheidende Fraction, welche das juste-milieu dieser Schule, die durch biblische Theologie temperirten Schleiermacherianer genannt werden können. Hier sind die kritischen Spitzen und Schärfen Schleiermacher's abgestumpft, seine Gedanken den biblischen Vorstellungen angepaßt, an die Stelle seiner dialektisirenden Manier ist eine einfachere Art, eine praktische Fassung getreten.

Der bedeutendste Repräsentant dieser Richtung ist bekanntlich Neander. Woher der ungeheure Einfluß dieses Mannes, der, wenn man seine Lehrwirksamkeit, die Zahl seiner Zuhörer und Schüler als Maßstab anlegt, eine weit größere Bedeutung erhalten würde als Schleiermacher selbst? Diese beiden Männer standen länger als zwanzig Jahre nebeneinander an der Spitze der berliner Theologie, und hier zeigte es sich deutlich, wie Schleiermacher in seinen Einwirkungen wol intensiver und tiefer erfassend war, wie er aber nur einen kleinen Kreis von geistig Bedeutenden und Beweglichen um sich zu ziehen vermochte, während Neander die theologischen Massen um sich scharte und in unveränderter Verehrung um sich erhielt. Es war dies Neander'sche Temperamentum der Schleiermacher'schen Theologie ein solches, welches die weniger begabten und mehr praktischen Naturen besonders befriedigte, denn er gab einfache Resultate, er muthete den Zuhörern nicht die schwierige und oft künstliche Gymnastik zu, er gab die Wahrheit, während jener sie suchte und den Weg zu ihr ebenso hoch wie das Ziel selbst hielt.

Ich will hier wahrlich Neander's Persönlichkeit und die fesselnde Macht derselben nicht geringschätzen — im Gegentheil, ich schreibe ihr vorzugsweise die außerordentliche und fast einzige Anerkennung zu, deren er bei der jüngern Generation der Theologen genoß. Denn es war hier eine Reinheit und Einfalt des innersten Lebenskerns, eine Kindlichkeit in allem, was die äußere Welt angeht, eine Hingebung an die heilige Sache der Religion ohne allen Vorbehalt, ohne alle persönlichen Nebenrücksichten; es lebte dieser Mann wirklich und ausschließlich in der Welt des Geistes, sodaß er wie mit geschlossenen Augen hindurchging durch das Getümmel der Hauptstadt und die Leidenschaft der theologischen Parteien. Er ist in einer bei seinem Begräbniß gehaltenen Gedächtnißrede der letzte Kirchenvater genannt worden. Ich möchte ihn lieber einen protestantischen Mönch oder Heiligen nennen, denn seine Welt war das Kloster des inwendigen Menschen, aus dem heraus er für die Kirche wirkte und lehrte.

Ich will auch den großen Umfang seiner Gelehrsamkeit, die seltene und fast wunderbare Kraft seines Gedächtnisses, die ganz neue Durcharbeitung des kirchenhistorischen Materials keineswegs geringhalten, — aber dennoch behaupte ich, daß er wesentlich nur von dem Schleiermacher'schen Gedankenreichthum gezehrt, daß er der Theologie keine neue originale Anschauung zugeführt, ja daß er vorzugsweise es gewesen, der durch seine milde, aber auch abschwächende, alle scharfen Gegensätze durch praktische Beruhigungen ausgleichende Art viel dazu beigetragen, die Halbheit, Schlaffheit und Unbestimmtheit zu nähren und als Gegensatz gegen diese Unbestimmtheit unsern neuesten acuten Confessionalismus hervorzurufen.

Der Gedanke, welcher als der immer wiederkehrende

Refrain durch seine Kirchengeschichte geht, ist, daß das Christen=
thum nicht eine Doctrin, sondern Leben sei — ein neues
Lebensprincip, eine neue geistige Schöpfung, welche alle natür=
lichen Verhältnisse wie ein Sauerteig von innen her durch=
dringe und heilige, welche alle Individualitäten erhalte und
verkläre. Aber diese Wahrheit, so groß und folgenreich sie
auch sein mag, war ja, wie wir gesehen, schon von Schleier=
macher ans Licht gestellt — nur ihre Anwendung auf die
Kirchengeschichte gehörte Neander an. Und gerade die geschicht=
liche Durchführung blieb eine sehr dürftige. Freilich — eine
neue Geistesvertiefung war überall erkennbar, man wurde
wieder in die Innenwelt des christlichen Lebens zurückgeführt,
man fühlte den Odem des religiösen Geistes hindurchziehen
durch die Kirche, des freiesten und innerlichsten Geistes, der,
nicht an Formeln gebunden, je nach den Eigenthümlichkeiten
in wechselnden Gestalten sich offenbart; — aber gerade diese
Eigenthümlichkeiten, von denen so viel die Rede, kamen nicht
zu ihrem Rechte; es fehlte die gestaltende Kraft, die charakte=
ristische Bewegung, die ausgeprägte Persönlichkeit. Vor dem
Einen heiligenden Geiste erblaßten die menschlichen Persön=
lichkeiten, vor dem hellstrahlenden göttlichen Leben in der
Geschichte trat das natürliche in Dunkel. Je mehr von
Individualisirung des Christenthums die Rede, desto we=
niger gewann die Wirklichkeit an Gestalt, es blieb bei der
Versicherung. So haben denn, näher besehen, alle Figuren
der Neander'schen Kirchengeschichte Eine und dieselbe Phy=
siognomie, den Typus milder, inniger, weltentsagender, fast
mönchischer Frömmigkeit. Der Factor des natürlichen Men=
schen, des Weltlebens, kommt überall zu kurz. Es sind ein
paar Gegensätze, auf welche alles gezogen, ein paar dürftige
psychologische Schemata, in welche alle Charaktere gebannt

werden. So der Gegensatz der praktisch=kirchlichen und
der dialektisch=speculativen Naturen, der theils auf ein=
zelne Persönlichkeiten, theils auf ganze Völkerindividuen ange=
wandt wird, und mit dem ganze Perioden der Geschichte charak=
terisirt werden. Und dann jener andere Gegensatz der vor=
herrschend idealistischen und realistischen Denkweise.
Wie Vieles und Verschiedenes läßt sich in diesen weiten und
leeren Rahmen hineinzeichnen? Wie reiche Besonderheiten
trägt das wirkliche Leben in sich? Welch eine Fülle von Ge=
gensätzen und fortschreitenden Wandlungen offenbart die Cultur=
geschichte der Völker, ihr Leben in Recht und Sitte, in
Wissenschaft und Kunst, das ja alles dem heiligenden Geist
der Kirche angehört, ihm als Material zugeführt wird, um
sich von ihm durchbringen und verklären zu lassen. Das un=
endlich reiche Material des natürlichen Lebens ist von Nean=
der nicht bezwungen und wahrhaft gestaltet worden. Es liegt
dies an der eigenthümlichen Schranke seines Wesens, die zu=
gleich wieder seine Stärke ist. Ich meine an seiner abstrac=
ten Innerlichkeit. Bei diesem Vorherrschen des innern
Sinnes über alle äußere Wahrnehmung, bei diesem Mangel
an scharfem Auge für die äußere Welt und ihre Figuration,
war sehr natürlich seine Vorliebe für die Geschichte des christ=
lichen Lebens, für die Geschichte der Frömmigkeit; denn
eine solche hat er viel mehr gegeben als eine Geschichte der
Kirche. Für ihn waren die scharfen Zuspitzungen und Ge=
gensätze in der Lehre, ebenso sehr wie die kunstvollen Gliede=
rungen in der Verfassung abstoßend und fremdartig. Er hatte
keine Neigung, sie in ihre Einzelheiten zu verfolgen, sie er=
schienen ihm vielmehr als Auswüchse und Abirrungen von
dem Centrum des Christenthums. Dagegen wurde das Er=
bauliche überall und mit innerster Herzensbefriedigung in

den Mittelpunkt gestellt, alles, was von hier aus sich ent=
fernte nach der Peripherie des wirklichen Lebens hin, wenn
auch mit Milde, doch mit Abwendung und stiller Misbilligung
beurtheilt.

So groß daher auch der Fortschritt der Neander'schen
Geschichtschreibung über die äußerlich=pragmatisirende Behand=
lung eines Planck und Spittler war, verfiel sie doch in eine
andere, die entgegengesetzte Einseitigkeit, und nicht mit Unrecht
ist Neander mit Gottfried Arnold verglichen, seine Geschichte
eine ascetische, ein Erbauungsbuch im höhern Stil genannt
worden. Auch ist von verschiedenen Seiten her über diese
Schranke hinausgeschritten. Namentlich Hase und Ranke ha=
ben durch das Talent geistreichen Individualisirens und kunst=
vollen Gestaltens sich einer weit reichern Wirklichkeit bemäch=
tigt und den Reflex der Religion in die weitesten Kreise des
Weltlebens hinein zur Anschauung gebracht. Andererseits ist
durch Baur darin ein wesentlicher Fortschritt begründet, daß
der geistige Proceß der Dogmengeschichte in der ganzen Fülle
seines Gedankeninhalts und in der ganzen Schärfe seiner dia=
lektischen Gegensätze zur Darstellung gekommen ist.

Von Neander's kritischen Arbeiten, wie sie namentlich in
seinem „Apostolischen Zeitalter" und in seinem „Leben Jesu"
vorliegen, wird noch ausführlicher die Rede sein, da das letz=
tere Werk in bestimmtem Gegensatze gegen das „Leben Jesu"
von Strauß geschrieben ist. Hier nur so viel, daß Neander
auf diesem Gebiete eine sehr schwankende Vermittelungsstellung
einnimmt, bei der es ihm nirgends darauf ankommt, die Au=
thentie einer angefochtenen Schrift, ihren apostolischen Ur=
sprung, völlig und um jeden Preis zu retten; bei der er aber
auch wieder so wenig wie möglich aufzugeben geneigt ist, in=
dem er den Verfasser zu einem Apostelschüler oder Apostel=

freunde macht; bei der ferner die Historicität bis in alles Ein=
zelne keineswegs festgehalten wird, bei der aber doch auch
wieder nur sehr Unwesentliches und Vereinzeltes dem Mythus
preisgegeben wird. In dieser Mitte zwischen Authentie und
Nichtauthentie, zwischen Geschichte und Mythus bewegt er sich
mit einer gewissen theologischen Weitherzigkeit, aber auch mit
einer sehr auffallenden kritischen Sorglosigkeit, welche alles
dem subjectiven Gefühl überläßt und mit allerlei kleinen Mit=
teln sich über sehr ernste Schwierigkeiten und Widersprüche
hinweghilft. Ich gestehe, daß ich diese Art von Gefühlskritik,
die in ihrer behaglichen Sicherheit sich auch durch die schreiend=
sten Widersprüche nicht irren läßt, die hier etwas hinzusetzt,
dort etwas übersieht, und die sich schließlich immer noch durch
allerlei Möglichkeiten und Wahrscheinlichkeiten zu trösten weiß,
die aber keiner Differenz scharf ins Auge sieht, keine Schwie=
rigkeit in ihrem ganzen Ernste ermißt — daß ich diese Art
von Gefühlskritik in der Willkür ihrer Subjectivität immer
für eine unberechtigte und unausreichende gehalten habe, gegen=
über den geschärften und zusammenhängenden Zweifeln, welche
die neueste Zeit zur Sprache gebracht. Ueberhaupt war
die Kritik am wenigsten das Talent Neander's, und wenn
die Arbeiten in dieser Richtung, wie namentlich „Das aposto=
lische Zeitalter" und „Das Leben Jesu", einen sehr großen
Leserkreis gefunden, ist dieser Erfolg mehr auf die Verbin=
dung des Wissenschaftlichen und des Ascetischen, auf das ge=
müthliche theologische Pectus, das auch hier das Wort führt,
als auf die Klarheit und den innern Zusammenhang der wissen=
schaftlichen Resultate zu schreiben.

Pectus est, quod theologum facit; das war bekannt=
lich das Motto Neander's, nach dem auch wol seine Anhänger
spottweise von den Hegelianern Pectoralisten genannt wurden.

Zu dieser Sentenz liegt in der That seine Bedeutung und
seine Einseitigkeit. Der Schleiermacher'sche Gedanke, daß die
Religion Sache des innersten Gemüthslebens sei, hat hier
schon eine bedenkliche Wendung erhalten. Denn richtig ist es:
pectus est, quod facit religiosum, aber falsch und einseitig:
pectus est, quod facit theologum. Denn der Theolog als
solcher, in seinem Unterschiede vom frommen Laien, wird nicht
durch das Gemüth gemacht, sondern durch die Wissenschaft,
wenn auch die Grundlage und die nothwendige Voraussetzung
der Theologie, namentlich der praktischen, das religiöse Ge=
müthsleben ist. Neander hat jene Sentenz mit großer Kraft,
namentlich polemisch, nach zwei Seiten hin zur Geltung ge=
bracht. Einmal gegenüber der erneuten Orthodoxie, der Partei
der „Evangelischen Kirchenzeitung"; dann gegenüber dem Be=
griffsformalismus und Scholasticismus der Hegel'schen Schule.
Er hat der freien Innerlichkeit der Religion, die an keine dog=
matische Formel geknechtet ist, wo er nur immer gekonnt und
aufs rücksichtsloseste das Wort geredet; er hat in Vorreden wie
in theologischen Voten, und namentlich in den beiden Voten über
die hallische Denunciation gegen Wegscheider und Gesenius und
über das „Leben Jesu" von Strauß, sich der Buchstaben=
verknechtung und Verfolgungssucht entgegengestellt, die schon da=
mals in Berlin ihren Sitz aufgeschlagen und ihr propagandisti=
sches Treiben begann. Er war in der That der gefürchtetste
Gegner der neupreußischen Orthodoxie. Er war der Einzige,
den Hengstenberg, der sonst keine Persönlichkeit schonte, mit einer
gewissen rücksichtvollen Scheu umkreiste, gegen dessen Angriffe
er sich nur in der Defensive hielt. Aber er hat dafür auch
mit noch stärkerer Aufregung, ja mit krankhafter Erhitzung, bei
jeder Gelegenheit, in jeder neuen Vorrede, bei jeder Geburts=
tagsfeier und jedem Fackelständchen, öffentlich und privatim

gegen die Begriffsvergötterung der Hegel'schen Schule die Stimme erhoben und sich in der Ereiferung nach dieser Seite hin von Jahr zu Jahr gesteigert.

Ich gehöre wahrlich nicht zu den Verehrern des todten Begriffswesens und der theologischen Scholastik, welche von der Hegel'schen Schule ausgegangen; ich glaube vielmehr, daß diese Philosophie durch abstractes Construiren und Schematisiren viel geistige Kräfte des Volks absorbirt, viel |Gesundheit des Sinnes und Verstandes zerstört hat, aber ich meine, es darf nicht verkannt werden, wie diese Philosophie den deutschen Geist in die Zucht genommen und logisch geschult hat, und wie dieser παιδαγωγὸς vielleicht ein nothwendiger war, um über die geistige Dissolutheit der Romantik und über alle Aufspreizungen des Subjectivismus, in welche unterzugehen wir Gefahr liefen, hinwegzukommen. Und ich meine, wer die Bedeutung dieser Denkdisciplin ganz verkennt, wie Neander es thut, wer an die Stelle wissenschaftlicher Formen breite Unbestimmtheiten setzt, wer dem präcisen Gedanken und der dialektischen Schärfe überhaupt so fern steht wie er, der hat kein Recht zur Polemik, der steht nur in der entgegengesetzten Einseitigkeit und muß es sich gefallen lassen, wenn ihm auf den Vorwurf der Begriffsvergötterung der des Gemüthsbreies zurückgegeben wird, auf den des Panlogismus der des Pectoralismus.

Und so sehen wir denn auf dem Boden der modernen Theologie zwei schroffe Gegensätze hervorbrechen, die eine Zeit lang die beherrschenden sind, und die ich als den Gegensatz der Gemüths= und der Begriffstheologie bezeichnen will. Die vielfachen Differenzen und Antipathien zwischen Schleiermacher und Hegel, die sich nur in gelegentlichen Andeutungen und beiläufigen Invectiven Luft gemacht, spitzten sich nun zu

einem prägnanten Ausdruck zu in dem Gegenüber der beiden
Männer: Marheineke und Neander. Sie waren in der
That grundverſchiedene Naturen. Der ſouveräne Stolz des
Begreifens, der Wiſſenſchaft κατ' ἐξοχήν, den Marhei=
neke mit hohepriesterlicher Würde vor ſich hertrug, alles von
obenher betrachtend, was dem gemeinen Vorſtellen ange=
hörte, — dieſe geſpreizte Vornehmheit berührte Neander's
innerliche Natur aufs feindlichſte und rief ſeinen Unwillen um
ſo entſchiedener hervor, als dieſe ganze Wiſſenſchaft mit ihrem
abſoluten Begriff ſich, näher beſehen, unfähig erwies, den
Reichthum und die Tiefen der Wirklichkeit zu erfaſſen, viel=
mehr in einem ſehr engen Kreiſe auf dürrer Haide ruhelos
umhergetrieben wurde. Und ſo war denn dieſer Gegenſatz
mehr als perſönlicher Art. Mehr als ein Unterſchied der
Form und Methode, er ging bis auf den Grundgedanken
zurück. Er wurde von Neander ſelbſt als der des „chriſt=
lichen Theismus" und des „Pantheismus" beſtimmt,
und der Pantheismus war es vorzüglich, den er in der letzten
Zeit mit aller Heftigkeit und Gemüthsempörung bekämpfte.
Es iſt ſchon davon die Rede geweſen, wie weit dieſer Vorwurf
auf die Hegel'ſche Philoſophie anwendbar war. Jedenfalls
zeigt ſich in dieſer Polemik, wie auf dem Boden der Imma=
nenz, welcher ja die Vorausſetzung der ganzen modernen
Theologie iſt, neue Gegenſätze hervorbrechen, von denen der
eine wieder an den überwundenen Supranaturalismus an=
knüpft, der andere den perſönlichen Kern des abſoluten We=
ſens ſelbſt auflöſt. Und die gegenſeitige Antipathie, welche
nun zwiſchen der ſpeculativen und der gläubigen Schule
erwacht, iſt ſo groß, daß darüber der gemeinſame Ausgangs=
punkt in dem anfänglichen Zuſammengehen beider Richtungen
gänzlich vergeſſen wird. War es doch Marheineke geweſen,

der mit beſonderm Eifer die Berufung Neander's nach Berlin
betrieben, der ſich von ſeiner Wirkſamkeit für den Aufſchwung
der neuen Theologie ſo Großes verſprochen! ·

Aber wir müſſen endlich noch die dritte Fraction der
Schleiermacherianer, die aus dem Bündniß rationaliſtiſcher
Kritik, gelehrter Forſchungen und Schleiermacher'ſcher Anre=
gungen hervorgegangen, etwas genauer ins Auge faſſen, vor
allem ihren bedeutendſten Repräſentanten: De Wette.

Dazu iſt es nöthig, nachzuholen, was bisher unerörtert
geblieben, die Stellung Schleiermacher's ſelbſt zur hiſtoriſchen
Kritik und ſein Verdienſt um ſie.

Schleiermacher eröffnete ſeine literariſche Laufbahn in
dieſer Richtung ſchon im Jahre 1807 mit einem kritiſchen
„Sendſchreiben an Gaß über den erſten Brief des Timo=
theus"; im Jahre 1817 erſchien ſein Werk über das Evan=
gelium des Lucas; dem Umfange nach gering, aber dem
Werthe nach ſehr bedeutend war ſeine „Abhandlung über die
Zeugniſſe des Papias", mit der er in den „Studien und Kri=
tiken" 1832 die theologiſche Welt überraſchte, und endlich
ſind ſeine kritiſchen Anſichten über das Neue Teſtament zu=
ſammengefaßt in den nach ſeinem Tode herausgegebenen und
durch Lücke bevorworteten „Vorleſungen über die Einleitung
in das Neue Teſtament".

Es braucht wol nicht erſt erwähnt zu werden, daß
Schleiermacher von einer mechaniſchen Inſpirationslehre, von
jeder abergläubigen Betrachtung des Kanon und ſeiner Ent=
ſtehung ſo ſehr wie möglich entfernt war. Er führte dieſe
Unterſuchungen als rein hiſtoriſche und wußte ſich durch keine
dogmatiſche Neben= und Hintergedanken gebunden. Er ſetzte
die von Eichhorn eingeleiteten Unterſuchungen über die Ent=
ſtehung der drei ſynoptiſchen Evangelien und ihr gegenſeitiges

Verhältniß auf ganz freie und selbständige Weise fort. Eich=
horn hatte bekanntlich durch seine Hypothese eines schriftlichen,
aramäisch verfaßten Urevangeliums, das durch verschiedene Ab=
schriften und Uebersetzungen hindurchgegangen, die auffallende
Erscheinung sowol der vielfachen, oft wörtlichen Uebereinstim=
mung der Synoptiker, als ihrer öftern Verschiedenheiten zu
erklären versucht. Eine Umbildung und Verbesserung hatte
dann diese Hypothese erfahren durch Gieseler, welcher an
Stelle des schriftlichen Urevangeliums ein mündliches setzte,
eine Annahme, die manchen Schwierigkeiten entging, welche
das schriftliche Evangelium betroffen, und die um so größern
Anklang fand in der Zeit, als sie mit der Wolf'schen Erklä=
rung der Genesis der Homerischen Gesänge sich nahe berührte.
Allein auch diese Traditionshypothese Gieseler's, so richtig sie
sein mochte, reichte allein nicht aus, um die Verschiedenheit
zwischen den einzelnen Evangelien nicht allein in Worten und
Wendungen, sondern in der ganzen Anordnung und in größern
Stücken zu erklären. Und hier tritt Schleiermacher ein, indem
er, namentlich gestützt auf den Prolog des Lucas, Giese=
ler's Ansicht adoptirt, ihr aber auch zugleich ein neues Mo=
ment hinzufügt. Auch er geht aus von einer mündlichen Tra=
dition, die aber nicht durch apostolische Leitung, sondern ab=
sicht= und reflexionslos entstand. Sie bildete sich gleich zu
Anfange in zwei Hauptmassen, als ein galiläischer und ein
hierosolymitanischer Traditionskreis. Diese mündliche
Ueberlieferung wurde dann aber sehr bald schriftlich fixirt
durch Aufzeichnung einzelner Theile der evangelischen Ueber=
lieferung. Diese kleinern Schriftstücke, welche Schleiermacher
Diegesen nennt, standen gleichsam in der Mitte zwischen der
mündlichen Verkündigung des Evangeliums und den spätern
größern evangelischen Compositionen. Aus der verschieden=

4*

artigen Verbindung dieser kleinen Schriftstücke und der Be=
nutzung mannichfacher Quellen ist die Differenz zwischen unsern
gegenwärtigen Evangelien zu erklären. So stehen die Ver=
faffer unserer kanonischen Evangelien den Thatsachen selbst
schon ziemlich fern, getrennt durch die beiden Mittelglieder,
die mündliche Tradition und die Diegesen. Sie sind nur die
Sammler und Bearbeiter des vorgefundenen Materials; keiner
von ihnen hat aus eigener Anschauung geschöpft, denn auch
das Matthäusevangelium rührt nicht in seiner jetzigen Ge=
stalt von dem Apostel Matthäus her, sondern führt diesen
Namen nur, weil eine von Matthäus aufgesetzte Redesamm=
lung (die λόγια) seinen Grundstock bildet. Alle drei Evan=
gelien aber tragen durchaus den Charakter von Aggregatbil=
dungen im Gegensatz zum Johanneischen, das eine von einem
Augenzeugen und Apostel verfaßte einheitliche Composition ist.
Sie gehören daher auch nicht mehr der apostolischen, sondern
der nachapostolischen Zeit an, und zwar so, daß im Mat=
thäus mehr die Elemente der galiläischen, im Lucas die der
jerusalemitanischen Tradition verarbeitet sind, Marcus aber,
von beiden abhängig, beide abwechselnd benutzt hat. Die
Facticität der Erzählungen wird bei dieser Annahme im Ganzen
festgehalten, freilich auch nur im Ganzen, denn es kann nicht
fehlen, daß in manchen Einzelheiten der Mythus Eingang ge=
funden, da „Manches aus trüben Quellen hinzugeflossen, wo
theils das mangelnde Gedächtniß, theils die Befangenheit der
Vorstellungen, theils die Wundersucht Alterationen hervorge=
bracht". Namentlich die beiden äußersten Punkte der evange=
lischen Geschichte, der Anfang und das Ende, sind mit my=
thischen Bestandtheilen stark zersetzt. Dagegen das Evange=
lium des Johannes, wie es unzweifelhaft apostolischen Ur=
sprungs ist, steht auch durchaus auf historischem Boden. Hier

haben wir nicht eine spätere Zusammenfügung mündlicher und
schriftlicher Ueberlieferungen, sondern Selbsterlebtes, der Augen=
zeuge tritt uns überall in der durchgehends vollkommen kla=
ren Lebendigkeit entgegen. So weit die Schleiermacher'sche
Evangelienkritik. Auch in Bezug auf die übrigen Schriften
des Neuen Testaments erhebt er manchen Zweifel und zeigt
überall selbständiges Forschen. Den ersten Brief des Timo=
theus hält er für unecht, für ein compilatorisches Machwerk
aus den beiden folgenden Pastoralbriefen; der Brief an die
Epheser ist ihm mindestens zweifelhaft; der Hebräerbrief
gilt ihm für entschieden unpaulinisch, die Apokalypse für un=
johanneisch. Den Zweifel an der Echtheit des zweiten und
dritten Johanneischen Briefs hält er für schwer zu überwin=
den; den ersten Brief Petri gibt er unbedingt preis, ebenso
den Brief Jakobi, den er für ein spätes „Machwerk" erklärt,
in dem sich ein „durchaus äußerlicher und wunderlicher Typus"
auspräge, auch viel „leerer Wortschwall aufgewandt werde".

Mit diesen Resultaten der Schleiermacher'schen Kritik
stimmt nun bei aller Selbständigkeit des Urtheils De Wette
in den Hauptpunkten überein, und er gilt mit Recht als der
letzte Abschluß, als der eigentliche Höhepunkt der mit Semler
und Eichhorn beginnenden Kritik des Kanon. Wir schweigen
hier und wol mit Recht von De Wette's Bemühungen um
die systematische Theologie, wie sie namentlich in seinen
Schriften „Ueber Religion und Theologie", in seinem „Lehr=
buch der christlichen Dogmatik", in seinem letzten Werke
„Ueber das Wesen des christlichen Glaubens vom Stand=
punkte des Glaubens" und in seinen die Ethik behandelnden
Schriften niedergelegt sind; denn, so verdienstlich auch alle
diese Arbeiten sein mögen, sind sie doch hinter denen Schleier=
macher's weit zurückgeblieben und durch sie in Schatten ge=

worfen, wie denn namentlich seine Fries'sche Psychologie, seine „Dreitheilung des Wissens, Glaubens und Ahnens" und die darauf sich gründende Lösung des Widerstreits zwischen Wissen und Glauben durch die ästhetische Erhebung, durch den bildlichen Ausdruck, bereits völlig verschollen sind. De Wette blieb auf dem dogmatischen Gebiet in einem ungelösten Dualismus stehen, in dem Gegensatz nüchterner Verstandeskritik, welche das alte Dogma zerstörte, und ästhetischen Bedürfnisses, welches dasselbe für das Gefühl wieder herrichtete. Das Unbefriedigende zeigte sich darin, daß diese Herstellung immer nur eine uneigentliche und bildliche blieb und so der Streit zwischen der strengen Wissenschaft und dem symbolisirenden Gefühl ein nie endender war. Aber so ungenügend auch diese dogmatischen Lösungen blieben, in allen Fragen der Kritik war er der gründlichste und gelehrteste Forscher der ganzen Zeit, sie übte er mit voller Meisterschaft. Er stellte das ganze gelehrte Material für diese Fragen mit größter Genauigkeit, mit gerechtester Abwägung des Für und Wider zusammen, und ging mit feinstem kritischen Gefühl auf alle Zeugnisse des Unhistorischen und Unechten, namentlich in Sprache und Stil ein. Man hat ihm von orthodoxer Seite den Vorwurf der Hyperkritik gemacht. Gewiß mit Unrecht. Denn der Charakter seines ganzen kritischen Verfahrens ist vielmehr der des parteilosen, ruhigen Erwägens, eines über alle subjectiven Interessen erhabenen richterlichen Ermessens. Auf die Genauigkeit des Verfahrens, auf die Richtigkeit aller einzelnen Positionen in dieser Rechnung kommt es ihm allein an; das Resultat der Untersuchungen soll auf diese Rechnung selbst keinen Einfluß ausüben, vielmehr nur als die Generalsumme aus ihr hervorgehen. Das Charakteristische ist bei De Wette vielmehr die Resultatlosigkeit, der Mangel an Abschluß,

das Inzweifelstehenbleiben. Die Kritik kommt sehr oft nicht
über den Zweifel, dem ein anderer Zweifel mit gleicher Stärke
gegenübersteht, hinaus. Ferner besteht das Mangelhafte dieser
ganzen Art der Kritik darin, daß sie oft bei sehr unsichern
und subjectiven Instanzen, bei reinen Geschmacks= und Ge=
fühlsurtheilen stehen bleibt. Außer den äußern Zeugnissen
für eine Schrift werden besonders die innern Merkmale der
Ursprünglichkeit, der Lebendigkeit und Wirklichkeit der Situa=
tion, aus der heraus geschrieben ist, ferner die stilistischen
Eigenthümlichkeiten für die Entscheidung zu Hülfe genommen.
So gut und richtig dies auch ist, reichen doch selten solche
Momente zu einem endgültigen Urtheile aus. Und es ist
jedenfalls ein großer, durch die neueste tübinger Schule bezeich=
neter Fortschritt, daß der historische Hintergrund, der durch=
scheinende dogmatische Standpunkt der einzelnen Schriften
schärfer ins Auge gefaßt ist. So erst wird die Kritik zu einer
objectiv=historischen. So genügt sie sich nicht damit, wie dies
bei De Wette meistens der Fall, über Echtheit oder Unecht=
heit zu entscheiden. Ein solches Resultat ist im Grunde ein
sehr dürftiges. Denn darauf allein kommt es doch nicht an,
ob der vorgesetzte Name der richtige, sondern darauf, welchem
Entstehungskreise, welcher Grundrichtung eine Schrift ange=
hört, um sie in ihrer ganzen Bedeutung zu verfolgen und im
Zusammenhange der ganzen Geistesentwickelung als einen inte=
grirenden Bestandtheil ihrer Zeit zu erkennen.

Wir sind in De Wette bis zur kritischen Spitze der
Schleiermacher'schen Theologie gekommen. Wir haben Hegel
und Schleiermacher als die beiden Hauptfactoren, als die
eigentliche Gedankensubstanz der modernen Theologie bezeichnet
und die verschiedenen Richtungen und Ausgänge dieser beiden
Schulen zu charakterisiren versucht. Ein ganz concretes Bild,

eine volle Gesammtdarstellung der modernen Theologie finden
wir in der Universität Berlin. Hegel und Marheineke,
Schleiermacher, Neander, De Wette, alle diese Repräsen=
tanten der neuen Geistesentwickelung stehen hier zusammen.
Und wenn auch De Wette infolge seines Conflicts mit der
preußischen Regierung, der durch den bekannten Brief an
Sand's Mutter veranlaßt wurde, schon 1820 Berlin verlassen
muß, Hegel erst 1818 von Heidelberg hierherkommt, um in
den Sand des norddeutschen Geistes den Samen seiner Philo=
sophie auszustreuen, so steht doch die Mehrzahl jener Männer
lange Jahre hindurch nebeneinander und erhebt die Universität
Berlin zum Brennpunkt des geistigen Lebens, der philosophi=
schen und theologischen Entwickelung Deutschlands.

Hierher strömte damals in den zwanziger Jahren bis in
die Mitte der dreißiger die Elite der theologischen Jugend,
um die letzte Weihe der Wissenschaft, um eine Anregung für
das ganze Leben zu empfangen. Und nicht Solche allein,
welche kamen, um ihr theologisches Triennium zu absolviren,
nicht in Examennoth und in der Misère der theologischen Be=
dürftigkeiten verkümmerte Menschen, sondern reifere Männer
in größerer Zahl, solche, welche schon die kirchlichen Weihen
erhalten: Vicare aus Baden, aus der Schweiz, aus Württem=
berg, Repetenten und Doctoren vom tübinger Seminar;
Männer, welche mit Eifer und Auszeichnung in ihrer Wissen=
schaft gearbeitet und die voll Ehrfurcht vor den Namen
Schleiermacher, Neander, Hegel, Marheineke nach Berlin
wallfahrteten, um mit reicherer Erkenntniß in die praktische
Wirksamkeit ihrer Heimat zurückzukehren! Es war damals die
Blütezeit unserer Theologie! Welch ein begeistertes Streben
durchdrang jeden Einzelnen, der die Schwingungen der Zeit
mitzuempfinden im Stande war; welch neue Aussichten eröff=

neten sich nach allen Seiten, wie arbeiteten die Gedanken nach
Ausdruck und Klarheit, wie drang der Geist in die Tiefen der
Erkenntniß, welch ahnungsvolle Hoffnungen einer versöhnenden
Zukunft erfüllten die Seelen! Es war dies die große, schöpferische Epoche unserer Philosophie und Theologie! Eine Zeit,
in welcher die Besten und Geistvollsten das theologische Studium erwählten, aus innerstem Wahrheitsdrang, der sonst nirgends eine Befriedigung zu finden vermochte!

Der Idealismus des deutschen Geistes stand damals
auf seinem Höhepunkte! Er war freilich noch eingehüllt in
viele Nebel, die erst später in der Zeit der zersetzenden Kritik
sich gelöst haben!

Zweites Kapitel.

Die neue Orthodoxie. Hengstenberg und die „Evangelische Kirchenzeitung".

Ehe wir darangehen, die neue Periode der Zersetzung, die mit dem „Leben Jesu" von Strauß beginnt, zu charakterisiren, müssen wir noch eine theologische Richtung besprechen, die, so repristinirend sie auch ist, doch der modernen Theologie angehört; wir müssen uns, wenn auch widerwillig, entschließen, noch eine Persönlichkeit neben jene großen Theologen Schleiermacher, Neander, De Wette, Marheineke zu stellen, der es wirklich zutheil geworden, neben ihnen zu stehen, so ungleich sie ihnen auch an Geisteskraft und Geistesadel war.

Wir brauchen wol kaum hinzuzufügen, wir meinen die berliner Orthodoxie und ihr sichtbares Oberhaupt Hengstenberg.

Man kann wol fragen, wie gehört diese Wiederherstellung der alten Orthodoxie in die moderne Theologie? Wie verdient sie es, die nur als ein seltsamer Anachronismus erscheint, aufgenommen zu werden in den Entwickelungsgang

unserer Wissenschaft? Wie kann sie, die nur ein patholo=
gisches Interesse in Anspruch nimmt, als ein geistiger Factor
mit gelten in der Geschichte der neuesten Zeit?

Es ist unleugbar, daß die Ausbreitung und praktische Be=
deutsamkeit, welche diese Richtung namentlich in unserm Vater=
lande gewonnen, sich einem großen Theile nach auf äußerliche
Mittel, auf besondere Gunst von Personen und Verhältnissen
und auf die sehr geschickte und von Anfang an berechnete Be=
nutzung dieser Gunst zurückführen läßt. Allein es wäre un=
historisch und ungerecht zugleich, so äußerlicher Erklärung allein
Raum zu geben.

Es wirkten hier mächtige Strömungen der Zeit, instinc=
tive Gewalten mit ein, die, so unklar sie auch sein mochten,
so misdeutet und misleitet sie auch wurden, auf ein praktisches
Bedürfniß zurückgingen, das seine Befriedigung erheischte. Es
hat selbst dieser Auswuchs der Theologie noch eine Art von
historischer Nothwendigkeit, es liegt selbst dieser Caricatur von
Wahrheit noch ein Wahrheitskeim zum Grunde!

So viel auch an dieser Richtung forcirt und gemacht ist,
rein erkünstelt und erheuchelt, ein bloßes Product berliner In=
dustrie, ein Absenker politischer Reaction ist sie nicht. Ich
muß noch einmal hinweisen auf jene großen Erschütterungen,
welche zu Anfang des Jahrhunderts das Leben der Völker be=
wegten, auf die Freiheitskriege mit ihren todesmuthigen
Opfern, mit ihren ernsten, tief nachwirkenden Erfahrungen.
Die Flamme der Religion, welche fast erloschen schien, war
durch sie im deutschen Volke von neuem angefacht. Diese re=
ligiöse Einkehr des Volks nach der Rettung aus großen Ge=
fahren, dieses Dankgebet, zu welchem die ganze Nation die
Hände emporhob, war der Boden, in welchen der Samen der
neuen Rechtgläubigkeit ausgestreut wurde. Es wurde ein

volksthümliches Bedürfniß ausgebeutet von theologiſcher
Beſchränktheit! Es wurde wahrhaft praktiſche Gläubig=
keit in dogmatiſche Rechtgläubigkeit umgedeutet! Es iſt
nicht rein zufällig, daß ein nicht unbedeutender Theil der or=
thodoxen Theologen den burſchenſchaftlichen Kreiſen angehört.
Namen wie Hengſtenberg, Vilmar, Krummacher, Harleß, Gue=
ricke, Heinrich Ranke, denen ſich von Nichttheologen Karl von
Raumer, Wackernagel, Stahl und H. Leo anſchließen, mögen
andeuten, wie eine Fraction der Burſchenſchaft in ihrem Stre=
ben nach Volksthümlichkeit dahin kam, eine ſolche Anwendung
dieſer Idee auf Religion und Kirche zu machen, daß ein recht
maſſives, derbes, volksthümliches Chriſtenthum im Sinne
Luther's verſucht wurde. Ihnen erſchien dieſe ganze Theologie
zu ſpiritualiſtiſch, zu dünn und feingeſpitzt, zu gefühlig und
unbeſtimmt, daß ſie wol den Gebildeten und Geiſtreichen, nicht
aber dem kräftigen und realiſtiſchen Sinne zugemuthet werden
dürfe. Und darauf kam es doch gerade an, das Volk in
Maſſe wieder mit Religion zu erfüllen! Beſtand doch in
Wahrheit noch eine tiefe Kluft zwiſchen der neuen, durch die
Häupter der Philoſophie wie der Poeſie uns zugeführten Gei=
ſtesbildung und den Bedürfniſſen des Volks! Und ſolange
dieſe Kluft nicht ausgefüllt, ſolange die neue Theologie dem
Volke nicht wirklich nahegebracht, in Fleiſch und Blut ſeines
Vorſtellens und Wollens übergegangen — ſo lange konnte man
auf die Dauer nichts entgegenſetzen jenem Streben, vom Ra=
tionalismus unmittelbar in die alte Rechtgläubigkeit zurückzu=
kehren, aus der Wüſte der Aufklärung den Weg zu ſuchen in
das gelobte Land des Zeitalters der Reformation. — Es
war dies freilich ein Sprung, aber wie weit kam man mit
einem kecken Sprunge über jenen garſtigen Graben, der in
Deutſchland die Niederung des Volks von dem Höhenzuge

seiner Literatur, von den sogenannten Geistreichen und Gebil=
deten trennt?! Und war dieser Sprung nicht viel leichter
ausführbar als der lange Umweg durch ein allmähliches Ver=
innerlichen und Vergeistigen der Volksreligion? Und gab es
nicht Repräsentanten jenes volksthümlichen Bedürfnisses, unter
welchen ich nur den Einen, Claus Harms, nennen will, bei
denen die Religion echt und ursprünglich war, wie ein frischer
Bergquell hervorströmend aus dem Innersten des Gemüths,
die ein Recht hatten, an Luther wieder zu erinnern, den Glau=
ben und die köstliche Kraft, Wirklichkeit und Kindlichkeit des
großen Reformators der verblaßten und altklugen Bildung
der Zeit entgegenzuhalten? Ich gestehe, denke ich an jenen
Mann, der die ganze nachhaltige Kraft, die ganze kindliche
Liebenswürdigkeit seines Volksstamms hineinlegte in sein theo=
logisches und kirchliches Wirken, und der dasteht wie eine ehr=
würdige Patriarchengestalt in der holsteinischen Landeskirche,
denke ich an naheverwandte Charaktere, einen Heubner, Clau=
dius, so muß ich die innere Wahrheit und Berechtigung jenes
Zurückgreifens bis auf Luther wenigstens für gewisse Naturen
zugeben.

Freilich traten noch andere und sehr widerwärtige Stre=
bungen hinzu, um die neue Orthodoxie zu befestigen. Vor
allem — der sich aller deutschen Regierungen nach den Frei=
heitskriegen bemächtigende Restaurationstrieb, der aus dem
politischen Gebiet auch auf das kirchliche übertragen wurde.
Galt es doch nach einer langen Periode der Auflösung und
des Umsturzes die aus der Revolution und den Verheerungen
des Kriegs geretteten Trümmer zu benutzen zu einem neuen
Aufbau! Galt es doch auch, die umgestürzten Mauern des
alten Zion wieder aufzubauen! Und wie viel leichter und be=
quemer war es da, die alten Fundamente aus dem Schutte

hervorzusuchen, auf den Symbolen der Reformationszeit den kirchlichen Bau aufzurichten, als ihm einen neuen, tief und sicher gegründeten Unterbau zu geben! Wie sehr mußte es da im Interesse der Regierungen, der Landesfürsten, liegen, die ja ohnehin ihr landesherrliches Episkopat sehr bureaukra= tisch verwalteten, die alten Symbole, Kirchenordnungen und liturgischen Formulare wieder hervorzusuchen, um auf ihre Autorität die Kirche zu stützen, sich auf sie als ihre sichere Rechtsbasis zu stellen!

Zu diesen Bedürfnissen und Strebungen der Zeit, welche auf eine kirchliche Restauration hindrängten, kam aber noch das vielfach Ungenügende der sogenannten Vermittelungstheo= logie. In der Schleiermacher'schen Schule selbst waren ja, wie gezeigt, die Neigungen zur Rechtgläubigkeit ziemlich stark; in den Neander'schen Unbestimmtheiten und in seiner ganz will= kürlichen Gefühlskritik konnte sich niemand auf die Länge hal= ten; Schleiermacher selbst aber war zu vielseitig und dialek= tisch, zu scharf und durchschneidend und zu wenig geneigt, ein= fache und abschließende Resultate zu geben, als daß die Zahl seiner eigentlichen Schüler, solcher, welche das mühsame Rin= gen um die Wahrheit mit ihm durchzumachen und sich eine eigene Ueberzeugung zu erkämpfen entschlossen waren, eine große hätte sein können. So kam es, daß die Gefühlsgläu= bigkeit zur Rechtgläubigkeit überging, daß, als der geistige Aufschwung matter wurde, das praktische Bedürfniß aber nach festen kirchlichen Institutionen, nach dogmatischen Formeln größer, jener Rückfall in die alte Orthodoxie eintrat.

Die Anknüpfung für diese Richtung gab merkwürdiger= weise der ihr aus frühern Zeiten feindliche Pietismus. Die pietistischen Kreise, die sich von Spener und Francke her, die herrnhutischen, die sich von Zinzendorf in den Stürmen der

Zeit erhalten hatten, in kleinen Gemeinden und Conventikeln, in Westfalen, im Wupperthal, am Rhein, in der Schweiz und Würtemberg, sie bildeten die Wortführer der neuen Recht=gläubigkeit. Die Conventikel = und Missionsanstalten waren es, in denen dies Geschlecht heranwuchs. So ist denn auch eine eigenthümliche Verbindung des Pietismus und der Or=thodoxie das Charakteristische der ganzen Art. *) Die Einsei=tigkeit der alten Orthodoxie sollte überwunden, der Reinheit der Lehre sollte die Innigkeit des Gemüthslebens, der objec=tiven Rechtgläubigkeit die subjective Gläubigkeit hinzugefügt werden. Die neue Orthodoxie ist, wenigstens in ihrem ersten Auftreten, so voll Sündenbewußtsein und Sündengenuß, wie es nur der frühere Pietismus war; sie hält andererseits so hohe Stücke auf die Reinheit der Lehre und auf die Erhal=tung der Symbole, wie nur die alte Orthodoxie gethan. — Freilich, und darin gerade offenbart sich diese Orthodoxie als die moderne, ist sie gar nicht so altgläubig, wie sie gern sein möchte. Sie ist vielmehr überall durchzogen von den Anschauungen und Gedanken der Gegenwart, sie ist angefressen von dem Gifte der Philosophie, welche sie bekämpft, und während sie sie im Innern verabscheut, schmückt sie sich mit den Formen ihrer Bildung. Und das gerade gibt ihr den pikanten Beigeschmack, darin liegt für sie die Möglichkeit, sich mitten in die neue Zeit hineinzustellen. So machte die „Evan=gelische Kirchenzeitung" in ihrer Bekämpfung des ältern Supra=naturalismus demselben zum Vorwurf, daß er das „im=

---

*) Freilich hat sich Hengstenberg in dem sehr interessanten Vorwort des Jahrgangs 1840 dem Pietismus losgesagt und dessen Schwächen rücksichtslos aufgedeckt; er gesteht indeß selbst ein, daß auch er zu An=fang die Ansicht getheilt habe „von dem Pietismus als etwas durchaus Großem und Herrlichem, als einer Fortbildung der Reformation".

manente" Verhältniß Gottes zur Welt nicht kenne, daß er
alles, was auf dies immanente Verhältniß führe, sogleich als
Pantheismus verschreie und gar keinen Sinn habe für das
„In ihm leben, weben und sind wir". Und sie wußte,
namentlich in den beiden ersten Decennien ihres Bestehens, sich
überall einen speculativen Schein und Anflug zu geben, von
dem „Anknüpfen des Uebernatürlichen an das Natürliche"
u. dgl. mehr zu reden. Mit Einem Worte, die Rechtgläubig=
keit trat nicht im demüthigen Armensünderkleide, sondern im
modischen Costüm einer sogenannten speculativen Weltanschauung
auf. Und sie eignete sich von den Hegel'schen Theologen, einem
Marheineke, Daub u. s. w., die souveränen Verachtungs=
phrasen gegen den flachen und verschollenen Rationalismus
vollkommen an. Diese Erscheinung erinnert sehr bestimmt an
den katholischen Jesuitismus, dessen Lebenskunst darin vor=
zugsweise besteht, sich in die Formen der modernen Bildung
zu hüllen, um sie eben dadurch in ihrem Inhalt desto sicherer
und vollkommener vernichten zu können. Denn diese neue
Orthodoxie ging allerdings gleich zu Anfange auf nichts Ge=
ringeres aus, als uns um alle Früchte echter Bildung und
Humanität, um alles freie und schöne Geistesleben zu brin=
gen. Alle großen und classischen Producte der Kunst und der
Wissenschaft, an denen sich der deutsche Geist seit einem hal=
ben Jahrhundert erhoben, sollten in den Staub getreten, sie
sollten vom Standpunkte der kirchlichen Erbsündenlehre beur=
theilt und dadurch in ihrem wahren Werthe, als glänzende
Laster, erkannt werden. Es sind besonders zwei Punkte, an
denen die schroffen Forderungen der neuen Orthodoxie im
Unterschiede von dem frühern, milden Supranaturalismus deut=
lich hervortreten. Einmal ist es die Betonung der alten Erb=
sündenlehre, wie sie in der Formula concordiae fixirt und

von den Dogmatikern des 17. Jahrhunderts überliefert ist.
Die Lehre von der völligen Verderbniß der menschlichen Natur,
in welcher auch kein Funke des Guten, nicht einmal die Empfänglichkeit für das Göttliche übrig geblieben. Dieser praktischen Erstorbenheit geht die theoretische zur Seite, die völlige
Verfinsterung der menschlichen Vernunft, ihre Unfähigkeit, göttliche Dinge zu erfassen und über sie zu urtheilen. Das Gegen-
stück zu jener Sündenlehre bildete daher der andere Hauptpunkt in dem neuen System, die mechanische Inspirationslehre. Jene ist die nothwendige Voraussetzung, die Folie von
dieser. Je dunkler die Todesnacht des menschlichen Geistes,
desto strahlender ist die Offenbarung des göttlichen, je unfähiger
der Mensch zur Mitthätigkeit, desto ausschließlicher ist die
göttliche Action.

Die Inspiration der heiligen Schriften in diesem abstracten, alle menschliche Mitthätigkeit vernichtenden Sinne
hatte zu ihrem letzten Zweck die Vergötterung des Kanon,
das unbedingte Festhalten an dem Buchstaben der Schrift und
an der Echtheit aller einzelnen Schriften; — den Haß und
die Proscription aller historischen Kritik. Dies war
das Gebiet, wo die neuetablirte Orthodoxie am meisten zu
kämpfen und auszurotten fand, wo der Acker der modernen
Theologie ganz von neuem umgepflügt werden mußte. Denn
gerade hier hatte die Schleiermacher-Neander'sche Vermittelungstheologie den seit einem Jahrhundert datirenden gelehrten
Forschungen so manche Concessionen gemacht. Die ganze Inspirationslehre war unterminirt, zu einem organischen Proceß, einem lebendigen Ineinanderwirken des göttlichen und
menschlichen Geistes geworden, wobei denn naturgemäß auch
der menschliche Irrthum nicht ausgeschlossen blieb. Die Kritik
der einzelnen Schriften hatte vieles schwankend gelassen,

manches angezweifelt, die feste Grenze zwischen dem Kanoni=
schen und Unkanonischen aufgehoben. Wo war da die abso=
lute und untrügliche Autorität der Schrift geblieben, wenn
nicht diese Schrift als ein Ganzes, in allen ihren einzelnen
Stücken, ja bis auf Wort und Buchstabe als ein Unantast=
bares, dem menschlichen Fürwitz Entzogenes dastand! Der
laxen Inspirationslehre und der nachgiebigen Kritik der Ver=
mittelungstheologie wurde nun der Grundsatz entgegengestellt:
Entweder alles retten, oder alles preisgeben. Wird dem
Zweifel auch nur an Einem Punkte Raum gegeben, wird auch
nur in Bezug auf Eine Schrift oder Eine Stelle des Kanon
die Unechtheit oder Ungeschichtlichkeit eingeräumt, dann ist die
Grenzlinie zwischen dem Göttlichen und Menschlichen ver=
wischt, dann frißt der Krebs des Unglaubens rettungslos
weiter, dann ist das Fundament des Glaubens untergraben.
Es steht daher nicht diese oder jene Kritik, nicht diese oder
jene Philosophie mit dem Christenthum im wesentlichen Wider=
spruch, sondern jede Art der Kritik, jeder Versuch der Philo=
sophie. Und nur die Kritik ist die wahre, welche keine mehr
ist, welche annimmt, statt zu forschen, nur die Philosophie ist
zu ertragen, welche sich beugt unter das göttliche Wort, und
sich dahin resignirt, das, was der Glaube feststellt, nach=
träglich zu stützen und zu bestätigen.

Wie weit die Consequenzen dieser Proscription aller echten
und freien Wissenschaft gingen, zeigte sich sehr bald. Man
scheute sich nicht von dem Standpunkte der dürftigsten Bil=
dung und des rohesten Dogmatismus aus über die erhabensten
Werke des menschlichen Geistes Gericht zu halten, und es
waren nicht nur die Röhr, Wegscheider und Gesenius, welche
unter dem Henkerbeil Hengstenberg's verbluteten, nein,
auch die Goethe und Schiller, die Jacobi und Schleier=

macher wurden im Armensünderhemd vor das Glaubens=
tribunal geschleppt.

Das, was bei solchem Beginnen der Zeit imponirt hat,
sind, wie schon gesagt, einmal die pietistischen Accorde, welche
hier angeschlagen und die für tiefere Frömmigkeit ausgegeben
wurden, dann die praktische, auf die Bedürfnisse des Volks
berechnete Richtung, 'endlich der Schein der Consequenz, der
Festigkeit und Sicherheit der Basen, auf welche sich die neue
Orthodoxie stellte. Und zu diesen positiven Momenten kamen
nun noch die negativen: die wissenschaftliche Ermattung und
Abspannung, welche auf die Periode ·der philosophischen Ueber=
spannung und Ueberreizung folgte, das Schwanken und der
unklare Synkretismus der Vermittelungstheologie. Männer
mehr praktischer Art, denen es vor allem auf ein sicheres
Resultat, auf eine handfeste, greifbare Wahrheit ankam, auf
eine unbestreitbare Rechtsbasis, die nicht nach einem innern
und tiefern Zusammenhang der Erkenntniß strebten, sondern
sich durch eine oberflächliche Verstandesconsequenz imponiren
ließen — solche Naturen wurden leicht zu der mit so lautem
Geschrei und mit so vollem Selbstgefühl sich anpreisenden
Rechtgläubigkeit hinübergezogen. Feinere und geistigere Natu=
ren dagegen, mit schärfern Organen für die Wahrheit aus=
gerüstet, wurden desto stärker abgestoßen von der innern
Roheit und Hohlheit, von dem Mangel an wissenschaft=
ichem Gewissen, welches sich in dem ganzen Treiben dieser
Partei kund gab.

Aber — überschauen wir nun einmal die Streitkräfte
derselben. Es unterscheiden sich leicht drei Reihen. In erster
stehen die strengen Lutheraner älterer Zeit, die Altluthe=
raner, welche ich hier schon und sehr bestimmt von den Luthe=
ranern jüngsten Datums als den Neulutheranern unter=

schieben wissen will. Sie sind die consequentesten, die ortho=
doxesten, die reinsten in ihren Intentionen, die rückhaltlosesten,
nicht allein in ihrer Opposition gegen den Rationalismus und
Pantheismus, sondern auch, was sehr betont werden muß,
gegen das Staatskirchenthum und die herrschende Staats=
macht. — Ich nenne Männer wie Scheibel, Rudelbach,
Guericke, Heubner, Harms, denen sich unter den Laien Huschke
und Steffens anschließen. Das strenge Lutherthum, wel=
ches sie gegen die Unionsstrebungen der Zeit als einen heiligen
Schatz bewahren wollen, ist in der That die letzte Conse=
quenz der orthodoxen Partei. Denn die Wiedererrichtung
der ursprünglichen und ältesten Grundlagen der
Orthodoxie, die Wiedererweckung der symbolischen
Lehre, in einer Zeit dogmatischer Auflösung und Gleich=
gültigkeit, das war doch offenbar der Grundgedanke derselben.
Und zu dieser symbolischen Lehre gehörten doch ohne Zweifel
die Controverslehren der beiden Confessionen, zur Erhaltung
des Altprotestantismus gehörte doch auch die Erhaltung der
Sonderkirchen und der Sonderbekenntnisse, in welche die Re=
formation schon in ihrem Anfange zerfiel und in denen sie
praktisch wie theoretisch sich verfestigte.

Ein Theil dieser Männer nun: diejenigen, welche im
preußischen Staate wirkten und angestellt waren, kamen in
Conflict mit der Staatsregierung, welche bekanntlich unter
Friedrich Wilhelm III. die Union nicht allein begünstigte, son=
dern auch kirchenregimentlich kraft des königlichen Summepisko=
pats durchsetzte, und zwar an einzelnen Punkten, wie nament=
lich in Schlesien, nicht gerade auf die zarteste und mildeste
Art. Die neue von den Hofbischöfen Friedrich Wilhelm's III.
aufgesetzte und unter seiner eigenen Mitwirkung entstandene
Agende, zunächst nur für die Domkirche (seit 1821) bestimmt,

dann im ganzen preußischen Staate eingeführt (seit 1830),
stellte die Befestigung und Besiegelung der Union durch einen
neutralen Abendmahlsritus fest, und so wurde denn der
Agendenstreit in den Unionsstreit unmittelbar hinein=
gezogen.

Männer nun von der dogmatischen Richtung der neuen
Orthodoxie waren vollkommen berechtigt, einer Union entgegen=
zutreten, welche ihren Glauben gefährdete, indem sie die Be=
stimmungen als gleichgültige, als neutrale, beiseite setzte,
welche für sie ein wesentliches Glaubenselement ausmachten,
indem sie namentlich bei der ordinatorischen Verpflichtung der
Geistlichen nicht die lutherischen Symbole, sondern die refor=
matorischen, „soweit sie übereinstimmten", zu Grunde legte.
Ja! man darf noch weiter gehen: Männer dieser dogmatischen
Richtung, die in der reformirten Lehre eine Verstümme=
lung und rationalistische Abschwächung der Wahrheit sahen,
waren nicht allein berechtigt, sondern auch in ihrem Gewissen
verpflichtet zu einem ernsten Protest gegen eine vom Staate
beliebte Aenderung des Bekenntnißstandes, und endlich, wenn
alles Protestiren erfolglos blieb, zur Separation von der
Staatskirche.

Dennoch war die Zahl Derjenigen, welche unter Fried=
rich Wilhelm III. sich in die Opposition stellten, nicht so
groß, und Männer wie Scheibel, Guericke, Heubner in Wit=
tenberg, sind hier trotz aller dogmatischen Beschränktheit in
Ehren zu nennen als solche, welche der Wahrheit, soweit
sie dieselbe erkannt, und nicht der Macht die Ehre gaben,
welche unter Christenpflicht etwas Anderes als den unbe=
dingten Gehorsam unter die Obrigkeit, eine heidnische Ver=
götterung der Staatsgewalt, verstanden.

Es war damals allerdings nicht so gefahrlos, die Fahne

des Lutherthums zu erheben, wie heute. Es war damals das Lutherthum ein Martyrium, welches heute zu einem Mode= artikel geworden; es wurde damals die Bekenntnißtreue mit Zurücksetzung jeder Art und mit Entsetzung bestraft, welche heute die fettesten Pfründen und höchsten Kirchenämter ein= trägt, es waren damals die strengen Bekenner den Macht= habern unbequeme Starrköpfe, welche heute von ihnen auf= gesucht und mit allen Ehren geschmückt werden; es schmolz damals die kleine Zahl der Treuen immer sichtbarer zusam= men, während heute das von der Sonne der Staatsgunst be= schienene Geschlecht der jungen Lutheraner mitten aus dem Bo= den der unirten Kirche hoch aufschießt, sodaß schon der jüngste Student der Theologie, von den Windeln der Wissenschaft her, wenn er sonst nur ein wenig von der Witterung versteht, sich zum unverfälschten Lutherthum bekennt. Damals, wie gesagt, war die Zeit der Prüfung, und sie war es, welche den Bruch zwischen der orthodoxen Staatstheologie und den Märtyrern des Lutherthums hervorrief. An der Spitze der Staats= theologie stand Hengstenberg. So geschickt er auch sonst zwischen den Klippen des berliner Fahrwassers hindurchzuschiffen ver= stand, hier scheiterte seine Klugheit; so sicher er sich auf dem glatten Boden der Staatstheologie bewegte, in diesem Unions= kampfe strauchelte er; hier offenbarte sich, wie sehr er auf Fleisch und Blut, wie wenig er auf den Geist vertraute. Denn nun, da es darauf ankam, mit dem Bekenntniß und der Bekenntnißtreue Ernst zu machen, nun, da aller Augen auf den Führer der neuen Rechtgläubigkeit gerichtet waren, erklärte er in seiner „Kirchenzeitung" (Jahrgang 1835, Vor= wort), daß die Differenz zwischen den beiden Confessionen in der Abendmahlslehre unwichtig sei, daß „die Vermengung von Theologie und Glaube sich stets räche", daß, „wenn

das Herz von Nebensachen voll, die Hauptsachen darin keinen
Platz mehr finden", daß, „was Gott (in der Union) verbun=
den habe, nicht wieder geschieden werden dürfe". Er, der,
in der reformirten Kirche geboren, ausdrücklich sich zur luthe=
rischen bekehrt hatte; er, der den Unterschied des Wesentlichen
und Unwesentlichen nie anerkannt, weil er den festen Zusam=
menhang des Glaubens zerstöre; er, der den Glauben immer
nur als den Bekenntnißglauben in seiner dogmatischen Gestalt
gefaßt und die gefährliche Distinction zwischen Religion und
Theologie verabscheut hatte! Er, der erklärte Parteimann,
wußte jetzt so trefflich zu reden von „dem Verderblichen des
Parteiwesens", von der „Verengung des Gesichtskreises durch
das beständige Hinschauen auf einen und denselben Punkt",
von den großen, gemeinsamen Interessen am Reiche Gottes,
vor denen die Parteistreitigkeiten zurückweichen müßten. Er,
der sonst recht gut wußte, daß das bewußte und absichtliche
Neutralisiren und Abschwächen einer Glaubenswahrheit da,
wo sie zu bekennen ist, der Verleugnung gleichkomme, und
ebenso gut, daß durch die Calvinische Abendmahlslehre eine
rationalistische Tendenz hindurchgehe, daß der Sacraments=
begriff hier in einer spiritualistischen Auflösung begriffen sei,
— er sah über alle diese ernsten Bedenken leichten Muthes
hinweg und nichts hörte man bei dieser Gelegenheit von den
sonst so unausweichlichen Wendungen, daß „man nicht an
Einem Joch mit den Ungläubigen ziehen dürfe", daß „das
Licht keine Gemeinschaft mit der Finsterniß habe", „Christus
nicht mit Belial stimme" u. s. w. *)

---

*) Wie die Union recht eigentlich die Achillesferse der Hengstenberg'=
schen Orthodoxie ist, wie hoch die Zweckmäßigkeit über die Wahr=
heit, die Macht über das Recht gestellt wird, wie schwankend die

Dafür aber wurde besto nachdrücklicher gewarnt, und
dies ist charakteristisch für die ganze Richtung der „Staats-

---

Bestimmungen über das Fundamentale und Nichtfundamentale des Glaubens sind, dafür liefert das glänzendste Zeugniß das in vieler Beziehung
merkwürdige Vorwort zur „Evangelischen Kirchenzeitung" vom Jahre
1844. Der Leser wird in einer beständigen Schaukelbewegung gehalten, sobaß sich zuletzt alle Begriffe verwirren, Recht und Unrecht, Wahrheit und Unwahrheit ineinander übergehen. Zuerst wird ausgeführt,
daß von einer auf „legitime" Weise vollzogenen Union in Preußen
nicht die Rede sein könne. Dann aber wieder soll Denen entgegengetreten werden, welche die Union unterminiren oder sprengen wollen,
als solchen, „die wider Gott streiten". Denn die Union sei ein „Factum", sie sei in „Besitz". Die Zahl ihrer Freunde befinde sich in
großer Majorität und es sei alle Aussicht vorhanden, daß der „Besitz
sich einst zum Recht gestalten werde". Noch deutlicher wird der Sinn
dieser Worte an einer andern Stelle (Vorwort zum Jahre 1847), wo
ganz naiv erklärt wird, die Union sei damals, als die „Evangelische
Kirchenzeitung" ihren Lauf begonnen, „so mächtig vom Kirchenregimente
beschützt gewesen" und so tief in das Leben der Kirche eingedrungen,
daß unbedingt gegen sie aufzutreten, einem Verzichten auf die Wirksamkeit
in der Landeskirche gleich gewesen wäre. Außer dieser sehr praktischen
Erwägung und diesem Parteiergreifen für die „Macht des Kirchen-
regiments", für die „Majorität" und den „Besitz" begegnen wir
in dem erstgenannten Aufsatz (vom Jahre 1844) einer Menge von Reflexionen über Fundamentales und Nichtfundamentales, über die Principien des Protestantismus, über die Verpflichtung auf die Symbolischen Bücher, über die „freie Bewegung in der Theologie", welche vielmehr nach Pietismus oder Gefühlstheologie als nach Rechtgläubigkeit
schmecken, und die viel besser einem Neander, als einem Hengstenberg
anstehen. So — wenn darauf gedrungen wird, daß die „kirchliche Behörde bei der Verpflichtung auf die Symbolischen Bücher der Zeit Rechnung zu tragen habe", daß in „einer Zeit der Gährung und des Ueber-
gangs die Aufgabe die sei, der Kirche zunächst ihre Haupt- und Grundlehren, die allen christlichen Kirchen gemeinsamen und dann die von der
Rechtfertigung aus dem Glauben und was mit ihr unmittelbar zusammenhänge, zu erhalten". — Wenn Hengstenberg endlich zu dem Schlusse

religion" und „Staatstheologie", vor dem Streben nach
Emancipation der Kirche vom Staat, nach einer organischen,
auf den Grundlagen der Presbyterien und Synoden sich aufbauenden Kirchenverfassung, vor der Verwerfung des landesherrlichen Summepiskopats und des liturgischen Rechtes des
Fürsten. Hengstenberg hat zu allen Zeiten in seiner „Evangelischen Kirchenzeitung", von dem Vorwort des Jahrgangs
1832 bis auf die Gegenwart, an diesem Dogma der Staatskirche festgehalten und jedenfalls fester als an dem lutherischen Sonderbekenntniß! Und weiß er auch hier nicht, wie
sonst, den Schriftbeweis aus dem Alten wie dem Neuen Testament zu führen, muß er vielmehr zugeben, daß das Neue
Testament und die apostolische Kirche von unsern kirchlichen
Souveränetätsrechten des Landesfürsten und unserer Consisto-
rialverfassung sehr weit entfernt sind, so läßt er sich doch dadurch nicht irren; er meint vielmehr, „man dürfe nicht den
Maßstab des Neuen Testaments auf die gegenwärtige empirische Kirche anwenden; da in dieser die Zahl Derer, welche
vor Baal die Knie nicht gebeugt, so gering sei, daß sie keinen

---

kommt, die Union sei nicht allein möglich und unbedenklich, sondern auch
wünschenswerth, ja! „der Herr selbst habe in seinem hohepriesterlichen
Gebet für sie gebetet"; so mag man sich wohl wundern, daß er nun
wieder zu Denjenigen gehört, welche die Union unterminiren, also
„wider Gott streiten", welche diese „unbedenkliche und wünschenswerthe"
Einigung, „für die der Herr selbst gebetet", zu einer ganz illusorischen
zu machen bemüht sind. Wir wundern uns nicht darüber, die wir
seinen praktischen Sinn erkannt haben und in allen jenen Schlangenwindungen und wundersamen Freisinnigkeiten nichts Anderes sehen als
die beiden leitenden Gedanken seiner ganzen Redactionsthätigkeit: 1) Keinen Conflict mit der Staatsmacht! 2) Vernichtung des Rationalismus um jeden Preis, mit Beseitigung aller sonstigen Bedenken!

Anspruch zu machen haben auf das Privilegium der Heiligen,
sich ihre Hirten selbst zu wählen". Er geht überhaupt nir=
gends auf das Wesen der Kirche, auf den Grundcharakter des
religiösen Lebens zurück, um von hier aus die Fragen nach
der Verfassung der Kirche zu entscheiden, er genügt sich an den
alleroberflächlichsten Gründen der Zweckmäßigkeit und des
gemeinen Parteiinteresses. Er führt mit anerkennenswerther
Naivetät aus, wie sich die rechtgläubige Partei viel besser
stehe bei der landesherrlichen Herrschaft über die Kirche und
bei dem Consistorialregiment, und wie dasselbe nie dazu schrei=
ten werde, die Bekenntnißschriften anzutasten oder gar abzu=
schaffen; wie man dagegen von einer Synodalregierung Alles,
auch das Schlimmste erwarten könne, am meisten von einer
Synode, die aus lauter Geistlichen bestehe, da dann „die ra=
tionalistischen Geistlichen wie eine Riesenschlange den Leib der
Kirche umschlingen würden". Solche Befürchtungen gehören
freilich einer längst vergangenen Zeit an, dafür ist aber in
den letzten Jahren, seit 1848, die Furcht vor dem Laien=
element eine desto stärkere geworden, sodaß der Kampf für
Consistorialregierung und fürstliches Episkopat mit noch grö=
ßerer Leidenschaftlichkeit geführt wird. Diese Gründe äußerlicher
Zweckmäßigkeit in den tiefsten Fragen, dieser Kleinglaube in
Bezug auf die siegreiche Macht der Wahrheit und dieses
Vertrauen auf die unterstützende Staatsmacht sind ein sehr be=
deutsames Kennzeichen der ganzen Partei. So viel sie auch
von der Schmach Christi spricht, sie kennt und liebt das Mar=
tyrium nicht. So sehr sie auch mit Principien prunkt, die
Zwecke stehen höher als die Principien, und die Zweckmäßig=
keit höher als die innere Wahrheit!

Zu der großen Zahl dieser Staatstheologen gehören vor
allem die berliner Berühmtheiten unter den Predigern und

Würdenträgern der Kirche, denen sich eine große Masse von namenlosen, aber eifrigen Männern in den Provinzen anschlossen, die der „Evangelischen Kirchenzeitung" ihre Berichte über das kirchliche Leben hier oder dort, über das Verderben des Rationalismus und vor allem die Denunciationen über einzelne rationalistische Persönlichkeiten, zur Herzenserbauung Vieler, einsandten.

In die wissenschaftliche Theologie griff damals diese Richtung noch wenig ein. Nur das Alte Testament, wo die Schwierigkeit der Sprache und die Entfernung der Zeiten spielende Willkür am ehesten begünstigte, wo durch die rabbinische Theologie und die allegorisirende Methode der Kirchenväter und Scholastiker bereits vorgearbeitet war, wurde von Hengstenberg selbst und ihm verwandten Geistern, einem Hävernick und Stier, im Sinne gläubiger Schriftforschung bearbeitet, freilich nicht im Geschmack der Zeit, die diese rabbinisch-rabulistische Auslegung der messianischen Stellen des Alten Testaments, diese Beweise für den Mosaischen Ursprung des Pentateuch u. s. w. nur noch mit Staunen und Lächeln betrachtete. Erst später wurden, wenn auch das Alte Testament die Lieblingswissenschaft dieses erneuten Judaismus blieb, die einzelnen Disciplinen der Theologie von dieser Richtung mehr und mehr durchdrungen, und durch die Gunst der Zeit ist es dahin gekommen, daß einzelne deutsche Landesuniversitäten, wie Erlangen und Rostock, jetzt recht eigentlich lutherische Facultäten und sich selbst für echte Lutheraner haltende Theologen aufzuweisen haben.

Aber wir haben hiermit schon einer spätern Entwickelung dieser Richtung vorgegriffen und müssen noch einmal zurückkehren, um die dritte Fraction der Orthodoxen zu betrachten, die sich der zweiten anschließen und sie als Mitarbeiter unterstützen, ohne doch dieselben Ausgänge der Bildung zu haben wie sie. Ich meine die sehr einflußreiche und bedeutende Coterie der orthodoxen Dilettanten. Ich rechne hierher Männer wie Göschel, Leo, Gerlach, Huber, Stahl. Der geistig bedeutendste unter ihnen, das eminenteste Sophistentalent, ist offenbar Stahl. Diese Männer sind es, denen die „Evangelische Kirchenzeitung" das Relief einer gewissen Geistreichigkeit mit verdankt, welche ihr mannichfache Elemente der modernen Bildung zugeführt und auf welche vorzugsweise die Bemerkung von vorhin zu beziehen ist, daß die Orthodoxie zu Anfang einen Beigeschmack des modernen Geistes hatte, mit Philosophie prunkte, sich in allerlei Tiefsinnigkeiten hüllte. Freilich immer mit dem Zusatz: dies sei die christliche, die gläubige Philosophie. Dies Bestreben gehörte der Zeit an, da man der Philosophie, die die allgemeine Geistesatmosphäre war, noch nicht ganz entbehren konnte, da das Geistreiche und Tiefsinnige von der Romantik her in besonderm Credit stand, da man mit diesen Instanzen vornehmlich den Rationalismus in den Staub geworfen. Seitdem hat sich freilich manches geändert. Die Philosophie ist eine gefallene Größe, mit der die wahrhaft Gläubigen nichts mehr gemein haben. Göschel, der einst so redselige, Goethe, Hegel und die Bibel zu Einer Glaubenstrias vermittelnde, hat in späterer Zeit, lange vor seinem Tode, seinen philosophischen Sünden abgeschworen, den flatternden Philosophenmantel abgelegt und sich tiefer in die theologische Kapuze eingehüllt; auch Stahl, der einst sein Heil im Neo-Schellingianismus fand, hat seit seiner Berufung nach Berlin den Träumen der Jugend entsagt, sich in einem festen lutherischen Glauben eingerichtet und die Umkehr der Wissenschaft gepredigt. Aber dessenungeachtet waren diese Laienbrüder für die beginnende Rechtgläubigkeit von großem, unleugbarem Werthe. Die meisten waren Juristen, und es ist gewiß nicht zufällig, daß die theologisirende Ju = risterei der Orthodoxie zu Hülfe kam, daß sie vorzugsweise es unternahm, die alt = symbolische Kirche wieder aufzubauen. Denn darauf gerade kam es an, die juristische Seite der Frage bei diesem Kampfe der Paläologie mit der Neologie aufs schärfste zu betonen; ja! die religiöse Ueberzeugung und die wissenschaftliche Durchbildung dieser Ueberzeugung auf juristische Kategorien, auf die Begriffe des zu Recht Bestehen= den, der historischen Rechtsbasen, zurückzuführen. Gibt man einmal diese Prämissen zu, daß die Kirche eine bindende Rechts= anstalt und nicht eine freie, sich fortbildende Geistesgemein= schaft, daß sie eine Gesetzes = und nicht eine Evangeliumskirche ist, daß ihre äußern Normen höher stehen als ihre innern Bezeugungen, ihre vergangenen Bekenntnisse ihre wahren Be= kenntnisse sind, nun, — dann folgen die Consequenzen leicht; dann wird ein Jeder aus der Kirche herausgedrängt, der nicht mehr den alten Besitztitel des Symbolglaubens nach= weisen kann.

Aber — gehen wir nun endlich daran, die Wirksamkeit der „Evangelischen Kirchenzeitung" etwas näher zu betrachten und fassen wir demnach auch die Person ihres Herausgebers etwas schärfer ins Auge. Hengstenberg erscheint schon im Jahre 1824 als Privatdocent der Theologie in Berlin. Er hat in Bonn studirt, dort vorzugsweise sich mit orientalischen Studien beschäftigt, er verfolgt hier eine freisinnige Richtung und ist auch in die burschenschaftlichen Verbindungen und Untersuchungen mit verflochten. Aber er wendet bald diesen Bestrebungen den Rücken, er geht nach Basel (1823), wo nach kurzem, unter dem Einfluß der dortigen Missionsanstalt, seine Bekehrung erfolgt. Er kommt nach Berlin. Hier be=

ginnt schon damals eine nicht unbedeutende pietistische Partei
ihren Einfluß bis in die höchsten Kreise hin geltend zu machen.
Es fehlt ihr nur noch an einem literarischen Vorkämpfer, an
einem öffentlichen Organ. Hengstenberg stellt sich entschlossen
an ihre Spitze und steigt durch ihre Macht rasch empor. Er,
der wissenschaftlich so gut wie gar nichts geleistet, der nur
noch eine Abhandlung „Ueber das Verhältniß des innern
Wortes zum äußern" (1825) und eine andere „Ueber Mysti=
cismus, Pietismus und Separatismus" (1826) geschrieben,
wird 1826 außerordentlicher, 1828 ordentlicher Professor der
Theologie, neben Schleiermacher und Neander!! Im Jahre
1827 beginnt er die Redaction der „Evangelischen Kirchen=
zeitung". Aber — man muß gestehen, er faßt seine Aufgabe
von Anfang an scharf ins Auge und löst sie mit ebenso gro=
ßem Geschick als Eifer. So roh seine Theologie, so empörend
sein System des Anklagens, Verdächtigens und Spionirens,
sein Drängen nach Ausstoßen aus der Kirche, so geschickt ist
seine Taktik, er kennt den berliner Boden, auf dem er ope=
rirt, sehr genau, und er weiß in jedem einzelnen Falle sehr
wohl, wie weit er gehen darf, wann er vom Tone des don=
nernden Propheten, den er so glücklich zu treffen versteht, wieder
in einen sanftern und rücksichtsvollern einzulenken hat — mit
Einem Worte, sein Motto ist: „Seid klug wie die Schlangen."

Wenn man jetzt die „Evangelische Kirchenzeitung" liest,
mit den stereotypen Berichten über das kirchliche Leben hier
oder dort, über die Kirchenvisitationen und die Gnadenströme,
welche hier geflossen, über die strengere Feier des Sonntags
und die nothwendigen Reformen des Ehescheidungsgesetzes, oder,
wie in dem neuesten Stadium, wider Union und berliner
Oberkirchenrath u. s. w., so findet man wol eine Aufzeich=
nung und einen Widerhall all der kirchlichen Agitationen und

all der versuchten Schöpfungen, an denen unsere Zeit so
reich ist und in denen sie sich so zeugungsunfähig erweist, —
aber nur ein sehr blasses Bild erhält man von der Bedeutung, welche dieses Blatt einst hatte in der Periode ihres
heißesten Kampfes und ihres wildesten Terrorismus, — das
ist in den Jahren 1835—48. Seitdem hat die Ueber-
gewalt der politischen Bewegung an ihrem Marke gezehrt und
viel von ihrem polemischen Gifte auf andere Gebiete hinübergeführt. Seitdem hat das Aufhören der Gefahr ihren De-
nuncianteneifer erschlafft und ihr Talent für pikante Anekdoten
abgeschwächt; mit Einem Worte: sie ist langweilig geworden. Wie ganz anders damals, als die Welt noch so reich
an handgreiflichem Unglauben, an Rationalismus, Pantheismus und Communismus war, und als diese Zeitung das geistliche Obertribunal vorstellte, welches den weitesten Kreis nicht
blos religiöser und theologischer, sondern auch socialer und
politischer Fragen in den Bereich seiner Anklagen und Verfolgungen zog. Vom Schiller-Goethe'schen Briefwechsel bis
zu den Wahlverwandtschaften, von der Giftmischerin Gottfried
und der Cholera als einer Zuchtruthe Gottes, von der Reha-
bilitation des Fleisches durch das Junge Deutschland, von
Aken's Menagerie und der Hegel'schen Philosophie, von Char-
lotte Stieglitz, Rahel und Bettina, von Steffens' „Novel-
len" wie von Eugen Sue's „Geheimnissen" unternahm dieses
Blatt, nicht zu reden oder zu berichten, nein, sie zu verurtheilen und zu verdammen, ein Auto da Fé herzustellen,
das, wenn auch nur geistiger Art, nicht mit geringerm Fanatismus ins Werk gesetzt wurde als einst die Ketzerverbren-
nungen der katholischen Kirche.

Der Grundgedanke, das Ziel alles Verklagens und Verdächtigens ist offenbar: Ausrottung der Ketzerei, Ver-

nichtung der ganzen rationaliſtiſchen Grundrichtung,
dieſes Wort in der weiteſten und verwegenſten Bedeutung ge=
nommen. Denn nicht der Theologie und Philoſophie allein
galt der Kampf, nein! auf eine Umbildung der ganzen Lebens=
anſchauung, auch auf dem äſthetiſchen und ethiſchen Gebiet
war es abgeſehen! Wahrlich ein Gedanke werth eines Inno=
cenz III. oder Loyola, ein Gedanke, der, wenn er nicht ſo
roh wäre, groß genannt werden könnte! Eine Umbildung
unſerer geſammten modernen Welt= und Lebensbetrachtung
nach der Erbſündenlehre des 16. Jahrhunderts; eine Beur=
theilung unſerer claſſiſchen Poeſie von Leſſing und Herder bis
auf Schiller und Goethe nach dieſem Sündenkanon; eine
Widerlegung unſerer neuen ſich wie Glied an Glied mit inne=
rer Nothwendigkeit anſetzenden philoſophiſchen Syſteme durch
vereinzelte Stellen aus dem Neuen oder gar dem Alten
Teſtament!

Dennoch imponirte dieſe Art und Weiſe! Das Wort
Gottes als Prüfſtein, die Symboliſchen Bücher, auf welchen
unſere Kirche errichtet und auf welche unſere Geiſtlichen noch
immer verpflichtet werden, dieſe feſten Grundlagen, von denen
auch nicht ein Haar breit gewichen werden ſollte — vis-à-vis
der allerdings vielfach zerfahrenen, von der Aufklärung er=
ſchlafften, von der Romantik her in moraliſche Fäulniß über=
gegangenen Zeit — wie ſollte das nicht vielen annehmbar
erſcheinen, namentlich vielen der jüngern theologiſchen Gene=
ration, denen die tiefere Geiſtesbildung zur Beurtheilung
ſolcher Erſcheinungen abging! Es wurde ja ſo gar leicht
gemacht, mit dieſen der eigenen Beſchränktheit im Wege
ſtehenden Heroen fertig zu werden, die man nun nicht mehr zu
ſtudiren, ſondern nur zu verdammen brauchte.

In der Theologie iſt es nun zuerſt der alte Rationalis=

mus, der einer systematischen Verfolgung unterliegt. Er wird
als ein wissenschaftlich zurückgekommener Stahdpunkt charakte=
risirt und ihm gegenüber viel von einer tiefern Theologie
der neuen Zeit geredet! Als ob die Hengstenberg'sche Ortho=
doxie den Rationalismus widerlegt hätte oder überhaupt wider=
legen könnte! Als ob nicht diese tiefere Theologie wesentlich
auf der modernen Speculation, auf den Schleiermacher'schen
und Hegel'schen Grundgedanken ruhte, von denen Hengstenberg
selbst wie jene ganze Partei nur die oberflächlichste Kunde
hatte, und welche von ihr nur utiliter zur Verhöhnung des
Rationalismus angenommen wurden. Der Rationalismus war
in der That längst überwunden, als die neue Orthodoxie an
dies Geschäft heranging, und sie hat nichts gethan als den
Ueberwundenen gehöhnt und mit Füßen getreten, sie hat über=
haupt nie einen wissenschaftlichen Gang mit ihm gemacht,
sondern nur für die praktische Ausrottung desselben, für das
Anschwärzen, Zurücksetzen und Absetzen der einzelnen rationa=
listischen Persönlichkeiten Sorge getragen. Indessen mußte
man auch bei dieser Thätigkeit zuerst noch immer schonend zu
Werke gehen. Erst im Jahre 1830 wurde der offene Angriff
auf die beiden Hauptvertreter des Rationalismus, Wegscheider
und Gesenius, unternommen. Es ist schon erwähnt, wie
Neander solchem Beginnen mit aller Kraft entgegentrat und
laut protestirte gegen die alleinseligmachende Dogmatik Heng=
stenberg's und gegen das neue Papstthum, welches in Berlin
aufgerichtet werde.*) Neander's Stimme fiel damals noch

---

*) Er sprach von „der alleinseligmachenden Dogmatik, die
allen verschiedenen eigenthümlichen theologischen Richtungen Maß und
Ziel setzen wolle, die es leicht habe, consequent zu sein, weil sie schnell
abschließe und fertig sei, ohne im sauern Kampfe mit sich selbst das

schwer ins Gewicht, der ganze Absetzungsversuch scheiterte, die „Evangelische Kirchenzeitung" erlitt eine schwere moralische Niederlage. Neander, früher unter ihren Mitarbeitern mit aufgeführt, sagte sich nun feierlich von jeder Gemeinschaft los, ihm folgte mit einer ähnlichen Erklärung sein Freund Steudel in Tübingen. Theologen wie Ullmann, Schott, Baumgarten= Crusius gaben in demselben Sinne ihre Stimme ab.

Es ist charakteristisch bei diesem Zusammenstoß zwischen Neander und Hengstenberg, daß jener der „Evangelischen Kirchenzeitung" den Vorwurf macht, theils Hefte, theils münd= liche Aeußerungen von Studirenden zu Anklagen gegen ihre Lehrer benutzt und so das Vertrauen zwischen Zuhörer und Lehrer untergraben zu haben. Die Antwort Hengstenberg's darauf ist eines Schülers Loyola's würdig, sie lautet: „Das Vertrauen eines christlichen Studirenden der Theologie zu einem rationalistischen Lehrer derselben ist nicht Pflicht, son= dern Sünde."

Indessen gingen die Anklagen und Verdächtigungen wei= ter. Dinter und De Wette, Bretschneider, Ammon, Röhr, David Schulz waren es vorzugsweise, auf die wiederholt hin= gewiesen wurde, wobei man nicht versäumte, die für die da= malige Zeit sehr wirksame Bemerkung mit einfließen zu lassen, die Rationalisten gehörten mit den politischen Demagogen in Eine Klasse, während die Rechtgläubigen die festeste Stütze

Gewissen der Wahrheit immer offen zu halten, die, wie sie aus Be= schränktheit hervorgehe, sich leicht mit anmaßendem Absprechen und Geistesträgheit paare". — Er sprach ferner von „dem neuen Papst= thum, das die Geister, die Gott geschaffen in unendlicher Mannich= faltigkeit und deren Leitung er sich vorbehalten, am Gängelbande führen zu können meine".

des Thrones seien. Auch Schleiermacher wurde zu Ende
seines Lebens von dieser Partei aufs stärkste angetastet, als
dialektischer Taschenspieler und Jesuit gebrandmarkt.

Aber das alles war nur noch der Anfang. Den Höhe=
punkt der Ketzerrichterei erstieg dieses Blatt erst seit dem Er=
scheinen des „Lebens Jesu" von Strauß, im Kampfe gegen
die kritische Schule Baur's, gegen Rothe's Lehre von der
Kirche, gegen den Pantheismus Hegel's und den Atheismus
Feuerbach's. Bei Gelegenheit des Strauß'schen Werkes erhob
Hengstenberg seine Stimme am lautesten, um im Prophetentone
das Wehe über die gottlose Wissenschaft auszurufen und zur
Wachsamkeit gegen sie zu mahnen. Mit Jeremias rief er aus:
„Ach! daß ich Wasser genug in meinem Haupte hätte und
meine Augen Thränenquellen wären, daß ich Tag und Nacht
beweinen möchte die Erschlagenen in meinem Volk, denn es
sind eitel Ehebrecher und ein frecher Haufe." Der ganze Geist
der Zeit ist grundverdorben, Theologen und Nichttheologen,
Denker und Dichter, Schiller, Goethe u. s. w. Sie sind
allzumal vom Samen des Ehebrechers und der Hure und ar=
beiten im Reiche der Finsterniß. Besonders aber ist es das
Ungethüm des Pantheismus, welches alle Religionen in seinen
Molochsarmen erdrückt. In ihm ist die Weissagung vom
Menschen der Sünde erfüllt, der sich als Gott in den Tem=
pel setzt, in ihm das Ende aller Religionen. Selbst im Fe=
tischdienst ist noch mehr religiöser Gehalt als in diesem System.
Es ist eine Teufelslehre, ein Ischariothismus u. s. w. u. s. w.

Hier könnte ich Hengstenberg sammt seiner Kirchenzeitung,
soweit er den historischen Hintergrund zu der neuen mit Strauß
beginnenden Bewegung bildet, billig verlassen; aber, da er
noch mitten in der Gegenwart steht, und, wenngleich unter
sichtlichem Verfall seines Ansehens, noch immer mit laut tönen=

6*

der Stimme, mit Drohungen, Verketzerungen und Orakeln
alle Entwickelungen der Kirche begleitet, mag es gestattet sein,
um mit dieser widerwärtigsten und unheilvollsten Figur der
ganzen neuern Theologie, mit diesem verfolgungssüchtigen
kirchlichen Demagogen, der einem Hochstraten gleich das
Inquisitionshandwerk treibt und dabei glauben machen möchte,
er sei ein Prophet im großen alten Stil, ein unbeugsamer
Mann Gottes — ein für allemal fertig zu werden; —
manches vorweg zu nehmen, was schon der folgenden Geschichte mit angehört.

Ich habe schon angedeutet, wie diese ganze neu etablirte
Orthodoxie ihre Hauptstütze an der nach den Freiheitskriegen
beginnenden politischen Restauration hatte. Die widrige, alle
echte Religiosität im Innersten vergiftende Verbindung von
Religion und Politik gehört zu den charakteristischen Zeichen
dieser Partei. Hengstenberg selbst hat bei all den verschiedenen Tonarten, die er je nach der politischen Situation, unter
einem Friedrich Wilhelm III., Friedrich Wilhelm IV. und
Wilhelm I. anzuschlagen wußte, doch immer nur geschwankt
zwischen dem äußersten politischen Servilismus und einem
leidenschaftlichen Demagogenthum. Er war es, der von allen
Unterthanen, und namentlich von den Geistlichen, die uneinge-
schränkteste Hingebung an die bestehende Obrigkeit forderte
und alle, die es wagten, diesem Gehorsam ihre gewissenhaften
und ernstlichen Schranken zu setzen, als Revolutionäre brand-
markte. Er lehrte, daß man auch der wunderlichen Obrigkeit
gehorsam sein müsse, und es den Unterthanen so wenig wie
Kindern gezieme, den väterlichen Willen des von Gott gesetzten
Fürsten zu kritisiren. Das vierte Gebot wurde überall auf den
Gehorsam gegen die Obrigkeit ausgedehnt und dieser Gehorsam
nach der willkürlichen Erklärung von Römer XIII, 1, als ein

ganz bedingungs = und ausnahmsloser gefaßt, als ob die
Stellen der Schrift: „Ihr sollt Gott mehr gehorchen als den
Menschen", und „Werdet keines Menschen Knechte" gar keine
Bedeutung mehr hätten. In diesem Sinne wahrhaft heid=
nischer Vergötterung der absoluten, mit Recht und Gesetz
Hohn treibenden Gewalt der Fürsten scheute er sich nicht in
unerhörtem Cynismus bis zu den äußersten Consequenzen fort=
zugehen; trotz der sehr ernst und stark sich erhebenden Stimme
Dorner's (auf dem Stuttgarter Kirchentage) und des ehr=
würdigen Claus Harms, die abgesetzten Prediger Schleswig=
Holsteins Aufrührer zu schelten, die Räuberbanden in Neapel
als die „Getreuen" zu feiern, Italien als die offene Wunde
am Leibe Europas zu bezeichnen, ja sogar für die ameri=
kanischen Sklavenzüchter des Südens Partei zu ergreifen. In
diesem Sinn erklärte er bei den neuesten Conflicten zwischen
der Regierung und dem Abgeordnetenhause Preußens, daß die
volle Autorität der von Gott geordneten Obrigkeit zu den
heilsamsten Lebensordnungen gehöre, daß das Abgeordneten=
haus, wenngleich es auch ein Stück der obrigkeitlichen Gewalt
für sich in Anspruch nehme, doch sich nicht gegen die „eigent=
liche" (!!) Obrigkeit erheben dürfe, und daß die Kirche an
diese „eigentliche" Obrigkeit durch alle Bande der Dankbar=
keit geknüpft sei, d. h. in jedem Streit auf ihre Seite treten
müsse! Ja! er trug kein Bedenken auszusprechen, daß es Um=
stände geben könne, in denen es nicht blos Recht, sondern auch
Pflicht sein würde, diesen oder jenen Artikel der Verfassung
„einseitig" (d. h. doch verfassungswidrig) zu ändern, „ob=
gleich der Eid auf sie so heilig sei, wie alle andern
Eide". Der letzte Satz, absichtlich dunkel gehalten, ließ, wie
leicht zu erkennen, die sehr böse Erklärung zu, daß dieser Eid
auf die Verfassung um nichts heiliger sei als jeder andere.

Wie völlig verändert nach Ton und Inhalt lautete da=
gegen diese Theorie von der göttlichen Autorität der Obrig=
keit während der Jahre 1858—60, der sogenannten „neuen
Aera"! Das Wort des damaligen Prinz=Regenten von der
„Heuchelei", welcher die Maske abgerissen werden solle, hatte
tief ins Herz getroffen. Das Vorwort zur „Evangelischen
Kirchenzeitung" des Jahres 1859 beginnt mit den Worten:
„Verflucht ist der Mann, der sich auf Menschen verläßt und
hält Fleisch für seinen Arm." Dann heißt es weiter: „Ver=
laßt Euch nicht auf Fürsten, die sind Menschen und können ja
nicht helfen", denn „seit Salomo sein Herz andern Göttern
zugeneigt und damit den Giftkeim in sein Volk gelegt, bietet
das Verderben unter demselben den Anblick einer stätigen Ent=
wickelung dar". Das vierte Gebot ist, wie es scheint, ganz
vergessen oder bis auf weiteres suspendirt. Von dem „Stell=
vertreter Gottes", zu welchem früher der Herrscher, nach by=
zantinischer Weise, emporgehoben, ist nicht mehr die Rede. Viel=
mehr gestattet sich der getreue Unterthan alle Bosheit in ver=
steckten Andeutungen und nicht mißzuverstehenden Verdächtigun=
gen. Natürlich alles unter Psalmensingen und prophetischen
Reden. Nicht er redet ja, es ist der Mund Gottes selbst, wie
bei den alten Propheten. Und so stellt er denn sehr verständ=
lich gegenüber „die Religion der Loge und die Religion der
Kirche", und schließt endlich unter Drohungen eines Massen=
austritts der Gläubigen aus der Staatskirche.

Fast stärker noch wurde die Erhitzung des frommen
Mannes, als unter dem Ministerium Bethmann=Hollweg die
preußische Regierung es wagte, den unerträglichen Conflict
zwischen den geistlichen Behörden und den bestehenden Landes=
gesetzen in der Ehescheidungsfrage durch eine Vorlage über
die Einführung einer facultativen Civilehe zu beseitigen und

die Dissidenten von den kleinlichen polizeilichen Plackereien, denen sie bis dahin preisgegeben waren, zu befreien. Ein solches Unterfangen galt als ein Eingriff in das Allerheiligste des Glaubens; eine solche Gewissensfreiheit für Andersgläubige als eine unerhörte Verletzung des Gewissens der Alleingläubigen! Nun appellirte man an das Gewissen! das heißt an die Herrsch= und Privilegiensucht der bis dahin begünstigten Partei. Nun war die Zeit gekommen, des ganz vergessenen Wortes zu gedenken: „Ihr sollt Gott mehr gehorchen als den Menschen", und daran zu erinnern, daß man der Obrigkeit nur so lange Gehorsam schuldig sei, als sie Gottes Willen (nach seines Propheten Hengstenberg Erklärung) thue, daß, wenn die Anweisungen des „Machtgebers" und seines „Bevollmächtigten" einander widersprechen, die Vollmacht als aufgehoben zu betrachten, und daß in solchem Falle nicht nur die Aufhebung des Einzelnen erlaubt, nein! daß es auch Gewissenssache sei, alle Genossen zur Empörung aufzurufen. In solchem Sinne wurde die Protestation der „Evangelischen Kirchenzeitung" (Jahrgang 1859, Nr. 27) geschrieben, in welcher über die gewaltsamen „Eingriffe in die Rechte der Kirche", über das „Preisgeben der evangelischen Landeskirche" laute Klage erhoben wurde und schließlich nicht nur an die Einzelnen, sondern auch an die Vereine, Conferenzen und Synoden die Aufforderung erging, für den Schutz und die Selbständigkeit der evangelischen Kirche einmüthigen Protest einzulegen. Mit Recht nannte von Bethmann-Hollweg die Gesinnung, aus welcher dieser Protest geboren, „revolutionären Fanatismus", der zur Auflehnung gegen die geordneten Autoritäten in Staat und Kirche aufforderte. Und dennoch, bei aller fanatischen Glut des Wächters über Zion, eine für diesen modernen Elias sehr charakteristische, immer nur in in=

directen Hetzereien sich herauswagende Sorglichkeit für die
eigene Person! War es wirklich so dringend nöthig, zum
Schutze der Kirche alle frommen Bundesgenossen aufzurufen;
warum geschah dies nicht direct und mit dürren Worten, warum
so indirect und versteckt, in Wendungen wie „wir hoffen und
sind in der guten Zuversicht" u. ähnl.? Warum anders,
als — um den eigenen Rücken vor den Streichen des Staats=
anwalts zu decken?! So bleibt es also dabei: das an=
gemaßte Prophetenthum Hengstenberg's ist nichts
anderes als ein charakterloses Schwanken zwischen
politischem Servilismus und kirchlicher Demagogie!

Noch eine Frage wollen wir hier sogleich zur Erledigung
bringen, die, über den wissenschaftlichen Werth der größern
theologischen Werke Hengstenberg's. Es läßt sich nicht leug=
nen, daß hier ein außerordentlicher Aufwand von Gelehrsam=
keit und ein eigenthümlicher talmudistischer Scharfsinn in Be=
wegung gesetzt wird, um das von vornherein fertige Resultat
zu beweisen. Aber diese Gelehrsamkeit ist eine so wunderliche,
der Scharfsinn so ganz der schlechtesten Advocatenart, das
Wahrheitsgewissen so völlig durch den Parteieifer verdunkelt
und vor keiner Abgeschmacktheit zurückschaudernd, daß ohne
Uebertreibung gesagt werden darf: Von all diesen gelehrten
Untersuchungen über die verschiedensten Schriften des Alten
und Neuen Testaments; von dieser „Authentie des Penta=
teuch", und „Christologie des Alten Testaments", von diesen
Commentaren über die Psalmen, das Hohe Lied, die Offen=
barung des Johannes u. s. w. wird für die Nachwelt, außer
allerlei gelehrten Einzelheiten und Seltsamkeiten, keine dauernde
Frucht übrig bleiben, die Erforschung des Alten Testaments
wird von all diesen orakelnden Großsprechereien keinen Ge=
winn haben, als die Erinnerung an eine große Verirrung;

ja! in 20—30 Jahren wird niemand mehr im Stande sein, diese Schriften ernstlich zu studiren, durch all diese Verworren= heiten eines ungesunden Scharfsinns sich hindurchzuarbeiten!

So steht denn auch jetzt schon Hengstenberg, obgleich um seine „Evangelische Kirchenzeitung" noch immer eine ansehnliche Pastorenzahl scharend, in seiner wissenschaftlichen Stellung fast ganz allein; Männer wie J. Chr. Hofmann in Erlangen, Kahnis, Delitzsch, Baumgarten, Kurtz haben sich längst von ihm losgesagt und nur die beiden Judenchristen Phi= lippi und Keil folgen noch seiner Fahne. Nicht nur der un= erträgliche Despotismus, den er auch hier ausübte, überall den gefährlichen „Rationalismus" witternd; das „General= Pächter=Bewußtsein theologischer Autorität", wie Kurtz es ihm vorwarf; auch die geistlos verknöcherte Art, in der er rabbi= nische Exegese trieb, die übertriebenste Inspirationslehre, wie nur er sie noch festhielt, die völlige Abstumpfung des wissen= schaftlichen Gewissens gegen alle historisch=kritischen Forschungen der Gegenwart führte alle diejenigen, welche noch freierer Be= wegung fähig, in andere Bahnen. So konnte Kahnis ihm mit allem Recht vorhalten, daß diese Gattung von Ortho= doxie, wie er sie treibe, neben welcher die Kirchenväter und Reformatoren als überfreie Leute erscheinen, zur „vollen= deten Unnatur" führe; daß er in seiner Inspirationslehre nicht allein über Luther, sondern auch über die lutherischen Dogmatiker des 16. und 17. Jahrhunderts, welche doch noch zwischen protokanonischen und deuterokanonischen Schriften unterschieden, weit hinausgehe; daß er alles geschichtlichen Sinnes bar und ledig sei; daß er als letzten Grund jeder Kritik den Unglauben ansehe und ihm daher von vorn= herein die Bestreitung der Echtheit einer Schrift oder der Geschichtlichkeit einer Erzählung in ihr mit Unglauben zu=

sammenfalle; daß er endlich überall, in vollkommen katho=
lischer Auffassungsweise, die Kirche als eine mächtige Festung
hinter sich habe, auf welche er sich berufe, in deren Namen
er verurtheile und excommunicire. So könnte Kurtz seine
wissenschaftliche Methode dahin charakterisiren: „Dr. Heng=
stenberg hat eine Entschlossenheit, nur das in der Schrift
zu finden, was er nach seinen Voraussetzungen, Theorien und
Vorurtheilen darin finden wollte, an den Tag gelegt, wie sie
in unserer Zeit beispiellos dasteht." — Die Beweise solcher
„vollendeten Unnatur", der abgeschmacktesten Erklärungen gan=
zer Bücher und Schriften, wie einzelner Stellen in ihnen,
liegen in so zahlloser Menge vor, daß es schwer wird, Ein=
zelheiten auszuwählen. Ich erinnere nur an die bekannte
Erklärung der Offenbarung des Johannes und des hier ge=
weissagten tausendjährigen Reichs, welches er mit Karl dem
Großen beginnen und mit dem Jahre 1800 enden läßt; an
die fast einem schlechten Witz ähnlich sehende Deutung des
Gog und Magog auf die Demagogie der neuen Zeit und
Revolution des Jahres 1848; an die Erklärung des Hohen
Liedes, nach welcher der wollüstige König Salomo zum Vor=
bilde des Erlösers erhoben, sein Harem als Spiegel des von
Christo verkündeten Gottesreichs auf Erden gedeutet wird.
Nach welcher die 60 Königinnen in Salomo's Frauengemach
die christlichen Hauptnationen, die 80 Kebsweiber die unter=
geordneten Völkerschaften, die Jungfrauen ohne Zahl da=
gegen die noch nicht in das Reich des himmlischen Salomo
eingetretenen Völker bezeichnen sollen. Nach welcher Salomo
in seiner weiblichen Umgebung eine „Abschattung" höherer
Verhältnisse erkannte und es überhaupt bei dieser Vielwei=
berei auf eine symbolische Vorausdeutung des Reiches Christi
abgesehen hatte.

Hier kommt es zu wirklichen Tollhäuseleien, zu einer Art von Parteiwahnsinn, und Bunsen hat recht, wenn er diese Erklärung des Hohen Liedes für einen Schimpf Deutschlands, für ein Aergerniß, welches der ganzen gebildeten Welt gegeben, erklärt.

Und doch, bei aller Entschlossenheit, auch vor dem Irrsinn nicht zurückzuweichen, bei allen Künsten des Zurechtmachens der Wahrheit, bei aller „Entschiedenheit", deren Hengstenberg sich so laut rühmt — doch noch immer nicht die rechte Entschiedenheit; selbst hier bei dem gefeiten Antikritiker ein unbewußtes Eindringen der Kritik, ja des alten rationalistischen Giftes! — Ich erinnere daran, wie Hengstenberg in der Kritik ihm ganz unerlaubte Concessionen macht, z. B. einen mit Assaph's Namen überschriebenen Psalm einem spätern Nachkommen des Assaph zuschreibt, den Prediger Salomonis für das Werk eines nach-exilischen Schriftstellers erklärt, der Worte im Geist des Salomo ihm in den Mund gelegt; wie er behauptet, die Gefäße, welche die Israeliten beim Auszuge aus Aegypten entwandten, seien ihnen von den Aegyptern selbst geschenkt worden, Jephta habe seine Tochter nicht geopfert, sondern nur als Nonne Gott geweiht, wie er aus der Geschichte Bileam's das Reden des Esels hinwegdeutet und für eine bloße Vision des Propheten erklärt, wie er mit der alten kirchlichen Vorstellung von der Prophetie sich in offenbaren Widerspruch setzt, wenn er behauptet, daß die Propheten nicht nur eine unvollständige und fragmentarische Schilderung der Zukunft gaben, sondern auch ein gänzliches Zurücktreten der Zeitbestimmungen, eine Verlegung der fernen Zukunft in die Gegenwart, eine bildliche Darstellung, in der das Zukünftige nach dem Bilde des Gegenwärtigen geschildert ist, bei ihnen anzunehmen sei, und wenn er in speculativ-

klingender Göschel'scher Manier viel von der „Idee" redet
und behauptet, die Weissagung beruhe auf der „Idee" und
beziehe sich aus diesem Grunde auf alle die Vorfälle, in denen
sich die Idee darstelle, die Weissagung des Joël von den Heu=
schrecken z. B. auf alle Strafgerichte über die entartete jü=
dische oder christliche Theokratie, die Weissagung Matth. XXIV
nicht allein auf die Zerstörung Jerusalems und das Weltge=
richt, sondern auch auf alles Dazwischenliegende. Fast naiv
rühmt Hengstenberg von dieser Theorie, man könne bei ihr
alle historischen Beziehungen stehen lassen, da der Prophet
nach derselben Verschiedenes und verschiedenen Zeiten Angehö=
rendes verbinde. In Wahrheit besteht der Vortheil darin, daß
diese Auslegungsart die bequemsten Mittel an die Hand gibt,
um zahllose Hinterthüren zu eröffnen, Unerfülltes zu recht=
fertigen, den Unterschied zwischen den Hoffnungen der Pro=
pheten und der wirklichen Erscheinung Christi auszugleichen,
um den Merkmalen des spätern Ursprungs einer Schrift glück=
lich zu entschlüpfen, mit Einem Wort, um jeder Willkür des
Auslegers Thor und Thür' zu öffnen. Und eine solche bis
zum gewissenlosesten Spiel mit dem Inhalt der Schrift fort=
gehende Willkür, solche zügelloseste Subjectivität nennt dieser
demüthige Mann „Vertiefung" in die Schriften der Offen=
barung, „Beugung unter das Wort Gottes", „Ausziehen der
Schuhe, da wo heiliges Land ist"!!

Zweites Buch.

Der historisch-kritische Proceß.

Erstes Kapitel.

Strauß' „Leben Jesu" und die Gegenschriften.

―――――――――

Suchen wir jetzt noch einmal die theologischen Zustände im Jahre 1835 kurz zusammenzufassen. In der Hegel'schen Schule finden wir noch viel unklares speculatives Gähren mit entschiedener Vorliebe für die Orthodoxie. Die sogenannte rechte Seite der Schule ist in unbestrittener Herrschaft. Hegel ist in der Anwendung der Idee der Menschwerdung auf das historische Christenthum noch sehr unbestimmt und misverständlich, seine theologischen Schüler dagegen sind sehr geneigt, die Menschwerdung als eine einmalige und specifische auf die Person Jesu von Nazareth zu beschränken. Dabei in diesen Kreisen fast gar keine Spur von Kritik. Weder Neigung noch Uebung. Ganz allein stehend und in seinen letzten kritischen Intentionen nur dem nächsten Kreise seiner Schule bekannt, Baur in Tübingen. In der Schleiermacher'schen Schule die zersetzende und reinigende Skepsis des Lehrers bald vergessen, die Anknüpfungen an den Positivismus vorherrschend, die Wunder, wenn auch möglichst eingeschränkt und in ihrer Bedeutung für die Religion herabgesetzt, doch nicht mit Entschiedenheit zurückgewiesen. In der Kritik überall Halbheit, Unsicherheit,

Vermittelungsstreben. Zwischen Authentie und Nichtauthentie der einzelnen Schriften, zwischen Geschichte und Mythus ein bedenkliches Schwanken. Die Inspirationslehre unterminirt, überhaupt das Verhältniß des Göttlichen zum Menschlichen wesentlich alterirt.

Und allen diesen Unklarheiten, dieser zögernden Kritik, dieser umgebildeten Christologie, allen diesen Vermittelungen des alten Glaubens mit der modernen Weltanschauung gegenüber, die entschlossene Partei der Altgläubigen, Philosophie wie Kritik höhnend, auf ihre Consequenz und auf die alten Rechtsgrundlagen der Kirche pochend!!

Und nun waren die Häupter der modernen Theologie heimgegangen; 1831 war Hegel, 1834 Schleiermacher von dem Schauplatz des Wirkens abgetreten. Es schien, als ob Aussicht auf langen Frieden sei, denn die Streitigkeiten zwischen den Hegelianern und den Schleiermacherianern über Begriff und Gefühl und über den Primat des einen oder des andern betrafen doch nur die Form, nicht den Inhalt des Glaubens; der alte Rationalismus war gestürzt und fast in allen seinen Ueberresten beiseite geschafft; die Hengstenberg'sche Rechtgläubigkeit, obgleich manchen schon unbequem und widerwärtig, wurde doch als ein heilsames Gegengift gegen den Unglauben anerkannt. Es schien wirklich, als ob der neuen Vermittelungstheologie die Zukunft gehöre und die tiefere Versöhnung von Glauben und Wissen nun nicht wieder gefährdet werden könne.

Da brach das Wetter herein von einer Seite, von welcher es niemand erwartet hatte. Ein junger tübinger Magister, ein Repetent des alten ehrwürdigen theologischen Stifts, an dem die Bengel, die Storr, die Flatt und Steudel gelehrt, ein Mann, der mit dem ganzen Ernst und der Gründ-

lichkeit seiner schwäbischen Natur Theologie und Philosophie stu=
dirt, an Hegel und Schleiermacher sich gebildet, war es, der die
Brandfackel der Kritik mitten in die Feste des Glaubens hinein=
schleuderte. Es war ein Mann, der bei dem allgemeinen Rausche
der Hegel'schen Speculation nüchtern geblieben, der durch die
Verwirrungen und Illusionen der Zeit mit klaren Sinnen hin=
durchgegangen, der den Verstand nicht verloren vor lauter Vernunft.
Der außerdem ein Meister war in der Form, der in ästhetischer
Abrundung und Vollendung mit sicherster Herrschaft über den
Stoff seinen Gegenstand wie ein Werk plastischer Kunst hinstellte.

Es ist keine Frage, diese Vollendung der Form ist es
vorzugsweise gewesen, welche den Eindruck des „Leben Jesu"
von Strauß zu einem so erschütternden gemacht. Man hat
demselben vielfach vorgeworfen, daß es eigentlich gar nichts
Neues enthalte, nur eine genaue Zusammenstellung alles dessen,
was die letzte Periode der historischen Kritik erarbeitet, gebe.
Aber man hat nicht bedacht, daß man damit ein großes Lob
ausspreche. Denn das gerade ist das Eigenthümliche aller
epochemachenden Werke, daß sie wie die reife Frucht abfallen
von dem Baume der Erkenntniß, daß die ganze Vergangenheit
an ihnen mit gearbeitet hat. So auch an dem „Leben Jesu"
von Strauß. Es ist ebenso sehr ein Product der Vergangen=
heit, als es dieselbe über sich hinaushebt, indem es sie zum
Abschluß bringt. Es laufen hier die Fäden aller bisherigen
kritischen Forschungen über das Leben Jesu zusammen, aber
sie werden zugleich vervollständigt, geschärft, zugespitzt, zusam=
mengefaßt, auf einen Grundgedanken zurückgeführt. In dieser
Nothwendigkeit des Verfahrens, das sich wie ein Naturproceß
vollzieht, in dieser affectlosen Objectivität, mit der der Ver=
fasser gleichsam zurücktritt vor seinem Werk und nur der
Rechenmeister ist, welcher die einzelnen Posten aufführt und

zusammenzählt, lag das Imponirende oder vielleicht richtiger das Erschreckende des Buchs. Es stand mit der harten Gleich= gültigkeit des Schicksals da, es war die Schlußrechnung ge= zogen in der Kritik der evangelischen Geschichte und die In= ventur lautete auf: Bankrott. Die evangelische Geschichte war bereits von allen Seiten angenagt durch die Kritik, hier zeigte sich, sie sei bis auf den Kern zerfressen. Es war die Wirkung dieses Werks eine ungeheure.

Ein elektrischer Schlag durchzuckte die ganze deutsche Theo= logie. Seit den „Wolfenbüttler Fragmenten" und den Streit= schriften ihres berühmten Herausgebers war die theologische Welt nicht in ähnliche Aufregung versetzt worden. Das Auf= sehen, welches dieses Werk vor allem in Tübingen und Wür= temberg erregte und dessen nächstes Resultat die Entlassung Strauß' aus seiner Repetentenstelle war, verbreitete sich bald, lavinenartig anschwellend, durch ganz Deutschland und weit über seine Grenzen hinaus. Nicht nur die vier starken Auf= lagen des „Lebens Jesu", die seit dem ersten Erscheinen (1835 und 1836) binnen fünf Jahren nöthig wurden, noch mehr die ungeheure Zahl der Gegenschriften beweist die Erregung und Theilnahme von allen Seiten. Denn diese Gegenschriften bil= den eine eigene starke Literatur, in der kaum Ein theologischer Name von einiger Bedeutung fehlt und in der viele bedeu= tungslose Pastoren aus allen Gegenden Deutschlands sich her= beibrängen, ihre Stimme abzugeben, die Löscheimer ihres Glaubens zuzutragen, bei dem ungeheuern Brande, der mit den geschichtlichen Grundlagen des Christenthums sie selbst und ihre Dorfkirche einzuäschern droht. Die Widerlegungen waren demnach von sehr verschiedenem wissenschaftlichen Werth. Und Strauß hat nicht unrecht, wenn er von einer bedeutenden Zahl jener Schriften behauptet, sie seien nicht höher anzu=

ſchlagen als das Schreien von Weibern, welches bei dem
plötzlichen Fallen eines Schuſſes oft vernommen werde, —
ein Schreien, welches nicht dem Umſtande gelte, daß der
Schuß etwa gefehlt, ſondern nur dem, daß überhaupt ein
Schuß gefallen ſei.

Der Ausgangspunkt, das iſt charakteriſtiſch für dieſes
Werk, iſt ein doppelter, einmal ein ſpeculativer, dann ein
hiſtoriſch = kritiſcher. Aber beide unterſtützen ſich gegenſeitig,
und eben durch den feſten Zuſammenhang der beiden erhält
das Werk ſeine Geſchloſſenheit und Gewalt. Der ſpecula =
tive Ausgangspunkt iſt der der Immanenz von Gott und
Welt. Strauß faßte dieſe Idee ſcharf und conſequent, —
das Wirken Gottes in der Welt iſt ihm ein innerliches und
geſetzmäßiges, ein ſtetiges und zuſammenhängendes, ein ſol=
ches, welches für die Wunder, dieſe äußerlichen und apho=
riſtiſchen Eingriffe in die Welt, keinen Raum übrig läßt. Der
Widerwille gegen die Wunder, die Unmöglichkeit der Wunder
bei einer conſequent durchdachten ſpeculativen Weltbetrachtung,
war die Vorausſetzung, ja der Hauptanſtoß für die ganze Ar=
beit, von dem alle einzelnen kritiſchen Operationen beſtimmt
wurden. In dieſer Beziehung war die Kritik keineswegs eine
vorausſetzungsloſe.

Und nur ein anderer Ausdruck für dieſen Gedanken war
die Beſtimmung, daß die Menſchwerdung Gottes in Chriſto
nicht eine einzige und alleinige ſei, ſondern eine allgemeine,
daß alles, was von ihm als einzelnem ausgeſagt werde, von
dem Gattungsbegriff der Menſchheit gelte. Dieſer hiſtoriſche
Hintergrund des Werkes iſt in der bekannten Schlußabhand=
lung deutlich ausgeſprochen. Sie ſoll zugleich eine Art von
Verſöhnung, von idealer Wiederherſtellung deſſen geben, was
im vorangehenden kritiſchen Theile zerſtört iſt. Sie ſoll die

7*

Beruhigung gewähren, daß der innerste Kern des Christen=
thums von den historisch=kritischen Untersuchungen unabhängig,
daß Christi übernatürliche Geburt, seine Wunder, seine Auf=
erstehung und Himmelfahrt ideale Wahrheiten bleiben, so sehr
auch die empirische Wirklichkeit, die äußerliche Facticität in
Frage gestellt ist.

Der kritische Ausgangspunkt dagegen, von dem alle ein=
zelnen Operationen aus= und in den sie zurücklaufen, ist der
des Mythus. Das einfache Resultat ist das negative, daß
die Evangelien nicht das sind, wofür sie sich ausgeben, näm=
lich Geschichte. Daß alles in dieser sogenannten evangeli=
schen Geschichte unklar und widerspruchsvoll ist, daß der My=
thus sie an allen Punkten ergriffen hat. Strauß formulirt
selbst seine Stellung zur Vergangenheit so: Wenn die altkirch=
liche Exegese von der doppelten Voraussetzung ausging: ein=
mal, daß in den Evangelien Geschichte und dann daß über=
natürliche Geschichte in ihnen enthalten sei, wenn hierauf
der Rationalismus die zweite dieser Voraussetzungen wegwarf,
aber nur, um desto fester an der erstern zu halten, daß in
jenen Büchern lautere, wenngleich natürliche Geschichte sich
finde, so kann man auf diesem halben Wege nicht stehen blei=
ben, sondern es muß vor allem untersucht werden, ob und
wie weit überhaupt die Evangelien auf historischem Grund
und Boden stehen. Freilich, ganz genau ist es nicht, wenn
die natürliche Erklärung der evangelischen Geschichte, in
specie der Wunder, dem Rationalismus als solchem
beigemessen wird, da doch nur ein freilich sehr bedeutender
Repräsentant, Dr. Paulus, unter diese Kategorie fällt. Aber
Strauß verkennt auch nicht, daß schon vor ihm mit der my=
thischen Erklärung der Anfang gemacht; daß schon Semler die
Erzählungen von Simson und der Esther geradezu Mythen

genannt, daß dann Gabler in Jena und Schelling die Aus=
dehnung des Mythus auf alle älteste Geschichte, heilige wie
profane, vorgenommen, und daß namentlich der berühmte Phi=
lolog Heyne es war, welcher den Grundsatz festgestellt: „A
mythis omnis priscorum hominum cum historia tum phi-
losophia procedit." Er hebt ausdrücklich die Anfänge der my=
thischen Erklärung unter den Theologen: Bauer's „Hebräische
Mythologie", Vater's und De Wette's Erklärungen des „Pen=
tateuch", hervor und macht darauf aufmerksam, wie selbst
Wegscheider, der doch gewiß ein Repräsentant des Rationa=
lismus, in seinen „Institutionen" es für unmöglich erklärt,
ohne Anerkennung des Mythus das Ansehen der Bibel gegen
die Spöttereien ihrer Gegner zu vertreten.

Der Fortschritt nun, welchen Strauß diesen Anfängen
der mythischen Erklärung gegenüber sich selbst vindicirt, ist
der, daß dieselbe bis dahin weder rein, noch in ihrem gan=
zen Umfange zur Anwendung gebracht sei. Nicht rein, denn
die natürliche Erklärung ging immer noch zur Seite, nicht in
ihrem ganzen Umfange, denn nur sehr zaghaft wurde sie
geübt, anfänglich auf das Alte Testament beschränkt, später
auf das Neue übertragen, aber nur auf die Nebendinge und
das Außenwerk der Geschichte, auf den Anfang und das Ende
der evangelischen Erzählungen. So durch Schleiermacher und
die von ihm bestimmte Theologie. „Man fuhr", sagt Strauß
sehr gut, „durch das Prachtthor der Mythe in die evange=
lische Geschichte ein und durch dasselbe wieder hinaus; für
das in der Mitte Liegende aber ließ man sich genügen an
dem krummen und mühseligen Pfade der natürlichen Er=
klärung."

Die Möglichkeit für eine erweiterte Anwendung des
Mythus findet Strauß in den sehr späten äußern Zeugnissen

für die kanonischen Evangelien. Sie reichen nicht über das
zweite Drittheil des 2. Jahrhunderts hinauf. Die Apostel
waren aller Wahrscheinlichkeit nach, selbst Johannes nicht aus=
genommen, noch im ersten Jahrhundert heimgegangen. Welch
ein weiter Zeitraum also, ihnen Schriften beizulegen, die sie
nicht verfaßt! Wenigstens genügen diese in der Mitte liegen=
den 50—60 Jahre vollkommen, um der innern Kritik freie
Hand zu lassen. Und jene Möglichkeit des Mythus wird dann
zur Wahrscheinlichkeit, wenn das Wunderhafte in den Erzäh=
lungen, die unauflöslichen, nur durch die künstlichste Harmo=
nistik aufzulösenden Widersprüche zwischen den einzelnen Evan=
gelisten, die mancherlei chronologischen Schwierigkeiten, sowie
die historischen Ungenauigkeiten, die mit den Angaben der
Profanschriftsteller aus dieser Zeit nicht in Einklang zu brin=
gen sind, mit in Rechnung gezogen werden. Auch genügt es
nicht, alle diese Enanthiophonien, wie man bis dahin beliebte,
dadurch auszugleichen, daß ein Evangelist preisgegeben, ein
anderer begünstigt, sodaß Matthäus dem Lucas und dieser wie=
der, wenn es nöthig, dem Johannes zum Opfer gebracht wird.
Das heißt nur mit ungleichem Maß und Gewicht messen. Es
zeigt sich überdies bei unbefangener Betrachtung der verschie=
denen Geschichtsdarstellungen, daß alle Evangelisten in gleicher
Verdammniß sind, daß das Zeugniß des einen so viel, oder
richtiger, so wenig werth ist wie des andern. Hier wird ein
bellum omnium contra omnes geführt und nirgends ver=
mögen wir festen historischen Boden zu gewinnen.

Endlich aber erhält die mythische Betrachtung dadurch
ihren positiven Abschluß, daß die Erklärung sehr vieler Erzäh=
lungen der evangelischen Geschichte, vor allem der wunder=
haften, sich leicht und von selbst ergibt, wenn man als Schlüssel
das Alte Testament mit seinen messianischen Vorstellungen

und Hoffnungen zu Hülfe nimmt. Der rabbinische Grundsatz: wie Moses so der künftige Messias, läßt sich als die
Quelle, der producirende Gedanke sehr vieler evangelischen
Geschichten nachweisen; die Wunder des Mose, des Elias
sollten, das war die weitverbreitete Vorstellung der Juden,
von dem einstigen Messias in erhöhtem Maße erfüllt werden.
Ganz kurz: Die Messiaserwartungen zur Zeit Jesu
haben vorzugsweise die Mythen des Lebens Jesu
producirt. Das Bild des wirklichen Messias wurde durch
die Züge des geweissagten und gehofften ausgeschmückt.

Die glänzendste Partie in diesem Werk ist offenbar die
negativ-kritische: die Darstellung der innern Widersprüche,
welche sich gegenseitig aufreiben, die Zerstörung der alten
Harmonistik mit ihren kleinen Künsten, die Verfolgung derselben in alle Schlupfwinkel ihrer heillosen Verlegenheiten.
Es ist außerdem die gesammte Geschichte der Auslegung in
dies Werk mit verflochten; denn nicht allein die Widersprüche
in den Erzählungen selbst, auch die in den Auslegungen der
Rationalisten, Supranaturalisten und Schleiermacherianer werden gegeneinander in den Kampf geführt, — es ist mit bewun-
dernswürdigem Talent die ganze Masse des verschiedenartigsten
exegetischen Materials hier verarbeitet und übersichtlich geordnet.

Aber das Ergebniß ist, wie gesagt, nur ein negatives.
Es ist alles unsicher geworden. Der Mythus hat sich bis in
die volle Mitte, bis in den Kern der Erzählungen eingefressen.
Es bleibt nur ein sehr dürftiges Gerüste des Lebens Jesu als
historisch übrig. Daß er in Nazareth aufgewachsen, sich von
Johannes hat taufen lassen, daß er Jünger um sich gesammelt und im jüdischen Lande lehrend umhergezogen, daß er
sich überall der Veräußerlichung des Pharisäismus entgegengestellt und zum Messiasreiche eingeladen, daß er aber am

Ende dem Haß und Neide der pharisäischen Partei erlegen und am Kreuz gestorben — das ist ungefähr die Summe des Thatsächlichen, welche von den mannichfachsten und sinnreichsten Gewinden frommer Reflexionen und Phantasien umgeben wurde, indem alle Vorstellungen, Wünsche und Erwartungen, welche die erste Christenheit zu ihrem entrissenen Meister hatte, sich bald in Thatsachen verwandelten. Und nur aus den Reden Jesu läßt sich mit einiger Sicherheit ein fester Kern aussondern. Es gehört hierher namentlich die sogenannte Bergrede. Es waren die kernigen Worte Jesu, in ihrer kurzen gnomischen Fassung, in ihrem Gegensatz gegen den Pharisäismus, von solcher Eindringlichkeit und Behaltbarkeit, daß sie selbst durch die Flut der mündlichen Ueberlieferung nicht völlig aufgelöst werden konnten. Wohl wurden sie, aus ihrem natürlichen Zusammenhange herausgerissen und von ihrem ursprünglichen Lager weggeschwemmt, als Gerölle an Orten abgesetzt, wohin sie eigentlich nicht gehörten, aber in ihrer Substanz wurden sie nicht zerstört.

Sollen wir nun die ganze Strauß=Literatur, denn eine solche gibt es, in ihren Hauptzügen charakterisiren und in ihren wichtigsten Einwürfen zur Sprache bringen, so ist die Auswahl keine leichte. Wir beginnen mit einem der bedeutendsten Vertreter des biblischen Supranaturalismus, mit Steudel in Tübingen. Er, der Urenkel von Joh. Albr. Bengel; der Lehrer von Strauß, der Superattendent des tübinger Stifts, an welchem Strauß als Repetent angestellt ist, er, der damals berühmteste Theologe Würtembergs, hält sich vor allen verpflichtet, den durch Strauß gegebenen Anstoß zu beseitigen. Er ist der erste, welcher gegen ihn auftritt, noch vor dem Erscheinen des zweiten Bandes, mit seinem „Vorläufig zu Beherzigenden zur Beruhigung der Gemüther". Er

ist sehr empfindlich darüber, daß ein junger Gelehrter es
wagt, „aus seinem Cabinete heraus", den Supranaturalismus
veraltet zu finden. Er hebt die Bedeutung des Historischen
im Leben Jesu für die ganze Entwickelung der Kirche und des
Christenthums hervor, er bemerkt, es sei geradezu unbegreif=
lich, „daß ein gekreuzigter Jude die christliche Kirche gestiftet
habe", und will daraus erweisen, daß die Evangelien werth=
volle historische Urkunden seien, da nur sie das Auffallende er=
klären helfen, da sie zeigen, was in diesem Gekreuzigten lag
und aus ihm werden konnte und wurde.

Strauß dreht mit scharfer Dialektik die Spitze dieses An=
griffs um. Er sagt: „Ja! so viel Außerordentliches und
Wunderhaftes melden uns die Evangelisten von Jesu, daß uns
zwar der Glaube der Welt an ihn erklärlich, aber der an=
fängliche Unglaube unerklärlich ist, daß uns sein Wiederauf=
leben nicht überrascht, aber seine Hinrichtung ein Räthsel wird.
Denn nur der Gewöhnung an die evangelische Geschichte ist
es zuzuschreiben, daß wir es nicht schlechthin unbegreiflich fin=
den, wie die Juden einen Mann, der Tausende mit wunder=
bar vermehrtem Brote gespeiset, der in der Hauptstadt selbst
einen Blindgeborenen und einen seit 38 Jahren gelähmten
Menschen geheilt, der in deren nächster Nähe einen seit vier
Tagen beigesetzten Todten erweckt hatte, verwerfen und kreu=
zigen lassen konnten."

Wenn Steubel nur im allgemeinen von der Bedeutung
des Historischen im Christenthum und von der Persönlichkeit
Christi, an welche alles geknüpft sei, redet, so bemerkt
Strauß, das sei ja gar nicht der Punkt, um den sich der
Streit drehe, da er selbst ja entfernt nicht die historische Per=
sönlichkeit Christi und deren Bedeutung für seine Zeit und
Umgebung geleugnet habe. Denn in dem, was er als ein

mythisches Gewebe bezeichne, habe nie Kraft und Trost für
die Gemüther gelegen. Daß Petrus im Munde des Fisches
eine Münze fand, hätte schwerlich irgendjemand erbaut, wenn
es nicht Christus gewesen, auf den diese Geschichte bezogen
wurde. Ueberhaupt nicht die zahlreichen mythischen Erzäh=
lungen machen die Person Christi bedeutsam, vielmehr er selbst
ist es, die geistig fesselnde Macht seiner Persönlichkeit, welche
jenen oft unbedeutenden Anekdoten einen höhern Werth gibt.
Und, fährt er fort, wie wenig das Historische dieser Gattung,
d. i. die wunderhaften Aeußerlichkeiten, Werth hatte für die
Fortpflanzung des Christenthums, dafür zeugt unwidersprech=
lich derjenige Apostel, welcher mehr gearbeitet als alle andern
— Paulus. Der Eckstein, auf welchen Paulus das ganze
Christenthum erbaute, war allein Christus, der Gestorbene
und Auferstandene. Es bedurfte nicht der Erzählung von
seiner übernatürlichen Erzeugung und der Speisung der 5000,
von dem Wandeln auf dem Meere, und wie sonst die Wun=
derthaten alle heißen, welche an ihm oder durch ihn ge=
schahen, um einen Mann wie Paulus für das Christenthum
zu gewinnen. Denn, bedurfte es ihrer, warum gedenkt er
ihrer an keinem Punkte, wo er Christum nennt und preist?
Gehörten sie ihm nothwendig zum Wesen des Christenthums,
waren sie auch nur mitbedingend für die Erlösung durch den
Herrn, wie kam es, daß er dieser Facta nirgends Erwähnung
thut, da, wo er von dem Werk der Erlösung ausdrücklich
handelt? Von dieser Vertheidigung geht Strauß zum Angriff
gegen Steudel über und führt in sehr lehrreicher Art den Be=
weis, wie widerspruchsvoll und zerfahren, wie willkürlich und
gewaltsam der Standpunkt des verständigen Supranatura=
lismus sei, den sein Gegner einnehme. Namentlich an der
Interpretation der Geschichte von der redenden Eselin, von der

stillstehenden Sonne, von dem Jonas im Bauche des Wal=
fisches u. s. w. sucht er deutlich zu machen, wie bodenlos die
Willkür dieser Supranaturalisten, wie sehr dieselben vom Ra=
tionalismus inficirt, wie unbequem ihnen die Wunder in ihrer
wahren Gestalt, und wie sie überall darauf ausgehen, die
natürliche Erklärung mit zu Hülfe zu nehmen, freilich unter
dem Vorgeben, sie sei die schriftgemäße und sie allein.
Strauß schließt damit: „Unsere verständigen Supranaturalisten
stellen sich so gern mit gekrümmtem Rücken dem Herrn dar,
er solle auflegen, so viel er vermöge, sie wollen's tragen; unter
der Hand jedoch wissen sie die schwersten Stücke beiseite zu
bringen und doch den Schein der getreuen Diener und gläu=
bigen Sackträger des Herrn zu behaupten."

Eine andere und mehr gesicherte Stellung nahm die neue
Orthodoxie zum Strauß'schen Werke ein.

Ihr kam dasselbe in vieler Beziehung sehr gelegen. Sie
erklärte es für „eine der erfreulichsten Erscheinungen auf dem
Gebiete der neuen theologischen Literatur". Deshalb, weil
es der volle und unzweideutige Ausdruck alles bis dahin nur
noch unvollkommenen und unreifen Unglaubens sei. Sie er=
kannte das unschätzbare Verdienst von Strauß an, welches
darin bestehe, die Ergebnisse der Hegel'schen Philosophie mit
größter Bündigkeit ans Licht gezogen zu haben, und sie sprach
ihren unumwundenen Respect vor dieser Philosophie aus,
welche doch „ganze Leute" zu bilden verstehe.*) Freilich zeige

---

*) Das ist soviel als ganze Teufel. So wird von der Hegel'schen
Philosophie gesagt, sie habe in Strauß einen Triumph gefeiert, „ähn=
lich dem Satans, als er in Judas fuhr". Ueberhaupt wird Strauß
am liebsten mit Judas Ischarioth verglichen, da auch auf ihn das
Wort seine Anwendung finde: „Der mein Brot ißt, der tritt mich mit
Füßen."

sich auch nun erst deutlich der fundamentale Widerspruch der hochmüthigen Vernunft des natürlichen Menschen mit dem Glauben. Es zeige sich, wie Strauß nichts als die nothwendige Consequenz der neuern Kritik sei, welche, wenn auch nur in Nebendingen, dem Mythus Raum gegeben. Wer einmal sich auf diese abschüssige Bahn begeben und auch nur im geringsten den Mythus zulasse, der stehe mit ihm auf demselben Boden und könne nur durch eine willkürliche Fixirung seinen Consequenzen entgehen. Nur in völliger Umkehr von diesem Wege, nur in der Unterwerfung unter den Buchstaben der Schrift, nur in der Annahme ihrer buchstäblichen Echtheit und historischen Wahrheit sei Rettung.

Freilich will die neue Orthodoxie die alte Beweisführung verinnerlichen und vertiefen. Es kann von niemand erwartet werden, heißt es, daß er die Wunder und Weissagungen blos auf ein äußeres Zeugniß, auch das allerzuverlässigste, annehme, es muß das innere hinzukommen, „man muß von dem Aussatze der Sünde schon gereinigt sein, um an die Heilung des Aussätzigen zu glauben". Wie bedenklich diese Wendung nach der Innerlichkeit des Subjects, nach dem testimonium spiritus ist, braucht wol kaum bemerkt zu werden; denn dies Zeugniß des Geistes ist nichts anderes als die subjectivste Spitze des Glaubens und daher schlechthin unberechenbar, kann so oder so ausfallen, kann dem äußern Schriftwort ebenso gut widersprechen, als ihm beistimmen. Und stimmt es ihm nun nicht bei, sind da nicht Zweifel und Kritik vollkommen berechtigt?

Es versteht sich von selbst, daß in der „Evangelischen Kirchenzeitung" der Vorwurf, dem wir auch sonst vielfach begegnen, der Ton des Strauß'schen Werks sei der des kalten Hohnes, in gesteigertem Maße auftritt. Es heißt von ihm:

„er habe das Herz des Leviathan, das so hart wie ein Stein und so fest wie ein Stück vom untersten Mühlstein", und wenn er auch nicht ausdrücklich des Heiligen spotte, so schwebe ihm doch immer der Spott auf den Lippen: „Er taste mit Ruhe und Kaltblütigkeit den Gesalbten des Herrn an und seinem Auge entquelle nicht einmal die Thräne der Wehmuth."

Strauß hat auf diesen Vorwurf zu wiederholten malen geantwortet und sich darauf berufen, daß er nirgends den Ernst der Wissenschaft verletzt, nirgends den Ton der Frivolität angeschlagen habe, daß er freilich auch nicht, wie man von ihm verlange, mit einem tragischen Gefühl seine Kritik begleitet, da für ihn ja nicht ein Heiliges, sondern nur ein fälschlich für heilig Gehaltenes zerstört werde. Am stärksten hatte er sich schon in der Schrift gegen Steudel über das Verletzende des Tones geäußert: „Ja, ich hasse und verachte jenes andächtige, zerknirschte und angstvolle Reden in wissenschaftlichen Untersuchungen, welches auf jedem Schritte sich und den Leser mit dem Verluste der Seligkeit bedroht, und ich weiß, warum ich es hasse und verachte. In wissenschaftlichen Dingen erhält der Geist sich frei, soll also auch freimüthig das Haupt erheben, nicht knechtisch es henken. Für die Wissenschaft existirt unmittelbar kein Heiliges, sondern nur ein Wahres, dieses aber verlangt keine Weihrauchwolken der Andacht, sondern Klarheit des Denkens und Redens."

Den Uebergang von der neuen Orthodoxie zu der Schleiermacher'schen Schule bildet in der Polemik gegen Strauß: Tholuck in seiner „Glaubwürdigkeit der evangelischen Geschichte" (1837).

Ich will bei diesem Anlaß auf Richtung und Bedeutung dieses berühmten Theologen etwas näher eingehen, da er jedenfalls eine sehr bemerkenswerthe Stellung einnimmt in der

Entwickelungsgeschichte der neuern Theologie. Das Charak=
teristische ist: er läßt sich nicht classificiren. Er gehört, genau
genommen, keiner der schon genannten theologischen Richtun=
gen an; aber nur deßhalb, weil er allen angehört. Er hat
vermöge seiner außerordentlichen Beweglichkeit und Aneignungs=
fähigkeit von allen etwas in sich aufgenommen, er spielt in
allen Farben der modernen Theologie. Früher pflegte man
ihn zu den Pietisten zu zählen. Gewiß mit Unrecht, wenn
man unter Pietismus den alten, innigen, aber sehr monoto=
nen und geistig beschränkten Spener'schen Pietismus versteht.
Ein pietistischer Zug und Anflug ist ihm wol eigen, aber ihm
fehlt ein Wesentliches: die Armuth im Geiste. Er ist ein
geistreicher Eklektiker, ein von allen Bildungselementen der
neuern Zeit berührter Theologe. Er hat von der speculativen
wie von der Schleiermacher'schen Theologie gekostet, ohne von
der einen oder der andern gesättigt zu sein. Auch wurde er
von der Begriffsschärfe und Systematik dieser Schulen in sei=
nem aphoristischen Denken immer wieder zurückgestoßen. Am
allerwenigsten kann man ihn zu den Orthodoxen rechnen,
weder zu den Schrift= noch zu den Symbolgläubigen. Er
hat vielmehr an allen Ketzereien der Neuzeit bis auf einen ge=
wissen Grad sympathischen Antheil genommen und ist viel zu
beweglich und viel zu subjectiv, um sich zu resigniren unter
den Buchstaben der Schrift oder unter die Formel der Sym=
bole. Und dennoch ist er von alledem etwas. Dem Haupte
der neuen Rechtgläubigkeit von früher Zeit nahe befreundet,
gemeinschaftlich mit ihm auf dem Sumpfboden berliner Gläu=
bigkeit erwachsen, fühlt er sich zu dieser Richtung immer wie=
der hingezogen, als Apologet des Glaubens, als erklärter
Widersacher und Ankläger des Rationalismus. Ebenso mit
dem Pietismus hat er nicht allein eine innere Verwandtschaft

in der starken und excentrischen Betonung der Sünde, sondern er
ist auch geradezu aus den damaligen pietistischen Kreisen Berlins
hervorgegangen und seine erste Schrift „Von der Sünde und
dem Versöhner" gehört noch wesentlich dieser Richtung und
Stimmung an. An der Hegel'schen Speculation hat er leb=
haftesten Antheil genommen zu einer Zeit, da diese Philoso=
phie in der Blüte stand, da sie die Versöhnung von Glauben
und Wissen verkündete und die Mysterien der Dreinigkeit
wie der Menschwerdung Gottes mit dem Gedanken ergrün=
dete. Namentlich bei den gläubigen Mitgliedern der Schule
erholte er sich oft Rath und Stärkung, und Göschel vor allen
war es, der die schwierigsten Probleme befriedigend zu lösen
verstand. Auch von der Schleiermacher'schen Theologie eignete
er sich manchen tiefer greifenden Gedanken an und näherte sich
überhaupt in späterer Zeit immer mehr dem Vermittelungs=
standpunkt der sogenannten positiven Schleiermacherianer.

Bei dieser außerordentlichen Polytropie ist nur eines mit
Sicherheit zu bezeichnen als der Ausgangs= und Mittelpunkt
seines theologischen Strebens und Kämpfens. Das ist sein
scharfer Gegensatz, seine tendenziöse Polemik gegen Aufklärung
und Rationalismus. Er kann in dieser Beziehung der Ro=
mantiker unter den Theologen genannt werden. Die iro=
nische Erhabenheit, der unerschöpfliche Spott über die Platt=
heiten und Nüchternheiten des Rationalismus, zahllose Anek=
doten aus der Zeit der Aufklärung, die Verfolgung derselben
bis in ihre lächerlichsten und verkommensten Formen ist lange
Zeit hindurch ein besonderer Genuß und eine Hauptaufgabe
seines Lebens gewesen. Er kam ja mit der ausdrücklichen
Mission nach Halle, den damals noch in voller Herrschaft
stehenden Rationalismus zu überwinden. Diese Beauftragung
hat seinen theologischen Charakter für alle Zukunft bestimmt

und seinem Namen eine Gehässigkeit gegeben, die er kaum
verdient. Und man darf sich nicht wundern, wenn bei der
provocanten und incorrecten Art, mit der er seine Aufgabe
löste, und bei den mancherlei Blößen, die er sich namentlich
nach der philologischen Seite der Exegese gab, die gelehrten
Rationalisten, ein David Schulz, Fritzsche, Schultheiß gerade
ihn zum Gegenstande ihrer massivsten Angriffe machten, ihm
unbarmherzig alle Sprachschnitzer durchcorrigirten, ihn als
Repräsentanten des Verdummungssystems, des Wissenschafts=
hasses, des Mysticismus und Orthodoxismus hinstellten. War
er doch nichts von alledem. Ist er doch gerade durch die
Beschäftigung mit dem Rationalismus und mit allen den Fra=
gen der neutestamentlichen Kritik selbst mit inficirt worden von
den Ketzereien, die er bekämpfen wollte. Ist er doch darin
den englischen Apologeten des 18. Jahrhunders zu vergleichen,
welche auch im Kampfe mit dem ungläubigen Deismus das
Gift desselben in sich einsogen und capitulirten statt zu über=
winden, concedirten statt abzuweisen. So ist denn seine Recht=
gläubigkeit an allen Punkten unterhöhlt. Es gibt kein Dogma,
welches er nicht modernisirt und subjectivirt hätte, keine Frage
der Kritik, in der er nicht Concessionen gemacht. Der Gegen=
satz zwischen der modernen Gläubigkeit und der alten
Rechtgläubigkeit, zwischen der stofflosen Gefühlsreligio=
sität und der inhaltreichen, aber äußerlichen dogmatischen Re=
ligion, tritt an keinem der jetzt lebenden Theologen anschau=
licher hervor als an ihm. Eine eigene Mischung von Phan=
tasieerregung, von erhabenem Geistesschwung und kühlem
Verstande, buntem Wissen, scharfem, beißendem Witz! Eine
Mischung, welche uns wieder an die Romantiker und an ihre
Phantasiereligion erinnert. Er hat einmal in einer akade=
mischen Rede die beiden Namen A. H. Francke und J. S.

Semler als die Repräsentanten der theologischen Facultät Halles genannt, und sie als die beiden Factoren bezeichnet, in deren Versöhnung und Zusammenwirken die Aufgabe unserer Theologie ihre Lösung finde. Und er hat damit nicht undeutlich sein eigenes Streben charakterisirt, die Glaubenskraft A. H. Francke's mit der Polyhistorie und der gelehrten Wühlerei Semler's, den Pietismus mit der Kritik zu vereinigen. Nur schade, daß bei dieser Vereinigung weder die eine noch die andere Seite zu ihrem Rechte gekommen, daß dem Glauben die kindliche Kraft und Einfalt fehlt, welche das hallische Waisenhaus gründete, und der Polyhistorie die scharfe Spürkraft, welche Semler zum größten Theologen seiner Zeit machte! Tholuck's hervorragende Talente sind Phantasie und Witz. Damit verbindet sich das bunteste Allerlei des Wissens, welches, durch jene Kräfte in Bewegung gesetzt, die frappantesten kaleidoskopischen Bilder gibt. Aber es fehlt manches, um seinem reichen, glänzenden Wissen Ueberzeugungskraft mitzutheilen. Es fehlt Correctheit, Ordnung, Zusammenhang, in sich ruhende Selbständigkeit. Und so gehäuft auch die Citate aus den heiligen wie den Profanschriftstellern sein mögen, so reich und schön die Anspielungen und Sentenzen aus den Dichtern und Philosophen aller Jahrhunderte, die zur Bestätigung und Verherrlichung des Glaubens aufgeboten werden, so versprüht doch all dieser Geistesaufwand wie ein Feuerwerk und läßt nichts zurück als ein schimmerndes Helldunkel. Tholuck hat seine großen und unvergeßlichen Verdienste durch die mannichfachen persönlichen Anregungen, welche von ihm ausgegangen. Viele Tausende unter den jetzt lebenden praktischen Theologen sind des Zeugen. Aber fast möchte man glauben, daß die große Zahl der so Angeregten jenes Wort im „Faust" auf ihn anwenden könne:

„Du hast die Kraft mich anzuziehen besessen, doch mich zu
halten hast du keine Kraft." Wenigstens darf man sich nicht
wundern, wenn die besten seiner Schüler später in andere
theologische Lager, nach rechts oder links hinübergezogen wurden
und namentlich im strengen Confessionalismus ihre Beruhigung
fanden. Wie vermöchte auch die Mehrzahl auszuhalten in
dieser äußersten Willkür subjectiver Geistreichigkeit, in dieser
durch moderne Anschauungen völlig zerfaserten Gläubigkeit?
Nie ist diese zerfaserte Gläubigkeit Tholuck's, dies im=
mer auf den Höhen der neuesten Wissenschaft einherstolzi=
rende und doch nur mit ein paar bunten Lappen bekleidete
Apologetenthum, diese innere Unsicherheit bei dem Brüsten mit
großen aus allen Fächern des Wissens zu Hülfe gerufenen
Autoritäten, deutlicher zur Anschauung gekommen, als in
einer Zuschrift an den Diakonus Hirzel in Zürich, welche
Tholuck als Antwort auf den in den „Zeitstimmen aus der
reformirten Kirche der Schweiz" erschienenen Aufsatz: „Ein
Gruß in die Ferne", in diesen Zeitstimmen selbst (Jahrgang
1861, Nr. 15) ergehen ließ. Er will seine „Sympathien"
für diese modernste Theologie nicht bergen, findet sein eigen
Fleisch und Blut hier wieder, wenn auch sein Geist streite
wider diesen Geist. Er versichert, aus eigener Erfahrung
die Wege zu kennen, welche in diese Ansicht „hinein", aber
„Gott sei Dank" auch diejenigen, welche wieder „über sie hin=
aus" führen. Dann aber gibt er in gespreizter Vornehmheit
zu verstehen, daß diese Theologie doch nicht die des Fort=
schritts, sondern in Wahrheit eine zurückgebliebene sei, die
nur auf der längst überwundenen Schlußabhandlung des
Lebens Jesu von Strauß stehen geblieben, und all zu gläubig,
ohne selbständige Forschung, die Kritik des tübinger Baur
wieder zu einem neuen Dogma erhebe, die von allen großen

Autoritäten, einem Neander, De Wette, Dorner, ja Hase
verlassen, in Deutschland kaum von fünf bis sechs namenlosen,
jungen Leuten noch vertreten werde, die selbst von einem
Alexander von Humboldt in dem bekannten Urtheil über den
Strauß'schen Leichtsinn bei geologischen Fragen gerichtet wor=
den, und wenn sie jetzt in der Schweiz, Frankreich und Hol=
land als „neue Theologie" ihr Haupt erhebe, in Wahrheit
nicht das Zeichen eines anbrechenden Geisterfrühlings, sondern
nur eines matten Nachsommers sei.   Denn immer sei es ja
so gewesen, daß erst mehrere Decennien vorübergehen muß=
ten, ehe die in Deutschland neu auftauchenden Geistesrich=
tungen im Auslande ihr Echo fanden.   Nachdem er sich so
durch ein in dieser Anwendung abgeschmacktes Citat von
Alexander von Humboldt gestärkt, durch eine Menge un=
wahrer, oder übertreibender Behauptungen in Betreff der Ab=
hängigkeit von Baur oder gar Strauß, durch einige berühmte
Theologennamen selbst beruhigt und außerdem die Behaup=
tung, daß die theologische Reaction mit der politischen Hand
in Hand gehe, nach Kräften zurückgewiesen, bricht endlich am
Schluß die eigentliche, mit Mühe verhaltene Stimmung, die
der Angst und Glaubenslosigkeit, des schlechten Gewissens,
gegenüber einer nicht ruhenden, alle die Dämme kleiner Apo=
logetenkünste unerbittlich hinwegspülenden Wissenschaft, durch,
in dem Geständniß, daß ihm nicht unwahrscheinlich sei, es
werde wieder eine neue Sündflut herbeikommen, ein Jahr
1848 in zweiter und dritter Potenz, welches das nachhole,
was das erste versäumt und mit dem Throne auch der Kirche
Garaus mache.   „Und, wer wird dann der Sieger bleiben?"
fragt er, und antwortet selbst darauf: „Nicht Ihre Theologie,
auch nicht die meine, nicht die des Geistes, sondern die des
Fleisches und eines erdgeborenen Materialismus." Ernster,

mannhafter und schlagender sind nie die eiteln Windbeuteleien des hochberühmten Theologen zurückgewiesen worden, als von dem einfachen „Helfer" in Zürich, dessen Antwort (Zeit= stimmen, 1861, Nr. 22 und 23) bis in das innerste Mark unserer Theologie bringt und von keinem jungen Theologen, keinem an den Kämpfen der Gegenwart Antheil Nehmen= den, ungelesen bleiben sollte! Es sei ein rechtes Merkmal der Tholuck'schen Theologie, erwidert er, dieser ruhelose, zwiespältige Wechsel von „hinein" und „hinaus", dies Hinein=Gezogenwerden in moderne Anschauungsweisen, dem als einer halben Sünde sogleich wieder ein Ende gemacht werde durch ein gewaltsames wieder Heraus= und Zurück= fliehen auf die antiquirte Weltanschauung. Er aber setze die= sem „Hinein" und „Hinaus" ein muthiges „Hindurch" entgegen, hindurch durch das moderne Weltbewußtsein zum ewig sich gleich bleibenden Wesen des Christenthums und wie= der hindurch durch das Evangelium zu den Errungenschaften des modernen Bewußtseins. Von der am Schlusse hervor= brechenden Gespensterfurcht Tholuck's aber meint er, daß sie alles bestätige, was er und seine Freunde über die Unhalt= barkeit dieser Vermittelungstheologie, wie der jetzigen kirch= lichen Zustände überhaupt und über die Nothwendigkeit, die Bildung der Zeit mit aufzunehmen in Predigt und Kirche, längst sich klar gemacht, und daß sie zugleich einen tiefen Blick eröffne in die Hohlheit und Glaubenslosigkeit dieses angeblich so sicher gegründeten Glaubens. Denn eine Kirche, die auch nur von ferne dessen sich zu ihrem Volke zu ver= sehen habe, daß eine neue politische Umwälzung ihr völlig Garaus mache, stehe wahrlich durch schwere, eigene Schuld so wenig fest im Herzen dieses Volks, eine Theologie, die solche Angst vor ihrer Zeit verrathe, spreche sich selbst das

Urtheil, daß sie dieser Zeit nicht mehr gewachsen sei. Er schließt damit: „Auf schlagendere Weise hätten Sie uns nicht recht geben und Satisfaction verschaffen können für alles, was Sie gegen uns vorgebracht."

Um den dogmatischen Standpunkt Tholuck's zu charakterisiren, genügt es seinen Wunder- und Inspirationsbegriff etwas näher zu beleuchten. Schon in seiner „Glaubwürdigkeit" hat er eine Definition des Wunders gegeben, die er später in einem Aufsatz über die Wunder in den „Kleinen vermischten Schriften" wiederholt hat. „Wir verstehen", sagt er, „unter Wunder ein von dem uns bekannten Naturlauf durchaus abweichendes Ereigniß, welches einen religiösen Ursprung und Endzweck hat." Er wagt es nicht, über das Verhältniß des Wunders zum Naturlauf überhaupt eine objectiv unterscheidende Bestimmung zu geben, oder vielmehr, er glaubt, sie lasse sich nicht geben, weil sie nicht stattfinde. Er macht also das miraculum zum mirabile. Das Wunder weicht nur ab von dem uns bekannten Naturlauf, es ist nur ein Außerordentliches, ein Ungewöhnliches, innerhalb des Naturlaufs. Wer sieht nicht, daß dies Naturalisiren des Wunders nichts anderes als eine Aufhebung desselben ist? Denn so ist es doch nicht, weder von den Wundererzählenden noch von den Wunderglaubenden, gemeint. Das Wunder soll nach den Vorstellungen des Alten wie des Neuen Testaments die Manifestation einer besondern Wirksamkeit Gottes sein, und damit die Beglaubigung des Gesandten Gottes. Dies specifische Wirken Gottes besteht gerade darin, daß es über den Naturzusammenhang erhaben ist, daß es rein aus der schöpferischen Allmacht hervorgeht. Denn diese Uebernatürlichkeit des Seins wie des Wirkens ist eine der wichtigsten Bestimmungen des alttestamentlichen Gottes, und sie

ist die eigentliche Quelle der Wundervorstellungen und Wundergeschichten, die in dem Alten Testament so häufig vorkom=
men und die sich von ihm in das Neue noch hineinziehen.
Glaubt man an solche Uebernatürlichkeit und an besondere
Manifestationen der göttlichen Allmacht, im Unterschied von
dem Wirken der Natur und ihrem Gesetz, nicht mehr, nun —
so steht man auf dem Boden der modernen Weltbetrachtung,
d. i. der immanenten, zusammenhängenden, gesetzmäßigen Wirk=
samkeit Gottes. So sagt man: nicht die Wunder, sondern
die Weltordnung ist die Offenbarung Gottes. Aber —
man thäte gut, dies einzugestehen und sollte nicht die Wunder
zu vertheidigen vorgeben, in demselben Augenblick, in welchem
man sie aufhebt.

Eine ganz ähnliche Stellung wie zum Wunder hat Tho=
luck zur Inspiration, über die er sich in einem eigenen
Aufsatz der Müller=Nitzsch'schen Zeitschrift ausgesprochen. Der
Grundgedanke ist: es sei nicht eine wirkliche und totale, son=
dern nur eine partielle, in Bezug auf die Heilswahrheiten,
anzunehmen. Es kommen mannichfache Gedächtnißfehler, falsche
Citate, Irrungen in historischen, chronologischen, geographischen
und astronomischen Details vor, aber dadurch dürfe man
sich nicht irren lassen. Die Schrift habe einen Kern und eine
Schale, auf jenen gehe das Zeugniß des Heiligen Geistes di=
rect und absolut, auf diese nur indirect und relativ. Man
müsse sich trösten, daß sich die historische Treue in den that=
sächlichen Berichten wenigstens im Wesentlichen finde, wenn
auch die Grenzlinie zwischen dem Wesentlichen und Unwesent=
lichen sich schwer feststellen lasse.

Diese Concessionen mögen sehr anerkennenswerth sein,
aber sie führen, etwas genauer besehen, zur Auflösung der
Inspiration als solcher. Oder ist es zulässig, von einer theil=

weisen Inspiration zu reden, welche sich nur auf die Heilswahrheiten bezieht, bei den historischen und geographischen
aber plötzlich aussetzt, das menschliche Subject sich selbst und
seiner Irrthumsfähigkeit überläßt? Würde durch eine solche
Theilung die inspirirende Thätigkeit des Heiligen Geistes
nicht vollends zu einer unnatürlichen und mechanischen werden?
Und hebt also nicht jene theilweise Inspiration in der That
den Begriff der absoluten Inspiration auf, macht die ganze
Thätigkeit Gottes zu einer relativen, zu einer concreten gött-
lich-menschlichen, in welcher der Factor der menschlichen
Schwäche und Irrthumsfähigkeit überall mitwirkt? Und wie
unterscheidet sich eine solche Inspiration noch von der religiösen Begeisterung, welche allen wahrhaft Gläubigen
eigen ist? Und wo sind dann noch die festen Grenzen zwischen
den inspirirten und den nichtinspirirten Schriften? Und worauf
gründet sich die normative Autorität jener?! —

Wenden wir uns nun wieder zu unserm Ausgangspunkte,
zu Tholuck's Schrift über die „Glaubwürdigkeit der evangelischen Geschichte" zurück, so räumen wir gern ein, daß er
mit richtigem Blick gerade den schwächsten Punkt in dem Strauß'-
schen Werk herausgefunden und auf ihn die ganze Kraft des
Angriffes gerichtet hat. Dies sind die Ausführungen über die
Echtheit, über den apostolischen Ursprung der einzelnen Evangelien. Auf ein paar Seiten eilt Strauß leichten Fußes über
diese schwierigen Vorfragen hinweg. Und hier an der Pforte
zur Arena der innern Gründe will Tholuck den Flüchtigen
zwischen Thür und Angel festhalten. In Bezug auf den
Matthäus hatte Strauß nur auf das verwiesen, was durch
die neuesten kritischen Untersuchungen (Schleiermacher, David
Schulz, Sieffert, Schneckenburger) ausgemacht. Gegen die
Echtheit des Marcus und des Johannes hatte er wenigstens

ben Ansatz zu einem selbständigen Angriff unternommen, das
Evangelium des Lucas dagegen als das Werk eines Apostel=
schülers anerkannt. Dies Zugeständniß nun ergreift Tholuck,
in diesen festen historischen Punkt setzt er seine Beweisführung
ein, die zu dem Resultate führt: „Ist das Evangelium des
Lucas echt, so werden wir sofort in einen sichern Kreis ge=
schichtlicher Umgebungen versetzt, welche die Verwandlung der
evangelischen Geschichte in eine mythische Fee Morgana schlecht=
hin unmöglich machen."

Ich kann nicht diese Ausführungen, so wenig wie die über
die Glaubwürdigkeit des Marcus und Johannes bis ins
Einzelne verfolgen, muß aber, wenn ich sie für unbefriedigend
erkläre, für allzu leicht und lose zusammengewebt und durch
mannichfache Uebertreibungen ausgeschmückt, wenigstens an
Einem Beispiele meine Behauptung zu rechtfertigen versuchen.

Strauß hatte gesagt, so hoch gehen doch die Zeugnisse,
weder für das Matthäus= noch für das Johannesevangelium
hinauf, daß uns ein Bekannter dieser Apostel die Mittheilung
machte, sie haben Evangelien und zwar eben die geschrieben,
welche wir jetzt unter ihrem Namen lesen. Auf diese aller=
dings sehr hoch gespannte Forderung antwortet Tholuck:
„Wir sind in der Lage, unmittelbare Freunde des Johannes
namhaft zu machen, welche sowol die Abfassung unsers Evan=
geliums von ihm, als auch die Glaubwürdigkeit seines In=
halts bezeugen; ja, wir können darthun, daß gerade diejenigen
beiden Schüler und Freunde des Johannes, auf deren Zeug=
niß Dr. Strauß namentlich provocirt hat, für die Johanneische
Abfassung des vierten Evangeliums einstehen."*) Wir sind
natürlich aufs äußerste gespannt durch eine solche Ankündigung.

---

*) „Glaubwürdigkeit", S. 276.

Aber worauf läuft das Ganze hinaus? Auf die bekannten Schlußworte des Evangeliums, Joh. 21, 24: Οὖτός ἐστιν ὁ μαθητὴς ὁ μαρτυρῶν περὶ τούτων καὶ γράψας ταῦτα. Καὶ οἴδαμεν ὅτι ἀληθής ἐστιν ἡ μαρτυρία αὐτοῦ: Wie sollen nun diese Worte ein Zeugniß für das Evangelium begründen? Denn — rühren sie vom Evangelisten her, so sind sie als Selbstzeugniß ohne Beweiskraft; sind sie dagegen die Versicherung eines spätern Interpolators, so sind sie als solche schon verdächtig. Aber Tholuck weiß ja, daß sie von unmittelbaren Freunden des Apostels herrühren, er kennt so= gar ihre Namen. Woher das alles? Er argumentirt so: die Aussteller dieses Zeugnisses haben sich nicht genannt. Wären sie unberufene Abschreiber oder Falsarier einer spätern Zeit, so hätten sie sicher ihren Namen hinzugesetzt, um durch das Gewicht desselben das Zeugniß zu stärken. Nun haben sie es aber nicht gethan. Folglich mußten es namhafte Mitglieder der ephesinischen Gemeinde oder Freunde des Apostels sein. Solche sind aber, nach der Angabe des Papias, Johannes Presbyter und Aristion, folglich haben sie das Zeugniß aus= gestellt. —

Ich brauche auf diese Logik wol nicht weiter einzugehen. — „Unbekannte Interpolatoren würden das Gewicht ihres Na= mens hinzugesetzt haben." Ihre Namen hatten aber kein Gewicht und eben deshalb ließen sie sie weg. „Die nam= haften Mitglieder der ephesinischen Gemeinde brauchten ihn nicht hinzuzusetzen." — Gerade sie mußten es, um das Ge= wicht ihres Namens zur Geltung zu bringen. Und endlich: „Jene namhaften Mitglieder waren gerade Johannes Pres= byter und Aristion!" Aber weshalb sie? Doch wol nur deshalb, weil uns zufällig diese und keine andere Namen durch Papias überliefert sind?

Machen wir nun von Tholuck den Uebergang zu den
Gegnern des Strauß'schen Werkes aus der Schleiermacher'schen
Schule, so werden wir ohne Bedenken das „Leben Jesu" von
Neander (1837) obenan stellen müssen, außerdem aber die
Abhandlung von Ullmann („Studien und Kritiken", 1836,
Heft 3) als das bedeutendste bezeichnen, was im Gegensatze
gegen die Strauß'sche Kritik von dieser Richtung aus einge=
wandt worden.

Neander's „Leben Jesu" ist für den Geschichtschreiber der
neuesten Theologie eine der interessantesten Schriften. Die
Subjectivität der Gefühlstheologie, die Willkür des religiösen
Bedürfnisses, welches ohne objective Normen ausscheidet und
festhält, ist nirgends so klar hervorgetreten wie in diesem Werk.
Wir stehen überall auf dem schwankenden Boden der Gefühls=
kritik und haben nirgends eine Gewähr, wofür sich das reli=
giöse Sentiment entscheiden, wie es sich durch die Schwierig=
keiten hindurchtasten wird. Daß dies „Leben Jesu" nicht
schriftgläubig im orthodoxen Sinne ist, bedarf kaum der Er=
wähnung. Nicht allein die Voraussetzung der Inspiration,
auch die der vollen historischen Glaubwürdigkeit der evange=
lischen Erzählungen ist aufgegeben. Das Christusbild der mo=
dernen Schleiermacher'schen Theologie hat überall die letzte
Entscheidung und die evangelische Geschichte muß es sich ge=
fallen lassen, nach diesem Maßstabe gemessen und zugeschnitten
zu werden. So wird denn der Christus der synoptischen Evan=
gelien durch mancherlei Abschwächungen, Weglassungen und
Ausdeutungen so spiritualisirt, daß er kaum noch in seiner
Ursprünglichkeit zu erkennen ist. Man merkt es dem Ver=
fasser überall an, die Wunder gehören keineswegs zu dem,
was ihm religiöses Bedürfniß ist. Und doch hat er nicht den
Muth, sie ganz aus der evangelischen Geschichte zu verbannen,

ebenso wenig wie den, sie in ihrer ganzen naiven Sinnlichkeit
und Aeußerlichkeit aufrecht zu erhalten. Was geschieht also?
Ein Vermittelungsweg wird eingeschlagen. Die Wunder
werden abgeschwächt, naturalisirt, einzelne im Stillen ganz
beiseite geschafft. Es wird die Uebernatürlichkeit dadurch be=
schränkt, daß die Leibniz=Bonnet'sche Präformation des Natur=
laufs zu Hülfe gerufen wird. So sind die Wunder nicht ver=
einzelte Erscheinungen, sondern Glieder eines größern Ganzen,
das Eintreten neuer, höherer Kräfte in die Menschheit. Und
wie diese neuen schöpferischen Kräfte vorbereitet sind durch
den Naturlauf, so knüpfen sie auch wieder an denselben an.
Die Wunder sind also wol etwas über die Gesetze des Natur=
zusammenhangs Erhabenes, aber sie stehen nicht im Wider=
spruch mit ihnen. Vielmehr ist die Natur von der gött=
lichen Weisheit dahin geordnet, jene höhern schöpferischen
Kräfte in ihr Gebiet aufzunehmen. Es wird ferner auf ge=
wisse Uebergangsstufen vom Natürlichen zum Uebernatürlichen
aufmerksam gemacht. In den Einwirkungen auf die mensch=
liche Natur, den sogenannten Heilwundern, überwiegt das na=
türliche, in denen auf die materielle Natur das übernatürliche
Element. Die erstern werden demgemäß bevorzugt, die letz=
tern auf ein Minimum beschränkt, aber doch .nicht ganz ver=
worfen. Eine andere Verminderung der Wunder wird versucht
durch Anlegung eines praktisch=sittlichen Kanon. Danach wer=
den die nur „epideiktischen" Wunder, die bloßen Macht=
erweisungen, mit großem Mistrauen behandelt, dagegen die
Heilwunder, in denen der leidenden Menschheit geholfen wird,
besonders bevorzugt. Aber auch dieser Maßstab ist ein mo=
derner. Denn bei den Wundern sind nicht die Menschen und
ihr Wohlergehen, sondern Gott und seine Machterweisung der
Zweck. Sie sind daher wesentlich epideiktischer Art, und sie

dienen namentlich zur Legitimation der Gesandten Gottes, seiner Propheten und theokratischen Führer.

Wie Neander mit den Wundererzählungen umgeht, wie
verschiedene Wege der Beseitigung er einschlägt, bald durch
eine mythisirende, bald durch eine naturalisirende Erklärung,
und wie er doch überall auf halbem Wege stehen bleibt —
das mag an ein paar Beispielen klar werden. Bei der Erzählung von den Magiern wird die Reise derselben nach Jerusalem, wohin sie mittels astrologischer Forschungen geführt
wurden, als historischer Kern anerkannt, dagegen ihre Weisung nach Bethlehem nicht auf den leitenden Stern, sondern
auf natürliche Vermittelungen, sei es auf den König Herodes
oder wen sonst, zurückgeführt. Die wunderhaften Erscheinungen bei der Taufe haben keine objective Bedeutung, sondern
nur die subjective einer Vision, welche dem Täufer zu Theil
wurde. So das Erscheinen des Heiligen Geistes in der Gestalt einer Taube, so die himmlische Stimme. Die Ver-
suchungsgeschichte enthält wol eine historische Wahrheit, aber
eingekleidet in symbolische Form, sie ist wahre, aber nicht
wirkliche Geschichte. Der im Munde des Fisches gefundene
Stater ist nur ein besonderer Segen, der auf die gewöhnlichen Mittel des Erwerbes gelegt wird. Ebenso ist es mit
dem Fischzuge des Petrus. Bei der Beschwichtigung des
Sturmes gab sich nicht eine unmittelbare Einwirkung Christi
auf die äußere Natur, sondern nur auf die Gemüther seiner
Jünger kund, unterstützt durch die Fügungen Gottes im Reiche
der Natur. Die Verwandlung des Wassers in Wein auf der
Hochzeit zu Kana war nicht eine Verwandlung im eigentlichen
Sinne, sondern nur die Mittheilung der Kraft des Weins an
das Wasser. Die Mineralquellen, welche berauschendes, wein-
ähnliches Wasser hervortreiben, werden als Analoga auf-

geführt. Bei den Todtenerweckungen bleibt es unentschieden, ob nur Scheintod oder wirklicher eingetreten. Selbst der Tod des Lazarus mit seinem ἤδη ὄζει wird auf diese Weise unsicher gemacht. Die zahlreichen Engelerscheinungen, welche bekannt= lich in der evangelischen Geschichte eine nicht unbedeutende Rolle spielen und ihr erst den epischen Charakter, als ein Kampf der beiden Reiche, des Guten und des Bösen, geben — werden systematisch ignorirt. Die objective Existenz der Dä= monen und ihr Besitzen der Menschen wird in Abrede gestellt. Die Dämonischen sind Gemüthskranke, furiosi, in denen das eigene Ich gespalten ist in einen besitzenden Dämon und einen besessenen Menschen. Wenn Jesus von diesen Dämonen als persönlichen Existenzen redet und sie bedroht, ist dies nur eine bewußte Accommodation an die jüdischen Vorstellungen sei= ner Zeit.

Das mag genügen, um zu zeigen, wie Neander bei der Erklärung der Wundergeschichten zwischen der naturalistischen, mythischen und supranaturalistischen Auffassung haltungslos hin= und herschwankt. Das Wunder ist hier in der Auf= lösung begriffen, aber es ist noch nicht aufgelöst. Es ist nur geschwächt und quantitativ reducirt, im Stillen beiseite ge= bracht. Ein übernatürliches X ist aber immer geblieben, in den „höhern, göttlichen Kräften", in „der neuen geistigen Schöpfung", die mit dem Christenthum eingetreten und deren absoluter Träger Christus selbst ist. Diese Phrasen sind frei= lich so lax und vieldeutig, daß davon jeder beliebige Gebrauch gemacht werden kann und in der That gemacht wird. Und das geheime Streben geht nur auf Beseitigung der schlimmsten, den Naturgesetzen geradezu widerstreitenden Facten, die der moderne Glaube sich anzueignen nicht stark genug ist. Das nennt man vermitteln! Das ist Vermittelungstheologie!

Auf einem ganz ähnlichen Standpunkt wie das Neander'sche Werk steht die Ullmann'sche Kritik des „Lebens Jesu" von Strauß, welche zuerst in den „Studien und Kritiken" (1836, Heft 3) erschien und später als eine besondere Schrift: „Historisch oder mythisch?" herausgegeben wurde. Ullmann hat das Verdienst, einmal am mildesten und eingehendsten das Strauß'sche Werk beurtheilt, dann aber auch am klarsten die Mängel desselben bezeichnet zu haben. Er gibt zu, daß in den evangelischen Erzählungen Züge vorkommen, die sich in der Sage gebildet, daß manches einen wesentlich symbolischen Charakter an sich trage. Nur folge daraus nicht, daß alles oder das meiste mythisch oder symbolisch sei, sondern es komme darauf an, und dies sei gerade die vorzüglichste Aufgabe der Kritik, die Gebiete auseinander zu halten, die Grenzen des Historischen und des Mythischen genauer zu bestimmen. Er will das Dilemma zwischen Orthodoxie und Strauß'scher Kritik: „Entweder alles geschichtlich oder alles mythisch", nicht anerkennen, sondern eine Vermittelung einschlagen, die die Möglichkeit des Mythischen anerkennt, bei genauerer Untersuchung aber findet, daß der Kern der Erzählungen historisch sei. Er macht auf die verschiedenen Formen und Abstufungen des Mythischen, als da sind: 1) philosophischer Mythus, 2) historischer Mythus, 3) mythische Geschichte, 4) Geschichte mit sagenhaften Bestandtheilen aufmerksam und ist geneigt, nur die letztere Kategorie auf die evangelische Geschichte anzuwenden. Er weist ferner und mit Recht auf die Mangelhaftigkeit der Strauß'schen Quellenkritik hin und wie er nur durch einen Gewaltstreich das Resultat gewonnen, daß alle vier Evangelien der nachapostolischen Zeit angehören. Er beruft sich alsdann auf den Apostel Paulus als einen Felsen, der nicht hinwegzuwälzen sei, namentlich auf seinen

Glauben an die Auferstehung Christi, auf den er vorzugs=
weise die christliche Kirche gründe; er erhebt endlich das große,
nicht wegzuleugnende und bisjetzt fortdauernde Factum der
christlichen Kirche als mächtigste Instanz gegen die Auflösung
der Grundlagen dieser Kirche in Mythen. Von dieser Wir=
kung will er einen Schluß machen auf die Ursache, von der
Stiftung auf den Stifter. Wie war es möglich, daß die
Juden einen schmählich Gekreuzigten, die Heiden gar einen
gekreuzigten Juden als Messias, als Gottes Sohn anerkann=
ten? Offenbar nur dann, wenn die Grundthatsachen der
evangelischen Geschichte, die diese Göttlichkeit bezeugen, fest=
stehen. Ullmann faßt seine Einwürfe prägnant dahin zusam=
men: Es kommt alles auf das Dilemma hinaus, ob Christus
von der apostolischen Kirche ersonnen und ausgebildet oder
die Kirche von ihm gebildet ist, ob Christus Kirche bil=
dend oder die Kirche Christus dichtend gewesen. Für die
erstere Annahme spricht die Analogie aller Geschichte, die letz=
tere ist abnorm und unbegreiflich.

Strauß hat in seinem „Sendschreiben an Ullmann" auf
dies Dilemma geantwortet, indem er erwidert, beides zugleich
sei der Fall gewesen, da eines das andere nicht ausschließe.
Auch er bestreite die geistige Bedeutung, die schöpferische Macht
der Persönlichkeit Christi keineswegs. Vielmehr habe sich durch
sie die Kirche gebildet. Aber — zugleich habe die erste christ=
liche Gemeinde aus ihren Messiasvorstellungen und Hoffnungen
das Christusbild umgebildet und ausgeschmückt. Das seien
die sinnreichen Gewinde, welche den Stamm der Geschichte
umrankten.

Endlich richtet sich Ullmann noch gegen die Schlußabhand=
lung des Strauß'schen Werkes. Er gibt zu, daß sich die Idee
der Einheit Gottes und des Menschen nicht allein in Einem

Punkt entwickelte, sondern in der ganzen Menschheit; aber er behauptet zugleich, daß sie ihren Gipfelpunkt und ihre geschichtliche Vollendung allein in dem Einen finde, dem sündlosheiligen, dem Urbilde des wahren Lebens in Gott. Gehe auch die Offenbarung durch alle Völker und Zeiten hindurch, so strebe sie doch nothwendig auf einen Mittel= und Höhepunkt hin, und dieser sei Christus. Die Kirche müsse ein lebendiges Haupt haben, um ein Organismus zu sein, und das habe sie nur in ihm. Wenn auch nicht ganz dasselbe, so finde sich doch ein ähnliches auf andern Gebieten des geistigen Lebens. Auch in der Kunst erscheinen von Zeit zu Zeit hohe Genien, in denen sich ihre Kraft und Schönheit verkörpere, und fast für jede Art der Kunst gebe es einen, der eine solche Verkörperung darstelle, so Homer, Sophokles, Dante, Shakspeare, Rafael, Händel u. s. w. Hier sei in der That die Fülle der Idee in Ein Exemplar ausgegossen, was Strauß in Abrede stelle. Und es zeige sich hier der Grundfehler seiner ganzen Weltanschauung, der darin bestehe, daß die Bedeutung der Persönlichkeit für das geschichtliche Leben verkannt, daß alles nur auf ein Allgemeines, auf die Idee, auf den Gattungsbegriff der Menschheit zurückgeführt werde.

Auch dieser Vorwurf ist keineswegs ein unberechtigter. Er trifft die ganze Hegel'sche Philosophie, für welche die historischen Persönlichkeiten nur Durchgangspunkte der Ideen sind, nur Masken, durch welche der Allgeist hindurchtönt. Auch in der Strauß'schen Schlußabhandlung erscheint die Menschheit nur als eine Masse von Exemplaren, die sich gegenseitig ergänzen, die gleichsam nur die in Stücken zerschlagenen Atome Eines Ganzen sind, und die nur in ihrer Gesammtheit die Vollendung der Menschheit, d. i. die Gottmenschheit darstellen. Es ist die Menschheit noch nicht als ein lebendiger Organis=

mus, der als solcher seinen Mittelpunkt, sein Centralorgan
hat, sondern nur als ein aus unendlichen Theilen zusammen-
gesetztes Mosaikstück angeschaut. Um die Exclusivität des dogmatischen Gottmenschen zu beseitigen, verfällt Strauß in das
andere Extrem allgemeiner Gleichmacherei, um die metaphysische Einzigkeit zu bekämpfen, verwischt er auch die historische Einzigkeit und Größe Christi, der nicht allein am
Wendepunkte der Weltgeschichte steht, sondern auch durch die
Tiefe und Gewalt seiner Persönlichkeit den Umschwung wirklich vollzieht, der von der alten Welt in die neue hinüber-
führt. Für Strauß ist Christus nicht der Stifter, der schöpferische Mittelpunkt des Christenthums, sondern nur der Ver-
anlasser desselben.

Aber er selbst hat diese Einseitigkeit doch einigermaßen
gut zu machen gesucht in einem spätern Aufsatz: „Vergäng-
liches und Bleibendes" (zuerst im „Freihafen", 1838, dann
1839 in den „Zwei friedlichen Blättern" abgedruckt), dessen
Inhalt in die Schlußabhandlung der dritten Auflage des
„Leben Jesu" mit verarbeitet wurde. Er hat hier das
Interesse, sein positiv versöhnliches Verhältniß zum Christen-
thum ausdrücklicher hervorzuheben, als er bis dahin gethan.
Und er erkennt hier Christum als religiösen Genius an.
Freilich nur als einen solchen, der mit einem Kranze von
Heiligen im modernen Sinne umgeben sei. Aber er gibt
doch zu, daß unter den verschiedenen Gebieten, in denen die
Kraft des Genius sich offenbare, das der Religion obenan
stehe, ja zu den übrigen wie der Mittelpunkt zur Peripherie
sich verhalte, daß ferner Christus als Stifter der absoluten
Religion alle übrigen Religionsstifter so weit überrage, daß
ein Hinausgehen über ihn für alle Zukunft unmöglich sei.
Denn in ihm sei die Einheit des Göttlichen und Menschlichen

zuerst ins Selbstbewußtsein getreten und zugleich in so schöpfe=
rischer Urkräftigkeit, daß jeder Nachfolgende nur aus dieser
Lebensquelle schöpfen könne. Man sieht leicht, Strauß ist
hier bis an die letzte Grenze der Zugeständnisse gegangen,
ja, es ließe sich vielleicht nachweisen, daß er in der friedlichen
Stimmung, welche diese Blätter durchweht, mehr zugestanden,
als er vor dem Forum seines wissenschaftlichen Gewissens
verantworten konnte. Aber es zeigt sich zugleich, wie nahe
er sich hier berührt mit dem von Ullmann Geforderten. Der
Begriff des religiösen Genius ist der Einheitspunkt für
Beide. Freilich mit dem Unterschiede, daß Ullmann diesen
Begriff nur zur Hülfe nimmt, nur als eine geistreiche Ana=
logie duldet und benutzt, keineswegs aber die ganze Bedeu=
tung Christi darin erschöpft wissen will. Ihm ist dies wol
eine Analogie, aber auch nur eine Analogie, die es nie zur
vollen Anwendung des Begriffs kommen läßt, vielmehr immer
eine theologische Hinterthür offen hält, indem sogleich die Er=
klärung hinzugefügt wird, jene Vergleichung sei nicht eine
Gleichheit, sondern nur ein schwaches und hinkendes Bild;
denn Christus sei der Unvergleichliche, der unendlich er=
haben über alle andern Menschen, der das in absoluter Art
darstelle, was in allen andern Genien und Heroen nur rela=
tiv und unvollkommen zur Erscheinung komme. Und hier thei=
len sich denn wieder die Wege, mit dieser Absolutheit ist
die Kluft befestigt zwischen dem dogmatischen und dem
historischen Christus.

Es bleibt nur noch übrig, die Stellung, welche die An=
hänger Hegel's, die sogenannten speculativen Theologen, zu
dem Strauß'schen Werk einnahmen, zu charakterisiren. Be=
greiflicherweise gingen sie auf die kritischen Details so gut
wie gar nicht, und fast nur auf die Schlußabhandlung ein.

Bis dahin war diese Schule mehr oder weniger als eine
compacte Einheit aufgetreten und wenn auch manche bedenk=
liche Vorzeichen auf eine nicht allzu ferne Spaltung deuteten,
betrachteten sich die Anhänger selbst doch als ein Ganzes.
Jetzt trat der Bruch ein. Jetzt mußte die nebelhafte Unbe=
stimmtheit weichen, welche sich über den Begriff der Gott=
menschheit oder der Menschwerdung Gottes gelagert hatte.
Die Schule zerfiel in die rechte und die linke Seite. Auf
jene stellte sich die große Mehrzahl, und namentlich Göschel,
Gabler, Bruno Bauer unternahmen es gegen Strauß die
reine Lehre Hegel's ans Licht zu stellen, sie vor seinen fal=
schen Consequenzen zu bewahren. Eine wahrhaft komische
Beängstigung ergriff die in eine erträumte Orthodoxie ver=
sunkenen Hegelianer, die Strauß'sche Ketzerei könne der ganzen
Schule zugerechnet werden und diese damit aufhören für das
zu gelten, was sie bis dahin gewesen, für die Vertheidigerin
der conservativen Interessen, für die Philosophie des preußi=
schen Staats. Es dämmerte schon damals die Unglücksahnung
auf, das bisherige gute Einvernehmen mit den Machthabern
und Staatslenkern könne plötzlich zusammenbrechen, die bis
dahin gehegte und bevorzugte Philosophie könne zurückgesetzt
oder wol gar auf die Anklagebank gebracht werden. Daher
die außerordentliche Beeiferung von allen Seiten, mit Strauß
jede Gemeinschaft aufzuheben, sich von jeder Verantwortlich=
keit seiner Ketzereien loszusagen. Daher die Anstrengungen,
ihn auf Schleiermacher, auf Kant, auf den Rationalismus,
kurz, auf überwundene, vom Hegelianismus längst überschrittene
Standpunkte zurückzuwerfen.

Und in welchem Verhältniß stand denn die Schlußabhand=
lung von Strauß zu des Meisters eigenen Ansichten über die
Person Christi? Für den Unbefangenen ist es nicht schwer,

durch manche unbestimmte und verhüllende Wendung hindurch
den Kern der Hegel'schen Gedanken zu erkennen. Er vindicirt
offenbar dem Menschengeist als solchem, sich in Einheit
mit Gott zu wissen. Und er fügt ausdrücklich hinzu, zur
Zeit Christi sei das Wissen, daß das Selbstbewußtsein das
absolute Wesen sei, nur noch in unmittelbarer Weise,
nur noch ein Anschauen, nicht ein Begreifen gewesen. Es
ist aber dann noch übrig, daß die letzte Scheidewand falle
und das Selbstbewußtsein seine Einheit mit dem absoluten
Wesen nicht aus sich heraus in ein vor Jahrhunderten irgendwo
dagewesenes Individuum verlege, sondern als eine in allem
wahrhaft menschlichen Denken und Thun sich vollziehende
erkenne und genieße.*)

Göschel freilich**) interpretirt den Meister ganz anders;
er will den Beweis führen, daß aus dem Realismus der
Hegel'schen Philosophie, aus dem Wesen des Gattungsbegriffs
die specifische Stellung des Gottmenschen, als der absoluten
Verwirklichung des Gattungsbegriffs folge. Ist die Gattung
nicht ein bloßes Gedankending — das ist seine Argumentation
— so erhält sie in erhöhtem Maße das in sich, was jedes
Einzelwesen enthält. Die menschliche Gattung ist also zugleich
selbst persönlich, und diese Persönlichkeit ist der Urmensch,
d. i. Christus. Auf alle diese tiefsinnigen Erörterungen
über den wahren Realismus, über den Adam Kadmon u. s. w.,
erwidert Strauß nur, daß sie ja nichts anderes seien als die
Philosophie jenes Scholasticus, der nicht Birnen, Kirschen oder
Aepfel, sondern auch einmal das Obst an sich, den Gattungs=

---

*) Vgl. Strauß, „Dogmatik", II, 220; „Phänomenol.", S. 713 fg.
**) In seiner Schrift: „Von Gott, dem Menschen und dem Gott-
menschen" (1838).

begriff des Obstes, genießen wollte. Er erinnert zugleich an
die naheliegende Consequenz, daß es bei solcher besondern
Existenz des Gattungsbegriffs nicht allein einen Urmenschen,
sondern ebenso einen Urlöwen, einen Urtisch u. s. w. geben
müsse.

In eine ähnliche Confusion wie Göschel verwickelte sich
Dorner, der in der ersten Auflage seiner „Geschichte der
Person Christi" (1839) zum Schluß eine speculative Christo=
logie gab, welche im ausdrücklichen Gegensatze gegen die
Strauß'sche Schlußabhandlung und in Anknüpfung an das
hier über den Gattungsbegriff der Menschheit Gesagte ge=
schrieben war. Der Grundgedanke ist der: der menschliche
Gattungsbegriff ist in allen andern nur auf vereinzelt bruch=
stückartige Weise, in Christo dagegen in seiner Totalität reali=
sirt; sein Vorzug und seine Einzigkeit besteht darin, daß er
das Collectivum der Menschheit ist, das „aller einzel=
nen Individualitäten Urbilder in sich sammelt". So wird
er also zu einer Allpersönlichkeit gemacht, die die unend=
liche Vielheit aller menschlichen Individualitäten wieder zu
einem Einzelwesen zusammenfaßt. Zu einer widerwärtigern
Unnatur kann die Person Christi schwerlich verunstaltet werden!
Denn mit dieser Allpersönlichkeit wird der Kern der mensch=
lichen Persönlichkeit, die in der Einzelheit besteht, zerstört, ohne
daß dafür die göttliche Persönlichkeit gewonnen wäre; denn nicht
die Gottmenschheit — nein! nur die Allmenschheit wird in
Christo dargestellt, die göttliche Natur der orthodoxen Lehre
wird aufgegeben, um die reine Unnatur, eine Person, welche
keine Person mehr ist, zu gewinnen! Dieser moderne Christus,
in seiner „Vereinigung aller menschlichen Individualitäten Ur=
bilder", dieses vielköpfige Wesen, ist nicht sowol Gott als
Mensch, sondern weder das eine noch das andere, ein ariani=

sches Mittelding, das eine „eigene kosmische Stellung einnimmt". Die Absolutheit und Einzigkeit Christi wird hier in der All= seitigkeit gesucht. Nur — um dem Strauß'schen Vorwurf zu begegnen, daß mit der Einzelheit nothwendig die Beschränktheit verbunden sei! Und diese abstruse Christologie ist es, welche sich an die Stelle des orthodoxen Gottmenschen zu setzen unter= nimmt und in einer Anzahl neuerer dogmatischer Werke wieder zum Vorschein kommt. *)

---

*) Herr Dr. Dorner ereifert sich (S. 1143 fg. seines Werkes) sehr gegen diese Darstellung seiner Christologie, als das directe Gegentheil von dem, was er habe sagen wollen, und doch wird es in allem Wesent= lichen bei dem Behaupteten bleiben müssen. Die von mir gemachten Anführungen sind wörtliche und lautet der betreffende Passus also: „Wie die Natur sich nicht blos in der Idee eines Menschen zur Einheit versammelt, sondern im wirklichen Menschen, so faßt sich auch die Mensch= heit nicht zusammen in einer bloßen Idee, einem idealen Christus, son= dern in dem wirklichen Gott=Menschen, der ihre Totalität persön= lich darstellt und aller einzelnen Individualitäten Urbil= der oder ideale Persönlichkeiten in sich versammelt." — Wenn es mir nun als ein crasses Misverständniß angerechnet wird, daß ich „die Allheit der Individuen wie sie leiben und leben" in den Christus der Dorner'schen Auffassung verlege, so muß ich dies crasse Misverständniß dem Erfinder der neuen Christologie zurückgeben, da ich mit keinem Worte von den „Individuen wie sie leiben und leben", sondern immer nur von den „Urbildern" aller einzelnen Individua= litäten geredet habe. Ich denke aber, es genügt schon diese „Samm= lung aller einzelnen Urbilder", um aus Christo ein vielköpfiges (natürlich im geistigen Sinne) und unmenschliches Wesen zu machen, und die Dorner'sche verhängnißvolle Verwechselung von Einzigkeit und Allseitigkeit, von centraler und universaler Bedeutung Christi in das rechte Licht zu stellen. Freilich ist es auch mit der Allheit der Urbilder nicht so ernstlich gemeint, wie man aus der Vergleichung er= sieht, welche Dorner macht zwischen der Stellung Christi zu der übrigen Menschheit und der eines einzelnen Menschen zu den niedern Daseins= formen. Nur in dem Sinne wie der Mensch die untergeordneten Stu-

Unter den Hegelianern der rechten Seite ließ sich Gabler in einem Programm „De verae philosophiae erga pietatem amore" in ähnlichem Sinne wie Göschel vernehmen, indem er Strauß den Kantianern zuwies, welche die Idee nicht in ihrem wahren Verhältniß zur Wirklichkeit und nur noch als ein Sollen erkannten. Auch Bruno Bauer, damals noch in seiner orthodoxen Periode, gab (in den „Jahrbüchern für wissenschaftliche Kritik", 1835, December) mit dem ganzen Hochmuth Althegel'scher Absprecherei Strauß eine Lection über das Wesen der wahren, d. i. der positiven Kritik, welche darin bestehe, durch die Negation, durch das Feuer der Kritik hindurch, die Position, den vollen Glaubensinhalt, wiederzugewinnen. Strauß bemerkte gegen diesen Begriff positiver Kritik, daß dies gar keine Kritik mehr sei, daß eine Kritik, welche ihren Gegenstand als einen makellosen und fertigen voraussetze, ihrem eigenen Wesen, das in der Sichtung und Aussonderung des Falschen vom Wahren bestehe, widerspreche, daß diese ganze kritische Bewegung nichts als eine Scheinbewegung sei. So einfach auch diese Wahrheit sein mochte, hatte die durch die Hegel'schen Constructionen verwirrte Zeit doch noch wenig Sinn dafür. So redete namentlich Erdmann in seinem „Glauben und Wissen", der falschen scholastischen Wissenschaft, welche nichts kritisirt, sondern alles rechtfertigt und construirt, was der Volks- und Theologenglaube aufge-

---

fen des Daseins als die zerstreuten, auseinander fallenden Momente Eines Ganzen in sich zusammenfaßt, faßt wieder Christus aller einzelnen Menschen Urbilder in sich zusammen. — Somit ist das Alles nichts als eine geistreich klingende höchst unklare Vergleichung, und das was übrig bleibt aus dieser confusen Speculation ist das arianische Mittelwesen, die besonderr „kosmische" oder „metaphysische" Stellung Christi, die über die menschliche Gattung hinausgehende höhere Gattung.

stellt, eifrig das Wort. Er war darin ein echter Althege=
lianer, wenn er behauptete, „das Ende der Entwickelung sei
nur der bestätigte und wieder hervorgebrachte Anfang", „das
religiöse Bewußtsein habe, wie Odysseus, der den lockenden
Sirenen entgangen, sich in der alten Heimat wieder 'anzusie=
deln"; „die Speculation sei die Stütze für den Menschen,
damit er alles Das wiedererlange, was dem unbefangenen
Glauben angehörte, bevor die Reflexion eintrat".

Näher auf die christologische Frage eingehend war die
Schrift von Schaller: „Der historische Christus und die Phi=
losophie" (1838), der nebst Rosenkranz in der nun beginnen=
den Spaltung der Schule eine Art von Centrumsstellung ein=
nahm. Aber die brennende theologische Frage wurde wenig
gefördert durch dies logische Exercitium, welches mit den Be=
zeichnungen Gattungsbegriff und Exemplar, deren Strauß sich
bedient, angestellt wurde. Denn, was half es, Strauß die
Weisung zu geben, die Anwendung der Kategorien Gattung
und Exemplar passe nur auf die untergeordneten Naturstufen,
nicht auf den menschlichen Geist? Und wie wenig wurde
damit erreicht, daß die schiefe Vorstellung Strauß' beseitigt
wurde, die Vollendung der menschlichen Natur bestehe in der
Allheit ihrer Einzelwesen, in der Zusammenfügung ihrer Bruch=
theile, sodaß die Vollkommenheit aus den zusammengezählten
Unvollkommenheiten hervorging! Schaller hatte, wie gesagt,
in diesen logischen Correcturen recht, aber er trat der Lösung
der wichtigen theologischen Streitfrage damit um keinen Schritt
näher.

Denn es handelt sich hier ja offenbar um die religiös=
sittliche Absolutheit Christi. Um die Beantwortung der ganz
concreten Frage: Gibt es ein absolutes Subject, einen abso=
luten Punkt mitten in der Weltgeschichte, der nicht übertroffen,

ja nicht wieder erreicht werden kann? Dazu ist es nöthig,
einmal das Gesetz der historischen Entwickelung überhaupt,
dann das der Entwickelung des Individuums und die Noth=
wendigkeit seines Hindurchgehens durch die · Sünde genauer zu
untersuchen. Da dies nicht geschehen, kommt Schaller auch
nur durch einen Sprung zu dem Schlusse, Idee und Wirk=
lichkeit haben sich in Christo vollkommen gedeckt, weil er die
Idee der Versöhnung, d. i. die absolute Religion zuerst aus=
gesprochen.

Von diesem sogenannten Centrum der Hegel'schen Schule
war daher nur Ein Schritt zur linken Seite, d. h. zu den=
jenigen Männern, welche die Gottmenschheit in Christo nicht
auf absolute und specifische Art realisirt dachten. So Miche=
let in seiner „Geschichte der Philosophie von Kant bis Hegel"
(1838), und in seiner „Entwickelungsgeschichte der neuesten
deutschen Philosophie" (1843); so Frauenstädt in seiner Schrift
„Ueber die Menschwerdung Gottes". So namentlich auch der
Aesthetiker Vischer, der in einem Aufsatz der „Hallischen Jahr=
bücher": „Dr. Strauß und die Würtemberger" (1838), es
eine Durchlöcherung des Weltzusammenhangs nannte, wenn
ein Individuum unmittelbar das Absolute darstellen solle.
Und überhaupt die ganze jüngere Generation der Hegelianer,
müde der bisherigen Selbstbelügungen, deckte den lange ver=
hüllten Riß zwischen Glaube und Speculation offen auf.
Namentlich unter den jüngern württemberger Theologen zeigte
sich eine starke Sympathie für den berühmten Landsmann.
Und es war dies nichts Zufälliges. Denn es stützte sich diese
Jugend auf einen Mann, der auch der Lehrer Strauß' ge=
wesen und ohne Zweifel mächtig auf seine theologische Ent=
wickelung eingewirkt hatte. Auf einen Theologen, der bis
dahin in seiner Rechtgläubigkeit unangefochten dagestanden,

und durch seine wissenschaftlichen Leistungen, nicht in Wür=
temberg allein, sondern in ganz Deutschland auf die höchsten
Ehren Anspruch machen durfte: — auf F. Ch. Baur, der
damals freilich noch nicht alle Resultate seiner zerstörenden
Kritik bloßgelegt, aber doch schon in seinen beiden Werken über
die Versöhnungs= und Dreieinigkeits=Lehre klar genug seine
wesentliche Uebereinstimmung mit Strauß in der christologischen
Frage ausgesprochen hatte.

Zweites Kapitel.

Die Fortbildungen in der Evangelienkritik. Die tübinger kritische Schule und ihre Gegner.

Von der durch Strauß neu angeregten christologischen Debatte wendet sich die Betrachtung zu denjenigen Werken, welche die vorliegenden kritischen Fragen speciell zu beantworten unternehmen. Denn es ist mit der vielgenannten Schrift in der That das Signal zu einer neuen Evangelienkritik gegeben! Es treten eine Reihe von Schriften in kurzen Zwischenräumen hervor, welche die von Strauß flüchtig behandelten Vorfragen über das Verhältniß der Evangelien zueinander, über Bedeutung, Alter und Echtheit der einzelnen in gründlichere Untersuchung ziehen.

Zuerst ist das Werk von Weiße zu nennen: „Die evangelische Geschichte kritisch und philosophisch bearbeitet" (1838). Es gehört neben dem Neander'schen „Leben Jesu" offenbar zu den bedeutendsten positiven Widerlegungen der Strauß'schen Evangelienkritik, obgleich Weiße Strauß sehr nahe steht in vielen seiner Negationen. Er sagt selbst, wenn jener nicht aufgetreten, würde er sich dieser Arbeit unterzogen haben, nämlich zu zeigen, wie wenig die Harmonistik recht habe und

wie viel des Widersprechenden und Ungeschichtlichen sich in
den evangelischen Erzählungen finde. Aber er will dann auch
der negativen Arbeit die positive hinzufügen, er will den festen
geschichtlichen Kern, welcher übrig bleibe, aufweisen. Eine sichere
Basis sucht er zu gewinnen durch die Behauptung, daß wenig=
stens Einer der Evangelisten Anspruch machen dürfe auf Ori=
ginalität, Alter und Glaubwürdigkeit, wenn auch alle andern
preiszugeben seien. Und dieser Eine ist Marcus, der Ur=
evangelist. Er ist der Begleiter des Petrus, sein Evange=
lium ward durch Petrus selbst überliefert. Hier ist kein Spiel=
raum für den Mythus, hier ist reine, beglaubigte Geschichte!
Das Matthäusevangelium dagegen ist ein compilatorisches
Machwerk, und auch von Lucas wird behauptet, es könne
ernsthafterweise von historischer Genauigkeit in der Benutzung
der Quellen nicht die Rede sein. Selbst das Evangelium des
Johannes erfährt wenig Gnade. Es sei keineswegs ein aus
Einem Gusse hervorgegangenes Werk, und nur der didak=
tische, nicht der erzählende Theil enthalte Johanneische
Elemente. Aber näher besehen schwindet auch die historische
Glaubwürdigkeit des Marcus um ein Bedeutendes zusammen.
Denn, um über die anstößigen Punkte hinwegzukommen, wird
eine sehr bedenkliche Kategorie zu Hülfe genommen: die der
„Misverständnisse", der „schriftstellerischen Unbildung", welche
der Petrinische Inhalt unter den Händen des Marcus erfah=
ren. So ist das Speisungswunder nur eine misverstandene
Parabel Jesu, auch die Geschichte vom Wandeln Jesu auf
dem Meere ist durch ein Misverständniß zu erklären. Im
Grunde bleiben nur die Heilungswunder als historische, als
nicht misverstandene übrig. Sie werden von den Mirakeln
unterschieden, die Weiße durchaus nicht anerkennen will, weil
„eine Durchbrechung der Naturgesetze durch den absoluten

Geist“ im Widerspruch stehe mit der speculativen Fassung des absoluten Geistes. Auf die wunderbaren Heilungen dagegen wird ein besonderes Gewicht gelegt; sie sind ein angeborenes Talent Jesu, gehören zu seiner specifischen körperlichen Aus=rüstung. Der Magnetismus wird als Analogie zu Hülfe ge=nommen. Wie dadurch nicht allein die Wunder naturalisirt, sondern auch die ganze erlösende Thätigkeit Christi ins Mate=rialistische herabgezogen wird, liegt auf der Hand. Die Leib=lichkeit Christi erhält so etwas sehr Unheimliches, erscheint wie eine elektrische Batterie mit physischen Heilkräften erfüllt, die sich mit der Nothwendigkeit eines Naturprocesses entladet. In diesem Sinne redet Weiße von einer spätern Abschwächung der Wunderkraft Christi, deren er selbst bewußt gewesen, weshalb er während seines Aufenthalts in Jerusalem keine Wunder mehr gethan. Außerdem scheut er sich nicht, für manche Par=tien der evangelischen Geschichte, für solche, welche nicht vom Marcus überliefert sind, den Mythus zu Hülfe zu nehmen, den positiven Mythus, wie er hinzufügt, und er meint da=mit nichts anderes als die Allegorie. So erklärt er für die Krone der Mythen in seinem Sinne den Stern der Magier. Auch die Auswanderung nach Aegypten, die Tödtung der bethlehemitischen Kinder, die Geburtsgeschichte Johannes des Täufers, die Darstellung Jesu im Tempel u. s. w., werden allegorisch erklärt, und mit großer Ausdrücklichkeit wird auf die Tiefsinnigkeit der hier niedergelegten philosophischen Idee im Unterschiede von der „mechanischen, äußerlichen“ Mythenerklä=rung Strauß' aufmerksam gemacht.

Fast gleichzeitig mit dem Weiße'schen Werke erschien die Schrift von Wilke (vormaligem Pfarrer zu Hermannsdorf im sächsischen Erzgebirge): „Der Urevangelist“, in welcher durch eine sehr ausführliche und genaue Untersuchung die

Priorität und Ursprünglichkeit des Marcusevangeliums vor den beiden andern Synoptikern erwiesen wurde. In der That kann für den Marcus nur das Dilemma gestellt werden, entweder die Quelle für die beiden andern oder ein Excerpt aus ihnen zu sein. Denn es ist mit Ausnahme von nur 27 Versen, theils im Matthäus, theils im Lucas enthalten und steht abwechselnd bald mit diesem, bald mit jenem in fast wörtlicher Uebereinstimmung. Aber für die Urevangeliums-hypothese sind doch schon jene von den beiden andern nicht aufgenommenen 27 Verse sehr bedenklich. Wilke sieht sie für Interpolationen an und kommt so auf einen von unserm jetzigen Marcus noch verschiedenen Ur-Marcus.

Die Wilke'sche Hypothese vom Urevangelisten adoptirte Bruno Bauer und machte sie zur Grundlage seiner „Kritik der Synoptiker" (1841—42). Und hier ist auf Br. Bauer's Persönlichkeit, so unerquicklich sie auch ist, etwas näher einzugehen, denn in ihm vollzog sich auf sehr eclatante Weise der Umschwung von der äußersten Rechten zur äußersten Linken der Hegel'schen Schule, vom confusesten Dogmatismus zum wüstesten Radicalismus. Dieser Sprung war in der That nicht so groß, wie er auf den ersten Anblick erscheint. Das Vermittelungsglied ist die philosophische Abstrac-tion, die abstracte Logik, für welche, eben vermöge ihrer Abstraction, jeder Inhalt ein gleichgültiger ist, die daher, bald dieser, bald jener Zeitströmung folgend, sich in dem verschieden-artigsten Inhalt mit unfruchtbarer Dialektik umherwirft. Cha-rakteristisch ist ferner, daß sich mit dieser Leerheit ein eigener Fanatismus verbindet, ein Fanatismus der sogenannten Wissenschaft, der in seinem Eifer für die Wahrheit sich bis zur Tobsucht steigert. Br. Bauer stellt, und zwar in sehr acuten Formen, die tollgewordene Logik dar. Und doch tritt uns in dieser furibunden Gestalt eine Energie des Denkens, eine Schärfe und Leidenschaft des Geistes entgegen, die uns Bewunderung abnöthigt und den tragischen Eindruck der ganzen Erscheinung erhöht. Man kann das Auftreten Br. Bauer's in der Theologie vergleichen dem tumultuarischen Treiben eines Karlstadt, Thomas Münzer u. a. im Zeitalter der Reformation. Der ungeheuere Gährungsstoff der ganzen Zeit ist gleichsam in ihm explodirt. Es ist in ihm ein Stück Faustnatur, ein gewaltiger und ungestillter Drang des Erkennens, ein leidenschaftliches Streben, einzubringen in die Tiefen des Universums. Aber die natürlichen Kräfte, Verstand, lebendige Anschauung, historischer Sinn, sind durch die Abstractionen der Philosophie verloren gegangen. Und er steht da als ein Opfer der Philosophie, als ein warnendes Beispiel ihrer Zerrüttungen. Er will sich von den dogmatischen Constructionen seiner frühern Zeit abwenden und den Boden der historischen Kritik betreten. Aber er vermag es nicht, denn nichts liegt ihm ferner als historischer und kritischer Sinn. Er bleibt der Fanatiker und Logiker, während er der Kritiker zu sein meint. Er kämpft in der Luftregion seiner Formeln und Gedankenconsequenzen, während er auf dem Boden der Wirklichkeit zu stehen wähnt. Und nicht gering ist die Anmaßung seiner kritischen Bedeutsamkeit. Er will Strauß die Palme entwinden. Er behandelt ihn mit Hohn als einen auf halbem Wege stehen gebliebenen, als einen Apologeten, einen Anhänger der Transscendenz. Und er bezeichnet sein eigenes Verdienst als das, der Hyder der Traditionshypothese das letzte Haupt abgeschlagen, die Apologetik Strauß' für alle Zeiten siegreich überwunden zu haben. Der Rest von Vernunft in allen diesen halbtollen Declamationen ist der, daß Strauß die Mythen als ein Product der absichtslos dichtenden Sage angesehen

und zum Urheber derselben das Collectivum der christlichen
Gemeinde gemacht hatte. Dagegen wendet sich Bruno Bauer.
Er bemerkt: „Diese mysteriöse Substantialität der christlichen
Gemeinde hat keine Evangelien hervorbringen können, denn sie
hat keine Hände zu schreiben, keinen Geschmack zu componiren,
keine Urtheilskraft, das Zusammengehörende zu vereinen."
Nur durch Subjecte sind die Evangelien zu Stande gekommen,
das „absolute Selbstbewußtsein", nicht die „Gemeinde=
substanz" hat sie producirt.

Die verwirrende Uebertreibung in dem so formulirten
Gegensatz gegen Strauß liegt darin, daß dieser die Thätigkeit
der Einzelnen, der redigirenden Subjecte keineswegs ausge=
schlossen, sie aber zu einer untergeordneten gemacht hatte. Da=
gegen stellte sich Bauer auf die andere Seite des Extrems.
Ihm sind die Evangelien durch das „Selbstbewußtsein" entstanden,
d. h. durch die baare Willkür, durch die bodenloseste Reflexion
der Einzelnen. Ueberall bürdet er den Evangelisten, auch sei=
nem Urevangelisten Marcus, Verwirrung, Widersprüche, un=
begreifliche Gedankenlosigkeit auf. Sie sind nur dazu da, sich
von ihm zurechtweisen und chicaniren zu lassen, er benutzt sie
nur, um seinen Haß gegen die modernen Theologen, gegen
ihre innere Unwahrheit, Haltlosigkeit und Sophistik auslassen
zu können. So sind denn diese Evangelien entstanden aus
Aberglauben, Uebertreibung, Verherrlichungsstreben und Ge=
dankenlosigkeit. Es ist nichts widerwärtiger als so wüste Will=
kür in der Behandlung historischer Probleme, diese sich Kritik
nennende Tobsucht. Es ist daher nicht der Mühe werth,
weder auf die Kritik der Synoptiker, noch auf die in dem=
selben Tone gehaltene Behandlung des Johannes einzugehen.

Wenn die Bauer'schen Schriften fast nur als innere Kri=
tik, als logische Analysen der Evangelien sich darstellen, so

bewegt sich dagegen das fast gleichzeitig erschienene Werk von
Lützelberger „Ueber das Evangelium des Johannes" (1840)
ganz auf dem Boden der äußern Kritik. Der wissenschaftliche
Werth auch dieses Werkes ist nicht bedeutend. Der erste nega=
tive Theil sucht die völlige Grundlosigkeit der kirchlichen Tra=
dition über den Apostel Johannes nachzuweisen, und der Ver=
fasser geht so weit, daß er nicht nur die Johanneische Abfassung
des Evangeliums, der Briefe und der Apokalypse leugnet, son=
dern auch den kleinasiatischen Aufenthalt des Apostels für eine
grundlose Sage erklärt. Der positive Theil ist voll von Fic=
tionen und Phantasien, die an kirchliche Sagen und Legenden
aus dem 4. und 5. Jahrhundert anknüpfen und aus denen das
Resultat gewonnen wird, das Evangelium des Johannes sei
aus der Schule des Apostels Andreas hervorgegangen und in
Edessa etwa 130—135 verfaßt.

Keineswegs in Eine Reihe mit der genannten Schrift zu
setzen ist das Werk von Alex. Schweizer: „Das Evange=
lium des Johannes nach seinem innern Werth und seiner Be=
deutung für das Leben Jesu, kritisch untersucht" (1841). Es
ist, wie alles, was von diesem ausgezeichneten Theologen
stammt, mit großem Scharfsinn verfaßt und schon insofern
interessant, als Schweizer der einzige von den Schülern
Schleiermacher's ist, der es gewagt, wenigstens einen Theil
des Johannesevangeliums für unecht zu erklären. Er zerlegt
nämlich das Evangelium in zwei Bestandtheile. Den bei wei=
tem größten Theil erkennt er als das Werk des Apostels,
dagegen hält er für spätere Einschaltung außer dem 21. Ka=
pitel und einigen kleinen Einschiebseln (Kapitel XIX, 35—37;
XVIII, 9; XVI, 30; II, 21. 22), das Wunder zu Kana,
die Heilung nach Kapernaum und die Speisungs=
geschichte, weil diese in den pragmatischen Gang des Buches

nicht eingehen, durch eine übertriebene Schätzung des Wunder=
begriffs dem sonstigen Evangelium widersprechen und außerdem
darin zusammentreffen, daß sie alle galiläisch sind. Es sind
hier also in die echte Grundschrift galiläische Stücke einge=
schoben. Wenn diese schon durch die magischen Wunder ihre
Frembartigkeit verrathen sollen, so liegt die Frage nahe: Ist
die Weinverwandlung magischer als die Heilung des Blind=
geborenen, ist die Speisung magischer als die Auferweckung
des Lazarus? Außerdem ist, namentlich durch die einbringende
Analyse Baur's, die Annahme jetzt wohl bis zur Unzweifel=
haftigkeit erhoben, daß das Evangelium des Johannes eine
durchaus zusammenhängende, einheitliche und kunstvolle Com=
position ist, aus der kein Theil ohne Zerstörung des Ganzen
herausgenommen werden kann.

Zum Schluß ist noch eine von den genannten Schriften
seiner Tendenz nach sehr verschiedene, ein Specimen capricir=
tester Apologetik zu erwähnen. Es ist dies: Ebrard's „Wis=
senschaftliche Kritik der evangelischen Geschichte" (1842). Ab=
sprechende Keckheit sowie eine auf alles gefaßte Verhärtung
des wissenschaftlichen Gewissens zeichnet dieses Werk aus. Der
Verfasser theilt nicht die moderne Scheu vor dem Wunder,
will nichts von beschleunigtem Naturproceß, nichts von größern
oder kleinern Wundern wissen. Er macht sich freilich selbst
über die alte Harmonistik lustig, welche die Evangelisten für
Protokollisten nahm, während sie freie Bearbeiter des ge=
schichtlichen Materials nach gewissen leitenden Gesichtspunkten
waren — aber bessenungeachtet gibt er nirgends einen
Widerspruch zu, scheut sich nirgends vor den gewaltsamsten
Beseitigungen der obschwebenden Schwierigkeiten. Ein Haupt=
auskunftsmittel zur Beseitigung solcher Schwierigkeiten findet
er in dem Satze, daß die Evangelisten keineswegs

überall akolutistisch schreiben wollten, daß sie vielmehr
oft nur einen ganz losen Zusammenhang in der Aufeinander=
folge der Thatsachen beobachteten und mehr einer Real = als
einer chronologischen Eintheilung folgten. Ist dieser Satz auch
im allgemeinen nicht unrichtig, so findet er doch schon eine
grundfalsche Anwendung darin, daß von Lucas behauptet
wird, er sei gar nicht auf Akolutie ausgegangen, sondern folge
ausschließlich der Realeintheilung, während bei Matthäus das
akolutistische Streben überwiege. Das gerade Umgekehrte
möchte ungefähr das Richtige sein, wie schon Bleek in seiner
eingehenden Beurtheilung Ebrard's bemerkt hat. Außerdem
aber reicht jener Kanon durchaus nicht aus, um die vielen
sachlichen Differenzen zwischen den einzelnen Synoptikern, noch
weniger um die zwischen den Synoptikern und dem Johannes
zu beseitigen, da ja die durchgehende Voraussetzung die ist,
daß alle vier Evangelisten eine ebenso vollständige als genaue
Kenntniß von dem ganzen Verlauf der evangelischen Geschichte
und von allen einzelnen Ereignissen besaßen, und daher nur
mit besonderer Absicht unvollständig und ungenau erzählten.

Auf alle diese theils vereinzelten, theils noch verfehlten
Versuche in der Evangelienkritik lassen wir endlich die Dar=
stellung der neuesten kritischen Schule und ihrer Arbeiten fol=
gen, in denen sich die mit Strauß beginnende Bewegung fort=
gesetzt, gereinigt und wissenschaftlich vertieft hat.

In der That war das Strauß'sche Buch nur die Lärm=
trommel gewesen, voraufziehend einem Schwarme leichter
Truppen, dem das eigentliche Gros der Armee erst nachfol=
gen sollte. Es war ein leichtes und luftiges Gebäude keck
hingestellt, ohne daß ihm eine sichere und dauerhafte Grund=
lage gegeben. Es war eine Kritik der evangelischen Ge=
schichte versucht, ohne daß eine Kritik der evangelischen

Quellen, ihres Alters und Ursprungs vorausgegangen. Es
war diese Kritik bei dem negativen Resultate angelangt,
daß alle evangelische Geschichte unsicher geworden, aber es
war nicht die letzte Aufgabe jeder Kritik, die Sonderung des
Echten vom Unechten, des Historischen von dem Unhistorischen
vollzogen, es war nicht die Grenzlinie zwischen Geschichte und
Mythus gefunden. Strauß hatte, wie er selbst sein Verfahren
später charakterisirte, alle Lichter historischer Zeugnisse, mit
denen man bisher die Entstehung der Evangelien zu beleuchten
gewohnt war, ausgelöscht und es andern überlassen, in der
eingetretenen Finsterniß ihre Augen wieder an die Unterschei=
dung des Einzelnen zu gewöhnen. Endlich war das Resultat
deshalb ein so dürftiges, weil es in der bloßen Ungeschicht=
lichkeit bestand, nicht aber den Nachweis enthielt, wie die
einzelnen Evangelien zu diesen Ungeschichtlichkeiten gekommen,
welches das Charakteristische der verschiedenen Evangelien,
welche die ihnen zu Grunde liegende Tendenz, die Art ihrer
Entstehung und Composition. Und der Grund aller dieser
Mängel war der, daß die Kritik eines breitern historischen
Unterbaus, des Zuhülfenehmens objectiver Instanzen ent=
behrte. Sie war nur eine subjective, nicht eine objective
und wahrhaft historische. Diesen großen Mangel nun er=
gänzte die neue tübinger Schule. Ihr kam es nicht allein
auf ein negatives, sondern ebenso sehr auf ein positives Re=
sultat an. Sie wollte nicht allein die Ungeschichtlichkeit in den
Evangelien erweisen, sondern vor allem den Charakter, die
dogmatische Tendenz, den Entstehungskreis, die Zeit, aus
der ein jedes Evangelium hervorgegangen, durch historische
Combination ermitteln. Sie wollte die kanonischen Schriften
einreihen in die Literatur des 1. und 2. Jahrhunderts, sie
dadurch hineinziehen in den Strom der Geschichte. Und sie

erreichte dies durch die Anwendung der Dogmengeschichte
auf die neutestamentliche Kritik, durch ein gründliches und er-
neutes Studium der christlichen Literatur der beiden ersten
Jahrhunderte. Dies ist vor allem das große Verdienst des
berühmten Hauptes der Schule, F. Ch. Baur's. Es nimmt
dieser leider zu früh (den 2. Dec. 1860) dahingeschiedene
Theolog unstreitig durch die Universalität der Bildung, durch
die staunenswerthe Geistesarbeit, welche er durchgemacht,
durch die seltene Verbindung des speculativen Denkens mit
massenhaftem Wissen, durch divinatorischen Scharfsinn, welcher
aus einzelnen, unscheinbaren, bis dahin ganz unbeachteten Da-
ten die entscheidendsten Resultate gewinnt, — er nimmt durch
die Vereinigung so seltener und widerstrebender Geistesgaben,
nach Schleiermacher's Hingang, die erste Stelle ein in unserer Wissenschaft. Ueberblicken wir einmal den Umfang seiner
literarischen Productionen, von denen jede einzelne eine Fund-
grube reichen Wissens, ein Document seltener Geistesenergie
ist! Das erste bedeutende Werk, welches noch auf Schleiermacher'schem Boden steht, ist seine „Symbolik und Mythologie" (aus den Jahren 1824 und 1825). Dann folgte die
aus dem Kampfe mit Möhler hervorgegangene Schrift „Ueber
den Gegensatz des Protestantismus und Katholicismus" (1833),
in welcher er sich als einen dem geistvollen Repräsentanten
des Katholicismus durchaus ebenbürtigen Gegner, als einen
mit den schärfsten Waffen der Dialektik ausgerüsteten Kämpfer
zeigte. Dann ging er an seine dogmengeschichtlichen Monographien, von denen eine jede genügen würde, ihm eine ehren-
volle Stelle unter den mitlebenden Theologen zu sichern.
Zuerst erschien sein Werk „Ueber die Gnosis" (1835). Hier
eröffnete er insofern einen neuen Gesichtspunkt für die christliche Gnosis des 2. und 3. Jahrhunderts, als er sie nur als

ben Anfangspunkt einer langen Kette religionsphilosophischer
Erzeugnisse ansah und sie durch Mystik und Theosophie hin=
durch in einem fortlaufenden Processe bis auf Schelling, Hegel
und Schleiermacher herabführte. Bald darauf folgte sein Werk
„Ueber den Manichäismus", dann (1838) seine „Geschichte
der Lehre von der Versöhnung" und endlich (1841—43) die
drei Bände starke „Geschichte der Lehre von der Dreieinigkeit
und Menschwerdung Gottes". Rechnen wir zu diesen dog=
mengeschichtlichen Monographien noch das „Lehrbuch der
Dogmengeschichte" (1847), die Schrift „Ueber die Epochen
der kirchlichen Geschichtschreibung" (1852), „Die christliche
Kirche der drei ersten Jahrhunderte" (1853), die „Ge=
schichte der Kirche vom 4.—6. Jahrhundert" (1859) und
die nach seinem Tode herausgegebene „Geschichte des Mittel=
alters", sowie die des 19. Jahrhunderts, so haben wir doch
immer nur noch die Hauptwerke in dieser Richtung genannt,
denen sich eine Reihe von selbständigen Abhandlungen wie von
eingreifenden Kritiken über die verschiedensten kirchen= und
dogmengeschichtlichen Themata anschließen. Das Charakteri=
stische in allen diesen Arbeiten ist, daß die Geschichte der kirch=
lichen, in specie der dogmatischen Entwickelung als ein noth=
wendiger, dialektisch fortschreitender Geistesproceß dargestellt
wird, daß, so reich auch die Details sein mögen, doch nichts
Einzelnes als solches einen Werth hat, vielmehr nur als ein=
gereiht in das Ganze, als Entwickelungsmoment in den Pro=
ceß des alles Besondere beherrschenden Allgemeinen. Es ist
hier also mit der philosophischen Behandlung der Geschichte
Ernst gemacht, und zwar auf der Unterlage so gelehrter For=
schungen und so scharfsinniger Combinationen, daß der gewöhn=
liche Vorwurf abstracten Construirens, wie man ihn so vielen
Schülern Hegel's nicht mit Unrecht macht, einem solchen

Manne und solchen Arbeiten gegenüber verstummen muß.
Deſſenungeachtet, ſo rühmlich ſich Baur vor allen andern
Mitgliedern der Hegel'ſchen Schule durch gediegene Gelehr=
ſamkeit auszeichnet, ſoll doch das Urtheil nicht unterdrückt
werden, daß auch bei ihm ein gewiſſer Dualismus, ein Man=
gel an Verſchmelzung des Allgemeinen und des Beſondern
ſpürbar iſt, daß das Allgemeine öfter wol eine von vorn=
herein fertige logiſche Kategorie iſt, in welche das Einzelne
wie in eine Schlinge gefangen wird, das nur wie eine Etikette
ihm äußerlich angeklebt iſt. Es iſt, möchte man ſagen, öfter
eine abſtract=logiſche Kategorie angewandt, da, wo man eine
concret=hiſtoriſche wünſchte und erwartete. So iſt namentlich
zu viel mit den Kategorien, Objectivität und Subjectivität,
Identität und Differenz, Anſichſein und Fürſichſein und ähn=
lichen gearbeitet, und dadurch ein ermüdender, den Reichthum
des Thatſächlichen nicht erſchöpfender Formalismus zur Herr=
ſchaft gebracht. Auch erſcheint der dogmengeſchichtliche Proceß
viel zu ſehr als ein für ſich beſtehender, ſich durch die eigene
innere Dialektik forttreibender, als eine rein logiſche Bewe=
gung, die ſonſt von nirgends her ihre Anregungen gewinnt,
mit der Geſchichte des chriſtlichen Lebens und der chriſtlichen
Sitte in keinem nothwendigen Zuſammenhange ſteht. Das
Dogma ſchwebt ſo gleichſam in der Luft, iſt losgelöſt von den
unmittelbaren Mächten des Lebens, aus denen es ſeine Im=
pulſe empfängt, und wie die Pflanze aus dem mütter=
lichen Boden der Erde hervorwächſt. Und es fehlt dieſer Be=
handlung der Dogmengeſchichte gerade das, was wir an einem
andern Werke ſonſt verwandter Richtung, an der berühmten
Literaturgeſchichte von Gervinus vorzugsweiſe zu bewundern
haben; ich meine die enge und nothwendige Beziehung zwiſchen
der Geſchichte der Cultur und der Literatur, vermöge

welcher die Literatur nur als die reife Frucht von dem Baume der wirklichen Lebensverhältnisse, der sittlichen Zustände und Vorstellungen abgepflückt wird. Aber trotz dieser fühlbaren Mängel muß wiederholt werden, daß im Vergleich mit der frühern Behandlung der Dogmengeschichte durch Baur eine neue Periode begründet ist und daß namentlich die Neander'sche Schule in den dogmengeschichtlichen Partien weit zurückgeblieben hinter seinen kolossalen Arbeiten, die darauf ausgehen, alle Schärfen und Spitzen, alle dialektischen Irrwege und Widersprüche, alle Umwandlungen und Vertiefungen, die ein Dogma auf dem langen Wege seiner geschichtlichen Entwickelung durchgemacht hat, mit dem Gedanken zu erfassen und als noth- wendig zu begreifen.

Im nächsten Zusammenhange mit diesen dogmengeschicht- lichen Arbeiten Baur's stehen seine kritischen. Sie sind eigent- lich nichts anderes als die Anwendung seiner Forschungen über die Entwickelung des christlichen Bewußtseins in den ersten Jahrhunderten der Kirche auf den Kanon, die Einreihung der kanonischen Schriften in die urchristliche Literatur. Be- merkenswerth ist der Ausgangspunkt seiner Kritik. Denselben bilden nicht die Evangelien, wie dies seit Eichhorn üblich, sondern die Paulinischen Briefe. Die unzweifelhaft echten Paulinischen Briefe, das aus ihnen uns entgegentretende ge- schichtliche Bild des großen Heidenapostels und der herben Gegensätze, in denen er stand, das ist der feste Punkt, das δός μοι ποῦ στῶ, von dem aus er operirt und seine Hebel ansetzt an die übrigen Schriften des Kanon. Den Anfang zu diesen Arbeiten bildeten die Abhandlung „Ueber die Ableitung des Ebionitismus aus dem Essenismus (1831) und die „Ueber die Christuspartei zu Korinth" („Tübinger Zeitschrift", 1831). Die letztere ist von besonderm Interesse, weil hier schon voll-

kommen klar, wenigstens in ihren Grundzügen, die Baur'sche
Anschauung vom Urchristenthum ausgesprochen ist. Schon hier
ist der Gegensatz des Ebionitismus oder Petrinismus und des
Paulinismus als der die Entwickelungskämpfe der apostolischen
wie der nachapostolischen Zeit bis in die Mitte des 2. Jahr=
hunderts ihin beherrschende erkannt. Dann folgte die Schrift
„Ueber die sogenannten Pastoralbriefe des Apostels Paulus"
(1835), in welcher zuerst der gefahrdrohende Charakter dieser
Kritik hervortrat und der gläubigen Theologie großen Anstoß
gab. Baur erklärte ja nicht allein die Pastoralbriefe für un=
paulinisch, wie schon Eichhorn gethan und Schleiermacher we=
nigstens in Bezug auf den ersten Brief an den Timotheus
eingeräumt hatte, nein! er versuchte eine positive Bestim=
mung ihrer Entstehungszeit und ihres Ursprungskreises, er
setzte sie bis in die Mitte des 2. Jahrhunderts herab und er=
kannte in ihnen einen bewußten Gegensatz gegen die Gnosis,
die bestimmte Absicht, die bischöfliche Kirchenverfassung, die in
dieser Ausbildung der Mitte des 2. Jahrhunderts angehöre,
einzuführen und zu sanctioniren. Es folgte dann (1836) die
Abhandlung über „Zweck und Veranlassung des Römerbriefs"
und (1838) die Schrift „Ueber den Ursprung des Episkopats",
welche letztere vornehmlich gegen Rothe's „Anfänge der christ=
lichen Kirche" und die hier behauptete Echtheit der Ignatia=
nischen Briefe gerichtet war. Die beiden Hauptwerke Baur's
aber, in denen manches bis dahin nur Angedeutete oder in
kleinern Aufsätzen Angeregte ausgeführt und zusammengefaßt
wurde, waren sein „Apostel Paulus" (1845) und seine „Kri=
tischen Untersuchungen über die kanonischen Evangelien" (1847).
Später erschien die Schrift „Ueber das Marcusevangelium
nebst einem Anhang über das Evangelium des Marcion"
(1851), und die schon genannte Geschichte der christlichen

Kirche in den drei ersten Jahrhunderten", in welcher alle bisherigen Resultate der Kritik einer neuen Revision unterworfen
und übersichtlich zum Ganzen eines Geschichtsbildes zusammen-
gearbeitet wurden. Endlich reihen sich diesen größern Arbeiten
in außerordentlicher Anzahl kleinere Abhandlungen über fast
alle wichtigen Fragen der neutestamentlichen Kritik an, welche
theils in der ältern „Tübinger Zeitschrift", theils in den seit
dem Jahre 1842 erscheinenden „Theologischen Jahrbüchern"
niedergelegt sind.

Und zu diesen Arbeiten des Meisters kamen nun noch die
seiner Schüler. In erster Reihe stehen hier Schwegler und
Zeller. Jener ist in kecker und anschaulicher Darstellung die
glänzendste Erscheinung des ganzen Kreises, aber, oft gewalt-
thätig und willkürlich, verdeckt er durch advocatische Beredsamkeit den Mangel an gewissenhafter Beweisführung. — Er
trat zuerst mit seiner „Geschichte des Montanismus" (1841)
auf, einer unter dem Einflusse Baur's entstandenen und von
der tübinger theologischen Facultät gekrönten Preisschrift, welche
von den Passahstreitigkeiten des 2. Jahrhunderts aus ein neues
und sehr bedenkliches Licht auf das Evangelium des Johannes
fallen ließ. Sein Hauptwerk aber, welches zuerst die Resultate der Baur'schen Kritik in ihrem ganzen Umfange ans Licht
stellte und den vollen Haß der gläubigen Theologie auf sie
hinlenkte, war das „Nachapostolische Zeitalter" (2 Bde.,
1846). Diese Schrift, so voll sie von jugendlichen Uebertreibungen und Provocationen ist, so parteiisch ihre Argumentation,
so unwahr und abstract ihre Gegenüberstellung des Petrinismus und Paulinismus und so willkürlich das Würfelspiel mit
diesen Parteinamen, hat doch durch die formelle Virtuosität,
welche an Strauß erinnert, wie durch die sichere Handhabung
und Inscenesetzung aller wichtigen historischen Data, einen ge-

waltigen Eindruck hervorgebracht und kann, obgleich sie in vielen Einzelheiten schon überwunden ist, noch immer als eines der standardworks der Schule gelten.

Viel besonnener, umsichtiger, gewissenhafter ist Zeller. Nur auf dem Grunde der genauesten Erwägungen geht er Schritt für Schritt vorwärts, an jedem Punkte Rechenschaft gebend von seinem Thun. Er hat die von ihm herausgege=benen „Theologischen Jahrbücher" mit einer Reihe der gründ=lichsten Untersuchungen über die wichtigsten Fragen der neu=testamentlichen Kritik ausgestattet, unter denen hier nur seine Abhandlung „Ueber die historischen Zeugnisse für die Echtheit des Johanneischen Evangeliums"; seine Aufsätze „Ueber die Apokalypse", „Ueber das Lucasevangelium und die Apostelge=schichte" hervorgehoben werden sollen. Ein für die Wissenschaft bleibendes Verdienst hat er sich durch die später zu einem selb=ständigen Werk verarbeiteten „Untersuchungen über die Apostel=geschichte" erworben. Es ist dies vielleicht die reifste Frucht der Baur'schen Kritik, das gediegenste Werk der ganzen Schule, welches so tief eingeschnitten, daß es bereits eine ganze Reihe umfangreicher Gegenschriften hervorgerufen hat.

Den genannten Schülern Baur's zur Seite stehen die noch von dem Meister persönlich angeregten schwäbischen Theo=logen: Köstlin, Planck, Schnitzer, Georgii; in entfernterer Abhängigkeit dagegen schlossen sich den von ihm begonnenen Untersuchungen an: Hilgenfeld, A. Ritschl und Volkmar. Von ihnen wird noch später ausführlicher die Rede sein. Hier nur so viel: Köstlin hat sich vorzüglich durch seinen „Johanneischen Lehrbegriff" und seine neueste Schrift „Ueber Ursprung und Composition der Synoptiker", Ritschl durch seine „Altkatholische Kirche" einen ehrenvollen Namen erworben. Der Fruchtbarste und Unermüdlichste aber ist unzweifelhaft Hilgenfeld, der binnen

kurzer Zeit eine ganze Reihe gründlich gelehrter Schriften:
über die „Clementinen", „Das Johanneische Evangelium",
„Das Evangelium des Marcus", „Die Glossolalie", „Den Ga=
laterbrief", „Die apostolischen Väter", „Die vier Evangelien",
die „Jüdische Apokalyptik", die „Paschafeier", den „Kanon und
die Kritik", vollendet hat.

Die historische Grundanschauung, auf welcher die Kritik
Baur's basirt, ist: das Christenthum ist nicht ein von vorn=
herein fertiges, ein vollkommenes und himmlisches Product,
es ist vielmehr ein sich allmählich entwickelndes. Und
der Boden, aus welchem es sich entwickelte, war das Ju=
benthum. Das jüdische Element war die Schranke, welche
das Urchristenthum erst nach langen innern Kämpfen durch=
brechen konnte. Das erste Christenthum war Judenchristen=
thum und der erste christliche Glaubensinhalt kein anderer als
der: daß Jesus der Messias, daß er die Erfüllung der Weis=
sagungen sei. So war Urchristenthum und Judenchristenthum
identisch, das Christenthum noch nichts als ein vergeistigtes
und erfülltes Judenthum; noch nicht ein neues Lebensprincip,
bestimmt die ganze Geisterwelt zu umfassen, das Heidenthum
wie das Judenthum auf eine ganz neue Basis zu stellen. Erst
durch Paulus wurde dieser Fortschritt begründet, erst durch
ihn der Bruch mit dem Judenthum, mit Tempel und Gesetz,
vollzogen. Der Gegensatz zwischen dem alten, hartnäckigen
und auf der Autorität der Judenapostel, Petrus, Jakobus,
Johannes, ruhenden Judenchristenthum und dem Universal=
christenthum des Neuerers und Heidenapostels Paulus war
ein viel schärferer und viel länger dauernder, als die spätere
kirchliche Tradition, als namentlich die Apostelgeschichte ihn
dargestellt hat. Dieser Gegensatz ist am allerwenigsten schon
bei den Lebzeiten des Apostel Paulus ausgeglichen, er selbst

steht vielmehr, wie aus seinen unzweifelhaft echten Briefen
hervorgeht, mitten im brennenden Kampfe, um Befreiung von
der Last des Gesetzes, um Anerkennung seiner apostolischen
Autorität, um Gleichberechtigung der Heiden= neben den Ju=
denchristen. Dieser Gegensatz hat auch nicht etwa mit der
Zerstörung Jerusalems schon seine Spitze verloren, er zieht
sich vielmehr noch durch die ganze zweite Generation, durch
das nachapostolische Zeitalter hindurch bis in die Mitte des
2. Jahrhunderts. Und weil er noch diese ganze Zeit be=
wegt und beherrscht, stehen auch alle Schriften bis dahin
unter diesem Gegensatze und sind nur so zu verstehen. Mit
Einem Wort: die dogmatischen Parteigegensätze des Petrinis=
mus und Paulinismus sind der Schlüssel für die Literatur
des 1. und 2. Jahrhunderts, also auch für das Verständniß
der kanonischen Schriften und der Fragen nach ihrem Alter
und Entstehungskreise. Diese Schriften stehen entweder noch
unter der ganzen Heftigkeit des unmittelbaren Gegensatzes, wie
die Paulinischen Briefe einerseits und die Apokalypse anderer=
seits, oder sie gehören schon der spätern Tendenz an, diese
Gegensätze zu verwischen, über sie einen versöhnenden Schleier
zu werfen. So sind die meisten der kanonischen Schriften
Tendenzschriften, und ihre Tendenz ist vorzugsweise
eine conciliatorische, vermittelnde. Mit dieser conciliatorischen
Absicht, die Härten des alten ursprünglichen Judenchristen=
thums zu verwischen, die freien und universalen paulinischen
Elemente mit ihnen zu verschmelzen, hängt dann die Nicht=
authentie so vieler Schriften des Kanon zusammen, welche
viel spätern Ursprungs sind, als sie zu sein scheinen und vor=
geben. Es ist schon gesagt, die feste Basis für alle Opera=
tionen Baur's bilden die großen, unzweifelhaft echten Pauli=
nischen Briefe, der an die Galater, an die Römer und die

beiben an die Korinther. Von besonderer Wichtigkeit ist für
ihn der Galaterbrief, namentlich das zweite Kapitel, die
Aeußerungen des Apostels über sein Verhältniß zu Petrus,
die Erwähnung seines Zusammenkommens mit den Juden=
aposteln in Jerusalem. In der That wirft der (Gal. II,
11 fg.) erzählte Vorfall in Antiochien zwischen Petrus und
Paulus ein helles Licht auf das ursprüngliche Verhältniß
zwischen Judenchristenthum und Paulinismus. Denn es war
dies ja nicht, wie die gewöhnliche Ausrede ist, eine augenblick=
liche Uebereilung oder Schwäche des Petrus, eine momentane
Unklarheit. Zwischen das fragliche Ereigniß und den Tod
Christi fällt ein Zeitraum von etwa 20 Jahren, eine hin=
reichende Frist, um über das Verhältniß des Christenthums
zum Judenthum und Heidenthum Klarheit zu gewinnen. Viel=
mehr war die freisinnige Praxis, zu der sich Petrus anfangs
verstand, nur durch eine augenblickliche Nachgiebigkeit gegen
Paulus veranlaßt und er sank bei der Ankunft der Abgeord=
neten des Jakobus in die altgewohnten Anschauungen wieder
zurück. Diese Abgeordneten des Jakobus, wie Jakobus selbst,
sind die Repräsentanten des echten Judenchristenthums, sie
machen uns klar, wie engherzig man noch auf dieser Seite
über den Verkehr mit dem Heidenchristenthum dachte. Sie
fürchtete Petrus (φοβούμενος τούς ἐκ περιτομῆς), d. h. sie
waren auch für ihn noch Autorität.

Von hoher Bedeutung für die Auffassung des Urchristen=
thums ist ferner die Vereinbarung des Paulus mit den Säulen=
aposteln, wie sie im zweiten Kapitel des Galaterbriefes er=
zählt wird, und eine Vergleichung dieser historischen Darstellung
mit der in der Apostelgeschichte im funfzehnten Kapitel gege=
benen, mit dem sogenannten Apostelconvent. Hier kann man
die Apostelgeschichte genau controliren, hier die in ihr ab=

gebildete spätere Auffassung von der echten Geschichte unter=
scheiden. Nach dem Galaterbriefe handelt es sich nur um
ein äußerliches Uebereinkommen, die Judenapostel machen für
sich und ihre Praxis keine Concessionen, das einzige, was sie
zugeben, ist, Paulus gewähren zu lassen in der von ihm er=
wählten Thätigkeit, in der Mission unter den Heiden. Wie
ganz anders in der Apostelgeschichte! Hier wird ein förm=
liches Concordat geschlossen, hier werden die Normen für die
Heidenmission genau punktirt, und hier sind es Petrus und
Jakobus selbst, welche die Initiative ergreifen und der frei=
sinnigen Praxis das Wort reden. Wie war es möglich, daß
Petrus, welcher so geredet, in Antiochien so ganz anders han=
delte, daß die Abgesandten des Jakobus, welcher so auftrat,
später sich in einem ganz entgegengesetzten Lichte zeigten? Wie
ist es zu erklären, daß Paulus sich auf jene Stipulationen,
also auf ein gutes Recht, da, wo er die dringendste Veran=
lassung dazu hat, im Galaterbriefe, wo es sich um die Be=
schneidung, im Korintherbriefe, wo es sich um den Genuß des
Opferfleisches handelt, nie und nirgends auch nur mit einem
Worte beruft? Doch wohl nur so, daß ein solches Concordat
gar nicht bestand, daß es nur das Product einer spätern Zeit
und Auffassung ist, in welcher jene Concessionen sich allmählich
Eingang verschafft hatten.

Es sind dies nur ein paar Punkte, freilich sehr bedeut=
samer Art, durch welche die gewöhnliche Vorstellung von dem
friedlichen Verhältnisse des Urchristenthums und des Paulinis=
mus und von dem baldigen und ziemlich ungestörten Durch=
dringen des Paulinischen Universalismus wesentlich alterirt
wird. Um die große Macht, Ausbreitung und Hartnäckigkeit
des Judenchristenthums bis in die Mitte des 2. Jahrhunderts
zu erweisen, dazu hat Baur und seine Schule eine Menge

historischer Instanzen aufgeboten. So vor allem das starke und oft leidenschaftliche Auftreten, zu welchem Paulus und zwar gegen die Urapostel selbst, die ὑπερλίαν ἀπόστολοι, die δοκοῦντες εἶναί τι, die στύλοι u. s. w. gezwungen war, sein Kämpfen um Sein und Nichtsein, um die ersten Grundlagen seiner Thätigkeit, um die ihm bestrittene apostolische Autori= tät! Die Charakteristik des Apostels Jakobus, welche uns der älteste Bericht des Hegesipp gibt, der ihn als einen voll= kommen ascetischen Juden schildert. Die Angabe des Sulpi= cius Severus, daß die Gemeinde des Jakobus bis zur Zer= störung der Stadt unter Habrian das Gesetz und die Be= schneidung beobachtet habe. Dann die Bedeutung, welche Schriften einer dem Paulus sehr entgegengesetzten Richtung, wie die durchaus judenchristliche Apokalypse für das älteste Christenthum hatten! Die judenchristlichen Elemente, welche sich noch vielfach bei den Synoptikern, namentlich dem Mat= thäus, in der Form des engherzigsten Particularismus finden. Der ebionitische Monarchianismus, welcher bis zum Beginn des 3. Jahrhunderts, wie die Artemoniten noch dreist be= haupten durften und wie selbst Tertullian zugibt, die herr= schende Denkart bildete! Die Bedeutung des Montanis= mus für die ganze kleinasiatische Kirche! Der Charakter der ältesten Kirchenlehrer, eines Papias, Hegesipp, ja selbst noch eines Justinus Martyr! Der Charakter von Schriften, wie der „Pastor" des Hermas und die Clementinen, welche sich eines großen fast kanonischen Ansehens und eines ausgebrei= teten Leserkreises bis Ende des 2. Jahrhunderts erfreuten. Die Gehässigkeiten gegen den Apostel Paulus und die bald versteckten, bald offenen Angriffe gegen seine apostolische Auto= rität, welche immer wieder in diesen Kreisen auftauchen und namentlich in den Clementinen noch erkennbar sind.

Aus dem allen wird dann der Schluß gezogen, daß die beiden Richtungen Judenchristenthum und Paulinismus nicht so friedlich und in gegenseitiger Anerkennung nebeneinander hergingen, sondern in langem und gehässigem Kampfe lagen; daß das Judenchristenthum längere Zeit in der Uebermacht, erst in der Mitte des 2. Jahrhunderts durch den gemeinsamen Kampf gegen die Gnosis und die Verfolgungen Roms zum Bedürfniß des Zusammenhaltens, zur Anerkennung der Ein=heit der Kirche geführt wurde; daß sich erst in dieser Zeit das Bewußtsein der Einen katholischen Kirche bildete, daß erst aus dieser Zeit alle irenischen die frühere Feindschaft ver=schleiernden Schriften stammen. Von dieser historischen Grund=anschauung aus werden nun folgende Resultate für die kano=nischen Schriften gewonnen:

Unsere kanonischen Evangelien sind keineswegs die ältesten und ursprünglichsten Evangelienbildungen. Ihnen geht viel=mehr ein älterer Evangelienstamm voraus, der Ausdruck des strengen judaistischen Christenthums; sei es nun, daß es das Evangelium der Hebräer, oder des Petrus, das der Aegypter, der Ebioniten oder Nazaräer war. Denn diese alle sind sehr nahe miteinander verwandt und wahrscheinlich nur als Spiel=arten eines und desselben Gattungsbegriffs anzusehen. Von den kanonischen Evangelien ist jenem Urevangelium (τὸ εὐαγ=γέλιον), das auch in Justin's „Denkwürdigkeiten der Apostel" und in den Clementinen durchscheint, am nächsten verwandt der Matthäus. Denn der Grundstock ist hier das judenchrist=liche Hebräer = oder Petrusevangelium, während die hinzuge=kommenen Stücke und Ueberarbeitungen schon einem entwickel=tern religiösen Bewußtsein angehören. Unabhängig von dem Matthäusevangelium und später als dasselbe entstand das

Lucasevangelium. Dies ist das Paulinische wie jenes das
Petrinische. Aber wie im Matthäus der Petrinische Charakter
nicht in seiner Ursprünglichkeit erhalten ist, so auch hier nicht
der Paulinische. Es ging demnach unserm kanonischen Lucas
wahrscheinlich ein Ur=Lucas voran, der verschiedene Ueberar=
beitungen von entgegengesetzten Tendenzen aus erfuhr, eine in
dem Evangelium des Marcion, eine in unserm kanonischen
Lucas. . Hier wurden manche Elemente aus der Petrinischen
Tradition hineingeschoben, um nach dieser Seite hin Concessionen
zu machen und den schroffen Paulinismus zu mildern.

Das Marcusevangelium ist nach der Ansicht Baur's
noch jünger als das des Lucas. Es gehört der letzten Ent=
wickelungsstufe des Gegensatzes zwischen Ebionitismus und
Paulinismus an, der nun sich völlig neutralisirt hat. Denn
das Charakteristische ist diese Neutralisirung, die Weglassung
alles Gegensätzlichen und Controversen. Und um diesem nivel=
lirenden Excerpt aus dem Matthäus und Lucas doch wieder
den Charakter der Ursprünglichkeit zu geben, werden alle jene
Ausmalungen und Specialisirungen vorgenommen, durch welche
der Epitomator die Armuth an eigenen Mitteln künstlich zu
verdecken sucht. Dies die Ansicht Baur's selbst, der sich hier
der ältern Griesbach=Saunier'schen Annahme anschließt. Frei=
lich ist gerade das Marcusevangelium das am meisten contro=
verse innerhalb der Schule.

Am übereinstimmendsten und am besten begründet sind die
Ergebnisse der tübinger Schule in Betreff der Apostelgeschichte.
Danach ist der Verfasser, wie er sich selbst gibt, wahrscheinlich
derselbe wie der Ueberarbeiter des Ur=Lucas. Es liegt hier
der apologetische Versuch eines Pauliners vor, die gegenseitige
Annäherung und Vereinigung der Parteien dadurch einzuleiten,
daß Paulus soviel als möglich Petrinisch, Petrus soviel als

möglich Paulinisch erscheint, daß über die wirklichen Diffe=
renzen der beiden Apostel ein versöhnender Schleier gebreitet
wird. Schon Schneckenburger hatte in seiner Schrift: „Ueber
den Zweck der Apostelgeschichte" (1841) diese Auffassung ein=
geleitet. Er hatte als die Grundidee die Parallelisirung der
Apostel Paulus und Petrus bezeichnet. Aber er hielt dessen=
ungeachtet noch im Wesentlichen an der historischen Glaubwür=
digkeit und an der Verfasserschaft des Lucas, welcher als ein
Zeitgenosse und Begleiter des Paulus bezeichnet wird, fest,
und protestirte (wenigstens in seinen hinterlassenen, erst jetzt
dem Druck übergebenen Scholien zur Apostelgeschichte) gegen
die aus seinen Prämissen gewonnenen falschen und zu weit
gehenden Consequenzen der Baur'schen Schule. Denn hier
wurden alle Spuren dogmatischer Absichtlichkeit unerbittlich
verfolgt und daraus der Schluß auf den ungeschichtlichen In=
halt und spätern Ursprung gezogen. Namentlich wurde be=
merkt, wie Paulus in der Apostelgeschichte erscheint als einer,
der alle Gesetzesgerechtigkeit erfüllt. Er begibt sich zu den
Hauptfesten seines Volks mit gewissenhafter Treue! Er un=
terwirft sich auf Anrathen des Jakobus einem Nasiräatsge=
lübbe! Selbst die Beschneidung hält er in Ehren, indem er
sie an dem Timotheus, dem Sohn eines Griechen, vollzieht!
Er, der ἀπόστολος ἀκροβυστίας, wendet sich auf seinen Be=
kehrungsreisen immer in erster Reihe an die Juden, gleichsam
als ob er erst ein Recht erhalte, den Heiden das Evangelium
zu verkündigen, nachdem die Juden es verworfen! Und seine
Predigt des Evangeliums ist so wenig nach Ausdruck wie Ge=
dankengehalt Paulinisch, daß sie vielmehr dem Petrinischen
Typus conform gemacht worden. Ganz ähnlich aber wie
Paulus überall Petrinisch wird, erhält Petrus überall das

Gepräge Paulinischer Freisinnigkeit und Universalität, sodaß als das Grundmotiv der ganzen Apostelgeschichte die gegenseitige Assimilation der beiden Apostelhäupter, der Friedensschluß zwischen Paulus und Petrus und damit zwischen Paulinischem und Petrinischem Christenthum erkennbar wird.

Tiefer noch einschneidend und gewaltiger aufregend war die gegen das Evangelium des Johannes gerichtete Kritik Baur's und seiner Schule. Schon Strauß hatte die Vorliebe der Schleiermacher'schen Schule für dieses Evangelium in Anspruch genommen und namentlich die Entscheidung für den Johannes als den Augenzeugen bei allen Widersprüchen zwischen ihm und den Synoptikern als eine parteiische bezeichnet. Allein er selbst hatte noch sichtbar geschwankt, sich überhaupt noch nicht über die ziemlich haltungslosen Bedenken der Bretschneider'schen „Probabilia" erhoben. Durch Schwegler waren vom Montanismus wie von den Passahstreitigkeiten her neue Argumente ins Feld geführt. Baur (zuerst in den „Theologischen Jahrbüchern", 1844 fg.) richtete das ganze Gewicht seines Scharfsinns auf diesen Punkt und führte die kritische Frage in ein ganz neues Stadium. Er begann nicht mit den Untersuchungen über die Echtheit, stellte sie vielmehr in zweite Linie und ging von einer sehr genauen Analyse des Inhalts dieses Evangeliums und seiner Composition aus. So fand er, daß hier eine rein ideelle Composition vollkommen klar vor uns liege, daß aller geschichtliche Stoff keinen andern Werth habe als den, durchsichtiger Reflex einer Idee zu sein, daß die handelnden Personen nur Träger von Ideen, Parteistellungen, Principien seien, daß die Thaten wie die Reden Christi überall sich aufs vollkommenste entsprechen, jene nur die Anknüpfungen für diese seien, daß die ganze Entwickelung in festen von vornherein fertigen Gegensätzen sich bewege, welche dem Ganzen mehr einen dogmatischen als historischen Charakter geben. So sei der Prolog gleichsam das dogmatische Programm des ganzen Evangeliums, in welchem die Logosidee, als außergeschichtliche ewige Potenz, als das Princip alles göttlichen Seins und Lebens, an die Spitze gestellt worden. Und schon mit dem Eintreten des Logos in das Fleisch bilden sich die großen Gegensätze des Lichts und der Finsterniß, des Lebens und des Todes, des Geistes und des Fleisches, welche sich durch das ganze Evangelium hinburchziehen. Diese grellen Contraste, in denen sich das Leben Jesu bewege, das Licht mit seinen starken Schatten, Christus mit seinen Gläubigen auf der einen, seine Feinde, die Kinder der Finsterniß, die υἱοὶ τοῦ διαβόλου, die οἱ Ἰουδαῖοι, auf der andern Seite, erheben sich zu ihrem dramatischen Höhepunkte bei dem letzten Aufenthalte Christi in Jerusalem und kommen zu ihrem Abschluß im Tode und in der Auferstehung.

Diese Ausführungen der scharfsinnigsten und eindringendsten Art bilden das Hauptverdienst der Baur'schen Kritik. Aber es schließen sich daran noch die speciellen Untersuchungen über das Verhältniß des vierten Evangeliums zu den Synoptikern, über die innere Wahrscheinlichkeit der Geschichtserzählungen wie der Reden Jesu, über die Stellung des Evangeliums zum Zeitbewußtsein, und endlich über den Verfasser. Daß auch hier vornehmlich die dogmenhistorischen Instanzen, welche überhaupt in der Baur'schen Schule eine so große Rolle spielen, der dogmatische Hintergrund, welcher durch das Evangelium hinburchscheint, die Ausbildung der Logoslehre mit ihrer fast schon stereotypen Form, die Berührungen mit der Gnosis, dem Montanismus, mit dem persönlichen παράκλητος, die Passahstreitigkeiten, welche in der sehr absichtlichen Abweichung von den Synoptikern betreffs des

Todestages in bedenklichster Weise zutage treten — daß alle diese wichtigen historischen Momente wirksam gemacht werden, bedarf kaum der Erwähnung. Hervorzuheben ist nur noch, daß die Frage über die Bedeutung der äußern Zeugnisse für die Echtheit des vierten Evangeliums in einer eigenen Abhandlung von Zeller („Theologische Jahrbücher", 1845, Heft 4) gründlich behandelt, ferner daß von Baur, wie von seiner ganzen Schule (namentlich Zeller, Schnitzer, Schwegler), ein Hauptgewicht auf die fundamentale Differenz zwischen dem Apokalyptiker und dem vierten Evangelisten gelegt wurde, und daß die Entscheidung des Dilemma, welches schon De Wette in seiner ganzen Schärfe gestellt, daß nämlich der Apostel Johannes, wenn er der Verfasser des Evangeliums sei, nicht der der Apokalypse sein könne und umgekehrt, hier, im Gegensatze zu der Schleiermacher'schen Schule, entschieden zu Gunsten des Apokalyptikers gewandt wurde. Auch hier wurden eine Menge bisher übersehener Data in ein überraschendes Licht gestellt, zum Beweise, daß alle echten Züge der evangelischen wie der kirchlichen Tradition, welche uns über den Apostel Johannes erhalten sind, daß ferner der Charakter der ganzen kleinasiatischen Schule im 2. Jahrhundert sehr bestimmt auf den Apokalyptiker zurückzuführen und nur mit ihm, nicht aber mit dem Evangelisten in Einklang zu bringen seien.

Werfen wir nun noch einen Blick auf die Baur'sche Kritik der Paulinischen Briefe, so gewahren wir hier eine Keckheit im Niederreißen und Ausscheiden, der wir kaum zu folgen vermögen. Für echt gelten nur die vier sogenannten großen Briefe, der an die Galater, an die Römer und die beiden Korintherbriefe. Denn nur sie stellen den Kampf des Heidenapostels gegen das Judenchristenthum in seiner ganzen originellen Kraft und Wahrheit und in allen Wendungen des ersten gewaltigen Zusammenstoßes dar. Dagegen schon eine zweite Schicht bilden die Briefe an die Epheser, Kolosser, Philipper, an Philemon und die Thessalonicher. Sie charakte= risiren sich durch eine gewisse Dürftigkeit des Inhalts und Farblosigkeit der Darstellung. Sie zeigen schon eine Ver= flachung der echt Paulinischen Lehre vom Glauben, ein An= knüpfen an die guten Werke, ein Ueberwiegen praktisch=paräne= tischer Tendenzen. Auch die Christologie, die Lehre von der persönlichen Präexistenz Christi und seiner weltschöpferischen Thätigkeit, hat hier schon eine weitere Ausbildung erhalten als in den ersten Briefen. Außerdem mannichfache Beziehun= gen auf die γνῶσις, den Montanismus und sonstige Vorstel= lungen wie Einrichtungen der spätern Kirche führen zu dem Schluß, daß diese Briefe in das 2. Jahrhundert zu verweisen sind. Endlich in den Pastoralbriefen, welche gleichsam die dritte Schicht bezeichnen, treten diese einer spätern Zeit an= gehörenden Beziehungen und Antithesen noch viel greifbarer hervor. So die systematische Polemik gegen die Häresie, na= mentlich die Gnosis, das Drängen auf festere kirchliche Or= ganisation, auf kirchliche Mittelpunkte, die im Episkopat ge= funden werden. Die Entgegenstellung der orthodoxen und der heterodoxen Lehre, das bewußte Streben nach Einheit in Lehre wie Verfassung — das alles weist auf die Zeit der beginnen= den Katholicität, welche sich im Gegensatz gegen die Gnosis und durch Neutralisirung der alten Parteigegensätze des Ebionitismus und Paulinismus herausbildet. Die Pastoralbriefe werden ganz nahe an die Briefe des Polykarp und des Ignatius herangerückt und wesentlich in Eine Entwickelungsreihe mit ihnen gestellt.

Man hat, und nicht mit Unrecht, die Bedeutung Baur's für die neutestamentliche Kritik mit der Niebuhr's und Wolf's auf dem Boden der classischen Literatur verglichen. Wie Nie=

buhr mit schonungsloser Kritik die Livianische Darstellung der
römischen Geschichte zerstörte, um durch combinatorischen Scharf=
sinn die echte Geschichte Roms zu reconstruiren, wie Wolf die
Entstehung der Homerischen Gesänge als eine allmähliche, na=
turgemäß aus dem Leben und der Poesie der griechischen Völker
erwachsene erklärte, ähnlich ist von Baur zuerst der Versuch
gemacht, die geschichtliche Genesis der kanonischen
Schriften zu begreifen, ihnen ihren Ort anzuweisen in der
Entwickelungsgeschichte des Christenthums. Es bezeichnet dies
allerdings einen großen Fortschritt und nichts Geringeres als
den Uebergang von der dogmatischen zur wahrhaft histo=
rischen Behandlung des Kanon. Und es ist gerade in der
Theologie nicht so leicht, einer solchen Behandlung die Bahn
zu brechen. Denn man hat es hier nicht nur mit den auch
sonst herkömmlichen, sondern noch mit ganz specifischen Vor=
urtheilen zu thun. Mit allen den Nachwirkungen einer geist=
losen Inspirationslehre, mit allen confusen, freilich durchaus
unprotestantischen Vorstellungen über eine sogenannte conser=
vative Kritik, mit allen durch die lange Herrschaft der
Harmonistik angerichteten Zerstörungen des geistigen Sehver=
mögens. Man hat es mit Einem Worte mit dem zähen Wi=
derstande von Theologen zu thun, welche im voraus ent=
schlossen sind, allen denjenigen Ergebnissen der Kritik, welche
ihren dogmatischen Eingenommenheiten entgegenstehen, mit
einem beharrlichen „Nein" zu antworten. Indessen ist jetzt
schon, wie es scheint, der Zeitpunkt näher gekommen, da selbst
in den Kreisen der dem tübinger Kritiker sonst so abholden
Vermittelungstheologen die gebührende Anerkennung nicht vor=
enthalten wird, da die seit Neander üblichen Wegwerfungs=
phrasen ihren Werth verloren und die Einsicht allmählich zum
Siege gekommen ist, daß nicht durch Nichtbeachtung und vor=

nehm thuendes Hinaussein, vielmehr nur durch ernstes Ein=
bringen, Weiterführen und Berichtigen dessen, was von Baur
angeregt, auf den Wegen der neutestamentlichen Kritik ein
wissenschaftlicher Fortschritt zu gewinnen ist. Daß durch Baur
die historische Kritik zuerst in ihrer ganzen Freiheit und Vor=
aussetzungslosigkeit, welche sie für die sogenannte Profan=
geschichte und die Wissenschaft des Alterthums längst sich er=
rungen, auf die kanonischen Schriften angewendet worden, daß
durch ihn die geschichtliche Behandlung des Christenthums in
vollester Rückhaltlosigkeit Besitz ergriffen auch von diesem ersten
Jahrhundert der christlichen Kirche, das alles wird, wenn auch
nicht offen anerkannt, doch von vielen im Stillen zugegeben.
Es ist, als ob seit seinem Tode viel Leidenschaft und Ungerech=
tigkeit, die der wahrheitsmuthige, unbeugsame Mann während
der letzten Jahre seines Lebens erfahren mußte, mit zu Grabe
getragen sei, als ob die hartnäckig und lange versagte Achtung
nun fast wider Willen und mit nicht zurückzuhaltender Noth=
wendigkeit hindurchbreche. Und gerade die ihm am nächsten
stehenden, von der Gewalt seiner Persönlichkeit mit berühr=
ten tübinger Collegen sind es gewesen, welche, bei aller
Verschiedenheit der theologischen Ansichten, an seinem Grabe
das sie selbst wie den Dahingegangenen gleich ehrende laute
Zeugniß von der wissenschaftlichen Tiefe und Gewalt, von der
reinen und hingebenden Wahrheitsliebe dieses Mannes ab=
gelegt haben. So heißt es in den „Worten der Erinnerung":
„Es gehört viel Muth und ein klares, festes Gewissen dazu,
um das, was dem christlichen Volk heilig ist, nach der Weise
menschlicher Dinge zu prüfen und darüber zu urtheilen; es
gehört ein reiner Geist und ein männliches Herz dazu, um
auch bei solcher Arbeit und unter allen Kämpfen, die sie her=
vorruft, bezeugen zu können: Ich bin mir nichts bewußt,

nichts — als in meinem Theile der Wahrheit zu dienen."
Und so hat auch Gelzer, bei Gelegenheit seiner Gedächtniß=
rede auf Bunsen, Baur einen der wenigen Gelehrten „großen
Stils" genannt und an seiner persönlichen Haltung „das
Imponirende" und „Geistig=Adeliche" gepriesen, womit er
auch Andersdenkenden in der würdigsten Form und mit aner=
kennenswerther Offenheit entgegengekommen. Wenn er so=
dann hinzufügt, daß ein einseitiger Intellectualismus
Baur's Schwäche gewesen, daß für ihn die Welt des Denkens
und Wissens die einzig vorhandene war, die ethische Welt
des Handelns und Leidens dagegen ihm verschlossen geblie=
ben, so ist eine solche Charakteristik, so viel täuschenden
Schein sie auch haben mag, doch insofern unwahr, als
hier dem Wissenschaftlichen, in großartigster Form, das
„Ethische" entgegengesetzt wird. Richtiger wäre es ge=
wesen, wenn das Praktische, auch wol das Zartgemüthliche,
mit Einem Wort, der Sinn für das Kleine und Einzelne,
dem wissenschaftlich=speculativen Triebe seines Geistes ent=
gegengehalten wäre. Baur war mit ganzer, gewaltiger Energie
ein Mann der Wissenschaft; auf diesem Gebiete erkannte er
keine Beschränkungen, durch die Bedürfnisse, Schwächen, Halb=
heiten und Rücksichten des gewöhnlichen Lebens, an, hier war
er streng, consequent und von schonungslosester Aufrichtigkeit.
Aber eben weil die Wissenschaft sein eigenstes Leben war, steht
er nicht nur als ein wissenschaftlicher, sondern zugleich als ein
ethisch gerichteter Mann mit so mächtiger Entschiedenheit da,
daß ihm unter den Theologen kaum ein anderer zu vergleichen
ist. Mit größerm Recht kann von ihm gesagt werden, daß
er — darin dem ganzen einseitig=speculativen und constructi=
ven Zuge seiner Zeit, das ist der Hegel'schen Geschichtsbe=
handlung folgend — die Bedeutung des Persönlichen zu ge=

ring angeschlagen, daß ihm überhaupt die einzelnen Ereignisse
und Erscheinungen nur zu leicht und gleichsam unter den Hän=
den zu Momenten des allgemeinen Geistesprocesses zerflossen,
und daß diese Einseitigkeit namentlich bei der Würdigung der
Person Christi und des thatsächlichen Inhalts seines Lebens
aufs verhängnißvollste zur Geltung gekommen sei. Ist es doch
nur so zu erklären, daß nie auch nur ein ernstlicher Versuch
von ihm gemacht worden, die neuen, Leben schaffenden Ge=
danken des Christenthums, wie sie von dem Stifter selbst im
Gegensatz gegen die alte geistverlassene und gesetzerstarrte
Welt, mit schöpferischer Begeisterung ausgesprochen und von
seiner reinen, Gott erfüllten Persönlichkeit getragen wurden,
die Gedanken von der Gotteskindschaft, der erbarmenden
Liebe des Vaters, vom Himmelreich u. s. w., an den Anfang
der christlichen Entwickelung zu stellen und von diesem Chri=
stenthum Christi auszugehen, statt daß, wie es nicht mit
Unrecht ihm zum Vorwurfe gemacht ist, die Person des
Erlösers und sein innerstes religiöses Selbstbewußtsein als ein
unbekanntes X im Dunkel der Vergangenheit stehen blieb, da=
gegen die mächtigsten Impulse der Fortentwickelung der Kirche
an den Apostel Paulus und seinen Kampf gegen das Juden=
christenthum geknüpft wurden. Hängt doch auch mit dieser
einseitig=constructiven Richtung, bei aller großen, kritischen
Begabung des Meisters, der schon von einzelnen seiner Jün=
ger gerügte Mangel zusammen, daß die Kritik selbst einen
constructiven Charakter erhielt, von fertigen dialektischen Ge=
gensätzen beeinflußt wurde, daß die dogmatischen Parteigegen=
sätze der ersten Kirche die allein über Charakter und Ent=
stehung der einzelnen neutestamentlichen Schriften entscheiden=
den Instanzen blieben, mit Einem Wort: daß diese Kritik in
Tendenzkritik aufging.

Und dennoch — wie manches auch von den wissenschaft=
lichen Arbeiten Baur's als ein nur temporäres Gerüst für
den Weiterbau wieder beseitigt, wie manches auch als künst=
liche Geschichtsconstruction durch die wirkliche Geschichte wie=
der ausgelöscht, wie manche kühne Hyperkritik auch auf das
rechte Maß zurückgeführt werden mag; — das wird die Zu=
kunft bestätigen, daß noch viele Generationen, unter den mäch=
tigen Anregungen, welche Baur fast auf allen Punkten der neutesta=
mentlichen Kritik gegeben, fortarbeiten werden, ja! daß noch nach
Jahrhunderten, wenn die Namen unserer kleinen Vermittelungs=
theologen längst vergessen sind, die protestantische Wissenschaft
zu ihm, wie zu einem Grotius, Calixt, Semler aufblicken wird.

Innerhalb der Baur'schen Schule selbst sind, wie schon
angedeutet wurde, manche Retractationen vorgenommen, manche
Härten gemildert, manche Paradoxien aufgegeben. Es hat vor
allem der Gegensatz von Ebionitismus und Paulinismus na=
mentlich durch die Einwendungen und Anregungen von Georgii,
Ritschl', Hilgenfeld u. a. eine genauere Begrenzung gefunden
und ist die Bedeutung desselben auf ein verständiges Maß zu=
rückgeführt. Namentlich Ritschl in seiner „Altkatholischen
Kirche", welche in einem scharfen und fortgehenden Gegensatz
zum Schwegler'schen „Nachapostolischen Zeitalter" steht, hat
insofern eine heilsame Ermäßigung innerhalb der Schule ein=
geleitet, als er auf den sehr falschen und abstracten Gebrauch
jener Stichworte: „Paulinismus" und „Petrinismus" auf=
merksam gemacht und überhaupt die lange Herrschaft des Pe=
trinismus bis zur Mitte des 2. Jahrhunderts, sowie das
völlige Zurücktreten des Paulinismus bis auf diese Zeit mit
Nachdruck bestritten hat. In der zweiten völlig umgearbeiteten
Auflage der genannten Schrift (1857) tritt er noch entschie=
dener als früher der Baur'schen Auffassung entgegen und sucht

darzuthun, daß das katholische Christenthum nicht aus einer
Neutralisirung des Juden= und Heidenchristenthums erwachsen,
sondern nur als eine Stufe des letztern anzusehen, daß dieses
aber nicht ohne weiteres der Paulinismus sei. Nicht ohne
Verdienst ist die hier gegebene Darstellung des paulinischen
Lehrbegriffs und der Nachweis, daß bei Paulus selbst noch
ein Stück Judenchristenthum, eine „neutrale Basis", welche
ihn mit den Uraposteln verbinde, zu finden. Von besonderm
Werthe erscheint die neue und in manchen Punkten erschöpfende
Behandlung des Montanismus, sowie die einbringende Kritik
der Clementinen, wie denn Ritschl darin den Hauptfehler der
Baur'schen Geschichtsconstruction gefunden zu haben glaubt,
daß der Eindruck der Clementinen, welche den eigentlichen
Ausgangspunkt seiner ganzen Kritik bilden, auf ihn zu mächtig
gewesen, daß er auf diesen Tendenzroman des 2. Jahrhunderts
ein allzu großes Gewicht gelegt und die hier vorkommende
Behauptung der Solidarität der essenischen Ebioniten mit den
Uraposteln zu hoch angeschlagen habe. — So berechtigt in
vielen Einzelheiten dies temperamentum der Baur'schen Kritik
sein mag, so unberechtigt ist der hochfahrende Ton, mit wel=
chem sich der auf des Meisters Schultern stehende Schüler
über ihn erhebt und als den eigentlichen Vertreter der „wahrhaft
historischen Methode" selbst hinstellt; so absichtlich und darum
verstimmend die Lossagung von dem verschrienen Mann, das
Schönthun mit seinen Gegnern; der Versuch, auch den Wun=
bererzählungen als „incommensurabeln Größen" Geschmack ab=
zugewinnen, ja sogar für die Echtheit des Johanneischen Evan=
geliums, wenn auch nur in hingeworfenen Vermuthungen, An=
haltepunkte zu gewinnen.*)

***

*) Herr Dr. Ritschl hat sich in der ihm eigenen Reizbarkeit über
dies Urtheil, von dem auch kein Wort zurückgenommen werden kann, un=

Ganz anderer Art sind die Correcturen Hilgenfeld's.
Er rühmt sich nicht mit Unrecht, „daß er redlich das Sei=
nige gethan, den Ueberschreitungen der neuern Kritik Maß
und Ziel zu setzen". Das Matthäusevangelium setzt er höher
hinauf als Baur und verlegt sogar seine ursprünglichen Be=
standttheile, die er auf den Apostel selbst zurückführt, in die
Jahre 50—60, die Ueberarbeitungen dagegen, welche Baur
hinter die Hadrian'sche Zerstörung des Tempels gesetzt hatte,
in die Jahre 70—80. Das Lucasevangelium ist nach seiner
wie Köstlin's Annahme etwa in den Jahren 100—110 ver=
faßt, also noch immer ein gut Theil früher, als Baur ver=
muthet hatte. Die Hauptdifferenz zwischen ihm und Baur
zeigt sich aber in der Stellung, welche er dem Marcusevan=
gelium gibt. Er setzt es in die Mitte zwischen Matthäus und
Lucas und sieht in ihm nicht ein Excerpt aus diesen beiden,
sondern ein verbindendes Mittelglied, welches von dem streng
judenchristlichen und antipaulinischen Urmatthäus zum freien
paulinischen Lucas hinüberführe. Er erklärt das zweite Evan=
gelium für eine einheitliche Zusammenarbeitung des ursprüng=
lichen Matthäus im Geiste eines milden, versöhnlichen Juden=
christenthums. Aber auch abgesehen von diesen Unterschieden
in Bezug auf die einzelnen Ergebnisse der Kritik, das Alter
der Evangelien und ihr Abhängigkeitsverhältniß zueinander,

---

gebührlich erhitzt. Eine weitläuftige Begründung des Gesagten konnte schon
deshalb nicht gegeben werden, weil der diesem Manne zugewiesene Raum
schon das Maß seiner Bedeutung weit überschritt. Sein pietätsloses Auf=
treten gegen den großen Lehrer, dem er, der Pygmäe, sich nicht nur als
ein Gleicher, sondern als ein Höherer gegenüberstellte, hat mit mir Viele
empört. In letzter Zeit hat er sich, wie es scheint, ganz von dem ge=
fährlichen Gebiet der Kritik zurückgezogen und sich dahin resignirt, völlig
unlesbare dogmatisch=scholastische Artikel für die „Jahrbücher der deut=
schen Theologie" zu schreiben.

bezeichnet Hilgenfeld seine Gesammtansicht als die literar=
geschichtliche im Unterschiede von der tendenz=kriti=
schen Baur's. Er richtet, im Anschluß an Köstlin, auf die
verschiedenartigen Quellenschriften, welche unsern evangelischen
Compositionen zu Grunde liegen, ein schärferes Auge. Ihm
ist die Tendenz nicht mehr Ein und Alles. Außerdem ver=
mag auch er bei der Beurtheilung der paulinischen Briefe und
ihrer Echtheit den allzu gewaltsamen Operationen Baur's nicht
zu folgen. Er will auch hier einen Mittelweg einschlagen zwi=
schen ihm und der herkömmlichen Ansicht. Die Harmonie
zwischen den Uraposteln und Paulus leugnet er ebenso ent=
schieden wie Baur, und geht von den vier Briefen, welche
dieser allein als die echten anerkennen will, als den Haupt=
briefen aus, erkennt aber außer ihnen auch noch den ersten
Brief an die Thessalonicher wie den Brief an die Philipper
und Philemon für paulinisch. Nur in Einer Frage der Kritik
geht er noch weiter als Baur, das ist in der Beurtheilung
des Evangeliums des Johannes. Er rückt dies Evangelium
ganz nahe an die Valentinische Gnosis heran und läßt es
mitten aus der Hitze der gnostischen Zeitbewegungen etwa um
das Jahr 130 als den classischen Ausdruck der „katholi=
schen Gnosis" hervorgehen.

Volkmar endlich stellt unter den selbständigen Schülern
Baur's die äußerste Linke dar. Er, der bei seinem ersten
Auftreten durch die eingreifenden Forschungen über das Evan=
gelium Marcion's zur Ermäßigung der Baur'schen Kritik mit=
gewirkt, geht dann in seiner „Religion Jesu" (1857) und in
seiner „Geschichtstreuen Theologie" (1858) weit über ihn
hinaus. Er verschmilzt seine Tendenzkritik mit der Evangelien=
ansicht Wilke's und Bruno Bauer's, geht von einem vermeint=
lichen Urevangelium des Marcus aus und macht so, in Ge=

walttthätigkeit an Br. Bauer erinnernd, die folgenden kano=
nischen Evangelien zu reinen, aus Willkür und Absichtlichkeit
geborenen Parteischriften des anfangs unterdrückten, dann aber
siegreichen Paulinismus. Das sogenannte Urevangelium ist
demnach nicht eine Schrift des petrinischen Marcus aus der
apostolischen Zeit, sondern eine gegen die judenchristliche Apo=
kalypse gerichtete Tendenzschrift eines Pauliners, ein „episches
Gedicht, welches dem bedrängten Paulinismus Luft macht".
Die andern Evangelien entstehen in ähnlicher Weise aus wie=
derholten Erhebungen gegen ein immer von neuem emporkei=
mendes Judenchristenthum. So das Evangelium des Lucas
(um 100 oder 105 n. Chr. entstanden), in welchem die un=
verhohlene Absicht durchleuchtet, den Apostel Paulus zur Herr=
schaft zu bringen, und das des Matthäus (aus der Zeit Tra=
jan's), das „der ausgleichenden Mitte", in welchem Marcus
und Lucas combinirt sind, um in so ermäßigter Weise die
paulinischen Grundgedanken in das Bewußtsein der Kirche
hinüberzuführen. Das vierte Evangelium endlich ist in der
Zeit der gnostischen Gährung, da das Judenchristenthum noch
einmal in potenzirter Gestalt, als Montanismus und episko=
pale Hierarchie die geistige Auffassung zu verdrängen suchte,
entstanden, auf besondere Veranlassung der um 160 angeregten
Passahstreitigkeiten, als das ideale Evangelium, das der wah=
ren Gnosis. So löst sich fast der gesammte Inhalt der
Evangelien, wenn auch noch von „goldenen Grundlagen der
Gemeindeüberlieferung" geredet wird, in ideelle Geschichte, in
didaktische Poesie auf, selbst die Reden Christi sind nicht viel
mehr als Erzeugnisse des paulinischen Christenthums in seinen
verschiedenen Kampfes= und Vermittelungsstadien.

Ueberblicken wir hier die innern Entwickelungen und Aus=
gänge der tübinger Schule, so zeigt sich gerade bei der

Beurtheilung der ſynoptiſchen Evangelien noch große Unſicherheit und vielfacher Widerſpruch. Offenbar ſind die Arbeiten Baur's ſelbſt gerade an dieſem Punkte am meiſten angefochten und anfechtbar. Viel größere Einſtimmigkeit dagegen herrſcht in Bezug auf die Apoſtelgeſchichte, die Paſtoralbriefe und das Evangelium des Johannes. Auch ſind die hier gewonnenen Reſultate am tüchtigſten unterbaut. Gegen das Meiſterwerk Baur's, die Analyſe des Johanneiſchen Evangeliums, hat ſich aus der Mitte der Schule bis dahin niemand erhoben, denn Ritſchl's Bedenken und Vermuthungen ſind ohne Begründung und Werth. Am wenigſten Zuſtimmung dagegen hat ſelbſt innerhalb der Schule die Verwerfung der Mehrzahl der kleinen Pauliniſchen Briefe gefunden. Wie viel oder wenig übrigens die Wiſſenſchaft von allen Ergebniſſen dieſer Kritik ſtehen laſſen mag, die von hier ausgegangene Anregung iſt eine außerordentliche geweſen. Es iſt die Literatur der beiden erſten Jahrhunderte durch die kritiſchen Goldſucher von neuem aufgewühlt und nicht ſo leicht irgendein Goldkörnchen überſehen worden. Namentlich ſind die Unterſuchungen über die alten Petriniſchen Evangelien, die Clementinen, den Juſtinus Martyr und ſeine Denkwürdigkeiten der Apoſtel, den Marcion, ſämmtliche apoſtoliſche Väter, den Montanismus, die Gnoſis, die Paſſahſtreitigkeiten u. ſ. w. mit großer Gründlichkeit geführt und die meiſten dieſer Fragen in ein ganz neues Stadium getreten. Wir finden hier und faſt nur hier (außerdem nur noch in der Geſchichte der Reformationszeit, des Altproteſtantismus überhaupt) einen wirklichen Fortſchritt unſerer Wiſſenſchaft, ein gründliches und hoffnungsreiches Arbeiten. Dieſe ſich in einem engen hiſtoriſchen Kreiſe bewegenden Arbeiten, welche mit mikroſkopiſcher Genauigkeit auch die geringſten Data unterſuchen und kritiſch analyſiren, erinnern

an die gleichzeitige mikroskopische Richtung in den Natur=
wissenschaften und das ungeheure Aufgebot von Fleiß und
Beobachtung, welches hier verwandt wird. Freilich ist dem
gegenüber der Anblick des Verfalls der meisten theologischen
Disciplinen, die noch vor 30 Jahren so rüstig in Angriff ge=
nommen wurden, ein sehr betrübender. Die tief gegrabenen
Schachten sind meistens verlassen, angelaufen von dem Wasser
der theologischen Bedürftigkeiten, oder gar absichtlich ver=
schüttet! Die meisten Arbeiter sind der gefährlichen, unter=
irdischen Tiefe der Wissenschaft entflohen und an die Oberfläche
der Erde getreten, um hier die kirchliche Praxis zu fördern,
den Kirchenbau zu beginnen!

Unter den Gegenschriften, welche durch die tübinger Kritik
hervorgerufen wurden, sind nur die werthvollern zu besprechen.
Denn gerade diese Literatur ist überreich an sehr prätentiösen,
aber auch sehr unreifen und unerquicklichen Versuchen einer
theologischen Jugend, welche, im Kampfe mit dem tübinger
Ketzerhaupte, die ersten Sporen der Gläubigkeit, ein theolo=
gisches Stipendium, den Licentiatengrad, oder einen theologi=
schen Facultätspreis zu verdienen suchte. In diese Reihe ge=
hören die Schriften von Baumgarten über die Pastoralbriefe,
von Böttcher: „Die Baur'sche Kritik in ihrer Consequenz"
[1841] (der theologischen Facultät der Georgia Augusta be=
dicirt), von Dietlein: „Das Urchristenthum", von Harting,
Niemeyer, Rink: „Ueber den Epheserbrief" (veranlaßt durch
eine Preisaufgabe der haager Gesellschaft zur Vertheidigung
des Christenthums) u. s. w.

Ungleich bedeutender sind die Entgegnungen von Hein=
rich Thiersch, sein „Versuch zur Herstellung des historischen
Standpunktes für die Kritik des Neuen Testaments, eine
Streitschrift gegen die Kritik unserer Tage" (1845) und seine

„Kirche im apostolischen Zeitalter" (1852). Ferner Dor=
ner's durchgehende Polemik gegen die Baur'sche Geschichts=
auffassung in seiner „Entwickelungsgeschichte der Lehre von
der Person Christi" (1845 fg.), Lechler's „Geschichte des apo=
stolischen und nachapostolischen Zeitalters" (1851), Lange's
und Schaf's „Apostolisches Zeitalter" (1853 und 1854),
Baumgarten's und Lekebusch's Schriften über die Apostel=
geschichte; Luthardt: „Das Johanneische Evangelium" (1853);
Wieseler's „Chronologische Synopse der vier Evangelien"
(1843) und „Chronologie der apostolischen Zeit" (1848);
Weitzel: „Ueber die Passahfeier der drei ersten Jahrhun=
derte" (1848), Ebrard's Schrift „Ueber das Evangelium des
Johannes" (1845), Bleek's „Beiträge zur Evangelienkritik"
(1846), Hase's „Sendschreiben an Baur über die tübinger
Schule" (1855), Bunsen's Bemerkungen gegen die neu=
tübinger Kritik in seinem „Ignatius von Antiochien" (1847)
und in seinem „Hippolyt" (1852 fg.) und Ewald's zahlreiche
Schriften seit dem Jahre 1849 bis auf die neueste Zeit.

H. Thiersch gehört zu den Wenigen, welche den Versuch
gemacht, der Baur'schen Betrachtung nicht einzelne Data, son=
dern eine andere Gesammtanschauung über die Entwickelung
des ersten Christenthums entgegenzustellen. Freilich eine sehr
willkürliche, welche ihn allmählich ganz in die Irving'schen
Phantasien von einer absoluten, apostolischen Kirche hineinge=
führt hat. Nach seiner Annahme ist die erste Periode des
Christenthums die constitutive, sie geht bis zum Tode des
Apostel Johannes, bis an das Ende des 1. Jahrhunderts,
und in sie gehören sämmtliche Schriften des Kanon. In ihr
gibt es wol Unterschiede der Paulinischen und judenchrist=
lichen Auffassung, aber sie verfestigen sich nicht, sie bilden sich
nicht zu Einseitigkeiten aus; sie werden durch das reiche,

schöpferische Geistesleben dieser Zeit in Eins gebildet und ver=
söhnt. Dann folgt mit dem 2. Jahrhundert die conser=
vative Periode. In ihr ist allerdings die Geisteskraft der apo=
stolischen Kirche erloschen und in dieser Hinsicht ein ungeheurer
Abfall zu spüren. Aber gerade im Gefühl der eigenen Schwäche
und Unproductivität bildet sich die höchste Treue und Anhäng=
lichkeit für das Ueberkommene. Wer sieht nicht, daß mit
diesen beiden Perioden, der constitutiven und der conserva=
tiven, in der That alles das gewonnen ist, was man nur
wünschen mag vom Standpunkte der sogenannten gläubigen
Kritik. Denn die constitutive Periode bedeutet ja nichts an=
deres als die absolute Vollkommenheit, die göttliche Inspira=
tion der kanonischen Schriften, und die conservative Periode
nichts anderes als die absolute Glaubwürdigkeit der kirchlichen
Tradition, der Zeugnisse aus dem 2. Jahrhundert. Aber wie
hat man dies Resultat gewonnen? Man hat es gar nicht
gewonnen, sondern rein vorausgesetzt. Es ist eine Fiction der
Phantasie oder, wie Thiersch sich ausdrückt, eine Anschauung,
die „durch psychologische Einsicht" gewonnen. Und wie sehr
dieser psychologischen Einsicht die geschichtliche Wirklichkeit wi=
derspricht, wie wenig die apostolische Kirche die absolut irr=
thumslose, wie wenig das 2. Jahrhundert das der historischen
Treue war, darüber ist kein Wort zu verlieren.

In dem genannten Dorner'schen Werk findet sich eine
sehr ausdrückliche und fortgesetzte Opposition gegen die Baur'=
sche Auffassung des Urchristenthums. Aber es ist ein großer
Mangel, wenn die schwierigste und folgenreichste Frage, die
über die Christologie des Neuen Testaments, so gut wie ganz
übergangen ist, unter dem Vorgeben, sie solle im letzten
Bande ausführlicher nachgeholt werden. Namentlich ist damit
der eigenthümlichen Schwierigkeit, welche das Evangelium

Johannes in einer genetischen Geschichte der Christologie bildet, aus dem Wege gegangen. Die Frage ist nämlich die: Warum stoßen wir fast bis auf Irenäus nirgends auf die charakteristischen Töne der Johanneischen Christologie, auf die Formeln des Johanneischen Prologs? Wie kommt es, daß sich die sogenannten apostolischen Väter, Hermas, Clemens Romanus, Barnabas, in einem viel dürftigern, dem Judenthume viel näher stehenden Vorstellungskreise bewegen? Daß selbst ein Polykarp in dem Briefe an die Philipper, daß der Verfasser der Ignatianischen Briefe, ja noch die ersten Apologeten, eine viel unentwickeltere λόγος-Lehre haben, als diejenige ist, welche im vierten Evangelium ausgeprägt wurde? Wie ist dies zu erklären bei der Annahme des apostolischen Ursprungs des vierten Evangelisten und seiner langen und unbestrittenen Herrschaft in der Kirche? Doch gewiß nicht dadurch, daß man von dem großen Abstande zwischen den Aposteln und der nachapostolischen Zeit spricht! Denn möchte dieser Abstand noch so groß sein, er konnte doch nur in der Kraft, Frische und Originalität der Auffassung, nicht aber in dem Inhalte selbst bestehen! Je schwächer und unproductiver die spätere Zeit war, desto ängstlicher mußten die apostolischen Formen bewahrt werden, desto unbegreiflicher ist es, wie die Kirche von der Johanneischen Logoslehre auf den judenchristlichen Messias zurücksank.

Von viel größerer Bedeutung sind die Arbeiten der Männer, welche ohne ein bestimmtes apologetisches Interesse, in den Bahnen Schleiermacher's und De Wette's weiter schreitend, sich gegen die Willkürlichkeiten der Tendenzkritik erhoben. Wenn die Tübinger die Räthsel der Evangelienbildung vorzugsweise durch dogmatische Analyse zu lösen strebten und von der Sprachvergleichung, wie von all den

vielen und kleinen auf das Gebiet des Formellen fallenden
Untersuchungen und Beobachtungen Umgang nahmen; wenn es
überall die Tendenz in erster Reihe war, welcher sie nach-
spürten und die sie auch in das harmloseste Detail hinein-
trugen: so traten dieser Einseitigkeit eine Reihe von gelehrten,
philologisch gebildeten Männern entgegen, welche an Eichhorn,
Griesbach, De Wette anknüpfend, die Einzelkritik wieder aufnahmen und namentlich die synoptischen Evangelien in ihrer
allmählichen Entstehung, durch Ansammlung der Urelemente
mündlicher und schriftlicher Tradition der sorgfältigsten Beobachtung unterwarfen.

Nicht der besonnenste und nüchternste, wol aber der lau-
teste und zuversichtlichste unter ihnen ist: Ewald. Er hat
seit dem Jahre 1849 ohne Aufhören bis auf die neueste Zeit
in einer Reihe von Schriften und Abhandlungen, in seinen
„Jahrbüchern der biblischen Wissenschaft", seiner Uebersetzung
und Erklärung der drei ersten Evangelien, seiner „Geschichte
Christi und seiner Zeit", seiner „Geschichte des apostolischen
und des nachapostolischen Zeitalters" (Bd. 6 und 7 der „Geschichte des Volks Israel"), seiner Uebersetzung und Erklärung der Paulinischen Briefe, seinen Schriften über die Evangelien, die Briefe und die Apokalypse des Johannes und vielen
andern, einen förmlichen Vernichtungskrieg gegen die tübinger
Schule eröffnet, mit der unverkennbaren Absicht, dem berühmten Urheber der Tendenzkritik die Palme zu entwinden.
Die widerwärtigen, persönlichen Gehässigkeiten, von denen
diese Polemik erfüllt ist, die Schimpfreden gegen die „viehische
Wildheit", die „niedrige Gesinnung", die „trübsinnigen" Tübinger; die bis zur Unzurechnungsfähigkeit sich steigernde Leidenschaft des sich selbst vergötternden Mannes, dabei die wunderlich geschriebene Darstellung und die eigenthümliche Mischung

von Phantasterei und kritischem Spürsinn haben den Werken
Ewald's längere Zeit die Berücksichtigung entzogen, auf
welche sie in Wahrheit bei allen sichtbaren Mängeln Anspruch machen durften. Freilich ein „neuer Weg", wie er
selbst behauptet, war es nicht, den er einschlug. Er beschreibt
vielmehr die Anfänge der Evangelienliteratur ähnlich wie
Schleiermacher schon gethan. Er geht von der Tradition und
ihren Trägern, den Reisevangelisten, aus, weist auf das ent-
stehende Bedürfniß hin, theure Erinnerungen zu firiren und
dann wieder die einzelnen Erzählungen zu Hauptgruppen zu
verbinden. So fand er den Uebergang von den Schleiermacher'schen Diegesen zu größern Compositionen, zu den Urelementen unserer kanonischen Evangelien. Der Erstlings-
versuch dieser Art war ursprünglich hebräisch, vom Evangelisten Philippus, geschrieben, eine Darstellung der merk-
würdigsten Ereignisse aus dem Leben Christi und seiner bedeutsamsten Reden, der „höchsten Spitzen", um welche sich
der übrige Erzählungsstoff gleichsam anschwemmte, aber immer noch eine verhältnißmäßig kurze Schrift, ohne längere
Reden, ohne Vorgeschichte. Diese Schrift ist in unsern kanonischen Marcus fast ganz aufgenommen und als das Urevangelium anzusehen. Fast gleichzeitig bildete sich eine Sammlung von Sprüchen Jesu, die aber von vorneherein gruppirt
und planvoll aneinander gereiht wurden, wie dies jetzt noch
aus der Bergrede, den Gleichnissen Christi u. s. w. hervorgeht. Verfasser war der Apostel Matthäus, der sie hebräisch
schrieb, und es ist nur eine der verschiedenen Uebersetzungen,
welche unsere Synoptiker, am vollständigsten unser kanonischer
Matthäus, gebrauchten. Auf Grund dieser beiden Elementar-
schriften entstand dann unser Marcus. Hier will Ewald
noch die „frische Lebendigkeit und malerische Ausführlichkeit",

ben „Schmelz der frischen Blume“, das „volle reine Leben
der Stoffe“ wiederfinden. Der Verfasser schöpfte zugleich
aus mündlichen Berichten des Petrus und stellte dies Evan=
gelium in Rom zusammen. Freilich änderte er schon manches
an dem ursprünglichen Marcusevangelium, theils durch Hin=
zufügung, theils durch Kürzung. Diese Schrift war insofern
ungenügend, als sie nur äußerliche Data zusammenreihte. So
mußten denn noch die „Höhen der Geschichte“, die „innere
Herrlichkeit Christi“, besonders zur Darstellung gebracht wer=
den. Eine vierte Quelle gab diese „Höhenbilder“, worin z. B.
die Geschichte der Versuchung und des Todes Christi aus=
führlich erzählt werden. Auf der fünften Stufe erscheint dann
unser kanonischer Matthäus, der alle genannten vier Quellen,
besonders die zweite, nebst einer Vorgeschichte, zusammen ar=
beitete. Sodann folgen noch drei Quellen, ein sechstes, sie=
bentes und achtes „nachweisbares“ Buch, in denen Spuren
von wirklich poetischer Geschichtschreibung zum Vorschein kom=
men, und die dazu dienen, uns die dem Lucas eigenthüm=
lichen Stücke zu erklären. Sie unterscheiden sich sehr bestimmt
durch stilistische Eigenthümlichkeiten, das sechste durch „Lieb=
lichkeit und Zartheit der Rede“, das siebente durch „abge=
rissene schwerfällige Diction“, während im achten Reste des Ara=
mäischen hindurchblicken. Endlich erscheint als Abschluß all
dieses Schriftthums unser kanonischer Lucas, ein großes zu=
sammenfassendes Sammelwerk. Schon Baur hat über diese
Evangelienkritik das Urtheil ausgesprochen, daß dabei, ganz
abgesehen von einer Menge einzelner Schwierigkeiten, Geist
und Charakter der verschiedenen Evangelien ganz außer Rech=
nung bleibe. Daß diese Erklärungsart sehr an die Eichhorn’s
erinnere, indem sie meine alles gethan zu haben, wenn sie
von jedem Abschnitt unserer Evangelien nachgewiesen, ob er

aus dem ältesten Evangelium, oder der Spruchsammlung, oder dem dritten, vierten und fünften Stück u. s. w. hergenommen sei. Dabei komme man über ein ganz mechanisches und atomistisches Zerschneiden und Wiederzusammensetzen der Evangelien nicht hinaus, ein Verfahren, dem die neuere Kritik dadurch ein Ende gemacht, daß sie nicht sowol auf die Materialien als auf den Geist und Charakter der evangelischen Geschichte ihr Augenmerk gerichtet habe. Man kann noch hinzufügen, daß außer dieser mechanischen Behandlung, die allerdings an die Eichhorn'sche Hypothese erinnert, eine stark phantastische Neigung bei Ewald hindurchbricht, daß er viel mehr sieht und weiß, als überhaupt mit menschlichen Augen zu erkennen ist, daß sich ihm ganz bodenlose Hypothesen unter den Händen zu Thatsachen gestalten und er auf die absonderlichsten Geschmacksurtheile hin neue Schriftstücke erfindet, wie denn überhaupt die stilistischen Instanzen in willkürlichster Art zur Anwendung gebracht werden. Wenn er in unserm kanonischen Marcus den „Schmelz der frischen Blume" und das „volle reine Leben der Stoffe" erkennen will, werden ihm darin schwerlich viele beistimmen, nicht einmal diejenigen, welche sonst wol geneigt sind, das zweite Evangelium zum Urevangelium zu erheben. Aber, abgesehen von solchen Verirrungen einer zu viel wissen wollenden und darum phantasirenden Kritik, sehen wir hier, wenn auch in einseitigster Form, eine Ergänzung der Baur'schen Kritik, und es spitzt sich der Gegensatz zwischen diesen beiden Männern letzlich zu dem der Materialien- und der Tendenzkritik zu.

Den eingehendsten Vermittelungsversuch zwischen Ewald und Baur machte Köstlin in seiner Schrift über „Ursprung und Composition der synoptischen Evangelien" (1853). Wie Ewald nahm auch er eine große Anzahl von Quellen und

Mittelgliedern an, unter denen besonders der papianische Ur=
marcus hervorragte. Aus einer Verschmelzung desselben mit
der mündlichen Tradition und der ältesten Redesammlung re=
sultirte dann unser Matthäus. Während die Redesammlung
noch dem Standpunkt des Urchristenthums angehört, stellt Ur=
marcus einen halben (petrinischen) Universalismus dar, Mat=
thäus aber ist correct katholisch. Von jenem Urmarcus ist
aber noch sehr bestimmt zu unterscheiden unser kanonischer
Marcus, der ganz wie bei Baur nur als Epitomator des
Matthäus und Lucas erscheint. So vereinigt also Köstlin alle
drei möglichen Stellungen des Marcus, er nimmt einen Ur=
marcus an, wie Ewald und Weiße, ein petrinisches Evange=
lium in der Mitte zwischen Matthäus und Lucas, wie Hil=
genfeld, und einen Epitomator=Marcus, wie Griesbach und
Baur. Als eine reinigende und in gewissem Sinne abschlie=
ßende Revision der Weiße=Ewald'schen Ansichten erscheint
das neueste Werk von Holtzmann: „Die synoptischen Evan=
gelien. Ihr Ursprung und geschichtlicher Charakter" (1863).
Die Besonnenheit und Unbestochenheit des Urtheils, die um=
sichtigste Würdigung aller einschlagenden kritisch=wichtigen Mo=
mente, die mühsamste Detailuntersuchung zeichnen dies Werk
sehr vortheilhaft, nicht allein vor den Schriften Ewald's, auch
vor denen aller Vorgänger auf. diesem Wege aus. Das Ver=
dienst besteht nicht sowol in der Einführung neuer Ergebnisse,
als in der allseitigen und erschöpfenden Begründung der
schon seit Schleiermacher angeregten Hypothesen. Holtzmann
schließt sich der Reihe jener Forscher an, welche als auf die
Urbestandtheile unserer synoptischen Evangelien, auf die bei=
den: einen Urmarcus und einen Urmatthäus zurückgehen.
Der Urmarcus liegt allen drei Evangelien zu Grunde, ist am
gründlichsten benutzt von unserm Marcus, am wenigsten von

Lucas. Der Urmatthäus, oder die Redesammlung (die λόγια des Papias), auf deren Bedeutung schon Schleiermacher aufmerksam gemacht, war ursprünglich aramäisch verfaßt und wurde in der gleichen, griechischen Form von Matthäus und Lucas, von diesem jedoch noch mehr als von jenem, benutzt. Zu diesen beiden Hauptschriften kam dann noch eine Anzahl kleinerer schriftlicher Aufzeichnungen, wie namentlich die Genealogien, auch vielleicht Theile der bekannten großen Einschaltung des Lucas. Außerdem die mündliche Ueberlieferung und eine Reihe von anekdotenhaften Einfügungen, welche Matthäus und Lucas in den Zusammenhang der ersten Hauptquelle hineinschoben. So erklärt sich also Marcus vollständig unter Zugrundelegung dieser ersten Quelle, Matthäus durch Einschaltung einzelner Notizen und Redestücke aus der mündlichen Tradition und namentlich aus der großen Redesammlung. Lucas endlich setzt eine größere Zahl schriftlicher Quellen voraus, wenngleich er den kanonischen Matthäus so wenig benutzte, wie dieser ihn. Er schaltete, wie dies namentlich in jenem längern den Gang der Leidensgeschichte unterbrechenden Reiseberichte hervortritt, sämmtliche kleinere und größere Reliquien, deren er sich als Sammler südpalästinensischer Traditionen bemächtigen konnte, ein.

Von entscheidender Bedeutung für die Fortentwickelung der neutestamentlichen Kritik und recht eigentlich die brennende Frage der Zeit wurde die Marcushypothese. Schon von Weiße und Wilke war sie angeregt, fand aber in den ersten 10 Jahren nur sehr vereinzelte Vertreter, sodaß Ritschl noch im Jahre 1851 erklären konnte, sie habe bis dahin keine officielle Existenz auf dem Gebiet der theologischen Literatur. Der Grund davon war theils die wenig genießbare Form, in welcher die Urheber selbst sie vorgetragen, theils und vornehmlich

die wüsten Uebertreibungen, durch welche Bruno Bauer sie
discreditirt hatte. Allmählich aber lenkten mehr oder minder
in diese Strömung ein Männer der verschiedensten theologischen
Richtungen: Ritschl und Thiersch, Meyer (in der dritten
Auflage seines „Commentars zum Matthäus") und Hitzig,
Holtzmann und Schenkel, Reuß, Tobler, Volkmar,
Plitt, Weiß, Bunsen u. a. Freilich unter sehr verschie=
denen Fassungen. Nur wenige, wie Ritschl und Meyer, er=
klärten geradezu unsern kanonischen Marcus für eine Quelle
der beiden andern Synoptiker. Die meisten gingen auf einen
Urmarcus zurück, welcher in unserm jetzigen zweiten Evange=
lium an manchen Stellen verändert, interpolirt oder gekürzt
sei, und verstanden unter der sogenannten Priorität des Mar=
cus nichts weiter, als daß er im Verhältniß zu den beiden
andern Evangelien den ursprünglichen Typus der Erzählung
am genauesten erkennen lasse. In der tübinger Schule selbst
wurde das Marcusevangelium der Hauptpunkt der innern
Spaltung; der Meister hielt an der Priorität des Mat=
thäus, als des ältesten judenchristlichen Typus, unveränder=
lich fest, im richtigen Instinct, daß eine Anerkennung irgend=
welcher Selbständigkeit des farblosen und neutralen Marcus
der Tendenzkritik tödtlich werden könne; Hilgenfeld gab dem
Marcus und sich selbst eine Zwischenstellung zwischen den
Parteien, während Ritschl und Volkmar ihn mit Entschieden=
heit an die Spitze der Evangelienbildung stellten.

Von beachtenswerther wissenschaftlicher Bedeutung, na=
mentlich für die Lösung der Johanneischen Frage, sind die
Einwendungen gegen die tübinger Kritik, welche von Bleek
(in seinen „Beiträgen zur Evangelienkritik", wie in der nach
seinem Tode [1859] herausgegebenen „Einleitung in das Neue
Testament"), von Reuß (in seiner „Geschichte der heiligen

Schriften des Neuen Testaments"; 2. Aufl., 1853) und von Hase (in seinem „Sendschreiben an Baur") erhoben sind. Bleek, welchen Nitzsch mit Recht „den Zuverlässigen" genannt, ist derjenige unter den Schülern Schleiermacher's, welcher den kritischen Geist des Meisters am reinsten und un= erschrockensten bewahrt hat, dessen Nüchternheit, Unbefangen= heit und Gerechtigkeitssinn in unserer parteibildenden Zeit von unschätzbarem Werthe sind. Ihm ist in dieser unbestechlichen Gewissenhaftigkeit, in dieser nebelfreien Verständigkeit und phi= lologischen Akribie vielleicht nur noch Einer zu vergleichen, der auf dem Gebiet alttestamentlicher Exegese und Kritik allem dogmatischen und phantastischen Unwesen energisch entgegen= getreten — das ist Hupfeld. Bleek machte für die Echtheit des vierten Evangeliums eine Menge von beherzigungswerthen Instanzen geltend, stellte eindringende Untersuchungen über die Passahfeier und den Todestag Christi an und fand sowol hier als in den Geschichtsangaben über die Festreisen Christi die größere Genauigkeit auf Seiten des vierten Evangelisten. Auch die äußern Zeugnisse unterwarf er einer neuen Prüfung und legte besonderes Gewicht auf das Diatessaron Tatian's, wie auf das frühe Erscheinen des Evangeliums in der Schule Va= lentin's, er machte nachdrücklich aufmerksam auf die Unerklär= barkeit des Factums, daß das vierte Evangelium, wenn nicht vom Apostel Johannes, sondern erst in der Mitte des 2. Jahr= hunderts verfaßt, sogleich nach seinem Erscheinen und so wider= spruchslos von den verschiedensten Parteien, nicht allein von den Valentinianern, sondern auch von den Judenchristen, nicht allein von den Anhängern der römischen Festpraxis, sondern auch von denen der kleinasiatischen Osterfeier aufgenommen und anerkannt sei. „Welch ein Wunderwerk", ruft er aus, „müßte diese Schrift sein, in ihrer Beschaffenheit wie in ihrem

Erfolge, wenn sie — nicht allein ohne apostolische Autorität, sondern des spätesten und verdächtigsten Ursprungs — mitten in dem Getreibe der Parteien bei allen Parteien gleiche An= erkennung fand."

Auch Reuß, dessen feinsinnige und wissenschaftlich freie Behandlung der kritischen Fragen sich weit erhebt über die ge= wöhnliche Theologenart, trat in vielen Punkten der Baur'= schen Kritik mit maßvoller Ueberlegung entgegen, namentlich in der Verwerfung der kleinern Paulinischen Briefe, auch, wenngleich nicht mit voller Sicherheit, in der Johanneischen Frage. Denn hier mußte er einräumen, daß das vierte Evan= gelium mehr ein dogmatisches als ein historisches sei, daß na= mentlich die Reden mehr frei nach der Idee producirt als treu bewahrt seien, und er blieb schließlich bei der bloßen Mög= lichkeit des Johanneischen Ursprungs stehen, mit dem Be= kenntniß, daß derselbe sich nicht zu einem stringenten Beweise, zu einer unumstößlichen Ueberzeugung, erheben lasse. Aber er wies zugleich die Auffassung zurück, nach welcher das Johan= neische Evangelium sich vorzugsweise in der Metaphysik und in grellen metaphysischen Gegensätzen bewege; er betonte den mystischen, überall auf die innern Erlebnisse der menschlichen Seele tendirenden Charakter der Schrift, wollte auch die gno= stischen Anklänge wie die Logoslehre durchaus nicht als zwin= gende Argumente für die Verweisung in das 2. Jahrhundert erkennen.

Aehnlich Hase, der in seiner Streitschrift gegen die neue tübinger Schule sogar über De Wette zurück und zu der An= nahme fortging, daß recht wohl der Apokalyptiker und der Verfasser des vierten Evangeliums eine und dieselbe Persönlichkeit sein könnten, da in dem Evangelium sich nichts anderes als eine Verklärung der Apokalypse darstelle. Er bekämpfte aber auch als Kirchenhistoriker im Ganzen und Großen die Anschauung der Tübinger von der Entwickelung des Christenthums während der ersten Jahrhunderte, trat der Behauptung entgegen, daß der Gegensatz des Paulinismus und Petrinismus sich bis tief in das 2. Jahrhundert hineinziehe und deshalb alle Schriften dieser Zeit den Charakter von Tendenzschriften tragen, indem er daran festhielt, daß die Acten des Kampfes wesentlich mit dem Tode des Apostel Paulus geschlossen seien.

Wir stehen hier am Schlusse der Geschichte der neuesten Kritik des Kanon. Ihre Acten sind nicht geschlossen, Gegenwart und Zukunft haben vielmehr die Aufgabe, den Kampf fortzuführen, dessen Ausgang nur noch in seinen allgemeinsten Umrissen erkennbar ist. Aber unverkennbar ist der Fortschritt, daß, dank den mächtigen Impulsen, welche von Baur ausgegangen, die dogmatische Behandlung des Kanon allmählich einer wahrhaft historischen weicht und daß die Unsicherheit und Resultatlosigkeit der Einzelkritik, wie sie der De Wette'schen Schule eigen, sich mehr und mehr zu einer Gesammtanschauung des Urchristenthums in seinen innern Kämpfen und Entwickelungsstadien verdichtet.

Drittes Buch.

—◇—

Der philosophisch-dogmatische Proceß.

Erſtes Kapitel.

Die Auflöſungstheologie. Die Strauß'ſche Kritik. Der Feuerbach'ſche Humanismus. Der Radicalismus.

Dem hiſtoriſch-kritiſchen Proceß, den wir bis auf die Gegenwart verfolgt, zur Seite geht die philoſophiſch-dogmatiſche Bewegung. Auch ſie beginnt mit Strauß und ſeinem Zerſtörungswerk. Auch hier war er es, der die Auflöſung der modernen Dogmatik vollzog, der namentlich der Hegel'ſchen Scholaſtik ein Ende machte, indem er jener Formel entgegentrat, daß in der Philoſophie der ganze Inhalt des Glaubens derſelbe bleibe und nur die Form ſich ändere. Er iſt das unerbittliche Gewiſſen der Zeit geweſen, welcher die ſcholaſtiſchen Anſätze alle, die verwirrenden Selbſttäuſchungen, die Vermiſchung von modernen Gedanken und alten Dogmen aufgedeckt und auf ihren wahren Werth zurückgeführt hat. Er wollte nichts anderes, als daß die Zeit ſich nicht einredete, ſpeculative Reichthümer zu beſitzen, welche längſt im Schiffbruch der Jahrhunderte untergegangen. Er wollte, wie ein gewiſſenhafter Kaufmann, die Bilanz ziehen über die Activa und Paſſiva des Glaubens; und er hielt eine ſolche Reviſion des dogmatiſchen Beſitzſtandes um ſo mehr an der Zeit, als die

13*

Mehrzahl der Theologen in ihrem romantisch = speculativen
Rausche gar nicht daran gedacht. Sie schlugen den Abzug,
welchen die Kritik und Polemik der beiden letzten Jahrhun=
derte an dem alten Glaubensbestande gemacht, viel zu gering
an, und sie taxirten die zweideutigen Hülfsquellen, welche in
der Schleiermacher'schen Gefühlstheologie wie der Schelling=
Hegel'schen Speculation gefunden, viel zu hoch. Sie meinten
die Processe, welche über jene Ausfälle noch schwebten, schon
gewonnen zu haben, dagegen der reichsten Ausbeute aus den
neu eröffneten Schachten gewiß zu sein. Wie aber, wenn jene
Processe sämmtlich an Einem Tage verloren gingen, wenn
außerdem die neuen Gruben die Hoffnungen völlig täuschten,
welche sie erregt?! Allen diesen Täuschungen und Selbstbe=
lügungen will Strauß ein Ende machen. In diesem Sinne
schreibt er seine Dogmatik (1840 und 1841). Und auch
dieses Werk behandelt er mit der größten Ruhe, mit der käl=
testen Objectivität. Er verfolgt dieses Dogma bis auf seinen
Anfangspunkt, stellt es in seiner geschichtlichen Genesis dar
und weiß auch den Wahrheitskeim, welchen er auf diesem
Wege findet, in das gebührende Licht zu setzen. Aber wenn
er mit einem Dogma auf der Höhe seiner kirchlichen Ausbil=
dung angelangt, weiß er mit scharfem Auge die Zeichen seines
innern Verfalls, die an seinem Kerne nagenden Widersprüche
zu erspähen und den Auflösungsproceß durch alle Stadien
seiner abwärtseilenden Entwickelung hinburchzuführen. Die
ganze Dogmatik erscheint als ein innerer Bildungs = und Zer=
störungsproceß, als ein resultatloses Entstehen und Vergehen,
wobei namentlich alle Erscheinungen der sich rückbildenden Meta=
morphose, die versteckten Widersprüche, die allmähliche Zerna=
gung aller festen Fäden des Dogma durch den Zweifel mit
erschreckender Wahrheit vorgeführt werden. Die Gewalt dieses

Buchs besteht wieder in der Kälte der historischen Beweisführung. Wie Strauß selbst sagt: „Die subjective Kritik des
Einzelnen ist ein Brunnenrohr, das jeder Knabe eine Weile
zuhalten kann; die Kritik, wie sie im Laufe der Jahrhunderte
sich objectiv vollzieht, stürzt als ein brausender Strom heran,
gegen den alle Schleußen und Dämme nichts vermögen."
Es zeigt sich auch hier wieder, wie die Aufdeckung der
Verwirrung, die Zerstörung der Illusionen das vorzüglichste
Talent Strauß' ist, wie dagegen seine Kritik eine nur auflösende, das Resultat ein nur negatives bleibt. Seine
Dogmatik ist gar keine Dogmatik, sondern nur eine Kritik der
einzelnen Dogmen, ein Repertorium der dogmatischen Vorstellungen! Bei aller Reinlichkeit der äußern Anordnung des
Stoffs und seiner Begrenzung, bei aller Sicherheit der Ver-
standesrechnung ist doch ein ungeheurer Mangel erkennbar
und das Gefühl der Trostlosigkeit, der Leere, des nihilisti-
schen Hintergrundes unabweislich. Wie hoffnungslos=blasirt
diese Kritik ist, wie angefressen von dem ausdörrenden Geiste
der Hegel'schen Philosophie, wie ohne alle Frische und Tapfer-
keit einer eigenen und positiven, persönlichen Ueberzeugung,
ohne die Kraft lebendiger, durch alle Zerstörungen hindurch-
schauender Intuition, — das zeigt sich recht deutlich, wenn
wir Strauß mit seinem großen, aber unerreichten Vorbilde,
Lessing, vergleichen. In ihm finden wir das alles, was wir
an jenem so sehr vermissen! Den tapfern, selbstgewissen,
wahrheitsfrohen Geist! Den vollen und festen Kern einer
das ganze Leben tragenden Ueberzeugung, eines unzerstörbaren, innerlichen Christenthums, das bei dem Verluste aller äußerlich=historischen und dogmatischen Umhüllungen die vollste Befriedigung und den sichersten Halt dauernd
gewährt!

Der Grundgedanke der Strauß'schen Dogmatik ist der, daß der Unterschied von Vorstellung und Begriff, von altem Dogma und moderner Weltanschauung ein unversöhnlicher ist, ein solcher, der sich letztlich zuspitzt in den von Religion und Philosophie, von Glauben und Wissen. Denn die Religion setzt auch er, wie Hegel gethan, in die Vorstellung, und so ist die Kritik, welche gegen die Vorstellung gerichtet ist, die Kritik der Religion selbst. So kommt er denn zu dem trostlosen Resultat und der offenen Erklärung, daß eine Kluft befestigt sei zwischen den Glaubenden und den Wissenden, ein fundamentaler Gegensatz in der ganzen Auffassung. Es bleibt demnach nichts übrig, als daß beide Theile sich gegenseitig toleriren, daß die Glaubenden die Wissenden und ebenso die Wissenden die Glaubenden ruhig ihre Straße ziehen lassen. Es ist dies ein an die alte Gnosis erinnernder Dualismus, ein ebenso unausführbarer als trostloser Rath! Ein solcher, den Strauß selbst am wenigsten befolgt, der die Glaubenden keineswegs ruhig ihre Straße ziehen läßt, sie vielmehr angreift, wo er nur immer kann, der nicht seine philosophische Weltanschauung ruhig und geräuschlos entwickelt, sondern gerade die Polemik gegen die Vorstellungen des Glaubens zum Hauptinhalte seines Werkes macht. Strauß ist aber gerade in dieser Behauptung ein echter Hegelianer, so weit er sich auch sonst in seinen dogmatischen Resultaten von denen der meisten Schüler Hegel's entfernt hat. Denn er ist darin mit ihnen wie mit dem Meister einverstanden, daß die Religion wesentlich, als solche, Vorstellung sei. Dies ist ein großer, folgenreicher Irrthum. So wird der Conflict zwischen Philosophie und Religion zu einem unversöhnlichen. So ist es ganz natürlich, daß sich jene als die reine und ideale Wahrheit über diese, die schmutzige und veräußerlichte, erhebt, daß der gnostische Unterschied zwischen dem πνευματικός und ψυχικός in neuen Formen wieder auftritt. Der Grundirrthum ist der, daß die Religion mit der religiösen Vorstellung identificirt wird. Die religiöse Vorstellung ist aber nichts als die unvollkommenste, die der großen Masse angehörende Form des Wissens von der Religion. Diese unreine, äußerliche, dualistische Form des Wissens soll aufgehoben werden in die höhere, in die wahrhaft wissenschaftliche, die philosophische. Die religiöse Vorstellung soll also durch die negative Kritik hindurchgehen und aufgehen in die Philosophie; nicht so die Religion. Sie ist die substantielle Grundlage alles Wissens von ihr. Sie ist unmittelbares Leben, welches allen Vermittelungen des Wissens wie des Thuns vorangeht und die lebensvolle Quelle für sie bleibt. Sie ist innerliche Einheit des Göttlichen und Menschlichen und kann daher auch nie mit der Philosophie in Conflict kommen, sondern immer nur durch sie ihren reinern Ausdruck, ihr volleres Bewußtsein erhalten. Der Conflict kann nur zwischen der religiösen Vorstellung und dem Begriff vorkommen, und hier mag die Negation so scharf wie möglich, die reinigende Arbeit der Kritik aufs rückhaltloseste vollzogen werden. Aber zwischen dem innersten Leben der Religion und der Philosophie kann sich auf die Dauer kein Streit erheben. Denn die Philosophie will ja nichts anderes, als die tiefsten Schätze des Innern heben, das in das Tageslicht der Erkenntniß stellen, was in den dunkeln Tiefen des Gemüths lebt. Der Strauß'sche Conflict zwischen Religion und Philosophie hat zu dem rein negativen Resultat seiner Dogmatik geführt. Und doch hat Strauß selbst nicht mit voller und bewußter Consequenz diesen Gedanken ausgeführt, sonst hätte er dazu kommen müssen, die Religion als solche für das Gebiet der Transscendenz, des

Dualismus zu erklären und auf ihre Exstirpation zu bringen.
Er hätte dies auch vom Christenthume behaupten und fordern
müssen, wie Feuerbach es gethan. Aber diesen letzten Schritt
hat er nicht gewagt. Er sagt vom Christenthume, daß es
allerdings vom Monismus der neuen Speculation weit ent=
fernt sei, aber er will es darum nicht Dualismus nennen.
Denn die immanente Einigung des Göttlichen und Menschlichen
sei doch immer sein Mittelpunkt, dem es seine weltgeschichtliche
Macht verdanke, wenn auch dieser Punkt in der weitern Ent=
wickelung als ein verschwindender erscheine. Dieser verschwin=
dende Punkt, an den er appellirt, ist in der That die inner=
liche Religiosität. Das Christenthum, soweit es religiöses
Selbstbewußtsein, innerstes religiöses Leben ist, ist Monis=
mus. Aber — wie kommt Strauß dazu, diesen Punkt zu ur=
giren? Er, der sonst nirgends von der Innerlichkeit des re=
ligiösen Lebens spricht und am wenigsten in ihr das primitive
Wesen der Religion erkennt! Er, dem die Religion sonst
überall mit religiöser Vorstellung identisch ist! Denn, gilt es
nicht auch vom Christenthume: soweit es Vorstellung ist, ist
es dualistisch; ist also die Vorstellung sein Wesen, so ist es
wesentlich dualistisch? Wollen wir überhaupt von einem po=
sitiven Grundgedanken der Strauß'schen Dogmatik reden, der
als letzter Wahrheitsrest hindurchscheint, so ist es der Pan=
theismus, die spinozistische Gottversenkung. Aber neben der=
selben her laufen ganz naiver= und unvermittelterweise die
Sympathien für die sittliche Autonomie, die Versicherungen,
daß letztlich alles auf die sittliche Gesinnung und praktische
Rechtschaffenheit ankomme, daß dagegen der Glaube mit sei=
nen Prätensionen und Unduldsamkeiten dieser Instanz gegen=
über abzuweisen sei. Es ist dies ein interessantes und noch
viel zu sehr übersehenes Phänomen. Ein eigenthümlicher

Widerspruch, in dem nicht allein Strauß stehen geblie=
ben, in dem vielmehr die große Mehrzahl der philosophisch
und theologisch Radicalen sich gedankenlos umhertreibt. Bei
Strauß streiten sich diese Gegensätze: spinozistischer Pantheis=
mus und verständige Moral um die Herrschaft. Oder viel=
mehr, sie streiten sich gar nicht, sie wechseln nur miteinander
ab. Bald ist es Spinoza und seine Autorität, durch welchen
der Kirchenglaube zerschlagen wird, bald wieder sind es die
Socinianer und Deisten, bald wird das Dogma bekämpft durch
die Sittlichkeit, welche sich dagegen auflehnt, bald durch die
alle Sittlichkeit, weil alle menschliche Selbstbestimmung, zer=
störende, pantheistische Doctrin.

Es zeigt sich hier ein großes speculatives Unvermögen,
ja eine gewisse naive Gedankenlosigkeit, der es ganz gleich=
gültig ist, mit welchen Mitteln und von welchen Grundan=
schauungen aus das kirchliche Dogma bekämpft wird. Ueber
den großen und fundamentalen Gegensatz, in welchem der
Pantheismus und der rationalistische Moralismus zueinander
stehen, scheint Strauß sich gar keine Scrupel zu machen, noch
weniger aber daran zu denken, seine speculative Weltanschauung
mit den ethischen Forderungen in der Tiefe zu versöhnen und
damit den Pantheismus zu überwinden. Sein Talent ist über=
haupt nicht das philosophische, sondern das kritische. So hat
er sich denn auch die Hegel'sche Philosophie nur äußerlich=ver=
ständig angeeignet und sich mit Klarheit in den Besitz ihrer
Resultate gesetzt. Und so ist, trotz aller Kritik, der letzte
Hintergrund wieder ein Dogma. Freilich ein philosophi=
sches, eine Hegel'sche Formel, die die Lücken ausfüllen
und eine Art von wissenschaftlicher Beruhigung ertheilen
muß. Aber — wie todt und wie leer sind diese philoso=
phischen Lückenbüßer! Und wie sehr fühlt man es ihnen

an, daß sie nur angeeignet, nicht in der Tiefe der Sub=
jectivität zu innerlich = lebendiger Wahrheit geworden sind!
Wie äußerlich Strauß die Hegel'sche Philosophie aufgenommen,
zeigt sich auch darin, daß er von den innern Schwankungen
zwischen Pantheismus und Anthropologismus, innerhalb deren
sie sich bewegt, gar keine Ahnung hat. Sein Pantheismus,
wie er namentlich in den Lehrstücken vom Dasein Gottes, von
der Dreieinigkeit, von den göttlichen Eigenschaften, den Hin=
tergrund der Kritik bildet, enthält gar nichts Eigenthümliches,
ist nur eine bündige Zusammenfassung der Hegel'schen Lehre.
Person, das ist der Grundgedanke, ist eine endliche Bestim=
mung, absolute Persönlichkeit eine contradictio in adjecto.
Gott ist nicht Person, er wird es in der unendlichen Reihe
der menschlichen Subjecte. Die moderne Speculation unter=
scheidet sich dadurch von Spinoza, daß die absolute Sub=
stanz das Moment der Persönlichkeit nicht außer sich hat, son=
dern sich zu den Persönlichkeiten erschließt; aber sie selbst ist
nicht Eine Person neben oder über andern, sondern die ewige
Bewegung der sich stets zum Subject machenden Substanz.
Dies ist gewiß die richtige Interpretation des Hegel'schen
Gottesbegriffs, über den überhaupt nur gestritten werden
konnte in einer Zeit, in der Verwirrung und orthodoxe Zu=
rechtmacherei an der Tagesordnung war. Strauß hat auch
hier wieder das Verdienst, daß er alle Zweideutigkeiten ab=
geschnitten hat. Er sagt: Die Persönlichkeit Gottes muß nicht
als Einzelpersönlichkeit, sondern als Allpersönlichkeit
gedacht werden. Wir müssen, statt unsererseits das Absolute
zu personificiren, es als das ins Unendliche sich selbst Perso=
nificirende begreifen. Ganz kurz: Gott ist nicht der Per=
sönliche, sondern der sich ins Unendliche Personi=
ficirende. In dieser von Strauß adoptirten Lehre Hegel's

ist allerdings ein Anlauf genommen, über die spinozistische Substanz hinauszukommen. Sie soll mit dem Fichte'schen Selbstbewußtsein versöhnt werden. Das Absolute ist das ewige Subjectwerden der Substanz. Aber — man sieht leicht — es ist dies keine wahrhafte Ueberwindung der Gegensätze. Vielmehr, Hegel fällt nur von dem Pantheismus in den Anthropologismus, um von diesem wieder in jenen zurückzusinken. Wird das Absolute erst wahrhaft concret im menschlichen Subject, so wird es auch hier erst wahrhaft absolut. Nicht die an sich seiende Substanz, sondern die Verwirklichung derselben, nicht der Anfang, sondern das Resultat des Processes ist das Absolute. Und hier ist der nothwendige Uebergang zu Feuerbach.

Feuerbach ist von einer Seite nichts als die nothwendige Consequenz der Hegel'schen Philosophie, von der andern wieder ein mächtiger Fortschritt über sie hinaus. Er ist die Consequenz des Systems, welche zugleich die Auflösung desselben bedeutet. Er hat das geschlossene System gesprengt, die dialektische Methode zerschlagen, die Herrschaft des abstracten Begriffs wie einen lästigen Zaum abgeworfen. Er hat vor allem die Metaphysik, den höchsten Triumph der Hegel'schen Philosophie, der Lächerlichkeit preisgegeben. Sie ist für ihn nichts als eine neue, philosophisch eingekleidete Transscendenz, ein Reich von Schemen und Abstractionen, das zu einer für sich seienden Intellectualwelt, einem göttlichen $\pi\lambda\eta\rho\tilde{\omega}\mu\alpha$, nach Art der Neuplatoniker und Gnostiker, verselbständigt worden. Er bekämpft überall die Vorstellung von einer sogenannten „reinen" Idee, in ihrem „Ansichsein", welche erst durch einen Abfall, „durch eine Selbstentäußerung", zum „Andern ihrer selbst", zur materiellen Welt herabsteigt. Er sieht in diesem Neuplatonismus, welcher sichtbar mit dem Aristoteli-

schen Zweckbegriff bei Hegel ringt, den eigentlichen Sitz aller
Unwahrheit, die Quelle aller unreinen theologischen Vor=
stellungen, aller Transscendenzen und Heteronomien. „Weg
mit der Metaphysik!" ruft er aus; es gibt für die Er=
kenntniß nur die beiden concreten Sphären, die der äußern
Natur und des menschlichen Geistes, und alle Wissenschaften
ordnen sich ein in die beiden: Physik und Anthropo=
logie.

Es ist in Feuerbach ein gewaltiger Durchbruch der Sinn=
lichkeit, des Anschauungsvermögens, der Leidenschaft, des gan=
zen lebensvollen und genußbedürftigen Menschen durch die
unerträgliche Alleinherrschaft der Logik eingetreten! Es hat
sich hier die Reaction des Realismus gegen den Hegel'schen
Panlogismus vollzogen. Die Hegel'sche Philosophie will
ja Realismus sein, aber sie ist es nicht und sie ist es um so
weniger, je mehr sie es sein will. Je tiefer sie mit dem Be=
griff in die Wirklichkeit hinabsteigt, und sie thut dies mehr
als jede andere Philosophie, desto mehr saugt sie dieselbe aus
und berührt sie mit dem Hauche des Todes, weil sie eben
nur mit dem Begriff, wie mit einem spitzig verletzenden In=
strument an sie herantritt. Das Moment der Anschauung,
das Schelling so vorzugsweise betont, ist ganz zurückgedrängt.
In Feuerbach erhebt sich wieder die gekränkte Natur. Er
selbst hat lange die Fesseln der Logik getragen und schleudert
sie nun von sich mit der Leidenschaft eines Rasenden. Er sieht
überall Beschränkung der Natur, Unnatur, falschen Spiritua=
lismus und Idealismus. Er will den wahren Realismus her=
stellen, der in dem Ideal=Realismus Hegel's nur als Cari=
catur zum Vorschein gekommen ist. Natürlich, daß diese
Reaction, namentlich da sie nicht mit wissenschaftlicher Be=
sonnenheit vollzogen wird, sondern nur als ein Lavastrom der

Leidenschaft sich ergießt, da sie nicht als eine zusammenhän=
gende Gedankenentwickelung auftritt, sondern nur stoßweise in
Antithesen und Paradoxien, in rhetorischen und polemischen
Wendungen sich äußert, als extremste Einseitigkeit, als Ma=
terialismus, als ganz willkürliches und atomistisches Raisonne=
ment erscheint.

In seiner Ansicht von der Religion, wie sie in dem be=
kannten Werke „Ueber das Wesen des Christenthums" aus=
gesprochen, knüpft Feuerbach an Hegel an, aber auch hier
über ihn hinausgehend. Hegel hatte die Religion in die Vor=
stellung gesetzt und diese eine äußerliche und dualistische genannt.
Feuerbach hält diesen Dualismus, als zum Wesen der Reli=
gion gehörend, fest; aber er verschärft ihn dadurch, daß er ihn
nicht allein als theoretischen, sondern auch als praktischen
faßt. Er bestimmt die Religion nicht allein als eine man=
gelhafte Vorstellung, sondern als eine grundverderbliche.
Er geht darauf aus, diese „welthistorische Heuchelei" zu ent=
larven, das Menschengeschlecht von diesem Drucke zu befreien.
Er erkennt als die sittliche Consequenz der transcendenten
Vorstellung, die Heteronomie, das Knechtsbewußtsein, die Ver=
krüppelung der menschlichen Natur.

Bekannt ist seine Definition: „Die Religion ist das Ver=
halten des Menschen zu sich selbst, oder zu seinem Wesen,
aber als zu einem andern Wesen." Diese Selbsttäuschung,
diese Hallucination des Geistes, ist das Geheimniß der Reli=
gion, ist der Schlüssel, der, an die verschiedensten Erschei=
nungsformen angelegt, überall paßt. Die psychologische Ana=
lyse ist, wie schon angedeutet wurde, eine etwas andere als
bei Hegel. Die Religion ist phantastische Praxis, sie hat
ihren Sitz in der Phantasie, zugleich aber im Gemüth.
Denn die Phantasie ist es, welche alles Diesseitige jenseitig,

alles Innerliche äußerlich macht. Aber es kommt noch das
praktische Bedürfniß, der Glückseligkeitstrieb hinzu. Dieser
praktisch = egoistische Zug wird Gemüth genannt. Feuerbach
hat auf diese Seite der Religion, welche von Hegel ganz ver-
nachlässigt worden, ein besonderes Gewicht gelegt. So sagt
er: „Der Himmel ist die wahre Meinung, das offene Herz,
der letzte Wille der Religion." Es ist ein Verdienst, daß die
Religion einmal nach ihren praktischen Consequenzen hin schärfer ins Auge gefaßt worden. Aber das Falsche und Cari-
kirende liegt darin, daß die religiöse Praxis immer ohne weiteres für identisch genommen wird mit schmuziger, egoistischer
Praxis. Dagegen ist zu sagen, daß die Religion gerade
ihrem Wesen nach hingebende, aufopfernde, vom Egoismus
reinigende Praxis ist. Das zeigt sich im Opfer. Das
Opfer im weitesten Sinne, als Darbringung des Eigenen,
nicht nur des äußerlichen, auch des innern Eigenthums,
an das Absolute, ist recht eigentlich die Praxis aller Religionen, der Mittelpunkt aller Culte. Und wenn selbst hier
der Egoismus wieder zum Vorschein kommt — nun — so
gehört das nicht mit zum Wesen der Religion, sondern zu den
Erscheinungsformen einer unvollkommenen und unreinen Religionsstufe, so geschieht dies nicht aus Religion, sondern trotz
der Religion. Ist die Religionsstufe überhaupt eine endliche
und unreine, auf welcher das Wesen des Absoluten nur in
gebrochenen Formen erscheint, so ist es natürlich und nothwendig, daß auch die ganze praktische Seite der Anbetung
und Aufopferung unrein ist und in Egoismus umschlägt. Aber
je vollkommener die Religion wird, desto reiner wird auch
das Verhältniß des Menschen zu seinem Gott, desto tiefer
bringt die Negation des Innern, desto ernster wird das Selbst-
gericht. Wenn Feuerbach es liebt, darauf hinzuweisen, wie

die Religion nie ein rein sachliches Interesse zu ihrem Ge=
genstand habe, sondern immer zugleich ein persönliches, wie
sie nicht blos ein Wissen Gottes, sondern ein Sichwissen und
Sichseligwissen in Gott erstrebe, so ist nur das verkehrt, diese
Behauptung zu einem Vorwurf zu gestalten. Allerdings ist
die Religion mehr als ein rein theoretischer Act. Allerdings
will der Religiöse nicht sowol wissen, was Gott ist, als Gott
in sich hineinziehen, seiner gewiß und selig werden. Allein
diese Aneignung hat zu ihrer Voraussetzung und zu ihrer Kehr=
seite Hingebung und Aufgehen, und dieser Eigennutz ist der
Eigennutz der Liebe, welche auch nicht außerhalb des Ge=
genstandes bleiben, sondern sich ihn wahrhaft und völlig zu=
eignen will.

Der wichtigste Punkt in der Feuerbach'schen Religions=
bekämpfung ist offenbar die Zerstörung der Idee des Ab=
soluten als einer objectiven. Hier tritt der Unterschied
zwischen ihm und Hegel am deutlichsten hervor. Hegel glaubt
noch an ein Absolutes, an die Objectivität der absoluten Idee,
so widerspruchsvoll auch bei ihm diese Idee ist, da sie bei
ihrer Verwirklichung in das Selbstbewußtsein des Menschen
umschlägt. Feuerbach dagegen hält dieses Absolute nur für
eine Abstraction, für die falsche Objectivirung des menschlichen
Gattungsbegriffs, für das Product eines krankhaften Doppel=
sehens, vermöge dessen der Mensch sich selbst sich gegenüber=
stellt, um sich so zu genießen und anzubeten. Wie diese eigen=
thümliche Sehkrankheit in der Menschheit entstanden und wie
sie sich zu einer so erschrecklichen, alle Zeiten und Völker
beherrschenden Epidemie ausgebildet, darüber erhalten wir
freilich keine nur einigermaßen befriedigende Erklärung. Ebenso
wenig ist die Objectivität Gottes als eine Unmöglichkeit, als
ein innerer Widerspruch begrifflich erwiesen. Der Beweis,

welcher über diese wichtigste Frage versucht worden, ist sehr
leichtfertig und desultorisch geführt. Man begegnet einer Reihe
von Wendungen, die offenbar dem Fichte'schen Subjectivis=
mus entlehnt sind. Solche Sätze sind: „Der Gegenstand,
auf den sich ein Wesen bezieht, ist nichts anderes als sein
eigenes Wesen." In unendlichen Variationen wird dieser Ge=
danke wiederholt. Aber derselbe kann doch nur einen Sinn
haben, wenn mit dem Subjectivismus voller Ernst gemacht
wird, auf dem Standpunkt des absoluten Subjectivismus,
wo gar keine Objectivität, auch nicht die der äußern Natur,
gilt, wo sich die ganze gegenständliche Welt in Zustände, in
Affectionen des Selbstbewußtseins auflöst. Feuerbach nun
steht gar nicht auf diesem Standpunkte des absoluten Selbst=
bewußtseins, er denkt gar nicht ernstlich daran, sich mit voller,
unerschrockener Consequenz auf die Spitze des Ich zu stellen.
Im Gegentheil. Er ist weit mehr Naturalist als subjectiver
Idealist. Die Natur ist ihm etwas an und für sich Seiendes,
auch außerhalb des menschlichen Selbstbewußtseins. Diese
Objectivität stellt er nirgends in Abrede. Und so zieht er sich
denn auf den Satz zurück: „Der sinnliche Gegenstand ist
außer dem Menschen da, der religiöse nur in ihm." Dies
ist nichts mehr als eine einfache Versicherung, für welche jede
Begründung fehlt. Auch hier wieder zeigt sich, wie die kecke
Behauptung, das absprechende Machtwort, an den allerwich=
tigsten Punkten die Stelle des Beweisens und Entwickelns ver=
treten muß.

Und verfolgt man einmal die Consequenzen dieses Feuer=
bach'schen Atheismus, so sind sie keineswegs rein gezogen.
Er leugnet die Objectivität des absoluten Wesens, also der
höchsten Allgemeinheit. Er hält sie nur für eine subjective
Einbildung. Die Consequenz ist, daß er die Objectivität der

Allgemeinheit überhaupt leugnen muß, daß die allgemeinen
Ideen, die Gattungsbegriffe, nichts als Abstractionen, sub=
jective Zusammenfassungen der vielen Einzelheiten sind. Zu
diesem Nominalismus, wie die Scholastiker sagten, oder Ma=
terialismus und Atomismus, wie wir sagen würden, müßte
Feuerbach fortgehen. Nichtsdestoweniger spricht er von dem
Gattungsbegriff der Menschheit als von einem realen Wesen,
in das sich der Einzelne zu erheben, durch das er sich zu rei=
nigen hat u. s. w. Kurz — er macht aus diesem Gattungsbegriff,
der den Thron der Gottheit eingenommen, ein mystisches
Wesen, von dem er mit einer eigenen Schwärmerei und Hin=
gebung redet.

Man sieht — Feuerbach ist noch gar nicht, was er sein
will, vollendeter Atheist. Er ist besser als seine wüsten Pa=
radoxien! Denn — da, wo noch eine lebendige, über die
Einzelheiten übergreifende Allgemeinheit anerkannt wird — in
welcher Gestalt und unter welchem Namen es auch sein möge —
da geht der Weg zur Religion, da ist das Streben zu Gott!
Erst diejenigen, welche seinen Spuren folgend, mit lautem
Hohn über ihn hinausstürmten, erst die Rotte der berliner
sogenannten Kritiker, die Bauer, Stirner u. s. w., die Prediger
des Nihilismus und Egoismus; — führten den Atheismus
seiner Vollendung zu. Und es war eine eigene Nemesis,
die sich an Feuerbach vollzog, daß diese Gamins der Philo=
sophie ihn mit denselben Schimpfreden verfolgten, welche
er so reichlich ausgetheilt, ihn zu den „Theologen", den
„gläubigen Heuchlern", den „knechtischen Naturen" warfen.
Nachdem Feuerbach die höchste, das Universum zusammen=
haltende Allgemeinheit zerstört und zu einem subjectiven Wahn=
bilde heruntergesetzt — da war es ganz natürlich und noth=
wendig, daß jede Allgemeinheit und jede Hingebung an das

Allgemeine für eine Phrase, für Narrheit oder Heuchelei
erklärt wurde. So machten es denn diese Kritiker zu ihrem
ausdrücklichen Geschäfte — nicht allein die Religion, nein!
alle idealen Mächte, welchen Namen sie auch führen moch=
ten, alle sittlichen Ordnungen des Staats wie der Gesell=
schaft, alle Liebe und Begeisterung, welche sich über das
elende Ich hinaushebt — mit Schmach zu bewerfen, zu Phrasen
zu stempeln, als Gespenster aus der Wirklichkeit zu bannen.
Und es war gewiß nichts Zufälliges, daß gerade in Berlin,
in dieser Stadt der alles zerfressenden Reflexion, in der alles
gemacht und forcirt, auf dem sandigen Boden der sterilsten
Verständigkeit erwachsen ist, — daß gerade hier sich der Ver=
wesungsproceß unserer Philosophie vollziehen mußte, daß der
gewaltigen philosophischen Bewegung, die von Kant her ba=
tirte, hier der Grabstein gesetzt wurde! Feuerbach selbst war,
wie gesagt, noch auf halbem Wege stehen geblieben. Seine
edlere Natur sträubte sich offenbar gegen die Gemeinschaft mit
diesem literarischen Pöbel. Seine Schimpfreden waren aus
genialer Kraft, aus sinnlicher Ueberfülle entsprungen, selbst
seinen Cynismen war noch ein idealer Stempel aufgebrückt.
Er hatte einen guten Kampf zu kämpfen gemeint, wenn er den
Supranaturalismus, nicht allein als eine äußerliche Vorstel=
lung, sondern auch als einen grundverderblichen, die Mensch=
heit um tüchtige und männliche Sittlichkeit bringenden Wahn
aufdeckte, wenn er den äußerlichen Gott in das Innere der
Menschheit hineinzog. Allein er hatte zugleich die tiefsten Le=
benswurzeln mit der Axt der Zerstörung berührt, da er die
Objectivität des Absoluten in Schein auflöste, da er behaup=
tete, der dem Menschen innerliche Gott sei nur in ihm,
nicht in sich. Mit dieser Vernichtung der absoluten Idee
sank er herunter auf den Materialismus und mußte von

einer Stufe zur andern sinken, bis auf den nacktesten Egoismus!

Dieser Beurtheilung des Feuerbach'schen Atheismus ist nur noch ein Wort über seine Darstellung des Christenthums hinzuzufügen. Er hat in seinem ungerechten Eifer das Wesen desselben aufs häßlichste carifirt. Und er konnte nur deshalb in solchem Grade ungerecht sein, weil er auf ganz unhistorische und wahrhaft tumultuarische Art einen Gegenstand behandelte, der nur historisch behandelt werden kann. Das Christenthum dient ihm nur zur Exemplification dessen, was er der Religion im allgemeinen zum Vorwurf macht. Alle Roheiten und Grausamkeiten, aller Egoismus und Heuchelei, alle Verfolgungssucht und geistlicher Hochmuth, kurz alle Erscheinungsformen sittlicher Unnatur, wie sie nach seiner Auffassung aus der Religion hervorgehen, sollen sich am Christenthum bestätigen.

Es muß dagegen mit Nachdruck behauptet werden, und die Geschichte führt diesen Beweis, daß das Neue, das Eigenthümliche des Christenthums allerdings das Princip der Immanenz ist, freilich ein solches, welches zu Anfang nicht sogleich in voller, bewußter Reinheit und Klarheit hervorbrach. Denn auch das Christenthum trat nicht sogleich in fertiger Vollendung auf, als ein schlechthin von der Vergangenheit Abgelöstes, sondern in einer Menge von unreinen Gestalten, in denen die alte Weltanschauung noch fortwirkte, noch rang mit dem neuen Geist. Das Heidenthum wie das Judenthum spiegelt sich in ihm noch ab, setzt sich fest in einer Reihe von Vorstellungen und tritt als christianisirtes Heidenthum und Judenthum im Katholicismus in compacter Gestalt auf. Und darin zeigt sich gerade die Tiefe und der ungeheure Fortschritt des christlichen Princips, daß es sein eigenes Wesen

und Wollen so schwer und langsam, nur durch eine Entwicke=
lung von Jahrtausenden, herausringt. Das Christenthum ist
zuerst nur noch ein Lebenskeim, in die Tiefen des religiösen
Selbstbewußtseins hineingesenkt, hier und nur hier ist das
Princip der Immanenz rein und völlig, während es in den
objectiven Vorstellungen von Gott und Welt noch keineswegs
zur Klarheit kommt. Es ist grundfalsch, wenn Feuerbach diese
ganze Seite der Immanenz im Christenthum nur für ein
Nebensächliches hält, welches nicht durch das Christenthum,
sondern trotz desselben zum Durchbruch gekommen. Denn
das Christenthum ist ja offenkundig die Religion gewesen,
welche zuerst die Schranken des Particularismus durchbrochen,
welche im Princip universalistisch war, während nicht einmal
die Philosophie des Heidenthums über den Particularismus
hinauskam. — Ferner: Die Paulinische Lehre vom Geist,
von der Liebe, von der Freiheit, von der Kindschaft,
von der Einheit der Gläubigen mit Christo und durch ihn mit
Gott; — gehören alle diese Gedanken nicht gerade zum Kern
des Christenthums und zum innersten Leben dieser Religion?
Ferner: Gehen nicht die Gleichnisse vom Himmelreich (vom
Senfkorn, vom Sauerteig u. s. w.) gerade darauf aus, die
weltdurchdringende Kraft des Christenthums, also die Dies=
seitigkeit, das organische und allmählich wachsende Eindringen
des göttlichen Lebens im Diesseits klar zu machen? Und end=
lich: Ist denn nicht das πνεῦμα ἅγιον, namentlich bei Pau=
lus und Johannes, dasjenige Princip, welches alle Gaben und
Kräfte der Menschen mit seinen Charismen durchbringt, alle
Individualitäten anerkennt und heiligt und eine Gemeinschaft
gründet, in welcher jeder Einzelne dem Ganzen gliedlich an=
gehört und vom Geist des Ganzen bestimmt und erfüllt
wird?!

Feuerbach hat sich überhaupt nicht auf die geschichtliche Beantwortung aller dieser inhaltschweren Fragen eingelassen. Er beantwortet sie nur mit Uebertreibungen, mit falschen An= klagen, mit Paradoxien. Sonst würde er innerhalb des Chri= stenthums selbst Stufen, Metamorphosen entdeckt und nicht alle Erscheinungen aus allen Zeiten für gleichbedeutend ge= nommen haben. Er würde dann auch zu einer ganz andern Würdigung des Protestantismus gekommen sein. Er würde denselben erkannt haben als eine Einkehr in die innersten Tiefen des Gewissens, als eine Wiederaufnahme und Durch= bildung des Paulinismus, während die mittelalterliche von Rom bevormundete Kirche in den Vorhallen des Christen= thums, in der Aeußerlichkeit der Ceremonien und guten Werke, in den Gesetzesformen, mit Einem Worte in dem Petrinisch= Judaistischen Christenthum stehen blieb. Er würde dann auch nicht bei der oberflächlichen, freilich vielfach wiederholten Be= hauptung sich genügt haben, der Protestantismus sei Huma= nismus, aber inconsequenter, er gehe eigentlich schon auf den Humanismus aus, aber noch ohne es selbst zu wissen. Eine Beurtheilung, welche in ihrer Craßheit und Oberflächlichkeit sich eigentlich in gar nichts unterscheidet von der Behauptung der Katholiken, es gebe nur die Alternative: Katholicismus und Atheismus, alles, was in der Mitte liege, sei Inconse= quenz. So roh, so unbegründet, so widerwärtig=renommi= stisch alle diese Ausbrüche des Religions= und Christenthums= hasses sind, darf man doch bei der Würdigung derselben nicht übersehen, daß ihm eine sehr beherzigenswerthe, freilich zur äußersten Caricatur gewordene Wahrheit zu Grunde liegt, nämlich die: Daß das Menschliche zu seinem vollen Rechte zu bringen ist in der Religion. Daß diejenige Religion kei= nen Werth hat, welche zu ihrer Grundlage die Heteronomie

des menschlichen Geistes, die Selbstvernichtung des vernünf=
tigen und sittlichen Wesens hat. Daß das Menschliche nicht
seine Schranke hat an dem Göttlichen, sondern vielmehr in
demselben seinen tiefsten Grund, seine reichste Erfüllung und
seine vollendetste Ausprägung findet. Das ist die Religion
des Humanismus, die aber noch Religion ist und die
nicht in Feindschaft mit dem Christenthum steht, sondern auf
die Vertiefung und Reinigung desselben ausgeht.

Wenn die Strauß'schen Auflösungen sich in ihren Ein=
wirkungen innerhalb der theologischen Kreise hielten, drang
dagegen der Terrorismus Feuerbach's weit über diese Grenzen
hinaus, rief alle ungezügelten Naturkräfte, alles unbefriedigte
Verlangen, alle Misstimmungen der Nation auf und wurde
der Ausgangs= und Mittelpunkt für allen religiösen wie
politischen Radicalismus. Für die Verbreitung dessel=
ben waren vorzugsweise thätig die „Hallischen Jahrbücher"
(1838—42), an ihrer Spitze: Arnold Ruge. Es war
diese Zeitschrift eine epochemachende und sie vollzog recht
eigentlich den Umschwung von dem Hegel'schen Quietismus
zum Radicalismus, von der Althegel'schen zur Jung=
hegel'schen Schule. Sie ergriff freilich nicht die Initiative
und am wenigsten war Ruge im Stande, die rasch fortstür=
mende Bewegung zu leiten. Er selbst wurde vielmehr von
einer Stufe des Fortschritts zur andern fortgerissen. Von
Strauß, mit dessen Cultus die Jahrbücher begannen, zu Feuer=
bach, von ihm zu Bruno Bauer und Genossen. Es war in
diesen Jahrbüchern ein frisches, keckes, jugendlich=kräftiges
Streben und Kämpfen, das die Besten und Tapfersten der
jungen Generation mit fortzog. Es durchdrang das enthusia=

stische Gefühl alle, daß ein neuer Durchbruch des Geistes
im Anzuge sei, ein Durchbruch durch alle die positivistischen
Anhäufungen, welche durch die Romantik, die historische Schule,
die Hegel'sche Scholastik, durch den mächtigen Restaurationszug
der ganzen Zeit, als unübersteigliche Bollwerke aufgeworfen
waren. Die Gedanken der Hegel'schen Philosophie waren bei
diesen sogenannten Junghegelianern noch immer die bewegen=
den. Nur traten die ungelösten Widersprüche dieser Philoso=
phie hier in neuen Zusammensetzungen und andern Mischun=
gen auf. Der Hegel'sche Idealrealismus, oder absolute
Idealismus, wie er sich selbst nannte, hatte, wie schon ge=
zeigt, bei der ältern Generation der Hegelianer ebenso wenig
die Fülle der Realität erfassen', wie die souveräne Macht der
Idee über die Wirklichkeit zu ihrem Rechte bringen können.
Die Wirklichkeit sollte durch die Idee verklärt werden, aber
sie war in dieser Verklärung verwandelt, sie war durch den
Begriff in eine schattenhafte Abstraction umgesetzt. Und an=
dererseits die Idee sollte in den tiefsten Schacht der Wirklich=
keit hinabsteigen, um das edle Metall ewiger und nothwen=
diger Wahrheit an das Licht zu fördern; aber sie war in
diesen Tiefen stecken geblieben, sie war versunken in die Em=
pirie der Thatsachen. Mit Einem Wort, bald abstracter For=
malismus, ein todter Begriff, bald abstracter Positivismus,
eine todte Einzelheit, waren das Resultat der gewaltigen Gei=
stesarbeit. Die Junghegelianer wollten Idee wie Wirklichkeit
zu vollerm Rechte bringen. Der berüchtigte und vielfach falsch
angewendete Satz: Die Wirklichkeit ist vernünftig,
wurde nun umgekehrt in den andern: Die Vernunft ist
das Wirkliche, und was ihr nicht entspricht, ist gar nicht
in Wahrheit, ist nur ein Schein und werth, daß es zu Grunde
geht. Der Hegel'sche Satz: Jede Stufe ist eine nothwendige

in der Entwickelung, hatte zu seiner Kehrseite den andern:
Jede Stufe wird nothwendig aufgehoben durch die folgende;
ist eine verschwindende in der Entwickelung. Mit Einem
Wort: Von den Junghegelianern wurde das negative Mo=
ment in dem Verhältniß von Idee und Wirklichkeit, die sou=
veräne Macht von jener über diese, vorzugsweise betont, wäh=
rend früher die positive Seite fast ausschließlich in Betracht
gekommen. Danach ist die Idee nicht sowol ein Sein als
ein beständiges Sollen, in ihr liegt der unaufhörliche Im=
puls, über die schlechte Wirklichkeit hinauszugehen, sich selbst
eine höhere Darstellungsform zu geben. Und damit hängt
nahe zusammen das Aufgeben der quietistischen Stimmung,
der schlaffen und altklugen Beruhigung bei den wirklichen Zu=
ständen mit der hochweisen Bemerkung, daß es so und nicht
anders sein müsse. An Stelle dieser behäbigen und feigen
Accommodation an alle Erbärmlichkeiten wirklicher Zustände
trat nun ein radicales Streben nach Umsturz des Alten und
Neugestaltung aus der Idee heraus; an die Stelle des nach=
träglichen Construirens der Gegenwart ein hoffnungsreiches
Arbeiten für die Zukunft, an die Stelle der quietistischen
Beruhigung und Einschläferung ein flammendes Pathos, an
die Stelle theoretischer Ueberweisheit, praktischer
Eifer. — So steht der moderne Radicalismus wesentlich auf
Hegel'schem Grunde, aber er ist die Application der Hegel'=
schen Philosophie, die bis dahin nur der Vergangenheit zuge=
wandt gewesen, auf Gegenwart und Zukunft, er ist der Ueber=
gang von der Theorie zur Praxis, der Fortschritt von der
Doctrin zur Propaganda. Und bei diesem Propagandamachen
wird allerdings die Differenz zwischen Idee und Wirklichkeit
mit Abreißung aller Verbindungsfäden aufs unversöhnlichste
hingestellt, es wird die Axt an die Wurzel gelegt. — Der

Hegel'sche Radicalismus ist, wie aller Radicalismus, ohne gestaltende und organisirende, die Gegenwart in die Zukunft hinüberbildende Kraft, er ist Ideologie. Nach der negativen Seite hin sind in den „Hallischen Jahrbüchern“ die heilsam= sten Wahrheiten ausgesprochen, die vortrefflichsten Analysen gegeben. Namentlich sind Gegenstand des Angriffs die An= hänger der Romantik und der historischen Schule, die todte Fachgelehrsamkeit und der Universitätszopf. Das Mani= fest gegen die Romantik, in welcher der verbindende Faden der ganzen Restaurationsliteratur aufgefunden wurde, warf ein helles Licht auf die sittlichen und intellectuellen Verkehrt= heiten, die unter der Prätension der Tiefe und Geistreichheit und in der Form glänzender Halbwahrheiten sich in alle Vor= stellungen und Anschauungen der Gegenwart hineingezogen und selbst mit der neuesten Speculation tief verflochten hatten. Es wurde namentlich die moralische Seite: die Genußsucht, die Blasirtheit, der versteckte Egoismus rücksichtslos aufgedeckt. Es wurden ferner die Anwendungen dieses haut goût von romantischer Doctrin auf Religion und Kirche, auf Staatsleben und Politik beleuchtet. Ein ähnlicher Vernichtungskrieg wurde gegen die geistlose Pedanterie unserer Fachgelehrten und Uni= versitätsprofessoren in einer Reihe vortrefflich geschriebener Charakteristiken der bedeutendsten Universitäten Deutschlands geführt. In der Theologie gehörten die vorzüglichsten Aufsätze der jungen Generation schwäbischer Theologen und Philosophen, den Strauß, Vischer, Schwegler, Zeller, Georgii u. s. w. an. Sie waren vornehmlich gegen die Hegel'sche Scholastik und gegen die Halbheiten und Confusionen Neander'scher Vermitte= lungstheologie gerichtet.

Aber bei allen diesen Verdiensten nach der negativ=kriti= schen Seite hin waren doch die positiven Gedanken theils der

bürftigsten und abstractesten Art, theils mit der rapidesten Ge=
schwindigkeit wechselnd und sich untereinander bekämpfend.
Nachdem die Verherrlichung der Strauß'schen Kritik ein Ende
gefunden, wurde Feuerbach der Götze des Tages, wurde die
humane Religion, die Religion der Zukunft, die Verklä=
rung der Diesseitigkeit durch Kunst und Wissenschaft laut ver=
kündet. Und obgleich Ruge selbst eine ideale Erhebung, die er
Religion nannte und unter der er einen abstracten Freiheits=
enthusiasmus verstand, forderte und bedurfte, gab er doch dem
Andrängen Bruno Bauer's und Genossen insoweit nach, daß
er der alles mit mephistophelischem Spotte überschüttenden
„souveränen Kritik" in seinen Jahrbüchern das Wort ließ.
Diese Kritik räumte mit dem letzten Rest von Idealität und
idealer Erhebung gründlich auf. Sie erklärte die „Gesin=
nungslosigkeit" für ihr Princip. Sie verhöhnte nicht allein
den „Liberalismus", das „Philisterthum" und die „Licht=
freundschaft", sondern auch das Phrasenthum des Radicalis=
mus, das hohle Pathos, welches hier übrig geblieben. Sie
war der Selbstzerstörungsproceß des abstracten Idealismus.
Sie ließ alle Schlagworte der Humanisten an sich vorüber=
gehen, um sie in leere Phrasen aufzulösen. Sie wies an
allen Bestrebungen der Zeit ihre Bornirtheit, ihre Halbheit
und Gedankenlosigkeit nach. Sie zog alles auf den Begriff
des Widerspruchs, der Inconsequenz. So bildete sich der
Gegensatz zwischen den Humanisten und den Sophisten,
zwischen den Männern des abstracten Pathos und denen der
alles vernichtenden Negation. Die letztern, die sich auch die
„Freien" nannten, ein Kreis von namenlosen und des Nen=
nens unwerthen Persönlichkeiten, wie sie sich in Berlin seit
der Absetzung Bruno Bauer's (1842) um ihn sammelten,
sind nur insofern von Bedeutung, als sich in ihnen die ab=

stracte, allen bestimmten Inhalt neutralisirende Dialektik dar=
stellt, der letzte Ausläufer der Hegel'schen Philosophie, der sich
mit dem trivialsten und frivolsten berliner Witz alliirt. Selbst
in dieser äußersten Erniedrigung und Entleerung ist doch noch
das πάντα ῥεῖ der Hegel'schen Dialektik wiederzuerkennen, vor
der alle Erscheinungen nur auftauchen, um wieder zu versinken,
um an ihrer eigenen Schranke, ihrem innern Widerspruche
unterzugehen. Die souveräne Stimmung der absoluten Philo=
sophie, die den Strom der Geschichte an sich vorüberrauschen
läßt, ist hier in bubenhaften Hohn verkehrt, der einseitige In=
tellectualismus des Althegelianismus zur gesinnungs= und that=
losen Blasirtheit geworden.

Indessen, nicht diese Sophistik war es, ebenso wenig
wie die Strauß'sche Kritik, welche ins allgemeine Bewußtsein
der Zeit, in die weiten Kreise der gebildeten Laienwelt tiefer
eindrang. Vielmehr der Feuerbach'sche Humanismus, der
Ruge'sche Radicalismus. Sie eigneten sich deshalb vor=
züglich zu solcher Ausbreitung, weil sie in ihren Antithesen
große, wenn auch sehr caritirte Wahrheiten enthielten, und
weil diese Wahrheiten in kurzen, behaltbaren Schlagworten,
in glänzenden Phrasen, in leidenschaftlichen Invectiven im=
mer und immer wieder dem großen Publikum nahegebracht
wurden.

Alle diejenigen, welche mit dem dogmatischen Christen=
thum zerfallen oder demselben von Haus aus entfremdet
waren, alle solche, in denen das zartere und innerliche Leben
der Religion nie gepflegt oder in dem gewaltigen realistischen
Andrange der Zeit, in dem allgemeinen Streben nach Praxis,
nach politischer und socialer Reform, verloren gegangen, alle
diejenigen, welche dem neuerwachten Studium der Natur=
wissenschaften zugewandt in der materiellen Wirklichkeit die

einzige Wirklichkeit erkannten und nur auf den Trümmern der
Metaphysik die wahre Physik auferbauen zu können glaub=
ten: — sie alle eigneten sich mit kritikloser Leidenschaft die
Schlagworte des Feuerbach'schen Atheismus zu, sie alle
stimmten in lautem Chore ein in den Religions = und Christen=
thumshaß, und erhoben, wie die Masse es immer thut, die
Sätze zu einem neuen mit Fanatismus geprebigten Dogma,
welche nur als ein Befreiungskampf gegen das Dogma Sinn
und Berechtigung hatten.   Die Transscendenz des Christen=
thums, seine Ueber = und Unnatur, die Heteronomie des Gei=
stes, welche in seinem Gefolge; der Knechtssinn und die Lüge
seiner Vertreter, — das waren die Anklagen, welche von
allen Seiten laut wurden und die nur laut zu werden brauch=
ten, um weitern Eingang zu finden.   In der Tendenzlyrik
dieser Zeit (Herwegh), in der politischen Agitation (Ruge,
Heinzen u. s. w.), in socialistischen Kreisen (Marr, Grün
u. s. w.), in den Naturwissenschaften (K. Vogt u. a.); —
überall finden wir den schrillen Ton des Religionshasses und
die leidenschaftsvolle Hinwendung auf die Wirklichkeit, als
das sicherste Heilmittel gegen die entnervenden Jenseitigkeiten
wieder.   Und all dieser poetische, politische, socialistische und
naturwissenschaftliche Radicalismus wird getragen von dem
Instincte der ganzen Zeit, von der tiefgehenden Unbefriedigung
an den Zuständen der Gegenwart in Kirche, Staat und Ge=
sellschaft, von dem dunkeln und heftigen Verlangen, die Wirk=
lichkeit auf neue Basen zu stellen, auf solche, welche ihre
freie und organische Ausgestaltung möglich machen!   Aber wie
viel Unklarheit und hohle Phrase, welch ein Chaos von Wi=
dersprüchen und wie wenig wirkliche Gestaltungskraft inner=
halb dieser radicalen Kreise!   Auf den innern Widerspruch in
Feuerbach's Bekämpfung des Absoluten ist schon aufmerksam

gemacht. Ebenso auf Bruno Bauer's Hinausgehen über ihn.
In noch größerer Unklarheit befand sich Ruge, der fortdauernd
an der Nothwendigkeit der Religion, nämlich der Religion der
Freiheit und der Humanität festhielt, ohne ihr doch eine beson=
dere, von der politischen, wissenschaftlichen und ästhetischen
verschiedene Sphäre anzuweisen; der ferner im Grunde immer
Idealist blieb und an dem Feuerbach'schen Materialismus,
wie er in der Anwendung auf die Naturwissenschaften eine
festere Basis gewann, nie Gefallen finden konnte. Und nun
weiter — der innere Zwiespalt zwischen den radicalen Poli=
tikern und den Socialisten, und innerhalb der socialistischen
Kreise im weitern Sinne, zwischen den Communisten und So=
cialisten, zwischen den Begründern socialer Systeme, den dog=
matischen Socialisten, und den skeptischen wie Proudhon!!

Wir gewahren in diesem radicalen Treiben überhaupt
einen auffallenden Widerspruch zwischen einem ganz abstracten
Idealismus, der die positive Wirklichkeit in Kirche, Staat
und Gesellschaft von Grund aus zerstören und eine ganz neue
aus der Idee heraus hinstellen will; — und einem geistlosen
Materialismus, der nirgends über die Erscheinung und die
einzelnen Thatsachen, wie sie sich dem Secirmesser, dem Mi=
kroskop oder der Wage ergeben, hinauskommt, der alles gei=
stigvernünftige Leben in seinen qualitativen Unterschieden vom
Naturleben leugnet und von der Chemie und Physiologie
aus die Psychologie und Ethik nicht allein mitbestimmen, nein!
sie geradezu zur Chemie und Physiologie herunterziehen
will! Und dies Zerfallen in unvereinbare Gegensätze trifft
nicht allein den Inhalt, sondern auch die Form des Radica=
lismus. Auf der einen Seite sind die Fesseln des alten For=
malismus abgeworfen, eine leichte, freie Bewegung, in den
derbsten, sinnlichsten Ausdrucksformen bis zum Sansculottis=

mus herrscht überall, der Begriff ist der Anschauung, die dia=
lektische Entwickelung der kecken Versicherung gewichen, da,
wo man früher ermüdende Constructionen gab, werden jetzt
Manifeste erlassen, Wahrheiten decretirt. Aber — bei dieser
völligen Atomisirung des Denkens begegnen wir doch wieder
gewissen festen und immer wiederkehrenden Abstractionen,
Schlagworten, die gleich unumstößlichen Dogmen dastehen und
wie steile und unfruchtbare Klippen aus dem Meere des
willkürlichsten Vorstellens hervorragen. Es stehen wie immer
hart nebeneinander: die Anarchie und der Terrorismus, die
Auflösung des Denkens und das Dogma. Solche radicale,
aller organischen Fortbildung unzugängliche Schlagworte sind:
die Wahrheit, die Freiheit, die Gleichheit, die Menschlichkeit,
die Souveränetät des Volks u. s. w.; Ideen der reichsten und
umfassendsten Art, die aber zu tobten Formeln erstarrt und
von aller lebendigen Wirklichkeit abgetrennt sind. Alles, was
sich an Unzufriedenheit mit dem Bestehenden, an unklaren
Wünschen, an idealen Hoffnungen aufgehäuft seit einem hal=
ben Jahrhundert, das wurde in diese Abstractionen eingefan=
gen und zum leidenschaftlichen Ausdruck gesteigert. Und
dieser Radicalismus, der religiöse wie der politische, stand
an der Spitze der Bewegung, welche im Jahre 1848 auf
einen Augenblick zum Siege kam, und welche plötzlich und
überrascht sich auf den Trümmern des alten Staats und der
alten Kirche fand! Da man mit Abstractionen und Negatio=
nen nicht neue Gemeinschaften gründet und wirkliche Bedürf=
nisse auf die Dauer befriedigt, so war auch dieser Durchbruch
nur ein momentaner, nur ein wüstes Hurrahschreien, ohne
bauende und erhaltende Kräfte, und die Macht des Bestehen=
den viel zu zäh, um einem solchen Anprall zu weichen. Der
religiöse Radicalismus explodirte in den „freien Gemein=

ben", die aus den verschiedensten Elementen, katholischen und protestantischen, Feuerbachianern und Rationalisten, sich sammelten und das Wagniß unternahmen, den entscheidenden Schritt von der Theorie zur Praxis, zum kirchlichen Neubau zu thun. Diese Versuche scheiterten oder verkümmerten ohne Ausnahme, nicht sowol durch äußere Bedrängniß, durch Mißgunst, Verfolgungen und Plackereien aller Art, wie sie von dem die Landeskirche beschützenden Polizeistaat mit raffinirter Gehässigkeit geübt wurden, als durch innere Leerheit und unschöpferisches Phrasenthum, sobaß die neuen Gemeinden, durch den Druck nicht gestärkt, sondern zerrieben, die endlich gewährte Freiheit kaum noch zu erleben und zu genießen im Stande waren. Die Edlern und tiefer Gebildeten unter den Führern, Männer wie Rupp, E. Baltzer, Wislicenus II., verließen nicht freiwillig die Kirche, sondern wurden gewaltsam aus ihr hinausgedrängt, nicht nur zu ihrem eigenen Unglück, ebenso sehr zum Nachtheil der großen Gemeinschaft, die sie nicht mehr in ihrer Mitte zu ertragen vermochte. Sie glichen vom Sturme herabgeschüttelten Früchten, die nicht ausgereift, und so vollberechtigt sie in ihren Protesten gegen die dogmatisch erstarrte alte Kirche waren, so wenig waren sie selbst von neuen schöpferischen Kräften, von aufbauenden Gedanken erfüllt, um die Wunden der Zeit zu heilen und das Wort idealer Erhebung zu finden. Die radicalen Genossen aber lebten fast nur von dem Abhub der Parteistichworte, gingen, ohne gründliche wissenschaftliche Bildung, in oberflächlichem Literatenthum zu Grunde und waren endlich nur noch auf die untersten Bildungsstufen, auf Vorträge bei Bier und Tabak angewiesen. So waren diese freien Gemeinden bei manchen Wahrheitskeimen doch nur eine Früh- und Fehlgeburt der ringenden Zeit, nur eine bedeutungsvolle Hinweisung auf die Kirche der Zukunft, die in ihnen selbst noch keine lebensvolle Gestalt gewonnen hatte. Sie verzehrten sich an dem innern Widerspruch, religiöse Gemeinschaften ohne Religion zu gründen, durch Kritik und Polemik tiefere Gemüths= bedürfnisse zu ersetzen, mit Abstractionen und Phrasen stun= denlang die Geister zu beschäftigen. So crass und ungerei= nigt auch der Kirchenglaube sein mochte, er hielt doch die Vor= stellungen und Gewöhnungen der Masse mit tausend Fäden umschlungen und konnte am wenigsten durch radicale Mani= feste aus dem Herzen der Menschen gerissen werden. Viel= mehr, je unverhüllter die letzten Consequenzen der radicalen Bewegung hervortraten, desto stärker wurde auch die kirchliche Reaction und stützte sich auf die guten wie die schlechten In= stincte, welche den Willen der Mehrheit jeder Zeit leiten. Zu den guten gehörte vor allem das unbefriedigte Gemüths= bedürfniß, zu den schlechten die Trägheit und Furcht. Die Furcht der Ungebildeten vor dem Zusammenstürzen aller äußern Stützen, vor der Hoffnungslosigkeit im Leben wie im Sterben, der Gebildeten vor den leeren Phrasen, der Macht= haber vor der Zügellosigkeit der Massen. Diese Furcht ver= trat bei der weithin großen Mehrzahl die Stelle der Er= kenntniß, auch bei den Theologen, deren ungebildetes Eifern nichts als der Ausdruck mit geistigem Unvermögen gepaarter Angst war. Mit dieser im Sinne der Solidarität der con= servativen Interessen von der weltlichen Macht insonderheit genährten und ausgebeuteten Furcht verband sich die Trägheit, die Erschlaffung alles tiefern Strebens, das Zusammensinken aller Hoffnung und Geisteserhebung. Hatte doch die kreisende Bewegung der Zeit, in welcher die höchsten und besten Kräfte mit angespannt worden, zu nichts als zu einer Fehlgeburt geführt und war doch das unglückliche Deutschland nach allen

diesen vergeblichen Anstrengungen bis zum Tode erschöpft nie=
dergesunken! Mit diesem Fehlschlagen der lange ersehnten
politischen Erhebung und Neugestaltung Deutschlands hing
aufs engste zusammen die Geistesermattung auf dem religiös=
sittlichen Gebiet. Woher nun Hoffnungen nehmen auf leben=
dige und organische Gestaltung eines verinnerlichten und ver=
geistigten Christenthums? Woher einen sittlichen Lebensinhalt
nehmen, Freudigkeit an den wirklichen Zuständen, Begeiste=
rung für die Aufgaben der Gegenwart und Zukunft, deren
die Religion so sehr bedarf, wenn sie mehr sein will als
angewöhntes Kirchenthum, wenn sie das innerste und tiefste
Leben des Geistes treffen soll?! So trat denn auch auf
dem theologischen und kirchlichen Gebiet naturgemäß eine
starke Reaction ein. Die „historischen Mächte", wie der
Lieblingsausdruck lautet, behielten den Sieg. Aber nicht die
Mächte der Gegenwart, sondern die der Vergangenheit, weil
die Gegenwart ihr innerstes Streben und Wollen noch nicht zu
einem vollen und lebensfähigen Ausdruck hatte bringen kön=
nen. Es trat nicht sowol eine Restauration als eine Re=
pristination ein. Man ging nun weiter zurück als je.
Nicht auf die Rechtgläubigkeit im allgemeinen, im Gegensatz
gegen den Rationalismus, wie Hengstenberg gethan, nein!
auf das Sonderbekenntniß der Confessionen. Statt der Or=
thodoxie wurde nun das Stichwort: Confessionalismus. Statt
des Kampfes gegen den Rationalismus wurde nun der gegen
die Vermittelungstheologie und die Union eröffnet. Den An=
klagen gegen Hegel und Schleiermacher folgten nun die gegen
Nitzsch, Müller, Dorner u. s. w. — Und das Neuluberthum,
welches sich nun bildete, ging über Luther selbst hinaus, fing
an zu unterscheiden zwischen dem echten und dem unechten Lu=
ther, trug seine Sympathien für den Katholicismus unverhüllt

Schwarz, Theologie. 15

zur Schau, bildete namentlich, an den Sakramentsbegriff an=
knüpfend, die Lehren von der Kirche, vom Amt, von der
Taufe in diesem Sinne um. Von dieser Repristinationspartei
im folgenden Kapitel. Sie bildet das andere Extrem zum
Radicalismus, während in der Mitte zwischen beiden eine
breite und mannichfach nuancirte dritte Partei hervortritt.

Zweites Kapitel.

Das Neuluthertum. Die Vermischung von Politik und Religion.
Stahl. Das Hyperluthertum. Die Lehren vom Amt und von der
Kirche. Die Sympathien für den Katholicismus. Die Abgefallenen:
J. Ch. K. von Hofmann, Kahnis, Baumgarten. Die Realisten
und Apokalyptiker. Die innern Auflösungen.

Das andere Extrem des Radicalismus ist das moderne
Luthertum, welches wir schon andeutend als das Neu=
luthertum von dem Altluthertum unterschieden. Dieser
Unterschied ist sehr analog dem auf dem politischen Gebiet
hervorgetretenen zwischen der altpreußischen und der neu=
preußischen Partei. Zwischen diesen beiden Parteien liegt
die politische Revolution der Jahre 1848 und 1849 in der
Mitte. Sie darf auch bei der Stellung der kirchlichen Par=
teien und ihrer Zuspitzung nicht aus den Augen gelassen wer=
den. Haben sich doch seit der mit dem Jahre 1849 begin=
nenden politischen Reaction Politik und Religion unter dem
Titel „Solidarität' der conservativen Interessen"
aufs engste miteinander verbunden und ist doch durch diese
Verbindung in die kirchliche Orthodoxie ein Gift eingedrungen,

15*

welches sie rasch der sittlichen Zerstörung entgegengeführt hat.
In der That ist der Unterschied zwischen den ehrlichen, sich
an Luther selbst und die Symbole ängstlich anklammernden
Altlutheranern und den neuesten von politischem Gift getränk=
ten, von hierarchischen Gelüsten aller Art erfüllten Confessio=
nellen ein großer und durchgreifender, ein Unterschied in der
Gesinnung, in der Art des Auftretens, wie in dem In=
halt der Ueberzeugungen. Vor allem charakteristisch ist
der politische Beisatz. Die Stahl'schen „göttlichen Ord=
nungen und Gliederungen" und die unbedingte Unterwerfung
unter diese göttlichen Autoritäten haben guten Eingang gefun=
den bei einer Anzahl herrschlustiger Pastoren, die die gött=
lichen Ordnungen der Fürsten und Edelleute willig aufnahmen,
überall sich an die Spitze der reactionären Vereine, Wahl=
umtriebe, Abressen und Deputationen stellten und sich nicht
schenten in den tiefsten Schmuz des Parteitreibens, in die
engste Verbindung mit dem verhaßten Junkerthum und in die
dreisteste Vertheidigung aller absoluten Willkür hinabzusteigen,
bei diesem Dienst aber, welchen sie den kleinen und großen
Herren leisteten, zugleich für den eigenen Vortheil wohl zu
sorgen wußten, indem sie diese „göttlichen Ordnungen" leicht
und glücklich auf das kirchliche Gebiet übertrugen und zu einem
„göttlich geordneten Amte" ausprägten.

Zu dieser politischen Stimmung und Gesinnung der Neu=
lutheraner, deren Köpfe von der Gefahr der Demokratie, der
Anarchie, der Verfassungsbildungen „von unten her" ganz
erfüllt sind und die dem gegenüber alles „von oben her",
durch vor= und überweltliche Ordnungen und Aemter leisten
möchten, wie namentlich Kliefoth's Werk über die Kirche hier=
für den besten Beleg gibt, kommt ein eigenthümlicher Mangel
an dem, was früher die Rechtgläubigkeit so wirksam ergänzte

und das wir das pietistische Element genannt haben.
Freilich — schon Hengstenberg hatte sich in dem bekannten
Manifest des Jahres 1840 mit dem Pietismus so ziemlich
auseinandergesetzt; seine Schwächen, seine verborgene Werkgerechtigkeit, die Geringschätzung der Lehre, des Predigtamtes,
der größern kirchlichen Gemeinschaft, die subjectivistischen und
separatistischen Neigungen, mit Einem Wort das Uebergewicht
praktischer Frömmigkeit über dogmatische Kirchlichkeit
einer schonungslosen und herben Kritik unterworfen. Schon
er hatte den Grundsatz ausgesprochen, daß die „reine Lehre"
höher stehe als die subjective Frömmigkeit, daß sie „der erste
und wichtigste Schatz der Kirche" sei. Dessenungeachtet wurde
hier der Gegensatz zwischen Kirchlichkeit und Gläubigkeit noch
nicht auf die Spitze gestellt, der Pietismus wurde wenigstens
als Mittel zum Zweck, als Weg zum Ziele der Kirchlichkeit
anerkannt. Viel kühler, viel theoretischer, viel mehr aller subjectiven Gefühlserregung bar, viel nackter in seinem abstracten
Dogmatismus, viel gehässiger gegen den Pietismus tritt das
neue Lutherthum auf. Man lese nur das Sendschreiben des
Herrn Kliefoth an die göttinger theologische Facultät *) und
die Vorwürfe, welche er hier gegen Spener als ein „exoti-
sches Gewächs" in der lutherischen Kirche, als denjenigen,
welcher sie „zersetzt und zerrissen" habe, wie gegen die Spener'sche Schule, welche sich mit den Rationalisten, wie „Herodes mit Pilatus" verbunden, erhebt. Die Religiosität gilt
hier nichts mehr, die reine Lehre, das Dogma alles. Das
subjective Princip des Pietismus steht als solches mit dem
Rationalismus auf Einer Linie, seine werkthätige Richtung

---

*) Vgl. Kliefoth und Mejer, „Kirchliche Zeitschrift", Jahrgang 1,
Heft 1.

leitet zum Aufgehen der Religion in Moral über. Dieser
Subjectivität wird die abstracte Objectivität, die an und für
sich seiende göttliche Wahrheit, diesem praktischen Christen=
thum das dogmatische als das allein werthvolle gegenüber=
gestellt. Die „reine Lehre" ist das Stichwort. Sie ist die
„Krone", das „unveränßerliche Heiligthum, das himmlische
Pfund" der lutherischen Kirche. Und sie bezieht sich nicht
blos auf die sogenannten Fundamentalartikel. Denn, wie
Stahl schon behauptet, es gibt keinen Unterschied zwischen
Fundamentallehren und solchen, die es nicht sind. „Alles ist
fundamental im wahren System und anathema sit wer ein
Titelchen davon · aufgibt." Mit diesem abstracten Dogmatis=
mus hängt aufs engste zusammen die äußerlich=juridische
Haltung und Beweisführung, welche der ganzen Partei eigen
ist und die sich zu einem Cultus des formellen Kirchen=
rechts ausgebildet hat. So wird in dem schon genannten
Sendschreiben Kliefoth's das als ein Hauptunterschied zwischen
den Schleiermacher'schen Unionstheologen und den Luthera=
nern aufgestellt, daß jene reine Ideologen seien, welche
eine Kirche der Zukunft wollen, während diese die wirk=
liche, zu Recht bestehende Kirche im Auge haben. Es sei zu=
zugeben, sagt Kliefoth, daß er und seine Partei ein großes
Gewicht legen auf „das Rechtsleben und die Rechts=
verhältnisse der Kirche". Ihnen sei eben die Kirche keine
Idee, kein Ideal. Sie seien nüchterne Realisten. Ihnen sei
die Kirche ein reales Ding, in der concreten Gestalt als
„historisch=lutherische Kirche" bestehend. Dieser lutherischen
Kirche sei das Dasein in Deutschland als unge=
mischt=lutherischer Kirche durch die Reichsrechte und
die Bundesrechte und damit durch europäisches Völ=
kerrecht garantirt. Auf diesen Rechtsboden stellten sie sich,

ihnen sei nur die gesetzlich vorhandene und rechtlich garantirte
lutherische Kirche eine Wahrheit, dagegen die Kirche der Zu=
kunft eine idealistische Phantasie.

„Nüchtern" gewiß ist dieser Realismus. Auch ein wenig
nach Katholicismus schmeckend, der die unsichtbare Kirche der
Protestanten von jeher als eine utopische, als eine „ideali=
stische Phantasie" verspottet hat. Daß die Kirche zu ihrer
Substanz den Glauben hat und daß der Glaube ein unsicht=
bares Geistesleben ist, welches, weder an dogmatische For=
meln noch an Reichsrechte gebunden, sich aus dem Innersten
heraus frei entwickelt — davon hat dieser Realismus keine
Ahnung. Auch davon nicht, daß die Bekenntnißgerechtig=
keit nichts als eine andere Art von Werkgerechtigkeit
ist, welche, im Widerspruch mit der sola fides, ein dogma=
tisches Verstandeswerk zur Bedingung der Seligkeit macht.
Daß aber diese rein juristische und eben deshalb katholische
Auffassung meint zu gleicher Zeit die echt historische zu sein,
ist der große Irrthum. Denn die Geschichte hat es nicht wie
das Recht nur mit der Vergangenheit zu thun, mit dem zu
Recht Bestehenden, sondern zugleich mit der Gegenwart
und Zukunft, mit dem werdenden Recht, sie ist ein beständ=
diges Hinausgehen über die Vergangenheit, ein Zerbrechen
ihrer Rechtsformen und ein Bilden neuer Rechtsbasen.
Für die Geschichte gibt es nicht allein diese verknöcherte
Wirklichkeit der alten Rechtsbasen, diese verwesende
Wirklichkeit, sondern ihr blüht immer neues Leben aus der
Verwesung, und der Blick für dieses neue Leben, welches,
verdeckt unter den alten Formen, eine unsichtbare aber sehr
reale Macht ist, unterscheidet den Gläubigen von dem Un=
gläubigen, den πνευματικός von dem ψυχικός, den geistig ge=
richteten Theologen von dem fleischlichen Juristen. — Mit

dieser fleischlich = äußerlichen Betrachtungsart, in der theologi=
sirende Jurisprudenz juristisirender Theologie zu Hülfe kommt,
verbindet sich eine ganz außerordentliche dogmatische Fertigkeit
und Abgeschlossenheit. Mit der größten Leichtigkeit und
Sicherheit, als ob das 18. und die erste Hälfte des 19. Jahr=
hunderts nie existirt hätten, wird auf die dogmatischen For=
meln des 16. und 17. zurückgegangen, werden sie überall als
Maßstab der Beurtheilung angelegt. Diese Leichtigkeit ist
staunenswerth, ja erschreckend für denjenigen, der die Wahr=
heit noch für eine Gewissens = und Ueberzeugungssache, für
ein aus dem Innersten des Geistes Geborenes und nicht für
ein Herkömmliches, durch kirchliche Autorität Decretirtes hält.
Aber diese ungemeine Fertigkeit in dogmatischen Formeln, von
welcher aus über alle Erscheinungen abgeurtheilt und, ganz im
Stile des 17. Jahrhunderts, eine Unzahl von Ketzereien auf=
gedeckt wird, ist eben nur das Resultat vollkommner Aeußer=
lichkeit und Gemüthlosigkeit in der Stellung zum Dogma
überhaupt. Es kommt allein auf die formelle Consequenz
an. Wer darin am stärksten und unnachgiebigsten ist, ist der
beste Lutheraner. Das Dogma ist eben nur eine Formel,
ein Rechenexempel, die Aufgabe ist, richtig zu rechnen,
keine Consequenz zu scheuen, die Formel nach allen Seiten
hin zur Anwendung zu bringen. In dieser völligen Ablösung
der Wahrheit vom Subject und von dem subjectiven Streben
und Arbeiten des Erkennens ist das junge Geschlecht der Neu=
lutheraner weit über die frühere Rechtgläubigkeit hinausge=
schritten. Die Hengstenberg'sche Orthodoxie ist augenscheinlich
in Schatten geworfen. Das alttestamentliche Pathos und die
fanatische Erhitzung für die Wahrheit ist überwunden. Eine
große Geisteskühle herrscht in diesen Kreisen, man macht auf
die Consequenzen aufmerksam, man beruft sich auf die zu

Recht bestehenden Symbole, auf das im Lande herrschende
ungebrochene Lutherthum, und zieht daraus die naheliegenden
Folgerungen. Wer sich in den Besitz dieser Recht- oder Voll-
gläubigkeit gesetzt hat (und es kostet das nur geringe Mühe),
der betrachtet die ganze vorangegangene Theologie nur als ein
allmähliches Aufsteigen zu dieser Höhe, als ein sich allmähliches
Reinigen von dem mannichfachen Schmuz des vorangegangenen
Unglaubens. Daß Schleiermacher und seine Schüler, daß
Neander und Tholuck nur solche Uebergangspunkte bezeichnen,
nur eine Brücke bilden von der Ungläubigkeit zur Vollgläu-
bigkeit, durch die moderne Gläubigkeit hindurch, daß sie nur
noch christliche, nicht kirchliche Theologen sind, versteht sich
von selbst. Daß die Unionstheologie der Herren Nitzsch, J.
Müller, Lücke, Dorner u. s. w. nicht blos im Punkte des
Abendmahls vom echten Lutherthum abweiche, daß vielmehr
der dissensus ein durchgreifender, ein auch die Fundamentallehre von der Rechtfertigung durch den Glauben treffender sei,
daß diese ganze moderne Vermittelungstheologie an allen
Punkten heterodox sei, das hat Kahnis an Einem Beispiele,
an dem des Dr. Nitzsch, dargethan. Selbst Hengstenberg gehört schon einem historisch überwundenen Standpunkte an.
In dieser außerordentlich raschen „historischen Ueberwindung"
der verschiedenen theologischen Standpunkte erinnert das Neulutherthum auffallend an das Gebahren der Männer des entgegengesetzten Extrems, der sogenannten absoluten Kritiker, der
Br. Bauer und Genossen. Auf beiden Seiten sehen wir in
gleicher Weise eine jähe Ueberstürzung, ein unruhiges Jagen
nach der äußersten Consequenz, nach der Spitze des Fortschritts, über welche nicht mehr hinausgeschritten werden kann.
Hier wie dort wird ein Standpunkt nach dem andern für
„überwunden" erklärt. Hier wie dort wird, bei völliger

Gemüthsentleerung, nur mit Formeln und Verstandesconsequen-
zen gerechnet. Und hier wie dort gilt das Wort: „Juchheh
die Todten reiten schnell!!"

Noch ein charakteristischer Zug in dem Auftreten des
neuen Lutherthums ist zu beachten. Die Haltung dieser
Partei ist eine durchaus aggressive. Das Altlutherthum
war ein Martyrium und führte zum Separatismus. Der
Boden, auf welchem die einzelnen Gemeinden und ihre Geistlichen diesen Kampf auskämpften, war die preußische Landeskirche. Das Neulutherthum tritt gerade in den Ländern hervor, wo die Union nie eingeführt worden, in Mecklenburg,
in Sachsen, in Hannover und Baiern. Nur Herr Vilmar
und seine Partei in Hessen macht darin eine Ausnahme, daß
sie sich nicht entblödet, den historischen Rechtszustand ihres
Landes geradezu abzuleugnen und umzukehren. In jenen Ländern dagegen bilden die lutherischen Symbole noch immer die
äußere Rechtsbasis. Und gerade darauf wird laut gepocht.
Von dieser Rechtsgrundlage aus wird nicht die kirchliche Union,
denn von der Einführung einer solchen ist gar keine Rede,
sondern die Unionstheologie als eine ungerechte bekämpft,
wird die Forderung der Anstellung confessioneller Theologen,
namentlich an den Landesuniversitäten, laut und wiederholt
gestellt. Der moderne Confessionalismus geht offenbar
und vorzugsweise darauf aus, die Kirche zur Herrschaft über
die Theologie zu erheben, die äußern Rechtsverhältnisse der
Kirche zum Maßstabe der Wissenschaft zu machen. Es handelt sich hier nicht mehr um eine Confessionskirche, sondern um eine Confessionstheologie, und diese wird als
die nothwendige Consequenz von jener beansprucht. *) Es

---

*) Dies ist, genau genommen, die Spitze des Gegensatzes zwi-

wird dabei der ganz äußerlich-juridische Standpunkt, der von
der Wissenschaft als einer freien Fortentwickelung, einer
geistigen Umbildung und Reinigung der alten Vorstellungen
und Anschauungen nichts weiß oder wissen will, innegehalten.
Die Wissenschaft wird, wie im Katholicismus, zur absoluten
Unterordnung unter die Kirche verurtheilt. „Die Professoren
der Theologie sollen nicht über, sondern unter dem Bekenntnisse stehen." Die symboltreuen Pastoren erheben sich wider
die theologischen Facultäten in Petitionen und Protesten. Sie
verlangen Männer ihres Glaubens, Männer des zu Recht
bestehenden Kirchenglaubens an der Spitze der theologischen
Lehranstalten. So wenigstens da, wo die theologischen Facultäten noch nicht völlig, wie in Erlangen und Rostock, von den
Jüngern der Confessionstheologie eingenommen sind. Am interessantesten und schärfsten hat sich dieser Conflict in Hannover zugespitzt. Die lutherischen Pastoren der Stader Kir-
chenconferenz (im Herbst 1853) stellten nebst andern Forderungen die auf, das „schreiende Misverhältniß", in
welches die theologischen Professoren der Landesuniversität mit
dem lutherischen Bekenntniß getreten, aufzuheben. So weit
die lutherische Kirche Hannovers reiche, müsse, auch die Universität eingeschlossen, lutherisch bekannt und gelehrt werden.
Sie erinnerten an die verbildlichen Zustände des 16. Jahr-

schen der Unions- und der Confessionspartei. Es handelt sich
gar nicht so sehr um die kirchenpolitische Frage, als um die theologische, nicht um die Einführung oder Aufhebung der Union, als um
die Unionstheologie, um das Fortbestehen der modernen Vermittelungstheologie. Und deshalb ist die Stimmung der Unionstheologen von der Richtung eines J. Müller, Lücke, Dorner eine so
gereizte, weil sie, die sich um die Herstellung des positiven Glaubens
so verdient gemacht, von den noch Gläubigern verdrängt und beiseite geworfen werden.

hunderts, da „die kryptocalvinistischen Professoren in Witten=
berg mit unerbittlicher Strenge verfolgt und vertrieben wur=
den". Die theologische Facultät von Göttingen hat diesem
wiederholten Sturmlaufen der von Herrn Dr. Petri geführten
lutherischen Pastoren einen energischen, bis dahin auch dem
äußern Erfolge nach siegreichen, Widerstand entgegengesetzt.
Sie hat sich auf die Würde und Bedeutung der theologischen
Wissenschaft im Protestantismus, auf die Aufgabe der theo=
logischen Facultäten, nicht blos Ueberlieferungsanstalten der
kirchlichen Lehre zu sein, sondern auch als reinigendes und
treibendes Ferment das gesunde Wachsthum der Kirche im
Gange zu erhalten; sie hat sich ferner auf die freie Form der
Facultätsverpflichtung, auf die Statuten der Universität Göt=
tingen, endlich auf die Bedeutung der Symbole für die pro=
testantische Kirche überhaupt berufen, und die Geistesträg=
heit, die Streitsucht und Herrschsucht, sowie die tradi=
tionelle Gesetzlichkeit dieser neuesten Orthodoxie, durch
welche die protestantische Kirche, wie einst im 17. Jahrhun=
dert, zu einer neuen Gesetzkirche zu erstarren drohe, indem
ein neuer Heilsweg, nicht der durch den Glauben, son=
dern der durch das „Bekenntniß der reinen Lehre" auf=
gestellt werde, in scharfen Umrissen gezeichnet.*) Dagegen ist

---

*) Zum Schlusse der Denkschrift „Ueber die gegenwärtige Krisis
des kirchlichen Lebens" (1854) bittet die theologische Facultät das Cu=
ratorium: „bei den dieser Universität seit ihrer Stiftung eingepflanzten
heilsamen und bewährten Grundsätzen unverrücklich auch fernerweit zu
beharren, damit der Geist einer reinen Liebe zur Kirche, der ein Geist
evangelischer Treue und Freiheit ist, der Geist gründlicher Forschung,
der Besonnenheit und wahren Wissenschaftlichkeit, der Geist der Ein=
tracht in ihr selbst, der Milde und Gerechtigkeit gegen andere auch fer=
ner hier eine gottgesegnete Stätte in den Kämpfen der Gegenwart und
in denen, die noch kommen werden, haben möge".

von Herrn Petri (in seinem „Zeitblatt") wiederholt behauptet
worden, daß die theologische Facultät Göttingens „an die
volle und ganze Lehre der lutherischen Kirche, wie sie im
Jahre 1737 bestand, gewiesen sei". Außerdem wurde, mit
bitterm Hohn und nicht ohne einigen Schein der Wahrheit,
darauf aufmerksam gemacht, wie die göttinger theologische Fa=
cultät gegenüber dem geschichtlichen Leben der Kirche zurück=
geblieben, wie sie nicht mehr im Stande sei, eine Schule zu
bilden, die Richtung der jungen Generation der Geistlichkeit
zu bestimmen und dauernd zu beherrschen, wie diese vielmehr,
sowie sie aus den Hörsälen ins praktische Leben trete, der
großen Zahl nach in das Lager des Lutherthums übergehe.
Auf die „Wirklichkeiten des Lebens" und auf die Mächte,
welche sich hier geltend machen, komme alles an.

Der Fortschritt, den diese confessionelle Theologie in der
Aggression machte, ist, selbst mit den Forderungen Hengsten=
berg's verglichen, ein bedeutender. Der letztere bekämpfte den
Rationalismus und Pantheismus; — freilich in der weitesten
Ausdehnung. Auch Schleiermacher gehörte noch hierher, außer=
dem fast die ganze Philosophie und Poesie. Dagegen nur wi=
derwillig und fast nur vertheidigend richtete er sich gegen
Neander und Steudel, die er als „Ehrwürdige" noch immer
schonen zu müssen glaubte. Die Confessionellen des neuesten
Datums kennen eine solche Scheu nicht. Sie richten ihre An=
griffe nicht nur gegen die Schleiermacherianer und Unions=
theologen im Einzelnen, sondern gegen ganze theologische Fa=
cultäten. Hengstenberg genügte sich noch in seinen Forderun=
gen und Wünschen bei der Anstellung theologischer Professoren
mit der „Gläubigkeit" eines Tholuck, Olshausen, Hahn
u. s. w., er hätte vielleicht lieber die „Rechtgläubigkeit"
in seinem Sinne gehabt, an der es noch gar sehr gebrach;

aber die confessionelle Gläubigkeit zur Bedingung zu machen, dessen vermaß er sich nicht in seinen kühnsten Hoffnungsträumen! So sehr er selbst von der Wahrheit der lutherischen Abendmahlslehre überzeugt war, so entschieden sträubte er sich dagegen, „daß sie zum Schibboleth kirchlicher Rechtgläubigkeit gemacht werde" („Evang. Kirchenzeit.", 1844, Vorwort). Wie ganz anders diese junge Generation! Die Kliefoth, Vilmar, Petri, Münkel, Münchmeyer u. s. w. Das Sonderbekenntniß soll auch zur Sondertheologie werden, die Rechtgläubigkeit zur Sondergläubigkeit. Hengstenberg hatte noch den Unterschied zwischen Bekenntniß und Dogmatik zugelassen und jenem die Grundlehren, die von der göttlichen Autorität der Schrift und von der Rechtfertigung allein durch den Glauben zugewiesen, das Uebrige „der freien Bewegung der Theologie und ihren kämpfenden Gegensätzen" anheimgestellt; — die Confessionellen erkennen auch diesen Unterschied und diese „freie Bewegung der Theologie" nicht an. Sie wollen die Dogmatik ganz auf dasselbe Niveau mit den Symbolen gestellt wissen. Bis in die Wissenschaft hinein sollen fort und fort die alten Spaltungen getragen, die Unterscheidungsformeln auch hier für permanent erklärt werden, keine Ausgleichung, Ergänzung oder Versöhnung soll auf diesem freiesten Gebiet des Geistes sich anbahnen dürfen. Dazu werden aller Orten lutherische Zeitschriften gegründet, von denen freilich die meisten nur ein kurzes und kümmerliches Dasein fristen. Außer der erlanger „Zeitschrift für Protestantismus und Kirche" ist das „Sächsische Kirchen- und Schulblatt" zu nennen, dessen Redaction Kahnis übernahm, das „Zeitblatt" von Petri, die „Kirchliche Zeitschrift" von Kliefoth und Dieckhoff, die „Monatsschrift für die evangelisch-lutherische Kirche Preußens von Wangemann", das „Neue Zeitblatt für die Angelegenheiten der lutherischen Kirche von

Münkel". Betrachtet man sich diese confessionellen Theologen etwas näher, so wird man freilich in seinen Erwartungen gar bald enttäuscht. Man findet, daß viel mehr behauptet als bewahrheitet wird, daß der Name „Lutherthum" und „Confessionalismus" zu einem weiten Modemantel geworden, in welchen jeder Theologe sich aufs bequemste und wärmste einhüllen kann. Es tritt die eigenthümliche Erscheinung auf, daß es lutherisch-confessionelle Theologen gibt, denen bei ihrem plus des Confessionalismus das minus gewöhnlichster Rechtgläubigkeit fehlt, welche in der Abendmahlslehre streng und ausschließend sind, in den Grundlehren dagegen, von der Inspiration der Heiligen Schrift, von der Person Christi u. s. w., den bedenklichsten Heterodoxien zuneigen. Man möchte fragen, wie kommt I. Ch. K. Hofmann in Erlangen dazu, ein confessioneller Theologe zu sein, er, der nichts weniger als ein rechtgläubiger ist, dessen Inspirationslehre eine sehr laxe, dessen Prophetismus ein durchaus moderner Begriff ist, eine Erweiterung der alten Weissagungsatomistik zu einer Gesammtweissagung des jüdischen Volks in seiner Geschichte und in seinen Institutionen auf das Christenthum, und der der biblischen Theologie eines Steudel, Nitzsch, Beck viel näher steht als der orthodoxen Dogmatik? Oder was hat Thomasius' modernisirte, in ihren Consequenzen dem gefährlichsten Rationalismus anheimfallende Christologie, was gar Liebner's an allen unklaren Velleitäten der modernen Theologie leidende christologische Dogmatik mit dem echten Lutherthum gemein? Wie war es möglich, daß Kahnis bis dahin als eine Säule der lutherischen Kirche angesehen wurde und sich selbst als solche gebärdete, dessen Rechtgläubigkeit so wurmstichig, daß sie nur eine neue Auflage des Tholuck'schen geistreichen Eklekticismus ist? Dies Lutherthum ist, wie es scheint, etwas schlechthin Unberechenbares.

und Vereinzeltes, von dem sonstigen theologischen Bildungs=
gange ganz Unabhängiges, dessen einfache Versicherung ge=
nügt, um in den Kreis exclusivster Gläubigkeit aufgenommen
zu werden! Auch hier wieder tritt die vorherrschend äußer=
liche und juridische Stellung ·der ganzen Partei zu dem Be=
kenntnisse, zu dem unangetastet lutherischen Bekenntnisse, unter
dessen Schatten sich so wohl ruht, deutlich hervor.

Betrachten wir nun zuerst die eigenthümliche Mischung
von Religion und Politik, welche dies Neue Lutherthum mit
Recht so verhaßt gemacht hat, so gilt als der bedeutendste
Vertreter dieser unheilvollen Alliance, der Begründer der
„göttlichen Ordnungen" und des „von Gottes Gnaden", der
Bekämpfer der „Revolution" und des „Rationalismus", der
Anwalt des Lutherthums in der preußischen Landeskirche, der
Erfinder des „christlichen Staats", der Beschützer all der Vor=
rechte der Staatskirche, der Vertheidiger all der Zurücksetzun=
gen und Unterbrückungen der Sekten — Julius Stahl.
Ein großes, glänzendes Talent, dem es gelungen, alle reactio=
nären Elemente der Zeit in Einen Haufen zu sammeln, den
nackten Egoismus der Feudalen mit christlicher Frömmigkeit
zu bekleiden, das Willkürregiment der absoluten Herren zu
göttlichen Ordnungen zu erheben, mit dem Gespenste der Re=
volution und des Atheismus alle Furchtsamen einzuschüchtern,
in arger Wortfälschung mit der Freiheit und Duldung ein
unverantwortliches Spiel zu treiben, das protestantische Ge=
wissen als hohlen Subjectivismus zu verhöhnen, den freien,
strebenden Geist an absolute Autoritäten zu binden und durch
übermächtige „Institutionen" zu erdrücken; mit Einem Wort,
ein Mann, der seine Zeit — das sind die traurigsten Jahre
der Furcht und des Druckes von 1849—58 — verstand, für
sie die Formel fand und ihr den Stempel seines Geistes aufdrückte.

Die auf Geburt und Christlichkeit stolze Partei, welcher der Emporkömmling, der Sohn des jüdischen Viehhändlers, diente, hat mit seinem Tode (10. Aug. 1861) den einzigen Mann von Geist und Beredsamkeit, den sie besaß, verloren. Dessen hohe Talente noch mehr glänzten durch den dunkeln Hintergrund des preußischen Herrenhauses, der Kirchentage und Pastoralconferenzen, der märkischen Junker und Pastoren. Mit Recht beugte sich dieser gedankenarme Haufe, in lautem Beifallschorus, vor dem Manne, welcher es verstand ihre verhaßten Privilegien, ihre engen theologischen Vorstellungen tiefsinnig und mit wissenschaftlichem Schein zu begründen, der zu ihrer eigenen Ueberraschung ihre Vorurtheile zu großen Principien erhob, sie mit dem Heiligenschein christlicher Weltanschauung umgab. Er stand ganz allein in dieser Genossenschaft, dessen jauchzender Beifall wol oft seinen feinen Geist mit Ekel erfüllt hat. Ebenbürtig den Männern höchster Bildung, — als Staatsmann ähnlich einem D'Israeli in schneidiger Polemik, nur ernster und strenger, einem Guizot in doctrinärer Haltung, nur gewandter und einschmeichelnder — war er dazu verurtheilt, das abscheuliche Kauderwelsch eines Hengstenberg mit anzuhören, oder die Buffospäße eines Herrn von Gerlach zu belächeln. Sein Talent war das seines Stammes, Scharfsinn und Witz, glänzende Antithesen, sein zugespitzte Pointen. Er verstand es, die großen bewegenden Gegensätze der Zeit mit Schärfe zu präcisiren; für alle hervorragenden Erscheinungen der Geisteswelt die sie bewältigende Formel zu finden. Allen seinen Parteigenossen und der großen Mehrzahl seiner Gegner war er überlegen durch dialektische Schärfe, wie philosophische Cultur, durch Glanz der Sprache, wie Noblesse der Behandlung. Nirgends, auch in der erbittertsten Polemik verleugnete er diese maßvolle,

vornehme Haltung. Nirgends ließ er sich zu den letzten und
härtesten Consequenzen fortreißen und diejenigen kennen ihn
nicht, welche ihn für einen Mann der schroffen Doctrin, des
äußersten Extrems halten. So einseitig und zugespitzt das
Princip, von welchem er ausging, so abgeglättet und der Wirk=
lichkeit angepaßt waren die Folgerungen; so mancherlei Aus=
nahmen, Clauseln und Wandlungen, je nach dem Wechsel der
Zeiten, der Verhältnisse und herrschenden Persönlichkeiten ließ
das Princip zu. Der weit greifende und gefährliche Einfluß,
welchen dieser Mann lange Zeit ausgeübt hat, lag vorzugsweise
in dieser Verbindung des durch seine Einseitigkeit imponiren=
den und herausfordernden Princips mit diplomatischer Ge=
schmeidigkeit, mit Zweckmäßigkeitsgründen aller Art, mit aal=
glatten, kaum faßbaren Windungen, mit unerwarteten wieder
entschlüpfenden Clauseln, mit scheinbaren aber sehr zweifelhaf=
ten Zugeständnissen. Er glich viel mehr den feinen Polemikern
und Casuisten der katholischen Kirche, den diplomatischen Jün=
gern Loyola's, als den plumpen und erhitzten Lutheranern,
deren Processe er führte. Man hat ihn oft genug einen So=
phisten gescholten, und nicht mit Unrecht, wenn man dies
Wort mehr im intellectuellen als im moralischen Sinne
nimmt. Das sophistische Talent und der sophistische Zug sei=
nes Geistes zeigte sich vornehmlich in der schon angedeuteten
alles beweisenden, und aller möglichen Wendungen und Schat=
tirungen fähigen Rücksicht auf das Zweckmäßige und Er=
reichbare, auf die „bestehenden Mächte". Bei diesem Talent,
mit den Gedanken und Worten ein virtuoses Spiel zu trei=
ben, für vorübergehende Zustände und Stimmungen große,
allgemein gültige Kategorien in Bewegung zu setzen, war es
ihm möglich, mit Leichtigkeit die Stellungen zu wechseln, bald
einen ernsthaften und gründlichen Constitutionalismus zu leh=

ren, bald wieder ihn in lauter Schein aufzulösen, bald das
Recht der Union für die preußische Landeskirche, bald wieder
das der Confession zu begründen, bald einen Antrag auf facul=
tative Civilehe zu stellen, bald wieder alle und jede Civilehe
und gerade die facultative Form als die allerverderblichste zu
bekämpfen; und all die großen Worte: Freiheit, Duldung, Union,
Protestantismus u. s. w. in der verwirrendsten Weise zu mis=
brauchen. Stahl selbst hat die ihm eigenthümliche Begabung
bezeichnet als die: „große historische Conceptionen" zu fassen,
und doch fehlt es ihm so ganz und gar an echtem und treuem
historischen Sinn und diese historischen Conceptionen sind nichts
als glänzende und scheinbare Formeln, in welche die wirk=
lichen Zustände zusammengefaßt werden. Ueberall ist die For=
mel übermächtig, ganz ähnlich wie bei Hegel, und die Wirklich=
keit leidet Gewalt. Aber dann wieder wird das ideale Princip
von der zufälligen Erscheinung der Gegenwart verschlungen und
in dieselbe so tief hinabgezogen, daß es nichts als eine kritik=
lose Abschrift, eine dogmatische Construction der Wirklichkeit,
mit allen ihren Mängeln ist. Die ganze Behandlung bleibt
dogmatisch, scholastisch, ein Zurechtmachen auch der schlech=
testen Wirklichkeit durch die Formel. So groß die Meisterschaft
des Präcisirens ist, so bewunderungswürdig die Schärfe und
Schlagfertigkeit bei diesem Manne, so ganz und gar fehlt ihm
Eins, das mit Recht als das χάρισμα des deutschen Volks
gepriesen wird: das Gemüth, der einfache Wahrheitssinn. Da=
her ist nie der Eindruck seiner Rede, so glänzend sie auch sein
mochte, wirklich mächtig und überzeugungsstark gewesen, es
fehlte das pectus, die volle, den ganzen Menschen ergreifende
Wahrheit. So blutlos und pergamentartig das welke Antlitz
mit den feingeschnittenen Zügen, so blutlos und herzlos auch
das schneidige Wort.

Stahl umfaßte in Schrift und Wort zugleich die Wissen=
schaft des Rechts und des Glaubens, die Sphären des Staats
und der Kirche; ja! er war es, welcher aufs kunstvollste die
theologischen und juristischen Fäden ineinander wob, die Rechts=
wissenschaft theologisch, die Theologie juristisch behandelte und
eine privilegirte Staatskirche aufzubauen versuchte, welche unter
der Gunst und dem Schirm des Staats zugleich wieder den
Staat unter ihre beeinflussende Macht stellte. Ueberall waren
es die „göttlichen Ordnungen" im Staat wie in der Kirche,
die Macht der weltlichen Obrigkeit und des geistlichen Amts,
welche sich die Hände reichten, um eine unantastbare Autorität
für die gehorchende und glaubende Menge aufzurichten. Stahl
wurde unter Friedrich Wilhelm IV. zugleich mit Schelling
nach Berlin berufen und bildete hier die „christliche Welt=
anschauung", welche er schon in seiner „Philosophie des Rechts"
(1830—37) und in seiner „Kirchenverfassung nach Lehre und
Recht der Protestanten" (1840) in den Grundzügen entwor=
fen, immer mehr aus. Als Neo=Schellingianer, als erklär=
ter Gegner Hegel's, war er zur völligen Ausrottung dieser
Philosophie ausdrücklich gerufen und von Schelling hatte er seine
Polemik gegen die „rationalistische" Philosophie, gegen die „Ver=
nunft a priori", gegen das „nur logisch Nothwendige" ent=
nommen, mit ihm verlangte er eine „Umkehr der Wissenschaft"
zum „Seienden" zu den „gegebenen Thatsachen und Mächten",
mit Einem Wort zum „Positivismus". Bald aber wandte
er auch dieser Philosophie, als einer irre führenden, gnosti=
sirenden den Rücken und trat, immer enger eingeschlossen in
den Kreis des berliner Parteitreibens, in das Lager des con=
fessionellen Lutherthums über. Zu Anfang wandte er sich
nur noch mit äußerster Vorsicht und Zurückhaltung und das
fremde Terrain genau erkundend, den öffentlichen Verhältnissen

in Staat und Kirche zu. Auf kirchlichem Gebiet betheiligte er sich zuerst an den praktischen Fragen in zwei Sendschreiben an die Unterzeichner der Erklärung vom 15., beziehungsweise 26. Aug. 1845. Er trat hier zuerst für seinen, ihm später aufs engste verbundenen Freund Hengstenberg und die Partei der Evangelischen Kirchenzeitung ein. Dann, im Jahre 1846, übernahm er auf der berliner Generalsynode die Führerschaft dieser Partei und nahm, wenngleich noch in der Minorität, gegen die Mittelpartei Nitzsch's und J. Müller's, als Vertreter der äußersten Rechten, des wahren Lutherthums, mit Entschlossen= heit und Erfolg den Kampf auf. Ein wichtiger Wendepunkt in seiner kirchlichen wie politischen Stellung wurde das Jahr 1848 mit seiner Revolution. Er trat nun in den Vorder= grund, wurde Mitarbeiter an der „Neuen Preußischen Zeitung", Mitbegründer und Vorsitzender der zur Vereinigung aller kirch= lich=conservativen Kräfte gestifteten Kirchentage, trat in Verbin= dung mit der damals neu sich bildenden und zum Bewußtsein ihrer selbst kommenden feudalen Partei und erhob sich bald zum anerkannten Lehrer und Führer, zum wissenschaftlichen Orakel dieser Genossenschaft. Er besaß das große Geschick, auch die gemäßigtern Elemente, durch die Furcht vor dem Umsturz zu bannen und zu beeinflussen, die kirchliche und staatliche Reaction aneinander zu ketten, die freien Vereine, Pastoralconferenzen und Kirchentage, mit ihrer Agitation zur Vorbereitung für die officiellen Verhandlungen in den Kammern zu benutzen, die Losungen auszutheilen, die Programme zu formuliren und also 10 Jahre hindurch (1848—58) auf Gesetzgebung und Ver= waltung des preußischen Staats eine mächtige, unheilvolle Ein= wirkung auszuüben. Der Gedankenkern, welcher all den glän= zenden Diatriben in Reden, Vorträgen und wissenschaftlichen

Werken zum Grunde liegt, ist sehr einfach und bald erschöpft,
er gewinnt nur den Schein des Reichthums durch das ge=
wandteste Formelspiel, die bunt schillernde Mannichfaltigkeit
in Anwendung und Ausführung der Grundbegriffe. In Wahr=
heit stoßen wir nirgends auf zusammenhängendes Denken, auf
ernste wissenschaftliche Untersuchungen, an die Stelle der
strengen Philosophie treten geistreiche Pointen, an die der
Entwickelungen Antithesen. Die wissenschaftliche Grundlage,
soweit von einer solchen gerebet werden darf, ist wesentlich
eine dualistische, ruht auf einer äußerlichen supranaturalen
Anschauung. Ebenso ist auch die Form dualistisch; in schar=
fen und unversöhnten Gegensätzen, in grellen Contrasten ver=
läuft überall die schimmernde Rede. Charakteristisch für diese
Antithesen ist, daß sie für die beiden Gebiete des Staats wie
der Kirche gleich lauten, ja! daß diese Sphären sich bis zur
Ununterscheidbarkeit durchkreuzen und ineinander schieben. Der
Staat wird zum Reich Gottes erhoben, die Kirche zu einer
Rechtsinstitution erniedrigt. Stahl nennt den Staat geradezu
das Reich Gottes auf Erden. Von diesem Gedanken aus=
gehend, fordert er eine über den Menschen schlechthin erhabene
Autorität mit unbedingtem Anspruch auf Gehorsam und Ehr=
furcht. Das ist die Obrigkeit, in höchster Spitze der sou=
veräne Fürst, — das ist die Bedeutung des „von Gottes Gna=
den". Gott selbst ist der eigentliche Herr und Gesetzgeber im
Staat, dieser eine „göttliche Institution". Nur in sei=
nem Namen regiert der Landesherr. Sein Ansehen beruht
auf der Verordnung, Ermächtigung, Einsetzung Gottes. Nicht
durch sich selbst übt ein Mensch die obrigkeitliche Gewalt über
einen andern, auch nicht durch Vertrag, allein durch ein gött=
liches Recht. Wie Stahl im Staat Autorität auf der

einen, Gehorsam und unbedingte Unterwerfung unter den
Stellvertreter Gottes auf der andern Seite fordert; ebenso für
das Gebiet des Glaubens auf der einen Seite die göttliche
Offenbarung, auf der andern die treue, nicht zweifelnde
Annahme, den Glauben. Seine Theologie ist äußerlichste,
roheste Offenbarungstheologie. Gott selbst ist im Staat wie
in der Kirche der absolute Herr, er regiert durch seine göttlichen Institutionen, seine Stellvertreter, die Menschen von
Gottes Gnaden; ebenso durch seine himmlischen Offenbarungen
und die Träger derselben, die Verwalter der Sakramente und
Inhaber der Schlüsselgewalt, und er verlangt diesen von ihm
selbst gesetzten Ordnungen, von ihm selbst geweihten Trägern
gegenüber, Gehorsam und Glauben. Offenbar ist in diesem
ganzen Systeme der Autoritäten, göttlichen Ordnungen und
Gnadenwirkungen, in dem nach orientalischer Art Königthum
und Priesterthum als die herrschenden Stände sich die Hand
reichen, kein Ort für Freiheit und Sittlichkeit. Vielmehr ist
die eigentliche Sünde die Freiheit des Subjects, die freie
Forschung in Glaubensdingen, die freie Selbstbestimmung im
Staat. Diese Ursünde, diese teuflische Erhebung des Subjects, nennt Stahl — und dies ist der allerwichtigste Begriff
in seinem System — Revolution.

Ganz dasselbe, was auf dem staatlichen Gebiet Revolution, ist auf dem kirchlichen Atheismus und Rationalismus.
Denn diese beiden sind wieder gleichbedeutend. Und so sind
wir bis auf die letzten dualistischen Grundlagen der Stahl'-
schen Theorie, auf den ganz äußerlichen und unvermittelten
Gegensatz von Gott und Mensch, von Autorität und Freiheit,
von Gott gegebenen Ordnungen und Revolution, von unfehl-
barer Offenbarung und forschender Vernunft, von Theokratie
und Atheismus hindurchgedrungen. Die einzigen Vermitt-

ler dieser Gegensätze sind: die Stellvertreter Gottes, die gött=
lichen Anstalten und Ordnungen, die einzige Form, die Freiheit
zu gebrauchen, ist: die Unterwerfung. Von besonderer Wich=
tigkeit für die Erkenntniß dieser theokratischen Doctrin und
geradezu von der Bedeutung eines kurz gefaßten Programms
ist der Vortrag Stahl's: „Was ist Revolution?" gehalten
im evangelischen Vereine 1852. Danach ist Revolution etwas
ganz Anderes und viel Böseres, als man gewöhnlich meint.
Nicht ein einmaliger Act, sondern ein fortdauernder Zustand;
ein großes, fort und fort arbeitendes, grundböses Princip.
Nicht eine vorübergehende Empörung, Vertreibung der Dy=
nastie, Umsturz der Verfassung, wie sie zu allen Zeiten vor=
kommt, vielmehr eine bestimmte politische Lehre, welche seit
1789 die Völker erfüllt und die Einrichtungen des öffentlichen
Lebens bestimmt, — die „Gründung des ganzen öffentlichen
Zustandes auf den Willen des Menschen statt auf Gottes
Ordnung und Fügung". Mit Einem Wort: theoretischer und
praktischer Atheismus, Leugnung Gottes und Erhebung
gegen ihn, die Lehre, daß alle Obrigkeit und Gewalt nicht
von Gott, sondern von den Menschen, die ausgesprochene Ab=
sicht, die Herrschaft Gottes und seiner Gebote zu stürzen, alles
in den Dienst menschlicher Willkür und zuchtlosen Gebarens
zu stellen. Dies revolutionäre Princip ist die eigenthümliche
weltgeschichtliche Signatur der Gegenwart, mit der Revolution
zu brechen die höchste Aufgabe und das einzig christliche Pro=
gramm. Die Forderungen der Revolution sind aber: 1) die
Volkssouveränetät, sei es in der demokratischen Republik,
sei es in der Monarchie, in welcher der König der Knecht
des Parlaments; 2) die Freiheit, das ist das Gewähren=
lassen in allen Gebieten: Freizügigkeit, Gewerbefreiheit, Frei=
heit der öffentlichen Lehre, Sektenfreiheit, Ehescheidung; 3) die

Gleichheit, d. i. die Aufhebung aller Klassen und Stände,
des ganzen gegliederten Organismus, die völlige Entgliederung
der Gesellschaft; 4) die Trennung der Kirche vom Staat,
d. i. die Gleichberechtigung aller Religionsgenossen, die Gleich=
stellung aller Lehren und Culte; 5) die Charte, d. i. die
Vernichtung der ganzen, naturwüchsigen, gesetzlichen Verfassung
des Landes; 6) die Aufhebung aller erworbenen Rechte
für das Volkswohl; endlich 7) eine neue Vertheilung
der Staaten nach den Nationalitäten wider das Völ=
kerrecht. Das Streben dieser atheistischen Revolutionäre geht
dahin, „Gottes Weltplan" entgegenzutreten, nach welchem
einem Jeden gliedliche Stellung, verschiedener Beruf und ver=
schiedenes Recht zugewiesen ist; nicht danach zu fragen, „ob
Gott eine Religion offenbart", sondern das, was ein
jeder über Religion meint, gewähren zu lassen; nicht die
Verfassung, welche „durch Gottes Fügung" geworden,
als bindend zu ehren, sondern eine neue zu machen, als die
eigene und bewußte That der Freiheit; nicht die Vertheilung
der Staaten, wie „Gott" sie geordnet, gelten zu lassen, son=
dern alle Völker wieder in ihre ursprünglichen Zustände zu=
rückzuführen. Der letzte Schritt aber all dieser Forderungen
ist: die Aufhebung des Eigenthums, der Commu=
nismus!! Wie eng dies revolutionäre, sündhafte Princip
mit dem Rationalismus zusammenhängt, wie es hier seine
letzte Wurzel hat, liegt auf der Hand. Rationalismus ist ja
nach Stahl in seinem tiefsten Grunde nichts anderes als:
„Emancipation des Menschen von Gott". Der Mensch
will der Offenbarung nicht bedürfen, weil seine Vernunft weise
genug, des Gnadenbeistandes nicht, weil sein Wille stark ge=
nug, der Sühnung durch das Blut Christi nicht, weil seine
Tugend reich genug. Der Rationalismus ist mehr als Un=

glaube an Gott, es wohnt in ihm der „Gegenglaube an
den Menschen", er ist teuflische Selbstvergötterung. Ratio=
nalismus und Revolution, diese beiden in ihrer tiefern Fassung,
stellen das böse Princip in seiner schärfsten Gestaltung dar,
treten daher auch nicht zu allen Zeiten, sondern nur in be=
stimmten Momenten der Weltgeschichte auf. Ein solcher Mo=
ment ist die Gegenwart, die „apokalyptische Zeit". Und es
gibt nur Eine Macht, die Revolution zu brechen und den Ra=
tionalismus zu überwinden, das ist der Offenbarungsglaube
des Christenthums. Er gründet das ganze Leben auf Gottes
Ordnung und Fügung, er gibt die freudige Hingebung an den
König, den Gott gesetzt, an den Stand und die Standes=
rechte, die er uns zugewiesen, an die Gütervertheilung, die
er gegeben hat.

Das ist die Hauptsumme der Gedanken, welche der
Doctrinär der politischen und kirchlichen Reaction unter sei=
nen Parteigenossen in Umlauf gesetzt hat, das ist der ganze
Reichthum, von dem sie noch heute zehren!

Fragen wir nun, wo diese göttlichen Autoritäten zu fin=
den, auf welchen Kreis sie zu beschränken seien, welche Ord=
nungen und staatlichen Zustände von Gott selbst gefügt, welche
dagegen durch das böse Princip menschlicher Willkür geschaf=
fen, so ist die Antwort nicht so leicht. Das erbliche König=
thum in seiner absoluten Gestalt, mit ein wenig Schein=
constitutionalismus, die geistliche Amtsgewalt in Form eines
erneueten Episkopats — das sind vor allem die von Gott ge=
fügten Ordnungen, die unverletzlichen Autoritäten. Aber sie
steigen doch noch tiefer herab. Der Mensch soll sich in Ehr=
furcht beugen, nicht allein vor der höchsten staatlichen Autori=
tät, dem König von Gottes Gnaden, nein! auch noch vor
einer ganzen Schar kleiner Autoritäten, vor all den „klei=

nen Herren" mit ihren alten Privilegien und Ansprüchen, mit ihren absurden Bevorzugungen. Auch diese Gliederungen und Bevorzugungen werden unmittelbar auf Gott zurückgeführt. Auch in all diesen verrotteten und der Vergangenheit angehörenden Zuständen ist göttliche Autorität und Herrlichkeit zu ehren. Ueberall macht Stahl sich zum Anwalt der bevorzugten Klassen, zum Fürsprecher ihrer unverjährbaren Rechte, nicht im Namen menschlicher, nein! göttlicher Ordnung. Die politische Erhebung des Bürgerthums dagegen, der Fortschritt der Zeit zu Gewerbefreiheit, Freizügigkeit und Religionsfreiheit; alle die aus einer neuen Formation der Stände, aus einer freiern Bewegung der Einzelnen, aus einer rascher pulsirenden, unendlich erhöhten Communication aller Kräfte und Thätigkeiten im Staat, mit unabweisbarer Nothwendigkeit hervorgehenden Forderungen, — sie alle sind Ausflüsse des bösen Princips, gehen darauf aus, die göttlichen Ordnungen anzutasten, die Gesellschaft zu „entgliedern". In diesem Sinne kämpft er für die sogenannten „conservativen" Elemente einer „gesunden" Landesvertretung, gegen die preußische Gemeindeordnung von 1850, für die Aufrechterhaltung der alten Kreisordnung, der gutsherrlichen Polizei, nach welcher die „kleinen Herren" die Träger der obrigkeitlichen Gewalt bleiben; für die neue Stiftung von Familienfideicommissen, für die Zusammensetzung des preußischen Herrenhauses in der gegenwärtigen Gestalt, das heißt für das politische Uebergewicht des Junkerthums. Das preußische Herrenhaus ist Stahl's eigenste Schöpfung, niemand hat für den kleinen Adel mehr gethan und den ganzen Schwerpunkt des preußischen Staats so sehr in diese engherzigste, von dem Geiste und der Bildung der Zeit am meisten verlassene Kaste gelegt, als er.

Diesen kleinen Herren ebenbürtig zur Seite stehen die pro-

teſtantiſchen Paſtoren. Am liebſten möchte Stahl ihnen die
alten Epiſkopalrechte einräumen und bedauert aufrichtig, daß
der Epiſkopat „ſo ganz gegen die echten Forderungen der
Reformation" in der proteſtantiſchen Kirche zu Grunde gegangen. Denn das geiſtliche Amt iſt ein von Gott ſelbſt ge-
ordnetes. Es ſteht über der Gemeinde. Wenigſtens nach
lutheriſcher Auffaſſung iſt die Kirche eine göttliche Gnaden-
anſtalt, eine „gegebene ſächliche Macht", eine heilige Stiftung,
welche den Menſchen umfängt, ihn „vor" ſeiner eigenen That
mit den anvertrauten Gnadenmitteln ergreift und zum Glauben bereitet. Sie iſt es, welche das Verſtändniß des göttlichen Worts rein bewahrt, von ihren Vertretern, den Trägern des Amts, werden die Sakramente mit ihrer ſpecifiſchen
Kraft verwaltet, wird die Sündenvergebung ertheilt, und ſo
ſteht denn dies geiſtliche Amt „über" den Menſchen, als
„ein gegebenes Anſehen", als ein „Born des Segens", der
auf ſie herniederquillt und von dem ſie nur zu empfangen
brauchen.

Betrachten wir dieſe Grundzüge des reactionären Syſtems
etwas näher, ſo ſpringt vor allem der völlig hohle und äußerliche Dualismus, in welchen alles Einzelne eingeſpannt wird,
in die Augen. Eine theokratiſche, mit übernatürlichen Kräften
und Autoritäten ausgeſtattete Welt, wie ſie unſerer occiden-
taliſchen Anſchauung ganz fremd geworden, breitet ſich vor
uns aus. Eine Welt über und vor dieſer wirklichen, die
göttlichen Urſprung und Anſehen für ſich in Anſpruch nimmt.
Ein gnoſtiſches Reich von Gewalten und Einrichtungen,
welches in den Wolken ſchwebt, von dem wir nicht wiſſen,
wie es entſtanden, wie der Menſchengeiſt an ihm einen Antheil hat. Alles verſtändige Denken, aller natürliche Zuſammenhang der Dinge, alle geſchichtliche Betrachtung hört

bei diesem Phantasiereich, das sich auf reiner Willkür und un=
bewiesener Behauptung auferbaut, auf. Weshalb sind die
Zünfte, die Fideicommisse, die obrigkeitlichen Rechte des Adels,
mit Einem Worte alle Reste des Mittelalters von Gott ge=
fügt und darum unantastbar? Weshalb die Gewerbefreiheit,
die Beweglichkeit des Eigenthums, alle die Forderungen per=
sönlicher Selbständigkeit und innerster Gewissensfreiheit, wie
sie mit der neuen Geschichte beginnen und die wohlberechtig=
ten Consequenzen der Reformation, dieser Gewissensthat, sind,
aus teuflischer Willkür geboren? Haben nicht die Menschen
unter Gottes Leitung im Mittelalter die Geschichte gemacht
und wieder, sitzt nicht Gott selbst bis in die neueste Zeit im
Regiment, nicht allein bei den Geschicken der Einzelnen, auch
bei allen Fortschritten und Umbildungen in Kirche und Staat?
Und ist das Streben nach innerster Gewissensfreiheit und jeder
freiern persönlichen Bewegung, die aus ihr geboren, wirklich
nichts als eine Auflehnung gegen Gott? Liegt nicht vielmehr in
diesem Drange, der endlichen Autoritäten ledig zu werden,
alle die kleinen und nächsten Abhängigkeiten abzustreifen, das
tiefe Verlangen, nur von der Einen, absoluten Autorität ge=
bunden und gezogen zu werden, die allein wahrhaft frei macht;
im Dienste der großen sittlichen Gemeinschaft des Staats zu
stehen, nicht in dem einzelner bevorrechteter Stände?! Ist
nicht diese ganze Theorie von der Revolution durch und durch
doctrinär und ungeschichtlich? Ist sie nicht die oberflächlichste
und ungläubigste Betrachtung zugleich, welche überall nur die
Caricaturen der Freiheit sieht, nirgend ihr tieferes Streben
zu erkennen vermag; welche auf ein grundböses Princip die
an die Oberfläche tretenden Erscheinungen zurückführt, statt in
dem Umsturz die neuen Grund legenden Gedanken, in der
Verneinung die neue Erhebung und Bejahung mit zu schauen?

Und werden denn wirklich die ewigen, göttlichen Ordnungen umgestürzt, können sie überhaupt umgestürzt werden? — oder sind es immer nur die vergänglichen Gebäude aus Stroh und Stoppeln, die im Feuer des Weltgerichts verzehrt werden? Diese Lehre von der diabolischen Auflehnung ist offenbar ebenso abgeschmackt und gotteslästerlich, als die vom Teufel selbst und seinem Regiment auf Erden, wie sie auch mit Nothwendigkeit auf ihn zurückführt. Sie steht im directen Widerspruch mit der Geschichte selbst und jeder wahrhaft geschichtlichen An= schauungsweise, vor welcher sich alle Erscheinungen wieder als ein ununterbrochener Zusammenhang, alle miteinander ringenden Gegensätze als zusammengehörende Factoren Eines großen gei= stigen Umbildungsprocesses darstellen. Wenn Stahl unsere Zeit die „apokalyptische" nennt, d. h. diejenige, in welcher die Ge= gensätze des Göttlichen und Teuflischen in voller Reinheit ein= ander gegenüberstehen, so nennen wir mit größerm Rechte seine ganze Geschichtsbetrachtung die „apokalyptische" und behaupten, daß er nie über diesen rohesten Dualismus, welcher einer krankhaften Erregung und Spannung im Gefolge des ersten Christenthums angehört, hinausgekommen ist.

Mit diesem Dualismus steht in nächster, naturnothwen= diger Verbindung der äußerliche Supranaturalismus. Nicht ein milder, inconsequenter, sogenannter biblischer, der sich auf die Inspiration der kanonischen Schriften, überhaupt die der Vergangenheit angehörende Offenbarung beschränkt, nein! ein consequenter, echter, wie er in der katholischen Kirche seine vollste Ausprägung gefunden hat. Dieser consequente Supra= naturalismus führt zu fortgesetzten göttlichen Offenbarungen, durch welche die ursprüngliche rein erhalten und richtig aus= gelegt wird, zu einer Offenbarungsanstalt, zu Trägern und Leitern der Offenbarung, zu Gnadenacten, die an bestimmte

Mittel und Mittler gebunden sind; also: zu einer untrüg=
lichen Kirche, zu einem von Gott geordneten Priesteramt, zu
magisch wirkenden Sakramenten. Alle diese für die katholische
Kirche charakteristischen Forderungen stellt auch Stahl. Er
will freilich nicht zugeben, daß die katholische Kirche allein im
Besitz der reinen Wahrheit sei, aber er erkennt doch „katho=
lische Züge" an, welche die lutherische, da wo sie ihr fehlen,
wiederzugewinnen suchen müsse. Vor allem gehört hierher
die Autorität der Kirche, als der Trägerin der neuen Lehre.
Autorität ist ja überhaupt für Kirche wie Staat das
höchste Princip; sie ist recht eigentlich das Gegengift und Ge=
genbild gegen die Revolution. Diese Autorität ist eine gött=
liche, absolute; von einer endlichen, anfechtbaren, nur vorüber=
gehenden, ist nirgend die Rede. Sie wird geübt von den
Trägern des Amts und Stahl spricht es ausdrücklich und mit
vollstem Bewußtsein aus, daß ein „ökumenisches Episko=
pat" und eine geschichtliche „Continuität des Amts" auch
für die lutherische Kirche zu erstreben seien. Er gibt den
Puseyiten darin vollkommen recht, daß sie diesen katholischen
Zug wieder in seinem ganzen Werthe zur Geltung gebracht.
Er will auf die Lehre von der Rechtfertigung allein durch den
Glauben keineswegs das Gewicht legen, was Luther selbst ihr
beigemessen, bezeichnet es vielmehr als eine Einseitigkeit des
großen Reformators, alle Stücke aus diesem Mittelpunkte ab=
zuleiten, und erklärt daher die verderbliche Neigung, „die Sa=
kramente und Vollmachten des Amts in bloßen Glauben auf=
zulösen, dagegen den äußern Bau und die einheitliche Glie=
derung der Kirche nicht genug zu beachten". Er nennt es eine
Einseitigkeit des Altprotestantismus, die geschichtliche Continui=
tät durchbrochen zu haben. Er möchte das Band zu den
Größen des christlichen Alterthums, zu den Märtyrern, den

Kirchenvätern, zu den kirchlichen Mustern des Mittelalters
wiederherstellen. Ihm sind Gregor VII., Innocenz III.,
Pius VII. nicht Bilder des Antichrist, sondern „auserwählte
Werkzeuge Christi". Vor allem hält er die Einbuße der
Erbauung an der „wahren Heiligengeschichte" für eine große.
Das „Allerempfindlichste aber ist der Bruch mit der alten
Verfassung und damit der Verlust der ökumenischen Einheit,
der Bekenntnißverbürgung und der äußern Selbständigkeit der
Kirche". Des Papstthums nimmt er sich bei jeder Gelegen=
heit und mit besonderm Eifer an. Von den römischen Päpsten
behauptet er, daß sie bei ihren Lehren von der Statthalterschaft
Christi auf Erden doch „niemals Christo die ihm gebührende
Ehre entzogen, niemals sich selbst in göttlicher Weise anbeten
lassen, niemals sich eine Herrschaft nach Belieben beigelegt
haben". In der Lehre vom geistlichen Amte steht er nicht allein
darin, daß dieses Amt von Gott selbst gestiftet sei, vor der Ge=
meinde gewesen und über ihr schwebe, ganz auf katholischem
Boden, er legt auch, ebenso wie die katholische Kirche, das
ganze Gewicht auf dies Amt an sich, ohne Rücksicht auf die
Träger desselben und ihren lebendigen Glauben. Ihm kommt es
vor allem an auf das „Anstaltliche", auf die Institutionen
mit ihrem bindenden Ansehen über den Menschen. Er tadelt
an den Männern der Subjectivität, vor allem an Bunsen,
„daß sie nichts wissen von der Macht und dem Recht einer
Sache über den Menschen, eines Organismus, der Träger
Gott verordneter Aufgaben ist, über den Einzelnen". Er er=
klärt die conservative Richtung, deren Wortführer er selbst,
als „die Sehnsucht aus dem Menschlich=Freien nach dem Gött=
lich=Bindenden, nach der wahrhaftigen Wahrheit über den
individuellen Ueberzeugungen, nach der Macht der Institutio=
nen über die Majoritäten". Er glaubt im Sinne Hegel's

und Schelling's das Recht der objectiven Mächte gegenüber
einer eiteln, sich aufspreizenden Subjectivität zu vertreten, aber
er sieht nicht, wie er die Lehre dieser Männer bis zur äußer=
sten Caricatur verzerrt hat. Er versteht unter diesen objecti=
ven Mächten nicht, wie sie, die geistigen Mächte einer großen
Gemeinschaft, eines Volks, einer Zeit, unter deren Wucht der
Einzelne steht, sondern privilegirte Stände und Aemter; ihm
sind diese objectiven Mächte ferner göttliche, absolut berech=
tigte und alles Streben, Suchen, Kämpfen und Zweifeln
des Subjects nichts als leere Subjectivität; er hat keine
Ahnung von der Bedeutung und dem unveräußerlichen Recht
des Subjects, sich selbst die Wahrheit zu erringen, sie indi=
viduell zu gestalten und die objectiven Zustände und Mei=
nungen der Zeit weiter zu bilden, wie Hegel dies oft mit so
wunderbarer Gewalt ausgesprochen hat. Er kennt dies jus
reformationis nicht. Er kennt überhaupt nicht den leben=
digen und ununterbrochenen Proceß zwischen dem Subject und
der objectiven Welt, in welchem das Subject nicht allein sich
unterordnet, sondern jede Wirkung mit einer Gegenwirkung
beantwortet. Er ist vielmehr der Vertreter einer starren,
in sich abgeschlossenen Objectivität, die er so empörend
das Recht einer Sache (!) über den Menschen nennt. Er
steht ganz auf dem Boden katholischer, das ist, untrüg=
licher, Autorität. Daher der schmähliche, immer wiederkeh=
rende, wirklich blasphemische Gebrauch, den er mit dem Worte
„Göttlichkeit" treibt. Diese Sünde gegen das zweite Gebot
geht durch sein ganzes System. Er isolirt diese Göttlichkeit,
ganz ebenso wie die katholische Kirche, auf eine Reihe von
Punkten, die im Umkreise der Endlichkeit liegen, auf Stände,
Einrichtungen, Lehren, die ohne weiteres zu absoluten erhoben,
d. i. vergöttert werden, und er unterscheidet sich nur dadurch

von ihr, daß er diese heidnische Vergötterung auch noch auf
das Cäsarenthum und die Privilegien der kleinen Herren aus=
dehnt, während die katholische Kirche die magische Kraft nur
auf den geistlichen Stand, in höchster Spitze das Papstthum,
wirken läßt, von welchem aus alsdann die kirchliche Tradition
und die Sakramente mit beherrscht werden.

Dies Heidenthum der katholischen Kirche, alle diese
göttlichen und darum festen und unüberwindlichen Punkte mit=
ten im Fluß der Endlichkeit, alle diese verwirrenden Reden
von den „Stellvertretern" Gottes, von den göttlichen Aemtern
und Kräften, weiß er sich vollkommen zu eigen zu machen,
diese „Autorität der Kirche", dies „Recht des Amts", diese
„Magie der Sakramente", diese „Bedeutung der Schlüssel=
gewalt" ist ihm das Höchste auch für die lutherische Kirche,
auf alle diese Lehren legt er das größte Gewicht, ein weit
größeres als auf die vom rechtfertigenden Glauben, und sieht
es demgemäß für den größten Mangel und Makel der refor=
mirten Kirche an, daß sie einen entschieden antimysterischen,
d. h. antimagischen Zug habe. In seiner letzten und bedeu=
tendsten theologischen Schrift: „Die lutherische Kirche und die
Union" (zweite Auflage, 1860), wird dieser Unterschied der
mysterischen und antimysterischen Richtung, als der durch=
gehende und fundamentale, die beiden protestantischen Confes=
sionen für alle Zeiten trennende, aufgeführt. Freilich in einer
Weise, daß dabei Zwingli und seine Lehre aufs häßlichste
carifirt, dagegen das ursprüngliche Lutherthum gefälscht und
in ein von römisch=katholischen Anschauungen inficirtes umge=
wandelt wird. In diesem Werk bestätigt sich aufs vollkom=
menste unsere Behauptung, daß Stahl einer wahrhaft histo=
rischen Behandlung ganz unfähig, daß er aufs leichtfertigste mit
großen geschichtlichen Erscheinungen umgeht und, von vorn=

herein von dogmatischen Gesichtspunkten geleitet, nach einem
festgesetzten Punkte hinstrebt, mit dem triumphirenden Schluß:
quod erat demonstrandum. So behauptet er keck, das
oberste Princip sei bei Zwingli, nicht wie bei Luther die Recht=
fertigung allein aus dem Glauben, sondern der Gedanke: das
Heil allein aus Gott, oder die „Alleinursachlichkeit
Gottes". Diese Alleinursachlichkeit wird dann dahin carikirt,
daß Zwingli auch alle Mittelursachen, alle „werkzeuglichen
Leiter der Gnade", ausdrücklich ausschließe und damit alle der
Kirche verliehenen Vollmachten, alle kirchlichen Organe. So
bekämpfe er denn nicht allein, wie er angebe, alle Creatur=
vergötterung, sondern halte auch alle menschliche Vermitte=
lung für Creaturvergötterung. Die offenbare Verdrehung und
Fälschung in dieser Darstellung des Zwingli'schen Systems
ist die, daß derselbe allerdings von causis secundis mit
bestimmten Worten redet, aber sie nicht zu Ursachen im höch=
sten und absoluten Sinne erheben will, vielmehr sehr stark
und mit vollem Rechte zur Abweisung aller Creaturvergötte=
rung darauf dringt, daß diese Mittelursachen nur Durch=
gangspunkte seien, nur instrumenta, eben nur endliche Or=
gane, bei denen nicht stehen zu bleiben, auf welche nament=
lich der Glaube sich nicht zu richten habe, der vielmehr
überall auf den absoluten Gott, als sein letztes Ziel und ein=
zigen Inhalt hinstrebe. Das ist bei ihm: „Simplex in unum
Deum fiducia." So ist es also unwahr, daß Zwingli alle
creatürlichen Mittel und menschliche Organe ausschließe aus
Gottes Gnadenwirkung, er will dieselben nur nicht zu selbst=
ständigen Ursachen emporwachsen lassen, damit sie sich nicht
an die Stelle Gottes setzen und für sich Vergötterung in An=
spruch nehmen; sie sollen mit Einem Wort endliche Mittel
bleiben. Das ist es aber eben, was Stahl nicht will. Er

will und liebt die Creaturvergötterung. Nicht darauf allein kommt es ihm an, daß Gott sich secundärer Ursachen zu unserm Heil bediene, darauf vielmehr, daß dies in übernatürlicher Weise geschehe, „daß er durch besondern Rathschluß und Verheißung eine Wunderwirkung, ein Innewohnen und Durchwirken seiner selbst in sie gelegt, die Mittheilung einer Gnade an sie gebunden, daß er durch Besprengung mit Wasser die Wiedergeburt, durch Genuß von Brot und Wein den Leib Christi, durch Absolution des Dieners der Kirche die Sündenvergebung mittheilt". So besteht denn das „Mysterium", welches er als das Palladium der lutherischen Kirche hoch hält, in der „Verbindung Gottes mit der Creatur", in der „unsichtbaren und übernatürlichen Wirkung durch Dinge, welche sichtbar und natürlich solche Wirkung nicht haben". Ja, er drückt sich noch deutlicher aus und enthüllt das sonst wohl versteckte Heidenthum, wenn er sagt: „Der Mensch soll schöpferisch sein, gleichwie Gott schöpferisch ist", wenn er den katholischen Begriff der „Vertretung" sich aneignet und den Ausspruch nicht scheut: „man ehrt Gott wahrhaft, wenn man ihn nicht blos in seiner Person, sondern auch in den von ihm gegründeten Einrichtungen und von ihm beseelten Vertretern ehrt." So kommt er von den göttlichen Ordnungen zu den göttlichen Persönlichkeiten, den von Gott beseelten Vertretern, ganz ebenso wie die katholische Kirche, und der Uebergang zum untrüglichen Papst, zum heiligen Vater, bedarf kaum noch Eines Schrittes. Stahl hat vollkommen recht, wenn er den Gegensatz der lutherischen und reformirten Kirche in der Lehre von den Sakramenten als den der mysterischen und antimysterischen Richtung formulirt, er hätte auch sagen können, die lutherische Kirche halte noch an den Sakramenten als solchen fest, während

die reformirte sie auflöse; aber er hat unrecht und thut der
lutherischen Kirche entschieden unrecht, wenn er diesen Gegensatz
zu einem fundamentalen steigert und alle Lehren und Einrich=
tungen mit ihm erfüllt. Vielmehr sind die beiden übrig
gebliebenen Sakramente auch in der lutherischen Kirche nur
noch katholische Reste, vielmehr steht die magische Wirkung
derselben, die nicht an den Geist, sondern an sinnliche Mittel
gebunden ist, mit der centralen und alles bestimmenden Lehre
vom Glauben in einem unauflöslichen Widerspruche, und die
eigentlich sakramentale oder mysterische Kirche ist allein die
katholische. Wie alles bei Stahl nach dieser sakramentalen
Kirche hinstrebt, zeigt sich deutlich, nicht allein darin, daß er
gar keine Freude an der urprotestantischen Lehre vom recht=
fertigenden Glauben hat und, wohl wissend, mit welcher Ge=
walt hier das Recht der Subjectivität zum Ausdruck gekom=
men, überall leichten Fußes über sie hinwegschlüpft, sondern
auch darin, daß die beiden Sakramente Taufe und Abendmahl
ihm offenbar nicht genügen, daß er vielmehr da, wo von den
„Mittelursachen des Heils" die Rede, ihnen gewöhnlich die
Beichte, Absolution und das geistliche Amt zugesellt, überhaupt
auf die Schlüsselgewalt das größte Gewicht legt. Hier tritt
die Fälschung des Lutherthums und die Infection mit durch=
aus katholischen Anschauungen am deutlichsten zu Tage und
es sind in Wahrheit nur noch Kleinigkeiten und Aeußerlich=
keiten, die den Anwalt des Lutherthums von Rom trennen.
Zu solchen Kleinigkeiten gehört das Sakrament der Ordina=
tion, welches nirgends von Stahl ausdrücklich gelehrt wird, zu
welchem aber alle Voraussetzungen hinführen. Die Lehre vom
Amt und seiner göttlichen Einsetzung wird erst durch dieses Sa=
krament vollkommen klar und sinnlich=handgreiflich, wie solche
Handgreiflichkeit überhaupt den Vorzug der echten katholischen

Kirche bildet, während unsere katholisirenden und hierarchisiren=
den Lutheraner immer nur in leeren Versicherungen, wie in
den Wolken, schweben, ohne über das Wie ihrer beanspruch=
ten Göttlichkeit irgendeine verständige Rechenschaft geben zu
können.

Gehen wir nun von diesem weltlichen Haupte der hierar=
chisch=katholisirenden Lutheraner zu den eigentlichen Theologen
über, so treten uns hier die Namen Löhe, Delitzsch, Vilmar,
Kliefoth, Münchmeyer, Petri u. a. entgegen.

Sie haben sich bis dahin noch gescheut, mit den Alt=
lutheranern zu brechen, in der Hoffnung den größern Theil
derselben zu sich herüberzuziehen. Sie haben sogar die strei=
tigen Fragen wiederholt für „offene" erklärt, welche sie in
ihrem gemeinsamen Gegensatze gegen die Unionstheologie nicht
voneinander scheiden und denselben nicht mit betreffen. In=
dessen sind nicht nur von Seiten der Altlutheraner, in dem
bedeutendsten Organ derselben, der Rudelbach=Guerike'=
schen Zeitschrift, auf den gefährlichen Hierarchismus dieser
jungen Generation starke lutherische Keulenschläge geführt, son=
dern auch Männer wie Höfling, Hofmann und Harleß*)
haben sich für verpflichtet gehalten, das wahre Lutherthum
gegen dieses Hyperlutherthum zu vertreten, aus Luther's
Schriften wie aus den Symbolischen Büchern den Beweis zu
führen, daß die neuen puseyitischen Lehren vom geistlichen
Amt und der Kirche nicht echt=lutherischen Ursprungs seien.
Aber unzweifelhaft sind diese Lehren, so sehr sie den hierar=
chischen Gelüsten protestantischer Päpstleins entgegenkommen,

---

*) Höfling, „Grundsätze evangelisch=lutherischer Kirchenverfassung"
(1850); Harleß, „Kirche und Amt nach lutherischer Lehre" (1853);
Hofmann, „Zeitschrift für Protestantismus und Kirche"; XVIII, 129 fg.

doch nicht rein aus solchen zu erklären, so nahe sie sich mit
der politischen Reaction berühren und mit dem Entsetzen, wel=
ches die Umwälzung der Jahre 1848 und 1849 in den Ge=
müthern der „Kirchlichen" hervorrief, doch nicht allein aus
diesen Schrecknissen entstanden. Der Ursprung dieser Rich=
tung geht weiter zurück, die Schriften von Löhe und Delitzsch
sind vor dem Jahre 1848 erschienen.*) Es ist das Kir=
chenthum überhaupt und die Kirchenlehre, auf welche im
Gegensatz zum Christenthum und zur subjectiven Frömmigkeit
schon mit dem Beginn der neuen Orthodoxie die stärksten Ge=
wichte gelegt wurden; es ist mit Einem Wort die Richtung
auf eine todte, äußerliche, traditionelle, dem Bewußtsein und
Leben der Gegenwart entfremdete Objectivität, welche mit
Nothwendigkeit zu den katholisirenden Theorien von Kirche
und Kirchenamt führte. Galt doch in diesen Kreisen über=
haupt die Macht der Subjectivität, eines lebendigen, gegen=
wärtigen, durch alle Kräfte des Gewissens wie des Wissens
vermittelten Glaubens nichts, gegenüber der kirchlichen Tradi=
tion, des ein für alle mal als Glaubensgesetz hingestellten
Bekenntnisses! War doch dies wüste Bekenntniß= und
Autoritätsgeschrei schon der wenn auch noch sehr unklare und
von Vielen ganz bewußtlos hingesprochene Ausdruck eines
katholischen Traditionstriebes, das Symptom einer das innerste
Mark des Protestantismus ergreifenden Krankheit! Mochte
auch ein H. Leo mit seinem Cultus der „objectiven Mächte",
der „göttlichen Ordnungen", der „absoluten Autorität", der
Zucht und Beugung unter diese Mächte, wol so weit blicken,
um die Consequenzen solcher Knechtung und Zertretung der

---

*) Löhe, „Drei Bücher von der Kirche im Jahre 1845"; Delitzsch
„Vier Bücher von der Kirche im Jahre 1847".

Innerlichkeit zu überschauen, die große Zahl der protestanti=
schen Theologen erging sich ganz gedankenlos in der Bekennt=
nißanbetung und hatte gewiß kaum eine Ahnung davon, wie
sehr sie von dem Wesen der eigenen Kirche abgefallen sei. Sie
meinte, die Werkgerechtigkeit, von welcher der Protestantismus
sich so entschieden abgewandt, beziehe sich nur auf die Werke
im engsten und gewöhnlichsten Sinne des Wortes, auf die
Uebung praktischer Sittlichkeit; daß es aber auch auf dem in=
tellectuellen Gebiete todte Werke gebe, daß auch hier ein opus
operatum Werth und Verdienst in Anspruch nehmen könne,
das opus operatum eines dem Subject als Gesetz und Norm
äußerlich gegenüberstehenden Bekenntnisses — das entging ihrer
Kurzsichtigkeit. Nur Wenige gab es, welche sich zu dem Zu=
geständniß herbeiließen, das Symbol und sein Bekennen habe
keinen Werth vor Gott, wenn es nicht das Erzeugniß des
gegenwärtigen Glaubens der Gemeinde sei, wenn es nicht
statt auf dem Papier mit dem Griffel des Geistes auf den
Tafeln des Herzens geschrieben stehe und zusammenhängend
mit dem fortgehenden thatsächlichen Bekenntniß der Gemeinde
das lebendige Gepräge ihres innersten Wesens, nicht aber eine
äußere Schranke und ein aufgerichtetes Gesetz für ihren Glau=
ben sei.*) Noch Wenigere aber gingen der Frage auf den
Grund, was Glaube im ursprünglich=reformatorischen Sinne
sei und welche Bedeutung die religiöse Subjectivität
sich in der Lehre von dem alleinseligmachenden Glauben, gegen=
über jeder äußerlichen Objectivität, gegeben habe. Daß das
Subject mit seinem Innersten bei jedem religiösen Act dabei
sein müsse, daß alles ein „äußerlich und werthloses Ding"

---

*) Dies Zugeständniß macht Delitzsch in seinen „Vier Büchern von
der Kirche" (S. 162).

bleibe, was nicht durch das Innerste hindurchgegangen, und
daß diese Innerlichkeit des Subjects nicht blos eine passive
Empfänglichkeit sei, sondern ein mitthätiger, das Object rei=
nigender und umgestaltender Factor im religiösen Proceß, auf
die consequente Durchbildung dieses Gedankens ging offenbar
die Reformation aus und von ihr hängt das Fortbestehen des
Protestantismus ab. Das Verhältniß von Objectivität und
Subjectivität, von Dogma und Ueberzeugung, von Kirche und
Gewissen, in der mittelalterlich=katholischen die Kindheit des
Christenthums bevormundenden Kirche, das der einseitigen
Ueberordnung und Herrschaft jener Seite über diese, sollte
durch den Protestantismus wesentlich umgebildet, zu einem
lebendigen Proceß, zu einer freien Wechselwirkung umgestaltet
werden. Darin lag der Uebergang von der Autoritäts= und
Gesetzeskirche zu der Glaubens= und Gewissenskirche. Je mehr
daher innerhalb des Protestantismus, in einer einseitigen Re=
action gegen die Auflösungen des Subjectivismus, das Mo=
ment der an und für sich seienden, für absolut und unabän=
derlich erklärten Objectivität, in der sogenannten „reinen
Lehre", in dem unwandelbaren „Bekenntniß der Kirche", er=
hoben und gefeiert wurde, desto weiter entfernte man sich von
den Ausgängen der Reformation. Je mehr man sich auf den
gesetzlichen Boden stellte und auf das „zu Recht bestehen" der
Symbole berief, desto mehr kam man von dem religiösen
Boden und von dem zu Gewissen bestehen ab, je mehr das
äußere Bekenntniß betont wurde, desto schwächer wurde das
innere, und das Bekenntniß der Vergangenheit, welches
das der Gegenwart verstummen machen sollte, war in der
That gar keins mehr, sondern nur noch eine Tradition, ein
Schriftstück, ein Rechtscodex, eine Parteifahne, ein Theologen=
geschrei, das weit über die Kirche hin erscholl, aber nicht aus

dem innersten Leben derselben emporgestiegen war. Ein Be=
kenntniß über und außerhalb der Kirche, aber nicht aus
der Kirche! Ein nicht der wirklichen, sondern der gewese=
nen Kirche angehöriges!

Wenn die falschen und katholisirenden Theorien über
Kirche und Amt letztlich auf einen einseitigen Objecti=
vismus, wie er sich in dem Traditionscultus offenbart, zu=
rückgeführt werden müssen, kommt doch zu dieser Grundver=
kehrtheit noch ein ganz specielles Moment hinzu, ohne welches
die ganze Erscheinung nicht recht gewürdigt und verstanden
werden kann. Es ist dies der nahe Zusammenhang des Sa=
kramentsbegriffs mit dem Kirchenbegriff. Daß ge=
rade in der lutherischen Kirche und unter den Neulutheranern
sich diese anstößigen Theorien ausgebildet, könnte schon darauf
führen. Delitzsch spricht es offen aus als einen Mangel der
Lehre von der Kirche, daß die Sakramentslehre nicht den ihr
gebührenden Einfluß auf sie erlangt habe, daß die Sakra=
mente wol als die notae ecclesiae, nicht aber als ihr Le=
bensgrund erkannt seien; daß man nicht die Sakramente,
diese sichtbaren und allen erkennbaren Gnadenträger, sondern
eine Wirkung des Wortes, den unsichtbaren, nur dem Her=
zenskündiger offenbaren Glauben zum Bande der Kirche ge=
macht habe. Es seien die triebkräftigen Wurzeln, aus wel=
chen das neue Dogma von der Kirche erwachsen müsse, nir=
gends anders als in der lutherischen Sakramentslehre gegeben.
Daß die neue Lehre von der Kirche und vom geistlichen Amt
weder mit den Aussprüchen Luther's, noch mit denen der
Symbolischen Bücher in Einklang zu bringen, ist so unwider=
sprechlich gewiß, daß selbst die Neulutheraner es nicht zu leug=
nen wagen und namentlich Münchmeyer in seiner Schrift:
„Von der sichtbaren und unsichtbaren Kirche", ganz offen von

ten „irrigen Anschauungen" der altprotestantischen Lehre spricht
und auf eine „Um = und Weiterbildung" des Lutherthums
dringt. Aber zugleich beruſen ſich dieſe Männer, und gewiß
nicht mit Unrecht, auf die Luther'ſche Lehre, nicht von der
Kirche, aber auf die von den Sakramenten, nach welcher eben
dieſe umgebildet werden ſoll. Mit Einem Wort, bei dieſem
Streit zwiſchen dem Lutherthum und dem Hyperlutherthum
handelt es ſich darum, ob die wirklich ausgeſprochene, oder
die als Conſequenz gewonnene Lehre Luther's gelten ſolle,
oder noch genauer darum, ob die Lehre Luther's von der
Kirche, nach ſeinen Theſen vom Glauben oder nach denen
vom Sakrament ausgebildet werde. Das erſtere hat er ſelbſt,
freilich in ſehr ſchwankenden und widerſpruchsvollen Beſtim=
mungen verſucht, das letztere verſuchen jetzt die Hyperluthe=
raner. Sie wollen einen ſakramentalen Kirchenbegriff.
Daß die lutheriſche Lehre vom Glauben mit der vom
Sakrament in einem unausgeglichenen Widerſpruch ſtehen ge=
blieben, iſt nicht ſchwer zu ſehen. Die Bedeutung des Glau=
bens als der unerlaßlichen Bedingung, als der causa instru-
mentalis des Heils, ohne welche kein „äußerlich Ding" etwas
nütze iſt, kommt ſchon in einen bedenklichen Conflict mit der
Lehre vom Abendmahl, in einen noch entſchiedenern mit der
von der Taufe. Bleibt ohne den Glauben alles äußerlich,
ein Todtes und Nichtiges, ſo kann auch von einem Genuß
des Leibes und Blutes Chriſti von Seiten der Ungläubigen,
ſtreng genommen, nicht die Rede ſein, da eben das Aneig=
nungsorgan für dieſe geiſtliche Speiſe fehlt und auch die Un=
terſcheidung zwiſchen dem Genuß und der Frucht des Ge=
nuſſes, zwiſchen der Wirkſamkeit überhaupt und der heilbrin=
genden Wirkſamkeit wegfällt. Bei der Taufe aber, in der
Form der Kindertaufe, iſt der Widerſpruch noch mehr in die

Augen fallend und wird nur oberflächlich durch die Annahme eines „unbewußten Glaubens" oder eines „stellvertretenden" Glaubens, der Gevattern, der Kirche u. s. w. verdeckt. Die kirchliche Lehre bildete sich auch bald dahin aus, daß der Glaube nicht als eine Bedingung der Sakramentswirksamkeit, sondern als eine Wirkung des Sakraments aufgefaßt wurde. So war man also wieder bei der katholischen Magie des Sakraments, bei einem göttlichen opus operatum, einer Gnadenwirkung in und an dem Subject, ohne das Subject, einer Veränderung seines Willens, ohne, ja streng genommen wider seinen Willen, angekommen. Luther nun ging bekanntlich bei seiner Lehre von der Kirche nicht von dem Begriff des Sakraments aus, sondern von dem des Glaubens. Die beiden wichtigsten und weitestgreifenden Bestimmungen des Urprotestantismus sind die des allgemeinen Priesterthums und der unsichtbaren Kirche. Sie gehören eng und nothwendig zusammen. Sie haben den gemeinschaftlichen Gegensatz an der katholischen Priesterkirche und den Prätensionen, welche sich an sie knüpfen, der von ihr angemaßten Lehrautorität und Gnadenvermittelung. Diese Priesterkirche, welche ihre Spitze im Papstthum hat, ist einmal eine exclusive Standeskirche, dann eine sichtbare Anstalt. Dagegen wurde im Protestantismus das ganze Gewicht gelegt auf die Innerlichkeit des Glaubens. Sie ist das erste, die Grundlage aller religiösen Gemeinschaft, mit ihr verglichen ist alles andere werthlos. Diese Innerlichkeit des Glaubens ist nicht an einen besondern Stand geknüpft, sie stammt aus Gott selbst und seinem heiligen Geiste, sie ist eine Geistes-, nicht eine Standesmacht. Sie ist ferner nicht sichtbarer, greifbarer Art, vielmehr ein unsichtbares Leben in Gott. Und dies unsichtbare Glaubens-

und Geistesleben ist die Wurzel, das Fundament, der Lebens=
kern, die Wahrheit der Kirche, alles andere sichtbare Auftreten
in Dogmen, Verfassung, Cultus, in einem repräsentirenden
Amt, ist nur Erscheinungsform, unwesentlich und veränderlich,
oft ein bloßer Schein, eine unwahre Existenz, eine schlechte
Beimischung zu dem reinen Golde des Glaubens. Die Kirche
ist mit Einem Wort die Gemeinschaft der Gläubigen, die
Gemeinschaft im Glauben. Das ist offenbar die Grund=
anschauung der Reformatoren, namentlich Luther's selbst,
im Gegensatz gegen die katholische Priesterkirche und gegen
alle hierarchische Autorität und Mittlerei! Das ist der
Hintergrund seiner gewaltigen Verhöhnung des Sakraments
der Ordination, seines Dringens auf die innere Salbung
des Geistes, seiner Nichtachtung des katholischen Episkopats
nebst ununterbrochener Succession und untrüglicher Lehre, sei=
nes trotzigen Berufens auf den „Geist". In der Ansprache
an die Böhmischen Brüder, in den Schriften „An den christ=
lichen Adel deutscher Nation" und „De captivitate babylo-
nica" ist diese Geistes= und Gewissensautorität der hierarchi=
schen Autorität mit revolutionärer Kühnheit entgegengehalten.
Es ist nicht zu leugnen, daß diese Innerlichkeit des Glaubens
und diese Unmittelbarkeit des Heiligen Geistes zu ihrem Prin=
cip den religiösen Subjectivismus hat, ein Princip,
welches die Schwärmer und Inspirirten, die Karlstadt, Tho=
mas Münzer und Anabaptisten in voller Einseitigkeit ausbil=
deten. Und es war sehr natürlich und nothwendig, daß Lu=
ther im Gegensatz gegen diese wüste Schwarmgeisterei wieder
nach objectiven Normen und Anhaltepunkten suchte und sowol
den Begriff des allgemeinen Priesterthums wie den der un=
sichtbaren Geisteskirche zu ermäßigen bemüht war. So wurde
dem allgemeinen Priesterthum ein specielles, ein georb=

neter Lehrstand zur Seite gesetzt, ebenso der unsichtbaren Kirche
die sichtbaren Merkmale, die sogenannten notae externae, die
schriftmäßige Predigt und Sakramentverwaltung beigegeben.
Ja! man ging noch weiter. Man berief sich wieder, nament=
lich im Streit gegen die Schweizer, auf „die heilige Kirche,
ihr Zeugniß und Tradition". Man vindicirte die Macht des
Verdammens, welche die alten Concilia gehabt, sich selbst!
Man stellte in der sogenannten „reinen Lehre", d. i. der Lehre
Luther's, eine neue normirende, ausschließende, ketzerrichtende,
die Obrigkeit gegen die Irrlehrer anrufende Lehrautorität
hin! In die Stelle der katholischen Bischöfe setzte man die
protestantischen Theologen, in die des Papstes die Reforma=
toren. Aus der Gewissensautorität machte man wieder eine
Bekenntnißautorität, aus der Glaubenskirche eine Bekenntniß=
kirche! Man sieht aus dem allen, Luther selbst, der ja über=
haupt viel mehr ein Mann des Augenblicks als des Systems,
des gewaltigen Instincts als des verständigen Maßes, der
kühnen Antithesen als der umsichtig begrenzten Thesen, der
viel mehr ein Polemiker als ein Dogmatiker war, hat die rechte
Vermittelung zwischen dem religiösen Subject und der kirch=
lichen Objectivität nicht gefunden, hat sich vielmehr in den
härtesten Gegensätzen einer maßlosen Geistesfreiheit und einer
starren Lehrautorität ruhelos umhergeworfen! So ist denn
auch sein Begriff der Kirche, und selbst der, welcher in die
Symbolischen Bücher, in die Augsburger Confession wie in
die Schmalkaldischen Artikel übergegangen, keineswegs zum
Abschluß und zur wahrhaften Versöhnung gekommen. Es ist
hier gewiß Manches auszubessern und abzuschleifen. Für das
Verhältniß des speciellen Priesterthums zum allgemeinen oder
für die Lehre vom geistlichen Amt reichen die Bestimmungen,
daß ein besonderer Lehrstand der „äußern Ordnung wegen",

oder „um Unordnungen zu vermeiden" nöthig sei, ebenso wenig wie das „rite vocatum esse" aus. Man wird hier über die äußere Berufung bis zu dem innern Beruf zurückgehen und, von dem abstracten Gleichheitsprincip sich abwendend, nicht blos einen Unterschied der Thätigkeit, sondern auch der innern Disposition als ideale Forderung hinstellen müssen. An noch entschiedenern Mängeln leidet der Begriff der unsichtbaren Kirche und das Verhältniß derselben zur sichtbaren. Daß die unsichtbare Kirche die Kirche, die wahre Kirche sei, ist gewiß falsch, da sie vielmehr nur die Lebensquelle, die Glaubenssubstanz der Kirche ist. Denn ohne Gemein= schaft gibt es keine Kirche, und die Gemeinschaft ist eine sichtbare, durch sichtbare Mittel bedingt. Spricht man von einer Gemeinschaft der Gläubigen und meint darunter doch nur die Summe der Gläubigen, der über den ganzen Erd= kreis zerstreuten, die sich einander gar nicht kennen, also auch nicht miteinander in Gemeinschaft stehen, so ist dies ein arger Widerspruch. Der letzte Grund aber der Verwirrung, welche sich in dem Begriff der unsichtbaren Kirche festgesetzt hat, ist der, daß man die Gemeinschaft der Gläubigen oder richtiger die Summe der Gläubigen identificirt mit dem Glau= bensleben der Kirche. — So bekommt man einen ganz falschen Gegensatz, den der vere credentes und der admixti hypocritae, der wahren und der Namenchristen, zwei Haufen von Menschen, in welche die Kirche zerfällt. Diese beiden Haufen stehen ganz äußerlich zueinander und sind durch eine unausfüllbare Kluft voneinander getrennt. Die unsichtbare und die sichtbare Kirche haben innerlich nichts miteinander gemein. Das Verhältniß ist aber offenbar ein ganz anderes. Die unsichtbare Kirche ist die Innerlichkeit der sichtbaren, ihr verborgenes Geistes= und Glaubensleben, das sich fortwährend

verwirklicht und versichtbart im christlichen Leben und Cultus,
in Verfassung und Institutionen, sie ist die ewig sprudelnde,
alles belebende Geistesquelle, die schöpferische Kraft des Glau=
bens, welche immer neue Formen setzt und alte zerbricht,
welche über Sünde und Irrthum, über Erstarrung und Aber=
glauben ihrer sichtbaren Erscheinungen mit immer siegreicher,
unsterblicher Gewalt hinausgeht. Diese unsichtbare Kirche ist
nicht außer und neben der sichtbaren, sondern in ihr und
nie ohne sie, aber sie fällt darum nicht mit ihr zusammen
und geht nicht in sie auf, sondern ist ihr innerstes Lebens=
princip und die souveräne Macht über sie. Und dies ist
die unverbrüchliche Wahrheit der reformatorischen Lehre, daß
die unsichtbare Kirche wol in die sichtbare über=, aber nie
in sie aufgeht, daß sie nicht nur der Zeit, sondern auch der
Dignität nach die erste ist, daß der volle Accent auf ihr ruht,
daß sie nicht nur in einem positiven, sondern ebenso sehr in
einem negativ=kritischen Verhältniß zur sichtbaren steht.   –

Kehren wir nach diesen Andeutungen zu den neuesten
hyperlutherischen Theorien über Kirche und Amt zurück, so
finden wir eine Umbildung der altprotestantischen Lehre in
einem ganz andern als dem bemerkten Sinne. Die Hyper=
lutheraner gehen offenbar darauf aus, dem Glauben seine
gebührende Stelle in der Kirche, als dem lebendigen Quell=
punkt derselben, zu nehmen, um sie dem Sakrament einzu=
räumen. In der Lehre von der sichtbaren Kirche läuft alles
darauf hinaus, das Sakrament der Taufe, in der Lehre vom
Amt das Sakrament der Ordination für den Glauben zu
substituiren. — Scharf genug hat schon Delitzsch*) den
Gegensatz gegen die alte Lehre von der unsichtbaren Kirche

---

*) „Vier Bücher von der Kirche.‟

formulirt, der später von München meyer *) eines breitern ausgeführt ist. Danach gibt es keinen Unterschied zwischen der sichtbaren und unsichtbaren Kirche, keine doppelte Kirche, sondern nur Eine heilige, allgemeine. Und sie ist nicht die Gemeinschaft der Gläubigen, sondern der Getauften, oder vielmehr die Gesammtheit aller derjenigen, welche durch das Sakrament der Taufe und den Genuß des Abendmahls, also überhaupt durch die Sakramentsgemeinschaft, Glieder am Leibe Christi geworden sind. Auf diese Eingliederung kommt es an, um die Zugehörigkeit zu der Kirche zu bestimmen, und sie vollzieht sich an jedem durch das Sakrament der Taufe, welches dann im Abendmahlsgenuß seine Versiegelung und Bekräftigung erhält. Man darf also nicht unterscheiden zwischen der wahren und der Scheinkirche, zwischen den eigentlichen und uneigentlichen Mitgliedern der Kirche; zu ihr gehören alle, die Glieder am Leibe Christi sind, und das sind wieder alle, welche das Sakrament der Taufe empfangen haben. Denn es kommt nicht auf den Glauben und das Thun der Menschen an, nicht er hält den Leib Christi zusammen, sondern auf das geheimnißvolle Walten des Geistes Christi, und unter diesem stehen alle, die getauft sind und durch die Taufe bis in alle Tiefen ihres Wesens und bis in die äußersten Spitzen von Christo durchdrungen worden. Der Glaube bestimmt freilich den Grad der Lebendigkeit der einzelnen Glieder, aber nicht die Gliedschaft selbst. Und diese Gliedschaft, wenn sie auch eine ganz unlebendige ist, hört nicht eher auf als bei dem Endgerichte Gottes. Nicht die Excommunication, nicht das Schisma oder die Häresie vermögen das Glied von seinem Leibe zu lösen. Wo nur immer im Namen des Vaters,

---

*) „Das Dogma von der unsichtbaren und sichtbaren Kirche" (1854).

des Sohnes und des Heiligen Geistes getauft worden, da
setzt der Leib Christi, von innen aus sich erweiterud, [neue
Gliedmaßen an. Als solche sind alle ohne Ausnahme anzu-
erkennen, selbst die Christusfeinde und Verfolger, ein „Wislicenus so gut wie ein Hengstenberg". Denn die Kirche Christi
steht vor uns in ihren unverkennbaren Gliedern, „mit untrüglichen sakramentalischen Zügen ist ein jedes ihrer Glieder von
Gott und Menschen gezeichnet"!!

Stärker und deutlicher läßt sich wol kaum die magische
Macht des Sakraments und sein unvertilglicher Charakter aussprechen. Und vor dieser zauberischen Wirkung einer göttlichen
Signatur sinkt natürlich der ganze innerliche Proceß des Glaubens zu einem unbedeutenden, nur accidentellen herunter.
Nur Gradunterschiede der größern oder geringern Lebendigkeit
werden durch ihn begründet, nicht Wesensunterschiede, nur das
Wie, nicht das Ob der Angehörigkeit wird durch ihn bestimmt. Der Glaube beugt sich so tief vor der Taufe wie ein
endliches Thun vor dem göttlichen, wie ein secundärer Act
vor dem constituirenden, so tief wie nur immer in der katholischen Kirche der Glaube sich gebeugt hat. Offenbar ist aber
nach der altprotestantischen Lehre der Glaube selbst ein göttlicher Act, außerdem der entscheidende, der constituirende in
Bezug auf Rechtfertigung vor Gott und Seligkeit im eigenen
Innern, und die sola fides schließt nicht nur das opus
operatum menschlicher Werkthätigkeit, sondern ebenso sehr das
opus operatum göttlicher Magie aus, weil eben die fides
die innerste und tiefste Synthese des Göttlichen und Menschlichen ist und darum die alleinseligmachende Kraft hat. Freilich kreuzt sich, wie schon angedeutet wurde, mit dieser Rechtfertigungslehre die Sakramentslehre, aber es ist doch bekannt
genug, daß jene die Fundamentallehre des Protestantismus ist,

und es sollte daher als billig erscheinen, daß nach ihr die
Sakramentslehre bemessen und umgebildet werde, nicht um=
gekehrt. Die Hyperlutheraner, soweit sie überhaupt an Luther
anknüpfen, halten sich ausschließlich an seine Sakramentslehre,
d. h. an diejenige Seite Luther's, welche nach dem Katholi=
cismus hin liegt, an die dunkle, noch in den Schatten des
Katholicismus ruhende, nicht an sein eigenstes und bestes We=
sen, nicht an die neue, den Protestantismus begründende und
doch uralte Paulinische Lehre von der Rechtfertigung durch
den Glauben. So weist Münchmeyer hin auf die „unver=
gleichlich köstlichen" Worte Luther's im „Großen Katechis=
mus" über das Wesen der Taufe, welches weder durch den
Glauben noch durch den Nichtglauben der Menschen geändert
werde, sowie „Gold immer Gold bleibe, ob es gleich eine
Bübin mit Sünde und Schande trage", da „Gottes Wort
und Ordnung sich nicht von Menschen wandelbar machen
lasse". Aber er vergißt jenen andern Ausspruch: „Absente
fide baptismus nudum et inefficax signum tantummodo
manet" und das starke Wort von den Ungläubigen in der
Kirche: „Der Herr Christus würde zum Hurenwirth werden,
wenn man auch die Räuber, Ketzer, Hurer und Buben ließe
seine Glieder sein." Viel schwieriger und gewaltsamer noch
als die Anknüpfung an Luther ist der versuchte Schriftbeweis.
Als eine Hauptstelle gilt Gal. 3, 27: „Ὅσοι γαρ εἰς χρι-
στον ἐβαπτίσθητε χριστὸν ἐνεδύσασθε." Und doch ist hier
weder von der Kindertaufe die Rede, noch gilt das Christum=
anziehen als eine Folge der Taufe, vielmehr wird das Zu=
sammenfallen des Getauftseins und Christumanziehens als die
ideale Forderung und Voraussetzung hingestellt, welche an
jeden gemacht wird, der durch die Taufe zum Christenthum
übertritt. Ganz ebenso verhält es sich mit der Stelle Joh. 3, 5;

18 *

da die Taufe hier dem ganzen Zusammenhange nach und
namentlich in Beziehung auf den Nikodemus so wenig die
Ursache der neuen Geburt ist, daß sie vielmehr nur als die
begleitende Versiegelung des ἄνωθεν γεννηθῆναι, auf dem
der ganze Nachdruck ruht (Joh. 3, 3), angesehen werden muß.
Gegen den character indelebilis der Taufe und die unveränderliche Gliedschaft der Ungläubigen am Leibe des Herrn
sprechen bekanntlich sehr stark die Schriftstellen, welche von
der Sünde wider den Heiligen Geist handeln (Matth. 12, 31;
24, 24; Hebr. 6, 4—8). Die Ausrede Herrn Münchmeyer's,
daß es solcher absolut todter Glieder wahrscheinlich (!!)
nur sehr wenige gäbe und daß sie mit dem Kainszeichen gestempelt seien, muß geradezu als lächerlich erscheinen, da es
ebenso wenig darauf ankommt, eine wie geringe oder große
Zahl zu den absolut todten Gliedern gehört, als was Herrn
Münchmeyer sonst wahrscheinlich ist, und da es vollkommen
genügt, daß nach dem Wort der Schrift solche Glieder der
sichtbaren Kirche existiren, welche nicht zugleich Glieder am
Leibe Christi sind.

Nur noch ein paar Stellen, welche der neuen Doctrin
mit großer Entschiedenheit widersprechen, sei hier erinnert.
An das Wort Christi im Gleichnisse von den zehn Jungfrauen
(Matth. 25, 1): „Ich habe euch nie als die Meinen erkannt"; — an das Unkraut im Weizen (Matth. 13, 39), unter welchem die υἱοὶ τοῦ πονηροῦ verstanden werden; an die
υἱοὶ τοῦ διαβόλου (1 Joh. 3, 8. 10), an die Stelle 1 Joh.
2, 18. 19, wo von Solchen die Rede ist, welche von der Gemeinde ausgegangen, aber nicht von der Gemeinde gewesen. Ob es den Anhängern des sakramentalen Kirchenbegriffs gelingen wird, aus den Kindern des Teufels Glieder
am Leibe Christi herauszuinterpretiren, ist mehr als zweifel-

haft; jedenfalls befinden sie sich mit der ganzen Johanneischen Grundanschauung, sowol der des Evangeliums wie der Briefe, in einem unversöhnlichen Widerspruch!

Noch mehr als diese Beseitigung der unsichtbaren Kirche führt uns die moderne Lehre vom geistlichen Amt *) in den Katholicismus hinein. Der Angriff gilt hier vorzugsweise dem „allgemeinen Priesterthum". Der Zielpunkt ist, wenn auch nicht ehrlich und klar ausgesprochen, das sakramentale Priesterthum, die sakramentale Kraft der Ordination. Der reformatorische Gedanke des allgemeinen Priesterthums soll frei= lich nicht ganz aufgegeben werden, aber er wird bis zur Un= kenntlichkeit verstümmelt. Das allgemeine Priesterthum, wird versichert, ist etwas ganz anderes als das evangelische Pre= digtamt: es besteht nur in dem Darbringen der Gebete im Namen der Gemeinde. Die Gläubigen sind alle priesterlichen Geschlechts, heißt nichts anderes, als sie haben alle gleich= mäßig Zugang zum Vater im Gebet. Diese Gebetserhebung steigt von unten auf, sie ist eine Handlung der Menschen vor Gott und nach Gott hin; das Predigtamt dagegen, oder besser das Gnadenmittelamt, stammt von oben her und ist der Träger eines Handelns Gottes mit den Menschen und auf die Menschen. Und damit tritt dann schon die eigentliche Herzensmeinung deutlicher hervor. Das Predigtamt wird,

---

*) Die wichtigsten hierher gehörigen Schriften sind: W. Löhe, „Kirche und Amt, neue Aphorismen"; Münchmeyer, „Das Amt des Neuen Testaments nach der Lehre der Schrift und nach dem lutherischen Bekenntnisse"; Wucherer, „Ausführlicher Nachweis aus Schrift und Symbol, daß das evangelisch=lutherische Pfarramt das apostolische Hir= ten= und Lehramt und darum göttlicher Stiftung sei"; Kliefoth, „Acht Bücher von der Kirche"; „Darstellung der Verhandlungen der 1851 in Leipzig gehaltenen Conferenz über das geistliche Amt".

wie namentlich bei Kliefoth, immer nur als das Gnaden=
mittelamt beschrieben. Es ist das sehr charakteristisch. Gna=
benmittel ist freilich der Gattungsname, welcher Predigt und
Sakrament zugleich umfaßt; aber es wird dieser Begriff doch
wieder vorzugsweise in sensu eminenti auf die Sakramente
bezogen. Denn in der Predigt ist die Gnade nicht an ein
sinnliches Mittel gebunden, sondern an den Geist und den
Ausdruck desselben, das Wort; in ihr geht die göttliche Wahr=
heit durch den menschlichen Geist hindurch und in einen freien,
durchaus menschlichen Proceß ein. Es ist daher hier die gött=
liche Gnade gleichsam schon menschlich geworden, nicht mehr
als eine unveränderliche Substanz eingeschlossen in ein Vehikel,
sondern preisgegeben der menschlichen Subjectivität, ihren
Schwächen und ihren Entwickelungen. Dazu kommt, daß in
der Predigt die göttliche Gnade nur vermittelt wird dem gläu=
bigen Hörer, daß sie nicht wie im Sakrament an und für
sich wirkt. So geht also die göttliche Gnadenkraft in der
Predigt hindurch, einmal durch die Subjectivität des Predi=
genden, dann durch die des Hörenden und ist in ihrer Wir=
kung durch beide bedingt. Wie wichtig das Moment leben=
diger Subjectivität ist, wie eng es mit dem Wesen des Pro=
testantismus zusammenhängt, wie bezeichnend der Ausdruck
„Prediger" für den protestantischen Geistlichen, und wie bedeut=
sam das Uebergewicht, welches die Predigt im Protestantismus
über das Sakrament, die Kanzel über den Altar erhielt, be=
darf wol kaum einer Ausführung. Hat doch Luther selbst dies
sehr stark ausgesprochen, wenn er von der Predigt sagt, sie
sei „das größte und fürnehmste Stück im Gottesdienst"; wenn
er weiter behauptet, „wie viel mehr gelegen ist am Worte
denn am Zeichen, also ist auch mehr an dem Testamente denn
am Sakramente gelegen" und: „Der Mensch kann ohne

Sakrament, doch nicht ohne Testament selig werden." Ganz
anders die Neulutheraner. Sie genügen sich nicht damit, die
Sakramente mit der Predigt ganz auf eine Linie zu stellen,
sie gehen vielmehr darauf aus, entweder die Predigt herab=
zusetzen unter das Sakrament, oder ihr den specifischen Cha=
rakter zu nehmen, sie selbst in das Sakrament zu verwandeln.
So namentlich Kliefoth. Ihm gehört zum Wesen der Gna=
denmittel die Exclusivität. Daß das „göttliche Thun in
seinem Durchgange durch das menschliche eine Form habe,
welche es vor der Trübung durch menschliche Sünde und Irr=
thum sichere". Er will die menschliche Thätigkeit bei Hand=
habung der Gnadenmittel auf das „rein Instrumentale"
beschränkt wissen. Also auch der Prediger verhält sich rein
instrumental, auch er ist, ähnlich wie die sinnlichen Elemente
in Taufe und Abendmahl, nichts als ein geistloses Vehikel der
Gnadenkraft!! — Wenn so das Predigtamt in das Gnaden=
mittelamt und der Prediger in das Gnadenvehikel verwandelt
ist, schließt sich ganz einfach und nothwendig an den geist=
lichen Amtsbegriff eine magische Vorstellung an. Nun ist der
Geistliche von dem Laien nicht allein durch seine Thätigkeit,
sondern qualitativ verschieden. Denn er hat die besondere
Qualification, Träger und Mittler der göttlichen Gnadenkräfte
zu sein. Diese können nur durch ihn an die Gemeinde ge=
bracht werden. Er ist der Mittler zwischen der Gemeinde
und Christo mit seinen Gnadenschätzen. Er kann in dieser
Mittlerschaft nicht umgangen werden. Die Laienmitglieder
haben nicht aus sich selbst die Kraft und die Fähigkeit, sich
mit Gott und seinen Gnadenkräften zu mitteln, wol sich im
Gebet zu Gott zu erheben, nicht aber die göttlichen Heils=
kräfte zu sich herabzuziehen und sich anzueignen. Und darauf
kommt es doch vor allem an! So ist denn das geistliche

Amt wieder das Mittleramt, weil es das Gnadenmittelamt
ist!! — Mit dieser Vorstellung vom Gnadenmittelamt als dem
Träger der sakramentalen Kräfte hängt wieder sehr nahe zusammen die von der göttlichen Stiftung dieses Amtes.
Bekanntlich ist dies der Hauptpunkt, um den der Streit in
der Gegenwart geführt wird. Er ist leider nur zu sehr verwirrt worden und hat bis dahin zu gar keinem Resultate geführt. Man ist nämlich, namentlich von Seiten Höfling's und
Harleß', die sich gegen die neue Amtsdoctrin erhoben, auf
Luther's Aeußerungen und auf die Bestimmungen der Symbolischen Bücher zurückgegangen. Und man hat damit einen
sehr schwankenden Boden betreten. Denn bei Luther selbst
machen sich in den verschiedenen Lebensperioden auch sehr verschiedene Ansichten über das geistliche Amt geltend. In der
ersten Periode (etwa bis zum Jahre 1524) haben seine Aeußerungen einen stark demokratischen Beigeschmack. Der Geistliche ist nur der Beauftragte der Gemeinde, er führt nur anstatt der Gemeinde das Amt, welches alle haben, und daß er
damit beauftragt wird, geschieht nur der äußern Ordnung
wegen. In seiner spätern Periode dagegen, in welcher die
Massenherrschaft und die Gleichheit aller in der Kirche ihm
gründlich verleidet worden, in welcher er bereits daran ver-
zweifelt, auf der Basis des Gemeindelebens die Kirche aufzuerbauen, nennt er das Amt wiederholt ein von Gott ver-
ordnetes, Christum, seinen Befehl und Einsetzung dessen
alleinige Quelle. Auch die Bestimmungen der Symbolischen
Bücher sind sehr schwankend. Im 14. Artikel der „Augustana"
wird das geistliche Amt bekanntlich nur an die Bedingung der
ordentlichen Berufung (des rite vocatum esse), also an eine
rein menschliche Ordnung geknüpft. Dagegen wird an andern

Stellen (Th. 2, Art. 7 de potest. clav.) die Schlüsselgewalt
als ein göttlicher Auftrag (mandatum divinum) bezeichnet
und aus Christi eigener Einsetzung (Joh. 20, 21; Marc.
16, 15) abgeleitet. Ebenso ist davon die Rede, daß nach dem Evan=
gelium (secundum evangelium) oder nach göttlichem Recht
(jure divino) dem bischöflichen Amte gewisse Rechte und
Pflichten zukommen, andere dagegen nur nach menschlichem
Recht. — In den Schmalkaldischen Artikeln, mit ihrem An=
hang de potestate et primatu Papae, findet sich ein ähn=
licher scheinbarer Widerspruch. Bald wird unterschieden zwi=
schen den Functionen, welche dem Geistlichen nach göttlichem
Recht zukommen (Vergebung der Sünden, Predigt, Sakra=
mentsverwaltung) und den Rechten, welche ihm jure humano
beigelegt sind, bald wieder wird auch die Schlüsselgewalt der
ganzen Gemeinde (non tantum certis personis) mit Be=
ziehung auf Matth. 18, 20 vindicirt. Und darin lösen sich
wol am richtigsten diese scheinbaren Widersprüche, wie dies
auch Höfling in seiner vortrefflichen Schrift: „Ueber die
Grundsätze der evangelisch=lutherischen Kirchenverfassung", her=
vorgehoben, daß das geistliche Amt in gewissem Sinne divino
jure eingesetzt sei, daß es nämlich in abstracto, seinem all=
gemeinen Wesen nach, ein göttlich gewolltes und göttlich noth=
wendiges sei, daß es aber in concreto, in seiner Uebertra=
gung an einzelne Personen, jure humano entstanden, von der
Gemeinde der menschlichen Ordnung wegen Einzelnen devol=
virt sei. Dahin führt namentlich jene Hauptstelle in den
Schmalkaldischen Artikeln, nach welcher Christus principa-
liter et immediate der Gemeinde das Amt der Schlüssel
übergeben, welche dann aus ihrer Mitte Einzelne damit be=
traut hat. So formulirt Höfling die symbolische Lehre dahin,
daß bei dem mandatum divinum oder dem de jure divino

„nur von dem göttlichen Rechte des Amtes, nicht aber von dem göttlichen Rechte bestimmter Perso= nen auf das Amt die Rede sei". Historisch ist dies ge= wiß richtig und der symbolischen Lehre gemäß; aber eine an= dere Frage bleibt die, wie weit eine solche Unterscheidung logisch berechtigt sei. Denn von der andern Seite her (Münchmeyer, Kliefoth u. s. w.) wird nicht mit Unrecht ein= gewandt, ein Amt an sich, ohne persönliche Träger, sei eine Abstraction; wenn also das Amt überhaupt, so seien auch die Träger desselben von Gott eingesetzt, oder das Amt sei nicht blos von Gott gewollt, sondern auch gestiftet. Man sieht, mit dieser Unterscheidung des Amtes und seiner Träger, der unmittelbaren und der mittelbaren göttlichen Stiftung kommt man nicht weit, und man ginge besser allen so entstehenden Verwirrungen aus dem Wege, wenn man das mandatum divinum ganz aufgäbe und sich dabei beruhigte, daß das geist= liche Amt ebenso sehr, aber auch nicht mehr und nicht anders als jede sittliche Organisation von Gott gewollt sei. Statuirt man einmal eine besondere göttliche Einsetzung und macht sie dann wieder von Menschen abhängig, indem man sie in ihrer concreten Wirklichkeit und Ausführung durch Men= schen vermittelt sein läßt — nun, so macht man entweder das mandatum divinum zu einer nichtssagenden Phrase, oder — man bleibt im ungelösten Widerspruche stehen. Die moderne Amtsdoctrin geht offenbar darauf aus, diese phrasenhafte An= wendung des mandatum divinum, diese Unterscheidung zwi= schen göttlich gewollt und göttlich gestiftet aufzuheben. Aber will sie auf diesem Wege consequent fortgehen, so kommt sie auch mit Nothwendigkeit bei dem Sakrament der Ordina= tion an. Die göttliche Stiftung des Amtes fordert sogleich eine göttlich geordnete Uebertragung desselben, die göttliche

Einsetzung eine göttliche Besetzung. So folgt aus dem
göttlichen Ursprung des Amtes die Mittheilung besonderer gött=
licher Kräfte bei der Uebertragung (die sakramentale Ordina=
tion), die gottgewiesene Ordnung in der Uebertragung (die
successio continua), der fortdauernd göttliche Charakter des
Amtsträgers (der character indelebilis). Ohne diese Con=
sequenzen schwebt die ganze Vorstellung von der göttlichen
Stiftung in der Luft, ist nichts als eine pfäffische Velleität,
ohne praktischen Ernst und Verstand. Und das ist es, was
wir diesem halbkatholischen Amtsbegriff zum Vorwurf machen,
daß er doch nur wieder halb katholisch ist, daß er, der gegen
die abstracte Unterscheidung von Amt und Amtsträger eifert,
doch selbst wieder in ganz nebelhaften Unbestimmtheiten und
Abstractionen stehen bleibt. Denn wie erweist sich diese Stif=
tung als eine göttliche, wenn sie nicht göttliche Kräfte mit=
theilt? Und wie verdient sie noch eine solche genannt zu
werden, wenn sie durch das verunreinigende Medium des
menschlichen Processes, durch Schwäche, Irrthum und Sünde
hindurchgeht? Wozu dient diese Stiftung, wenn sie nicht ver=
mag, die Träger des Amtes, die Vermittler der göttlichen
Gnadenschätze, vor Sünde und Irrthum, wenigstens in ihrem
Amte, zu bewahren, wenn sie nicht einen untrüglichen Lehr=
stand und eine untrügliche Lehre, die für jeden Suchenden
sicher zu finden und die in der Infallibilität des Stellvertre=
ters Christi ihren letzten Stützpunkt hat, herstellen kann? Der
Katholicismus vermag dies, und der Protestantismus, spürt
er einmal den Kitzel, seinem geistlichen Stande eine besondere
göttliche Glorie zu geben, muß auch zu den praktischen Con=
sequenzen: Sakrament der Ordination, ununterbrochene Suc=
cession, Untrüglichkeit der Lehre und des Lehrstandes fort=
schreiten. Sonst bleibt alles eine müßige, in den Augen der

Katholiken lächerliche Spielerei, ein hierarchisches Gelüste ohne
Kraft der Ausführung. Wie sehr der moderne Amtsbegriff
diesen Charakter einer lächerlichen, aber zugleich sehr gefährlichen Spielerei mit katholischen Vorstellungen an sich trägt,
zeigt recht deutlich das von pfäffischem Geiste dictirte und
doch ganz nebulose Werk von Kliefoth! Fragen wir, wie
denn die Träger des Amtes von Gott selbst eingesetzt seien,
so antwortet er: Gott gibt zuerst den innern Beruf, den
Trieb zum Amte durch seine geistlichen Gaben und Lebens-
führungen; dann ist er es, der die Bereitung und Zurichtung
der so Berufenen bewirkt, und endlich ist er es wieder, der
die so tüchtig Gemachten ins Amt einsetzt. Als ob an dieser
Berufung und Einsetzung nicht die Menschen mit ihren Ein-
sichten und Thätigkeiten, die Aeltern und Erzieher, dann
die Patrone und Kirchenbehörden einen sehr wesentlichen Antheil hätten! Und wenn sie ihn haben, worin besteht der
göttliche Antheil und wie überwindet er die menschlichen Ein-
flüsse? Und worin liegt die Garantie für eine solche Ueberwindung? Und wie ist zu leugnen, daß viele sehr Untüchtige
ins Amt gesetzt werden? Und wie verhält sich zu solchen
Thatsachen die göttliche Einsetzung?

Auf alle diese Fragen gibt es deshalb keine vernünftige
Antwort von Seiten Herrn Kliefoth, weil in der That die
einzige Auskunft das Sakrament der Ordination und die von
ihm ausgehende stärkende und bewahrende Gnadenwirkung ist,
zu welcher sich offen zu bekennen er wie seine Genossen noch
immer Anstand nehmen. Diese Männer, deren Schlagwort
„Realismus" ist, welche alles geistig-unsichtbare Leben der
Kirche, alle idealen, nicht mit Händen zu greifenden Mächte
absichtlich ignoriren und verhöhnen, sind doch wieder zu feig
oder zu confus, um mit dem Realismus Ernst zu machen,

um ein greifbares und äußerlich erkennbares Einwirken gött=
licher Kräfte, ein Uebertragen derselben durch das Chrisma
oder die Handauflegung auf den priesterlichen Stand zuzu=
geben. Ansätze dazu sind wol gemacht, eine objective Mit=
theilung bei der Ordination wird von manchen Seiten behaup=
tet, auch wird an die Ordination, nicht an die Vocation, im
Widerspruch mit den symbolischen Büchern, der Unterschied
des geistlichen Standes vom Laienstande geknüpft (Münch=
meyer); es wird, wie auf der leipziger Conferenz, von „der
in der Ordination sich vollendenden Berufung" geredet —
aber das alles ist doch eben nur unreifes und halbgeborenes
Gedankenwesen, ohne bewußte Consequenz und klares Ziel.
Der echteste Repräsentant dieses sehr weit ausholenden, den=
noch in seinen letzten Intentionen unklaren und ganz unge=
nießbaren Doctrinärismus ist wieder Kliefoth. Er geht, mit
Einmischung des ganzen Apparats politischer Stichworte und
Antipathien, von dem Grundgedanken aus: „Die Kirche ist
ein in göttlich gestifteten Ständen und Instituten gegliederter
und verfaßter Organismus." Alles bildet sich von oben
herab, nicht von unten auf. Die Kirche ist ein objectives,
aus der heiligen Dreieinigkeit in die Menschheit hineingebore=
nes Institut. Der Grundirrthum besteht demnach darin, den
Kirchenbegriff von seiner subjectiven Seite zu fassen, vom
Glauben auszugehen, die Kirche als die Gemeinschaft der
Gläubigen zu bestimmen, sie zu einem Product der Men=
schen zu machen. Daher, meint er, stammen alle Verkehrt=
heiten der Reformirten, der Spenerianer, der Collegialisten
bis zu dem äußersten Extrem kirchlicher Demokratie herab.
Diesem „von unten her" und „vom Subject aus" will
er ein consequentes „von oben her", eine sich objectiv ge=
staltende Kirche gegenüberstellen. Aber welch eine tolle Ab=

straction tritt in solcher Entgegensetzung hin! Die göttlichen
Institutionen, Stände und Aemter schweben in einer vollkom=
men neuplatonischen Präexistenz über den Menschen, werden
nicht durch sie, sondern für sie gebildet, senken sich aus den
Wolken des Himmels nieder auf die Erde und haben mit den
menschlichen Subjecten nichts anderes zu thun, als daß diese
sie annehmen und in sie hineingerückt werden. Eine absurdere
Caricatur des einseitigen Objectivismus läßt sich schwerlich
denken! Sie ist der Art, daß, sowie man auf Bestimmteres
eingeht, sogleich alles verständige Denken aufhört. Der Ka=
tholicismus, so äußerlich und mechanisch auch sein ganzes Vor=
stellen ist, bewegt sich doch in diesem Kreise mit Sicherheit
und Consequenz. Er nimmt an, daß die Einrichtungen und
Aemter der Kirche von Anfang an dieselben gewesen, daß sie
göttlich geordnet, durch mündliche Mandate Christi und durch
inspirirte apostolische Beschlüsse zu Stande gebracht seien.
Ebenso die Einführung der Einzelnen in die Kirchenämter ge=
schieht durch bestimmte göttliche als solche an äußern Zeichen
erkennbare Acte. Welch einen Sinn aber hat dies Gerede von
den objectiven kirchlichen Ständen und Institutionen, wenn
man zugeben muß und zugibt, daß das ganze Verfassungs=
wesen der Kirche eine Geschichte, geschichtliche Veränderungen
und Entwickelungen durchgemacht hat, welche durch mensch=
liche Subjecte geworden und bedingt sind? In welchem Zu=
sammenhange das „von oben" und das „von unten her", die
objectiven Institutionen und die menschlichen Subjecte stehen,
Männern dieser Art, die sich Realisten nennen, aber in
Wahrheit Phantasten sind, klar zu machen, möchte nicht so
leicht sein. — Schon Höfling hat es vergebens versucht, der
doch mit großer Klarheit ausgeführt, wie die Kirche nach pro=
testantischen Principien am Subject ihren Ausgangspunkt nehme,

zunächst ein Product des Glaubens, der Wirksamkeit des
Heiligen Geistes im Subjecte sei, wie sie demnächst zu einer
Wirkungsstätte des Heiligen Geistes werde und somit nicht
nur eine „Sammlung der Gläubigen", sondern ebenso
sehr eine „Sammlungsanstalt für den Glauben" sei.
Wenn eine solche Zusammenfassung der Gegensätze zur höhern
Einheit vorangeschickt ist, darf man ihm auch gewiß darin
Recht geben, daß dem Princip des Katholicismus am meisten
der Weg von oben nach unten, dem des Protestantismus der
von unten nach oben entspreche, daß der Protestantismus,
welcher alles von dem innern persönlichen Verhältnisse der
Individuen zu Christo abhängig mache, nothwendig den Schwer=
punkt auf die Erreichung des Zwecks der Kirche in der Ge=
meinde legen müsse.

Alle diese theoretischen Erörterungen über das geist=
liche Amt, über seine sakramentale Bedeutung und göttliche
Stiftung, die sich bis dahin nicht über das Niveau halber
Doctrinen und schwächlicher Velleitäten erhoben, erhielten zum
ersten male Wirklichkeit und praktische Anwendung in einem
Lande, das vor andern dazu ausersehen, die Reaction in ihrer
widerwärtigsten Gestalt zu ertragen und ihre giftigsten Früchte
einzuernten. Es war dem Herrn Dr. Vilmar, dem enfant
terrible der kirchlich=politischen Reaction, vorbehalten, in sei=
ner amtlichen Stellung als Metropolitan und geistlicher Rath,
in geistlichen Ausschreiben, Synodalreden und Ministerial=
erlassen und außerdem durch mannichfache Agitationen und Con=
ferenzen, in Missionsvereinen und Lokalblättern, in der refor=
mirten Kirche Hessens das Experiment zu machen mit einer
lutherisch=hierarchischen Kirchenreform im größten Maßstabe.

Auch bei ihm, wie bei Hengstenberg und Leo, ist ein
enger Bund der kirchlichen und politischen Reaction geschlossen;
aber Vilmar übertrifft diese beiden, ihm in manchen Zügen
so ähnlichen, kirchlichen Demagogen, an Haß, Chnismus
und Verfolgungssucht weit und wird vom Dämon der Partei=
wuth, dessen Gewalt er widerstandslos erliegt, bis an
die Grenzen des Wahnsinns geführt. Ein Mann von viel=
seitiger Bildung, wohl zu Hause auf dem Gebiet der classi=
schen und germanischen Philologie, von großen, unbestreitbaren
Verdiensten in der Literaturgeschichte, ein anregender, fesseln=
der, nachhaltig einwirkender Lehrer, wie seine Schüler, auch
solche, welche sich später weit von ihm entfernt haben, ein=
müthig bekennen. Aber eine dämonische, von allen Furien
maßloser Leidenschaften getriebene, von allen Gegensätzen der
Zeit umhergeworfene, in allen Schmutz des Parteitreibens
hinabgezogene Persönlichkeit. So sehr er sich rühmt, ein
Mann der „starren Ueberzeugung“, der „eisernen Consequenz“
zu sein, so voll von Widersprüchen, von plötzlichen ge=
waltsamen Wandlungen ist, namentlich sein politisches Le=
ben, gewesen, so rücksichtslos hat er sich selbst ins Ge=
sicht geschlagen, so ganz steht er unter der Macht des Au=
genblicks, als ob er im wirren Taumel gar keine Er=
innerung hätte für das, was ihm der vorangegangene Augen=
blick eingegeben. So hat er im Jahre 1848 die deutschen
Grundrechte als das „rechte, wahre und klare Gold“, als die
„edlen Kleinodien des deutschen Volks“ gepriesen und wieder
im Jahre 1851 dieselben ein „grobes Attentat auf das gött=
liche Gesetz“ genannt; so hat er sich der Bewegung des Jah=
res 1848 mit lautem Zuruf angeschlossen, und sich nicht ge=
scheut, selbst das revolutionäre hanauer Ultimatum vom 11. März
mit zu unterschreiben, und dann wieder sich von dem „Jahr

der Schande" mit Schaudern hinweggewandt, und diejenigen
„Verbrecher" oder „Narren" gescholten, welche an seinen Be=
wegungen Antheil genommen. Vielleicht niemand im gan=
zen Hessenlande hat so unverhohlen wie er, in der Blütezeit
Hassenpflug'scher Reaction, zum Verfassungsbruch gehetzt, zur
Rachsuchts = und Verfolgungspolitik gemahnt, zur Razzia gegen
die verfassungstreuen Richter, die „sogenannten Rechtsprecher"
aufgerufen und seinem Fürsten wiederholt das: „Land=
graf, werde hart" zugeraunt. In Wahrheit überbot dieser
gallsüchtige Doppelgänger Hassenpflug's seinen Meister bei
weitem in rücksichtsloser Gewaltthätigkeit, in schmählicher
Ausbeutung des „göttlichen Rechts" der Landesfürsten. So
ist denn auch sein Name, nicht für Hessen allein, für ganz
Dentschland, an den Hassenpflug's auf alle Zeiten geket=
tet. Schon seit dem Jahre 1832, als letzterer den jungen
Collaborator in Hersfeld zum Director des marburger Gym=
nasiums emporhob und ihn mit den wichtigsten Arbeiten in
seinem Ministerium betraute, schloß sich der Seelenbund der
beiden, der mit dem Wiedereintritt Hassenpflug's im Jahre
1850 neu befestigt wurde. So blieb Vilmar, bei allen grellen
Widersprüchen und Selbstverurtheilungen, consequent nur in
dem Einen: in der unbedingten Anhängerschaft an Hassen=
pflug und seine „rettenden Thaten", über welche er den
Segen gesprochen hat. Er hat ihn, noch in der Grabrede,
einen Mann genannt, der „recht eigentlich im Dienste Gottes
gestanden", „einen Mann des Glaubens, gewissenhaft, treu, zu=
verlässig in allen Stücken, eben weil er ein Christ war, der
im Glauben seiner Väter stand"; er hat, in völliger Ver=
kehrung aller sittlichen Begriffe, das rücksichtslose Höhnen und
Niedertreten des Rechts bei diesem seinem Helden und Herrn
auf einen „göttlichen Auftrag" zurückgeführt und also die Re=

ligion selbst in offenen Widerspruch mit Recht und Sittlichkeit
gesetzt. Niemand hat wol je ein so unverzeihliches Spiel mit
dem Namen Gottes getrieben, wie er. Ist doch ein wahrhaft
erschreckender Lügengeist in diesem Menschen zur Erscheinung
gekommen, der sich mit Gebet und Salbung in Rechtsbruch
und Verfolgungssucht tief hineinlog, der überall auf Gottes Wort und göttliches Recht die Aufhebung des menschlichen Rechts, die Umkehrung der einfachsten Wahrheit zurück-
führte. Nur Eines läßt sich, nicht zur Entschuldigung, wohl
aber zur Ermäßigung der Schuld anführen, das ist: die bis
zur Höhe der Unzurechnungsfähigkeit, zum Gedanken unnebeln-
den Wahn emporsteigende Erregung des Augenblicks!! —
Für die Entwickelung der Theologie ist dieser fanatische Politiker nur insofern von Bedeutung gewesen, als er die Lehre
vom „Teufel“ und die vom „Sakrament“ mit besonderer
Vorliebe ergriffen, sie bis zum äußersten Extrem ausgebildet
und — was für uns die Hauptsache ist — in allen ihren
praktischen Consequenzen ausgebeutet hat. Die Vorliebe für
den Teufel und seine sinnliche Erscheinung ist bei einem so
ganz unter der Macht des Dämon stehenden, so sehr nach
Sinnlichkeit verlangenden Manne, wie Vilmar, nicht schwer
zu erklären. Besonders in der Schrift: „Die Theologie der
Thatsachen wider die Theologie der Rhetorik“ (1856) wird
diese Lehre vom Teufel den jungen Theologen ans Herz gelegt als eine solche, die vor allem in unserer Zeit wieder
aus dem Staube zu ziehen sei. Zur Theologie der „Thatsachen“ gehört ja vornehmlich die persönliche Bekanntschaft
des Teufels, den Vilmar selbst, wie er berichtet, in seinem
„Zähnefletschen aus der Tiefe, mit leiblichen Augen, nicht
blos figürlich“ — gesehen hat. Ferner besteht diese Theologie
in der völligen Verachtung der Wissenschaft, aller allgemeinen

Begriffe, aller wissenschaftlichen Untersuchungen und Zusam=
menfassungen; sie beruht wesentlich nur auf dem, was in
der Schrift niedergelegt und von der Kirche aufgenommen ist,
das auf möglichst sichere und leichte Weise ihren künfti=
gen Dienern übergeben werden soll. Vilmar legt mit dieser
Thatsachentheologie nicht etwa ein besonderes Gewicht auf
eine scharf und bis ins einzelne zugespitzte Rechtgläubigkeit,
er polemisirt vielmehr wiederholt gegen solche, welche von
einer „Bekenntnißkirche" oder von „christlicher Wissenschaft
und Vertiefung in die Schrift" das Heil der Zukunft erwar=
ten, ihm kommt es vor allem auf die noch immer wirkenden
göttlichen Thatsachen, auf die Magie der Sakramente
an, unter deren Macht das ganze Leben des Christen gestellt
werden soll. Die echtlutherischen Geistlichen sind, seiner
Ansicht nach, nicht die bekenntnißtreuen, sondern diejenigen,
„welche sich als Organe des lebendig gegenwärtigen Christus
fühlen, der durch sie in der Predigt des Worts, in den Sa=
kramenten und in der Sündenvergebung wirkt und der ihres
Lebens Heiland ist." — Es tritt uns hier ein interessanter
Gegensatz zwischen der Bekenntnißkirche und der Sakra=
mentskirche entgegen. Das „Wort" und die „Lehre"
stehen überall in zweiter Reihe und werden durch die unendlich
höhere Macht des Sakraments tief herabgedrückt. Das Wort
wirkt ja nur durch den Geist von oben her auf den Men=
schen, dagegen das Sakrament von unten her durch die
Leiblichkeit und ergreift also die ganze Persönlichkeit, nach
Leib und Seele. Die Bedeutung des geistlichen Amts ruht
wesentlich auf der des Sakraments und ist nur ein Ausfluß
desselben. Der Geistliche wird zu einem Träger göttlicher
Kräfte, weil er auf sakramentale Weise auserwählt und ge=

weißt und damit wieder berufen und geeignet ist, die höchste
Thätigkeit seines Amts, die Sakramentsverwaltung, auszu=
üben. So tritt „nur durch die Wirksamkeit des priesterlichen
Amts Gott lebendig in die diesseitige Welt ein",
nur durch sie „wird der todte Christus (!!) lebendig und
gegenwärtig", nur durch sie „rückt der heilige Geist in die
Realität ein".

Das Wort wird freilich auch durch den Geistlichen ver=
mittelt, in der Predigt, aber es ist doch diese Vermittelung
keine nothwendige und unumgängliche, denn es steht ja einem
jeden Laien der Zutritt zu der offen daliegenden Schrift, die
nicht wieder einer besondern kirchlichen Interpretation bedarf,
und damit zu den Gnadenschätzen der Schrift, frei. Das
Gnadenmittel des Worts ist also nicht an bestimmte Vermitt=
ler gebunden, diese Gnadenkräfte strömen überall für den Ver=
langenden und Bedürftigen, hier kann ein jeder sich selbst mit=
teln. Ganz anders mit dem Sakrament. Es ist an die rich=
tige Verwaltung geknüpft und diese dem geistlichen Stande
ausschließlich übertragen. Legt man nun ein besonderes Ge=
wicht auf die Gnadenkräfte des Sakraments, sind diese be=
sondere, von den Wirkungen des Worts verschiedene oder wol
gar höhere als sie, so werden die Sakramentsverwalter, welche
mit dem Recht des Mittheilens auch das des Versagens haben,
offenbar zu Heils= und Gnadenmittlern. Es kann hier nicht
näher eingegangen werden auf die große Lückenhaftigkeit der
altprotestantischen Dogmatik in der Bestimmung des Verhält=
nisses von Wort und Sakrament; — das Eine für uns Wich=
tige steht fest, daß mit dem Urgiren des Sakramentsamts
auch das Mittlerthum des geistlichen Standes gegeben ist.
Dies ist es vorzugsweise, was Vilmar im Auge hat und mit
der ihm eigenen vor nichts zurückbebenden Rücksichtslosigkeit

ausspricht. Der Geistliche ist nicht nach dem apostolischen
Wort der Gehülfe des Glaubens, sondern der Spender des
Heils, der Verwalter und Depositär der Heilsschätze. So
gibt Vilmar bei der Einführung eines Pfarrers zu Kassel*)
folgende Definition vom geistlichen Amt: „Das Pfarramt als
das Amt der Apostel, Propheten, Hirten und Lehrer ist die
lebendige und leibhaftige Fortsetzung des Amtes
unsers allerheiligsten Erlösers, also daß derselbe alle
Thaten, welche er vollbracht, aus seiner Kraft fortführt und
wiederholt." Er erklärt in seinem Organ „Der hessische
Volksfreund"**): „Das geistliche Amt hat allein noch göttliches Mandat in vollkommenem Maße und in reicher Fülle,
sonst niemand, nicht das gläubige Individuum in der Gemeinde, nicht die Gemeinde und wäre sie auch eine Gemeinde
der Heiligen. In dem geistlichen Amt liegt die Kraft des
Gesetzes und des Evangeliums, die Kraft des Sakraments,
die Kraft zu binden und zu lösen. Dieses Amt ist ein
Amt der That und Kraft, nicht der bloßen Mittheilung und Verkündigung von Dingen, die wir sonst schon
wissen und haben." — Hier ist denn auch schon, und das ist
offenbar ein neues, die sündenvergebende Kraft als ein
Hauptattribut des geistlichen Amts aufgeführt. Und diese Erklärung steht nicht etwa vereinzelt da. Vielmehr ist bei Herrn
Vilmar wie seinen Freunden in Hessen***) gar oft die Rede

---

*) Vgl. Heppe, „Denkschrift über die confessionellen Wirren in der
evangelischen Kirche Kurhessens", 1854.
**) Jahrgang 1849, S. 94 fg.
***) Als solche sind besonders zu nennen: Der Bruder Dr. Vil-
mar's, Metropolitan in Melsungen, Dr. Elvers in Kassel und der Gym-
nasiallehrer Dr. Piderit, Mitredacteur des „Volksfreundes".

von dem „mächtigen, sündenvergebenden Amt". Es
liegt in der That in dieser Wiederherstellung des Sakraments
der Sündenvergebung inmitten der protestantischen Kirche, so
groß auch die Scham= und Gewissenlosigkeit ist, welche solche
Erklärungen möglich macht, gewissermaßen Methode. Denn
dies Sakrament ist ja doch das eigentlich praktische, das mäch=
tigste und eingreifendste, dasjenige, um welches die hierarchi=
schen Gelüste protestantischer Pfaffen die katholische Kirche von
jeher am meisten beneidet und zu beneiden Ursache gehabt!
Und warum sollte man nicht, wenn man den geistlichen Stand
einmal zum specifischen Heilsspender macht, ihm auch das
Amt der Schlüssel, des Auf= und Zuschließens des Heils=
schatzes übergeben? Es ist von großem Interesse, wie sich
mit innerer Nothwendigkeit an den sakramentalen Amtsbegriff
Ein katholisches Sakrament nach dem andern ansetzt. So sin=
den wir bei Herrn Vilmar — und wir sind ihm von unserm
historischen Standpunkt aus für seine Consequenz zu aufrich=
tigem Dank verpflichtet, so arg und empörend auch die Ver=
wirrung sein mag, welche er in der Kirche Kurhessens an=
gerichtet — auch noch das Sakrament der Confirmation.
In einem Ausschreiben vom 20. Dec. 1851 an die Pfarrer
der Diöcese Kassel ist die Rede von der Handauflegung bei
der Confirmation als „dem Siegel eines für das Kind
wirksamen Gebetes um den Heiligen Geist". Die
Handauflegung ist nach seiner Erklärung der eigentliche Mittel=
punkt und Zweck der Confirmationshandlung, und er bringt
sie mit der Mittheilung des Heiligen Geistes in die Verbin=
dung, daß, so gewiß dem Kinde die Hände aufgelegt werden,
so gewiß empfange es durch das wirksame Gebet des Geist=
lichen den Heiligen Geist. Dies „wirksame Gebet" des Geist=
lichen ist außerdem zu einer eigenen noch weiter greifenden

und in die katholischen Fürbitten und Messen übergehenden
Theorie ausgebildet. Vilmar fordert die Pfarrer seiner Diö=
cese auf, jeden Mittag zur bestimmten Stunde, beim Mittags=
läuten vor dem Altar, für die Gemeinde zu beten, da solchem
Gebet eine besondere wirksame Kraft einwohnen müsse. Noch
von einer andern Seite her hat er den Uebergang zur katho=
lischen Messe vorzubereiten gesucht. Auf der zu Marburg im
Januar 1851 versammelten Conferenz*) erklärte er, daß jeder
eigentliche Gottesdienst mit der Feier des heiligen Abendmahls
schließen, und daß, wenn kein Communicant vorhanden sei,
der Geistliche allein communiciren müsse. — Man sieht, es
ist in diesem Treiben Methode. Das sakramentale geistliche
Amt, als Mittleramt, bildet den Ausgangspunkt. Daran
schließt sich das Amt der Sündenvergebung und das der Con=
firmation, die Fürbitten und die Messe. Weit genug ist man
damit allerdings in den Katholicismus hineingerathen, aber
es fehlt doch noch Ein Glied in der Kette: das Sakrament,
welches die Quelle aller andern ist und welches dem Sakra=
mentsamt seinen letzten festen und greifbaren Halt gibt, das
S a k r a m e n t   d e s   A m t s   oder die Ordination. Wir haben
schon auf die noch furchtsamen und unsichern Anfänge zu einer
solchen Vorstellung hingedeutet, auch Vilmar hat insofern einen
schätzbaren Beitrag zur Ausbildung dieses Sakraments ge=
geben, als er eine Ordination ohne bestimmte Introduction
in ein geistliches Amt, eine Ordination a n   s i c h   beantragt hat;
aber wir haben gerade zu ihm das Vertrauen, daß er noch
einen Schritt weiter thun wird. Ist auch das hessische Papst=
thum, welches er schon als Lohn seiner sogenannten kirchlichen
Reformen, das heißt seiner gewissenlosen, alle Wahrheit um=

---

*) S. Heppe, a. a. O.

kehrenden Gewaltthätigkeiten, in den Händen zu haben glaubte, denselben entglitten, er kann und wird nicht auf halbem Wege stehen bleiben. Und dieser Weg führt nach Rom!

Es ist nicht schwer zu begreifen, wie im Zusammenhang mit dieser katholisirenden Vorliebe für den sakramentalen Amts= begriff und für das magische Wirken des Sakraments überhaupt, im Unterschiede vom Wort, auch auf dem liturgischen Gebiet sich eine Menge von krankhaften Neigungen und Wünschen ein= gestellt haben, deren Wurzeln bis zum Katholicismus zurück= gehen und die hier allein ihre Erledigung finden. Der Grund= gedanke aller dieser Gelüste ist, einen sakramentalen Gottes= dienst herzustellen; im Widerspruche mit Luther selbst, der die Predigt für „das größte und fürnehmste Stück im Gottes= dienst" erklärte, das Sakrament, nicht die Predigt, zum Mittel= punkt des Gottesdienstes zu machen, den Altar über die Kan= zel zu erheben. Schon Kliefoth hat die Ueberbauung des Altars mit der Kanzel, welche, so unschön sie auch sein mag, doch ein sehr bedeutsames Symbol des Protestantismus ist, als die Zerstörung des Cultus bezeichnet und ähnlich wie Vil= mar die Abendmahlsfeier als ein nothwendiges und integri= rendes Moment jedes Hauptgottesdienstes gefordert. Die Vor= liebe für die sogenannten liturgischen Gottesdienste, die Gebetsandachten, die Vespern, die langen Altargebete in den neu angefertigten Liturgien, wie z. B. in der neuen bairischen, der ausgebildete Chorgesang, das alles zeugt von dem Be= streben, den protestantischen Gottesdienst durch eine Menge fremdartiger, dem Katholicismus entlehnter Mittel zu berei= chern, das Wort der Predigt, welches bis dahin geherrscht, durch liturgische Formeln, das Gemeindelied durch Altar= und Chorgesang zu verdecken. Ueberall zeigt sich das Bestreben, die lebendige Subjectivität hinter die Formel zurückzustellen,

die Betheiligung der Gemeinde zu einer nur passiven herab=
zudrücken, dem klaren Wort einen heiligen und geheimnißvollen
Altardienst zu substituiren. Das Mysterium des Altars, diese
unburchdrungene und undurchdringliche Objectivität, die magi=
schen Kräfte eines frommen Schauers, welche von diesem
Allerheiligsten ausgehen, sollen die ganze Cultusstimmung be=
herrschen. Besonders charakteristisch für diese katholisirenden
Cultusreformen ist die Agitation für das Knien in der pro=
testantischen Kirche. „Auf die Knie", rief der Landrath
Kröcher auf dem berliner Kirchentag, „denn gegen den Bann,
welcher auf dem deutschen Volke liegt, hilft nur Gebet, zum
Gebet aber muß man sich beugen." „Auf die Knie", rief
die gnabauer Conferenz*), „denn der Herr will die Beugung
des alten Adam, und das Gebet auf den Knien scheint das
Erste zu sein, womit wir anfangen müssen umzukehren und
Buße zu thun." Und sie berieth ernstlich darüber, ob es
nicht an der Zeit sei, die kirchlichen Behörden darauf auf=
merksam zu machen, daß zur Schande unserer Kirche die
Gotteshäuser meistens schon so eingerichtet seien, daß das
kniende Gebet fast unmöglich werde. Es ist niederschlagend,
zu sehen, wie wenig Bewußtsein eine Conferenz protestantischer
Geistlicher über das innerste Wesen und Walten ihrer Kirche
und über die aus diesem Wesen entsprungenen Formen ihres
Cultus und die Einrichtungen ihrer Gotteshäuser hat, wäh=
rend die Katholiken mit scharfem Blick alle Symptome dieser
protestantischen Kirchenthums= und Sakramentskrankheit er=
spähen und alle unsere verunglückten Versuche, den Katholi=
cismus zu copiren, mit bitterm Hohne begleiten. Wozu das

---

*) Im Jahre 1853.

Knien in der protestantischen Kirche, rufen sie aus*), da der
Grund des Kniens fehlt? Der Katholik kniet vor dem leib=
lich=gegenwärtigen Allerheiligsten, den Protestanten aber man=
gelt das Tabernakel! Wozu die neueste protestantische Agita=
tion für die katholische Sitte des Offenbleibens der Kirche?
Denn „was hat man in der einsamen und leeren Kirche,
welcher das Mysterium der Gegenwart des Frohnleichnams
fehlt, zu suchen, was man nicht auch in dem einsamen Käm=
merlein finden könnte"? Gewiß wahr und unwiderleglich
gegenüber einem gedanken= und charakterlosen Eklekticismus,
der mit bunten katholischen Lappen das farblose Gewand
des protestantischen Cultus schmücken möchte! Gegenüber
der innern Haltlosigkeit und Leerheit, welche, weil ihr der
eigene Stütz= und Schwerpunkt im Gewissensglauben fehlt,
nach einer absoluten und sichtbaren Autorität, nach unwandel=
baren objectiven Mächten, nach magisch wirkenden Gnaden=
kräften verlangt, um sich an sie anlehnen, bei ihnen Trost im
Jammer der eigenen Nichtigkeit finden zu können. Die Ka=
tholiken sehen klar, wohin dies marklose Autoritätsbedürf=
niß, dies Verlangen nach sichtbaren Gnadenspendern und ma=
gischen Cultuselementen führen muß, sie erkennen, daß diese
Hyperlutheraner ohne es selbst zu wissen im Dienste der
katholischen Kirche stehen, und sie sagen von ihnen: „sie
schmieden unsere Waffen und ihre Sprache verstehen wir wie
unsere eigene."

Nehmen wir zu allen diesen Symptomen katholisirender
Umbildungsversuche unsers Dogmas wie unserer Cultusfor=

---

*) Phillipps' und Görres' „Historisch=politische Blätter", Jahrgang
1855, Heft 7.

men nun noch die von den verschiedensten Seiten her offen
und wiederholt zur Schau getragenen Sympathien für die
katholische Kirche, wie sie uns in Zeitungsberichten und wissen=
schaftlichen Werken, in Pastoralconferenzen und auf Kirchen=
tagen zahlreich entgegentreten, so müssen wir zu dem Urtheile
kommen, daß die Krankheit bereits in ein sehr bedenkliches
Stadium, nämlich in das des Abwerfens aller Scham, getre=
ten sei. Vor andern zeichnen sich in dieser Beziehung das
„Hallische Volksblatt", und an seiner Spitze Herr Dr. H. Leo
in Halle, aus. Es ist bekannt, wie eine Stelle im „Halli=
schen Volksblatt", in der es hieß: „Die katholische Kirche ist
mehr als unser Freund, sie ist unser von uns getrenntes
Fleisch und Blut, die Hälfte unseres eigenen Selbst und
daher ist ihre Schmach unsere Schmach und ihr Aufschwung
unser Aufschwung", den ehrlichen Dr. Marriot veranlaßte,
den Herrn Nathusius, falls er diese Worte nicht zurücknehme,
zu einer öffentlichen Disputation auf dem nächsten Kirchentage
herauszufordern, wo er zu beweisen gedenke, „daß dieser Satz
unwahr und unprotestantisch und den Namen des Krypto=
katholicismus verdiene". Es wäre gewiß mehr als überflüssig,
wollten wir aus Leo's Schriften einzelne Stellen zum Beweise
für seine katholischen Neigungen anführen. Die katholische
Richtung, in welche er hineingerathen und in die er sich mit
der Zeit immer mehr hinein capricirt hat, ist das Product
mannichfacher unklarer Instincte und Uebertreibungen. Die
Schlagworte der convertirten Romantiker, umgeschlagene De=
magogie, Vorliebe für das Mittelalter, halb verstandenes und
caricirtes Hegelthum — das ungefähr sind die Elemente, aus
deren Mischung seine Welt= und Geschichtsanschauung hervor=
gegangen ist, wenn überhaupt von einer solchen bei einer so
gewaltsamen und tumultuarischen Natur wie die seine geredet

werden kann. Bei unleugbar großen Gaben, einer seltenen
Naturkraft und lebendigster Phantasie, durch welche er zu einer
der ersten Stellen unter den Historikern der Gegenwart be=
rufen war, hat er es doch nur zu einem sehr zweifelhaften
Parteiruhme gebracht; seine zügellose Phantasie, seine unaus=
gegohrene poetische Anlage hat ihn zum Höllenbreughel unter
den Geschichtschreibern gemacht. Wie überhaupt die wunder=
barsten Widersprüche in diesem Manne sich zusammenfinden,
ist vor allem der zu beachten zwischen der „Zucht", dem „Ge=
horsam", dem „Autoritätsdienst", der Unterwerfung unter die
„objectiven Mächte", welche er überall predigt, und der Zucht=
losigkeit des Denkens, der Willkür und Fahrigkeit des Rai=
sonnirens, dem Subjectivismus der Sympathien und Anti=
pathien, der völligen Undisciplinirtheit, welche er für sich
selbst in Anspruch nimmt. Er gehört keiner Schule, keiner
Kirche, keiner Genossenschaft, nicht einmal einer Partei an.
Er fordert Gehorsam, ohne ihn selbst zu leisten, er buhlt mit
der katholischen Kirche und schlägt die protestantische, der er
angehört — mit Fäusten. Was ihn zum Katholicismus führt,
ist einmal die unverständige, wol dilettantischen Romantikern
und Poeten, nicht aber Männern der Wissenschaft ziemende
Vorliebe für das Mittelalter, für seine feudalen und hierarchi=
schen Gliederungen. Sie werden als Maßstab an die ganze
neue Geschichte angelegt, und so kommt es, daß in dieser
nichts gefunden wird, als die Herrschaft „macchiavellistischer",
„mercantiler" und „mechanisch = politischer" Tendenzen. Der
moderne Staat und die moderne Gesellschaft, die mercantilen
und industriellen Interessen werden mit Schmähungen über=
häuft. Die Herrschaft des Gesetzes, als des durchgreifenden
Allgemeinen, der Charakter der neuen Zeit, wird als „mecha=
nisch" bezeichnet. Dem Einen Rechte werden die vielen

Vorrechte entgegengestellt. Außer diesen mittelalterlichen
Idealen, welche ihn unter anderm zu dem Ausspruche führen,
„von Männern wie Gregor VII., Innocenz III. und Ximenes
seien Ziele erstrebt und erreicht, zu denen die neuere Politik
die Augen nicht erheben dürfe" — schwebt ihm der Hegel'sche
Gedanke von der Herrschaft der objectiven Mächte über
das Subject vor, den er in den unverständigsten Formen,
zur Verherrlichung der blutigsten Gewalt wie der empörendsten
Geistesknechtung, in Anwendung bringt. Und es ist dann
wieder unter den verschiedenen Objectivitäten die katholische
Kirche diejenige, vor welcher, als der absoluten, sich alle
andern beugen. Hier ist die absolute und unwider=
sprechliche Autorität aufgerichtet, der gegenüber das Sub=
ject sich stets im Unrecht befindet, mit der in Widerspruch zu
treten Frevel ist. Im Kampfe der katholischen Kirche mit den
reformirenden Sekten, und ebenso im Kampfe mit dem moder=
nen Staat, ist sie alle male im Rechte. Noch bei Gelegenheit
des badischen Kirchenstreits höhnte Leo in der bekannten Weise
die „hölzerne Auffassung bureaukratischen Regiments", die
„elende vermittelnde, philiströse Salbe". Durch die ganze
Geschichte der Reformation, des Dreißigjährigen Kriegs, der
Befreiung der Niederlande, geht die unverhaltene Sympathie
für die katholische Partei, für den römischen Stuhl gegen
Luther, für die katholische Liga gegen Gustav Adolf, für
Philipp II. und Alba gegen Oranien. Für die Tiefe, Ge=
walt und Nothwendigkeit der Reformationsbewegung hat er
gar keinen Sinn, mit offenbarem Widerwillen und kleinlicher
Empfindlichkeit wird alles sie Fördernde angelassen, die trivial=
sten Maßstäbe werden an alles Große angelegt, der elendeste
Pragmatismus gemeiner Motive und entscheidender Zufällig=
keiten führt das Wort. Luther selbst ist nicht viel besser als

ein gutmeinender und tapferer, aber unverständiger Demagoge,
seine Schrift „An den christlichen Adel deutscher Nation" ist
ein „demagogisches Buch", durch welches er „schwere Ver=
antwortung auf sich geladen", in dem er mit „gewaltiger,
kämpfender Faust in ein Kunstwerk des menschlichen Geistes
schlug, an welchem derselbe, oft unter Gottes sichtbarer Lei=
tung, ein Jahrtausend gebaut — und dessen Herrlichkeit
und innere Tiefe zu durchschauen Luther selbst viel
zu beengt in Bildung und Wesen war". Die Lehre
Luther's von der Gestaltung der Gemeinde und von der Stel=
lung des Geistlichen zu ihr ist „die Wurzel aller der
die menschliche Gesellschaft in den letzten Jahrhun=
derten bedrohenden Lehren" (Universalgesch., III, 141).
Dasjenige, was bei dieser grundverderblichen Lehre von der
Kirche allein mit dem Protestantismus zu versöhnen vermag,
ist sein Augustinismus, die „Verdammung der Werkheiligkeit,
die Hervorhebung der ewigen Grundlehren des Christenthums
von der Sünde und der Erlösung".*) So ist das Ideal
Leo's der katholische Augustinismus, d. h. der Jansenis=
mus, ihn nennt er „die reinste und schönste Gestalt, in wel=
cher die Reformation erschienen, welche das Priesterthum
bewahrte, das fast allen reformatorischen Kreisen
in seiner wahren Gestalt verloren gegangen ist und
die dennoch aus dem innersten Grunde religiös=christlichen
Lebens alles bestimmte und nur das auf diesem Wege Ge=
rechtfertigte anerkannte".**) Wie gedankenlos diese Synthese
des Augustinismus und der katholischen Kirchenautorität ist,
braucht wol kaum bemerkt zu werden. Die Autorität der

---

*) a. a. O., III, 193.
**) a. a. O., IV, 222.

Kirche bestimmt, und das ist die wichtigste Art ihrer Bethä=
tigung, das Dogma. Und sie hat den Semipelagianismus
ganz ausdrücklich im Tridentinum festgestellt und sanctionirt.
Von der göttlichen Autorität der Kirche reden, den unbeding=
ten Gehorsam gegen sie predigen und daneben sich nach eige=
nem Gefallen und im Widerspruch mit den officiellen Kund=
gebungen der Kirche ein eigenes Sünden = und Gnadendogma
nach Art des Jansenismus zurechtstellen — das ist Wider=
sinn! Es zeigt sich hier recht deutlich, wie wenig Leo vom
Wesen des Protestantismus begriffen hat. Die reforma=
torische Freiheits =, Sünden = und Gnadenlehre, diese absolute
Dependenz des Menschen von Gott, hat den Sinn, die Men=
schen durch die absolute Abhängigkeit von allen endlichen Ab=
hängigkeiten zu befreien, ihn an die göttliche Autorität (die
Bibel) zu binden, um ihn von allen menschlichen Autoritäten
(Tradition) zu entbinden, ihn in Gott zu gründen, um ihn
den Menschen gegenüber auf sich selbst zu stellen. Mit die=
ser absoluten Dependenz ist daher die wahrhafte Freiheit, mit
dieser völligen Hingabe an die göttliche Substantialität das
unendliche Recht der Subjectivität verbunden. Also —
die Augustinische Gnadenlehre richtet sich bei den Reforma=
toren nicht blos, wie Leo meint, gegen die menschliche Werk=
gerechtigkeit, sondern ebenso sehr gegen die menschlichen
Autoritätsansprüche. Wie zu lesen ist in der köstlichen
Schrift „Von der Freiheit eines Christenmenschen". Es ist
daher ganz gedankenlos und unprotestantisch, sich für die
absolute Gnadenwahl begeistern und zugleich die absolute
Autorität der Kirche ersehnen. Die Prädicate und Ansprüche
des Absoluten auf die empirische Welt, ihre Ordnungen und
Institutionen (gleichviel ob auf Obrigkeit, Fürst oder Hierar=
chie und Papst) unter dem Titel „göttlicher Ordnungen" über=

tragen, sie vom Unendlichen auf das Endliche, wenn auch nur
in seinen Spitzen, unversehens herabgleiten lassen, — das ist
katholisch, die Grundverkehrtheit des Katholicismus, das Hei=
benthum des Katholicismus, das ihn mit dem heidnischen
Cäsarenthum in so nahe, wenn auch so feindliche Berührung
bringt. Und wenn protestantische Staatslehrer von den „gött=
lichen Ordnungen" und Institutionen der Fürsten und obrig=
keitlichen Gewalten so viel reden, so gehen sie, meist ohne es
zu wissen, in den Wegen des Katholicismus, freilich eines
sehr confusen, abgeleiteten und weltlichen Katholicismus,
der schließlich sich vor dem bewußten, echten und geistlichen
Katholicismus, sobald es zu einem ernsten Conflict zwi=
schen den verschiedenen göttlichen Ordnungen, denen des
Staats und der Kirche, kommt, beugen muß. Wie sehr dies
der Fall, haben wir schon an dem Beispiele Leo's gesehen,
der sonst doch auch ein Verehrer fürstlicher Macht und Will=
kür ist und sie zu den göttlichen Ordnungen zählt, da aber,
wo sie in Streit mit der katholischen Kirche kommt, sie aufs
ungebührlichste schmäht. Wie ganz und gar Leo in katholi=
schen Anschauungen steht und zwar in der wichtigsten und ent=
scheidendsten Lehre, in der von der Kirche und ihrer Auto=
rität, das hat er auch ganz deutlich bei Gelegenheit seines
Angriffs auf Bunsen*) in naivster Weise ausgesprochen. Er
sagt: „Vergeudung herrlicher Kräfte ist jedenfalls überall das
letzte Resultat der Entgegensetzung von Kirche und
Evangelium — und niemand soll sich einbilden, er habe
die Anlage zum vollkommenen Christen, der die Lehre von
der Kirche, von ihren heiligen Kräften und von ihrer
Autorität gering achtet dadurch, daß er zwischen ihr

---

*) „Neue Preußische Zeitung", Jahrgang 1855, Nr. 259.

und dem Evangelio Unterschiede aufzurichten sucht.
Bonifacius war nur der Sendbote Roms, weil er das Evan=
gelium brachte, und er war und ist nur der Apostel der Deut=
schen, weil er der Sendbote Roms war." Daß die Re=
formation wesentlich auf der Unterscheidung von Evangelium
und Kirche ruht und ihrer als des mächtigsten Hebels zur
Beseitigung der Misbräuche und Mislehren, zur Reinigung
der damaligen Kirchenzustände sich bediente, daß sie also hier=
mit ihre Verurtheilung erfährt; — daß dagegen der Katholi=
cismus die unterschiedslose Einheit von Evangelium und Kirche
oder, was dasselbe ist, von göttlichem Lebensprincip der Kirche
und ihrer empirisch=endlichen Erscheinung als unverbrüchlichen
Glaubensartikel festhält, jede Abweichung von der bestehenden
Kirchenlehre als frevelnde Willkür des Subjects ansieht und
bestraft — daß also Leo sich hier zu der katholischen Lehre
von der Kirche bekennt, liegt auf der Hand. Freilich hat er
selbst kein volles Bewußtsein darüber, wie weit die Con=
sequenzen dieses Kirchenbegriffs gehen. Auch hat er sich
schwerlich klar gemacht, welches das wahre und concrete Ver=
hältniß von Objectivität und Subjectivität sei, wie beide in
beständiger Wechselwirkung zueinander stehen, wie diese sich
jener unterwirft, sich mit ihr erfüllt, um sie weiter zu bilden;
wie das Subject einmal das erziehungsbedürftige, dann
aber auch wieder das kritisch=reformatorische ist, wie die
liebevolle Hingabe an die Objectivität und der kühne, rastlose
Fortschritt über sie hinaus zusammengehören u. s. w. u. s. w.
Er folgt nur seinen paradoxen Instincten; er legt im Gegen=
satz gegen einen eiteln, leeren und renommistischen Sub=
jectivismus das ganze Gewicht auf die andere Seite, auf
die Objectivität, und sieht nicht, daß auch diese Unterwerfung
unter die Objectivität ebenso capriciös und willkürlich sein

kann als der verlassene Standpunkt, ja! daß im Grunde der=
selbe gar nicht verlassen, sondern nur umgedreht ist. Fragt
man, warum Leo bei seinem durch und durch katholischen
Kirchenbegriff nicht längst den Weg der Hurter, Gfrörer, Flo=
rencourt u. s. w. gegangen, warum er die anstößige und wider=
wärtige Buhlerei mit der katholischen Kirche forttreibt, statt sich
öffentlich und rechtlich mit ihr zu verbinden, so läßt sich dies
nur aus dem Selbsterhaltungsinstincte einer lebensvollen Sub=
jectivität erklären, die, trotz aller Fußtritte, welche sie der per=
sönlichen Selbständigkeit gibt, doch für sich nicht davon lassen
will, und die wol die Ahnung hat, daß das ungebundene
Rumoren ein Ende nimmt, wenn der Geist erst an die straffe
und kurze Kette Roms gelegt ist; daß es dann überhaupt mit
dem „frischen, fröhlichen Krieg" und dem kecken Wort aus ist;
daß die katholische Kirche es versteht, auch aus dem Ueber=
müthigsten einen stillen Mann zu machen. Die fesselnde
Kraft, welche H. Leo bei allen Ungeheuerlichkeiten seiner Sym=
pathien für Priesterherrschaft, Volksknechtung, Inquisition und
blutige Glaubensgerichte ausübt, und welche ihn so wesentlich
unterscheidet von der schwachmüthigen Art seiner theologischen
Freunde, ist die Ursprünglichkeit und Eigenartigkeit seines We=
sens; nicht seine Theologie, sondern seine Naturwüchsigkeit,
nicht sein Gnaden=, sondern sein Naturstand. Er ist trotz
alles angeeigneten und forcirten Supranaturalismus doch im
Grunde seines Wesens ein derber Naturalist, ein Freund
jeder Gewaltthat, jeder vollen und ungebrochenen Kraftäuße=
rung. In diesem naturalistischen Zuge, in dieser Ver=
achtung alles abstracten Denkens, alles abgeblaßten Doctrinä=
rismus berührt er sich ganz nahe mit einem Manne, dem er
überhaupt in Geistesart sehr ähnlich ist, mit dem er auch die
Ausgangspunkte seiner Bildung theilt und der nichts anderes

als die Kehrseite seines eigenen Wesens ist. Heinrich Leo
und Ludwig Feuerbach, diese beiden äußersten Extreme
unsers geistigen Lebens, gehören in der That zusammen, sind
durch mannichfache Mittelglieder: Demagogie, Studium der
Hegel'schen Philosophie, Empörung gegen Logik und System-
macherei, Durchbruch einer ungebändigten Naturkraft — eng
miteinander verbunden. Nur daß in Feuerbach der Naturalismus auch wissenschaftlich und principiell zur Durchbildung
gekommen, während er in Leo sich an den katholischen Supranaturalismus anlehnt und so, mit seinem eigenen Gegensatze
behaftet, einen Sinne und Gedanken verwirrenden Spuk treibt.

———————

Gegen alle diese Ueberspannungen und Entstellungen des
echten Lutherthums erhob sich mit Nothwendigkeit innerhalb
der lutherischen Kreise selbst die Opposition von solchen, welche
aus dem Geiste der Gegenwart und ihrer Wissenschaft einen
vollern Zug gethan, vom protestantischen Princip unendlicher
Subjectivität, ohne es selbst zu wissen, tiefer ergriffen waren
und darum die umtreibenden Fesseln der Bekenntnißgläubig-
keit, welche sie sich angelegt, wieder abzustreifen versuchten. Es waren dies Männer, die bis dahin bei ihren Parteigenossen in hoher Achtung gestanden und für die festesten
Säulen der lutherischen Kirche gehalten worden, die aber,
sobald die Regungen eines freiern Geistes offenbar wurden,
nur noch ein Gegenstand des Bedauerns oder der Verketzerung
blieben, von denen die alten Freunde und Facultätsgenossen
sich bald öffentlich lossagten, die den Bann und die Zucht
der Gläubigen, ja die Amtsentsetzung, als Strafe ihres Fre-
vels erfahren mußten.

20*

Diese Abtrünnigen sind: J. Ch. K. von Hofmann in Erlangen, Kahnis in Leipzig und Baumgarten in Rostock.

Hofmann, ohne Frage an Geist und Gelehrsamkeit der bedeutendste von allen, welche sich unter die neu aufgepflanzte Fahne des Lutherthums gestellt, gehört seiner ganzen Eigenthümlichkeit nach so wenig in diese Klasse engherziger, geistig verknöcherter Buchstabenmenschen, daß er nur durch einen wunderlichen und schwer gebüßten Irrthum, nur von dem Modegeschrei des Lutherthums verführt, sich selbst ihnen zuzählen konnte.

Sein zweites bedeutendes Werk, welches auf „die Weissagung und ihre Erfüllung" (1841—44) folgte, nannte er „den Schriftbeweis" (1852—55) und wollte damit sagen, daß die ganze bisherige Art, die Schrift als Beweismittel für die christliche Lehre zu benutzen, eine äußerliche und verfehlte sei, daß die Schrift nicht atomistisch, in einzelnen aus den verschiedensten Büchern des Alten und Neuen Testaments zusammengesuchten Beweisstellen zur Anwendung kommen dürfe, sondern nur als ein großes, zusammenhängendes und fortschreitendes Ganze, als eine organische und sich fortentwickelnde Geschichte des Reiches Gottes, ihre maßgebende Bedeutung habe. Hofmann's Stärke und wissenschaftliches Verdienst besteht in einer sinnigen Vertiefung in die Schrift, die er als ein Gesammtbild, eine Stufenreihe geistig von Einem Grundgedanken beherrschten Lebens anschaut. So manches Phantastische und völlig Unkritische sich auch in diese Behandlung der Schrift einmischt, die Hauptsache bleibt, daß seine Theologie wesentlich „biblische Theologie" ist, die, bei einer vorwiegenden Neigung zum Mystisch-Speculativen, viel näher der Nitzsch'en Vermittelungstheologie als der neuen Orthodoxie steht. Ueber-

haupt besteht zwischen diesen beiden Männern, Nitzsch und
Hofmann, eine nahe Geistesverwandtschaft, die auch in
der schweren und dunkeln, überall mit dem Gedanken ringen=
den Darstellung zu Tage kommt. Aehnlich wie bei Nitzsch
führt auch bei Hofmann die aus dem Studium der Schrift
gewonnene biblische Theologie unvermerkt in das Bekenntniß
hinüber und soll zur Bestätigung desselben dienen. Daraus
entsteht denn eine schwer zu entwirrende Versitzung von bibli=
scher und dogmatischer Theologie, in welcher bei dem Mangel
an kritischem, die verschiedenen Stufen und Lehrthpen klar
unterscheidendem Verstande, bald die Bibel, bald das kirchliche
Bekenntniß zu kurz kommt. Es bleibt überall bei einem tief=
sinnigen Wühlen und Arbeiten in Schrift und Kirchenlehre,
ohne Gewinn klarer und sicher begründeter wissenschaftlicher
Ergebnisse.

Der Punkt, an welchem die nirgends ganz fehlende Ab=
weichung von der Kirchenlehre am deutlichsten hervortrat,
der auch von den Wächtern der Rechtgläubigkeit am stärk=
sten gerügt wurde, war die Lehre vom Versöhnungs=
werk. Der erste Angriff ging von Philippi aus, dem Ro=
stocker Dogmatiker, welcher schon in der Vorrede zu seinem
Commentar über den Römerbrief (1856) auf die der Kirche
drohende Gefahr aufmerksam gemacht, dann aber in einer
eigenen Schrift: „Herr Dr. Hofmann, gegenüber der lutheri=
schen Versöhnungs= und Rechtfertigungslehre" (1856), die aus
der Mitte der Gläubigen auftauchende Ketzerei einer ernsten
Verurtheilung unterzog. Ihm fiel mit der so veränderten
Lehre das Christenthum selbst. „Er sei ja", bekannte er,
„gerade um der lutherischen Versöhnungs= und Rechtfertigungs=
lehre lutherischer Christ, ja Christ überhaupt; wer ihm also
dies Heiligthum nehme, dies dem Zorne Gottes als Lösegeld

gezahlte Sühneblut des Sohnes Gottes, diese der Straf=
gerechtigkeit Gottes geleistete stellvertretende Genugthuung, und
damit die Rechtfertigung allein durch den Glauben, — der
nehme ihm das Christenthum selbst! Wenn es so mit dem
Christenthum stände, dann wäre er lieber bei der Religion
seiner Väter, des Samens Abraham's nach dem Fleische, ge=
blieben." Aber es war nicht dieser geistverlassene Juden=
christ allein, welcher solche Klage führte, ihm traten auch bald
die Collegen Hofmann's, Thomasius und Harnack, bei, ja
die ganze theologische Facultät Dorpats (Dr. Keil, Kurtz, Chri=
stiani, von Oettingen, von Engelhardt) und die „Evangelische
Kirchenzeitung" schlossen sich der Verurtheilung an und nur
Schmidt und Luthardt, die erlanger Freunde, versuchten eine
Rechtfertigung. In Wahrheit handelte es sich bei diesem
Streit um die Beantwortung zweier ganz verschiedener Fra=
gen, die nur zu wenig auseinander gehalten wurden. Um
die Frage, ob die Hofmann'sche Versöhnungslehre die alt=
protestantische, die in den Bekenntnißschriften der lutherischen
Kirche niedergelegte, und um die andere, ob sie die echt=evan=
gelische und darum die wahre sei. Die erste Frage war mit
„Nein", die zweite mit „Ja" zu beantworten. Hofmann, in
der ihm eigenen Vermischung des Biblischen und Confessionellen,
bejahte beide, behauptete wenigstens, daß Luther selbst auf sei=
ner Seite stehe, und daß in den Bekenntnißschriften unserer
Kirche nur die Nothwendigkeit der Versöhnung durch Christum
gelehrt werde, die Frage über das Wie des zu Stande ge=
kommenen Versöhnungswerks aber eine offene sei, welche erst
durch die fortschreitende Erkenntniß unserer Zeit eine Antwort
erhalten könne. Unstreitig hatten seine Gegner darin recht,
daß die Anselmische Satisfactionslehre mit ihrer äußerlichen
und juridischen Stellvertretung überall bei den Reformatoren

stillschweigend als Hintergrund der Rechtfertigungslehre vor=
ausgesetzt, nirgends in den Bekenntnißschriften der lutherischen
Kirche bekämpft oder nur modificirt wird; während Hofmann
ihnen gegenüber darin recht hatte, daß diese Stellvertretungs=
lehre nicht in ihrer zugespitzten Gestalt, sondern in unbe=
stimmten, weichen, biblischen Formen in die symbolischen Bücher
übergegangen ist. Im vollen Rechte dagegen war Hofmann
in der Beantwortung der zweiten Frage, das heißt in der
ausgesprochenen Ueberzeugung, daß die alte Stellvertretungs=
lehre einer Reinigung und Umbildung nothwendig bedürfe.
Er bekämpft vor allem das stellvertretende Strafleiden
Christi. Er will das Versöhnungswerk Christi nicht ab=
lösen von der Erlösung, es nicht zu einem in sich abgeschlos=
senen Hergang zwischen Gott und Christo machen, welcher,
auch abgesehen von den Menschen und ihrer Betheiligung im
Glauben, rein objectiven Werth und Wirksamkeit habe. Er
legt überall mit Luther auf das „für uns" das größte Ge=
wicht, und will das juridische „anstatt" in dies ethische „für
uns" auflösen. So besteht nach ihm das Werk Christi vor=
zugsweise darin, daß er das Gesetz erfüllte, „daß all sein
Leben und Sterben, ja vor allem seine Menschwerdung selbst,
Liebesgehorsam gegen Gott und Liebesdienst gegen den Näch=
sten war, sowie darin, daß er den Sieg über Gesetz, Sünde,
Tod, Teufel und Hölle errungen, den er dadurch gewann, daß
er sich ihnen allen unterstellte und sie alle an sich zunichte
werden ließ". Am stärksten lehnt sich Hofmann auf gegen
die äußerliche Stellvertretung, wie sie, consequent durchdacht,
dahin führt, von Christo zu sagen, er habe das gethan, was
wir hätten thun sollen, und das gelitten, was wir hätten lei=
den sollen. Vielmehr that Christus das, was gerade ihm
gebührte, das ihm vom Vater befohlene Werk und schenkte es

uns. Hofmann geht überall darauf aus, die in der Kirchen=
lehre auseinander gerissenen Wahrheitsmomente wieder zu
organischer Einheit ineinander zu fügen und damit das Ver=
söhnungswerk Christi, welches in Anlehnung an Opfer= und
Stellvertretungsvorstellungen nur äußerlich auf ihn gelegt
worden, zu einer freien sittlichen That zu erheben, die aus
dem Innersten seiner Persönlichkeit geboren und die in seinem
Contact mit der sündigen Menschheit nothwendig, das heißt
mit innerer und äußerer Nothwendigkeit, sich als Gehorsams=
und Liebestod erweisen mußte. In diesem Sinne will er das
Leiden Christi nicht loslösen von seinem Thun, sondern nur
als die Spitze all seines Lebens und Wirkens, seines Gehor=
sams gegen Gott, wie seiner Liebe zu den Menschen betrach=
ten; er will ferner dies Leiden nicht zu einem von außen auf=
gelegten Strafleiden erniedrigen, sondern es als ein göttlich=
und geschichtlich=nothwendiges begreifen; er will endlich dies
Strafleiden nicht in der Weise zu einem stellvertretenden ge=
macht wissen, daß es dasselbe sei in seinem äußern Her=
gange, wie in seiner innern Empfindung, welches die Sünder
hätten erdulden müssen. Mit Einem Wort: er streitet gegen
das äußerliche und im tiefsten Wesen unsittliche „Anstatt" der
Versöhnungslehre und ist bestrebt, das lebendige „Für uns"
herauszubilden, welches, wie jede aufopfernde sittliche That,
aus dem Mittelpunkt der Persönlichkeit stammt und daher zu=
gleich ein für sich selbst Handeln und Leiden ist.

Wenn also durch Hofmann das sogenannte Materialprin=
cip des Protestantismus, in der nahen Berührung der Ver=
söhnungslehre mit der von der Rechtfertigung durch den Glau=
ben, ernstlich bedroht wurde, durchbrach Kahnis an einem
andern Punkte die Schranken der Rechtgläubigkeit — durch

rationalisirende Kritik des Kanon, durch Untergrabung des
formalen Princips der Schriftautorität.

Die wunderbaren, fast unbegreiflichen Selbsttäuschungen
der Neo-Lutheraner über sich, ihre Rechtgläubigkeit, ihr echtes
Lutherthum, bei innerer Auflösung und Zerrüttung aller alten
Dogmen durch moderne Anschauungen stellen sich in keinem
Theologen klarer und lehrreicher vor Augen als in Kahnis.

Er ist ganz ein Kind seiner Zeit, subjectiv, geistreich-
phantastisch, noch von den letzten Strahlen der bereits unter-
gehenden Romantik beschienen; ein geistiger Sohn Tholuck's
und Leo's, ebenso eklektisch-zerfahren wie jener, ebenso unge-
berbig-eigensinnig wie dieser und schon in der Art seines Auftretens, in Stil und Haltung, viel mehr einem modernen Feuille-
tonisten als einem alten Dogmatiker ähnlich. Und doch hat
er sich nicht allein selbst eine Zeit lang für einen Theologen
strengster Richtung gehalten, sondern ist auch von seinen lutherischen Freunden als die festeste Säule der neu aufgerichteten
Bekenntnißkirche verherrlicht worden! Früh schon und noch
unreif that er sich hervor als Knappe Leo's in seinem Streit
mit Ruge, wurde dann von Tholuck, in seinem literarischen
Anzeiger, zur Bekämpfung von Strauß und Baur, mannichfach
verwandt und ging endlich, um die letzten Weihen der Gläubigkeit zu empfangen, nach Berlin. Hier von Hengstenberg und
den damals viel vermögenden frommen Generalen Berlins mit
offenen Armen aufgenommen, drang er bald tiefer und tiefer
ein in Schrift und Bekenntniß und kam bei dieser Vertiefung
und der ihm eigenen Anlage zur Schwärmerei endlich bis
zum Altlutherthum, das ihm durch nahe persönliche Berührungen mit den schlesischen Sektirern als ein ehrwürdiges
Märthrerthum erschien und dem er sich auch äußerlich durch
den Austritt aus der preußischen Unionskirche anschloß. Seit-

dem führte er auf allen lutherischen Vereinen und Conferenzen
das große Wort, bekämpfte mit jugendlichem Uebermuth Union
und Vermittelungstheologie in ihren ehrwürdigsten Vertretern,
wies einen Nitzsch zurecht, indem er ihm zeigte, daß er in der
Grundlehre des Protestantismus, in der von der Rechtfertigung
durch den Glauben, abgewichen und daher nicht mehr auf dem
Boden seiner Kirche stehe, geberdete sich überhaupt, als ob er
berufen sei, dem modernen Unglauben und Halbglauben überall
den Spiegel vorzuhalten – und die Kirche wieder auf ihre alten
Grundlagen zu stellen. Indessen dauerte dies orthodoxe Ru=
moren bei dem durch und durch subjectiven, unruhigen und
von allen Zeitregungen mit berührten Sinn des eingebildeten
Altlutheraners nicht lange. Früher schon waren bedenkliche
Anzeigen von Ketzereien aller Art hervorgetreten; schon in
seiner Habilitationsschrift hatte er die Trinitätslehre kritisirt,
die Unterordnung des Sohnes unter den Vater gelehrt, in
Bezug auf die Persönlichkeit des heiligen Geistes „schwer zu
überwindende Bedenken geäußert“. Dann in seiner lutherisch
sein sollenden Schrift vom Abendmahl hatte er eine „höhere
Einigung der lutherischen und reformirten Lehre“ erstrebt;
später aber, namentlich in seiner Schrift „Ueber den innern
Gang des deutschen Protestantismus“ (2. Aufl., 1860) häuf=
ten sich diese Ketzereien; er verkündete die nothwendige Um=
bildung der alten Inspirationslehre, bekämpfte den Augusti=
nismus mit seinem rohen und unwahren Dualismus, wies
auf den wahren Humanismus hin, auf die ernste und
innige Verbindung des Menschlichen mit dem Reiche Gottes,
und machte es sich überhaupt sehr geflissentlich zur Aufgabe,
seiner eigenen Partei Buße und Selbsterkenntniß zu predigen,
ihr die verkannten Verdienste des Rationalismus, seinen
„Natursinn für die Wahrheit“ und „einfachen Menschenverstand“

klar zu machen und an das Herz zu legen, daß, wie die letz=
ten Ereignisse in Baiern, Preußen, Pfalz, Baden u. s. w. un=
zweideutig bezeugt, die kirchliche Richtung im Herzen des
Volks keinen Boden habe, sie daher an sich selbst arbeiten
und sich selbst erneuern müsse, um das Verlorene wiederzu=
gewinnen. Offenbar waren es gerade diese bedeutungsvollen
Erscheinungen, diese laute Stimme des Volksgewissens, welche
ihn aus der fleischlichen Sicherheit aufgerüttelt und ihm
die Augen über die Verkehrtheit seiner bisherigen Freunde,
über die Einseitigkeit der von ihnen eingeschlagenen Richtung
geöffnet hatten. Daneben aber wirkten auch die alten, noch
fortlebenden wissenschaftlichen Erinnerungen, die eigentliche und
letzte Grundlage seiner theologischen Bildung, Tholuck's geist=
reicher Eklekticismus, sowie die nie ganz überwundenen alt=
hegel'schen Gedanken, welche nun unversehens hervorbrachen und
den erschwärmten und eingebildeten Glauben in völlige Auf=
lösung brachten. So konnte denn niemandem, der „den innern
Gang des deutschen Protestantismus" mit Aufmerksamkeit ge=
lesen, die Dogmatik von Kahnis (1861, 1. Theil) in ihren
an allen Punkten vor der neuern Kritik zurückweichenden Con=
cessionen, in ihrer völligen Glaubensdurchlöcherung, eine Ueber=
raschung bereiten und nur seinen eigenen Freunden war es
vorbehalten, über den Abfall des einstigen Genossen in wunder=
samen Schrecken zu gerathen und dieser Enttäuschung den stärk=
sten Zornesausdruck zu geben. So wurde er denn, bald nach
dem Erscheinen seiner Dogmatik, in die rostocker wissenschaft=
liche Acht gethan. Dieckhoff sprach feierlich das Urtheil
aus, daß er nun seinen Abfall von der Wahrheit des luthe=
rischen Bekenntnisses vollzogen habe; Delitzsch stieß einen
herzzerreißenden Schrei über den einst so Geliebten aus, jam=
merte laut, daß er bei solcher Ansicht, wie Kahnis sie vor=

trage, vom Schwindel ergriffen, daß damit die lutherische
Abendmahlslehre zu Asche verbrannt werde, die Trinität keine
Trinität mehr, Jesus Christus nicht mehr Gott und Mensch in
Einer Person sei, und forderte schließlich den Gefallenen auf,
durch demuthsvolle Buße und öffentlichen Widerruf den ge=
schehenen Frevel wieder gut zu machen und in den Schos des
echten Lutherthums zurückzukehren. Hengstenberg endlich, ver=
trauter mit dem Verdammungshandwerk als diese, vollzog in
seiner Neujahrsbulle vom Jahre 1862 mit christlichem Schmerz
— wie immer —, aber mit großer Kaltblütigkeit eine förm=
liche Execution, und strafte den vorwitzigen Zögling wie einen
ungerathenen Schulbuben öffentlich ab. In Wahrheit hatte
Kahnis, vom Standpunkte Hengstenberg's angesehen, nicht zu
vergebende Todessünden auf sich geladen. „Er hatte", das sind
Hengstenberg's Worte, „in einer Weise, wie sie bis dahin in
der kirchlichen (!) Theologie unerhört, gegen die Echtheit,
Glaubwürdigkeit und Inspiration heiliger Schriften Zweifel
erhoben". Und so fährt der Eifrige fort — „wenn unter
uns dies Wesen um sich greift, wenn es gehegt oder auch
nur geduldet wird, so ist es um uns geschehen. Denn der
Zweifel, dem man erst den Finger gereicht hat, reißt nach
und nach die ganze Hand an sich". Nicht neue, nicht eigene
kritische Zweifel hatte er erhoben, nein! er hatte sich nur nicht
völlig den Fortschritten der Kritik verschlossen, sein Wahr=
heitsgewissen nicht völlig betäubt, oder, wie Hengstenberg es
auffaßte, „aus dem ganzen rationalistischen Kehricht die ver=
meintlich guten Körner herausgelesen". Allerdings war er in
dieser Anerkennung der bisherigen Kritik des Kanon weiter
gegangen als die meisten Vermittelungstheologen, hatte offener
und stärker als sie die großen Verdienste der gelehrten Ratio=
nalisten gerade auf diesem Gebiete anerkannt und hervor=

gehoben, daß Männer wie Gesenius und Winer, wie Griesbach
und David Schulz, wie Eichhorn, De Wette und Credner für die
gelehrte Behandlung und Beurtheilung der menschlichen Seite
der Schrift einen großen nicht wieder zu vernichtenden Fort=
schritt begründet und endlich selbst ohne Bedenken sich ein gut
Theil der kritischen Resultate dieser Männer zu eigen gemacht.
Ebenso hatte er wiederholt, und ausdrücklicher und schärfer, als
die Vermittelungstheologen bisher gewagt, auf die alte Inspi=
rationslehre als eine geistlos=mechanische und unhaltbare, als
eine von allen urtheilsfähigen Theologen aufgegebene hinge=
wiesen und überhaupt seine Stellung zu der alten Dogma=
tik dahin präcisirt, daß eine äußerliche Wiederherstellung, eine
Repristination des lutherischen Bekenntnisses unvollziehbar,
vielmehr alles auf eine lebendige, umbildende freie Repro=
duction dieses Bekenntnisses ankomme, und daß in einer sol=
chen allein der Grund zu einer heilsamen Zukunft unserer Theo=
logie und Kirche, zur wahren Versöhnung von Glauben und
Wissen gelegt werden könne. — Nimmt man es mit einer
solchen lebendigen und freien, aus dem Geiste der Gegenwart
und ihrer Wissenschaft geborenen, Reproduction des Bekennt=
nisses ernst, so ist sie allerdings das Höchste, was die
gründlichste und freieste Wissenschaft unserer Tage zu erstre=
ben hat; ob aber Kahnis dieselbe mit ganzem männlichen
Wahrheitssinn zu geben, ob er nur eine solche neue Theo=
logie zu ahnen vermag, ist wol zweifelhaft, viel wahrschein=
licher dagegen, daß dieser Abfall vom Lutherthum nichts
anderes als ein Rückfall zu haltungslosem Eklekticismus, zu
einer neuen Auflage zerfahrener, schillernder und gaukelnder
Tholuck'scher Theologie ist. Wie sehr bei Kahnis Altes und
Neues in ungeschiedener Vermengung bis dahin noch neben=
einander liegt, tritt namentlich in der Schrift über den innern

Gang des deutschen Protestantismus deutlich hervor, in wel=
cher neben der unumwundenen Anerkennung des Rationalis=
mus, als einer Erscheinung von bleibendem und nachwirkendem
Werth, die viel mehr als „eine vorübergehende und vorüber=
gegangene Anfechtung der Kirche sei", der Gedanke als der
eigentlich leitende zu erkennen ist, daß alles zur kirchlichen
Theologie hindränge, und daß nach einer Aeußerung von Ger=
lach (auf der Herbstconferenz 1856 zu Gnadau) der große
Fortschritt der Gegenwart „in dem Uebergang vom Pietismus
zum Kirchenthum, vom Individuellen zum Reiche Gottes" be=
stehe. Dieser Uebergang habe auch auf dem Gebiet der
Lehre Ausdruck gewinnen müssen; und das sei die Bedeutung
der kirchlichen Theologie und ihres Sieges über die Ver=
mittelungstheologie, deren Schwäche darin bestehe, „daß sie
auf einer zu breiten Grundlage sich auferbaut und zu vieler
Stützen in der Wissenschaftlichkeit des Zeitalters bedurft, um
dem ernsten Lebenszuge der Zeit zu entsprechen". So sei es
denn ein durchaus naturgemäßes, vollberechtigtes Streben ge=
wesen, zu der „geschichtlichen Grundlage" der Kirche
zurückzukehren, das noch „zu Recht bestehende" Bekennt=
niß wieder in Kraft zu setzen. „Wie sehr es noth thut",
schließt Kahnis diese Betrachtungen, „einem diffluirenden Sub=
jectivismus und seinen luftigen Phantasmagorien gegenüber
die Kirche auf der historischen Basis ihres Bekenntnisses zu
gründen, wird je länger je mehr offenbar." Welche Selbst=
täuschungen und Verwirrungen, wie oberflächliche Halbwahr=
heiten in dieser Grundanschauung über Gegenwart und Zu=
kunft unserer Theologie!! Allerdings verlangte die Zeit, aus
dem diffluirenden Subjectivismus, aus der Unbestimmtheit
und Weichlichkeit des Neander'schen Gemüthsbreies, wie sie
der ganzen Vermittelungstheologie eigen, zu einer klaren,

scharf abgegrenzten, objectiven Gestaltung der Lehre hindurchzu=
dringen, aber diese konnte doch nur durch die strengste und zu=
gleich freieste, von dem lebendigen Hauch der Gegenwart er=
füllte Wissenschaft, nicht durch die Rückkehr zu 300 Jahre
alten, hart und ungenießbar gewordenen Bekenntnißformeln
und in Unterwerfung unter ihre Rechtsbeständigkeit ge=
wonnen werden. Allerdings galt es zu den großen reformatori=
schen Grundgedanken, zu den innersten, geheimnißvoll treiben=
den Mächten des Protestantismus zurückzukehren, nicht aber
zu dem caput mortuum der Lehrformeln, die damals auf
die Oberfläche getrieben wurden und welche nur der erste,
noch sehr unvollkommene und schon theologisch sehr verengte
Ausdruck des neuen Geistes waren. Allerdings ist ein gebil=
deter geschichtlicher Sinn und eine geschichtliche Vertiefung
und Orientirung gerade dem wissenschaftlichen Streben unserer
Zeit, im Gegensatz gegen die überwundene aprioristische Be=
handlung, eigen — aber doch eine solche, welche sich nicht
von der Gegenwart hinwegwendet, vielmehr mitten in ihrem
Leben, Fühlen, Vorstellen und Kämpfen auf dem Boden
der modernen Weltanschauung steht; und somit ist diese ganze
Richtung der Zeit auf Objectivität, von welcher so viel und
so gedankenlos in den confessionalistischen Kreisen geredet
wird, in Wahrheit eines und dasselbe mit der Vollendung und
Erfüllung der tiefsten Subjectivität, mit dem Gewissens=
glauben, welcher das gewaltig treibende Princip der Reforma=
tion war und der nach einem klaren, neu geschaffenen, lebendig=
gegenwärtigen Ausdruck ringt. Das ist die wahre Re=
production, von der ja auch Kahnis gern redet, die aber
etwas ganz anderes ist als die Rückkehr zu den „zu Recht
bestehenden Bekenntnissen"!

Immerhin aber bleibt es, und das mag zur Entschuldi=

gung dienen für den vielleicht zu großen, diesem Theologen
angewiesenen Raum, eine sehr beachtenswerthe Erscheinung,
daß ein Mann von Geist und Leben — und ein solcher ist
unzweifelhaft Herr Dr. Kahnis — nicht auszuhalten vermag
in dem engen Käfig des Confessionalismus, daß wer einmal
die geistige Luft der Gegenwart geathmet und noch so viel
gesunden Wahrheitssinn in der Brust trägt wie er, die ver-
gitterten Fenster des Kerkers weit aufthut, um sich an freierer
Wissenschaft zu laben, daß es mit Einem Wort für einen
wahrhaftigen und lebensvollen Menschen unserer Zeit eine
moralische Unmöglichkeit ist, rechtgläubig zu sein, und daß
daher nur noch ein verworrener Kopf, wie Herr Dieckhoff,
ein vollendeter Pedant, wie Herr Philippi, oder ein völlig
Verhärteter, wie Herr Hengstenberg, auf diese Ehre Anspruch
machen können!

Viel geringerer Art war die Abweichung Baumgarten's vom strengen Lutherthum, und doch wurde sie nicht
allein mit theologischer Verdammung und Glaubensacht, sondern sogar mit Amtsentsetzung bestraft. Ein solches Verfahren
war freilich nur möglich in dem dunkelsten Fleck der deutschen
Erde, in der mecklenburgischen Landeskirche, unter der Gewalt-
herrschaft des schweriner Antonelli, Herrn Kliefoth.

Baumgarten, ursprünglich ein Schüler Hengstenberg's
und als solcher einst von der damals noch unter Gesenius'
mächtigem Einfluß stehenden theologischen Facultät zu Halle
nach denkwürdiger Disputation zurückgewiesen, hatte in solchem Sinne seine Werke über die Pastoralbriefe und die
Apostelgeschichte, zur Rettung des apostolischen Ursprungs dieser Schriften, wie zur Bekämpfung Baur's und seiner Schule
verfaßt. Seine Neigung zum Mystisch-Theosophischen zog ihn
später zu Hofmann hinüber, dessen Schrifterklärung seiner

Eigenthümlichkeit mehr zusagte als die geistlose Rabulisterei
Hengstenberg's. Eine grundehrliche, tapfere, norddeutsche Na=
tur, hatte auch er, wie der größere Theil der schleswig=hol=
steinischen Geistlichkeit, an der patriotischen Erhebung seiner
Heimat mannhaften Antheil genommen und war schon durch
diesen Kampf über den engen theologischen Vorstellungskreis
seiner Zunftgenossen, über die Elendigkeiten ihres politischen
Servilismus hinausgehoben. Er brachte aber auch außerdem
aus dem älterlichen Hause und seinem engern, damals noch
unter den Einwirkungen des Harms'schen Geistes stehenden
Vaterlande, eine warme, volksthümliche, innerlich lebendige
Frömmigkeit mit in sein theologisches Studium und hat sich
bei allen spätern Kämpfen und Leiden auf diese innersten Er=
fahrungen des Geistes, dies testimonium spiritus sancti,
mit großer und unerschrockener Parrhäsie berufen. Dabei lag
in seiner derben, thatkräftigen Natur ein entschiedener Drang,
den Uebergang von der Theorie zur Praxis zu gewinnen, in
das Leben der Kirche reinigend und umgestaltend einzugreifen,
wie er denn, an Luther erinnernd, in seinem theologischen
Lehramt, seinem Doctor der Heiligen Schrift, das Recht und
die Pflicht zu solchem Auftreten fand. Ueberhaupt war sein
Lutherthum nicht auf die spätere lutherische Orthodoxie, son=
dern auf den reformatorischen Luther der ersten Periode ge=
stellt, und der schwärmerische, prophetische Geist, welcher in
diesem Luther noch weht, der mächtige, reformatorische Drang,
die Appellation an das innerliche und untrügliche Zeugniß
des Geistes, an den von Gott selbst gestellten Beruf, —
das alles finden wir, wenn auch in schwächern Formen,
und mit geringerer Begabung, in diesem modernen
Luther wieder! Paulus und Luther, die evangelische
Freiheit, von der diese beiden Männer erfüllt, das πάντα

ἔξεστι des Paulus, das Wort Luther's: Der Christen=
mensch ist ein freier Herr aller Dinge — das war der Angel=
punkt seiner Theologie, der Grundgedanke seines reformato=
rischen Wirkens. So kam er nach Mecklenburg im Jahre 1850
und trat hier als Nachfolger von Delitzsch in die rostocker
theologische Facultät ein. In seinen wissenschaftlichen Arbeiten
kam der gährend=reformatorische Geist zuerst im Jahre 1854
in den „Nachtgesichten Sacharja's" zur Erscheinung, in denen
oft auf die wunderlichste Weise ganz frembartige Dinge, wie
die schleswigsche Sache, der türkische Krieg, der grundver=
derbte, faule Zustand der Kirche nebeneinander besprochen und
mit dem alttestamentarischen Text in Verbindung gesetzt wur=
den. Der Conflict zwischen diesem reformatorischen Drange
des theologischen Professors und der in den Tod der Recht=
gläubigkeit und äußerlichen Gesetzlichkeit versunkenen Landes=
kirche Schwerins kam zuerst zum Ausbruch im Jahre 1856,
auf den Versammlungen der Pastoralconferenz zu Parchim
über die Sonntagsheiligung. Hier erhob sich Baumgarten
mit voller Wahrheit und gutem evangelischen Rechte gegen
die geforderte gesetzliche und in die engsten Formen einge=
schlossene Sabbathheiligung, berief sich auf das Wort des
Paulus: „Wer auf Tage hält, der thut es dem Herrn, und
wer nichts darauf hält, der thut es auch dem Herrn", erinnerte
daran, daß die gesetzliche Sabbathheiligung eine jüdische, vom
Christenthum abrogirte Institution sei, daß die Heiligung des
Sonntags im Geiste des Christenthums neu und vom Ge=
danken evangelischer Freiheit aus geordnet werden müsse, und
machte namentlich dem mecklenburgischen Landeskatechismus den
Vorwurf, daß er auf gesetzlich katholischem Standpunkt stehe.
Der Streit mit einer Anzahl obscurer, des Namens unwerther
schweriner Pastoren, die, wie ihr Haupt Kliefoth, sich ganz in

die Gedanken der „Kirchengewalt" und „Kirchenord=
nung" verloren, dabei aber des Apostel Paulus und der
evangelischen Freiheit vergessen hatten, wurde im „Mecklen=
burgischen Kirchenblatt" und in verschiedenen Zeitschriften fort=
geführt und hatte zunächst nur eine enge und locale Bedeutung.
Er war von Seiten Baumgarten's darauf gerichtet, die in
Gesetzlichkeit erstarrte Landeskirche aufzurütteln und namentlich
in der jungen, von dem Bann des Kliefoth'schen Schrecken=
regiments noch nicht ganz gelähmten Generation neues Leben
zu wecken, damit die erstorbenen Gebeine dieses großen Kirch=
hofs wieder auferstehen möchten. Dies war die praktisch=
wichtige Seite des Streits; diese Gefahr, daß der geisterregte
und tief erregende, seinen schwachen Collegen weit überlegene
Mann unter der theologischen Studentenwelt einen Anhang
gewinnen und mit seiner starken Stimme die im Todtenschlaf
liegende Kirche auferwecken könne, eine nicht geringe; dies der
Grund eines in der Universitätswelt Deutschlands bis dahin
unerhörten, formlosen Verfahrens, welches den lautesten Schrei
der Entrüstung in allen Kreisen der Wissenschaft hervorrief
und selbst Männer wie Hofmann, Luthardt, von Scheurl
in die Reihen der Protestirenden führte. Im Jahre 1857
wurde das rostocker Consistorium zu einem theologischen Gut=
achten über Baumgarten's Lehre und Wirksamkeit aufgefordert.
Dasselbe, von einem über alles Maß schwachen Theologen,
D. Krabbe, abgefaßt, ging dahin, daß die Abweichungen
Baumgarten's fundamentaler Art seien und den ganzen Be=
stand der kirchlichen Lehre zersetzten, daß seine ganze An=
schauungsweise „eine negativ=subjectivistische, spiritualistische,
pelagianische, antinomistische, chiliastische, ein wüstes Durch=
einander von liberalistischen Phantasien und carikirter Theo=
sophie sei". Auf Grund dieses Gutachtens wurde der Ange=

schuldigte, ohne auch nur mit seiner Vertheidigung gehört zu
werden, ohne daß den vorgesetzten akademischen Behörden auch
nur ein Wort gegönnt oder theologische Facultäten anderer
Universitäten zu Rathe gezogen, vom Staatsministerium am
6. Jan. 1858 seines Amtes entsetzt. Von welchem Werth
das eingeforderte Gutachten war, mag daraus erhellen, daß
der gut=lutherische Dr. Luthardt demselben nachwies, es be=
urtheile die Theologie Baumgarten's durchweg falsch, bürde
ihm ohne allen Grund eine Menge von Ketzereien auf, inter=
pretire alle nur einigermaßen anstößigen Stellen aufs ge=
hässigste und inquirire mit einer steifgesetzlichen Handhabung
einzelner Sätze der Bekenntnißschriften gegen ihn in einer solchen
Weise, wider die man sich ernstlich im Interesse der Wissen=
schaft und Kirche verwahren müsse.

In Wahrheit handelte es sich hier letztlich um das Recht
der christlichen Subjectivität gegenüber den kirchlichen
Ordnungen, um die Stellung des Subjects mit seinem Ge=
wissen zur Kirche, um die protestantische Lehre vom Glauben
und seiner allein seligmachenden Kraft und dem Verhält=
niß desselben zu den kirchlichen Satzungen. Bei der Beant=
wortung dieser Frage („Protestantische Warnung und Lehre",
1857) ging Baumgarten zurück auf die apostolische und refor=
matorische Zeit, auf Paulus und Luther; führte aus, wie
Christus das Ende des Gesetzes, dieses höchsten Inbegriffs
aller Ordnungen, gewesen und wie er ein Reich gegründet,
in welchem alles, was als ordnungsmäßig gelte, nicht in
Kraft eines Gesetzes, sondern allein in Kraft des Heiligen
Geistes bestehe, des Geistes, des Glaubens und der Freiheit,
welcher der letzte Grund aller kirchlichen Ordnung und an
welchem sie daher alle gemessen und gerichtet werden müssen.
So sei also in der Kirche nicht, wie in der Sphäre des

Rechts oder der Polizei, Ordnung gleichbedeutend mit Zwang, sondern dieselbe erbaue sich als eine aus dem Innersten des Glaubens stammende freie kirchliche Sitte, welche von keiner Kirchenbehörde oder Gewalt aufgezwungen werden dürfe. Diese Consequenzen der protestantischen Lehre vom Glauben waren um so mehr berechtigt, als sie den mit seltsamer Hyperbolie, mit fast orientalischer Unterwürfigkeit vom „Kirchenregiment" redenden mecklenburger Pastoren gegenüber vorgetragen wurden, gegenüber dem incarnirten Kirchenregiment, Herrn Kliefoth, in welchem jeder Pulsschlag lebendigen Glaubens in hierarchischer Gewaltthätigkeit und Gesetzeshärte untergegangen war.*)

---

*) Außer dieser starken Betonung der Freiheit und Innerlichkeit des evangelischen Glaubens, gegenüber einer äußerlichen, gesetzlichen und unduldsamen Rechtgläubigkeit, außer diesem immer wiederholten Dringen auf die subjective Wahrhaftigkeit und Gewissenhaftigkeit, war es noch Eins, was den Bruch Baumgartens mit seinen bisherigen Gesinnungsgenossen hervorrief und ihn in das Lager des Deutschen Protestantenvereins hinüberführte. Es war das tiefe Verlangen nach einer Versöhnung des Christenthums mit dem Volksleben, nach einer „sittlichen Auswirkung des Glaubens in der ganzen Peripherie des rationalen Lebens". Dieser Gedanke war im Jahre 1848, bei dem allgemeinen Schrecken und Erzittern seiner ehemaligen, feigen Genossen, bei der völligen Rathlosigkeit des officiellen Kirchenthums besonders mächtig in ihm geworden und gab von nun an seinem reformatorischen Streben ein bestimmtes Ziel. Er hatte klar erkannt, daß es den Wortführern der Rechtgläubigkeit an Muth und Kraft gebreche, auf die Höhen des Lebens zu fahren, ja! daß sich zwischen ihnen, den sich stets an den weltlichen Arm des Staats Anklammernden, und dem Volksleben eine unermeßliche Kluft aufgethan habe. Er hatte ja in allen ernsten Fragen und Nöthen, in jenen Tagen der Bedrängniß der patriotischen Geistlichen Schleswig-Holsteins, und dann in der ihn selbst so nahe berührenden Kirchennoth Mecklenburgs, recht deutlich erfahren, wie von Seiten dieser feigen Di-

Wie viel Unklar-Phantaftisches aber dennoch in dem Glaubensinhalt dieses Theologen übrig geblieben, geht daraus her-

---

plomatie, dieses immer unter die Macht sich beugenden und zur Verleugnung der Wahrheit bereiten officiellen Kirchenthums nichts zu hoffen
sei für die Zukunft unsers Volkes und unserer Kirche. Ihm war es
nun vollkommen klar geworden, daß das Hauptverderben in der christlichen Kirche ausgegangen von dem falschen Bündniß des Religiösen und
Politischen, von dem Staatskirchenthum mit seinem äußerlichen
Zwangs- und Gesetzeswesen, wie es schon mit Konstantin in die christliche Gemeinschaft eingedrungen und leider auch nach der Reformation
in der erneuerten Kirche wieder aufgerichtet worden.

So waren es denn die beiden Grundgedanken, welche ihn bewegten:
die allen äußeren Zwang verschmähende evangelische Freiheit und
die Ausgestaltung einer deutschen Volkskirche, die ihn über
alle sonstigen theologischen Unterschiede hinweghoben und zum Mitbegründer des Deutschen Protestantenvereins machten. Ueber seine Stellung zu demselben, dem er mit ganzem Herzen und gutem Gewissen angehören zu können glaube, hat er sich mit der ihm so eigenen köstlichen
Freimüthigkeit und Unumwundenheit ausgesprochen. (Protest. Kirchenzeitung 1868, Nr. 18.) Es geschah dies in einer Erwiderung auf die
verdächtigenden und zudringlichen Gewissensfragen der „Neuen evangelischen Kirchenzeitung", die es ihm zum Vorwurf machten, daß er, ein
offenbarungsgläubiger Theologe, einem Verein noch angehöre, in welchem der vielberufene Vortrag des Dr. Schwalb in Bremen gehalten
worden, und damit nicht nur deutlich den Rath gab, alsbald aus demselben auszutreten, damit er nicht fremder Sünde theilhaftig werde.

Er antwortet darauf, daß ihm nichts widerwärtiger und hassens-
werther erscheine, als das officielle Staatskirchenthum mit seiner fleischlichen Sicherheit, das von den tiefen Bedürfnissen des Volkslebens keine
Ahnung habe; daß er immer frei gewesen von dem Wahne, sein kirchliches Bekenntniß als einen Rechtstitel anzusehen, den er auch allen
andern als ein Gesetz aufbürde, daß er vor allem die evangelische
Freiheit hochstelle, wie er sie im Protestantenverein gefunden, in dessen
Mitte auch seine Glaubensfassung als eine vollkommen berechtigte anerkannt worden, viel höher als ein formulirtes Glaubensbekenntniß;
daß ihm die fides qua creditur viel werthvoller erscheine als die

vor, daß er in seinem Hauptwerk, dem „Commentar zum
Pentateuch" (1843), überhaupt in seiner Erklärung des Alten
Testaments, derjenigen Gruppe von Exegeten angehört, welche
wir wol als die „theosophische" oder „apokalyptische"
bezeichnen dürfen und welche in allen ihren Verkehrtheiten zu ver=
folgen, Hupfeld („Die heutige theologische oder mythologische
Theologie und Schrifterklärung", 1861) sich ein unbestreitbares
Verdienst erworben hat. Das Haupt dieser Schule ist Hof=
mann in Erlangen („Weissagung und Erfüllung", 1841—44.
„Schriftbeweis", 1852—55. „Die Heiligen Schriften des
Neuen Testaments zusammenhängend untersucht", 1862); neben
ihm sind außer Baumgarten vorzugsweise Kurtz („Ge=
schichte des Alten Bundes", 1853; „Bibel und Astronomie";

---

fides quae creditur, und daß vor allem in unserer Zeit, auf dies
Wie des Glaubens, auf die Reinheit und Aufrichtigkeit der indi=
viduellen Ueberzeugung, das größte Gewicht gelegt werden müsse. Denn
es wachse in der Gegenwart ein Theologengeschlecht empor, das in wahr=
haft erschreckender Gewissenlosigkeit die dogmatischen Stichworte und
Formeln mit Leichtigkeit sich aneigne und dieselben mit dem hohlem Pathos
der Objectivität vortrage, es werde frühe schon das Gift der Un=
wahrheit den jungen Gemüthern eingeimpft, welches bereits so weit ge=
drungen, daß bald diese Lügenpest endemisch sein werde. Und doch komme
es vor allem an auf die frische, volle Ueberzeugungskraft, auf das offene
Hervorheben der bis dahin verleugneten Seiten der christlichen Wahr=
heit, wenn dies auch nicht ohne Irrthum und große Einseitigkeit geschehe.
Denn auch in unserer alten Kirchenlehre sei noch viel Irrthum auszu=
scheiden, da der dogmengeschichtliche Proceß durch das Eingreifen der
äußern Macht überall in seiner reinen Entwickelung gehindert und viel
zu früh zum Abschluß gekommen sei.

Und so ist denn zum Schluß die kurze Antwort auf die Gewissens=
frage der „Neuen evangelischen Kirchenzeitung": „So lange der Deutsche
Protestantenverein sich selbst treu bleibt, werde ich mich zu ihm be=
kennen und werde, je mehr er angefochten wird, desto fester zu ihm
stehen."

„Die Ehen der Söhne Gottes") und Delitzsch („Commentar über die Genesis", 1852) zu nennen. Diese Richtung mag auf den ersten Blick räthselhaft erscheinen, in einer Zeit, in welcher die grammatisch=logische wie die geschichtliche Ausle= gung bereits eine nicht wieder zu entreißende Herrschaft in der Theologie gewonnen hat und ihr sicherer Grund und Boden geworden ist; sie erklärt sich aber als eine Anlehnung an alle noch fortlebenden phantastischen Elemente der letzten Vergangen= heit, namentlich an die neuschellingsche Mythologie und Offen= barungsphilosophie, an den sogenannten Realismus, d. h. an das Streben nach möglichst festen und sinnlich=greifbaren Ge= stalten des Göttlichen, und als ein Rückschlag gegen den nüch= ternen und blutlosen Rationalismus und seine Verflüchtigungen, durch welche nicht allein die äußerliche Form der Offenbarung, sondern auch ihr tieferer geschichtlicher und poetischer Inhalt in platte Moral und Vernunftabstractionen aufgelöst war. Freilich war schon Herder auf dem richtigen Wege gewesen, diese Einseitigkeit zu überwinden durch sinnige Vertiefung in die Vergangenheit aller Zeiten und Völker, in die lebensvollen Persönlichkeiten der Gesetzgeber, Dichter und Propheten und hatte überall nicht nur auf das Eigenartige einer jeden Zeit, sondern zugleich auf den großen und nothwendigen Fortschritt in der weltgeschichtlichen Entwickelung hingewiesen. Schon er war der orthodoxen Behandlung, welche die heiligen Personen des Alten Testaments mit ihren Reden und Thaten zu gött= lichen Automaten, zu wesenlosen Schemen erniedrigte, ebenso sehr wie der rationalistischen, welche sie im Lichte modernster Vernünftigkeit beleuchtete und aburtheilte, entgegengetreten durch die wahrhaft geschichtliche; und ihm sind auf diesem Wege in neuester Zeit eine Reihe von Männern, Ewald an der Spitze, gefolgt, die, in die religiös=theokratische Grundan=

schauung vom Reiche Gottes sich vertiefend, von dieser aus die
Geschichte des jüdischen Volks, wie sie sich in seinen classischen
Urkunden darstellt, als eine große und zusammenhängende Ent=
wickelungsreihe bis auf Christum hin verfolgten und in ihren
lebendigen, echt menschlichen Trägern, in ihren tiefsinnigen und
erhabenen Darstellungsformen vollauf zu würdigen verstanden.
Die theosophischen Exegeten dagegen blieben in der Einseitigkeit
des Gegensatzes, wie einst die Romantiker und Schellingianer,
stehen, des Gegensatzes gegen die rationalistische Vernüchterung
und die modernen Vernunftabstractionen, und trugen also in
das Alte Testament, alle geschichtlichen Stufen und Zeiten,
Anfang und Ende, Weissagung und Erfüllung durcheinander
wirrend, und mit der Prätension ganz besonderer Tiefsinnigkeit
und Geistreichigkeit, ihre theosophischen Liebhabereien, ihre apo=
kalyptischen Träume, ihre Vorliebe für Engel und Dämonen,
hinein, indem sie, die selbst von dem Zaubertrank der Phan=
-tasie berauschten, die junge theologische Generation einluden,
von diesem Trank zu schlürfen und damit aller verständigen
und gesunden Schriftauslegung für immer den Abschied zu
geben.

Au die Spitze stellten sie den großen und wahren Grund=
satz der organischen Entwickelung, aber in der Anwendung
entstellten und verfälschten sie ihn bis zur Unerkennbarkeit, in=
dem sie nur die wesentliche Einheit der verschiedenen Entwicke=
lungsstufen betonten, den ebenso wesentlichen Unterschied aber
in dieser Einheit verschwimmen ließen. So kamen sie zu dem
Begriff des Typischen, unter welchem sie die die Zukunft
präformirenden Keime der Gegenwart verstanden. Diese prä=
formirenden Keime erkannten sie als die Wahrheit der alten
Weissagungsvorstellung, und wiesen überall auf die Fülle der
thatsächlichen Weissagungen und Vorbilder hin, durch welche

das Judenthum in Christo und der christlichen Kirche seine
Erfüllung und Bestätigung gefunden habe. Damit wurden sie
zu der verhängnißvollen und alles verwirrenden Annahme
eines doppelten Schriftsinnes, eines historischen und eines
typischen geführt. Als Inhalt und Ziel der geschichtlichen
Entwickelung aber setzten sie einen dogmatischen Begriff,
nämlich die Menschwerdung Gottes, durch welchen alle
Stufen von Anfang bis zu Ende in Vorahnung und Erfüllung,
in Keim und Entwickelung, bestimmt werden. Die Geschichte
der durch Christum hindurchgehenden Menschwerdung zerfällt
nach dieser Anschauung in zwei Hälften, von denen die erstere,
die bis zur Erscheinung Christi im Fleisch, die „Voraus=
darstellung" Christi ist, während die andere die allmäh=
liche Verklärung seines Leibes (der christlichen Kirche), die
Vollendung der Menschheit in Christo und die Wandlung der
Welt zu einer entsprechenden Stätte derselben (dem tausend=
jährigen Reich) darstellt, auch die Bekehrung Israels mit um=
faßt und mit der Rückkehr der abgefallenen Masse in das
Wesen Gottes schließt. Dieser ganze Entwickelungsproceß voll=
zieht sich in einer Vielheit von Geistern, guten und bösen,
durch welche Gott sein gesammtes Walten in der Welt ver=
mittelt, ohne an einen geordneten Naturzusammenhang gebun=
den zu sein. Alle Ursachen und Triebfedern für das, was
auf Erden vorgeht, liegen letztlich nicht in Naturgesetzen, auch
nicht in den Willensacten der menschlichen Freiheit, sondern
im Himmel, in dem unsichtbaren Walten und Einwirken der
Engel= und Dämonenwelt und sind demnach nichts anderes,
als eine fortgehende Reihe von Wundern. Vor allem aber sind
die großen Hauptmomente in der Geschichte der Welt, wie
der Fall des ersten Menschen, die Folge von himmlischen Vor=
gängen, von Katastrophen in der Geisterwelt. So dreht sich

für diese gnostisirende Betrachtung wesentlich alles um Christo=
logie, Dämonologie und Eschatologie; um die Dämonen und
ihr Haupt als Knotenpunkte, um das Reich der Herrlichkeit
und Vollendung, das tausendjährige, als Zielpunkt. Die ganze
Geschichte stellt ein großes göttliches Weltdrama, eine Art di-
vina comedia vor, in welcher alles an übernatürlichen, un=
sichtbaren Fäden gezogen wird und die handelnden Menschen
nichts als Masken sind, durch welche die Geisterwelt hindurchtönt.

Orthodox ist der dieser Gesichtsanschauung zu Grunde lie=
gende Begriff von Gott und seiner Offenbarung gewiß nicht.
Denn nicht nur in Christum, der schon vor seiner Erscheinung
im Fleisch durch die Weltgeschichte wandelt, auch in Gott wird
ein Werden verlegt und, im Anschluß an die letzten gnostischen
Auswüchse der Schelling'schen Philosophie, muß Gott selbst,
vermöge einer Bewegung realer, theogonischer Kräfte (nach
Schelling: Potenzen) aus seiner anfänglichen Verschlossen=
heit durch eine Vielheit von Göttern hindurchgehen, um sich
wieder zur vollen und bewußten Einheit zusammenzufassen.
Daß bei einem solchen überall hindurchwirkenden, alles Ein=
zelne in willkürlichste Phantasterei hineinziehenden theosophischen
Hintergrund, von einer wissenschaftlich zusammenhängenden und
verständigen Behandlung der Geschichte, von einer gesunden
Exegese, nicht die Rede sein kann, versteht sich von selbst.
Alles löst sich in orakelndes Verkündigen und ganz unerwie=
senes Behaupten mit Verspottung des gesunden Menschenver=
standes und jedes verständigen pragmatischen Zusammenhangs
auf; überall ist das theosophische Lehrgebäude von vornherein
fertig und der Text der Schrift muß sich ihm fügen, überall
tritt an die Stelle der historisch=kritischen die theosophisch=
dogmatische Behandlung des Kanons. Die Theorie von der
Schrift als Einem solidarischen Ganzen, als dem Werk

Eines Verfassers, des Heiligen Geistes, verwischt alle Eigen=
thümlichkeiten der Zeiten und Geistesrichtungen, spottet aller
kritischen Untersuchungen über Alter, Echtheit und Entstehungs=
kreis der einzelnen Schriften und gibt die willkommene Hand=
habe zur raffinirtesten Deutungskunst, durch welche bald ge=
schichtliche Thatsachen allegorisch erklärt, bald wieder Bilder
eigentlich genommen werden und so der ganze mythologische
Apparat in die Welt des Alten Testaments hineingetragen
wird. Es wird in der That schwer, zwischen der talmudischen
Exegese Hengstenberg's und der theosophischen Hofmann's zu
wählen; in gewissem Sinne ist die letztere eine noch entschie=
denere Verleugnung der gesunden Vernunft, ein noch voll=
kommenerer Supranaturalismus als jene; denn sie lebt ja
ganz und gar in dem Element des Uebernatürlichen, von
dessen überwältigender Macht alles menschliche Geschehen be=
einflußt wird, während Hengstenberg sich strenger auf dem
Boden eines äußerlich=verständigen, alttestamentlichen Mono=
theismus hält. Und doch ist der Vorwurf des „Rationalis=
mus", welchen Hengstenberg auf diese modernen Gnostiker
schleudert, insofern nicht unbegründet, als in Wahrheit viel
Rationalisirendes sich wieder in die Phantasterei einmischt, auch
manche Zugeständnisse, die Hengstenberg hartnäckig verweigert,
der neuen Kritik willig gemacht werden. So hat Delitzsch der
Annahme von verschiedenen Urkunden im Pentateuch seine An=
erkennung nicht versagt, sogar den Begriff der Sage auf die
älteste Geschichte hier und da angewandt, und namentlich in
der Schöpfungsgeschichte ist von ihm und seinen Genossen an
verschiedenen Punkten die buchstäbliche Erklärung verlassen, in=
dem die sieben Tage zu großen Schöpfungsperioden von un=
bestimmter Dauer ausgedehnt, das Chaos zu einer Wieder=
verwüstung der ursprünglichen Schöpfung durch die gefallenen

Engel, der Baum der Erkenntniß zu einem Giftbaum, der auf die Geschlechtstheile gewirkt und der menschlichen Natur phy= sisch das Verderben eingeimpft habe, umgewandelt wurde.

Verlassen wir nun diesen engern Kreis allegorisirender Exegeten des Alten Testaments, so finden wir die sie beherr= schende Grundrichtung, den sogenannten Realismus, den Hunger nach Fleisch und handgreiflichen sinnlichen Gestalten in allen d en Kreisen wieder, welche, namentlich im Anschluß an die Offenbarung des Johannes, die Vorstellung vom tausendjäh= rigen Reiche mit gläubigem Ernste festhalten und ihre schwär= merischen Hoffnungen auf dies Reich in eine mehr oder weni= ger nahe Zukunft stellen. Diese Apokalyptiker oder Chiliasten sind freilich vorzugsweise in England und Nordamerika zu Hause, aber auch in Würtemberg, Baden und im Wupperthal ist die chiliastische Krankheit schon seit lange epidemisch und nicht allein in den ungebildeten Volksschichten und dumpfen Conventikelsälen werden diese Hoffnungen genährt, sie haben auch in der Theologie Eingang gefunden und vorzugsweise in dem erneuten Interesse für die geheimnißvolle Schrift des Apostel Johannes einen Ausdruck gewonnen. Zu diesen Apokalyptikern gehören außer von Hofmann, Delitzsch und Baumgarten, Männer wie Auberlen, Beck, Fabri, von Oettinger, Löhe, Luthardt, der Verfasser der Schrift „Christianus“ u. a. m. So trägt Löhe in einer Predigt (über Phil. III, 7—11) den crassesten Chiliasmus als den köstlichen Fund der neuern Exegese mit allerlei spöttischen Aus= fällen auf die bisherige „hausbackene Predigt vom Kreuz und von der Vergebung der Sünden“ vor und belehrt seine An= hänger, daß Paulus an jener Stelle nicht von der zweiten, allgemeinen Auferstehung der verstorbenen Gläubigen und der Verwandlung der frommen Lebenden rede, und daß diese beiden

letzten Klassen, in die Luft entrückt, in verklärten Leibern das
göttliche tausendjährige Reich in den Lüften bilden werden,
während die Ungläubigen auf Erden bleiben. Von den Juden
erwartet er, daß sie noch eine große und glänzende Rolle in
der Christenheit spielen werden, ja! wäre er Jude, erklärt er
ausdrücklich, so sollten sich seine Kinder noch freuen, daß jü=
disches Blut in ihren Adern rinne. So erklärt auch der sonst
maßvollere Luthardt (in seiner Schrift: „Die Lehre von den
letzten Dingen") die Eschatologie für einen Abschnitt von „emi=
nent praktischer Bedeutung" und die Offenbarung des Jo=
hannes für eine apostolische Schrift von der Wiederkunft
Christi, durch die sich die ganze Heilige Schrift zu einem
wunderbar=harmonischen Ganzen zusammenschließe.

Haben auch die Arbeiten von Bleek, De Wette, Lücke,
Ewald für die Aufhellung der apokalyptischen Dunkelheiten,
für die genaue Bestimmung des geschichtlichen Hintergrundes
der Offenbarung Johannis, einen großen Fortschritt begrün=
det und es jedem, der verstehen will, unwidersprechlich klar
gemacht, daß diese Weissagungen gegen Nero, den gehaßten
Christenverfolger, gerichtet und in ihm bereits erfüllt sind und
daß die Schilderungen des aus diesem letzten Kampfe siegreich
hervorgehenden Gottesreichs nichts als sinnliche und judaistisch
gefärbte Bilder der damals gehofften Herrlichkeit sind;
immer behält der Zauber des Geheimnißvollen und Ueber=
natürlichen, die heidnische Lust an der Vorhersagung zukünf=
tiger Dinge, eine große Gewalt über die Gemüther, welche
selbst in die Kreise der Wissenschaft einbringt, da wo diese,
wie heutzutage die Theologie, tief erkrankt und bis ins
Innerste durch den Lügen= und Gaukelgeist vergiftet ist.

Werfen wir am Schluß dieser Darstellung unserer neuesten
Rückschrittstheologie noch einen Blick auf das Gebahren dieser

Männer untereinander, auf den innern Zusammenhalt der
Partei, so vermögen wir hier nichts als Auflösung und Zer=
rüttung, als Schelten und Beißen, als Chaos und Sprach=
verwirrung zu gewahren. Es ist nicht zu viel gesagt, wenn
Schmieder auf dem Kirchentag zu Brandenburg, 1862, Klage
erhebt als über die allerbetrübendste Erscheinung der Zeit, daß
die Frommen, die Vorkämpfer des Glaubens, selbst in feind=
liche Lager auseinander getreten, und daß von ihnen das Wort
gelte, „ein jeglicher frißt das Fleisch seines Arms, Manasse
den Ephraim, Ephraim den Manasse und sie beide miteinan=
der sind wider Juda".

Ganz ähnliche Betrachtungen über die immer grenzenloser
hereinbrechende Zerrissenheit, durch welche gerade die lutheri=
schen Kreise, in der alten wie der neuen Welt, gezeichnet seien,
stellt Wangemann in seiner „Monatsschrift für die evange=
lisch=lutherische Kirche" an und glaubt das Wort Haggai's
auf all dies großartige Reden, Bekennen, Verdammen und
Protestiren seiner Freunde anwenden zu müssen: „Ihr säet
viel und erntet wenig." Hat doch der ehrliche und gelehrte
Altlutheraner Rudelbach, der sich in all das verworrene,
phantasirende, katholisirende Wesen der neuesten lutherischen
Schößlinge nicht mehr zu finden vermochte, schon im Jahre
1857 in seinem zu Leipzig gehaltenen Conferenzvortrage laute
Klage geführt über die in der gläubigen Theologie eingerissene
Sprachverwirrung, über die monströse Amts= und echt römisch=
jesuitische Kirchenautoritäts=Doctrin der sogenannten Neuluthe=
raner, über die apokalyptischen und neu=donatistischen Schwär=
mereien, über den schalen, abgestandenen Socinianismus, der
in der Christologie unter dem Namen der Κενωσις auftrete,
und hat diese Vorwürfe beschlossen mit dem Wort: „Sie sind
von uns ausgegangen, aber sie sind nicht von uns."

Hat doch Harleß, sonst in der Politik ein conservativer Mann, in einem Aufsatz über „Christenthum und Politik", offen bekannt, daß ihn ein Grauen ankomme bei dem, was man von manchen Seiten her als politisches Verhalten eines Christen zu bezeichnen und zu fordern sich berechtigt halte, und da= gegen den Gehorsam gegen das Gesetz als die erste und höchste Pflicht jedes Christen, in allen Staatsformen und bei allen politischen Parteiungen, hingestellt. Hat er doch mit vollem Rechte darauf aufmerksam gemacht, daß mit dem Aus= druck „göttliche Ordnung" ein schmählicher Mißbrauch getrie= ben werde, und daß derselbe nur von dem aller Rechtsord= nung zu Grunde liegenden allgemein=typischen Unwandelbaren, wie Eigenthum, Familie, Ehe, staatliche Ordnung, gelte, nicht aber auf die Regierungsgewalt und namentlich die Kronen= träger zu beschränken sei. Hat er doch endlich für die Ver= fassungskämpfe zwischen den politischen Parteien wie zwischen Fürst und Volk von Seiten des Christenthums keine andern Grundsätze anerkennen wollen, als die allgemein = sittlichen, zuerst den: der Gewalt nicht Gewalt, sondern Recht und Ord= nung entgegenzusetzen, und sodann den: daß keiner über, sondern alle unter diesem Recht und dieser Ordnung stehen, und daß nur das Bedürfniß des Vollzugs dieser Ordnung, nicht eine Ausnahmestellung Einzelner den Unterschied der Be= fehlenden und Gehorchenden nothwendig mache.

Hat doch auch ähnlich Fabri („Die Stellung des Chri= stenthums zur Politik") in richtiger Erkenntniß des Volks= hasses und Volksfluchs, welcher das politisch vergiftete Chri= stenthum treffe, sich aufs stärkste von dem „christlichen Staat" Stahl's abgewendet mit der Erklärung, man habe nicht das Recht, das Christenthum selbst mit dem Odium der Fehler und Sünden politischer Parteien freiwillig zu belasten; man

habe nicht das Recht, die Kirche, welche die Verkünderin gött=
licher Offenbarungsthatsachen an alle Menschen sei, zur
Dienerin einer politischen Partei zu erniedrigen. Namentlich
aber warnt er seine eigenen Glaubensgenossen vor dem un=
seligen Beginnen, wenn der Volksgeist einmal der Kirche sich
entfremdet, wie Stahl, zu versuchen, dieser Entfremdung mit
äußern politischen Mitteln zu begegnen, und hält es ihnen vor,
daß sie ein Schutz= und Trutzbündniß gerade mit der Partei
eingegangen, von der schon Huber gesagt, daß sie bis dahin
alle, welche sich auf sie stützen gewollt, ruinirt habe.

Wie anders klingt es, wenn er offen eingesteht, daß weder
Liberalismus noch Demokratie an sich etwas Unchristliches sei,
als wenn die Kreuzzeitungstheologie diese politischen Richtun=
gen ohne weiteres als „satanische Erscheinungsformen im Cul=
turleben der Völker" bekämpft, oder wenn der höfische Hoff=
mann in Berlin, in mystischer Ueberschwänglichkeit und wider=
lichster byzantinischer Hoftheologie, von der „himmlischen
Majestät" der weltlichen Obrigkeit redet, den irdischen
König ein „Nachbild Jesu Christi" und seinen Statthalter
nennt und sich nicht entblödet, diesen irdischen König mit dem
messianischen der Davidischen Psalmen bis zur Ununterscheid=
barkeit in Eins zu verschmelzen und zu erklären, auch von ihm
gelte jenes Wort: „Du bist mein lieber Sohn, heute habe ich
dich gezeugt", auch er ziehe im Glauben die Kräfte Gottes
vom Himmel hernieder, auch in ihm walte „eine göttliche
Kraft, ein göttliches Leben, ein göttlicher Segen, ein göttliches
Licht". Aus diesem letzten Beispiele sieht man zugleich deut=
lich, welch furchtbare, sittliche Verwüstungen die Stahl=
Hengstenberg'schen Theorien anzurichten vermögen, wenn sie
von den hohlen Köpfen berliner Hofrhetoren aufgenommen

und mit der ganzen Gedankenlosigkeit geistlicher Salbung auf
die Kanzel gebracht werden.

Verfolgen wir den innern Haber der Rückschrittstheo=
logie weiter, so ist es vor allem das „Hallische Volksblatt"
von Nathusius, welches am rücksichtslosesten in seinen katho=
lischen Neigungen sich ausgelassen und dadurch den laute=
sten Tadel der Parteigenossen zugezogen hat, wie er selbst in
der von Kliefoth und Diekhoff herausgegebenen „Theologischen
Zeitschrift" Worte gefunden. Hier heißt es: „Der Geist der
römischen Kirche, der Feind unserer Kirche, durchdringt im
Volksblatt alles. Seine Wünsche richten sich vor allem auf
den Mariencultus und das Cölibat. So viel steht fest,
daß man ärger unserer Kirche nicht mitspielen kann, als es
durch dies Treiben im Volksblatt geschieht, und wir können
nur der Meinung sein, daß durch ein solches Treiben unsere
Kirche unterwühlt wird." Daß in dem Kliefoth'schen Organ
also geurtheilt wird, erklärt sich daraus, daß Kliefoth, ein
Kirchentyrann und starrer Formalist, von sonstigen katholischen
Sympathien und Phantasiebedürfnissen nichts weiß, daß er
allein mit seiner Amtsdoctrin und Priesterherrschaftsgelüsten
auf katholischem Boden steht, im übrigen aber nichts will,
als das wieder aus dem Schutt der Jahrhunderte sorgfältigst
herausgegrabene alte Lutherthum in seinen veralteten kirchlichen
Formularen, Teufelsaustreibungen, liturgischen Gebräuchen,
Kirchenordnungen und Kernliedern in unveränderter Gestalt
herstellen und mit dem 16. Jahrhundert noch einmal von vorn
anfangen. Er ist mit seinem trockenen und hartherzigen For=
malismus, mit seinem ausgedörrten Glauben, mit seiner ent=
schiedenen Abneigung gegen alles, was dem Pietismus ange=
hört, der echteste Typus einer künstlich gemachten, rein
doctrinären und ganz unausführbaren Repristinationstheo=

logie und hat es, wie er es liebt, ganz unumwunden aus=
gesprochen, daß in der vollen und aufrichtigen Rückkehr zur
altlutherischen Kirche allein das Heil unserer Zeit liege; daß
das Lutherthum keine andere Aufgabe habe, als sich auf sich
selbst zu besinnen und völlig zu sich selbst zurückzukehren, und
daß alle Neu= und Weiterbildungs=Versuche nichts als thö=
richte Projectmachereien seien. Wie anders urtheilt dagegen
Wangemann, wenn er (in der genannten Monatsschrift) jeden
Versuch einer bloßen Repristination „Don Quixote's Arbeit"
nennt und, fast im Sinne von Kahnis, meint, „daß auch die
Irrwege des Pietismus, des Rationalismus, der Schleier=
macher'schen und Hegel'schen Theologie nicht außer dem Ein=
fluß und der Leitung des Heiligen Geistes gestanden und sehr
wichtige Momente in den Vordergrund gestellt haben, über
die man nicht so einfach hinwegspringen könne"!? Wie ganz
anders wieder ein Münchmeyer, Löhe, Stahl, welche
auch eine Umbildung der lutherischen Lehre wollen, aber
nach rückwärts hin und im katholischen Sinne; welche recht
wohl einsehen, daß die lutherische Lehre vom Glauben eine
sehr gefährliche, eine spiritualistische und subjectivische ist, und
sie daher entweder ganz todt schweigen oder durch die Lehre
vom Sakrament verstümmeln und all ihrer gefährlichen Con=
sequenzen berauben möchten!?

Nehmen wir zu diesen tiefgehenden innern Zerklüftungen
die nicht aufhörenden gehässigen Kämpfe zwischen denjenigen
Lutheranern, welche innerhalb der preußischen unirten Landes=
kirche geblieben, und denen, welche sich von ihr getrennt haben,
und dann wieder zwischen den verschiedenen Parteiungen und
Anhängerschaften der separirten Lutheraner, so erhalten wir
das Bild traurigster Verworrenheit und die volle Bestätigung

für die Wahrheit, daß das Princip der Unfreiheit zugleich das der Uneinigkeit ist und daß die kirchliche Rechtgläubigkeit, die nun einmal ohne Ketzermacherei nicht leben kann, sobald sie durch äußere Macht und Staatshülfe ihre Gegner niedergeschlagen, naturnothwendig zur Hetzerei und Ketzermacherei in ihrer eigenen Mitte, zur Selbstzerfleischung übergehen muß.

Drittes Kapitel.

Die Vermittelungstheologie: Nitzsch, J. Müller, Ullmann, Dorner. Die Epigonen der speculativen Dogmatik: Liebner, Lange, Martensen. Der speculative Theismus: Fichte und Weiße. Die Uebergänge zur freien Theologie: Rothe, Bunsen, Schenkel.

———

In die Mitte zwischen die Auflösungs= und die Repristinationstheologie tritt eine breite, mannichfach schattirte Partei, welche ziemlich allgemein und mit vollem Rechte den Namen der Vermittelungstheologie erhalten hat. Schon bei der Darstellung Schleiermacher's und seiner Schule ist von den sogenannten positiven Schleiermacherianern die Rede gewesen, welche die Brücken von dem großen und freien Theologen zur Rechtgläubigkeit geschlagen und dadurch eine eigene Misch= und Schwebetheologie begründet haben. Auch wurde schon angedeutet, wie in Schleiermacher selbst noch ein Anknüpfungspunkt an diese unlautere Mischung gegeben, wie seine philosophische Grundanschauung vollkommen klar und bestimmt auf dem Boden der Immanenz stehe, dieser Standpunkt aber von dem Theologen Schleiermacher nicht überall innegehalten worden, vielmehr das aus der Ontologie und Kosmologie verbannte Wunder in einer Menge von zwei=

heutigen Wendungen durch die Christologie wieder eingeschlüpft sei. Wir wiederholen es hier noch einmal: Die Person Christi in ihrer religiös=sittlichen Absolutheit, wie die Schleiermacher'sche Dogmatik sie construirt, oder vielmehr vom christlichen Be= wußtsein aus fordert, ist ein Wunder, eine Ausnahme vom Naturgesetz. Ihr Eintreten in die Menschheit erfordert, trotz aller Anschließungen nach rückwärts wie nach vorwärts, einen besondern göttlichen Anstoß, ist aus der geschichtlichen Entwickelung nicht hervorgegangen und nicht zu begreifen. Und dieser übernatürliche, von dem sonstigen Wirken Gottes, als der absoluten Ursache aller Dinge, verschiedene Anstoß ist es, welcher, so sehr er auch wieder in die Natürlichkeit ein= mündet, doch mit dem religiös=sittlichen Wunder auch die Möglichkeit der damit zusammenhängenden physischen Wun= der offen läßt und so den ganzen Weltzusammenhang zerreißt. Das Streben, den Supranaturalismus abzuschwächen, ohne ihn doch völlig zu überwinden, spricht sich sehr deutlich in dem bekannten 13. Paragraph der Schleiermacher'schen Dogmatik aus, wo es also heißt: „Die Erscheinung des Erlösers in der Geschichte ist als göttliche Offenbarung weder etwas schlechthin Uebernatürliches, noch etwas schlechthin Uebervernünftiges." Mit der Leugnung des Schlechthinnigen im Begriff des Uebernatürlichen und Uebervernünftigen ist der Begriff selbst, wenn auch in eingeschränkter Weise, anerkannt. Im nahen Zusammenhange mit der Lehre von der Person Christi steht die von der Schrift und ihrer normativen Autorität, und dieser Punkt vorzugsweise ist es, welcher in der Schleier= macher'schen Dogmatik in auffallender Weise dunkel, unent= wickelt und zweideutig geblieben ist und damit allen Halbheiten der spätern Vermittelungstheologie willkommenen Vorschub ge= leistet hat. Denn wenn auch Schleiermacher, wie es sich von

selbst versteht, die Autorität der Schrift nicht für sich und als
letzte hinstellt, sie vielmehr an die Christi anknüpft und von
ihr abhängig macht, wie dies im Paragraph 128 ausgesprochen
ist: „das Ansehen der Heiligen Schrift kann nicht den Glau=
ben an Christum begründen, vielmehr muß dieser schon vor=
ausgesetzt werden, um der Heiligen Schrift ein besonde=
res Ansehen einzuräumen"; wenn er auch besonders und
wiederholt darauf hinweist, daß die schriftliche Eingebung nicht
eine vereinzelte, von der übrigen amtlichen Thätigkeit der
Apostel verschiedene, nicht eine mechanische, die menschliche
Selbstthätigkeit aufhebende sei, vielmehr aus der göttlichen
Offenbarung in Christo, wie sie in den Aposteln lebendig fort=
ströme, fließe; wenn er auch auf solche Weise sich gegen
ein unorganisches Einwirken des Heiligen Geistes verwahrt,
scheut er sich doch nicht den kirchlichen Ausdruck zu acceptiren,
diese Schriften seien die Norm für alle folgenden Darstellun=
gen des christlichen Glaubens, und „die einzelnen Bücher
des Neuen Testaments seien von dem Heiligen Geist
eingegeben, sowie die Sammlung derselben unter
der Leitung des Heiligen Geistes entstanden." (§. 130.)
Die Begründung dieser Sätze ruht wesentlich auf dem Ge=
danken, daß diese Schriften Darstellungen der unmittel=
baren Schüler Christi waren, bei denen die Gefahr eines
unwissentlichen, verunreinigenden Einflusses ihrer frühern Denk=
und Lebensformen „abgewehrt wurde durch den reini=
genden Einfluß der lebendigen Erinnerung an den
ganzen Christus". Wie nun aber, wenn diese ganze Vor=
aussetzung, daß sämmtliche Verfasser der neutestamentlichen
Schriften unmittelbare Schüler Christi gewesen und daß
sie demnach unter der lebendigen Erinnerung an den ganzen
Christus gestanden, eine nicht allein zweifelhafte und von der

Kritik anfechtbare, sondern eine zweifellos unrichtige ist?! Denn, um des Apostel Paulus gar nicht zu gedenken, wel= cher doch nicht in dem hier gemeinten Sinne ein unmittelbarer Schüler Christi genannt werden kann, und welcher nicht unter der Erinnerung an den ganzen Christus stand; — von den Evangelisten Markus und Lukas und dem Verfasser der Apostel= geschichte steht ja fest, daß sie nicht unmittelbare Schüler Christi waren, weshalb von jeher die Kirche ihr Ansehen erst durch die nahen Beziehungen zu Petrus und Paulus zu stützen versucht hat; und von dem Evangelium des Matthäus in sei= ner jetzigen Gestalt ˙ nimmt ja Schleiermacher selbst mit Be= stimmtheit an, daß es nicht auf den Apostel Matthäus zurück= zuführen, vielmehr nur in seinen Redesammlungen (den λόγια) ihm angehöre.   Wozu also diese nichts beweisenden, nirgends stichhaltigen, nur verwirrenden Versuche, den grundfalschen dogmatischen Begriff der normativen Autorität, der absoluten Lehrnorm, zu stützen, statt ihn preiszugeben, um eine andere und festere Basis für das große Volks=Lebens = und Erbauungs= buch der christlichen Welt zu gewinnen?

In Wahrheit haben diese Zweideutigkeiten die Köpfe der viel schwächern und zum großen Theil vom kritischen Geiste des Meisters verlassenen Schüler verwirrt und so ist es ge= kommen, daß gerade in dieser allerwichtigsten Lehre von der Inspiration der kanonischen Schriften und ihrer normativen Autorität, in dieser brennenden Frage der Zeit, die von Schleiermacher angeregten Vermittelungstheologen in der kläg= lichsten Halbheit und Unsicherheit stehen geblieben und es nie über sehr vage und phrasenhafte Aushülfen, über die Unter= scheidung zwischen der Schrift als Wort Gottes und dem Wort Gottes in der Schrift; über die Forderung der „orga= nischen" Einwirkung des Heiligen Geistes u. dgl. m. hinaus=

gebracht haben. Für die Charakteristik der Vermittelungs=
theologen und ihres Unterschiedes von den straffen Männern
des alten Bekenntnisses dürfen wir wol auf Stahl verweisen,
der aus vielfältigem, nahem Verkehr, namentlich seit den Kir=
chentagen, reden konnte und einen tiefern Blick in das weich=
liche, haltungslose, zwischen zwei Weltanschauungen getheilte
Wesen der sonst seinem Herzen so nahe stehenden und durch
viele Geistesfäden ihm Verbundenen geworfen hat. Es sei,
urtheilt er in seiner Schrift „Die lutherische Kirche und die
Union", bei diesen Männern ein beständiges Wogen und
Schwanken, ein beständiges Schillern zwischen der Welt=
anschauung der Heiligen Schrift und derjenigen der modernen
Philosophie, ohne daß sich je fixiren lasse, welche die eigent=
liche Farbe sei. Die Wunder werden nicht als Thaten Gottes
anerkannt, mit denen er das Naturgesetz durchbreche, um die
von ihm Gesandten zu beglaubigen, sondern vielmehr in einer
nebelhaften Vorstellung gehalten, als eine gesetzmäßige Wir=
kung des Sieges des Geistes über die Natur, als ein Durch=
bruch des Wunders der Wiedergeburt, als ein Naturgesetz
höherer Ordnung. Sie werden ferner soviel als möglich der
Aufmerksamkeit entzogen, ihr Werth und ihre Beweiskraft
herabgesetzt, ihre Zahl aufs äußerste reducirt. Diese soge=
nannte „gläubige" Theologie knüpfe überall an Kant, Fichte,
Schleiermacher, Schelling, Spinoza an, während die recht=
gläubige an die Zeit, wo die Theologie noch christliche Theo=
logie war, daran festhaltend, daß der evangelische Glaube
nicht ein anderer geworden und nicht ein anderer zu werden
brauche. Die Vermittelungstheologie habe ihren Namen daher,
daß sie zwischen dem christlichen Glauben der Reformatoren
und der ungläubigen Philosophie der neuesten Zeit zu vermit=
teln suche, daß sie von der Philosophie „inficirt" sei, ohne

ihr wahrhaft anzugehören, daß sie für den Glauben „Sym=
pathien" habe, ohne sich ihm völlig hinzugeben und die
eigene Vernunft zum Opfer zu bringen. Sie habe darum
das entschiedenste Interesse an der Union und kämpfe mit so
besonderer Hartnäckigkeit für sie, weil sie hier einen Rechts=
titel und Rechtsboden für die eigene Existenz zu gewinnen
glaube; sie mache darum den Grundsatz allgemeiner Gleich=
berechtigung und Gleichwerthlosigkeit abweichender Lehren gel=
tend, weil sie so ihre eigenen Abweichungen von der Kir=
chenlehre am besten rechtfertige; sie gehe nicht allein auf
Indifferenzirung des lutherischen und reformirten Sonder=
bekenntnisses, sie gehe vielmehr auf Indifferenzirung des alten
Bekenntnisses der Kirche überhaupt, auf Ausscheidung dessen,
was sie bloßen „Lehrtropus", nicht „fundamental", nur „theo=
logisch", nicht „religiös" nenne, aus; und diese Arbeit des
Ausscheidens und Escamotirens beschönige sie mit dem Aus=
druck: die bisherige Dogmatik in Fluß bringen.

So weit Stahl. Wir fügen dieser scharf einschneidenden
Kritik hinzu: Die Vermittelungstheologie, in welcher sich ein
schwächliches, gemüthseliges, namentlich durch Neander bewirktes
Herabsinken von den durch Schleiermacher gewonnenen neuen
Grundlagen zu unklaren, supranaturalistischen Vorstellungen dar=
stellt, ist der rechte Typus halber, nicht bis zu den letzten meta=
physischen Fragen hindurchdringender Vermittelei; ein schlechtes
juste milieu, ein Gemisch, nicht eine Neubildung, eine ge=
müthliche Beschwichtigung, nicht eine wissenschaftliche Versöh=
nung. Die beiden Weltanschauungen, die jüdisch=supranatura=
listische, welche als letzter, wenn auch ferner Hintergrund noch
in das Neue Testament hineinragt, und die moderne, einheit=
liche und zusammenhängende, welche in unser aller, auch der
capricirtesten orthodoxen Köpfen lebt, welche wir alltäglich als

die geistige Lebenskraft in uns aufnehmen; diese beiden Welt=
anschauungen werden hier, ohne daß die Arbeit der Kritik
ehrlich und gründlich vollzogen, ohne daß der Ausscheidungs=
proceß der unassimilirbaren Stoffe wirklich zu Stande ge=
bracht, ineinander gemischt durch Abstumpfung der scharfen
Spitzen, durch Ueberbrückung der unheilbaren Risse, durch
Verschweigen, Beschönigen und Umdenten, und also wird eine
Sprach= und Gedankenverwirrung, eine geschraubte, durch und
durch künstliche Theologie, eingeleitet, welcher zu entfliehen
dem einfachen Sinn kein Opfer zu groß erscheint. So ist denn
die Vermittelungstheologie die mächtigste Stütze der neuen Or=
thodoxie geworden, in ihr liegt die Rechtfertigung und Erklä=
rung für dies Salto mortale der Vernunft in ein abgestorbenes,
aber in sich klares und consequentes Lehrsystem.

Es ist wol öfter und nicht ganz mit Unrecht eine Pa=
rallele gezogen zwischen den Vermittelungstheologen und der
auf politischem Gebiete altliberalen Partei. Es bieten sich in
der That manche Vergleichungspunkte dar: das deutsche Pro=
fessorenthum in seiner Schwäche, der abgezogene dem Verständ=
niß und Bedürfniß des Volks fernstehende Doctrinärismus
dort wie hier, ebenso die Neigung zu Compromissen, zur
äußersten Nachgiebigkeit gegen die sogenannten bestehenden
Mächte, und endlich die eingebildete Staatsmannweisheit,
welcher eine besondere Einbildung auf Gelehrsamkeit, wissen=
schaftliche Feinheit und Gründlichkeit bei den vermittelnden
Theologen entspricht; und dennoch thut man mit dieser Pa=
rallele der altliberalen Partei Unrecht, die um eine ganze
Stufe höher als die der theologischen Vermittler steht. Denn
während jene offen und muthig in den schlimmsten Zeiten der
Reaction, vor und nach dem Umsturzjahre, angekämpft hat
gegen die Misregierung, und auch das Martyrium willig auf

sich genommen, sehen wir diese zu allen Zeiten und ganz be=
sonders in den bösesten Jahren von 1849—58 im Einver=
ständniß mit der Regierungsgewalt und Arm in Arm mit den
Hengstenberg und Stahl auf den Kirchentagen einherschreiten,
um der ungläubigen Menge mit solchem Bündniß als eine
große, geschlossene Macht entgegenzutreten, um ihren schroffern
Freunden die Wege zu bereiten und diese Blütenzeit der Re=
action mit ihnen gemeinschaftlich auszukaufen, zur Befestigung
des „christlichen Staats" und der privilegirten Staatskirche,
das heißt zu einem völligen Umbau in Gesetzgebung über
Ehescheidung, Sabbathheiligung, Sektenfreiheit, Kirchenzucht
u. s. w. im Geiste kleinlicher, unduldsamer und überall gegen
die sittlichen Mächte der Gegenwart anstrebender Gläubigkeit.

Es ist klar, die Vermittler fühlten sich im wesentlichen
und da, wo es galt Partei zu ergreifen, überall mit den Männern
der kirchlichen Reaction eins; ein Julius Müller war es,
welcher das thörichte und geschichtlich unwahre Geschrei von den
unbiblischen Ehescheidungsgründen des preußischen Landrechts
zuerst anstimmte; ein Nitzsch wurde dazu benutzt, um der neu
zu etablirenden Kirchenzucht, der Beschränkung der Sekten=
freiheit, ja sogar dem neuen Eherecht das Wort zu reden
und die geheimen Bestrebungen der verhaßten Rückschritts=
männer mit seinem guten Namen zu decken; diese milden
Theologen wurden überall vorgeschoben und ihre Unklarheit
und Kurzsichtigkeit ausgebeutet von den Schlauen, und nur
wenn die letztern, allzu siegesgewiß, sich gegen ihre eige=
nen doch nur halbgläubigen Freunde wandten, kam es zu
allerlei kleinen und gehässigen häuslichen Zwistigkeiten. Nur
dann, wenn den Vermittelungstheologen von den Altgläubi=
gen das Recht der Existenz abgesprochen und der Rechtsboden
unter den Füßen weggezogen wurde. Dies geschah bei dem

Kampf um die Union und um die Vollgültigkeit und Verbind=
lichkeit der alten Sonderbekenntnisse. Hier fühlten die Ver=
mittler recht wohl, daß sie, welche überall die confessionellen
Schranken durchbrochen, wenn sie sich nicht mehr auf die
Union berufen und diese zu einer vollkommenen Lehrunion
erweitern dürften, rechtlos seien. Hier kämpften sie mit großer
Leidenschaftlichkeit, gleich Verzweifelten. Sie glaubten den
Boden unter den Füßen wanken. Sie hielten sich aber auch
hier wie immer nur in der Defensive und hatten das Schicksal
aller derer, welche nicht wagen, von der Vertheidigung zum
Angriff überzugehen. Dieser Kampf schärfte sich wol in ein=
zelnen Ländern, wie in Hannover, bis zur äußersten Erbitte=
rung; das gläubige Pastorenthum erhob sich gegen die Landes=
universität, gegen die Wissenschaft überhaupt und schleuderte
seine Verachtung gegen die einstigen Lehrer; und doch waren
es diese, die hart bedrängten, ein Dorner und Ehren=
feuchter, welche in wunderlicher Verblendung und Gedan=
kenlosigkeit den neuen hannoverischen Katechismus mit Beifall
begrüßten und ihren Verfasser, Herrn Lührs, aus Her=
zensfreude über die „köstliche Gabe“ zum Dr. theol. ernann=
ten. Eine kaum zu verstehende Blödsichtigkeit, die aber durch=
aus charakteristisch für diese ganze Art der Vermittler und,
wie es scheint, unheilbar ist. War doch der beste unter
ihnen, der gebildetste und weitherzigste: Lücke, recht eigentlich
an der rabies theologorum, die ihm die letzten Lebensjahre
tief verbitterte, zu Grunde gegangen, und seine Freunde und
Genossen, die Vermittler auf der neuesten hannoverischen
Vorsynode, stimmen in allen wichtigen Fragen mit den
Münkel, Uhlhorn, Münchmeyer u. s. w.! Eine unglückliche
Idee, welche, wie es scheint, diese schwachmüthigen Männer
verfolgt, ist die Solidarität der „conservativen Interessen“,

eine Idee, die des sonst so freisinnigen Ullmann Untergang
geworden ist! Freilich fand er diese conservativen Interessen
nicht allein bei den pietistischen Pastoren der evangelischen
Kirche, nein! noch bei der ultramontanen Partei Badens, den
Concordatsverfassern und Jesuitenpredigern, und vergaß darüber
ganz und gar, daß er der erste Vertreter der protestantischen
Kirche des Landes sei und seine Stimme sich am ersten und
lautesten zu erheben habe, um bis an das Ohr des Landes=
herrn zu bringen.

Noch an einem andern Punkte zeigt sich ein wesentlicher
Unterschied zwischen den theologischen Vermittlern und den alt=
liberalen Politikern. Auch diesen ist die doctrinäre Art wohl
eigen und das Professorenthum hat seit den Tagen von
Frankfurt fort und fort gelebt in ihren Reihen. Aber, als
ob die theologische Professorenwelt noch um eine ganze
Stufe unter den Collegen der andern Facultäten stände, in
schwachem, ängstlichem, unpraktischem, dem Leben des Volks
abgewandtem Wesen; der Doctrinarismus, wie er uns in die=
sen Kreisen entgegentritt, hat eine so prägnante und in sich
abgeschlossene Haltung, daß er kaum noch mit dem der libe=
ralen Politiker zu vergleichen ist. Das zeigt sich sogleich in
den Predigten dieser Männer. So geistig=bedeutend und ge=
dankenreich auch die Predigten eines Nitzsch, Steinmeyer, Sack,
J. Müller sein mögen, so durch und durch doctrinär, nur re=
flectirend, saft= und blutlos, so ganz unvolksthümlich sind sie,
und dies ist vornehmlich der Grund gewesen, hierin ist die
Erklärung der Vielen räthselhaft vorkommenden Erscheinung
zu finden, daß die junge Theologengeneration aus den Hör=
sälen Müller's, Nitzsch's, Dorner's unmittelbar in das Lager der
Strenggläubigen übergingen und sich für die Kanzel auf die Ton=
art der Löhe, Harms (in Hermannsburg), Ahlfeldt u. s. w.

stimmten. Nicht allein, daß ihre Collegienhefte nicht sogleich
praktisch zu verwerthen, daß die Musterpredigten ihrer Lehrer
nicht für die Dorfgemeinden paßten; nein! diese ganze Theolo=
gie war zu künstlich, nach allen Seiten vermittelt, halbirt und
verclausulirt, zu abgezogen spiritualistisch, als daß mit ihr der
einfache und gerade Sinn des Volks hätte getroffen werden
können. Um zu reden und als Redner zu wirken, dazu gehört
eine volle, ungebrochene Ueberzeugung, einfache, klare und kate=
gorische Form, und ein Herz für das Volk, ein offener Sinn
für das praktische Leben, aus welchem heraus und in welches
hinein geredet wird. Gerade das letzte aber fehlte den Ver=
mittelungstheologen am meisten, die, abgearbeitet in den theo=
logischen Künsten, das Auge für die Erscheinung des wirklichen
Lebens, den theilnehmenden Sinn für die Leiden, Kämpfe,
Fehler und Bedürfnisse des Volks verloren, und die bei aller
Bildung doch nicht zu der Erkenntniß durchgedrungen waren,
daß die Wahrheit überall sehr einfach ist, daß es in der Re=
ligion keine Wahrheit gibt, die sich nicht an den ganzen Men=
schen, an Verstand, Herz und Wille zugleich wendet und in
dem vollen Menschenleben ihre Bestätigung findet. Der Doctri=
närismus dieser Theologen zeigte sich ferner in der Scheu, vor
die Menge zu treten, in der Abneigung gegen alles, was als
Volksagitation den stillen und allmählichen Gang der wissen=
schaftlichen Ueberzeugung unzeitig beschleunigen könnte. Mit
dieser tiefwurzelnden Scheu, durch welche die Vermittler so
viel Terrain an die weniger ängstlichen, aber sehr massiven
Agitatoren unter den Rechtgläubigen verloren haben, hängt
nahe zusammen ein kleingläubiges Mistrauen in das Volk und
seine Fassungskraft, ein ängstliches Zurückhalten der eigensten
Ueberzeugungen, die nur dem kleinen Kreis der Gebildeten und
Eingeweihten sich erschließen, sonst aber für die große Menge

ein noli me tangere bleiben. Wie sehr solche Zurückhaltung die Freudigkeit der Ueberzeugung lähmt und die Kraft des Wirkens hemmt, bedarf keines ausführenden Wortes. Die Folgen dieser Aengstlichkeit, dieses Mistrauens in die Lebensfähigkeit der eigenen Ueberzeugung, sind besonders da deutlich hervorgetreten, wo die Vermittelungstheologen in hohe praktische Stellungen berufen wurden, und wo sie fast überall von sich selbst abfielen, hinter ihren eigensten Gedanken beim Betreten des praktischen Bodens um ein ganzes Stück zurückblieben, sich von dem Strom der Reaction, ohne es selbst zu sehen, weiter und weiter fortdrängen ließen und endlich, über Misverstehen und Parteitreiben klagend, elend und von niemand betrauert zu Grunde gingen. Auch hierfür ist wiederum Ullmann ein sehr lehrreiches und trauriges Beispiel. Fast überall lieferten diese Männer den Beweis, daß sie „regierungsunfähig" seien.

Desto größer freilich ist ihre Zahl in den Kreisen der Wissenschaft; die theologischen Facultäten Deutschlands sind fast alle von ihnen, einige nur von ihnen, besetzt, hier sind sie noch immer, wenn auch nicht in der Herrschaft, doch in der Mehrheit. Unter den nun schon Dahingegangenen stehen Neander, Lücke und Ullmann obenan; unter den Lebenden Nitzsch, J. Müller, Dorner, denen sich Hagenbach, Hundeshagen, Liebner, die Mitglieder der Göttinger, Bonner, sowie der jetzigen Tübinger Facultät, Ehrenfeuchter, J. Köstlin, Schöberlein, Landerer, Palmer, Weizsäcker, Oehler u. a., die Mitarbeiter an den Studien und Kritiken, an den Jahrbüchern für deutsche Theologie, an der Zeitschrift für deutsche Wissenschaft, an der Neuen evangelischen Kirchenzeitung und an den Gelzer'schen Monatsblättern anreihen.

Unter ihnen allen ragt durch geiſtige Kraft wie durch den Zauber perſönlicher Liebenswürdigkeit, durch Innigkeit und Zartheit des religiöſen Sinnes, durch Tiefſinn und Gelehrſamkeit, in ſeltener Vereinigung, weit hervor: Karl Immanuel Nitzſch. Die Verehrung, welche ihm von ſeinen Parteigenoſſen gezollt wird, iſt eine wohlberechtigte, ſelbſt ſeine wiſſenſchaftlichen Gegner vermögen es nicht, ſich ihr zu entziehen. Eigenthümlich iſt ihm ein milder und verklärter Ernſt, der ſeiner ganzen Perſönlichkeit eine höhere Weihe gibt und uns das Zeugniß verſtehen läßt, welches ſein Vater einſt über ihn abgab, daß er an ſeinem Sohne nicht nur alle Zeit Freude gehabt, ſondern auch von früh an ihm gegenüber ein Gefühl der Ehrerbietung empfunden. Er iſt eine durchaus innerliche Natur; alles aus dem Innerſten mühſam hervorarbeitend, mit dem Lebenshauch der Subjectivität berührend. So iſt denn auch das Princip ſeiner Theologie: Durcharbeitung und Verinnerlichung des Objects, Vertiefung in das äußerlich Gegebene, Belebung des todten Buchſtabens. So milde, ireniſch und vermittelnd ſein eigenſtes Weſen, ebenſo ſeine Theologie, und man kann mit Recht von ihm ſagen, er iſt mit Naturnothwendigkeit, nach ſeiner innern Anlage wie nach ſeiner Stellung zur Zeit, Vermittelungstheologe geworden. Er ſtand in dem Zeitalter der beginnenden Speculation, und wenn Tweſten, der die alte formelle Logik in planſter Verſtändigkeit mit der Schleiermacher'ſchen Lehre vom Gefühl verband, auf Kant und Reinhold zurückfällt, weiſt Nitzſch, ähnlich wie Daub, von Schleiermacher hinüber zu Hegel. Ein unaufgeſchloſſen myſtiſcher Drang und ſpeculativer Tiefſinn verbinden ſich bei ihm mit großer und vielſeitiger hiſtoriſcher Gelehrſamkeit, mit dem Beſtreben, überall den theologiſchen Gedanken durch den ganzen geſchichtlichen Lauf zu verfolgen und den Aus-

druck desselben an die biblische und kirchliche Form anzuschmie=
gen. Durchaus charakteristisch für ihn, seine Stärke zugleich
und seine Schwäche, ist diese rasche und ungeprüfte Vereini=
gung des religiösen Tiefsinns mit der kirchlichen Formel, dies
Ineinanderschieben von Idee und Geschichte. Es fehlt noch
so gut wie ganz das nothwendige Mittelglied zwischen beiden:
die aussondernde und reinigende Kritik. Das Zeitalter der
Kritik hatte ja überhaupt damals, als Nitzsch zuerst hervortrat,
noch nicht begonnen, Schleiermacher stand in seiner schneidigen,
auflösenden Dialektik vereinsamt und unverstanden, alles drängte
nach Vertiefung des Subjects in die Geschichte, nach geistiger
Wiedereroberung der leichtsinnig preisgegebenen Schätze. Frei=
lich meinte man damit etwas ganz anderes als eine äußerliche
Restauration; man wollte eine wirkliche Umschmelzung und
Idealisirung des erstarrten Dogma. Und so sehen wir auch
bei Nitzsch überall eine gewisse dialektische Kunst in der Be=
handlung der fest ausgeprägten Dogmen, er weiß sie flüssig
zu machen, die feinen, verbindenden Uebergänge der auseinan=
der gerissenen Theile wiederzufinden, sie gleichsam wieder in
den Proceß des ersten Entstehens vor dem Niederschlag zu
versetzen und überall die oft verborgenen und zu kurz gekom=
menen Momente der Subjectivität, des innersten Princips
der Reformation, in das volle Licht zu stellen.

Aber das alles geschieht nicht in der Form einer aus=
drücklichen und articulirten Kritik, einer Nachweisung der
innern Widersprüche und rohen Aeußerlichkeiten des alten
Dogma, es geschieht vielmehr in der Form stiller und un=
merklicher Umbildung und Idealisirung; die Kritik ist gleichsam
nur implicite, nicht explicite da, und weil sie nicht zu ihrem
guten Rechte kommt und es nicht zu einer ehrlichen Aus=
einandersetzung bringt, schiebt sich immer wieder der ideal

Gedanke und die unreine Vorſtellung ineinander. Die Idee erſcheint nirgends als die ſouveräne Macht über die Geſchichte und ihre empiriſche Erſcheinungsform, ſondern ſinkt vielmehr unter in die trübe und dicke Maſſe der vergangenen Dogmen. Der Mangel an ſonderndem und auseinander legendem Ver=ſtande iſt bei der vorherrſchend intuitiven Richtung von Nitzſch ſehr groß, und ſo erſcheint alles — der ganze dogmengeſchicht=liche Apparat ſammt der bibliſchen Theologie, welcher in ſeine Dogmatik verwoben wird — nur als ein unklares Ineinan=der und Durcheinander, nie als ein verſtändiges und über=ſichtliches Nacheinander. Nitzſch iſt bekanntlich öfter der Vorwurf der Dunkelheit gemacht worden, und nicht mit Un=recht kann man ihn den Heraklit der neuern Theologie nennen. Dieſe Dunkelheit hat ihren Grund vorzugweiſe in ſeiner innerlichen und urſprünglichen Natur, in dem Ringen nach eigenthümlichem Ausdruck für den eigenen Gedanken, aber auch in dem großen Mangel an einfachem, planem Verſtande und in dem faſt krankhaften Streben nach Gedrängtheit und Prägnanz der Darſtellung, in welcher eine Menge von ver=mittelnden Gliedern überſprungen, von Unterſchieden in Eins zuſammengezogen werden. Oft werden mit Einem Worte ganze Gedankenreihen berührt, die verſchiedenſten Empfindun=gen angeſchlagen, die fernſten Zeiten zuſammen geſchaut. Das alles dient aber nur dazu, die gründliche und offene Auseinanderſetzung mit den Verirrungen und Misbildungen des Dogmas zu hindern, und ſo ſinkt Nitzſch, ohne es zu wiſſen und zu wollen, zum Poſitivismus herab und beugt ſich, bei allem Bedürfniß nach evangeliſcher Freiheit, bei aller innern Arbeit und ſtillem Einſchwärzen der Subjectivität, unter die Objectivität der kirchlichen Satzungen. Die wirklich

speculative Behandlung, welche er erstrebt, erreicht er nie, es
bleibt bei speculativen Anklängen und Anläufen, bei Kraft=
ausdrücken und originell lautenden Versicherungen, denen es
an jeder verständigen und zusammenhängenden Entwickelung
fehlt, und die in ihrer Unbestimmtheit nur dazu dienen, über
die verdeckten kritischen Schwierigkeiten hinwegzuschlüpfen.

Den Ausgangspunkt für seine theologische Bildung nahm
er an dem System seines Vaters, Karl Ludwig Nitzsch, der
sich von Kantischen Grundlagen zu einer Art von Supra=
naturalismus hindurchgearbeitet hatte und, wie der Sohn
dankbar bekennt, ihm zur Rettung diente aus dem verwor=
renen Streit von Neologie und Paläologie. Dann schloß er
sich bei seinen eingehenden und ihn vom Anbeginn tief fesseln=
den Untersuchungen über Wesen und Ursprung der Religion
an den Schleiermacher'schen Religionsbegriff an, bildete den=
selben aber fort durch den Nachweis, daß das religiöse Ge=
fühl nicht so spröde und äußerlich als ein Drittes neben dem
Erkennen und Wollen stehe, sondern der schöpferische Einheits=
und Mittelpunkt des geistigen Lebens sei, welcher mit innerer
Nothwendigkeit zur Objectivirung im Gedanken wie im
Sittengesetz fortgehe. Mit diesem wirklichen Fortschritt über
Schleiermacher hinaus verband er einen andern wahren und
fruchtbaren Gedanken, der, wenn er zum vollen und reinen
Ausdruck gekommen, ihn sicherlich in ganz andere Bahnen
geführt hätte. Es war dies der Gedanke der Einheit des
Religiösen und Sittlichen und demgemäß der einheitlichen Be=
handlung der Dogmatik und Ethik. Der leitende Gesichts=
punkt für seine Auffassung des Christenthums war dessen be=
lebende Wirkung, das „Heilskräftige", wie er es nannte.
Auf diesen Gedanken, daß das Evangelium nicht blos Lehre,
sondern Leben sei, und zwar Heilsleben, sollte die christliche

Dogmatik sich gründen, in ihm überall die Anknüpfungen und
Uebergänge zur Ethik finden. Und doch, wie vieles hat in
dies „System der christlichen Lehre" Eingang gefunden, bei
dem die Anknüpfungen an das Ethische ganz fehlen, ja! das
einer ethischen Behandlung geradezu widerstrebt! Das gilt
namentlich von den sogenannten Prolegomenen der Dogmatik,
von den wichtigen Grundlehren über Offenbarung und Inspiration, Weissagung und Wunder! In allen diesen Partien herrscht
eine wahrhaft erschreckende, Sinn und Verstand verwirrende
Vermischung der supranaturalistischen und der modern-wissen-
schaftlichen Weltanschauung, ein tiefsinniges Durcheinander-
wühlen des Widerstrebenden, eine fast zur Verzweiflung treibende Ja-Nein-Theologie! So bei dem Offenbarungsbegriff
wird zuerst ein universalistischer Anlauf genommen. Es wird
zugestanden, daß sich auch das Heidenthum in einer gewissen
Annäherung und „Pädagogie" zum Christenthum verhalte. Aber
sogleich tritt dann die Beschränkung ein, daß das Heidenthum
nur eine „negative" und „ideelle" Vorbereitung des Erlösungs-
glaubens enthalte, nur die „Sehnsucht", nicht die „Verheißung" des Wortes Gottes, daß dagegen dem Alten Testament ausschließlich die „positive" und „reelle" Vorbereitung
auf die absolute Offenbarung zukomme. Bei dem Offenbarungsbegriff wird dann das Hauptgewicht auf die „Ursprünglichkeit", auf den neuen Anfang in dem religiösen
Leben der Menschheit gelegt und daraus die Ausschließlichkeit
gefolgert. Nächst der Ursprünglichkeit ist es die „Geschichtlichkeit", welche diesen particularistischen Charakter begründen
soll. Nach Inhalt wie Form ist nämlich die Offenbarung auf
„eigenthümliche" Weise geschichtlich. Das zeigt sich darin,
daß sie nicht blos Vernunftprincipien, sondern auch Thatsachen
enthält; daß der Lehrinhalt der geoffenbarten Religion uranfäng-

lich mit der ethischen Geschichte der Menschheit vereinigt ist. Nachdem so der Particularismus der Offenbarung und ihr supranaturaler Charakter hinlänglich gesichert erscheint, ·wird sogleich wieder Anstalt gemacht, sie in die Gesetzmäßigkeit der Natur und ihre organische Entwickelung hineinzuziehen. Gott bringt nichts Einzelnes hervor, nichts was nicht mit dem Zu= sammenhange des Universums verbunden ist, aber er bringt doch Mancherlei hervor, wozu und wovon er der niedern Ord= nung und Stufe der Dinge die bloße „Prädisposition" ge= geben, sodaß gewisse Erscheinungen als Entwickelungen einer höhern Natur in der niedern, oder als „schöpferische", als „Entstehungen" angesehen werden müssen. Aber auch diese „schöpferischen Erscheinungen", diese „Entstehungen" tragen überall den Charakter der „Allmählichkeit". Es darf durch die Offenbarung weder der menschlichen Freiheit, noch den Gesetzen des Werdens Eintrag geschehen. Der neue Anfang des Religionslebens bezieht sich in mannichfacher Weise auf das alte und zieht an sich, was in der natürlichen Entwicke= lung am meisten theils seinem Ursprunge gemäß, theils seiner Ausartung entgegen ist.

Ganz ähnlich ist es mit dem Wunderbegriff. Auch hier begegnen wir wieder der „neuen Schöpfung", der „höhern Natur in der niedern", der höhern Gesetzmäßigkeit mit ihren eigenthümlichen Ordnungen; auch hier wieder die Analogie mit schöpferischen Epochen auf andern Geistesgebieten, eine Analogie, welche aber doch wieder nur eine Analogie ist, und nie mit vollem Ernst und ganzer Consequenz auf die bevor= zugte Offenbarung angewendet werden darf. Die Wunder resultiren aus der „Ursprünglichkeit" der Offenbarung, durch sie schafft Gott etwas Neues. Es sind nicht nur subjective Wunder, die in dem sich=Wundern der Menschen ihren Grund

haben; es sind objective, von objectiver Uebernatürlichkeit,
wie namentlich die Person des Erlösers selbst, der Mit=
tel= und Quellpunkt aller Wunder. Aber — auch hier wieder
dieses Aber — sie sind darum nicht schlechthin gesetzwidrige,
unnatürliche und unbegreifliche Ereignisse, sondern solche,
welche theils in Bezug auf die höhere Ordnung der Dinge,
der sie angehören, und die in die niedere auf ihre Weise ein=
wirkt, theils in Hinsicht auf die „Aehnlichkeit" (!) mit der
gemeinen Natur, die sie irgendwie (!!) behalten, endlich
wegen ihrer teleologischen Vollkommenheit, etwas „wahrhaft
Gesetzmäßiges" enthalten; ja! welche wegen der „gleich=
artigen" (!!) Erscheinungen der innern Wunder der Er=
lösung und vermöge des zwischen der Natur und dem Geiste
bestehenden Bundes als das „in seiner Art Natürliche".
angesehen werden müssen!

So wird denn auch noch ausdrücklich auf die Parallele
mit dem sittlichen und künstlerischen Gebiet hingewiesen und
ausgeführt, daß, so wenig wie hier durch Auflösung niederer
Regeln zu Gunsten höherer ein Unwesen angerichtet werde,
ebenso wenig bei den Wundern der Natur im Reiche der
Natur. Das Ganze aber faßt sich in dem sehr speculativ
klingenden, an Marheineke und Göschel erinnernden, Satze zu=
sammen: „Wunder und Natur können nicht voneinander lassen
in ihrem Unterschiede; denn der volle Begriff der Natur hat
das Wunder zu seinem Momente und der wahre Begriff des
Wunders die Natur." Wir brauchen wol nicht viel Worte
zu verlieren, um diesen Confusionsknäuel zu entwirren. Wir
sind ja zu unserm Glück über die Zeit des mystisch=speculati=
ven Nebels hinaus, der während der Herrschaft der Schelling=
Hegel'schen Philosophie zwei Decennien hindurch dicht über
unserer Theologie lagerte. Es bedarf daher nur der An=

beutung, daß der Ausdruck „neue Schöpfung" von vornherein
ein unklarer und verwirrender ist, da die erhaltende Thätigkeit
Gottes nie und zu keiner Zeit ohne seine schöpferische besteht,
da Gott bis heute und in alle Ewigkeit neu schafft; daß
aber, wenn man unter dieser neuen Schöpfung die Knotenpunkte
und Entwickelungsepochen des geistigen Lebens in der Mensch=
heit versteht, man diesen Gedanken auch auf alle großen re=
formatorischen Zeiten, auf alle Geistesgebiete und Geistesheroen
gleicherweise ausdehnen soll, und nicht wieder dem Christen=
thum eine völlig ausnahmsweise und particulare Stellung ein=
räumen; mit Einem Wort: daß man nicht mit Analogien
spielen soll, welche ernst zu nehmen man doch keine Lust
hat! Und endlich ist noch darauf hinzuweisen, daß durch einen
leichtfertigen und ganz unverantwortlichen Sprung der Ueber=
gang von diesen sogenannten Geisteswundern zu den Wundern
auf dem Gebiet der Natur gewonnen wird, während doch
gerade der Geist im Unterschied von der in feste Gesetze ge=
schlossenen Natur der fortschreitende ist; daß der völlig
unbewiesene und unabweisbare Satz stillschweigend eingeschwärzt
wird, mit einem neuen und erhöhten Geistesleben werde auch
das Verhältniß des Geistes zu den Naturgesetzen ein anderes,
mit den Wundern der Erlösung und der Wiedergeburt seien
auch die Wunder der Weinverwandlung, der Todtenerweckung
u. s. w. gegeben! Wäre dies wahr, wie es doch nur eine dreiste
Behauptung ist, so würde die unvermeidliche Consequenz die
sein, daß mit den geistigen und erlösenden Kräften des Chri=
stenthums auch die Wunder und Kräfte über die Natur noth=
wendig fortbestehen in der christlichen Kirche, daß wir nicht
allein Wunder der Vergangenheit, sondern ebenso sehr der
Gegenwart anzunehmen haben, daß wir mit Einem Worte gar
kein Recht haben, über die Wunder und Legenden der katho=

lischen Kirche zu lächeln, sondern uns beeifern sollten, die Prosa
der Gegenwart mit solchen Wundern zu erfüllen!

Daß auch bei der Lehre von den Weissagungen wie von
der Schrift und ihrer Inspiration Nitzsch eine vollkommene
Schwebetheologie darstellt, ist leicht begreiflich. Er geht
von dem Unterschied der heidnischen Mantik oder Vorhersagung
und der jüdisch=christlichen Weissagung aus, und führt mit
Recht aus, daß die Weissagung nicht äußerliche Dinge, son=
dern die Zukunft des Reiches Gottes zu ihrem Inhalt habe;
aber er gibt doch wieder zu, daß die Weissagung auch Vor=
hersagung sei, nur müsse diese eine „mäßige" sein und dürfe
nicht ganz das menschliche Verhältniß zur Geschichte zerstören.
So weise die Weissagung oft von einem bestimmten Stand=
punkt der Gegenwart, in mehr oder minder verkürzter Per=
spective, auf die Vollendung der göttlichen Haushaltung hin,
sie habe es wesentlich (!) mit dem Göttlichen in der Ge=
schichte zu thun, nicht mit dem äußerlichen Stoffe, aber sie
umfasse doch auch wieder ein Stück Wirklichkeit, die Wirk=
lichkeit, welche mit der Wahrheit Eins sei. Das Verhältniß
von Weissagung und Erfüllung sei nicht das der völligen Con=
gruenz, es werde nicht ein äußerliches Signalement vom
Messias, an dem man ihn wiedererkennen könne, gegeben,
die Darstellungsmittel seien vielmehr wesentlich analogische
und symbolische, die Zeitbestimmungen das Untergeordnete.
Je mehr in einer Weissagung nur Typisches enthalten sei
(und Nitzsch neigt sehr dahin, wenngleich auch hier ohne alle
Entschiedenheit, an die Stelle des Prophetischen das Typische
zu setzen), desto mehr sehe sie mehrmaliger und all=
mählicher Erfüllung, einer sehr nahen und sehr entfernten
entgegen.

Bei der Lehre von der Schrift endlich sucht er, hierin

über Schleiermacher hinausgehend, zu erweisen, daß sich in
den kanonischen Schriften das Wort Gottes doch noch auf
andere Art mit dem menschlichen vereinige, als in der münd=
lichen Rede eines Apostels oder Propheten, daß das göttliche
Wort hier eine „ganz besondere Oekonomie" habe, und
ähnlich gewinnt er auch für die Bildung des Kanon das be=
ruhigende Resultat, daß sich „alle Weisheit und Gnade des
Herrn, die überhaupt der Hervorbringung der Offenbarungs=
thatsachen und Bündnisse vorgestanden, auf immer neue und
eigenthümliche Weise verherrlicht habe"!!

Wenden wir uns von diesem wissenschaftlichen Werk
Nitzsch's zu seiner amtlichen Wirksamkeit, so müssen wir zu=
geben, daß sie eine ungewöhnliche war. Die eigentliche Höhe
seines Wirkens fällt in die 25 Jahre (von 1822—47), wäh=
rend deren er als Lehrer an der Universität Bonn, wie als
Mitglied der rheinischen Provinzialsynode unbestritten als das
geistige Haupt der evangelischen Kirche des Rheinlandes
bastand. Er war dies durch die seltene Vereinigung des
wissenschaftlichen und des praktischen Geistes, des akademischen
Lehramts und des Predigtamts. War er doch schon von früh
an (1810) in Wittenberg, dann (seit 1820) in Kemberg im
praktischen Pfarramt thätig, bekleidete in Bonn die Stelle
eines Universitätspredigers, machte am Rhein alle Stufen der
Kirchenverfassung durch, als Mitglied des Presbyteriums, der
Provinzialsynode, als ihr Vicepräsident, als Rath im Con=
sistorium, und war mit seiner ganzen Liebe und Geisteskraft
tief verwachsen in die damaligen Entwickelungskämpfe dieser
Kirche. — So ist denn neben seinem „System der christlichen
Lehre" (in 1. Auflage 1826, in 6. 1851) sein bedeutendstes
und wichtigstes Werk, die „praktische Theologie" (seit 1847);
so hat er als Vertreter der protestantischen Kirche den Angriff

der Möhler'ſchen Symbolik im Geiſte freier evangeliſcher
Wiſſenſchaft und in richtiger Gegenüberſtellung von Geſetz und
Evangelium zurückgeſchlagen (1835); ſo hat er um die Be-
feſtigung des Unionswerks in der Rheinprovinz ſich dauernde
Verdienſte erworben, eine neue Perikopenordnung geſchaffen,
die ganze jüngere Generation der Geiſtlichen des Rheins an
ſeinem milden und ſinnigen Geiſte auferzogen 'und das Bild
eines Kirchenfürſten, wie Schleiermacher es gezeichnet, in der
Durchdringung und Sättigung der kirchlichen Praxis durch die
Wiſſenſchaft zur Erſcheinung gebracht. Auf ſeinem Höhepunkt
ſtand er im Jahre 1846, als er von der Synode ſeiner Provinz zur Generalſynode nach Berlin entſandt wurde und hier bald
und wie naturgemäß zum geiſtigen Mittelpunkt der Verſammlung
ſich erhob, der er Ziel und Richtung gab. Hier ſchien es einen
Augenblick, als wolle er ſich über ſich ſelbſt und die zaghafte
Vermittlerrolle, die er bis dahin eingenommen, erheben, als wolle
er den Muth faſſen, dem gewaltigen Gären und Ringen der Zeit
nachgebend, einen neuen Ausdruck, eine neue rechtliche Grundlage für die evangeliſche Kirche der Gegenwart zu ſchaffen.
Es iſt bekannt, wie damals gerade die Angriffe aus dem Heer-
lager des Atheismus, durch Strauß, Feuerbach, Br. Bauer,
die Halliſchen und Deutſchen Jahrbücher, mit gewaltigen
Stößen gegen die Kirche geführt ·wurden, wie damals die
„proteſtantiſchen Freunde" ſich ſammelten und in weiten Volks-
kreiſen laute Zuſtimmung fanden, wie der Deutſchkatholicismus
ſich hoffnungsreich erhob und die freien Gemeinden auch von
der proteſtantiſchen Landeskirche Preußens ſich ſonderten, um
die Feſſeln der alten Symbole, namentlich des apoſtoliſchen
Symbolums, in ſeiner Anwendung bei Taufe und Liturgie,
von ſich zu werfen. In dieſer Zeit, da die Waſſer hoch gingen
und über die alten Kirchenmauern weit hinausſtrömten, war

auch Nitzsch von dieser Strömung nicht unberührt geblieben
und glaubte am besten durch Nachgiebigkeit die Gefahr zu be=
schwören und die bedrohte Kirche durch neue Fundamente zu
stützen. Dies war die Bedeutung des von ihm entworfenen
neuen Ordinationsbekenntnisses.*) Für die Vocation
sollte der alte Bekenntnißstand bleiben, für die Ordination
dagegen die neue Formel in Kraft treten. Es war dies in der
That ein kühner Schritt, der in seiner Ausführung ein ent=
schlossenes Herz forderte. Denn offenbar hatten die streng=
gläubigen Gegner, an deren Spitze Stahl stand, recht, wenn
sie die Aufstellung dieses neuen Formulars für gleichbedeutend
mit der Abschaffung der alten Symbole erklärten. Als ehr=
würdige Reliquien, als historische Denkmäler mochten sie noch
fortbestehen, aber ihre verpflichtende Kraft, ihre Bedeutung
als Rechtsgrundlage, hatten sie verloren, da nur noch der
Ordination, nicht der Vocation, die lehramtliche Verpflichtung
beiwohnen sollte.

Dies farblose und durchaus unlebendige, aus lauter bibli=
schen Sätzen künstlich zusammengestückte Symbol, welches an

---

*) Das Formular lautet: Der Diener am Wort Gottes bekenne
sich zum Glauben —: „an Gott den Vater, allmächtigen Schöpfer Him=
mels und der Erden, und an Jesum Christum, seinen eingeborenen
Sohn, der sich selbst entäußerte und Knechtsgestalt annahm und als
Prophet von Gott, mächtig von That und Wort, den Frieden verkün=
digt, der um unserer Sünde willen dahin gegeben und um unserer Ge=
rechtigkeit willen auferweckt ist, sich gesetzt hat zur Rechten Gottes und
herrscht als Haupt der Gemeinde ewiglich. Und an den Heiligen Geist,
durch welchen wir Jesum unsern Herrn heißen und erkennen, was uns
in ihm geschenkt ist, der den Gläubigen bezeugt, daß sie Gottes Kinder
sind und ihnen das Pfand unvergänglichen Erbes wird, das behalten
wird im Himmel."

den dem Zeitbewußtsein entfremdeten Vorstellungen von der übernatürlichen Geburt Christi, seiner Wiederkehr zum Gericht, der Niederfahrt zur Hölle und der Auferstehung des Leibes vorüberging, war das Aeußerste und Kühnste, zu dem die Vermittelungstheologie sich je erhoben hat. Es erfolgten dann auch bald von allen Seiten der aufgestörten gläubigen Welt Bedauern, Anklagen, Proteste; man sprach die Befürchtung aus, daß es nun um das Apostolicum und die Augustana gleicher= weise geschehen sei; selbst die rheinische Provinzialsynode, welche den Verfasser des Formulars entsandt, vermißte die Erwäh= nung der heiligen „Grundthatsachen", protestirte gegen die Ein= führung dieses theologischen Machwerks und gab dem Manne, der bis dahin ihr Haupt und ihr Stolz gewesen, zu dem sie als ihrem Lehrer emporgeblickt, ein förmliches und entschiede= nes Mißtrauensvotum. — Hier zeigte sich deutlich, welcher Art die Wirksamkeit von Nitzsch in der rheinischen Kirche ge= wesen, welche Schüler er gezogen. Er war nur die Brücke gewesen zur Rechtgläubigkeit. Er wurde nur verehrt und an= erkannt, so lange und so weit er in ihrem Dienste stand. Sobald er aber versuchte, den Bedürfnissen der Gegenwart gerecht zu werden und für seine eigensten Ueberzeugungen einen freien und adäquaten Ausdruck zu gewinnen, wurde er verlassen, mit Mißtrauen und Anklagen überhäuft. Das zu ertragen hätte eine größere Stahlkraft erfordert, als ihm eigen war. So blieb denn das neue Ordinationsformular auch für ihn nur ein doctrinäres Experiment; es blieb, wie alle andern Verhandlungen dieser Generalsynode, ganz ohne Folgen und die Berichterstatter in den beiden wichtigsten Fragen, über die ordinatorische Verpflichtung und die Union — Nitzsch und J. Müller — wandten, wie erschreckt über sich selbst und ihr allzu keckes Vorbringen, ihrem eigenen Werk leichten

Herzens den Rücken. Von dieser Zeit tritt ein Wendepunkt
ein in der Stellung beider Männer zu den kirchlichen Sym=
bolen und damit zur Union. Sie hatten den Versuch machen
wollen, über alle bisherigen Symbole hinweg zu einer ein=
fachen biblischen Formel zurückzugreifen. Er war misglückt; —
sie selbst mit Mistrauen verfolgt, des Unglaubens angeklagt.
Dazu nun das Jahr 1848 mit allen Schrecken des Umsturzes,
das auch in ihren ängstlichen Gemüthern nichts als das Ge=
fühl der Unsicherheit und Furcht zurückgelassen. So kam es
zu einem Friedensschluß zwischen ihnen und ihren Gegnern
auf der Generalsynode, zu einer Vereinigung aller Kirchlich=
Conservativen, zu den bekannten Kirchentagsverhandlungen und
Demonstrationen. Und so wurde denn auch die Union,
für welche diese Männer immer noch einzustehen sich ver=
pflichtet hielten, zu einer Consensusunion herabgesetzt, durch
welche nur die Controverslehren abgeschliffen und als unwich=
tig zurückgestellt wurden, der ganze übrige symbolische Bestand
aber, der ganze Consensus beider Confessionen als rechtliche
und verbindliche Grundlehre des Glaubens anerkannt blieb.
Wie sehr namentlich Nitzsch mit seinem Unionsverlangen sich
auf das allerbescheidenste Maß zurückzog, nur noch um eine
geduldete Existenz neben der Confession bettelnd, zeigt sich in
der Stellung, welche er gegenüber der bekannten Cabinets=
ordre vom Jahre 1852 einnahm, die die kirchlichen Behörden
(Consistorien und Oberkirchenrath) in eine lutherische und
reformirte Section spaltete. Statt die zu Recht bestehende
Union im Kirchenregiment als eine solche zu fordern und mit
Unbeugsamkeit zu vertreten, welche über den Confessionen
steht, ihre höhere zusammenfassende und versöhnende Einheit
ist, erniedrigte er sie zu einer solchen, welche neben ihnen
geduldet wird, und nahm als Einziger im preußischen Ober=

kirchenrath Platz auf dem Armensünderbänkchen einer eigenen
unirten Section. So wurde denn auch, trotz mancher kleinen
Reibungen zwischen ihm und Stahl, im berliner Oberkirchen=
rath, bei diesen Männern das Gefühl der innern Zusammen=
gehörigkeit, der Parteigenossenschaft gegen die ungläubige Welt
immer stärker, um so mehr, da Nitzsch, in allzu großer Arg=
losigkeit, sich gern bereit fand, sowol auf den Kirchentagen wie
den Eisenacher Conferenzen, die schlimmsten und anstößig=
sten Forderungen der Ultras, wenn auch in milderm Formen,
mit zu vertreten. So waren die Grundsätze, welche er auf
der Eisenacher Conferenz 1855 für die Behandlung der Sek=
ten aufstellt, ganz dieselben, welche Stahl schon 1853 auf dem
Berliner Kirchentag und sodann in seinem Vortrag über christ=
liche Toleranz (1855) geltend gemacht, und Stahl konnte höh=
nend Bunsen mit seinen Declamationen über Religionshaß
und Unduldsamkeit auf Nitzsch verweisen, der ganz ebenso wie
er denke, und an dessen Adresse all diese Vorwürfe mit zu
richten seien. So berief sich Nitzsch auf der Eisenacher Con=
ferenz 1857, bei seinem Referat über die Kirchenzucht und zur
Rechtfertigung derselben, auf das „kirchliche Decorum",
welches solche Zucht und Ausschließung fordere; — gewiß ganz
im Sinn Stahl's, der diese Decorumsphilosophie in seiner
Lehre vom „christlichen Staat" besonders ausgebildet hat, aber
schlechterdings nicht im Sinne des Heilands selbst, der sich
unter die Sünder und Zöllner setzte und selbst den Judas
Ischarioth nicht von der Theilnahme an dem heiligen Gedenk=
mahl ausschließen wollte!

Sehr nahe mit Nitzsch verwandt, wenngleich leichtern Ge=
wichts als er, ist J. Müller. Er ist nicht sowol ein Schüler
Schleiermacher's als Neander's. Er hat die Antipathien sei=
nes Meisters, die bei dem sonst so duldsamen Manne in naiven,

leidenschaftlichen Ergüssen und nur in einzelnen Stößen her=
vorbrachen, zu einer habituellen Verstimmung und Verbitterung
ausgebildet. Diese polemische Bitterkeit richtete sich vornehm=
lich gegen die Hegel'sche Philosophie und alles, was mit ihr
zusammenhing, gegen den Pantheismus und Fatalismus, auch
gegen die Strauß'sche und Baur'sche Kritik. Vor allem war
es die Idee der Persönlichkeit und der persönlichen Freiheit —
der Persönlichkeit Gottes und der freien Selbstentscheidung des
Menschen —, die er gegen pantheistische Verflüchtigung zu retten
unternahm. Leider entbehrten diese Bestrebungen der rechten
wissenschaftlichen Freiheit und Weitherzigkeit und hatten zu
ihrem Hintergrund eine theologische Gebundenheit, die es nir=
gends zu reinen Resultaten kommen ließ. So sollte die Per=
sönlichkeit und freie Selbstbestimmung Gottes vornehmlich dazu
verwandt werden, den Supranaturalismus zu stützen, zu be=
weisen, daß Gott nicht an die Naturgesetze gebunden sei, son=
dern mit seinem Willen über ihnen stehe. So erhielt die sitt=
liche Freiheit des Menschen, die Müller in seiner Lehre von der
Sünde stark betonte, die Verkümmerung, daß ihr die Thatsache
einer tiefen und habituellen Verderbniß aller Menschen gegen=
übergestellt wurde, und daß der sich so erhebende Widerspruch
seine Lösung nur zu finden vermochte in der Hypothese einer vor=
weltlichen freien Selbstentscheidung der menschlichen Seelen. —
Die Kantische Freiheitslehre, welche überall zu Hülfe gerufen
wurde, erfuhr eine wesentliche Umbildung; aus dem trans=
scendentalen Act des freien Willens wurde ein vorwelt=
licher gemacht. Ueberhaupt erkennt man an dieser durchaus
künstlichen, aus den verschiedensten sich kreuzenden Reflexionen
zusammengestückten Sündenlehre, die trotz des bedeutenden
theologischen Namens ihres Urhebers auch nicht Einen An=
hänger gefunden hat, die Eigenthümlichkeit Müller's, seine

Begabung wie seine Schwäche, deutlich. Alles ist bei ihm künstlich und anreflectirt, alles auf der Studirstube ausgeklügelt. Nirgends zeigt sich Ursprünglichkeit und einfacher Wahrheitssinn. Er ist ein Meister der Reflexion und verbindet mit Feinheit und Geschick längere Reflexionsreihen zu Einem Ganzen, aber der schärfer Blickende erkennt bald das völlige Unvermögen an schöpferischem Denken, die Nähte und Brüche zwischen den zusammengereihten Stücken. So ist ihm denn auch, bei diesem Mangel an Natürlichkeit, alles was er wissenschaftlich berührt hat, unter den Händen verkünstelt und zur Caricatur geworden. Ist es ihm doch ganz ähnlich wie mit der Sündenlehre mit der Unionsdoctrin ergangen! Auch er, wie Nitzsch, stellte noch auf der berliner Generalsynode die Forderung, daß durch die Union nicht allein die Controverslehren der beiden Confessionen, daß vielmehr alle diejenigen • Lehren, welche diesen an Bedeutung gleich stehen, im rechtlichen Sinn frei zu geben seien, daß überhaupt alles das aus den alten Symbolen als nicht verbindlich ausgeschieden werde, was zur begrifflichen Form, zur „scholastischen Theologie", nicht aber zur religiösen Substanz gehöre. Wie ganz anders in der Schrift „Ueber die evangelische Union" (1854)! Hier ist die Consensusunion bis zur kleinlichsten Pedanterie durchgeführt und ein neues Bekenntniß aus allem Gleichartigen der alten Sonderbekenntnisse mühselig zusammengesetzt, das ebenso unwahr und ungenießbar ist als der vorweltliche Fall der Geister! Ueberhaupt darf das Urtheil nicht zurückgehalten werden, daß diese Unionstheologen, Männer wie Nitzsch und Müller, der Union in Preußen viel mehr geschadet als genützt haben, daß diese ganze Consensusdogmatik nichts als eine grobe Selbsttäuschung, aus Zaghaftigkeit und Halbheit geboren, war. Denn in Wahrheit standen diese

Männer ja gar nicht mehr auf dem Consensus, sondern auf
einem ganz andern Boden, auf dem der modernen Theologie.
Aber — anstatt den Blick vorwärts zu richten und aus dem
Geiste der Gegenwart, aus der Tiefe des religiösen Gewissens
mit fröhlichem Muth ein Neues zu schaffen, schauten sie immer
nur rückwärts nach dem Punkte hin, wo die confessionellen
Unterschiede aus der anfänglichen Einheit zuerst sich erhoben;
anstatt den neuen Wein in neue Schläuche zu fassen, den
neuen Gedanken neue Formen zu geben, flickten sie mit unsäg-
licher und doch so vergeblicher Mühe an allen den Löchern,
die in den alten gerissen!!

Viel mehr als J. Müller war ein Mann des Friedens
und der Vermittelung auch gegenüber den freiern Richtungen
in der Theologie: Ullmann. Er war durch sein liebens-
würdig-süddeutsches Naturell, durch die eingehende und an-
schmiegende Weichheit des Sinns, durch die auf einer künstlerischen Organisation ruhende Abneigung gegen alles disshar-
monische und extreme Gebahren vorzugsweise zum Vermittler,
Versöhner und Friedensstifter berufen. Indessen mit all diesen
liebenswürdigen und wohlthuenden Eigenschaften waren fast
ebenso große Schwächen und Mängel verbunden. Es gibt
Phrasen unter allen Richtungen und Parteien und wir selbst
haben auf die Herrschaft der Phrase im Radicalismus mit besonderer Ausdrücklichkeit hingewiesen. Solche Phrasen gibt es
auch in der Vermittelungstheologie und Ullmann ist einer ihrer
gläubigsten Anhänger, ihrer unermüdlichsten Verkündiger. Es
ist fast rührend zu sehen, wie fest er selbst von der Kraft seiner Heilmittel überzeugt ist und wie er mit nie aufhörender
Geduld dieselben Gedanken mit wenig verändertem Gepräge in
Umlauf setzt, in Vorworten, in Bedenken, in Aphorismen, in
Broschüren und Büchern. Für gewisse Bildungsstufen mögen

diese Vermittelungs= und Versöhnungsworte gar viel Be=
ruhigendes und Ansprechendes haben und vielleicht nicht mit
Unrecht wird den jungen Studirenden der Theologie Ullmann's
„Sünde" oder sein „Wesen des Christenthums" angelegentlich
empfohlen, denen dann wohl noch Neander's „Apostolisches
Zeitalter" als ἀντίδοτον gegen die ungläubige Kritik hinzu=
gefügt wird. Aber — für solche, welche an derbere Kost ge=
wöhnt sind, hat diese weichliche Speise etwas sehr Abschmecken=
des; solche, denen der Stachel des Zweifels tiefer in das
Innere gebohrt ist, werden durch diese Salben nicht ge=
heilt. Vielmehr ist die Gedankenarmuth so groß und die For=
mengewandtheit so außerordentlich, die Perioden so glatt, so
abgerundet und von so schönem Fall, daß sich kaum etwas
Einschmeichelnderes, aber auch nicht leicht etwas Leereres den=
ken läßt. Die vollste Bestätigung für diese vielleicht schroff
erscheinende Behauptung finden wir in Ullmann's „Wesen
des Christenthums" (3. Auflage, 1849), einer Schrift,
welche in nuce alle Schlagworte der Schleiermacher'schen Ver=
mittelungstheologie enthält, ohne auch nur eine Ahnung zu
haben von den tiefer liegenden Schwierigkeiten, die durch eine
Fülle schöner Worte verdeckt werden. Der Hauptgedanke die=
ser Schrift ist der: Das Christenthum ist nicht Lehre, sondern
Leben, eine „das Leben gestaltende Lebensthat und Lebens=
macht, ein schöpferisches Lebensprincip". Daraus folgt weiter,
daß die Person Christi den Mittelpunkt des ganzen Christen=
thums bildet und daß so wenig ein Christenthum zu denken ist
ohne diesen persönlichen Mittelpunkt, „daß vielmehr in ihm
schon das ganze Wesen des Christenthums befaßt, das Chri=
stenthum nur der in der Menschheit zur Entwickelung gekom=
mene Christus ist". Und zu dieser Wesensbestimmung kommt
dann noch die hinzu, daß Christus der Gottmensch ist, daß

sich in seiner Person die vollkommene Einheit und Durchdrungenheit des Göttlichen und Menschlichen dargestellt hat.
So ist denn das Christenthum diejenige Religion, „welche
weder das Natürliche an sich in seiner Nacktheit vergöttlicht,
noch auch das wahrhaft Natürliche verneint und zerstört, sondern es umbildet, heiligt und verklärt, es ist die Religion der
Menschheit, der menschlichen Lebensvollendung und Lebens-
verklärung". Und dieser Gedanke wird dann dahin ausgeführt: „Das ganze Christenthum ist göttlich in seinem Wesen,
menschlich in seiner Form, göttlich in seinem Ursprung,
menschlich in seiner Verwirklichung und Entwickelung,
es besitzt die ganze Ursprünglichkeit und Selbständigkeit einer
neuen, religiösen Schöpfung, und ist doch im vollsten Sinne
geschichtlich, denn es schließt sich aufs genaueste an die frühere
Führung und Erziehung der Menschheit an, es tritt gerade
auf in der Fülle der Zeiten, es ist mit tausend Fäden in die
Wirklichkeit verflochten. Nicht minder geht es über die Vernunft und Natur hinaus, als es zugleich die höchste Vernunft
und wahre Natur ist; denn das, was den Mittelpunkt und
Kern des Christenthums ausmacht, die für die sündige Menschheit am Kreuze sich offenbarende göttliche Liebe, hätte keine
Vernunft ersonnen und kein Denken hervorgebracht; das Leben,
das ganz in Gott aufgeht, ist nicht aus der Natur entsprungen, und doch müssen wir es in unserm tiefsten Bewußtsein
als die Herstellung und Verklärung der wahren, menschlichen
Natur verehren." Wie die Durchdringung des Göttlichen
und Menschlichen in der Person Christi anzusehen und in welchem Verhältniß sie stehe zu der in allen andern Menschen,
darüber läßt Ullmann sich weiter so vernehmen: „Als angelegt auf eine immer tiefere und endlich auch vollkommene
Einigung mit Gott muß man freilich die menschliche Natur

betrachten, aber zur Wirklichkeit kann die in ihr liegende Mög=
lichkeit solcher Einigung nur werden, wenn eine entsprechende
Action und Manifestation Gottes stattfindet, und diese ist
um so mehr zu fordern, als man anerkennt, daß in die Ent=
wickelungsgeschichte der Menschheit die das Göttliche hemmende
und zerstörende Macht der Sünde ·eingetreten ist, welche in
ihrer fort und fort sich ankettenden Gewalt auf eine absolute
Weise nur durch eine Einwirkung von Gott und seinem Geiste
aus gebrochen werden kann.“ Die Anwendung aller dieser Aus=
einandersetzungen auf die theologischen Parteien der Supra=
naturalisten und Naturalisten oder Rationalisten ist denn end=
lich die: „dem Supranaturalismus ist das Christenthum aus=
schließlich göttlich, übermenschlich, wunderbar, außergeschichtlich;
es wird ihm nicht Geist und Leben, nicht unmittelbar gegen=
wärtige, selbstgewisse, menschliche Wahrheit. Dem Naturalis=
mus und Rationalismus umgekehrt wird es zu einem blos
Menschlichen, Natürlichen, Geschichtlichen, ohne neue göttliche,
schöpferische Kraft, ohne reellen Zusammenhang mit einer
höhern Welt.“

Das ist die Quintessenz des ganzen Buchs und zugleich
der ganzen Vermittelungtheologie in ihren Gedanken über das
Verhältniß des Göttlichen und Menschlichen, des Supranatu=
ralen und Rationalen im Christenthum! Das sind die un=
klaren Gedankenmischungen, welche aus dem Streben hervor=
gehen, einmal das Christenthum in die Geschichte und die
volle, menschliche Wirklichkeit hineinzuziehen, es als ein orga=
nisch=lebendiges Product anzuschauen, dann aber doch für seinen
Anfangs= und Quellpunkt eine außerordentliche und übernatür=
liche Stellung zu gewinnen; das sind die Grundlagen für alle
unsere modernen dogmatischen Begriffe von Offenbarung,
Wunder, Inspiration, Gnadengaben u. s. w.! Fassen wir die

gegebenen Bestimmungen über das Verhältniß des Göttlichen
zum Menschlichen im Christenthum etwas schärfer ins Auge,
so ergibt sich das Unhaltbare sehr leicht; denn, was heißt
es: „das ganze Christenthum ist göttlich in seinem Wesen,
menschlich in seiner Form, göttlich in seinem Ursprung,
menschlich in seiner Verwirklichung!?" Entweder steht das
Göttliche überhaupt und überall in dem Verhältniß zum
Menschlichen, daß jenes das Wesen, dieses die Form, jenes
der ewige Ursprung, dieses die zeitliche Verwirklichung und
Vollendung alles Seins und Geschehens ist; — nun — dann
ist für das Christenthum gar nichts Charakteristisches ausgesagt.
Oder — das Göttliche und Menschliche stehen nicht in jenem
immanenten Verhältnisse der Durchdringung und Wechselseitig=
keit, sie bilden vielmehr die unvereinbaren Gegensätze des Un=
endlichen und Endlichen; — nun — so ist nicht zu begreifen,
wie das göttliche Wesen eine andere Form als seine eigene
und ihm allein abäquate annehmen, wie das seinem Ursprunge
nach Göttliche in eine menschliche Fortentwickelung auslaufen
kann. Wie der Ursprung, so der Fortgang, wie der Keim,
so die Entfaltung, das ist das Gesetz aller organischen Bil=
dung, in der physischen wie in der geistigen Welt, und es ist
schlechthin gedankenlos, von einem göttlichen Anfang und einer
menschlichen Weiterentwickelung zu reden, wenn man nicht von
vornherein die Immanenz des Göttlichen und Menschlichen
zum Ausgangspunkt genommen, welche dann dahin führt, auch
im Anfange schon das Menschliche und ebenso auch in der
Weiterentwickelung das Göttliche zu erkennen. Ueber so äußer=
liches Vorstellen, welches durchaus nichts mit der vielgerühm=
ten „organischen Weltanschauung" gemein hat, hätten doch
schon Schleiermacher's Ausführungen über das Verhältniß von
Schöpfung und Erhaltung hinweghelfen können. Ebenso ober=

flächlich und verfehlt ist die Vorstellung von dem göttlichen
Anstoß, den die Weltgeschichte erhält, und von dem darauf
folgenden Anschluß an die natürlichen Kräfte und Entwicke=
lungen. Diese besondere „Action und Manifestation", die
noch ein äußerlich Hinzutretendes zu der sonstigen göttlich be=
stimmten Entwickelung ist, aus der sie nicht begriffen werden
kann, wie vermag sie anders als äußerlich sich an sie anzu=
schließen, und wie kann es zu einer organischen Durchbringung
des göttlichen Impulses und der natürlichen Kräfte kommen,
wenn diese von vornherein und im letzten Grunde ungeeint
sind? Bleibt nicht das ganze Christenthum ein äußerliches sich
Anschließen, eine bloße Accommodation an die Menschheit,
statt die tiefste Durchbringnng und Verklärnng derselben zu
sein? Und kann denn überhaupt Etwas in die Menschheit
eingehen, was nicht zugleich aus ihr hervorgegangen?

Dieser vielfach abgeschwächte und verdeckte, ich möchte
sagen, verschämte Supranaturalismus, der eine tief=
innerliche Abneigung gegen die Wunder hat, und soviel wie
nur immer möglich von ihnen im einzelnen beseitigt, ohne
doch den Wunderbegriff im ganzen los zu werden, ist deshalb
besonderer Verfolgung bis in seine letzten Ausgänge werth,
weil die Phrase in diesen Kreisen eine so schreckliche Herrschaft
gewonnen hat und weil durch eine schärfere Analyse der hier
geltenden Stichworte die Besprechung eines großen und wich=
tigen Theiles unserer modernen Dogmatik überflüssig gemacht
wird. Die bedeutendern Leistungen in dieser Richtung, die
dogmatischen Werke von Dorner, Liebner, Lange und
Martensen, leiden sämmtlich an den eben bemerkten Gebrechen
in den Grundvorstellungen. Charakteristisch für diese Arbeiten
ist aber noch, daß sich hier schon eine Verschmelzung der Schleier=
macher'schen und der Hegel'schen Gedanken, und nicht immer

zum Vortheil der Klarheit und Einheit, daß sich ein specula=
tiver Eklekticismus wahrnehmen läßt, welcher ein Absterben
der Kraft systematischen Denkens, ein dogmatisches Epigonen=
thum verräth. Dorner vor allem bezeichnet diese unklare
Mischung Schleiermacher'scher und Hegel'scher Elemente. Er
gehört zu den schwäbischen Theologen, welche die Schule Hegel's
und Baur's durchlaufen und bei denen namentlich die Ein=
wirkungen des Letztern, trotz aller Abwendung von den Resul=
taten seiner einschneidenden Kritik, nicht spurlos vorübergegangen
sind. Die dialektischen Hebel, welche überall, auch· bei den
geschichtlichen Darstellungen, angesetzt werden, um den innern
und nothwendigen Fortschritt in der Entwickelung des Dogma
zu begründen, oder die tiefverborgenen Widersprüche aufzu=
decken, die Anwendung oft sehr abstracter und immer wieder=
kehrender logischer Kategorien, wie der von Objectivität und
Subjectivität, auf den Gang der Geschichte, weisen sehr un=
zweideutig auf Baur zurück. Aber schon frühe regte sich in
Dorner der Trieb, mit den positiven Mächten zu vermitteln,
zu einem Apologeten des Glaubens zu werden. So hat sich
denn dieser Schwabe bald im Norden Deutschlands acclimatisirt
und ist, vom Tübinger Stift ausgehend, durch vielfache Mittel=
stufen deutscher Universitäten hinburch, seit kurzem in der Ber=
liner Facultät und im preußischen Oberkirchenrath angelangt.
Er gehört nicht zu den Bahn brechenden Geistern, steht vielmehr
seiner Begabung nach tief unter einem Nitzsch und liefert den
Beweis, daß ausharrender Fleiß und Einhalten der rechten
Strömung auch bei geringen Kräften zum erwünschten Ziele
führen können. Nächst seiner schon besprochenen Christologie ist es
Ein Gedanke, der ihn besonders erfüllt und den er von seinem
ersten Auftreten bis heute mit zäher Energie verfolgt hat. Es
ist dies die hohe und souveräne Bedeutung, welche er dem „ma=

teriellen Princip" ber proteſtantiſchen Kirche zuweiſt.
Schon in der Abhandlung über „das Princip unſerer Kirche,
nach dem innern Verhältniß ſeiner zwei Seiten" (vom Jahre
1841), hat er dieſem Gedanken einen Ausdruck gegeben; er iſt
es, welcher das gelehrte und umfaſſende Werk über „die Ge=
ſchichte der proteſtantiſchen Theologie" ganz beherrſcht und die
Fortentwickelung innerhalb der proteſtantiſchen Kirche weſentlich
beſtimmt; er iſt es endlich, welcher in dem auf dem Kirchentage
des Jahres 1867 gehaltenen Vortrage „über die Rechtfertigung
durch den Glauben" eine beſtimmtere Faſſung erhalten hat
und ſelbſt noch in der bekannten Denkſchrift des preußiſchen
Oberkirchenraths vom 18. Febr. 1867 eine ſo hervorragende
Rolle ſpielt. Dorner geht davon aus, daß ein jedes der beiden
ſogenannten Principien der evangeliſchen Kirche, das materiale
und das formale, das andere an ſich habe und durch ſich ſelbſt
auf daſſelbe zurückweiſe, daß aber auch wieder jedes dem
andern ſelbſtändig gegenüberſtehe und daß ſie nur in dieſer
engſten Verbindung und ſteter Bezogenheit aufeinander ſich
gegenſeitig tragen und ſtützen, aber auch gegenſeitig beſchränken
und ermäßigen. Unter dem formalen Princip verſteht er die
„objective reine Darſtellung des Chriſtenthums", unter dem
materialen das „gläubige Subject", die „freie, chriſtliche Per=
ſönlichkeit", und ſo wird ihm dieſe innere Einheit und Zu=
ſammengehörigkeit der beiden Principien zur Einheit der
chriſtlichen Objectivität und Subjectivität, zum beſtändigen
dialektiſchen Spiel zwiſchen Object und Subject. Wie wenig
dieſer echt Hegel'ſche Formalismus dem urſprünglichen Sinn
entſpricht, in welchem zur Zeit der Reformation von
den beiden Principien geredet wurde, wie wenig die chriſt=
liche Objectivität, die ja die ganze kirchliche Ueberlieferung
mit umfaßt, auf die Schrift beſchränkt werden kann, wie

wenig der Glaube, nur nach seiner subjectiven Seite be=
trachtet, die reformatorische Lehre von der Rechtfertigung durch
den Glauben wiedergibt, liegt auf der Hand. Für Dorner hat
aber dies bis zur Ermüdung wiederkehrende Formelspiel von Ob=
jectivität und Subjectivität den Werth und Zweck, die Schrift=
auctorität in ihrer alten und strengen Gestalt zu brechen, die
„Alleinherrschaft des formalen Princips", wie er es nennt,
durch die christliche Subjectivität zu überwinden. Für ihn ist
die Ursache alles Unheils und aller Verwirrung in der prote=
stantischen Theologie die „Ueberordnung der Schrift über das
materielle Princip", und das Universalmittel zur Heilung aller
Schäden die Wiederherstellung der christlichen Subjectivität.
Es ist, so meint er, die Zeit gekommen, da eine mächtige und
vollkommen berechtigte Reaction gegen die Alleinherrschaft des
formalen Princips eintreten muß. Denn es genügt nicht, nur
die Schrift als Princip aufzustellen, es kommt vielmehr auch
dem heiligen Geiste, dieser subjectiven Bethätigung Gottes im
Menschen, eine wesentliche Stelle zu. Der Glaube ist nicht
abhängig von einer fremden Auctorität, sondern in sich selbst
gegenwärtige Wahrheit und darum frei. Das ist die Freiheit
des Christenmenschen, von der Luther so viel und gerne redet.
Der Glaube ist nichts Anderes als „die freie, christliche Per=
sönlichkeit" und „niemand hat ihn, der nicht in ihm seiner
Selbständigkeit allem Aeußern gegenüber, auch die Schrift
nicht ausgenommen, inne geworden ist". Und diese Reac=
tion gegen die Alleinherrschaft des formalen Princips geht
darauf aus, daß das „Wandelbare" von der Schrift unter=
schieden werde von ihrem ewigen Wesen, die Form von dem
Inhalt, das „Gotteswort in der Schrift von der Schrift",
daß der „Reliquiendienst" aufhöre, der mit dem Zufälligen und
Gebrechlichen dieses Buchs getrieben worden, daß die Erkenntniß

enblich zum Durchbruch komme von der „Entäußerung", in welche die ewige Wahrheit eingegangen, da sie sich versenkt in das „arme Wort". So ist denn das Hauptresultat der Dorner'= schen „Geschichte der protestantischen Theologie", daß in den drei ersten Jahrhunderten der Reformation das formale Princip eine falsche Stellung angenommen, zugleich zum materialen er= hoben worden, daß dies letztere namentlich im sogenannten biblischen Supranaturalismus fast ganz abhanden gekommen und erst in der neuern Theologie wieder das ihm gebührende Recht in Anspruch genommen habe, also daß die Schrift erst nun im Glauben des Subjects ihre volle Begründung findet, daß nun die freie christliche Persönlichkeit aus eigener innerster Zu= stimmung ihr die Ehre gibt.

Betrachten wir die „Geschichte der protestantischen Theo= logie" etwas näher, so gehört auch dies zweite Hauptwerk Dorner's ganz ebenso wie das vorangegangene über die Lehre von der Person Christi zu den von den Parteigenossen laut gepriesenen, aber in Wahrheit wenig gelesenen. So sehr ihm die Anerkennung sorgsamsten Fleißes gezollt werden muß, so gering ist die Kunst der Darstellung und geschichtlichen Compo= sition. Ueberall riecht man das Oel der Studirlampe, ver= nimmt man den langweiligen, mattherzigen, doctrinären Ton. Der Professorenstil, der schlechteste von allen, feiert hier seine Triumphe. Nirgends ist auch nur der Versuch gemacht, hellere Farben aufzutragen, anschaulich zu gruppiren, die individuellen Züge zur Darstellung zu bringen. Wahrhaft erschreckend ist die zur Gewohnheit gewordene Neigung, alles Große, Heroische, Durchbrechende gleichzumachen, zu einem Gelehrtenstreit zu erniedrigen. Die Heldengestalt Luther's sinkt ganz auf das Niveau des Gewöhnlichen herab. Lessing wird nebst Klopstock, Hamann, Claudius und Herder unter diejenigen gerechnet, welche

die „Reaction eines formlosen (!!), aber lebendigen Geistes
gegen die todte Orthodoxie wie die entleerende Aufklärung" er=
hoben. Offenbar gibt es keine ungeschicktere Charakteristik für
Lessing als diese Formlosigkeit und keine unpassendere Ge=
sellschaft als die Klopstock's, Hamann's und Claudius'. Auch
Schleiermacher widerfährt die Unbill, daß ihm eine langweilige
und engherzige Theologenphysiognomie aufgeprägt wird. Von
seinem kühnen kritischen Geiste, seiner die ganze alte Dogmatik
im Innersten aufwühlenden und umbildenden Gewalt, seinen
Anknüpfungen an die Romantik, seiner universalen Bildung,
von seiner innern Genesis, seinem Kämpfen und Fortschreiten
erfahren wir nichts; er steht als ein fertiger Theologe und nur
Theologe von gemäßigt conservativer Haltung und allseitigem
Vermittelungsstreben vor uns. Wie sehr Dorner es versteht,
über das Kleine und Große mit demselben begeisterungslosen
Professorentone zu reden, beide mit demselben doctrinären
Maße zu messen, geht schon daraus hervor, daß er für Rothe
gar keine eigene Stelle hat, ihn vielmehr nur beiläufig und
hier in Gesellschaft der Kleinen und Kleinsten, eines J. Köstlin
und Reuter, bis auf Herrn Meßner herab, nennt.

Auch ist der besondere Accent, welcher auf die Subjectivität
des Glaubens und die Reaction gegen eine todte Objectivität
in Schrift und Dogma gelegt wird, nicht der Art, daß durch
diese Berufung, wie bei Schleiermacher, das alte Dogma wirk=
lich von neuem in Fluß gebracht und zu einer eigenen Gestalt
ausgeprägt würde, alles bleibt vielmehr, von kleinen Flickereien
und Vermitteleien abgesehen, beim alten. Das zeigt sich am
deutlichsten in der Lehre, welche Dorner als die centrale, alles
beherrschende, an die Spitze stellt und deren correcteste Kenntniß
er als eine Art von Monopol, selbst der modernen Rechtgläubig=
keit gegenüber, für sich in Anspruch nimmt. Es ist dies die

Lehre von der Rechtfertigung durch den Glauben. Der auf dem Kirchentage in Kiel (1867) gehaltene Vortrag über diese Lehre ist nichts als eine geschichtlich treue, aber zugleich sehr hölzerne Wiedergabe des Dogma in seiner ursprünglichen Gestalt, ohne daß von einer lebendigen, schöpferischen Umbildung desselben aus der Subjectivität der neuen Zeit auch nur eine Spur zu erkennen wäre. Vielmehr werden die Factoren im Proceß der Versöhnung, der göttliche und der menschliche, die zuvorkommende göttliche Gnade mit ihrer Darbietung der Sündenvergebung und die menschliche Aneignung dieser Gnade durch den Glauben, völlig auseinandergerissen, als zwei außereinanderliegende und der Zeit nach aufeinanderfolgende Momente. „Die Gnade ist zuvorkommend und der Grund des Heiles und der Rechtfertigung daher zunächst rein außer uns." Der Glaube kommt dann allerdings hinterher, aber Gottes Sündenvergebung ist doch schon fertig da und steht für sich als eine vollendete vor uns, und unsere Aufgabe ist es nur, sie uns zu eigen zu machen. So äußerlich liegen also göttliche Objectivität und menschliche Subjectivität neben- und nacheinander und werden deßhalb auch nur ganz äußerlich aufeinander bezogen; die Ewigkeit Gottes selbst wird in gedankenlosester Weise in das Vor- und Nacheinander der Zeit zerstreut. Ganz ebenso ist es mit dem Verhältniß von Glaube und Liebe, von Rechtfertigung und Heiligung. Die Liebe folgt nicht aus dem Glauben, sondern auf ihn. Und ebenso die Heiligung nicht aus der Rechtfertigung, sondern auf sie. Beide Stücke sind streng und für immer auseinanderzuhalten. Der Glaube an die Sündenvergebung um Christi willen ist das Erste, denn erst durch die empfangene Versöhnung wird das „Hinderniß der kindlichen Liebe" hinweggeräumt, erst dann entzündet sich die Liebe am Glauben. So folgt sie freilich auch in gewissem Sinn aus ihr, aber doch nur durch Hinwegräumung eines Hindernisses, durch Entzündung eines der Flamme selbst fremden Stoffes. Sie gehört nicht mit zu seinem eigensten Wesen, ist nicht mit ihm in den letzten Wurzeln Eins, ein mit ihm innerlich verbundenes, unablösbares Correlatum. Wie niedrig und äußerlich durch diese Losreißung von den Wurzeln der Liebe der Glaube gefaßt wird, liegt klar zu Tage. Er ist nur eine negative Thätigkeit, durch welche die entgegenstehenden Hindernisse hinweggeräumt werden, nicht eine positiv-schöpferische, nur ein „Empfangen und Aufnehmen der göttlichen Gnade", ohne jeglichen Nerv selbstänbiger Activität, nur ein rein formales Vermögen, das die göttliche Liebe sich zueignet, ohne daß diese Liebe selbst schon in ihm thätig ist. Ganz ebenso ist es mit der Rechtfertigung, die, losgelöst von der Heiligung, nichts als eine Heilsgewißheit ohne Heilsleben ist. In Wahrheit sind aber Glaube und Liebe, Rechtfertigung und Heiligung in den letzten Tiefen der Seele geeinigte, dialektisch aneinander= gebundene und zusammengehörende Momente. In der Empfäng= lichkeit und vertrauensvollen Hingabe des Glaubens ist schon die still mitwirkende Liebe beschlossen als der thätige und von der innern zur äußern That nothwendig fortschreitende Factor; — denn wie könnten wir vertrauen ohne zu lieben? Und ebenso in die Heilsgewißheit ist schon das Heilsleben nach sei= nem innersten Keime und Antriebe mit eingeschlossen, denn wie könnten wir des Heiles gewiß sein, ohne es gegenwärtig zu haben in unserm Innern, ohne wenigstens den Beginn der Heiligung in uns zu tragen? Eine äußere Gewißheit ist keine Gewißheit, sie wird es erst, wenn sie aus dem Innern stammt, und sie kann nicht aus dem Innern emporsteigen, wenn dasselbe nicht schon mit dem Heile erfüllt ist. Es ist daher religiös ganz unwahr und entspricht unsern innern Erfahrungen gar nicht, wenn wir von einer Heilsgewißheit reden, welche in sich abgeschlossen und vollendet ist, und der Zeit nach dem beginnenden Heilsleben in vollkommener Unabhängigkeit von ihm, vorangeht; es beruht solche willkürliche Trennung nicht auf einem wirklichen religiösen Hergang, sondern auf einer dogmatischen Abstraction. Sehr zu verwundern ist es, daß derartige dogmatische Abstractionen, äußerliche Scheidungen von Begriffsmomenten, die innerlich zusammengehören und in der Wirklichkeit untrennbar sind, die nichts als verschiedene Stufen Eines geistigen Processes darstellen, noch in unserer Zeit vorkommen, die sich so entschieden gegen den oberflächlichen, trennenden Verstand im Namen der wieder einenden Vernunft erhoben hat, und gerade von solchen Theologen mit besonderm Nachdruck verkündet werden, die sich als Speculative gebehrden und überall die Gegensätze in Fluß zu bringen wissen. Daß gerade Dorner einem Manne wie Hengstenberg gegenüber, die alte Rechtfertigungslehre in ihrer äußerlichsten, juridisch-verständigen Gestalt, wie sie nur als erste und schroffe protestantische Antithese gegen katholische Werkgerechtigkeit, als energische Einseitigkeit einen Sinn und Werth hat, zur Parteifahne erhoben und dem privilegirten Ketzerrichter die allerböseste Ketzerei krypto-katholischer Neigungen zum Vorwurf gemacht hat, ist eine so merkwürdige Erscheinung, daß wir noch einen Augenblick bei ihr verweilen müssen. Hengstenberg hatte in einem Vortrage über den Brief Jakobi (Evangelische Kirchenzeitung, 1866, Nr. 91 fg.) die Rechtfertigungslehre des Paulus mit der des Jakobus in Einklang zu bringen versucht und namentlich darauf hingewiesen, daß die Polemik des Jakobus nicht gegen den wahren Glauben, sondern gegen ein Zerrbild desselben, nicht gegen die echte Lehre des Paulus, sondern gegen die entstellte und misverstandene gerichtet sei. So

paradox daher auch der Satz des Jakobus klinge, daß der
Mensch durch die Werke gerecht werde (Jak. 2, 24), so sei er
es doch nicht mehr als der des Paulus, daß der Glaube allein
rechtfertige. Denn beides könne gelehrt werden, und wie der
eine Satz den Juden=Christen und ihrer falschen Werkgerechtigkeit
gegenüber, so habe der andere den sittlich leichtfertigen Heiden=
Christen gegenüber sein Recht. Denn die Werke des Jakobus
seien nicht die glaubens= und seelenlosen, sondern solche, in
denen sich der Glaube bethätige und zur vollkommenen Durch=
bildung gelange, sobaß die rechtfertigende Kraft in Wahrheit
als auf den letzten Grund auf den Glauben zurückgehe. So
seien denn diese Werke nicht ein selbständiger Factor der Recht=
fertigung neben dem Glauben, sondern theils die nothwendige
Bewährung, theils das nothwendige Förderungsmittel
desselben. Und so kämpfe Jakobus nicht gegen den wahren
Glauben, sondern gegen einen leeren und todten, ganz ebenso
wie Paulus nicht gegen die lebendigen Werke, sondern gegen
die leeren und todten, und so verlange Jakobus nicht Werke neben
dem Glauben, sondern einen Glauben, der sich in Werken be=
thätige und ausgestalte, ganz ebenso wie Paulus den durch die
Liebe thätigen Glauben (Gal. 5, 6). Es bleibe also dabei:
der Glaube allein rechtfertigt, dies sei ewig die Losung
der evangelischen Kirche, aber der Glaube habe verschiedene
Stufen und so auch die Rechtfertigung durch den Glauben;
der Glaube wachse und erstarke mit jeder Bethätigung in
den Werken, während derjenige, hinter dem die Werke zurück=
bleiben, das Gewissen nicht zu stillen vermöge, vielmehr sich
aufzehre unter diesem Mangel wie die Flamme, die des Oeles
entbehrt.

In einem zweiten Aufsatz (Evangelische Kirchenzeitung, 1867,
Nr. 23 fg.), „über die Sünderin", vertheidigte Hengstenberg

jenen erſten Vortrag, über welchen die Vermittelungstheologen
in wunderbarer Ereiferung und Einſtimmigkeit hergefallen, um
ihren aus ganz andern Veranlaſſungen entſtandenen Groll an
ihm auszulaſſen. Denn ſie ſtellten ſich nun plötzlich als die
Hüter der wahren Rechtgläubigkeit dar, ſie warfen dem Haupte
der Orthodoxie vor, daß er das tröſtliche Evangelium von der
freien Sündenvergebung beeinträchtige, Rechtfertigung und Heiligung vermenge, und damit den wahren Quell der Heiligung
verſchütte, u. ſ. w. Hengſtenberg beklagte ſich bitter über das
Verfahren ſeiner Gegner, die, „als ob es mit dem bloßen
Verketzern genug ſei", mit ihren Anklagen und Verdächtigungen ſo roh zugefahren ſeien, wie ſich kaum in
den Acten der ſpaniſchen Inquiſition ein ähnliches Beiſpiel
finde. Er nannte die Pauliniſche Lehre eine „energiſche
Einſeitigkeit", vollberechtigt den Juden=Chriſten gegenüber, die aber leicht gemisbraucht werden konnte im In-
tereſſe heidniſcher Geiſtesfreiheit. Von Luther meint er,
derſelbe habe Recht gehabt, wenn er zunächſt das hervorgehoben, was den römiſchen Irrthum aufs Haupt geſchlagen,
ſeine Epigonen aber trügen die Schuld, anſtatt die bis dahin
zurückgeſtellten und wohlberechtigten Seiten hervorzuheben, träge
im alten Gleiſe fortzugehen. Er berief ſich auf Chriſtum
ſelbſt, auf ſein an die Sünderin gerichtetes Wort (Luk. 7, 47)
und zahlreiche andere Ausſprüche, in denen er auf die Erfüllung des Geſetzes, auf das Thun der Wahrheit und die
Früchte des Lebensbaums hingewieſen habe. Ebenſo auf den
Apoſtel Paulus, ſeine ſittlichen Paräneſen am Schluſſe eines
jeden ſeiner Briefe, ſeine Erhebung der Liebe ſelbſt über den
Glauben, auf Stellen wie Röm. 2, 6—8, 1 Kor. 13, 13,
Gal. 5, 6 u. a. Endlich auf Männer wie Bengel, Joh. Arndt

und die durchaus berechtigte Reaction, welche von den Pietisten ausgegangen gegen die falschverstandene und vielgemisbrauchte Rechtfertigungslehre, wie sie in der Blütezeit der Orthodoxie sich entfaltet habe und aus einem Sündengift zu einem Sünden=kissen geworden sei. Wie er sich mit hoher sittlicher Ent=rüstung gegen das rohe Zufahren der Verketzerer erhob, also auch, als ob in diesem merkwürdigen Streite die Rollen völlig vertauscht seien in Gedanken, Tonart und Schlagworten, drang er stark und wiederholt darauf, daß es mit einer bloßen Wiederherstellung des Alten, einer confessionell gefärbten Exe=gese nirgends gethan sei, daß vielmehr das Alte mit dem Neuen Hand in Hand gehen, daß man unverzagt dem Fortschritt (!!) huldigen müsse, wie er sein ganzes Leben lang und „in allen seinen Schriften dem Fort=schritt gehuldigt habe"!! Und er faßte zum Schluß noch einmal die Summe seiner Ueberzeugungen dahin zusammen, daß das sola fide auch für ihn das unveräußerliche Heilig=thum der evangelischen Kirche bleibe, daß es aber Stufen des Glaubens und der Vergebung der Sünde oder der Rechtfertigung gebe, daß der Glaube durch die Liebe hin=durchgehen müsse, um das was Christus für uns gethan, immer vollkommener zu ergreifen, und daß dabei der Glaube immer die Quelle aller wahrhaften Liebe bleibe und darum alle rechtfertigende Kraft in ihm ruhe. So tröstete sich denn der gekränkte Mann, der bis dahin nur activ bei allen Ver=dammungen aufgetreten, und nun plötzlich sich zur passiven Rolle verurtheilt sah, mit den Worten Joh. Arndt's: „Darum thut man mir vor Gott und seiner Kirche Unrecht und Gott wird zu seiner Zeit solche Lästerung richten." — Der Angriff Dorner's auf diese verbesserte Rechtfertigungslehre Hengsten=berg's war um so empfindlicher, als die feindlichen Geschosse

gleichsam aus dem Versteck heraus, im Namen und unter dem
Schutz der höchsten Kirchenbehörde Preußens, auf ihn ge=
richtet wurden. In der Denkschrift des Evangelischen Ober=
kirchenraths vom 18. Febr. 1867, die unzweifelhaft aus der
Feder Dorner's geflossen, wie der ganze Charakter dieses
Elaborats deutlich zeigt, ist unter den Klagen und Vorwürfen
über das „romanisirende Wesen", das sich in der preußischen
Landeskirche gefahrbrohend ausbreite, die Hauptstelle, welche
von der Irrlehre einer neuen Rechtfertigung aus den Werken
handelt, ganz ausdrücklich und handgreiflich auf Hengstenberg
gezielt. Diese Lehre, so behauptet das oberkirchenräthliche
Schreiben, sei alles eher als der evangelische Glaube. Denn,
sollte der Glaube nur in dem Maße seines Wachsthums und
seiner Ausgestaltung zur vollkommenen Heiligkeit uns die
Sündenvergebung bringen, so müßte diese, ebenso wie die
Werke, stets eine unvollkommene bleiben. Es werde aber damit
das was Christus für uns gethan und das was in uns ge=
schehen soll, das ist Rechtfertigung und Heiligung, miteinander
vermengt. Es werden damit die friedebedürftigen Menschen
wieder angewiesen auf sich und ihre Werke statt auf ihren
Heiland allein zu schauen. Es werde die Gewißheit des Frie=
bens mit Gott nicht aus Christi Werk allein, sondern aus den
Fortschritten der eigenen Heiligung geschöpft. Mit Einem Wort:
„es werde Christi Ehre verdunkelt". Und das sei eine
der größten Gefahren, welche der evangelischen Kirche Deutsch=
lands brohe, ganz ähnlich der Krankheit des Puseyismus in
England. Daher thue es Noth, mit lauter Stimme aufzu=
fordern zur Treue und Beharrlichkeit im Kampfe gegen alle
diejenigen, welche unter lutherischem Namen das romanisirende
Widerspiel des Lutherischen und Reformatorischen aufrichten

möchten. Denn nicht die Lehre Luther's, sondern die soge=
nannte lutherische sei es, welche diese Männer predigen, die
darum auf die Aufhebung der Union, auf die Zerspaltung der
Landeskirche in drei Confessionen und auf die Befreiung von
der Herrschaft des Oberkirchenraths losstürmten, um selbst zur
ungestörten Herrschaft zu gelangen und ihre katholisirenden
Ziele zu erreichen. In der letzten Wendung der amtlichen
Denkschrift, welche ein Actenstück ganz eigener Art ist, viel
mehr eine gelehrte Streit= und Parteischrift gegen einen einzel=
nen Mann, als eine über den Parteien stehende kirchenregiment=
liche Darlegung, enthüllt sich uns der innerste Grund und die
Seele der feierlichen Kundgebung. Die Partei Dorner's
und seiner Vermittelungstheologie im Oberkirchen=
rath ringt mit der Partei Hengstenberg's um die Herr=
schaft in Preußen. Die Krisis, welche durch die Ein=
verleibung einer Anzahl von neuen, angeblich rein lutherischen
Kirchenprovinzen, mit ihren schweren und ungelösten Fragen,
drohend an die preußische Landeskirche herangetreten, war von
Hengstenberg dazu benutzt worden, um in raschem Anlauf die
Sprengung der unirten Kirche Preußens und die Aufrichtung
eines großen, echt=lutherischen Kirchenkörpers ins Werk zu
setzen. Um diesen Sturm energisch zurückzuschlagen, um die
Union im Sinne des Oberkirchenraths und diese hohe Behörde
selbst zu retten, um der von allen Seiten mit Mistrauen be=
trachteten Vermittelungstheologie die Herrschaft zu bewahren, —
dazu bedurfte es so gelehrter Auseinandersetzungen über die
Rechtfertigungslehre, so drohender Anklagen auf Abfall von
dem Glauben der Väter, von „dem Artikel der stehenden und
fallenden Kirche"!! Es ist schwer, ernsthaft zu bleiben bei
diesem verwirrenden Spiel der Worte, bei diesen Anklagen auf
Abfall und Grund stürzende Irrlehren! Wollen wir gerecht

sein, so müssen wir eingestehen, daß das „romanisirende Wesen"
Hengstenberg's, wenn es überhaupt zu einem ihn ganz persön=
lich treffenden Vorwurfe gestempelt werden soll, an einem
ganz andern Punkte liegt, als in seiner Rechtfertigungslehre.
Sind doch seine katholisirenden Neigungen vielmehr in seiner
Unduldsamkeit und Verketzerungssucht, in dem Glaubenstribunal,
das er in Berlin aufgerichtet hat, als in einzelnen Lehren, wie
denen vom „Amt", von der „Kirche", der „Schlüsselgewalt"
und den „Sakramenten" zu suchen. Hengstenberg ist· viel
mehr ein Schriftgelehrter im alten jüdischen Stil, ein Tal=
mudist, als ein katholisirender Theologe. Er hat sich von den
Verirrungen eines Löhe, Kliefoth und Vilmar immer sorgfältig
ferne gehalten, auch sein Lutherthum, das erst der neuern Zeit an=
gehört und ihm, dem ursprünglich reformirten, dann unirten
Theologen, nicht aus Herz gewachsen ist, ging nur hervor aus
dem Streben, hinter einer starken, reactionären Strömung, die
über ihn fortzufluten drohte, nicht zurückzubleiben. Das aber,
wofür er sein Leben lang gekämpft hat, ist: Schriftvergöt=
terung, Talmudismus, Vernichtung aller freien und
echten Kritik der kanonischen Schriften. Das soge=
nannte formale Princip der protestantischen Kirche hat in ihm
die starrste Form angenommen, den einseitigsten Vertreter ge=
funden. So stehen denn in Dorner und Hengstenberg die
beiden Principien, das materiale und das formale, in ihrer
äußerlichsten Gestalt feindlich einander gegenüber. Hengstenberg
hat nur der Schrifteinheit zu Liebe das Wagniß unternommen,
die Rechtfertigungslehre umzubilden, und er, der sonst ein roh
zufahrender Dogmatiker ist, hat hier vielfach das Rechte ge=
troffen. Sein Aufsatz über den Brief des Jakobus ist das
Werthvollste von allem, was er geschrieben. Er geht hier
nicht in den Wegen der katholischen Kirche, sondern in denen

Melanchthon's und seiner Schule (der Majoristen und Syner=
gisten), sowie der bessern Pietisten. Der Schriftbeweis, den
er führt aus den Worten des Herrn selbst, sowie des Apostels
Paulus, ist ein schwer zu entkräftender, und Dorner sowie seine
ganze Anhängerschaft in der neuen evangelischen Kirchenzeitung
haben es nicht gewagt, ihm auf diesem Gebiete zu begegnen.
Hengstenberg hat wenigstens den Versuch gemacht, den Heils=
proceß als einen organischen, innerlich und stetig wachsen=
den, darzustellen, in welchem die einzelnen Glieder nicht äußer=
lich aneinandergehängt, sondern innerlich ineinandergefügt sind,
und also das nur Polemische, das Schroffe und Mecha=
nische der alten Rechtfertigungslehre zu mildern. Dorner da=
gegen, der Anwalt des altprotestantischen Dogma, ist ganz
ebenso einseitig auf diesem Gebiet wie Hengstenberg auf dem
seinen. Seine Vorwürfe, daß durch die Lehre von den Stufen
der Rechtfertigung, von dem in der Liebe wachsenden und er=
starkenden Glauben, Gottes oder Christi Ehre verdunkelt,
Rechtfertigung und Heiligung miteinander vermengt werde, daß
der Mensch dann nicht nur auf Christi Verdienst, sondern auch
auf sich schaue und traue u. dgl. m. sind wohl bekannt seit
Augustin's und Calvin's Zeiten und ganz einfach dadurch zu
widerlegen, daß weder Gott noch Christus nach Ehre geizen
und in Pantheismus oder Panchristismus ihre Ehre finden,
daß sie vielmehr die freie Creatur nicht anders als auf den
Wegen der Freiheit und Mitwirkung erlösen wollen und
können, und daß in diesem Proceß der Erlösung Rechtfertigung
und Heiligung nicht zwei verschiedene Kapitel eines dogmatischen
Compendiums sind, sondern Ringe eines unzerreißbaren organi=
schen Wachsthums; daß auch die Gewißheit der Sünden=
vergebung in dem Bewußtsein des Menschen nicht ein absoluter
Punkt ist, sondern in die menschliche Entwickelung eintritt und

in Freudigkeit und Zuversicht fortschreitender Heiligung wächst und erstarkt. So ist denn dieser Versuch Dorner's, Hengsten=berg in die Hölle der gefährlichsten Ketzerei hinabzustoßen, so geschickt auch der Fechterstreich sein mag, und so köstlich die Nemesis, die den im Verdammungshandwerk Ergrauten ereilt, als ein mißglückter zu betrachten. Sehr nahe mit Dorner verwandt ist Liebner. Seine „Dogmatik" enthält, soweit sie bis dahin erschienen (1. Bd., 1. Abtheil., 1849), nur noch den ersten Theil der Christologie, namentlich die Dogmen von der Trinität und der Incarnation. Aber diese Proben ge=nügen vollkommen, um bei aller Anerkennung eines gewissen mhstisch=sinnigen Zuges und der fleißigsten Berücksichtigung des ganzen historischen Materials, den großen Mangel an Selb=ständigkeit und Klarheit des Denkens, eine wahrhaft erschreckende synkretistische Verworrenheit zu erkennen. Diese Christologie enthält trotz vieler pomphafter Ankündigungen, welche einen ganz neuen Wahrheitsfund, die Lösung aller Räthsel der Dog=matik, verheißen, in der That so gut wie gar nichts, was nicht auf die Gedanken anderer, und zwar nicht die allerglück=lichsten, zurückzuführen wäre. Diese Christologie ist nämlch stückweise zusammengesetzt aus drei verschiedenen Bestandthei=len: 1) dem „trinitarischen Unterbau", der im wesentlichen nur die bekannte Trinitätsconstruction des Richard Victorinus aus dem Begriff der göttlichen Liebe wiederholt, 2) der Göschel=Dorner'schen Doctrin von Christo dem Urmenschen, d. i. der Zusammenfassung aller menschlichen Individualitäten, und 3) dem zuerst wieder durch Thomasius geltend gemachten Gedanken von der Selbstentäußerung Christi (der κένωσις) als der Grundbedingung der menschlichen Persönlichkeit. Wir begnügen uns, auf die beiden letztern Punkte etwas näher einzugehen. Es versteht sich von selbst, daß die Schleier=

macher'sche religiös = sittliche Vollkommenheit Christi Liebner
durchaus nicht genügt. Sie bildet nur die äußerste Grenze
der Christlichkeit, sie wird nur mit einer gewissen Herablassung
als eine Abschlagszahlung angenommen. Dagegen der Mittel=
punkt christlicher Wahrheit, der christologische Kern der ganzen
Dogmatik ist die Göschel=Dorner'sche monströse Vorstellung von
der Allpersönlichkeit Christi, die ihm als dem Urmenschen zu=
kommt. Er ist „die Zusammenfassung des ganzen geglieder=
ten Systems der natürlichen Gaben der Menschheit". Adam
und die adamitische Menschheit stellen · nur disjecta membra
des menschlichen Wesens vor, während Christus die ganze
menschliche Natur angenommen hat und darin seine „Natur=
allseitigkeit" bewährt. Göschel und Dorner, welche zuerst
diesen Abweg in der Christologie einschlugen, war das Unglück
begegnet, daß sie die falschen Prämissen ihres Gegners, Strauß,
aufnahmen und sich so eigentlich ganz und gar auf den Grund
und Boden desselben stellten. Denn auch sie gehen wie Strauß
von der verkehrten Voraussetzung aus, die Absolutheit könne
sich nur in der Allheit der Individuen offenbaren, und treten
ihm nur darin entgegen, daß sie diese Allheit dem Einzel=
nen Christus vindiciren, indem sie die abenteuerliche Annahme
nicht scheuen, in ihm sei der Gattungsbegriff selbst, der Ur=
mensch zur Erscheinung gekommen. Es findet dabei offenbar
die Verwechselung von Allgemeinheit und Allheit, von Quali=
tät und Quantität, von intensivem Werthe und mechanischer
Cumulirung statt. Und bei dieser Verwechselung ist die Per=
son Christi zu einem ganz unpersönlichen (weil allpersönlichen),
unmenschlichen und unvorstellbaren Wesen gemacht. Er nimmt
in dieser seiner Qualität eine ganz aparte „kosmische Stel=
lung" ein, nicht unähnlich dem arianischen Mittelwesen, ob=
gleich Liebner, darin sich von seinen Vorgängern unterschei=

deub, diesen allpersönlichen Urmenschen wieder mit dem kirchlichen Gottmenschen vermitteln, ihn durch den „trinitarischen
Unterbau" auf die zweite Person der Gottheit zurückführen will.

In Bezug auf das Verhältniß der beiden Naturen in
der Person Christi stimmt Liebner dem bei, was von „kirchlich treuester Seite" (d. i. von Thomasius in seinen „Beiträgen zur kirchlichen Christologie") zur Fortbildung der orthodoxen Lehre geschehen. Thomasius hat nämlich darauf aufmerksam gemacht (was übrigens längst von Dorner, Baur
und Strauß erkannt), daß das genus ταπεινωτικὸν in unserer
alt-lutherischen Christologie ganz fehle, und darauf gedrungen,
daß die Menschwerdung des Logos als eine wirkliche Selbstbeschränkung, nicht als einfache assumtio gefaßt werde,
meinend damit die letzte Consequenz der lutherischen communicatio idiomatum zu ziehen, den noch fehlenden Ausbau zu
vollenden. Das Neue in diesen Bemerkungen besteht in der
That nur in dem Wahne, die orthodoxe Lehre durch solchen
Ausbau fortbilden zu können, während sie dadurch ihrer völligen
Auflösung entgegengeführt wird. Die lutherische communicatio
idiomatum ist nicht ein realer, gegenseitiger Austausch der
Naturen, sondern nur die Vergöttlichung der menschlichen; aber
jener Austausch, vermöge dessen die göttliche Natur der
menschlichen ihre Schrankenlosigkeit und wieder die menschliche
der göttlichen ihre Schranke mittheilt, ist auch in der That
nicht möglich, ist nur ein beständiges Umhergeworfenwerden
zwischen absoluten Gegensätzen, solange nämlich diese Gegensätze von vornherein absolute sind. Wenn Thomasius darauf
bringt, daß Christus uns völlig homogen werde, daß der göttliche Logos in ihm sich zu seiner menschlichen Natur verhalte,
analog wie in den übrigen Menschen der göttliche

Lebensgeist zu der gesammten geistig-leiblichen Natur, so ist dies freilich nur eine Analogie, die aber sehr deutlich auf die Consequenz des ganzen Gedankens hinweist. Eine solche Homogeneität, eine wirkliche und völlig menschliche Beschränkung des Göttlichen ist nur denkbar, wenn das Göttliche nicht mehr als ein ewig persönlicher Logos, mit den metaphysischen Prädicaten der Allmacht, Allwissenheit u. s. w. bestimmt wird, sondern als das allgemein menschliche ϑεῖον, d. h. als das Gottesbewußtsein, Gottesgefühl, die Gottesliebe der Menschen. Mit Recht hat daher schon Schneckenburger bemerkt, daß die Thomasius'sche κένωσις des Logos in letzter Consequenz zum „Panchristismus" führe, d. i. zur völligen Identität des menschgewordenen Logos mit dem allgemein-menschlichen ϑεῖον. Vor einer solchen Consequenz, welche am allerwenigsten im Geiste der lutherischen Christologie ist, würde nun allerdings Liebner nicht weniger als Thomasius zurückschaudern, und sich auf die beliebte Ausrede zurückziehen, daß alles ja nur eine Analogie sei, aber dies beweist doch nur, mit welcher Bewußtlosigkeit und mit wie großem Ungeschick, selbst von „kirchlich treuester Seite", Fortbildungen des alten Dogma versucht werden, welche nichts als Zerstörungen desselben sind.

Unendlich viel geistreicher und flüssiger als diese Liebner'schen speculativen Versuche sind die Lange's. Namentlich der erste Theil seiner „Dogmatik", der philosophische (1849), ist überreich an sprudelndem und schäumendem Geist, an speculativen Vermittelungen und ahnungsvollen Durchblicken. Aber — es ist des Guten offenbar zu viel geschehen. Das Fluten und Wogen der immer neu andringenden Gedanken ist so ruhelos, daß alle festen, verständigen Unterschiede hinweggespült werden, der Reichthum der Begriffsformulirungen, der

Diſtinctionen, der Combinationen des Verſchiedenſten und Ent=
fernteſten ſo außerordentlich, daß ſich das Ganze in ein glän=
zendes Spiel des Witzes und der Phantaſie aufzulöſen droht.
Dies Spielen mit ſpeculativen Halbgedanken, Einfällen und
Anklängen, die, kaum zur Geſtalt gekommen, ſchon wieder ver=
ſchwinden und von dem Gefolge neuer Phantaſien hinwegge=
drängt werden, iſt in dem genannten Werke zur bedenklichſten
Höhe geſteigert. Man glaubt, nicht einen Mann der Wiſſen=
ſchaft, ſondern einen Virtuoſen zu vernehmen, der ſich an das
Inſtrument ſetzt, um in einer Reihe ſehr loſe zuſammen=
hängender und im raſcheſten Wechſel hinſtürmender Phanta=
ſien ſein Empfindungsleben auszuſtrömen. Dabei iſt Lange
offenbar von dem ſpeculativen Zuge der Zeit, von dem Prin=
cip der Immanenz, ſtark inficirt. Tiefer ergriffen als die
große Zahl der Vermittelungstheologen, tiefer vielleicht, als
er ſelbſt es weiß. Er hat Gedankenwege betreten, die ſonſt
von den Theologen gemieden werden und deren Zielpunkte von
großen Gefahren umgeben ſind. Schon bei dem Abſchnitt (II)
über die Religion und über das Verhältniß des göttlichen
Factors zum menſchlichen gibt ſich das Streben nach einer
tiefern ſpeculativen Grundlegung kund. „Die Religion" iſt
ihm durchweg „nach ihrer ſubjectiven Seite eine Lebensbewe=
gung der menſchlichen Natur, nach ihrer objectiven eine Kund=
gebung Gottes. Nach der erſtern kann man ſie natürliche,
nach der andern geoffenbarte im allgemeinſten Sinne nennen".
Bei manchen ſehr ſtarken und nicht ſelten ſchlagend=witzi=
gen Abweiſungen des Hegel=Strauß'ſchen Pantheismus, der
Immanenz, welche nichts als „Inhärenz" iſt, und wobei
ſowol die Welt als κόσμος, in ihrer ſchönen Wirklichkeit,
daraufgeht, „zur verglaſten Weltſchlacke oder zur verſchwom=
menen Weltmolluske" wird, als Gott zu einem geſtaltloſen

Sein zerrinnt (S. 305 fg.), verfällt er doch keineswegs der
entgegengesetzten Einseitigkeit, nach welcher „die Schöpfung
der Welt nichts als ein Act göttlicher Willkür ist, als eine Hand=
lung Gottes, die auch ungeschehen hätte bleiben können"; viel=
mehr sucht er in den Act der Schöpfung die göttliche Noth=
wendigkeit und in das Wesen der Welt die göttliche Wesenheit
zu verlegen, um so im letzten Grunde den Dualismus von
Gott und Welt zu überwinden. In diesem Sinne sagt er:
„Die Welt ist nicht bloße Welt, sondern in ihrem innersten
Wesen Selbstoffenbarung Gottes, die Schöpfung ist nicht bloße
Creation, sondern in ihrem tiefsten Grunde göttliche Zeugung,
die Natur ist nicht schlechthin Natur, sondern eine aus dem
Geist auftauchende und in den Geist zurückkehrende Saat des
Lebens." Und an einer andern Stelle vom Menschen: „Der
Mensch selbst ist nicht das Endliche, sondern das Bedingte,
das in seiner absoluten Bedingtheit zugleich die bedingte Ab=
solutheit hat." Und so ist ihm „die Probe der wahren Gottes=
idee wie des wahren Menschenbegriffs, daß sich beide harmo=
nisch zusammenschließen zu dem Begriffe des Gottmenschen".
Durch die ganze Lange'sche Dogmatik geht eine sehr entschiedene
Abneigung gegen die „supranaturalistischen Schulvorstellungen",
gegen „die alt= wie neu=supranaturalistischen Befangenheiten",
gegen den „Monophysitismus" in der Lehre von der Offen=
barung, von den Wundern, von der Schrift, mit Einem Wort
gegen alles äußerliche und vereinzelte Eingreifen Gottes in die
Welt. Die Grundanschauung ist die: die Welt ist eine auf=
steigende, den Keim des Göttlichen immer vollkommener ent=
wickelnde Reihe. Schon die Natur stellt bis zum Menschen
hin ein solches sphärisches Aufsteigen dar. In der Geschichte
knüpft die Offenbarung als die zweite Schöpfung ihr Werk an
die höchsten Lebensblüten der ersten an. Sie geht aus der

Wechselwirkung Gottes mit dem activen Glauben der Menschen
hervor. Sie ist nicht ein vereinzeltes Gotteswerk oder Gottes-
that, sondern tritt als ein großer historischer Complex von
Offenbarungen auf. Sie ist eine allmähliche, die ihre Vollendung in Christo, dem Gottmenschen, findet. Sie hat eine
Menge von Analogien in den neuen Bildungselementen, neuen
Erkenntnissen und Erfindungen, in den neuen Werken des
künstlerischen Genius.

Der Grundrichtung nach Lange verwandt, aber in formeller
Beziehung unendlich von ihm verschieden ist Martensen. Er
hat durch seine „Dogmatik" (1850) den Ruf, welchen er sich
bereits in der Schrift über die „Autonomie des menschlichen
Selbstbewußtseins" (1837) und seinen „Meister Eckart" erworben, aufs glänzendste bewährt. Er ist ein Meister der
Form. Das Talent conciser Darstellung, reinlicher Abgren-
zung, prägnanter Zuspitzung ist ein außerordentliches. Die
compendiarische Fassung seiner Dogmatik ist von hoher Vollendung. Aber bei allen diesen Vorzügen der Form ist das
Werk doch ohne höhern Werth. Es fehlt die innere Einheit
und Selbständigkeit, die Energie des Denkens, welche aus
Einem Mittelpunkt heraus ein wirklich Organisches und Lebendiges schafft. Die saubere Technik, die glatte, ja geleckte Art
der Behandlung verräth nur zu sehr die äußerliche Stellung
des Verfassers zu seiner Arbeit, seinen, wenn auch geschickt
verdeckten, Eklekticismus. Er ist viel abhängiger vom kirchlichen Dogma als Lange; die Speculation hat bei ihm eine
viel untergeordnetere und fast nur formelle Bedeutung, sie
dient nur dazu, die Härten der orthodoxen Dogmatik abzu-
glätten, dieselbe mit dem Bewußtsein der Gegenwart zu versöhnen. Freilich laufen dabei alle möglichen modernen Anschauungen mit durch. Schon bei der Lehre von der Schöpfung

und Erhaltung wird ausgeführt, wie die schöpferische und er=
haltende Thätigkeit Gottes immer zusammenwirken, wie sich
jene immer in diese umsetzt, insofern der Neues in Natur und
Geschichte setzende Wille sich die Form des Gesetzes gibt und
auf jeder Entwickelungsstufe unter der Form der natürlichen
und geistigen Weltanschauung und mit und durch die Welt=
gesetze und Weltkräfte wirkt. Aber dann bricht auch wieder
ebenso aus dem erhaltenden Wirken das schöpferische hervor,
welches hinausgeht über die niedere Weltordnung, um sich
zum Princip einer höhern zu machen. Und diese höhere Welt=
ordnung ist das Wunder, dessen Bedeutung darin besteht,
daß es sich nicht aus den vorhandenen, den niedern Natur=
gesetzen erklären läßt, sondern von einer unbedingt ersten Be=
wegung, vom göttlichen Willen ausgeht.

Diese nun schon oft berührte und die ganze moderne
Theologie durchziehende Vorstellung von der höhern durch
einen unmittelbaren göttlichen Impuls aus der niedern hervor=
brechenden Weltordnung kehrt auch wieder in den Auslassun=
gen über Rationalismus und Supranaturalismus, über das
Verhältniß von Vernunft und Offenbarung. Auch hier finden
wir zwei Schöpfungen, zwei Offenbarungen, eine niedere und
eine höhere. Sie stehen nicht in Widerspruch, in ungelöstem
Dualismus. Sie bilden nur Stufenunterschiede. Es gibt nur
Ein Schöpfungssystem, aber mit zwei Hauptstufen, nur Ein
Vernunftsystem, aber mit zwei Potenzen, Vernunft im engern
Sinne und Offenbarung. Es ist derselbe λόγος, der sich hier
wie dort offenbart, aber die Offenbarung in Christo ist eine
höhere Potenz als die allgemeine in der menschlichen Vernunft;
jene ist die welt=vollendende und erlösende, diese nur die welt=
schaffende und erhaltende. Ein Widerspruch zwischen den Ge=
setzen der Vernunft und Offenbarung in Christo besteht daher

in Wahrheit nicht, nur ein Widerspruch gegen die abstracte
Moral und gegen die abstracte Vernunft.

Neben diesen in ihrer zweideutigen Unbestimmtheit hin=
länglich charakterisirten, mit dem Gedanken der aufsteigenden
Potenzenreihe nie Ernst machenden Wendungen finden wir in
der Martensen'schen „Dogmatik" alle die verunglückten Ver=
suche der neuen Zeit, das alte Dogma umzubilden, ihm eine
neue, tiefsinnige Wendung abzugewinnen. So die Göschel=
Dorner'sche Lehre von der besondern „kosmischen Stellung"
Christi, von seiner Sammlung aller in eine zerstückte Mannich=
faltigkeit auseinandergegangenen individuellen Gegensätze. So
die Thomasius=Liebner'sche Lehre von der Selbstentäußerung
des λόγος, die dahin bestimmt wird, daß „die äußere Un=
endlichkeit der göttlichen Eigenschaften umgesetzt werden müsse
in die innere, um so Platz zu finden in der Beschränktheit
der menschlichen Natur". So die Jakob Böhme=Schelling'sche
Satanologie, welche mit ganz besonderer Vorliebe und Aus=
führlichkeit behandelt wird und dahin geht, die „metaphysische"
Bedeutung des Teufels als nicht des Bösen in dieser oder
jener Beziehung, sondern als des „Bösen an und für sich",
des „bösen Geistes als solchen" zur Geltung zu bringen, der
ein kosmisches Princip ist, mit der Logoslehre in engster Be=
ziehung steht, und als der „jüngere Bruder des Erstgebore=
nen", der Lucifer, welcher sich zum Anti-Deus, zum wider=
göttlichen Weltcentrum macht, bestimmt wird. So die natur=
philosophisch=mystische Sakramentslehre, nach welcher
Christus nicht blos der Erlöser und Vollender der Geistigkeit,
sondern auch der Leiblichkeit, das Sakrament nicht blos ein
Geistes=, sondern auch ein Naturmysterium ist; nach welcher
bei der Taufe zwischen der substantiellen und der persön=
lichen Wiedergeburt unterschieden wird, zwischen der objec=

tiven und subjectiven Seite des neuen Lebensanfangs,
indem diese beiden Seiten der Zeit nach auseinandergerissen
werden, und die objective ausschließlich der Kindertaufe zu=
fällt; nach welcher im Abendmahl nicht allein eine Speise für
die Seele, sondern auch für die Leiblichkeit, für den zukünfti=
gen Auferstehungsmenschen erkannt und ein tieferer Zusammen=
hang zwischen der Abendmahlslehre und der Eschatologie an=
gedeutet wird.

Zu diesen modernen Afterbildungen rechnen wir die katho=
lisirende Hinneigung zum Sakrament der Priesterweihe, wie
sie in neuester Zeit zu noch bestimmterer Aussprache gekom=
men ist. Es liegt nach Martensen „im Begriff des vom
Herrn gestifteten Amtes, daß es eine Kraft und eine Auto =
rität vom Herrn selbst in sich schließt und in einem ge=
wissen Maße (!) von den Verheißungen begleitet sein muß,
die außerordentlicherweise an den vom Herrn selbst ausgesen=
deten Aposteln und Jüngern erfüllt worden". So ist denn die
protestantische Kirche nur aus einer gewissen Scheu vor dem
hierarchischen Princip nicht dazu gekommen, ein Dogma der
Priesterweihe auszusprechen; aber factisch besteht in ihr der
Glaube, „daß die Ordination mehr sei als eine Ceremonie".
Endlich, um doch an allen Abenteuerlichkeiten der Neuzeit
theilzunehmen, hat Martensen auch den Chiliasmus in ver=
klärter Gestalt wiederhergestellt. Er findet in der Vorstellung
vom tausendjährigen Reich die Wahrheit, daß das Christen=
thum zur vollendeten Weltherrschaft komme, die Kirche eine
Periode der höchsten irdischen Blütezeit vor dem Abschluß
feiere. Und die Gegenwart Christi in dieser Periode ist nicht
nur eine geistige, sondern eine sichtbare Erscheinung, wie nach
der Auferstehung vor den Jüngern. Das tausendjährige Reich
hat sein Vorbild an den Zwischentagen zwischen Auferstehung

und Himmelfahrt. Es ist der Vorsabbath, auf welchen der letzte
Kampf des Antichrist, das Gericht und das himmlische Reich folgt.

An diese speculativen Versuche schließt sich der im Gegen=
satze gegen den Hegel'schen Pantheismus von einer Reihe nam=
hafter Philosophen ausgebildete „speculative Theismus".
Es ist schon darauf hingewiesen, wie mächtig seit Spinoza die
pantheistische Strömung die deutsche Philosophie ergriffen und
wie selbst unter den Gegnern des Pantheismus, vor allem
durch Jacobi, der Aberglaube genährt worden, als ob die
Speculation mit Nothwendigkeit auf den Pantheismus führe,
sodaß es keine andere Rettung gebe vor ihm als den Salto
mortale des Denkens, die Flucht in den Glauben. Wir hal=
ten diese Jacobi'sche Auskunft nicht allein für eine sehr trau=
rige und auf die Länge unhaltbare, sondern meinen auch,
daß die Gefahr, vor welcher die Flucht ergriffen wird, gar
keine ernstliche sei. Der Pantheismus hat nur seine Wahr=
heit und sein Recht an dem Gegensatze eines äußerlichen und
abstracten Theismus, wie er von der vulgären Theologie auf=
gestellt wird und wie er ihm alle Zeit zur Folie dient. Er
hat ferner das Verdienst, von jeher anthropomorphischen und
anthropopathischen Vorstellungen von der Gottheit entgegen=
gewirkt, den Gottesbegriff nach allen Seiten hin gereinigt
und erweitert zu haben. Aber — mit diesen negativen Ver=
diensten ist auch seine ganze Bedeutung erschöpft und er selbst
ist philosophisch so wenig gerechtfertigt, daß er vielmehr nur
für eine Abstraction der ärgsten Art gelten muß, welche ebenso
wenig wie der abstracte Theismus die Räthsel der Welt zu
lösen im Stande ist. Denn im Pantheismus kommt nicht
allein die Welt, wie in die Augen fällt, sondern auch Gott
selbst zu kurz. Das Absolute ist hier nicht das wahrhaft Ab=
solute, sondern das Abstracteste, das caput mortuum der Ab=

ſtraction, Dasjenige, was übrig bleibt, nachdem jede Beſtimmt=
heit hinweggedacht iſt. Gott iſt hier nur das Abſtract=Allge=
meine, das Eine, das reine Sein, oder wie es ſonſt genannt
wird, das ſich gegen alle concreten Daſeinsformen aufhebend,
abſorbirend verhält. Es geht dabei einmal die Schönheit der
Welt und der Reichthum ihrer Gliederung verloren; ſie wird
zu einem Schaum und Schein, zu einem Nichtſein am Sein,
zu einer ſteigenden und wieder fallenden Welle des Oceans,
es geht aber auch andererſeits dabei die Tiefe, Innerlichkeit
und ſchöpferiſche Energie der Gottheit verloren, welche in ſich
keinen Halt= und Ruhepunkt gewinnt und nichts als ein Strö=
men und Schäumen, ein Blaſentreiben der Endlichkeit iſt und
in dieſer zweck= und reſultatloſen Thätigkeit beſtändig in die
Endlichkeit umſchlägt, um ſie dann wieder in ſich zurückzuneh=
men. Aus dieſem inhalt= und fortſchrittsloſen Spiel, das
doch wieder einen ſehr ernſten, dunkel=tragiſchen Hintergrund
an der alles verſchlingenden göttlichen Subſtanz hat, ſtrebt
der Gedanke ſich zu erheben, um einmal die Welt als eine
in ſich gefeſtete und in ihren höhern Organiſationen immer
mehr nach ſelbſtändigen Mittelpunkten ſtrebende, dann aber
auch die Gottheit als eine um ſich kreiſende zu erfaſſen. Dies
iſt das Streben des ſpeculativen Theismus, der bei der
nothwendigen Zuſammengehörigkeit und Wechſelwirkung von Gott
und Welt die Differenz zwiſchen beiden, durch welche beide erſt
zu ihrem Rechte kommen, aufrechterhält. In ihm iſt die
Wahrheit des Pantheismus erhalten, daß die Gottheit nicht
ſelbſt wieder eine Einzelheit neben andern, ſondern die höchſte
Allgemeinheit, die alles durchdringende iſt, daß das Unendliche
nicht dem Endlichen gegenüberſteht, um ſo wieder ſelbſt zu
einem Endlichen zu werden, ſondern daß es die die Endlichkeit
penetrirende, ſich ſelbſt ihr einpflanzende Energie iſt. Aber

hier kommt auch andererseits der Gedanke zu seinem Rechte,
daß jene höchste Allgemeinheit zugleich lebendige Allgemeinheit
ist, d. h. selbstbewußte, sich in sich zusammenfassende, aus der
Weltdurchdringung ewig in sich zurückkehrende. Auch bei Hegel,
der, wie schon angedeutet wurde, mit Einem Fuße über den
Pantheismus hinausgetreten ist, der die göttliche Substanz als
eine processirende, sich im Subject zusammenfassende begreift,
ist die Gottheit doch nicht in sich zusammengefaßt, kehrt aus
dieser Welt= und Menschwerdung nicht in sich zurück, sondern
geht in den unendlichen Proceß des Werdens auseinander und
verzettelt sich gleichsam in die Endlichkeit. Es ist daher nicht
mit Unrecht gesagt worden, es fehle der Unruhe des absoluten
Processes bei Hegel der feste Kern und Mittelpunkt der Selbst=
erfassung, es sei ihm das ruhende Auge des Selbstbewußtseins
einzupflanzen. Allerdings, mit mehr oder minder Glück und
oft noch in sehr unreinen und an den alten Theismus und
Supranaturalismus anstreifenden Formen ist der speculative
Theismus der neuern Zeit hervorgetreten. Er ist namentlich
von den Theologen begierig adoptirt worden, denen es vor=
zugsweise um den Theismus und gar wenig um die specula=
tive Gestalt desselben zu thun war, welche viel von der Be=
deutung der „Persönlichkeit“ zu sprechen wußten, ohne doch der
Absolutheit dieser Persönlichkeit ihr volles Recht angedeihen
zu lassen. Eine wie seltene und fast einzige Ausnahme auch
nach dieser Seite hin Rothe darstellt, ist schon ausgeführt. Von
den meisten Theologen wurde der Begriff der göttlichen Per=
sönlichkeit, ihrer Freiheit und Erhabenheit über den Naturzu=
sammenhang nur dazu benutzt, um wieder eine besondere Sphäre
des Exclusiv=Göttlichen, des Uebernatürlichen zu constituiren
und so alle biblischen Wundergeschichten und Wundervorstellun=
gen unter speculativem Schein und Wortgepränge neu einzu-

führen. Welch ein Unfug ist namentlich in diesen Kreisen mit
der „göttlichen Freiheit" getrieben worden, unter deren präch=
tigem Deckmantel das willkürlichste und äußerlichste Handeln
Gottes verborgen wurde! Und wie früher die „göttliche Noth=
wendigkeit" dahin gemisbraucht wurde, daß das ethische Nicht=
andershandelnkönnen zu einem physischen Bestimmtsein, die gött=
liche Schöpferthätigkeit zu einem theogonischen Proceß herunter=
gesetzt wurde, so nun in entgegengesetzter Weise wurde unter
dem vorgehaltenen Schreckbilde des Pantheismus und unter dem
Titel der göttlichen Freiheit und Persönlichkeit die wesensleere
Willkür Gottes wieder eingeführt, ja auf sie die ganze Dog=
matik basirt. Es ist nicht schwer einzusehen, daß die Freiheit
Gottes keine andere sein kann als die Selbstbestimmung seines
Wesens, eine solche, welche zugleich Nothwendigkeit, wenn auch
eine ethisch=persönliche, eine gewußte und gewollte Nothwendig=
keit ist, daß eine Freiheit, welche sich wie beim Menschen als
formelle Selbstbestimmung von der Wesensbestimmtheit loslöst,
bei Gott undenkbar und seiner unwürdig ist. So ist denn die
Schöpfung der Welt ebenso sehr ein Act der Nothwendigkeit
wie der Freiheit. Gott und Welt sind Correlata, die sich
nicht entbehren können, die in beständiger und zusammenhän=
gender Wechselwirkung miteinander stehen. Und wenn Gott
als der die Welt setzende ihr vorangeht, so ist diese Causalitäts=
priorität doch nicht mit der zeitlichen zu verwechseln; wenn er
als der Absolute ihre Endlichkeit überragt, so ist diese Trans=
scendenz nicht ohne die Immanenz zu denken, ist nichts als die
ewige Rückkehr Gottes in sich aus seiner nie aufhörenden Welt=
thätigkeit. Es hat mit einem Worte der speculative Theismus
die einheitliche und zusammenhängende Weltanschauung nicht
aufzugeben, steht auf ihr ebenso sicher, ja besser begründet als
der Pantheismus, so sehr er auch durch supranaturalistische

Theologen ausgebeutet und verunreinigt ist. Unter solche Ver-
unreinigungen rechnen wir namentlich die J. Müller'schen Ausführungen *) über Freiheit und Persönlichkeit Gottes, über den
Unterschied zwischen der potentia und dem actus in Gott, über
die „Selbstbeschränkung" des göttlichen Könnens durch seine
Liebe, über die aus solcher Selbstbeschränkung folgende „Zulassung" der menschlichen Freiheit und damit des Bösen, über
die aus „freier, bedürfnißloser Liebe" hervorgehende Schöpfung
der Welt, über den „Concursus" Gottes bei der Weltregierung
u. s. w. Alle diese Vorstellungen führen offenbar auf einen
verfeinerten Anthropomorphismus zurück, auf einen Dualismus des Seins und des Wollens, der Allmacht und der
Liebe, der metaphysischen und der ethischen Eigenschaften, der
Schrankenlosigkeit und der Selbstbeschränkung; und die freie,
bedürfnißlose Liebe ist es, welche immer zu Hülfe gerufen wird,
um die Selbständigkeit der vernünftigen Creatur, die durch das
Böse hindurchgehende Freiheit des Menschen, zu erklären. Diese
freie Liebe ist es, welche erst durch einen ausdrücklichen Ent-
schluß dem an sich schrankenlosen Können Gottes die Schranke
anlegt, welche einen Ueberschuß von Allmacht zur Unthätigkeit
verurtheilt, welche dem absoluten Wesen die Resignation auf-
legt, neben sich einen endlichen, selbständigen, ja sich feindlich
gegenüberstehenden Willen gewähren zu lassen. Wie äußerlich-
endlich sind alle diese Vorstellungen! Als ob die Liebe nicht
eine Wesensbestimmung Gottes, ja recht eigentlich die Bestimmung seines Wesens wäre, ohne welche die andern Eigenschaften gar nicht gedacht werden können, von welcher sie alle
durchdrungen und mitbestimmt sind! Gibt man seiner schöpferischen Liebesthätigkeit diese Bedeutung und zieht man sie nicht

---

*) In seiner „Christlichen Lehre von der Sünde".

durch die Attribute „freie", „bedürfnißlose" u. s. w. in die
reine Gnadenwillkür herab, so wird auch der Gedanke der
Selbstbeschränkung Gottes nur noch als eine populär-anthro-
pomorphische Vorstellung gebuldet werden können, überhaupt
aber das Verhältniß von Gott und Welt und die Schöpferthätigkeit Gottes einen ganz andern Charakter, nämlich den
innerer, geistig-sittlicher Nothwendigkeit gewinnen. Und damit
sind denn die supranaturalistischen Velleitäten, welche immer
auf die Schöpferwillkür, die neuen schöpferischen Willkür-
actionen, zurückgehen, in der Wurzel abgeschnitten.

Von diesen unreinen Formen des speculativen Theismus,
denen auch die Schriften der wiener Philosophen Günther und
Papst mit ihrem im Gegensatz gegen die Evolutionsidee einseitig gespannten Creatianismus angehören, unterscheidet sich
schon vortheilhaft Lange, der (in seiner „Philosophischen Dogmatik", §. 38 und 44) manches tiefsinnige Wort ausspricht
über die Einseitigkeit des Pantheismus, über das Umschlagen
desselben in Polytheismus und Dualismus, über die falsche
Immanenz, welche nur eine Inhärenz ist, über die wahre Bedeutung des immanenten Zweckbegriffs und des teleologischen
Beweises vom Dasein Gottes; aber auch ebenso sehr über die
einseitige Fassung des Schöpfungsbegriffs, nach welcher ein
größeres Gewicht auf Gottes That als auf die That Gottes
gelegt, und die Welt nur als Welt, nicht zugleich als Selbstoffenbarung Gottes, die Schöpfung nur als Creation, nicht zugleich als göttliche Zeugung betrachtet wird. Noch reiner ist
von Rothe die wahre, auf dem Unterschiede ruhende und
durch den Unterschied hindurchwirkende Immanenz Gottes in
der Welt aufgefaßt. Vorzüglich aber wurde von der Philosophie aus durch Weiße („Idee der Gottheit", 1843),
Wirth („Speculative Idee Gottes", 1845), J. H. Fichte

(„Speculative Theologie", 1846) das schwierige Problem
der absoluten Persönlichkeit, in welcher die Selbsterfas=
sung mit der Weltdurchdringung, das Fürsichsein Gottes
mit seiner wirksamen Allgegenwart, die Transscendenz mit
der Immanenz zu vermitteln ist, der Panentheismus, wie
schon Krause ihn nannte, seiner Lösung näher geführt. Die
bedeutendste unter den genannten Schriften ist Fichte's „Spe=
culative Theologie". Bekanntlich geht sein, wie des ihm nahe
verwandten Weiße Streben dahin, in bestimmter gegensätzlicher
Beziehung zu Hegel's absolut genanntem, in der That aber
abstractem Idealismus, den Standpunkt des wahren Ideal=
realismus zu gewinnen, alles blos aprioristische Erkennen ab=
zuthun, keinen Begriff zu dulden, dem nicht die volle, concrete
Gegenwart der Anschauung zur Seite steht. In diesem
Sinne, in diesem Verlangen nach realer, anschaubarer Wahr=
heit, in dieser Abneigung gegen alle Jenseitigkeit des abstracten
Begriffs berührt er sich ganz nahe mit Feuerbach und hat für
diese Seite der Feuerbach'schen Philosophie gerechteste Anerken=
nung. Freilich gibt er diesem Streben eine ganz andere, den
Consequenzen Feuerbach's gerade entgegengesetzte Folge. Er
geht von der realen nach monadischen Mittelpunkten, nach Per=
sönlichkeiten strebenden Welt aus und kommt von diesen end=
lichen Monaden rückgreifend und rückschließend zur Ur=Monas,
zur absoluten Person. Er will nicht durch rein begriffliche
Construction einer sogenannten über sich selbst hinaustreibenden
Dialektik vom ganz abstracten Sein, Nichts u. s. w. aus zum
concreten Begriff der Person vordringen; er will vielmehr von
der „Weltthatsache" ausgehen, welche mit Nothwendigkeit zur
Lösung ihres Räthsels und zur Aufhellung ihres innern Wider=
spruchs auf einen zwecksetzenden Willen führt. So ist ihm die
speculative Theologie nichts anderes als der durchgeführte Be=

weiß vom Dasein und Wesen Gottes, bei welchem der Weltbe=
griff in seinen verschiedenen Steigerungen die Prämisse bildet.
Das größte Gewicht legt er als auf den letzten und reichsten,
von dem concretesten Weltbegriff ausgehenden Beweis, auf den
teleologischen, welchem er eine neue und tiefere Fassung zu geben
weiß. Die Welt ist nicht allein ein System von allseitigem
Bezogensein aufeinander, ein Universum, sondern auch eine auf=
steigende Stufenreihe von Zwecken. Jedes Einzelne ist Zweck
für sich und zugleich Mittel für anderes, Resultat einer niedern,
Basis einer höhern Entwickelungsreihe. Und hier zeigt sich die
auffallende Erscheinung, daß das Erreichte, Realisirte, wiewol
Product des ihm Vorausgehenden, doch zugleich Dasjenige ist,
um deswillen dieses allein vorhanden ist. So wirkt das Noch=
nichtseiende vor, der Zweck ist zugleich die Ursache, aber als
Folge gesetzt, und ebenso das Mittel die Folge, aber als Ur=
sache gesetzt. Dies Vorauswirken des Nochnichtseienden, dies
Umschlagen der zeitlichen Ursache und Folge in ihr Gegen=
theil, dies Ueberschreiten der empirischen Auffassung von Zweck
und Mittel fordert zu einer Lösung des daliegenden Wider=
spruchs auf. Die Zwecke sind vorauswirkend in ihren Mitteln.
Also die Mittel wirken eigentlich nicht den Zweck. Aber auch
er selbst wirkt nicht in ihnen; denn er ist noch gar nicht da.
So wird ein Drittes gefordert, das jedes Mittel auf seinen
Zweck richtet, den Zweck setzt, bevor er ist. Dies ist das Ab=
solute als das Zwecksetzende und ihn aus seinen Mitteln
heraus Wirkende. Dies zwecksetzende Schaffen des Absoluten
löst den in der Zeit erscheinenden Widerspruch dadurch, daß es
die auseinander fallenden Glieder von Mittel und Zweck in
ihrem Zeitunterschiede aufhebt, in Ewigkeit „einend durchschaut".
Die Weltordnung von Zwecken kann ohne Widerspruch nur
dadurch gedacht werden, daß ein wissend und wollend sie durch=

bringendes Absolute in ihnen gegenwärtig ist. Nachdem so
von dem Weltbegriffe aus die Idee Gottes als des denkenden
und wollenden Absoluten gewonnen ist, wird im zweiten Theile
diese Idee in ihrem innern Reichthum und als sich zuspitzend
zur absoluten Persönlichkeit explicirt. Gott hat in sich
eine reale und ideale Seite, Natur und Geist, die sich in
dem bewußten Willen Gottes, der seinen höchsten Ausdruck in
der göttlichen Liebe gewinnt, absolut miteinander vermitteln.
Besonderes Gewicht wird hier (nach dem Vorgange von Jak.
Böhme, Baader, Schelling u. s. w.) auf die Natur in Gott
gelegt und nachdrücklich darauf hingewiesen, wie die gewöhnliche
deistische Vorstellung von der Schöpfung, als aus dem reinen
Willen Gottes hervorgegangen, eine ganz sinnlose sei, wie ihr
Gedanke gar nicht zu vollziehen, solange man sich mit einem
abstract naturlosen Gott begnüge. Solchem Deismus gegen=
über wird, und mit vollem Rechte, dem Pantheismus der Vor=
zug gegeben, da es absolut unmöglich sei, die Präbicate der
göttlichen Allmacht und Allgegenwart, seine welterhaltende und
weltvollendende Wirksamkeit ohne eine reale Immanenz Gottes
in der Welt zu denken. Bei dieser Gelegenheit wird auf die
göttliche Dreieinheit, als auf die absolute Durchdrungenheit
von Geist und Natur, von Subject und Object, von Erkennen=
dem und Erkanntem u. s. w. hingewiesen, zugleich aber, was
von großer Wichtigkeit ist, auf den Unterschied dieser Dreiein=
heit, als der drei Momente der Einen absoluten Person, von
der kirchlichen Dreieinigkeit, den drei absoluten Personen des
Einen göttlichen Wesens, aufmerksam gemacht. Es wird der
Kirchenlehre namentlich der Vorwurf gemacht (derselbe, welchen
schon Marcellus von Anchra erhoben und für den Servet den
Flammentod erlitt), daß sie die Offenbarungstrinität zu wenig
von der metaphysischen unterschieden, die Ausdrücke Vater, Sohn

und Heiliger Geist unmittelbar auf diese angewandt habe.
Dadurch sei die ungeheure Paradoxie entstanden, daß eine hi=
storische Person dem innern metaphysischen Wesen Gottes ein=
verleibt worden, daß der in der gläubigen Menschheit wirkende
und lebendige Heilige Geist zu einer Person der immanenten
Trias gemacht sei. *)

In dem dritten Haupttheile, welcher das Wesen Gottes
in seinem Verhältniß zur Welt entwickelt und die Lehren von
der Weltschöpfung, Welterhaltung und Weltvollendung umfaßt,
ist von besonderm Interesse die „ewige Welt", das ideale Uni=
versum, welches, an Plato erinnernd, mit seinen „Urpositionen",
seinem „Ewig=Individuellen" der Grund und das Urbild der
endlichen Welt ist. Auch hier wieder erhebt Fichte, ähnlich
wie bei der Lehre von der Schöpfung aus dem reinen Willen,
gegen die deistische Vorstellung von der Schöpfung aus dem
Nichts eine starke Polemik, als gegen eine solche, die nur ne=
gativen Werth habe, positiv dagegen gar nichts oder nur absolut
Unverständliches vorbringe, sobaß ihr gegenüber sogar noch die
pantheistische Weltanschauung berechtigt und verständlich sei.
Denn die positive Wahrheit, durch welche die Negation eines
von Gott verschiedenen Stoffes erst ihren Sinn erhalte, sei
die, daß Gott bei der Welterschaffung aus der Tiefe seines
eigenen Wesens geschöpft, daß nur er selbst sich der Stoff der
Schöpfung gewesen. So ist also die endliche Welt aus der
idealen, ewigen hervorgegangen und zwar durch die Lösung
der ursprünglichen Einheit, in der alles zugleich und auf ewige
Weise ist, durch die Entlassung aus der Ureinheit in der

---

*) Ein Weiteres darüber in Fichte's Abhandlung „Ueber den Unter=
schied der immanenten und der Offenbarungstrinität", in der „Zeit=
schrift für Philosophie", Bd. VII, S. 37 fg.

Form des Werdens und der Sonderung. Die göttliche Thätig=
keit ist in dieser Beziehung nur eine zulassende, und man
kann sagen, daß die Schöpfung zugleich eine Wirkung ist und
eine Selbstverwirklichung der Urpositionen, ein Sichselbst=
schaffen der Weltwesen aus dem und durch den göttlichen
Willen. Damit ist offenbar eine tiefere, speculative Grund=
legung gewonnen für das Verhältniß Gottes zur Welt über=
haupt, in der Schöpfung wie in der Erhaltung und Vollendung
der Welt. Denn überall ist das göttliche und creatürliche
Wirken mit= und ineinander, das Eine vollzieht sich nicht
ohne das Andere, nicht äußerlich neben dem Andern. Be=
sonders bei der Lehre von der Welterhaltung wird darauf hin=
gewiesen, wie die Creatio continua, welche in pantheistischer
Weise alles immer von neuem und nur aus Gott hervorgehen
lasse, ebenso einseitig sei als die deistische Theorie, nach welcher
die Schöpfung in sich abgeschlossen, mit dem Vermögen aus
sich selbst fortzudauern, sodaß sie, einmal in Gang gesetzt, gleich
einer wohlgeordneten Maschine sich aus sich selbst erhalte und
nur dann und wann zu außerordentlichen Zwecken außerordent=
liche Einwirkungen erfahre. Fichte erkennt sehr wohl, daß der
Deismus und der Supranaturalismus, die ordentlichen
Naturgesetze und die außerordentlichen Einwirkungen (die Wun=
der) nicht Gegensätze bilden, sondern vielmehr zusammengehören,
sich gegenseitig fordern, einen und denselben Standpunkt, den
des Dualismus, der abstract aus sich fortwirkenden Welt, dar=
stellen. Er hält Newton für den eigentlichen Urheber und Re=
präsentanten der gewöhnlichen Annahme von Naturgesetzen als
höchsten und letzten Gründen alles wirklichen Seins, und weist
darauf hin, wie diese geistlose Auffassung, nach welcher Gott
durch einen von außen kommenden Anstoß (impulsus divinus)
dem Weltgebäude die erste Bewegung gegeben, das sich nun

nach dem Gesetz der Trägheit in ihr erhalte — von selbst zu
den Wundern, den außerordentlichen Einwirkungen, hinführe,
die bei allmählichen Deteriorationen als von Zeit zu Zeit ein=
tretende Nachbesserungen nöthig erscheinen. Diese göttlichen
Einwirkungen und Anstöße erfolgen aber nicht vereinzelt und in
vorübergehenden Schlägen, sondern in ewiger Continuität; Gott
ist überall der die Welt durchwirkende, der absolute, wirksame
Hintergrund der Naturgesetze, der sie setzende, belebende, stei=
gernde; wie andererseits diese Naturgesetze mit ihren Erschei=
nungen, diese in sich zusammenhängende, sich aus sich ent=
wickelnde und in allen ihren Einzelheiten unendlich miteinander
vermittelte Welt, nur die Kehrseite des göttlichen Wirkens bil=
det, ohne welche und außer der dasselbe gar nicht zu denken
ist. Wie die moderne Lehre von dem „Eintreten schöpferischer
Kräfte", von den „höhern göttlichen Ordnungen" u. f. w. nichts
ist als eine schimmernde Phrase und eine Verdeckung der alten
geistlosen Lehre von den übernatürlichen Eingriffen, von den
außerordentlichen göttlichen Anstößen, darauf ist schon öfters
hingewiesen, und es muß dies leider wiederholt geschehen, weil
gerade an diesem Punkte die Theologie, wie es scheint, unver=
besserlich, die Confusion eine systematische, man möchte sagen
absichtliche ist. Die schöpferischen Kräfte brauchen in der That
nicht erst hier oder dort einzutreten, weil sie fortdauernd wirken
und nicht blos im Entstehen der Dinge, sondern ebenso sehr
in ihrem Bestehen und Vergehen, nicht blos in den geistigen
Neubildungen, in den epochemachenden Ereignissen und Personen,
sondern auch in den scheinbar ruhigen und stetigen Fortent=
wickelungen. Das Wirken Gottes und das Sichauswirken der
Welt, sein Neuschaffen und die endliche Fortentwickelung sind
immer zusammengehörende Correlata, die nicht in verschiedene
Zeitmomente auseinandergelegt werden können, wie eine äußer=

liche und wirklich sehr kindliche Betrachtung der Weltgeschichte
es liebt. Und selbst, wenn man auf sie herabsteigen wollte,
wenn man bei den geistigen Neubildungen das Eintreten beson=
derer göttlich=schöpferischer Kräfte annehmen wollte, würde man
dadurch den exclusiven Neigungen des Supranaturalismus kei=
neswegs genügen, dem dieser Kreis der göttlichen Schöpfer=
thätigkeit ein viel zu weiter ist, und der ihn auf die „Offen=
barung" im theologisch engsten Sinne beschränkt wissen will.
Daß Fichte von diesen supranaturalistischen Sympathien ganz
frei ist, daß er streng und rein den speculativen Standpunkt
innehält, ist ein nicht geringes Verdienst. So sagt er: „Die
ewige und unveränderliche Form des Wirkens Gottes ist in
den allgemeinen Gründen der Schöpfung gegeben und die Ver=
neinung jeder Willkür und jeden particulären unsteten Wirkens
in Gott legt ihm so wenig eine Schranke auf, daß sie vielmehr
nur aus der Einsicht seiner absoluten Entschränkung unmittel=
bar hervorgeht" (S. 624; man vergleiche besonders den
§. 207 fg. und §. 242). So weist er wiederholt auf die
Geistlosigkeit und Aeußerlichkeit des Wunderbegriffs hin *),
findet das Große der göttlichen Weltökonomie darin, „daß alles
wahrhaft Göttliche in der Geschichte nur durch den Menschen
in vollkommener Vermittelung mit seiner Freiheit geschehe, da=
mit er in seinem innersten Selbst dieses göttlichen Pfundes
gleichsam wie seines Eigenthums froh werde", und will die
Weltregierung und Welterlösung nur in diesem „univerfel=
len" Sinne aufgenommen, nicht etwas Transcendentes und

---

*) „Eigentliche Mirakel anzunehmen, d. h. Unterbrechungen oder
Aufhebungen der Naturordnung, dazu wird kein philosophischer Denker
sich herablassen, eben weil sie das an sich Geistlose und Zweckwidrige,
die roh=sinnliche Parodie jener geistigen Wunder sind" (S. 664).

erkünstelt Theologisches in sie hineingesetzt wissen. So ist ihm
die Grundform, in welcher der göttliche Geist die Umkehr und
Umwandlung der Menschen, die Erlösung, vollzieht, die des
Genius. Und das Kriterium desselben ist die reine, selbst=
opfernde Begeisterung, sowie die schöpferische Kraft. Er findet
dann freilich bei der allgemeinen Grundform des Genius einen
tiefern Unterschied zwischen dem wissenschaftlichen und künstlerischen
Genius einerseits und demjenigen, welcher der Träger sittlicher
und religiöser Ideen ist. Hier sind die Ideen an den Willen
gerichtet, die Begeisterung ist in der höchsten Intensität, ein=
fache, unerschütterliche Gewißheit von der Göttlichkeit der ge=
wordenen Offenbarung, Berufung auf die göttliche Autorität.
Aber doch ist die aus solcher Genialität hervorgehende „Inspi=
ration" und „Prophetie" nichts anderes als „religiös=sittliche
Erleuchtung", der Genius ist nur der erste Verkündiger und
Erwecker Desjenigen in der Menschheit, was in ihrem Grunde
als ein Ewiges ruht. In diesem von den religiösen Heroen
geleiteten geistigen Umbildungs= und Erlösungsproceß gibt es
dann wieder allmähliche Steigerungen, in denen der gött=
liche Geist intensiv immer tiefer und inniger seinen Inhalt
dem menschlichen Bewußtsein aufschließt, und extensiv in
immer größern Umkreisen ihn über die Menschheit verbreitet.
Und die Vollendung des Erlösungsprocesses vollzieht sich in
dem völligen Einswerden des göttlichen Geistes mit dem mensch=
lichen, in einer solchen Einheit, welche als absolute zugleich
eine bleibende ist.

In sehr naher Geistesverwandtschaft mit dieser „specu=
lativen Theologie" Fichte's steht Ch. H. Weiße, der sich in
dem letzten Stadium seiner theologischen Entwickelung von
manchen Unklarheiten der frühern Zeit, von manchen unge=
rechtfertigten Sympathien für das kirchliche Dogma losge=

rungen hat. In seinen „Reden über die Zukunft der evan=
gelischen Kirche" (2. Aufl., 1849), gerichtet an „die Gebildeten
deutscher Nation", athmet ein freier und idealer Sinn, der
das religiöse Bewußtsein der Gegenwart, wie es in den wahr=
haft Gebildeten lebt, manchen vielleicht selbst verborgen und in
den Tiefen des Gemüths schlummernd, auszusprechen und zur
Anerkennung zu bringen strebt. „Viele von diesen", meint er,
„haben nur den Faden verloren, der ihren durch die Poesie
und die Wissenschaft der Gegenwart hindurchgegangenen Geist
mit dem christlichen Heilsbewußtsein verknüpft, und es kommt
vor allem darauf an, diesen Heilsglauben in seiner ursprüng=
lichen Einfachheit und Reinheit und im Unterschiede von dem
dogmatischen Glauben hinzustellen, um die Bessern unsers Volks,
diejenigen, auf denen vorzugsweise die Zukunft der evangeli=
schen Kirche ruht, wieder für eine lebendige Theilnahme am
Christenthum zu gewinnen." Diesen Kern des Christenthums,
diese wahrhafte fides salvifica, welche die Reformatoren mein=
ten, wenn sie dieselbe auch in noch viel zu enge Formeln faßten,
setzt er in die von den Rationalisten so oft geforderte, aber
nie in der Tiefe erfaßte „Lehre Jesu", wie sie über den
schon dogmatisirenden Paulus und Johannes hinausgeht und
den Quell des christlichen Glaubens in seiner ersten, ursprüng=
lichen Reinheit darstellt. Und diese Lehre Jesu findet er in
den historisch begründeten Aussprüchen der drei ersten Evange=
lien, zusammengefaßt in den drei Begriffen: himmlischer
Vater, Sohn des Menschen und Himmelreich. Die
evangelische Kirche, will sie aus dem Innersten des religiösen
Selbstbewußtseins der Gegenwart sich neu gebären, will sie sich
über den engen Kreis der Territorial= und Confessionskirchen
erheben zu einer deutsch=evangelischen Volkskirche, bedarf eines
neuen vereinfachten Glaubensbekenntnisses, welches in freier,

umfassender Allgemeinheit über allen jenen Absonderungen und Verengungen steht, und welches zugleich dieselben in ihrer unter= geordneten Sphäre gewähren läßt. Für dieses Glaubensbe= kenntniß der Kirche der Zukunft schlägt Weiße folgende Fassung vor: „Ich glaube an den himmlischen Vater, den allmächtigen Schöpfer dieser Welt, welchen mir des Menschen Sohn ver= kündigt hat. Ich glaube an des Menschen Sohn, durch wel= chen der himmlische Vater mich und alle meine Brüder zu seinen Kindern eingesetzt und berufen hat. Ich glaube an das Himmelreich, in welchem der himmlische Vater durch seinen Geist, den heiligen, alle seine Kinder, welche durch das Leiden des Menschen Sohnes und gegenseitige, vergebende Liebe von dem Verderben der Sünde erlöst und mit des Menschen Sohn auferstanden sind, zu ewigem Leben und seliger Gemeinschaft vereinigen will."

Dieser aus den Urelementen des Evangeliums neugebil= deten Glaubensregel zur Seite geht eine nicht allein über die bisherige confessionelle, sondern über die kirchliche Dogmatik überhaupt weit hinausstrebende und sie an allen Punkten idea= lisirende Glaubenslehre. Auch hier finden wir wol noch hier und da ein gar zu ängstliches Streben, die Continuität mit der ganzen geschichtlichen Bewegung eines Dogma festzuhalten und auf sie hinzuweisen, wir finden wol noch manches, dem Geschmacke einer vergangenen Zeit angehörende misverständ= liche Spielen und Schönthun mit orthodoxen Vorstellungen, wohin namentlich die Erklärung gehört, im Punkte der Abend= mahlslehre einer der aufrichtigsten Lutheraner zu sein, — eine Erklärung, die gar nicht ernstlich gemeint ist und durch die folgenden Entwickelungen geradezu widerlegt wird; — aber trotz aller dieser Verdunkelungen und Umhüllungen der ein= fachen Wahrheit bricht doch der wahrhaft speculative und ideale

Geist des von dem reinsten Streben beseelten und für eine bessere Zukunft unserer Kirche erglühenden Mannes überall hindurch und macht seine Schrift zu einer der bedeutendsten und der Beherzigung wertheften unserer Zeit. Das Unternehmen, aus dem Schoße wahrhafter und tiefster Geistesbildung die evangelische Kirche in freien und umfassenden Glaubensformen neu erstehen zu lassen, sie mit dem Bewußtsein der Gegenwart innerlichst zu versöhnen, ist ein großes und sehr berechtigtes, wenn es auch in nächster Zukunft von jedem Erfolge verlassen sein sollte. Und der Kampf gegen das beengende, unserer ganzen Weltanschauung widerstrebende supranaturalistische Schema, gegen alles äußerlich Wunderhafte und Magische in unserer Glaubenslehre, gegen die Mißachtung und Erniedrigung der freien, nur sich selbst und ihren Vermittelungen Rechnung tragenden Wissenschaft ist überall mit erkennenswerther Energie durchgeführt.

An die Vermittelungstheologie und den speculativen Theismus schließen sich eine Reihe von Männern an, die noch manche Elemente der eben besprochenen Richtungen an sich tragen, aber, theils durch eine größere wissenschaftliche Energie und tieferes Wahrheitsbedürfniß, theils durch die Theilnahme an den großen kirchlichen Kämpfen der Gegenwart die Halbheiten und Schwächen der Vermittler erkannt und sich von ihnen gereinigt haben. Sie gehören zu den Bahnbrechern und muthigen Vorkämpfern der Gegenwart. Ihre Namen sind: Rothe, Bunsen, Schenkel. Richard Rothe unterscheidet sich durch die Kraft und Eigenthümlichkeit des Denkens, durch die Unumwundenheit im Aussprechen der einmal erkannten Wahrheit und durch das tiefe, instinctive Gefühl für die Zielpunkte des religiösen Strebens und Arbeitens der Gegenwart, sehr wesentlich von seinen vermittelnden Freunden. Ihm ist es vor allem

wahrhafter Ernst um ein vollkommen freies wissenschaftliches
Erkennen auch auf dem Gebiet der Theologie. Er hat einen
zu brennenden Wahrheitsdurst und einen zu scharf blickenden
Verstand, um sich an den Halbheiten und oberflächlichen Be=
schwichtigungen der sogenannten „gläubigen" Theologie genügen
zu lassen. An dem nur „aphoristischen stückweisen Denken",
bei dem man jeden Augenblick einbiegen kann, sobald der Ge=
danke aus dem vorgezeichneten Gleise herauszuweichen droht.
Er will, oder vielmehr er muß „aus Einem Stück denken", und
stracks vor sich hingehen mit seinem Denken, wohin er auch
gerathe. Er fordert von der Speculation, von der theologischen
ebenso sehr wie von der philosophischen, daß sie sich während
ihrer Arbeit völlig frei halte von jeder Abhängigkeit, von jedem
Hinblick auf eine ihr fremde Autorität, und sei es auch die
der Schrift. Denn sie kenne keine andere Autorität als ihre
eigene, als die Gesetze der Logik, die innere Nothwendigkeit des
Denkens. In dieser wissenschaftlichen Entschlossenheit, in diesem
Geist einheitlicher, systematischer Erkenntniß ist Rothe seinem
großen Meister Schleiermacher vollkommen ebenbürtig, wie er
denn sicherlich der bedeutendste Schüler Schleiermacher's genannt
werden müßte, wenn er überhaupt sein Schüler wäre. Aber
er darf kaum so bezeichnet werden, so ähnlich er ihm auch in
Geistesart und Geisteskraft ist. So ähnlich namentlich in der
seltenen Verbindung einer scharfen und eindringenden Dialektik
mit der innerlichsten und zartesten Religiosität. So ähnlich in
dem Bedürfniß nach eigenster, subjectiver Wahrheit, nach
einer solchen, welche durch das Innerste des Selbstbewußtseins
hindurchgegangen und aus ihm neu geboren ist. Derjenige,
welcher Schleiermacher als Prediger gekannt, wird auch wissen,
daß unter den Männern der Gegenwart niemand ihm in Bezug
auf diesen Subjectivismus im bessern Sinne des Worts,

auf tiefste persönliche Durchbrungenheit, auf innerstes religiöses Ergriffensein, so nahe steht wie Rothe. Und nicht allein auf der Kanzel, auch in der Wissenschaft kommt ihm eine Stelle in der Nähe des großen Erneuerers unserer Theo= logie zu. Mindestens darf gesagt werden, daß seit dem Er= scheinen der Schleiermacher'schen Dogmatik die systematische Theologie durch kein Werk bereichert worden, das der „Ethik" Rothe's an Tiefe, Ursprünglichkeit und Geschlossenheit des Denkens vergleichbar wäre. Freilich weicht er eben wegen dieser Eigenartigkeit an unzähligen Punkten von der Schleier= macher'schen Auffassung ab. Auch würde es sehr verfehlt sein, ihn in seiner Hinneigung zum speculativen Denken im engern Sinne und in der Annäherung an manche Hegel'sche Formel zum Eklektiker oder gar zum Hegelianer zu machen. Ihm ge= bührt vielmehr ein ganz eigener Ort. Und er selbst hat nicht allein über seine wissenschaftliche Einsamkeit in der Gegenwart, sondern auch über seine Zugehörigkeit zu einer besondern Klasse von Denkern, welche zu allen Zeiten vom großen Haufen fern gestanden, das klarste Bewußtsein. Er spricht sich darüber in dem Vorwort zu Auberlen's Schrift über Oetinger sehr offen aus. „Wenn mir überhaupt ein bescheidener Platz in dem großen Hause der Theologie zugewiesen werden sollte, setze ich voraus, daß ich in dem Kämmerchen der Theosophen zu stehen kommen werde, in der Nähe Oetinger's. Ich gehöre sonst auch wirklich nirgends hin und wünsche mir keine bessere Stelle. Mir soll innig wohl sein zu den Füßen des lieben Mannes, er aber wird mich wol auch nicht von sich weisen: sind doch die eigentlichen σκάνδαλα seiner Lehre auch die mei= nigen." In gewissem Sinne war Rothe ein geborener Su= pranaturalist. Ein unwiderstehlicher Zug nach dem Geheim= nißvollen beherrschte seinen Geist von frühester Kindheit an, die

Phantasie war in ihm ein übermächtiges Element. Schon in erster, lesebegieriger Jugend wurde er zu den Romantikern hingezogen, Tieck und die Gebrüder Schlegel, Fouqué und Jean Paul, vor allem Novalis, beschäftigten aufs lebhafteste seinen unendlich leicht erregbaren Sinn. Zugleich mit diesem poetischen Interesse entwickelte sich in ihm, ganz unabhängig von den Ein= wirkungen des älterlichen Hauses, das religiöse Leben in der zartesten, verborgensten, reinsten Gestalt. Hier schon bildete sich das innige Verhältniß zu seinem Heilande, das er sich bis zur letzten Stunde bewahrt hat und zu dem seine kindliche Seele heiße Gebete emporsandte. Aber gleich stark mit dieser tiefen und zarten Frömmigkeit war in ihm das Streben, mit dem Verstande zu erkennen und des Glaubens Räthsel zu lösen. Schelling, der Romantiker unter den Philosophen, war es vor allen, der diesem Bedürfniß Nahrung gab und des Jünglings Seele berauschte. Dagegen erfaßte ihn Hegel viel weniger, wenigstens bei seinen ersten Berührungen in Hei= delberg, und selbst Schleiermacher, der ihm sonst so nahe Ver= wandte, der ihn später mächtig in seine Kreise zog, wirkte zuerst fast abstoßend auf den jungen Romantiker; seine Vorlesungen über das Leben Jesu erschienen ihm fast als eine Profanation. An der biblischen und kirchlichen Ueberlieferung, die er mit dem Zauber der Phantasie schmückte, wollte er sich nicht rütteln lassen, für die historisch=kritischen Fragen, die auch später bei ihm immer noch unter dem Einflusse der Speculation und eines tiefen Gemüthslebens standen, hatte er damals noch gar keinen Sinn.

Auf diese religiös=romantische Periode folgte die pietisti= sche. Bedeutungsvoll war für ihn die Bekanntschaft mit dem frommen Herrn von Kottwitz, der ihn zuerst in diese Kreise einführte und der Mittelpunkt einer neuen Bewegung

wurde, die schon damals das berliner Leben berührte und bis
in die nächste Nähe des Throns, des damaligen Kronprinzen,
spätern Königs Friedrich Wilhelm IV., ihre Wellen schlug.
Männer wie Rudolf Stier, Tholuck, Emil Krummacher, gehörten zu seinen nächsten Freunden und verfolgten ihn sogar
mit ihren zudringlichen Einwirkungen bis nach Wittenberg, damit das einmal entzündete Feuer nicht wieder erlöschen möchte.
Während seines ersten Aufenthalts an dem dortigen Seminar
(1820—22) gehörte er förmlich dem Pietismus an, er wurde,
wie er selbst mit köstlicher Aufrichtigkeit diese Periode seines
Lebens uns geschildert hat, ein „aufrichtiger, aber kein
glücklicher Pietist". Er studirte nun die ascetische Literatur
und die Schriften Zinzendorf's. Er nahm Theil an dem
sich bildenden Conventikelwesen, an den fortwährenden frommen
Selbstbeobachtungen und Bußarbeiten. Aber die mit dieser
Art der Frömmigkeit verbundene Ausschließlichkeit, der geistliche
Hochmuth, die Unverträglichkeit und Gewissensrichterei, waren
für seine zarte und innige, und doch zugleich so groß und weit
angelegte Natur eine unerträgliche Beengung, er verlor sein
„freudiges" Christenthum, es kamen traurige und „dürre" Zeiten
über ihn, in welcher all die hohen Ideale, die früher · am
Himmel der Romantik für ihn geleuchtet hatten, erloschen.
Schon nach wenigen Jahren arbeitete er sich aber aus dieser
Unnatur und eintönigen Phrasenherrschaft, aus der „alten
methodistischen Leier", die er nicht mehr anzuschlagen vermochte,
heraus. Namentlich seit seinem Aufenthalt in Rom (1823—28)
lösten sich allmählich die unnatürlichen Fesseln und sein wahres
Ich brach aus den engen Hüllen und Banden, in die es eingeschlossen gewesen, wieder hervor. Er hatte hier das Gefühl geistiger Wiedergenesung. Es war die Welt der Kunst,
in der er schon früher gelebt und die nun mit all ihrer

Herrlichkeit vor ihm aufstieg, der Umgang mit Künstlern, in deren Kreisen ihm die Augen für die Schönheit dieser Welt geöffnet wurden, und die er wieder in der römischen Gesandt= schaftskapelle um seine tiefsinnigen Predigten sammelte; es war vor allem Bunsen's reicher, unendlich anregender Geist, so= wie der weite Blick über die Jahrtausende der ewigen Stadt, in welchem diese Genesung sich vollzog und sein eigenstes Wesen sich reich und frei entfaltete. Schmerzlich vermißte er, als er nach Wittenberg zurückkehrte (1828), nunmehr als Lehrer am dortigen Seminar, den weiten Gesichtskreis, die all= seitige Empfänglichkeit und die „weltliche" Unbefangenheit, die er in Rom sich errungen; die häßliche und kleinliche, theo= logische Manier trat ihm hier wieder beengend nahe. Aber er hatte doch für sein ganzes späteres Leben und Wirken einen mächtigen Eindruck empfangen, es war ihm klar geworden, daß das Christenthum mehr sei als Pietismus, mehr als die Kirche mit ihren specifischen Organen und Cultusübungen, daß es eine alle Poren der Welt und alle Sphären des Geistes durch= dringende und beherrschende Macht sei, die aus den engen Fesseln, in die sie sich selbst geschlagen, zu erlösen, aus dem unnatürlichen Gegensatze gegen die „Welt" zu be= freien sei. Auch sein politischer Sinn wurde seit dem Jahre 1830, dem die damalige Welt tief erschütternden Ereigniß der Julirevolution, geweckt und erkannte nun, wie durch eine Offenbarung, die lebendige Wechselwirkung zwischen dem po= litischen und sittlichen Leben der Völker, die große, um= fassende, alle Kreise der Wirklichkeit in sich schließende Bedeu= tung des Staats. Und dieser Gedanke, in welchem er sich mit Hegel begegnete, daß der Staat die Totalität des sittlichen Lebens in seiner organisirten Gestalt sei, war wieder unendlich folgenreich für seine Anschauung der christlichen Kirche und ihres

Verhältnisses zum Staate. Das Wort Christi, Matth. 13, 38:
„Der Acker ist die Welt", bestätigte ihm den Gedanken, der
sein Innerstes bewegte, und eröffnete ihm einen weiten Blick
in eine bis dahin ungeahndete Welt. Er wurzelte sich nun
immer mehr in die Ueberzeugung ein, daß das rein Menschliche
und das Christliche nicht voneinander zu scheiden seien, daß
vielmehr das Christenthum erst seine rechte Verwirklichung und
Ausgestaltung im Menschlichen, das Religiöse im Sittlichen
finde, daß daher der enge Kreis der Kirche mit ihren Organen
und Darstellungsmitteln nicht die wahre und höchste Form
sei, in welcher das christliche Leben sich auswirke, daß sein
Streben vielmehr dahin gehen müsse, sich selbst überflüssig
zu machen, diese Abgeschlossenheit und Absonderung zu über=
winden, in den großen Strom des sittlichen Lebens und das
natürliche Bett, welches dieser Strom gefunden, den Staat,
einzumünden. In diesem Gedanken Rothe's lag ein unge=
heurer Fortschritt. Für ihn selbst bezeichnete er den völligen
Bruch ebenso sehr mit dem Pietismus wie mit dem orthodoxen
Kirchenthum. Es handelte sich für ihn um nichts Geringeres
als um eine „Erneuerung" des Christenthums, um eine
Wiedergeburt aus dem Geiste der Gegenwart, um Wegwerfen
der alten zu eng gewordenen Schläuche, um neue, weitere, die
ganze Welt und Wirklichkeit umfassende Formen und Ausdrucks=
weisen. Um ein ganz neues „Begriffsalphabet", wie er es
öfters genannt hat, eine neue und innigere Vermählung des
Christenthums mit der Welt.

Das theologische System Rothe's, welches, wie schon an=
gedeutet wurde, sich dem der ältern Theosophie anschließt, ist
in seiner „Ethik" niedergelegt, die ihm identisch ist mit
„speculativer Theologie" und sich dadurch von der Phi•
losophie unterscheidet, daß diese das reine Selbstbewußtsein,

jene das Selbstbewußtsein als Gottesbewußtsein zum Ur=
datum hat, dessen unbedingte Gewißheit die Bedingung des
Denkens überhaupt ist. Die Theosophie denkt und begreift
alles nur aus dem Begriffe Gottes und vermöge desselben.
Aber sie ist nicht weniger strenges und zusammenhängendes
Denken als die Philosophie. Sie ist auch durchaus unabhängig
von der kirchlichen Fassung der Dogmen, und fühlt sich der
kirchlichen Orthodoxie gegenüber nicht allein ebenbürtig, sondern
weiß auch, daß sie die Aufgabe hat, dieselbe zu reinigen und
weiterzubilden, daß sie ihrem Begriff nach heterodox sein muß.
Es existirt demnach die Theosophie nur da, wo ein lebendiges
und alles beherrschendes Gottesbewußtsein zugleich mit leben=
digem, „vor keiner Consequenz erbebendem" speculativen Streben
gegeben ist. Wie genau alle diese Erfordernisse der Theosophie
auf Rothe's Speculationen passen, wie völlig von dem reli=
giösen Princip durchdrungen sein Denken, und wieder wie an
allen Punkten anstößig und heterodox es ist, bedarf keiner
besondern Ausführung. Als ein charakteristisches Streben,
wenigstens der Oetinger'schen Theosophie, mit welcher er sich
in diesem Punkte ganz Eins weiß, hebt Rothe hervor das
ungesättigte Verlangen nach einer reellen Erkenntniß der
göttlichen und menschlichen Dinge, die Abneigung gegen den
Spiritualismus, das energische Dringen auf massive Begriffe
an Stelle der alten abgenützten, abstract=spiritualistischen Ge=
dankenschemata. Er bezeichnet mit Einem Worte seinen Stand=
punkt als den des „christlichen Realismus", er beruft sich auf
das tiefsinnige Wort: „Leiblichkeit ist das Ende der Wege Got=
tes"; er will vor allem einen „realistischen Begriff des Geistes"
und schreckt am wenigsten zurück vor dem Gedanken einer reellen
leibhaften Geisterwelt und einer ebenso reellen Berührung der
Menschen auch schon in ihrem jetzigen Zustande mit ihr. Ihm

sind die Angelologie und Dämonologie und vor allem die Es=
chatologie sehr wichtige Kapitel der speculativen Theologie und
er begreift nicht, wie ein gedankenmäßiges Verständniß der ge=
schaffenen Dinge erstrebt werden könne ohne klare Bestim=
mungen über die letzten Resultate der Weltentwickelung. In
diesem Sinne bringt er wiederholt auf das Studium der
Natur, sieht als die eigentlich lebendige Wissenschaft die Natur=
wissenschaft an und erwartet als errettende Philosophie der
Zukunft eine neue Naturphilosophie, eine solche, welche allein
den Materialismus gründlich zu überwinden im Stande sei,
deshalb, weil sie sich selbst über den einseitigen Spiritualis=
mus, den idealistischen, durch den wahren, den realistischen, er=
hoben habe.

Verfolgen wir diesen Grundgedanken der Rothe'schen Spe=
culation, den „christlichen Realismus", etwas genauer, so finden
wir ihn gleich in dem ersten, so großes Aufsehen und Schrecken
erregenden Werke, in seinen „Anfängen der christlichen Kirche"
(1837), als den alles bestimmenden wieder. Der schon be=
rührte Gedanke, die paradoxe Spitze des ganzen Systems, daß
die Kirche sich letztlich, im Zustande der Vollendung, in den
Staat aufzulösen habe, daß ihre Sonderexistenz, als Darstel=
lung der religiösen Gemeinschaft, nur eine provisorische, in der
That begriffswidrige und sich selbst aufhebende sei, geht ganz aus
diesem Gedankenkreise, aus dieser, freilich müssen wir hinzufügen,
verfehlten realistischen Tendenz hervor. Vor allem ist, um
grobe Misverständnisse auszuschließen, festzuhalten, worauf Rothe
wiederholt aufmerksam macht, daß der Zeitpunkt, wo diese Auf=
lösung stattfindet, einer fernen Zukunft angehört, welche sich
jeder Zeitberechnung entzieht und welche am Ende der geschicht=
lichen Entwickelung unsers Geschlechts liegt. Auf der Stufe
der Entwickelung zu dieser Vollendung hin, da, wo der Staat

noch nicht der wahre ist, ist die Kirche auch berechtigt, für sich zu existiren. Aber mit der idealen Aufgabe ist allerdings für jeden Moment der Entwickelung das Hinstreben nach ihr und die Annäherung an sie geboten. Und worin ist diese Aufgabe begründet? In dem Streben nach voller Wirklichkeit der Religion, nach absoluter Durchdringung der Welt durch sie. Die Religion soll nicht etwas Apartes für sich, sondern das Alldurchdringende, nicht etwas abstract Göttliches, sondern zugleich das Allermenschlichste sein. Der Dualismus des Göttlichen und Menschlichen, des Religiösen und Sittlichen soll aufgehoben werden, dieses soll nichts anderes als die Verwirklichung von jenem, die volle Leiblichkeit des geistigen Princips sein. Das sind offenbar die durchaus wahren Grundgedanken. Sie treffen zusammen mit der in der ganzen Zeit liegenden Abwendung von einer abstracten Religiosität, welche eine besondere Sphäre transscendenter Heiligkeit bildet, statt in der Sittlichkeit ihre eigene Verwirklichung und Vollendung zu finden. Sie erhalten bei Rothe ihren Ausdruck vornehmlich in den oft wiederkehrenden Erörterungen über das immanente und nothwendige Verhältniß des Religiösen und Sittlichen, welche in der Trennung voneinander nur Abstractionen und Verzerrungen darstellen und die in dem Begriff des Religiös-Sittlichen sich zur concreten Einheit zusammenschließen. Sie werden bestätigt durch die historische Betrachtung, daß seit der Reformation die Kirche immer mehr ihre Selbständigkeit verloren und, in ihrer Ausbreitung immer tiefer mit dem sittlichen Leben des Staats verflochten, in ihrer Verfassung unter die Oberhoheit des Staats gestellt worden. Sie finden endlich ihren Widerklang in dem Gefühl, welches namentlich unter den Gebildeten mächtig, daß das eigenste religiöse Bedürfniß in der Kirche seine volle Befriedigung nicht mehr erreiche; — in dem Zuge nach dem Staate hin, aus dem die Menschheit ein frischer Frühlingsodem anweht. Und so sieht denn Rothe in dem Factum des Verfalles der Kirche, über welchen die Gläubigen so laute Klage führen, durchaus nichts Beklagenswerthes. Wie dieser in Trümmer stürzenden Kirche wieder aufzuhelfen, weiß er nicht. Er macht sich aber auch darüber keine Sorgen. Er sieht darin nur die Folge des Selbständigwerdens des christlichen Lebens, ein Zerbrechen der engen Form, welche der Auf= lösung in den Staat freudig zueilt.

Er führt sogar aus, in welcher Weise diese Auflösungen und Uebergänge der bis dahin specifisch kirchlichen Functionen in staatliche sich zu vollziehen haben. Die kirchliche Disci= plin fällt dem Staate anheim als religiös=sittliche Er= ziehung; nach Seite der Lehre zerfließt die Kirche in die Schule, da der Unterschied von religiöser und weltlicher Wis= senschaft sich als unstatthaft erwiesen; der Cultus endlich geht in die Kunst auf, da Gottesandacht und Naturandacht sich nicht mehr gegenüberstehen, da die Schranke zwischen profaner heiliger Kunst gefallen. Wie nahe sich Rothe in diesen offen ausgesprochenen Consequenzen, von denen die letzte, der Ueber= gang des Cultus in die Schaubühne, die anstößigste und allen gehässigen Anklagen zum Mittelpunkte dienende war, mit den extremsten Forderungen des Radicalismus berührte, bedarf kaum einer Erwähnung. Und doch kam er von den gerade entgegengesetzten Prämissen aus an demselben Punkte mit den Männern des Unglaubens an. Er wollte die Religion erfüllen mit der ganzen wirklichen Welt, sie dieselbe aus ihr heraus= weisen. Er war aus Religion unkirchlich, sie aus Religions= losigkeit. Bei ihm konnte daher auch der Satz von dem Auf= gehen der Kirche in den Staat umgekehrt werden in den andern, von dem Aufgehen des Staats in die Kirche; wenn er nicht

ganz willkürlich den Begriff der Kirche nur als abstract=reli=
giöse Gemeinschaft gefaßt, wenn er an die Stelle der Kirche
den Terminus „Gottesreich" oder „Himmelreich" gesetzt hätte.
Denn, daß der vollendete Staat, der von dem religiösen Prin=
cip an allen Punkten durchbrungene und von ihm beherrschte,
nichts anderes als das vollendete Gottesreich sei¹, spricht er
wiederholt aus.

Die schiefe und einseitige Anwendung nun des durchaus
richtigen Gedankens von der Einheit des religiösen und sitt=
lichen Moments, von der Verwirklichung der Religion durch
die Sittlichkeit, liegt vornehmlich an zwei Punkten. Einmal
an der verkehrten Ausweitung des Begriffs „Staat". Der
Staat ist für Rothe, nach Hegel's Vorgange: „die Totalität
der sittlichen Zwecke". Dies ist eine ganz vage und misver=
ständliche Definition, die nur die Wahrheit hat, daß kein sitt=
licher Zweck sich ganz dem Staate entziehen kann. Aber er
hat für diesen Inhalt eine ihm durchaus eigene Form: die
Form des Gesetzes, des durch Gewalt, durch äußere Macht
ausführbaren Gesetzes. So weit das Gesetz mit seiner Exe=
cution, so weit die coercitive Macht geht, geht auch der Staat.
Aber weiter nicht. Daher gibt es innerhalb der Grenzen des
Staats oder richtiger des Volkslebens selbständige Kreise, die
sich dem Staatsgesetz und der Staatsgewalt bis auf einen ge=
wissen Punkt entziehen und nur in der Form freier Gemein=
schaft gedeihen können. So das Leben der Kunst, der Wissen=
schaft, der Religion. Sie werden nur an den äußersten Spitzen,
da, wo sie in das Rechtsleben übergehen, von dem Gesetz und
den Ordnungen des Staats berührt, von der Staatsgewalt
überwacht. Sie haben aber nur ein naturgemäßes Leben in
der Form freier Association. Die Gesellschaft ist hier die
Grenze gegen den Staat.

Von viel größerer Wichtigkeit als diese Identification des Staats mit allen Formen concreter Sittlichkeit ist ein zweiter Irrthum. Die Verwechselung der dialektischen Momente des Begriffs und ihrer Einheit, mit der Verwirklichung der Begriffsmomente in Zeit und Raum. Das Religiöse und das Sittliche sind zusammengehörende, dialektisch ineinander überschlagende Begriffe. Aber für die religiöse Gemeinschaft und die sittliche Gemeinschaft folgt aus dieser dialektischen Einheit keineswegs, daß sie unmittelbar zusammenfallen, daß sie congruent sind. Es folgt nur die Wechselwirkung, die gegenseitige Berührung und Durchdringung, nicht die abstracte Identität. Denn das Wesen der Wirklichkeit im Unterschiede vom Begriff besteht darin, daß die verschiedenen Momente des Begriffs hier wieder auseinanderfallen, daß jedes Moment seine besondere Wirklichkeit hat, seine besondere Zeit erfüllt. Man kann nicht alles, was innerlich zusammengehört, auch zu gleicher Zeit thun. Der Reichthum des Lebens, die Mannichfaltigkeit seiner Interessen breitet sich nur als ein Auseinander und Nebeneinander aus. Dies findet seine volle Anwendung auf Religion und Sittlichkeit, auf Gottesbewußtsein und Selbstbewußtsein, auf Gebet und Arbeit, auf ernste und heitere Kunst, auf Cultus und Schauspiel u. s. w. u. s. w. Denkt man sich unter dem „Zustand der Vollendung" nicht eine abstracte Zeitlosigkeit und eine unerträgliche Monotonie, so werden diese Unterschiede ebenso gut wie alle andern, so lebendig und fließend auch die Uebergänge sein mögen, in die Succession verschiedener Zeitmomente auseinanderfallen.

Der Grundgedanke Rothe's: die Einheit des Religiösen und Sittlichen, ist auch der seine Ethik bestimmende. Daher der umfassende Begriff derselben, welcher die ganze speculative Theologie in sich schließt, daher der tiefsinnige Unterbau durch

Theologie, Kosmologie und Anthropologie, sowie im zweiten
Theile, das Hervorbrechen der Lehre von der Sünde und dem
Erlöser, und damit nichts von der Dogmatik fehle, bei dem
Kapitel von der Vollendung der Dinge die ausführliche Escha=
tologie, Angelologie und Dämonologie. Uebrigens ruht diese
Dogmatik auf den festesten speculativen Unterlagen. Ob das
Ausgehen vom „reinen Sein" nach Hegel'scher Art, um durch
immanente logische Nöthigung zu dem wahrhaft absoluten Sein
zu gelangen, das Richtige sei, soll hier nicht erörtert werden.
Von Wichtigkeit ist, daß Gott als die absolute Person be=
stimmt wird, die in sich die Duplicität des Natur= und des
Geist=Seins hat, die Reflexion in sich, und damit Selbstbe=
wußtsein und Selbstthätigkeit ist. In dieser innern Differenzirung
und Zusammenfassung der Unterschiede zur Einheit ist der
Gottesbegriff ein trinitarischer, aber es wird ganz ausdrücklich
hinzugefügt, daß diese Trinität nicht die kirchliche sei, daß ebenso
wenig von drei göttlichen Personen wie von drei göttlichen
Subjecten die Rede sein dürfe. Noch folgenreicher sind die
Bestimmungen über die Schöpfung und über das Verhältniß
Gottes zur Welt überhaupt. Aus dem Begriff der Persön=
lichkeit Gottes wird die Nothwendigkeit der Welt, in welcher
das Ich sich selbst ein Nicht=Ich entgegensetzt, entwickelt. Die
Welt ist dieses Nicht=Ich, die „Contraposition" Gottes. Das
Nicht=Ich würde aber, wenn es nichts anderes wäre als dies,
eine Schranke Gottes sein, Gott selbst zu einem Endlichen
machen. Die Schranke muß daher beständig überwunden wer=
den, und die schöpferische Thätigkeit Gottes ist eine solche, welche
ein Nicht=Ich setzt, in welchem er sich selbst setzt und
vollbringt. Damit ist die Nothwendigkeit der schöpferischen
Thätigkeit, als die Nothwendigkeit der Selbstmittheilung an
andere, der göttlichen Liebesthätigkeit, gegeben. Und die Liebe

ist in Gott keine bloße Eigenschaft, sondern eine immanente
Wesensbestimmtheit. Die Schöpfung ist somit ein schlechthin
nothwendiger Act Gottes. So wahr er Gott ist, der liebes=
thätige, so wahr muß er Schöpfer sein. Freilich ist diese
Nothwendigkeit nicht eine physische, sondern eine moralische
oder persönliche, aber sie verliert dadurch nichts von ihrer
Strenge. Mit ihr hängt zugleich die „Anfanglosigkeit" der
Welt, welche der allein richtige Ausdruck für die sehr schiefe
Bezeichnung „Ewigkeit" ist, zusammen. In aller Schärfe wird
der innere Widerspruch und die Gedankenlosigkeit, welche in
der Vorstellung eines Weltanfangs liegt, aufgedeckt. Der
Widerspruch mit der Schöpferthätigkeit Gottes, der Widerspruch
mit seiner Unveränderlichkeit, wie er in dem Uebergang vom
Nichtschaffen zum Schaffen nothwendig liegt; die Gedankenlosig=
keit in dem Satze, daß Gott der Zeit nach der Welt voran=
gehe, da es doch vor der Welt gar keine Zeit gibt. Und damit
kommt Rothe zu dem Resultate der absoluten Correlation
von Gott und Welt: Es gibt ohne Welt keinen Gott.
Die weitere Ausführung der Schöpferthätigkeit Gottes ist die,
daß sein Sichselbstsetzen in der Welt ein successives, sich durch
eine Reihe von Entwickelungsstufen vollziehendes, ist. Die
Creatur ist eine Vielheit solcher Stufen, ein schlechthin ununter=
brochenes Continuum von sich immer höher erhebenden Bil=
dungsformen. Der Fortschritt ihrer Stufen ist ein stetiger,
einen Sprung in ihren Formationen gibt es nicht. In dieser
Bedingtheit jeder Stufe durch die ihr vorangehende niedere
stellt sich der Entwickelungsproceß der Creatur aus sich
selbst dar. So ist der Schöpfungsproceß von der einen Seite
ein Sichselbstschaffen, ein sich aus sich Entwickeln der verschie=
denen Creatursphären, aber er ist von der andern und ebenso
sehr ein von Gott Gesetztsein, das Resultat des auf das Nicht=

Ich der Welt gerichteten göttlichen Denkens und Wollens. Denn
nur vermöge eben dieses göttlichen, fortwährend die Welt im=
pellirenden Willens entwickelt sich die Creatur aus sich heraus
zu immer neuen und höhern Stufen. Steigt man nun von
der niedrigsten Stufe, von der Materie, als dem absoluten
Nichtgeist, durch die verschiedenen Creatursphären empor, so
kommt man endlich bei der menschlichen Persönlichkeit, bei
der Einheit des Selbstbewußtseins und der Selbstthätigkeit an.
In der Persönlichkeit ist die Materie durch die schöpferische
Thätigkeit Gottes wesentlich über sich selbst hinausgeführt,
hat ihr eigenes Gegentheil aus sich selbst herausgeboren, infolge
des stetig fortgesetzten Differenzirungs= und Organisations=
processes, vermöge dessen die göttliche Schöpferwirksamkeit die=
selbe je länger desto vollständiger in sich zersetzt und aufgelöst
hat. Aber die menschliche Persönlichkeit ist selbst nur noch eine
natürliche, in welcher die materielle Natürlichkeit und die
Persönlichkeit in unmittelbarer Einheit zusammen sind. Die
weitere Aufgabe ist daher die, daß die Persönlichkeit das alles
bestimmende Princip sei, daß der Mensch die materielle Kraft,
seine eigene und die gesammte ihm äußere irdische Kraft, seiner
Persönlichkeit zueigne. Dies ist die sittliche Aufgabe. Im
sittlichen Proceß liegt die Fortsetzung des Schöpfungspro=
cesses, wie er in die Hand des Geschöpfes selbst gelegt ist.
Aber auch dieser sittliche Proceß ist ein sehr allmählicher, durch
mannichfache Stufen hindurchgehender. Die Schöpfung des
Menschen ist keineswegs im Anfang fertig und abgeschlossen.
Vielmehr gibt es zwei Hauptstadien, von denen das erstere mit
dem ersten Adam, das zweite mit dem zweiten anfängt. Und
das Verfehlte in der gewöhnlichen Betrachtung der Sünde und
ihrer Entstehung liegt darin, daß man die Schöpfung des
Menschen als eine abgeschlossene und vollendete ansieht, während

in Wahrheit Gott noch mitten in der Arbeit an diesem letzten
Werke seiner irdischen Schöpfung begriffen ist. Aus dem allen
folgt die Nothwendigkeit, die Unvermeidlichkeit des
Durchgangs des Menschen durch die Sünde als eine Stufe in
dem sittlichen Entwickelungsproceß, welche die Menschheit im
ganzen und großen durchzumachen hat. Die sittliche Entwickelung
des Menschen kann nicht von vornherein die normale, sündlose
sein. Denn es liegt in dem Begriff der Schöpfung selbst, daß
die persönliche Creatur noch unmittelbar unter der Gewalt
der Materie steht, von ihr obruirt ist und sich nur durch
langen Kampf und Arbeit zu ihrem Herrn macht. Erst mit
dem zweiten Adam tritt diese Herrschaft und das Reich derselben ein.

Diese kurz skizzirte Schöpfungs- und Sündenlehre weicht
wie ersichtlich, gar sehr ab von der gewöhnlichen theologischen
Tradition. Von der abstracten Freiheitslehre, wie sie in diesen Kreisen üblich, nach welcher die Freiheit Gottes bei seiner
Schöpfung, wie des ersten Menschen bei seinem Falle, eine
rein formelle und willkürliche, eine von aller Wesensbestimmtheit unabhängige ist. Wie sehr diese göttliche und menschliche
Willkür, durch die die Welt und ihre Geschichte bestimmt wird,
sich ausbeuten läßt und ausgebeutet wird, um alle äußerlich-
supranaturalistischen Vorstellungen daran zu knüpfen, um die
Continuität der Weltregierung zu durchbrechen, um Wundern
und Offenbarungen den Eingang in den so zerrissenen Weltzusammenhang zu verschaffen, wie sehr vor allem die Sünden-
willkür, durch welche die ganze Weltordnung gestört und das
Unterste zu Oberst gekehrt ist, dazu dienen muß, um Gottes
absonderliches Wirken und äußerliches Eingreifen zur Wiederherstellung des Weltzwecks zu rechtfertigen, ist bekannt genug.

Rothe unterscheidet sich wesentlich von der vulgären Vermitte=
lungstheologie dadurch, daß er eine derartige Freiheitslehre,
die nur auf Kosten der göttlichen Theodicee zu Stande kommt
und die göttliche Weltordnung zu einem zerrissenen und dann
wieder nothdürftig zusammengeflickten Gewebe macht, ver=
schmäht, daß er den Zusammenhang von Gott und Welt als
einen stetigen, an keinem Punkte durchbrochenen, festhält; daß
er mit dem, wie wir gesehen, in neuerer Zeit vielfach gemis=
brauchten Gedanken der Welt, als einer aufsteigenden Potenzen=
reihe vollen Ernst macht. Wollen wir dafür noch eine aus=
drückliche Bestätigung, so wird sie ausgesprochen in den Wor=
ten des §. 496: „Die Schöpfung ist Schöpfung nur inwiefern
in ihr nirgends ein vermittelndes Glied in der Kette des
mannichfach abgestuften creatürlichen Seins fehlt, nur inwie=
fern in ihr nirgends ein Sprung ist, sondern jede ihrer Stu=
fen kraft der schöpferischen Wirksamkeit Gottes als wirkliche
Entwickelungsreihe hervorbricht." Rothe steht ebenso wie in
der Trinitätslehre, so auch in der Schöpfungs= und Sünden=
lehre mit aller Furchtlosigkeit und Consequenz zu Schleier=
macher, im Unterschiede von seinen sogenannten Schülern, ja!
er geht insofern über ihn hinaus, als er, sich vor den pan=
theistischen Verirrungen desselben bewahrend, dennoch die gött=
liche Nothwendigkeit in der Freiheit und den Weltzusammen=
hang in der beständigen Schöpferthätigkeit Gottes aufrecht=
erhält, dabei die Schwächen der Gegner, ihre Misdeutungen
und falschen Insinuationen in das gebührende Licht stellt.
Namentlich zieht sich durch die ganze Ethik eine fortlaufende
und siegreiche Polemik gegen J. Müller's Freiheits= und
Sündentheorie, mit der er sich an allen Punkten auseinander=
setzen zu müssen glaubt. Wir machen namentlich auf die
beiden §§. 483 und 496 aufmerksam. Er weist nach, wie

Müller, indem er die Sünde in die bewußte Abkehr des Men=
schen von Gott setzt, sogleich die höchste diabolische Culmina=
tion zum Ausgangspunkt nimmt, und wie er dadurch auf ein
psychologisches Räthsel, auf ein schlechthin Unerklärbares
stoßend, sich zu der Behauptung fortreißen läßt, die Sünde
müsse ein absolut Unbegreifliches sein, weil mit ihrer Be=
greiflichkeit zugleich ihre Nothwendigkeit gegeben wäre. Mit
dieser Unerklärbarkeit, bemerkt Rothe, wird die Sünde zu
einem Acte grundloser Willkür, zur Narrheit und Verrücktheit
und fällt so doch wieder der Unzurechnungsfähigkeit anheim,
der Müller um jeden Preis entgehen wollte. Er weiß außer=
dem mit großem Scharfsinn alle die Misverständnisse und
Misdeutungen, welche sich an den Begriff der Unvermeidlich=
keit der Sünde anschließen, die Verwechselung eines solchen
Nothwendigkeit des Durchgangs mit der definitiven Nothwen=
digkeit u. s. w. abzuweisen, und die sittliche Zurechnungsfähig=
keit sammt ihrem Schuldbewußtsein mit dieser Nothwendigkeit
in den rechten Einklang zu setzen. Endlich richtet er sich gegen
die höchst complicirte und aus den heterogensten Bestandtheilen
zusammengesetzte Lehre von der Entstehung der Sünde. Er
erklärt, daß bei dieser „intelligiblen und transscendentalen
Selbstentscheidung als schlechthin zeitloser That in einem schlecht=
hin zeitlosen Urstande" jedes Denken ausgehe, da es ein voll=
kommener Widerspruch sei, ein geschöpfliches und somit end=
liches Sein in einer außerzeitlichen Existenzweise zu denken,
da Zeitlichkeit eine wesentliche Bestimmtheit alles Endlichen
sei. Gewiß sehr richtig bemerkt er, daß auf höchst merkwür=
dige Weise die ·sonst so nüchterne und besonnene Reflexion
Müller's plötzlich in eine mythologisirende Speculation um=
schlage, eine Erscheinung, die vielleicht darin ihre Erklärung

finde, daß eben die Speculation zurückgedrängt sei und des=
halb, da, wo die Reflexion mit ihrer Erkenntniß zu Ende, in
so wunderlich abnormer Art zum Vorschein komme. Müller
greift offenbar zu diesem Aeußersten präexistirender Seelen=
monaden, weil er mit seiner abstracten Freiheitslehre und seinem
überspannten Schuldbewußtsein in der wirklichen Welt überall
auf unlösbare Räthsel stößt; er flüchtet sich ins Jenseits der
intelligiblen That, weil er aus dem selbstbereiteten Widerspruch
zwischen allgemeiner Sündhaftigkeit und persönlichem Schuld=
bewußtsein im Diesseits nicht herauskommen kann.

Es ist hier ausdrücklich auf die feste und zusammen=
hängende speculative Grundlegung und auf den Unterschied
derselben von dem aphoristischen Denken der vulgären Ver=
mittelungstheologie hingewiesen. Aber wir dürfen es nicht
verschweigen, daß auch Rothe diesen Prämissen seiner Onto=
logie und Kosmologie in seiner Christologie untreu wird, ähn=
lich wie dies bei Schleiermacher der Fall war. Wenn er
sagt, daß die erlösende Thätigkeit Gottes als eine schöpfe=
rische gedacht werden müsse, als „das Setzen eines absolut
neuen Anfangs des menschlichen Geschlechts durch einen ab=
soluten Act“, so kann das alles noch recht wohl im Sinne
der Weltcontinuität genommen werden, in dem Sinne, in
welchem (§. 31) von einer nie aussetzenden schöpferischen Thä=
tigkeit Gottes, die die continuirliche Entwickelung der Creatur
aus sich nicht ausschließt und nur die Kehrseite derselben bil=
det, die Rede war. Wenn aber weiter zur Vorbereitung der
Erlösung eine besondere Offenbarung erfordert wird, in wel=
cher sich Gott „in einem specifisch verstärkten Maße von
Evidenz“ (§. 536) erkennbar macht, eine „eigenthümlich
neue und nähere äußere Kundgebung Gottes“ (§. 537), der
dann die Inspiration, als die „innere erleuchtende Einwirkung

Gottes", entspricht; wenn ausdrücklich gesagt wird, diese Manifestation und Inspiration Gottes sei ein „Wunder", „schlechthin unerklärbar", „Wirkung eines unmittelbaren Actes Gottes
in der Creatur, ohne irgendeine Vermittelung dieser"
(§. 540), wenn endlich die übernatürliche Erzeugung Christi
ohne Mitwirkung des männlichen Factors als eine „theono-
mische" bezeichnet und construirt wird, — so stehen wir doch
sicherlich nicht mehr auf dem Boden der Weltcontinuität, sondern auf dem der Weltdurchlöcherung, und wir wissen in der
That nicht, wie Rothe diese schöpferischen Acte „ohne irgendeine Vermittelung der Creatur" in Einklang bringen kann
mit seinem so wiederholt und so scharf hingestellten Kanon,
daß „die Schöpfung nur Schöpfung ist, inwiefern in ihr
nirgends ein Sprung ist, sondern jeder ihrer Stufen kraft
der schöpferischen Wirksamkeit Gottes als wirkliche Entwickelung aus der ihr vorangehenden Entwickelungsreihe hervorbricht".

Wir haben nur noch mit ein paar Worten die Eschatologie Rothe's mit der sich daran schließenden Angelologie und
Dämonologie zu besprechen. Wenn er selbst von seiner Lehre
fürchtet, sie werde vielen als ein „crasses Gemisch von Unglauben und Köhlerglauben" erscheinen, so sind es namentlich
seine eschatologischen Liebhabereien, welche der letztere Vorwurf trifft. Aber gerade auf sie legt er ein besonderes Gewicht, ja er hält es für Inconsequenz und Gedankenlosigkeit,
sich eines klaren und genauen Begriffs der „Vollendung der
Dinge" zu entschlagen. Diese Vollendung ist ihm bedingt
einmal dadurch, „daß die Gemeinschaft der thatsächlich Er-
lösten durch die den Begriff der menschlichen Creatur vollständig erschöpfende Vollzahl menschlicher Einzelwesen wirklich
erfüllt ist"; dann dadurch, daß die geschichtliche Entwickelung

des Reiches Gottes so weit gediehen, daß in ihm alle wesent=
lichen Elemente des sittlichen Gutes realisirt sind. Ist dies
erfüllt, dann tritt die sinnliche Wiederkunft des Herrn ein,
damit verbunden das Wiedererscheinen der bereits Vollendeten.
Nach Besiegung des antichristlichen Reichs und nach Elimina=
tion der für die Erlösung beharrlich Unempfänglichen kommt
es zur Vollendung des Reiches Gottes auf Erden.
Christus ist das Haupt dieses Gottesreiches, des vollendeten
Staatenorganismus. Dasselbe ist in bestimmt gemessene Zeit=
grenzen eingeschlossen. Dies ist die Wahrheit der Vorstellung
vom Tausendjährigen Reich. Nach dem Ablauf desselben tritt
die Verwandlung und Vergeistigung der Vollendeten ein. Es
wird ihnen die materielle Verkleidung ausgezogen, zugleich
wird das gesammte Baugerüste der materiellen Naturreiche
abgebrochen, die äußere Natur wird zerstört. Dies die Wahr=
heit der Weltzerstörung durch Feuer. Mit dem Vollzug die=
ser Zerstörung ist die Erde der Himmel geworden und die
Schranke zwischen ihr und den übrigen Sphären des Univer=
sums gefallen. Es ist eine unbeschränkte Communication zwi=
schen den vollendeten Weltsphären eröffnet. Zugleich tritt nach
der Vollendung der irdischen Schöpfung gleichsam nach unten
hin ein neues und unabsehbares Stadium ihrer Wirksamkeit
im Universum ein. Aus ihrem materiellen Niederschlag, aus
ihrer ausgebrannten Schlacke geht eine neue Schöpfung her=
vor. Dies caput mortuum ist die materia prima, aus
welcher eine neue Weltsphäre entsteht durch die schöpferische
Thätigkeit Gottes, bei der die vollendete Menschheit in Ver=
bindung mit den bereits vollendeten Creaturordnungen ihren
Dienst leistet. Dies die Wahrheit der Vorstellung vom Demiurg
als dem Weltschöpfer. „So nur bleibt die Continuität der
Schöpfung unburchlöchert, und nur bei solcher absoluten Con=

tinuität kann die Schöpfung wirklich Entwickelung der Creatur
aus sich selbst heraus durch Gott sein." Die Welt stellt einen
unendlichen Kreislauf von Weltsphären dar, die sich vollenden
und immer wieder im Moment der Selbstvollendung neue
aus sich entlassen und wie Glieder einer endlosen Kette in=
einandergreifen. Hier tritt dann auch die Bedeutung der
Engel ein. Sie sind nichts anderes als die Vernunftwesen
der vollendeten Weltsphären. Auch die Menschen im Zustande
der Vollendung werden Engel, und da wir der irdischen
Sphäre vorangegangene, bereits vollendete Schöpfungskreise
annehmen müssen, ist die Nothwendigkeit der Engel gegeben,
zugleich bei einer Mehrheit von solchen Creatursphären, eine
Mehrheit von Engelwelten, eine Stufenordnung derselben. Die
Engel sind zwar als Creaturen räumlich und zeitlich, aber
nicht durch Raum und Zeit beschränkt, ihnen ist vielmehr das
Universum schrankenlos geöffnet. Auch unsere noch nicht voll=
endete Weltsphäre steht ihnen offen und wir müssen annehmen,
daß sie besonders auf die persönlichen Geschöpfe in ihr eine
Wirkung ausüben. Ganz ähnlich sind die Dämonen nichts
anderes als die Verdammten einer schon vollendeten Welt=
sphäre. Sie sind aus derselben herausgewiesen, sie sind der
Auswurf der Schöpfung. Und sie können nur da hausen,
wo die Welt noch eine materielle ist, nur innerhalb der noch
in der Schöpfungsarbeit begriffenen Weltsphären. Hier suchen
sie sich, freilich umsonst, einzubürgern; hier hoffen sie für ihr
verschmachtendes und verlechzendes Sein eine Erquickung, hier
weilen sie als dämonische Mächte. Außerdem bleibt ihnen
nur noch der leere Weltraum (der $\dot{\alpha}\eta\varrho$) mit der durch keine
Organisation belebten Oede offen, wo sie sich mit den Ver=
dammten aller übrigen Weltsphären vereinigen. — So weit
die Rothe'schen Phantasien. Es ist jedenfalls Methode darin.

Es ist dieser Weltbrand mit seiner Weltschlacke, diese unenb=
liche, ineinandergreifende, sich gegenseitig bedingende Kette
von Weltsphären, dies Auf= und Niedersteigen von Engeln
und Dämonen, mit Einem Worte, dieser großartige Welt=
verkehr eine viel geistvollere Anschauung als die, welche ge=
wöhnlich mit den „letzten Dingen" verbunden wird, eine solche,
welcher augenscheinlich der speculative Gedanke einer alle ein=
zelnen Schöpfungskreise miteinander vermittelnden Welteinheit
zum Grunde liegt. Wir haben nur das Eine einzuwenden,
daß so ganz mit Begriffen und Postulaten gerechnet wird,
wobei der Boden des Thatsächlichen völlig unter den Füßen
schwindet, daß das Gebiet der Zukunft und des Jenseits,
wo alle reelle Kenntniß aufhört, bis ins Einzelne ermessen
wird. Der „Realismus", von dem so viel die Rede ist, ver=
liert sich bei solchem Verlassen der Wirklichkeit nur zu leicht
in Phantastereien!

Indessen müssen wir, um diesem hochbegabten und von
den tiefsten Instincten der Gegenwart bewegten Manne ge=
recht zu werden, hinzufügen, daß der ganze aufgeführte theo=
sophische Apparat nur den Hintergrund, nicht die eigentliche
Mitte und den Kern seiner Theologie bildet, und daß alle
jene speculativen Phantasien je länger je mehr zurückgetreten
sind, während dagegen in den letzten Jahren sichtbar sich alles
in seinem Geiste auf das religiös=sittliche Ziel hingedrängt
hat. Diese Bewegung von der Theosophie zur Ethik, von
dem metaphysischen Hintergrunde zum lebendig=praktischen
Vordergrunde, zu den großen reformatorischen Aufgaben der
Kirche in der Gegenwart, ist wesentlich befördert und beschleu=
nigt worden durch die harten und heftigen Kämpfe, in die
seine nächste Heimat, die badische Landeskirche, verflochten
wurde und in denen er nach längerm Schwanken und ge=

wissenhaftester Selbstprüfung die ihm gebührende Stellung ein=
nahm. Er sagte sich hier in einer großen praktischen Frage,
der der Kirchenverfassung, zum ersten male mit voller Ent=
schiedenheit von seinen bisherigen und langjährigen Freunden,
den künstelnden kirchlichen Diplomaten, den Ullmann, Bähr
und Hundeshagen, los und trat mit ganzem Mannesmuthe
für seine bis dahin nur theoretisch verfochtene Ueberzeugung,
für den „kirchlichen Constitutionalismus", wie er sie nannte,
für eine aus der Mitte der Gemeinde, aus der Mitte des
Lebens und der Bildung der Gegenwart sich auferbauende
Kirche ein. Seit dieser Zeit, da er sich von manchen ihn
bis dahin beengenden und gemüthlich peinigenden Einflüssen
losgerungen und die Stelle gefunden, welche seinem innersten
Streben zugewiesen war, ist auch das Einsiedlerbewußtsein,
welches ihn so oft früher beängstigend überwältigte, von ihm
gewichen und an dessen Stelle das freudig erhebende Gefühl
getreten, nicht mehr allein zu stehen mit allerlei seltsamen
und tiefsinnigen Grübeleien, sondern in allen ernsten Lebens=
fragen der Kirche nur das auszusprechen, was der noch nicht
verlorene religiöse Sinn des Volks, der Besten in ihm, der
aufrichtigen Gemüther, der wahrhaft gebildeten Geister, wenn
auch bewußtlos, erstrebte. Wol trat der seltsame Dualis=
mus seiner Theologie noch von Zeit zu Zeit in aller Schärfe
hervor und niemand hat ihn mit größerer Klarheit ausge=
sprochen als er selbst in den scharfsinnigen und Epoche machen=
den Abhandlungen „Zur Dogmatik" (1863), in deren Vorrede
er offen erklärte, daß er sich gleichermaßen mit den beiden
großen Hauptpartien der Theologie in Conflict befinde, da er
in der Lehre von der Offenbarung strenger Supranaturalist,
in der von der Schrift dagegen rationaler Theologe sei. Aber
dennoch lag überall der Schwerpunkt auf der rational=ethischen

Seite, und wenn er auch die Offenbarung in der Person
Christi als eine absolute und wesentlich übernatürliche con=
struirte, unterschied er doch wieder so scharf zwischen dieser
Offenbarung und der Offenbarungsurkunde, der Schrift, daß
der Offenbarung im gewöhnlichen Sinne, das ist der uns über=
lieferten Schriftoffenbarung, von all jenen Uebernatürlichkeiten
und Herrlichkeiten gar nichts zugute kam. In Wahrheit
war diese Abhandlung über die Inspiration von tief einschnei=
dender und die ganze alte Lehre in ihren Grundlagen zer=
störender Bedeutung und wurde mit Recht nicht allein von
Hengstenberg, sondern ebenso sehr von der „Neuen evangeli=
schen Kirchenzeitung" mit Schrecken und Entrüstung aufgenom=
men. Wenn Rothe lehrte, daß die Inspiration nur ein mo=
mentaner dem Schreiben vorangehender Zustand der
Geisteserregung und Erleuchtung, nicht aber ein habitueller,
während des Schreibens gewesen, daß eine solche Erleuch=
tung den Irrthum nirgends ausschließe, und wenn er das Re=
sultat seiner Untersuchungen dahin zusammenfaßte, daß die
Schrift nichts anderes als „die nothwendige Geschichts=
urkunde über die Offenbarung" sei, so war das aller=
dings gerade keine neue Wahrheit, wohl aber eine in allen
Einzelheiten mit so unerbittlicher Schärfe begründete und in
so furchtloser Consequenz durchgeführte, daß sie in dieser
Form den Vermittelungstheologen selbst, die längst Aehnliches
gelehrt, als eine neue erschien. Rothe konnte mit Recht be=
haupten, daß er nichts anderes ausgesprochen, als was die
allgemeine Ueberzeugung aller modernen gläubigen Theologen
sei, von denen er sich nur dadurch unterscheide, daß sie es
liebten, sich so viel als möglich an die alten kirchlichen
Lehrbestimmungen anzulehnen, um sie fortzubilden, wäh=
rend er eine Neubildung für nöthig halte und außerdem

der Ueberzeugung lebe, daß man die richtige Anſicht von der
Schrift auch der Gemeinde nicht länger vorenthalten dürfe,
vielmehr durch ſolche Verheimlichung der Wahrheit nur
Zweifel, Mistrauen und Abwendung von der Bibel hervor=
rufe. In der That iſt dies der Hauptunterſchied zwiſchen
dem ſcharfen, offenen und wahrheitsmuthigen Manne und
den alles verdeckenden und verwiſchenden Vermittlern; — viel
mehr ein Unterſchied des Wollens als des Wiſſens!!
Und dieſe „Neubildung" und „Erneuerung" des Proteſtantis=
mus, von deren Nothwendigkeit Rothe tief überzeugt iſt, zielt
überall — das iſt der Kern ſeiner theologiſchen Gedanken —
auf die innerliche und völlige Durchdringung des Religiöſen
und Sittlichen, des Kirchlichen und Weltlichen, der ein=
fachen evangeliſchen Wahrheit und der reichen, vielgeglie=
derten Bildung der Gegenwart. Das Chriſtenthum — dies
Eine iſt ihm das Gewiſſeſte — hat ſich in ſeiner bisherigen
Geſtalt, wie es nur einem eng=abgeſchloſſenen Kreiſe des ſpe=
cifiſch Religiöſen angehörte, ausgelebt, es drängt über ſeine
bisherigen Grenzen hinaus; das dürftige pietiſtiſche Schema
genügt ebenſo wenig wie der verknöcherte Dogmatismus. Die=
ſer Drang aber geht dahin, ſeinen tief=religiöſen Inhalt zu
univerſaliſiren, die ganze Fülle der in die menſchliche
Natur gelegten ſittlichen Anlagen auszugeſtalten, die geſammte
Cultur des Geſchlechts zu durchdringen und zu beherrſchen
und ſo ſtatt eines bloßen Privatchriſtenthums ein Volks=,
und je länger je mehr ein Menſchheitschriſtenthum her=
vorzubilden. Um dies zu erreichen, hat die Kirche die Auf=
gabe, ſich der modernen Bildung, welche keineswegs eine ſo
unchriſtliche iſt, wie kurzſichtige Theologen wähnen, vielmehr
von chriſtlichen Elementen reich geſättigt, mit freundlichem
Verſtändniß zu öffnen. Denn die verſchriene Unkirchlichkeit

so Vieler ist keineswegs überall mit religiöser Gleichgültigkeit
und Bedürfnißlosigkeit Eins, vielmehr ist auf Seiten dieser
Unkirchlichen oft ein zartes und echtes, wenn auch „unbe=
wußtes" Christenthum zu finden, wie es den lautesten Vor=
kämpfern der Kirche so gut wie verloren gegangen. Und dies
„unbewußte" Christenthum zu retten, die Versöhnung desselben
mit der Wissenschaft, der sittlichen Arbeit und Bildung
der Gegenwart zu finden, das ist die große Aufgabe derer,
welche von der unzerstörbaren Lebenskraft des Christenthums
überzeugt sind und für das Fortwirken seines Geistes kämpfen.
So ist es denn für Rothe unzweifelhaft, daß gerade aus die=
ser scheinbaren Unchristlichkeit ein starker Umschwung zu Gun=
sten des Christenthums sich erheben wird, freilich nicht zu
Gunsten der alten, ausgelebten Gestalt, der zu eng geworde=
nen Umkleidung. Denn das erscheint ihm schlechterdings un=
möglich, daß der geistige Horizont des 16. und 17. Jahrhun=
derts, der ein für allemal untergegangen, sich wieder für uns
beengend zusammenschließe, daß gewisse Anschauungen und Vor=
stellungen, welche in dem alten System das ganze Lehrgebäude
tragen, wie die von der Heiligen Schrift und ihrer Inspira=
tion, die Athanasianische, oder irgendwelche wirkliche Trini=
tätslehre, die calcedonensische Lehre von der Person Christi,
die Anselmische oder irgendwelche juristische Genugthuungs=
lehre, die Lehre von einer, wie auch immer verhüllten, Magie
des Sakraments, je wieder im Großen und mit voller ehrlicher
Gewißheit die Ueberzeugung der Gebildeten werden!!

Mit Rothe innig verbunden war Bunsen, und doch
wieder so ganz verschieden von ihm, durch Studien, Geistes=
art und Lebensstellung! Ein reichbegabter Mann, von wärm=
stem Gefühl, erregtester Phantasie und vielseitigster Bildung!
Er nahm, ähnlich wie Tholuck, mit dem er mancherlei Be=

rührungen hatte, auch durch längern Verkehr in Rom nahe
befreundet war, für seine theologischen Studien und Unterneh=
mungen den Ausgang von der modernen Gläubigkeit des zwei=
ten Decenniums dieses Jahrhunderts, das heißt von einer
tiefen und innigen religiösen Erregtheit, die, vom Pietismus
großgezogen, zugleich die verschiedensten Bildungselemente der
Zeit, namentlich von der Romantik her, in sich aufgenommen
hatte. Am nächsten verwandt war er seinem hohen, könig=
lichen Freunde, dem geistreichen Friedrich Wilhelm IV. von
Preußen, sein alter ego in der ersten Zeit noch ungetrübter
Regierung, und damals der oft genannte und viel gefürchtete
Cultusminister der Zukunft. Auch bei ihm, wie bei seinem
königlichen Herrn, war die Phantasie weitaus die glänzendste,
alles andere beherrschende Geisteskraft, aber sie war zugleich
mit einem so wunderbar reichen, encyklopädischen Wissen und
mit so viel Geschmack und schöner, echt menschlicher Bildung
gepaart, daß in diesem Manne ein geistiger Kosmos erschlossen
schien, der sich wohl dem berühmten Werke unsers großen
Naturforschers vergleichen ließ. Welch eine Fülle von Ge=
lehrsamkeit und Bildung ist in diesen großen Sammelwerken
über Rom, Aegypten und die biblische Welt niedergelegt! Ist
es doch, als ob Bunsen durch Anlage wie Lebensstellung,
durch den großartigsten Menschen= und Weltverkehr dazu be=
rufen gewesen, die getrennten Völker zu vereinen, die entfernte=
sten Zeiten und Zonen miteinander zu verbinden, Roms Denk=
mäler und Kunstsammlungen, Aegyptens Sprache und Ge=
schichte, die poetischen und religiösen Schätze der Bibel, die
Lieder, Gebete und Liturgien der evangelischen Kirche, Eng=
lands Associationswesen und Sektenfreiheit — das Alles dem
deutschen Volke zuzuführen und ihm zum Genusse, zur Er=
hebung und Erweiterung des Geistes darzubieten! Erscheint

uns doch sein riesenhaftes Sammeln und Arbeiten, in dem er von einer Menge jüngerer, wohlangestellter Kräfte unterstützt wurde, wie die Thätigkeit in einem großen Laboratorium, in welchem zu gleicher Zeit die verschiedensten Probleme gestellt und Untersuchungen aller Art begonnen, wenn auch nicht immer zu Ende geführt werden. Er war zugleich Philologe, Historiker und Kritiker, Staatsmann und Kirchenpolitiker, Liturg und Philosoph, er war vor allem Theologe; — damit begannen seine dilettantischen Neigungen und damit endeten sie. Und so viel Phantastisches und Unfertiges, so viel Projectenmacherei auch seinen zahlreichen Schriften anhaften mag, es ging doch eine eigene Großartigkeit und Kühnheit durch alles hindurch, was er auf theoretischem wie praktischem Gebiet unternahm; durch seine geschichtlichen Entdeckungen, seine politischen Anschauungen, seine kritischen Divinationen, seine kirchlichen Verfassungsentwürfe!

Christian Karl Josias Bunsen (geb. 1791, gest. 1860), war schon im frühesten Knabenalter ein von allen Mitschülern bewundertes Genie. Ein Freund aus dieser Zeit sagt von ihm, daß, so groß auch die Leistungen seines Lebens gewesen, die Vorstellungen seiner Altersgenossen noch weit darüber hinausgelaufen. Niebuhr, sein großer Lehrer und Lebensvorbild, meinte, „sein Talent, Geist und Charakter sei ein Kapital, mit dem kein anderes noch so sicher angelegtes sich messen könne". Mit dieser Raschheit des Erfassens, Unablässigkeit und Allseitigkeit des Strebens verband sich in ihm ein wunderbarer Zauber persönlicher Liebenswürdigkeit, dem niemand so leicht zu widerstehen vermochte, der des alternden Königs Friedrich Wilhelm III. Herz bei seinem Aufenthalt in Rom gewann und den jugendlichen Kronprinzen (später Friedrich Wilhelm IV.) in innigster Freundschaft während eines ganzen

Lebens an ihn fesselte. So wurde der bürgerliche Empor=
kömmling, der.junge in der römischen Gesandtschaft beschäftigte
Philologe von zwei sehr verschieden gearteten Königen in gleichem
Maße mit Gunstbezeigungen überhäuft und stieg in kürzester
Zeit auf den Staffeln der Ehre und Macht bis zur schwindeln=
den Höhe empor. Seine Religiosität, mit einer leicht entzünd=
baren Begeisterung für alles Große und Edle, einem jugend=
lichen Schwung der Seele, der ihm bis zu seinem Tode
geblieben, innigst Eins, war durchaus echter Art, er selbst ganz
ein Kind jener mächtigen idealen Strömung, die zu Anfang
unsers Jahrhunderts begann und erst in den 40ger Jahren
zu ebben anfing. So war ihm an Frische der Anregung und
der Belebung in großen Dingen kaum ein anderer gleich.
Freilich war auch mit diesem rasch auflobernden und nach
allen Seiten hin weiter zündenden Enthusiasmus zugleich etwas
Weiches, Zerfließendes und Schrankenloses in seinem Wesen;
es fehlte ihm an der rechten Begrenzung und festen Eindäm=
mung des über die sichern Ufer des Verstandes oft weit hin=
ausfluthenden Stromes der Phantasie. Sehr deutlich sind in
seiner Entwickelung zwei Hauptperioden erkennbar, die in ihrer
großen Verschiedenheit dem äußerlich Betrachtenden fast als
Gegensätze erscheinen. Die erste Periode ist die des roman=
tisch gefärbten noch unkritischen religiösen Enthusias=
mus. Dieser Enthusiasmus ist mit dem verschiedenartigsten
Inhalt erfüllt. Die neuerwachten Missionsstrebungen, das Rauhe
Haus in Hamburg, das gemeinschaftlich von England und
Preußen gestiftete Bisthum von Jerusalem, und vor allem die
liturgischen Studien, die hymnologischen Sammlungen und
kirchlichen Verfassungsprojecte sind es, welche in dieser Periode
den Mittelpunkt seines Denkens und Schaffens bilden. Sein
Hauptstreben während des römischen Aufenthalts war die

„liturgische Wiederbelebung der Kirche". Er studirte mit großem Sammlerfleiß die Liturgien der griechischen, römischen und englischen Kirche und suchte aus ihnen allen Stoff für eine neue deutsche Liturgie zu gewinnen. Er war ein Verehrer der altkatholischen Kirchenmusik, der englischen Liturgie, auch der englischen Episkopalverfassung. Dies Vorbild der englischen Kirche, in Liturgie und Verfassung, hat lange Zeit vor seiner Seele gestanden und seine Urtheile beherrscht, diese Vorliebe ist nie ganz von ihm gewichen. Die zweite Periode, welche die der Empörung gegen die hereinbrechende kirchliche Reaction, des lauten Protestes gegen Hierarchie und Dogmatismus genannt werden kann, steht nicht im Gegensatze zu der frühern, zerfließenden Gefühlsreligiosität, ist vielmehr nur eine kritische Reinigung und sittliche Weiterbildung derselben und bezeichnet das Erwachen des sittlichen Gewissens aus den Träumen der Romantik. Bunsen's edel geartete Natur erhob sich, als er erkannte, wie eine verderbliche Strömung der Zeit Viele von echter und warmer Gemüthsreligiosität in die wilden Gewässer des Hierarchismus oder in das todte Meer dogmatischer Formen hinabzureißen drohte. Freilich regte sich schon in viel früherer Zeit die instinctmäßige Abneigung seines freien und unendlich beweglichen Geistes gegen diesen unwahren, verkünstelten, alles echte Leben ertödtenden Dogmatismus. Er erzürnte schon im Jahre 1835 gegen das unsinnige Treiben Hengstenberg's und seiner Genossen, die, wie er sagt, dem Herrn vorschreiben möchten, wie er sich offenbaren solle, nämlich nach den locis theologicis und den dogmatischen Bekenntnissen; von denen er meint, daß sie alles Klopfen ihres philologischen Gewissens nicht achteten, wenn es gelte den mosaischen Ursprung des Pentateuch oder die Echtheit des Daniel zu erweisen, und die er den alten Juden-

Christen in ihrem Ankämpfen gegen den geistesfreien Paulus
vergleicht. Er ahndete es schon damals, daß es zu einem
Bruche mit diesen bisherigen Freunden kommen werde, wie er
es in den prophetischen Worten vom Jahre 1835 ausgesprochen:
„Unsere besten Freunde sowol im praktischen Christenthum wie
in der praktischen Politik kleiden in verrottete und verderbte For=
men die Lebenselemente ein, welche uns durch die gnädige Vor=
sehung bewahrt sind. Viele von ihnen handeln ganz ehrlich so,
sollte es unser Los sein, diese als unsere Feinde ansehen zu
müssen?“ Er nannte schon damals diese falschen Conservativen
die „wahrhaft Destructiven“. Freilich war er es auch vorzugs=
weise gewesen, der, damals noch von episkopalistischen Ideen
erfüllt (1840), Stahl aus seinem beschränkten Wirkungskreise
einer kleinen bairischen Universität auf die Weltbühne in Berlin
gezogen und aufs eifrigste bei dem jungen König auf diese Be=
rufung gedrungen hatte. Vollkommen klar wurde ihm das
Unheilvolle dieser den preußischen Thron in immer engern
Kreisen umstellenden kirchlichen und politischen Reaction erst
aus einer Reihe von persönlichen Erfahrungen, die er in seiner
eigenen amtlichen Wirksamkeit machte; aus dem Widerstande,
auf welchen er in seiner staatsmännischen und literarischen
Laufbahn stieß. In Rom erfuhr er diesen Widerstand in sei=
nem Conflicte mit der Curie über die gemischten Ehen und die
Hermes'sche Schule, und lernte die Macht der Jesuiten inner=
halb der römischen Kirche kennen. In England gewahrte er ihn
bei seinen Unterhandlungen über das Bisthum von Jerusalem,
in denen ihm der damals aus der Episkopalkirche hervor=
wachsende Puseyismus feindlich entgegentrat. In Preußen end=
lich sah er die kirchliche Union, für die er sein Leben lang
eingestanden, durch den Confessionalismus bedroht, die Gläubig=
keit in Rechtgläubigkeit verwandelt, die evangelische Freiheit

vernichtet und eine Engherzigkeit und Unduldsamkeit zur Herr=
schaft gekommen, die seine zarte und lebendige Religiosität, sei=
nen durch vielseitige Bildung erweiterten Sinn aufs feindlichste
berührten und die an den frischen Luftstrom englischer Freiheit
gewöhnten Nerven wie betäubende Stickluft anwehten. So
schrieb er seine „Zeichen der Zeit" (1855), in welchen er
der damals in voller Blüte stehenden Stahl=Hengstenberg'schen
Partei den Fehdehandschuh zuschleuderte und dem wilden
Strom der Reaction den ersten mächtigen Damm entgegenwarf.
Er hatte sowol bei der Abfassung dieser Schrift als auch bei
dem geschichtsphilosophischen Werke „Gott in der Geschichte"
(1857 und 1858) und endlich bei der Einleitung zu seinem
Bibelwerk (1858—60) das volle Bewußtsein über den Ernst
und die Bedeutung dieses gegen die unheilvollste und haffens=
wertheste Macht erhobenen Kampfes. Es durchzog ihn die
Ahndung einer herannahenden Weltkrise in der Gestalt gewal=
tiger, göttlicher Weltgerichte. Wie er es selbst in folgenden
Worten ausgesprochen: „Ein großes Gericht zieht heran, wir
alle empfinden die Schwüle der Weltluft, welche die europäische
Menschheit athmet dießeit und jenseit des Weltmeers. Die
Zeit des Kampfes für die Freiheit des Geistes ist da, herauf=
beschworen durch Uebermuth und Wahnsinn, muß er durch=
gekämpft werden von den Kindern des Reiches Gottes in einem
wahrhaft geistigen und sittlichen Kampfe, zu Gottes Ehren,
damit er enden könne, wie er enden muß, zum wahren Heile
der Menschheit, zur Förderung des Gottesreiches von Gerechtig=
keit und Wahrheit." In der That waren diese „Zeichen
der Zeit" bei allen sichtlichen Mängeln in Form und Inhalt,
von großer einschlagender Wirkung, gleich einem wohlthätigen
Gewitter nach langer Schwüle; sie waren für Bunsen selbst
eine im Innersten befreiende, sittliche That. Es war ein

Großes für den Mann der höchsten Verbindungen, diese alle
auf einmal zu durchschneiden, für den an diplomatische Formen
Gewöhnten, zur offensten Rücksichtslosigkeit fortzuschreiten, für
den unter den „Gläubigen" bis dahin wohl Gelittenen, den
Kampf mit den Gläubigsten und Kirchlichsten aufzunehmen und
die ganze Meute katholischer und protestantischer Pfaffen zu
schäumender Wuth gegen sich aufzuhetzen. Aber die immer
mehr offenbar werdende Gewissenlosigkeit dieser Partei hatte
das protestantische Gewissen in ihm entflammt, der immer
klarer hervortretende hierarchische Geist den an Glaubensfreiheit
Gewöhnten zum völligen Bruche hingedrängt! Die eigentliche
Adresse der Bunsen'schen Schrift ging an den königlichen
Freund, den sie von den Umgarnungen der Hierarchen zu be=
freien und zu einer klaren Entscheidung zu drängen suchte.
Sie verfehlte diesen Zweck. Friedrich Wilhelm IV., damals
schon solcher Entscheidungen nicht mehr fähig, wählte nicht
zwischen Bunsen und Stahl, sondern schwankte zwischen
beiden. Dagegen hatte sie den Erfolg, daß vielen Kurz=
sichtigen die wahre Physiognomie und das letzte Ziel der Preu=
ßens Thron und Land in das Verderben ziehenden Fanatiker
offenbar wurde, daß sich vom Jahre 1855 der rasch eintretende
Verfall dieser Partei vollzog.

Die nächste Veranlassung zu den „Zeichen der Zeit" war
der Hirtenbrief des Bischofs Ketteler von Mainz, bei Ge=
legenheit der 1100 jährigen Bonifaciusfeier, und die Rede
Stahl's über christliche Toleranz im evangelischen Vereine
zu Berlin. In diesen beiden Kundgebungen des katholischen
Bischofs und des protestantischen Oberkirchenraths sah Bun=
sen die Signatur der Zeit, den großen Kampf des Tages
zwischen Vereinsgeist und Hierarchie, zwischen Geistesfreiheit
und Verfolgungssucht. Es handelte sich, wie er richtig er=

29*

kannte, um das Recht der Persönlichkeit, der Selbstbestimmung
in dem freiesten, innerlichsten und tiefsten Leben der Mensch=
heit, der Religion, mit Einem Wort: um das Gewissen.
So war denn der Grundgedanke dieser Schrift die Durch=
führung der Gewissensfreiheit in ihrer ganzen Unbedingt=
heit, wie sie aus dem Wesen des Christenthums, d. h. des
wahren und innerlichen Christenthums, des Protestantismus,
mit Nothwendigkeit folgt. Und so spitzte sich der Gegensatz
von Bunsen und Stahl zu dem der wahren und der falschen
Religionsfreiheit, des Gewissenschristenthums und des Kirchen=
christenthums, der evangelischen Toleranz und der lutherischen
Intoleranz zu. In der That hatte Bunsen recht, wenn er
behauptete, die Stahl'sche Vorlesung habe richtiger den Titel
führen sollen: „Ueber lutherische Intoleranz". Denn auch hier
wurde, wie Stahl es anderwärts liebte, mit den Worten ein
trügerisches Spiel getrieben, die Toleranz zur Rechtfertigung
der Intoleranz benutzt, die protestantische Freiheit des Glau=
bens bitter verhöhnt. Stahl hatte unter Toleranz nur das
dürftigste Mitleiden, die Duldung gegen die abweichenden reli=
giösen Ueberzeugungen Anderer gelten lassen wollen, dieser
Duldung aber sogleich ihre Schranke an der „göttlichen Wahr=
heit" und der „Treue gegen das Bekenntniß" gesetzt. So
machte er es denn der Obrigkeit ausdrücklich zur Pflicht, diese
„Treue gegen das Bekenntniß" überall zu bewähren, das heißt:
sobald die bemitleidenswerthe Ueberzeugung aus dem Innersten
heraustrete, sobald sie es versuche zum Aussprechen durch das
Wort, zur Darstellung im Cultus, zur Bildung von religiösen
Gemeinschaften überzugehen, sobald sie sich ausbreite und
dadurch Aergerniß gebe, zu unterdrücken und ihr das Recht
der Existenz zu versagen. Es war der schneidendste Hohn,
welcher hier über die christliche Toleranz ausgegossen wurde,

und der ganze Unterſchied zwiſchen dieſer lutheriſchen Intole=
ranz und der katholiſchen Ketzerverfolgung des Mittelalters be=
ſtand darin, daß an die Stelle der criminellen Behandlung die
polizeiliche — Beſchränkungen, Bedrückungen und Verküm=
merungen aller Art —, an die Stelle eines ehrlichen, kurzen
Flammentodes die langſamen polizeilichen Todthetzereien treten
ſollten! Bunſen trat mit voller Gefühlsempörung gegen dieſe
ſchmachvollen, in dem Polizeiſtaat und der Polizeikirche Preußens
ihre Beſtätigung findenden, Theorien auf, er ſah in Stahl
den Repräſentanten des böſen Geiſtes unſerer Zeit, den Ab=
vocaten aller religiöſen Unduldſamkeit, den Unterminirer der
zu Recht beſtehenden Union. Er wies mit überzeugender
Wahrheit die abgeſchmackte Verdächtigung zurück, als ob die
Toleranzidee nur eine Frucht des Unglaubens und Indifferen=
tismus, der franzöſiſchen Revolution und der Aufklärung ſei, er
berief ſich auf die engliſchen Independenten und Quäker, auf
Milton, Leibniz, Thomaſius, in unſerer Zeit auf die gläubigen
Theologen Vinet und Merle d'Aubigné, und erinnerte an das
große Wort von Coleridge: „Das Gewiſſen iſt von Gott und
ſo ſeine Freiheit.“ Er ſprach das Wort aus und betonte es
mit dem ſchärfſten Accent, welches am unliebſten von unſern
Staatstheologen gehört wird und bereits wie vergeſſen war,
das Wort: Gewiſſen. War es doch von dem unaufhörlichen
Rabengekrächze „reine Lehre“, „Bekenntnißtreue“ völlig über=
tönt und bedurfte doch die in continentale Polizeianſchauungen
verſunkene Welt einer ſo ſcharfen Hinweiſung von einem ſo
namhaften und hochſtehenden Manne wie Bunſen, um ſich
vollkommen klar zu machen, wie mächtig und folgenreich die
einfache Wahrheit: Die Religion gehört dem Gewiſſen, das
Gewiſſen aber Gott. Wenn Stahl und ſeine ganze Partei
ihm zum Vorwurf machte, dieſe Schrift ſei eine Importation

englischer Anschauungen und Gedanken in die evangelische
Kirche Deutschlands, so hatten sie in gewissem Sinne recht,
und nur darin unrecht, zu übersehen, daß diese englischen Anschauungen und Gedanken ihre letzten Wurzeln im Christenthum selbst haben und ihre volle Durchbildung in der protestantischen Kirche, das ist in der Gewissenskirche, finden
sollen.

Wol hat sich Bunsen in dieser alarmirenden Schrift
manche Blöße gegeben durch die erhitzte, an Interjectionen
reiche, die Leidenschaften aufrufende Sprache, durch die großen
und weiten, oft über das Ziel hinausschießenden Worte, und
Stahl hat in seiner Widerlegung („Stahl wider Bunsen")
gleich einem geschickten Fechter den scharfen Dolch seines
Spottes in diese Blößen hineingestoßen. Und doch — so
überlegen sich Stahl dünkt in seiner höhnisch witzelnden, selbst
unsere Heroen, „St. Lessing" und „St. Goethe", wie er sie
nennt, nicht verschonenden Art, so klein und engherzig ist er,
sittlich gemessen. Und so überschwänglich und des sichern Ziel-
punktes verfehlend auch Bunsen oft erscheint, der Eindruck ist
doch nicht zu verwischen, daß dieser Eifer aus einem warmen
und schönen Gemüth, aus einem reinen Wahrheitsenthusias-
mus stammt und daß diese Gewissensreligion, welche er
predigt, die Religion Jesu ist, die in offener Feindschaft wider
die Religion aller Jesuiten, protestantischer wie katholischer,
steht. Ein großer und folgenreicher, von den Gegnern mit
gebührender Entrüstung aufgenommener Gedanke, welcher sich
durch diese ganze Schrift hindurchzieht, ist ferner der, daß
das Christenthum in seiner ersten Entstehungsform den semitischen Typus an sich trägt, daß derselbe aber nicht zu seinem
eigentlichen und ewigen Wesen gehört, vielmehr im Fortschritt
der Weltgeschichte umgebildet und ins „Japhetische" über-

jetzt werden soll. So heißt es in einer Hauptstelle der viel=
genannten Schrift: „Die christliche Religion ist im semitischen
Stamm, im jüdischen Volk, entstanden; ihr Stifter selbst war
ein Jude nach dem Fleisch, und die Urkunden derselben, das
ist die Heilige Schrift, können daher nicht anders als in semi=
tischer Vorstellung und Sprache verfaßt sein. Auch das Neue
Testament wurzelt in semitisch=abrahamitischen Ideen. In
dieser Gestalt haben die japhetischen (iranischen, germanischen)
Völker, welche jetzt Träger der Weltgeschichte sind, sie erhal=
ten. Diese müssen daher die semitische Vorstellungsweise, da
sie nicht Religion, sondern nur fremde Nationalität ist, aus=
scheiden, sie in das Japhetische übersetzen. Das Japhetische ist
aber auch an sich das Höhere, ist der philosophische Geist, die
Betrachtung der Geschichte als Verwirklichung ewiger Ideen,
deren die Semiten unfähig waren, die mit den Griechen be=
ginnt und durch die Römer hindurch zuletzt in den Germanen
ihren Gipfel erreicht. Erst durch die Uebertragung ins Japhe=
tische wird die religiöse Ueberlieferung der Heiligen Schrift, der
ungöttlichen, nationalen Beimischung entkleidet, reine Mensch=
heitssache, reine Wahrheit."

Ganz ebenso wie Bunsen innerhalb der Offenbarung des
Christenthums eine Fortentwickelung annahm, erweiterte er
auch nach rückwärts die Offenbarung, beschränkte sie nicht
allein auf das jüdische Volk, sondern fand ihre Spuren wieder
in der ganzen Weltgeschichte, unter allen Völkern und Zei=
ten. Diese Universalität der Offenbarung, dies Hindurch=
leuchten des göttlichen Geistes durch das religiöse Bewußtsein
aller Völker ist in der Schrift: „Gott in der Geschichte"
in einer Reihe von großartigen Gestalten, in geistvollster Con=
ception, zur Anschauung gebracht.

Die mächtigste Einwirkung auf das gesammte deutsche

Volk versprach sich Bunsen von seinem großen, im Jahre 1858 begonnenen, leider nicht mehr von ihm vollenbeten, Bibelwerk. Dasselbe sollte, ähnlich wie Humboldt's Kosmos, die reife Frucht eines vierzigjährigen Denkens und Strebens sein. Er hatte sein volles Mannesleben an die planmäßige Ausbildung dieser fast übermächtigen Aufgabe gesetzt, er wollte im Greisesalter die begeisterten Gelübde der Jugend zahlen. Frei= lich erfüllte dies Werk bei aller Bedeutsamkeit seines Inhalts die Erwartungen nicht, die er selbst und viele mit ihm darauf gesetzt hatten. Es war für die „Gemeinde" bestimmt, sollte ein christliches Volks= und Erziehungsbuch werden und ent= behrte doch am meisten gerade derjenigen Eigenschaften, die für ein solches Werk die nothwendigsten sind. Ihm fehlten die Grundbedingungen echter Popularität: Klarheit und Ein= fachheit der Form, Beschränkung des Inhalts auf das Noth= wendige und Unwiderlegliche. Aber wenn es auch nicht den Weg in die Gemeinde fand, war es doch für die theologische Welt reich an neuen Anregungen und befruchtenden Gedanken. Bunsen steht in den Fragen der biblischen Kritik im wesent= lichen auf dem Boden der Vermittelungstheologie, sucht aber überall neue und eigenthümliche Lösungen der Probleme. Er rühmt sich, in den Grundsätzen philologischer Kritik eines Nie= buhr auferzogen zu sein, und will dieselben auch für die Schrif= ten des Alten und Neuen Testaments zur Anwendung bringen. Er spricht gern von dem „wiederherstellenden Charak= ter" der höhern Kritik und versteht darunter eine divinatorische Geisteskraft, durch welche aus allen Anzweiflungen und Aus= scheidungen der feste Kern des Echten mit Sicherheit heraus= gefunden wird. Schon in seiner Schrift über die Ignatianischen Briefe (1847) und über Hippolyt und seine Zeit (1852) hatte er Proben dieser „wiederherstellenden" Kritik gegeben. Die=

selben erinnern am meisten an die Arbeiten Ewald's, dem er
überhaupt in der Verbindung einer phantastischen, willkür=
lich construirenden Neigung mit philologischer Gelehrsamkeit am
nächsten verwandt ist. Auch in der starken Antipathie gegen
Baur und seine Schule und in der turbulenten, absprechenden
Art, mit welcher er über diese Kritiker sich ausläßt, steht er
ihm ganz nahe. „Es ist eine leichtsinnige Verblendung und
ein bitterer Hohn", so beginnt er gleich in seiner Einleitung,
„wenn jetzt unter uns und anderwärts Männer aufstehen,
welche sich oder uns glauben machen wollen, es könne bei
Annahme von dem unhistorischen Charakter des Evangelium
Johannes ein gemeinbliches Christenthum ferner bestehen. Ist
das Evangelium Johannes kein geschichtlicher Bericht des
Augenzeugen, so gibt es keinen geschichtlichen Christus und ohne
einen geschichtlichen Christus ist der gemeinbliche Christenglaube
ein Wahn, alles christliche Bekenntniß Heuchelei oder Täu=
schung, die christliche Gottesverehrung Gaukelei, die Reforma=
tion endlich ein Verbrechen oder ein Wahnsinn." Diese sich
in bedenklichem Maße bis zur äußersten Erhitzung steigernden
Declamationen, die oft wiederkehren, sind offenbar für die
kritische Stimmung sehr ungünstig und um so auffälliger, da
das Evangelium des Matthäus so ganz ohne Bedenken der
Kritik zum Opfer gebracht wird. Wenn Johannes überall gegen
Matthäus recht behält, wenn dort überall die rein geschicht=
lich fortschreitende (!) Denkschrift eines Augenzeugen er=
kannt und nach ihr der Werth der Synoptiker bestimmt wird,
so heißt das doch nicht mit gleichem Maß und Gewicht messen!
Denn, wie man auch über den Verfasser des vierten Evange=
liums denken mag, daß dieses nicht eine „rein geschichtlich
fortschreitende Denkschrift eines Augenzeugen", sondern eine
freie Bearbeitung des historischen Stoffs nach höhern, ideellen

Gesichtspunkten ist — das haben doch nicht allein die Tübinger behauptet, sondern mit ihnen fast alle unbefangene Kritiker unserer Tage eingestanden!

Neben Rothe und Bunsen ist es Schenkel, der, als
der dritte, diesen beiden nahe verbunden und ihr tapferer
Kampfgenosse, sich, gleich ihnen, von manchen Täuschungen
früherer. Entwickelungsstufen losgerungen, manche alte und
beengende Verbindungen muthig zerrissen und, seinem innersten Gewissenstrieb folgend, mit der vollen Freudigkeit selbst-
erfahrener und erkämpfter Wahrheit sich mitten in den lebendigen Strom der Gegenwart hineingegeben hat. Er war
eine Zeit lang das Schoßkind der Vermittelungstheologen, ihre
Stütze und Hoffnung, aber er hat nie innerlich zu ihnen gehört und konnte seiner ganzen kraftvollen und geistig-gesunden
Eigenthümlichkeit nach in dieser weichen und lauen Tempera-
tur nicht lange aushalten. Ein Schweizer von Geburt, ein
Schüler des klaren, kritisch-unbeugsamen De Wette, wurde er
früh schon in die politisch-kirchlichen Kämpfe seiner Heimat
während der dreißiger Jahre hineingezogen, früh schon zum
Kampfe geübt und in ihm gestählt. Hier in der freien Schweiz,
unter seinen kräftigen, an den Ringkampf gewöhnten Lands-
leuten, hat er die schönen Anlagen seiner Natur rasch entwickelt und sich die elastische Schwungkraft und immer bereite
Schlagfertigkeit erworben, mit der er so wirksam in die Entwickelungskämpfe der deutschen Kirche eingreifen sollte. Der
unreife, politisch-kirchliche Radicalismus jener Zeit, wie er
namentlich in der Schweiz roh und zerstörend auftrat, führte
ihn in das Lager der gemäßigt Conservativen, hielt ihn aber
nicht ab, gegen das im Stillen minirende ultramontane Treiben die Stimme zu erheben und den Krypto-Katholicismus
seines Amtsgenossen Hurter vor das Gericht der Oeffent-

lichkeit zu ziehen. Als er, vornehmlich durch Ullmann's und
Umbreit's Bemühungen, an die Universität Heidelberg berufen
wurde, hielten diese Männer ihn für einen ihnen ganz Er=
gebenen, eine jugendlich=hoffnungsreiche Kraft, die ihrer be=
reits verblühenden Theologie neue Frische und Ansehen geben
sollte. Sie wurden bitter getäuscht. Sie hatten keine Ahnung
von dem freien und selbständigen Schweizergeist dieses Mannes,
der bald das Leitseil ihrer Aengstlichkeit abwerfen, ihre Diplo=
matenkünste keck durchkreuzen und sich durch die Verpuppungen
der Vermittelungstheologie, in die er sich eingesponnen, mit
eigener Kraft hindurcharbeiten sollte. Wol niemand hat so
gründlich wie er, aus eigenster Anschauung und nächster Nähe,
alle die Schwächen, Halbheiten und kleinen Künste der Ver=
mittler in Theorie und Praxis kennen und hassen gelernt und
sich darum mit so voller Entschiedenheit von ihnen abgewandt.
Mochten auch seine theologischen Ueberzeugungen mit denen
dieser Männer noch an vielen Punkten zusammentreffen, ein
Charakterzug sehr wesentlicher Art unterschied ihn von jenen,
der des Muthes, des thatkräftigen, dem Leben zugewandten
Geistes. Er war nicht Doctrinär wie sie. Er hatte sich
ein offenes Auge erhalten für das Volk, seine starken und
gesunden Instincte. Er verabscheute die Künsteleien in der
Kirche, wie sie in den liturgischen Experimenten der Herren
Ullmann und Bähr lautesten Unwillen hervorriefen. Er ver=
schmähte es nicht, sich an die Gemeinden zu wenden, sich an
die Spitze der immer höher anschwellenden Bewegung zu
stellen, um sie zu einem vernünftigen, durch Maß und Ein=
sicht geleiteten Erfolge zu führen. Er liebte ja den frischen
und fröhlichen Kampf eines guten Gewissens und scheute sich
nicht vor dem Vorwurf der „Agitation“; er liebte auch den
offenen Angriff und blieb nicht, wie jene, in vorsichtiger Re=

serve stehen. Darum fiel ihm und den Seinen der Sieg zu, einer der vollkommensten und reinsten, die je erkämpft wurden; für welche die babische Kirche ihm noch auf lange Zeiten dankbar bleiben wird. Den ersten Anstoß zur Lossagung von der schlechten Vermittelei gab ihm Bunsen's Schrift „Die Zei= chen der Zeit", und der enge persönliche Verkehr mit ihm. Er erkannte, daß nunmehr die Zeit gekommen, Partei zu ergrei= fen, daß eine mittlere Stellung unmöglich geworden, daß die bis auf den Tod zu bekämpfende Partei die hierarchisch=katho= lisirende Stahl's und seiner Genossen sei, und daß es sich in diesem Kampfe um nichts geringeres als um die Erhaltung und Fortbildung der Reformation oder um ihr Preisgeben handle. So trat er mit scharfem Geistesschwert an der Seite Bunsen's auf den Kampfplatz. In den dann folgenden innern Entwickelungskrisen der babischen Kirche, der Agenden=, der Concordats= und der Verfassungsfrage stand er überall in vor= derster Reihe, theilte die Losungen aus und hat durch wissen= schaftliche Schärfe, durch glücklich ausgeprägte Schlagworte, wie durch großes, praktisches und organisatorisches Geschick, durch die seltene Verbindung voller Entschiedenheit und kluger Mäßigung, den wesentlichsten Antheil an dem glücklichen Er= folge dieser kirchlichen Streitigkeiten gehabt.

Seine bedeutendste wissenschaftliche Arbeit ist die „Ueber das Wesen des Protestantismus" (1. Aufl., 1847; 2. völlig umgearbeitete, 1862). Die Studien, welche er zu die= sem Werke gemacht, die Gedanken, welche er hier niedergelegt, bilden die eigentliche Substanz seiner Theologie und kehren in den verschiedensten Wendungen wieder, wenn sie auch im Verlaufe der Zeit eine vollkommenere Klärung, eine reichere Ausführung und Anwendung auf alle Fragen der Gegenwart erfahren haben. Der Protestantismus, das ist der Grund=

gedanke, ist nicht eine vergangene und fertige Thatsache, sondern ein großes, lebendiges, noch immer fortwirkendes Princip, nicht ein System von Lehren und Einrichtungen, sondern
eine immer gründlicher zu lösende Aufgabe; es ist das Princip
„des auf dem Gewissensgrundsatze ruhenden, freien
evangelischen Gemeindebewußtseins", welches von seinem Mittelpunkt, der tiefgehenden Gewissenserregung, aus,
Menschen, Völker und Staaten, die Gesellschaft, alle individuellen Kreise und socialen Gebiete zu erneuern und um-
zugestalten die Bestimmung hat. So ist denn die klare Erkenntniß und volle Durcharbeitung dieses Princips und der
Kampf mit dem entgegenwirkenden katholischen, das die protestantische Theologie und Kirchengemeinschaft selbst tief ergriffen und mit seinem Gifte inficirt hat, die große Aufgabe
der Zeit, der Mittelpunkt alles Strebens und Kämpfens, das
Maß, nach dem aller geistige und sittliche Werth zu messen
ist. Schenkel's Streben in diesem Werke geht dahin, den
deutschen Protestantismus in seinem tiefsten und geheimsten,
vielen noch immer verborgenen, Walten an das Licht zu stellen,
diese große, weltgeschichtliche Erscheinung in ihren ursprünglichen Wurzeln, Trieben und Kräften zu begreifen und von
hier aus in geschichtlich-lebendiger Weise für die Aufgabe und
das Ziel unserer Kirche, für Gegenwart und Zukunft die richtigen Schlüsse zu thun. Ihm fällt also nicht das „Wesen des
Protestantismus" zusammen mit der ersten Erscheinungsform
desselben, mit der officiellen lutherischen Kirche und ihrer Ausprägung in Lehre und Kirchenordnungen, wie sie das 16. Jahrhundert in unklarer und geistig verengter Gestalt hervorgebracht
hat. Vielmehr geht er auf das diesem ersten festen Niederschlag, dem Werk der Fürsten und Theologen, vorangehende
mächtige, noch in weiten Ufern strömende Geistesleben zurück,

und schließt auch die Gedanken und Absichten solcher Männer, welche zur Zeit der Reformation in zweiter Linie standen oder gar als Häretiker zurückgedrängt und ausgeschlossen wurden — der Humanisten, Schwarmgeister und Theosophen — mit in den Kreis seiner Darstellung ein. Er geht vor allem auf den ersten heldenhaften und wahrhaft reformatorischen Luther zurück, der noch ganz von der tiefsten Innerlichkeit des Glau= bens bewegt wurde und erst später, mit sich selbst uneins und seinem eigenen Werk mistrauend, vom Gewissensglauben auf den Autoritäts= und Traditionsglauben zurücksank. Er macht darauf aufmerksam, wie von einer Theologie Luther's, im Sinne unserer Lutheraner, gar nicht die Rede sein könne, wie vielmehr in diesem merkwürdigen, leidenschaftlich=bewegten Manne die widersprechendsten Vorstellungen und Richtungen sich durchkreuzen, wie der Mönch und der Reformator in einem Kampfe auf Leben und Tod miteinander ringen, wie der crasseste Aberglauben einer aufgeregten Bergmannsphan= tasie und der lichtvolle Seherblick eines erhabenen Propheten wunderbar sich in Eins zusammenschließen. Er weist hin auf die großen, zu Anfang noch unbegrenzten und darum später wieder so eng umschlossenen und verstümmelten Gedanken des allein beseligenden und allein rechtfertigenden Glaubens, des Zeugnisses des Heiliges Geistes, des allgemeinen Priester= thums, der unsichtbaren Kirche, und läßt die rechte Lösung all dieser harten Widersprüche, in welche Luther's gewaltiger Eigensinn und mit ihm die ganze lutherische Kirche sich ver= irrt, als die Aufgabe der Gegenwart erkennen. Er hebt auch besonders und mit vollstem Rechte hervor, wie in der Schweizeri= schen Reformation, und namentlich in Zwingli, von Anbeginn ein Gegengewicht gegen manche Verirrungen der Lutheraner gegeben sei, wie sich hier ein praktisch=sittlicher Geisteszug rege, der schon in der Lehre vom Glauben, als einem Willensact, einer sittlichen That, sich offenbare und von diesem Mittelpunkt aus das ganze Lehrsystem durchdringe. So kommt er endlich zu dem Schlusse, daß der Gewissensglaube und die Gewissensthat, in welcher der Mensch sich mit seinem tiefsten Lebensgrunde, seinem Gott, zusammenschließt und seiner froh und gewiß wird, schon in Luther selbst der Antrieb seines Auftretens und Wirkens gewesen, wie sich dies in den so oft wiederkehrenden Wendungen: „Ich bin gefangen in meinem Gewissen", oder: „Es ist weder sicher, noch gerathen, wider das Gewissen etwas zu thun", deutlich offenbare. Bei dieser Anschauung von dem Wesen der Reformation nahm Schenkel auch von Anfang an eine ganz andere Stellung zur Union ein, als die Consensusmänner Nitzsch und J. Müller. Er wollte von einem äußerlich zusammengeflickten Consensus nichts wissen. Er fand diesen Consensus nicht in den articulirten Symbolen, sondern in dem diesen Symbolen weit voran- und weit über sie hinausgehenden Grundprincip. Er blickte nicht ängstlich auf die Lehrfragen beider Confessionen zurück, sondern auf den lebendigen Grundtrieb und richtete so, indem er bis auf dies letzte unsichtbare und unarticulirte Wollen zurückging, seinen Blick nicht auf eine abgestorbene Vergangenheit mit ihren veralteten Lehrformen, sondern auf Gegenwart und Zukunft, in welcher erst das reformatorische Princip zu seiner vollen und reinen Ausgestaltung kommen solle. Nach seiner Auffassung war in der sächsischen wie der schweizerischen Reformation der ursprüngliche Heils- und Gewissenstrieb derselbe, sodaß der erste Ausgangspunkt ebenso wenig wie die letzten Ziele auseinandergehen. „Derselbe Wahrheitssinn, dasselbe Freiheitsbedürfniß, dasselbe Verlangen nach freier Selbstbestimmung im Gemeinschaftsleben, nur mit dem Unterschiede,

daß der lutherische Protestantismus noch in dem massiv-reali-
stischen Vorstellungskreise des Mittelalters theilweise stehen
blieb, während der reformirte Protestantismus bereits für die
neuen Ideen mit Mitteln moderner Wissenschaft arbeitete, dagegen
wieder nicht selten einem idealistischen Determinismus verfiel."
Das Ergebniß dieser Forschungen in der großen Vergangenheit unserer Kirche war die Hoffnung und Hinweisung
darauf, daß dieselbe einer Wiedergeburt aus dem Gewissen
warte und nur durch sie aus den katholischen Verpuppungen sich
herausretten könne, die Ueberzeugung, daß Religion und Sittlichkeit ihre gemeinsame Lebenswurzel in dem Gewissen habe.
Und das ist der Gedanke, welcher in seinem zweiten größern
Werke, seiner Dogmatik (2 Bde., 1858 und 1859), alles bestimmt.
Sie ist, wie es schon in ihrem Titel heißt, „vom Standpunkt
des Gewissens" geschrieben. Das „Gewissen" ist das
große Schlagwort, welches Bunsen schon als eine unwiderstehliche, alle Gemüther erobernde Macht in das Feld geführt
hatte. Er hatte dem Gewissen noch die Vernunft hinzugefügt
und dadurch die alt-rationalistische Vernunft über sich selbst
erhoben und zu ihrer tiefern Wahrheit hingeführt. Schenkel
schloß sich an die wissenschaftlichen Forschungen über den Ursprung der Religion, über die specifisch-religiöse Function,
wie sie von Schleiermacher so mächtige und entscheidende Anregung erhalten, an und verbesserte die Schleiermacher'sche
Lehre vom Gefühl dahin, daß das religiöse Organ das Centralorgan des Geistes, der innerste Mittelpunkt des Selbstbewußtseins sei, in welchem der sittliche und intellectuelle Factor noch zusammengeschlossen und aus welchem mit Nothwendigkeit die sittliche That, wie die wissenschaftliche Erkenntniß
hervorgehe. Diese verbessernde Modification der Schleiermacher'schen Lehre war allerdings nichts Neues. Neu aber

und ein glücklicher Fund für die Dogmatik war die Aus=
prägung des Wortes „Gewissen" für dies tiefste und inner=
lichste Leben des Subjects. Schenkel hob noch besonders —
im Anschluß an Rothe — hervor, daß das Gewissen zugleich
eine religiöse und eine sittliche Bedeutung habe und in dem
Sinne, in welchem es hier zur Geltung komme, die tiefste
Synthese des religiösen und des sittlichen Factors sei. Er
führte außerdem aus, daß das Gewissen keineswegs nur sub=
jectiver Natur sei und die letzte Zuspitzung der Subjectivität
bedeute, daß es vielmehr denjenigen Punkt im Innersten des
Selbstbewußtseins bezeichne, welcher mit dem ewigen Wahr=
heitsgrunde selbst zusammengeschlossen, in welchem das Sub=
ject den Urgrund aller Dinge in seiner eigenen Lebens= und
Wesensmitte habe. So vollkommen wahr dieser Grund=
gedanke der Schenkel'schen Dogmatik, so sehr kam es doch
auch wieder auf die Durchführung desselben in allen einzelnen
Lehrsätzen an. Und hier begegnen wir wol öfter noch solchen
Reihen von dogmatischen Reflexionen, welche nicht aus dem
religiösen Gewissen der Gegenwart stammen und nicht vor
seinem Forum die unerbittliche Prüfung bestanden haben, die
vielmehr einer theologischen Tradition angehören, welche be=
reits im Absterben begriffen ist und nur äußerlich mit dem
Gewissen in Verbindung gesetzt wird. Sicherlich würde bei
einer erneuten Revision dieses reichen und geistvoll durch=
gearbeiteten Werks noch mancher Ballast der Vermittelungs=
theologie über Bord geworfen werden, noch manche künst=
liche Construction einer ganz einfachen Wahrheitsfassung wei=
chen. Und auch darüber würden wir dann wol bestimmtere
Belehrung erhalten, welche Stellung dem Gewissen in dem
christlichen Lehrsystem gebühre, ob es nur eine receptive
und höchstens kritische Kraft sei, nur das Organ zur Auf=

nahme der göttlichen Offenbarung und zur Sichtung ihres
Inhalts, oder ob es zugleich eine schöpferische Kraft sei, eine
neue Wahrheitsquelle, selbst eine Offenbarung, die jüngste,
frischeste, innerlichste und individuellste, welche wol aus den
alten Offenbarungsurkunden ihre Nahrung zieht und durch
sie immer neu belebt wird, aber auch nach Inhalt und Form
über sie hinausgeht.*)

Das zweite große Schlagwort neben dem „Gewissen" ist
bei Schenkel „die Gemeinde". Sie ist das öffentliche, das
allgemeine Gewissen. In ihr tritt das Gewissen heraus aus
der Eingeschlossenheit in das partielle Leben des Individuums,
gewinnt den Charakter der Allgemeingültigkeit, der Objectivi=
tät. Und doch ist sie nur wieder eine andere, höhere Form
des Gewissens. Sie stellt die christliche Frömmigkeit dar in
unmittelbarer lebensvoller Gestalt, noch erfüllt von den sitt=
lichen Lebensmächten, noch bewegt von den wahrhaftigen Her=
zensbedürfnissen des Volks, noch durchdrungen von allen Bil=
dungselementen der Zeit, noch nicht losgelöst von ihrem
mütterlichen Boden durch die künstliche Dogmatik einer eng=
herzigen Theologenzunft. Das ist die ideale Bedeutung der
Gemeinde! Sie ist das christliche Gewissen der Gemein=
schaft! In diesem Sinne ist sie die Grundlage und der
Lebensquell aller Kirchenverfassung, und die große Aufgabe
der Zeit besteht darin, von der bevormundeten, bureaukra=
tisch=hierarchischen Geistlichkeitskirche zur freien Gemeinde=
und Volkskirche überzugehen, aus den Tiefen des christ=
lichen Volksgewissens die Kirche von neuem aufzuerbauen! Es

---

*) „Ueber das Charakterbild Jesu" von Schenkel und den sich
daran knüpfenden Streit wird im letzten Kapitel noch besonders die
Rede sein.

gilt, den offenen Zwiespalt zwischen dem Gemeindebewußt=
sein und der Theologenlehre zu überwinden, über die Kluft
zwischen den Dienern der Kirche und ihren Gemeinden, die
sich in den letzten Jahren immer weiter aufgethan und immer
erschreckender hervorgetreten, zwischen den Predigten der Pasto=
ren und den Bedürfnissen der Gebildeten, zwischen der alten
Dogmatik und dem neuen Geist, hinwegzukommen. Und das
kann nur dann erreicht werden, wenn die Geistlichen nicht
über der Gemeinde stehen, als mit übernatürlichen Voll=
machten ausgerüstete, sondern mitten in ihr, sodaß sie aus
ihr heraus das Wort des Heils verkündigen und täglich
neue Lebenskräfte schöpfen. So sollen sie denn, wie Schenkel
es in der vortrefflichen Schrift „Ueber die Bildung der evan=
gelischen Theologen" (1863) unserer Jugend und ihren Leh=
rern mit warmer Beredsamkeit ans Herz gelegt hat, nicht ein
abgeschlossenes Standesbewußtsein nähren, sondern das Ge=
meindebewußtsein in reinster und kräftigster Weise entwickeln.
Sie sollen ja herangebildet werden, nicht zu Gnadenmittlern
und Verwaltern magischer Kräfte, sondern zu evangelischen
Predigern, zu Seelsorgern, zu Armenpflegern, zu Jugend=
lehrern, zu herzlichen, mittheilsamen Berathern und Freunden
aller Hülfesuchenden. Die protestantische Kirche will keine
Priester; der Gegensatz eines weltlichen und geistlichen Stan=
des gehört nicht mehr unserer Zeit, sondern dem katholischen
Mittelalter an. Unsere Theologen sollen für das Leben in
und mit der Gemeinde gebildet werden! So soll denn auch
der frische und fröhliche Natursinn nicht durch früh schon an=
gewöhnte fromme Manieren unterdrückt werden, vielmehr das,
was die höchste Weihe und Würde alles menschlichen Thuns
ist, die sich selbst bestimmende, aus dem Innersten dringende
sittliche Freudigkeit und Kraft, soll ihnen im besondern Maße

eigen sein! — Diese Gedanken über die Gemeinde und die
Stellung und Bildung des geistlichen Standes in ihr, diese
Forderung einer aus der Mitte und Fülle des religiösen Volks=
lebens wieder auferstehenden Kirche, dieser Kampf gegen alles
hierarchische Wesen, alle katholisirenden Amtsdoctrinen, stellen
Schenkel mitten in den brennendsten Streit der Gegenwart
und machen ihn zu einem Vorkämpfer und Fahnenträger der
freien Theologie. Hier — auf dem Boden der kirchlichen
Praxis und der Verfassungsfragen, nicht auf dem der Dog=
matik, muß der große Gegensatz der alten und neuen Welt=
anschauung ausgekämpft, hier muß der Sieg gegen alle Ueber=
bleibsel, wie alle Consequenzen der supranaturalen Vorstellungen
gewonnen werden!

Viertes Kapitel.

Die freie Theologie. Die Umbildung des Rationalismus: Hase und Rückert. Die echten Schüler Schleiermacher's. Die antidogmatische Union. Die protestantische Kirchenzeitung. Alexander Schweizer und die Schweizer Theologie. Die Zeitstimmen. Der Protestanten=Verein.

———

Schon mit Schenkel haben wir den Boden der freien Theologie betreten. In seinem Kampfe gegen den Traditionalismus vom Standpunkt des Gewissensglaubens, gegen den Hierarchismus vom Recht der Gemeinde aus, in seiner unzertrennlichen Vereinigung des Religiösen und Sittlichen liegen bereits eingeschlossen alle Keime der Zukunft, alle nothwendigen Umschmelzungen der alten supranaturalistischen Dogmatik in die moderne Weltanschauung, in ein religiös=sittliches Gedankensystem. Freilich ist der Kampf hier vorzugsweise auf das praktische Gebiet verlegt. Dagegen ist die wissenschaftliche Auflösung und Ueberwindung der Willkür= und Wundertheologie theils durch die Fortbildner des Rationalismus, theils durch die eigentlichen Schüler Schleiermacher's, theils durch die in den Wegen Hegel's und Baur's fortschreitenden Theologen vollzogen.

Die Fortbildung des Rationalismus aus dem Geiste der
neuen Zeit, die Bereicherung und Vertiefung desselben durch
alle aus der modernen Bildung in Kunst und Wissenschaft
zugeflossenen Elemente, durch alle Fortschritte der Philosophie
und der Geschichtschreibung, stellt sich in niemand so voll=
kommen und so glänzend dar als in Hase. Er ist noch von
dem romantischen Hauch berührt. Die Vorliebe für die Kunst
ist bei ihm so mächtig und überwiegend, wie bei keinem andern
Theologen. Der Sinn für die Vergangenheit, namentlich des
Mittelalters, und die Gabe liebevollen Hineinlebens in sie ist
so entwickelt, wie sie nur je bei den katholisirenden und katho=
lisch gewordenen Romantikern gefunden wurde. Er war ja
der erste, welcher die Darstellung der kirchlichen Kunst als
wesentlichen Bestandtheil in die Kirchengeschichte aufnahm. Er
hat noch in seinem letzten und bedeutendsten Werk, seiner
„Protestantischen Polemik“, in den Abschnitten über katho=
lischen Cultus und Kunst die vollgültigsten Proben gerechter
Würdigung und zarten, sinnigen Eingehens in das Leben und
Schaffen des katholischen Mittelalters abgelegt. Und dennoch
ist er nichts weniger als ein Romantiker. Nicht einmal ein
romantischer Theolog im Sinne Tholuck's, obgleich er tiefer
als dieser aus dem Geist der Romantik und ihres Philosophen,
Schelling's, geschöpft. Wurde er doch eine Zeit lang von
den alten, stumpfsinnigen Rationalisten geradezu den Schellin=
gianern zugezählt, weil er in seiner Erstlingsschrift, „Des
alten Pfarrers Testament“ (1824), die Schelling'sche Phi=
losophie mit Begeisterung hervorgehoben und in glänzenden
Farben zur Darstellung gebracht hatte. Sie übersahen, daß
er schon hier hinzugefügt, die Einfachheit des Evangeliums
stehe hoch über dieser Pracht der Weltweisheit. Warum
Hase bei diesen Neigungen und Anlagen nie in die gefähr=

lichen romantischen Strudel hinabgezogen, nicht einmal in der
Weise Tholuck's zu einem alles beweisenden und beschwich=
tigenden Phantasietheologen geworden? Darum — weil
er ein gutes, protestantisches Gewissen sich bewahrte, weil
seine Liebe zur Wahrheit größer war als sein Kunstenthu=
siasmus, weil die eigene Ueberzeugung und praktische Lebens=
richtung bei ihm noch verschieden war von einer künstlichen
und künstlerischen Versetzung in die Vergangenheit, weil der
männlich=sittliche Geist eines Lessing, Kant, Fichte in ihm
lebendig war und mächtiger als alle andern Neigungen seiner
reich begabten, ästhetischen Natur. So blieb er denn ein
rationaler Theologe. Sich selbst treu von Anfang bis
zu Ende, alle Ideale der Jugend liebevoll sich bewahrend
und im reifern Alter durch die Wissenschaft verklärend; nie
den feigen Selbstbelügungen einer sittlich entarteten Theologie,
wie sie auf dem Sumpfboden unklarer Romantik und ab=
stracter Speculation erwuchs und unter dem politischen Druck
der letzten Decennien hoch aufschoß — auch nur mit Einem
gefälligen Wort nachgebend. „Immer derselbe", höhnte ihn
Hengstenberg. „Ja, immer derselbe", antwortete er in edlem
und gerechtem Selbstgefühl, „wenigstens soweit derselbe, daß
ich mit Zuversicht hoffe, nie unter der Einwirkung äußer=
licher Beweggründe ein anderer zu werden." Schon in den
„Theologischen Streitschriften" vom Jahre 1834 rechtfertigt
sich Hase gegen den von den alten Rationalisten erhobenen
Vorwurf des Schellingianismus und Pantheismus und hebt
hier mit vollkommener Klarheit die wesentlichen Unterschiede
hervor, welche ihn bei aller Anerkennung der tiefsinnigen Ge=
danken von dieser neuen Speculation trennen. Das alles be=
herrschende Princip seiner Dogmatik war ja die relative
Freiheit des Menschen; die auf ihr ruhende Liebe zu Gott

die aus ihr folgende Forderung des „unendlichen Strebens",
das ist der Unsterblichkeit und des persönlichen Gottes, der
aus freier Liebe die Welt schafft und zur Vollendung des
creatürlichen Lebens im Reiche Gottes hinführt. So war
denn auch die Trinität, welche er lehrte, eine ganz andere
als die Schelling's, die zu einem physischen Weltereigniß, zu
einem theogonischen Proceß sich umwandte, während sie bei ihm
eine ethische blieb und auf den praktisch=biblischen Gehalt
zurückgeführt wurde. Ueberhaupt vindicirte er mit vollem Be=
wußtsein seinem theologischen System den ethischen Charakter
und gründete es, als auf den festesten Grund, auf die religiös=
sittliche Freiheit des Menschen in seinem Unterschiede von
Gott, wie in seiner auf der tiefsten Einheit ruhenden Liebe
und dem unendlichen Streben nach Gemeinschaft mit ihm. Dies
ethische Princip ist ja der unzerstörbare Wahrheitskern des
Rationalismus. Ihn festgehalten und nach allen Seiten hin,
sowol gegen den Pantheismus, Fatalismus und die gnostisi=
renden Ausläufer der Schelling=Hegel'schen Speculation, als
gegen alle äußerlichen, juridischen und magischen Vorstellungen,
wie sie im orthodoxen Lehrsystem herrschen, klar herausgebildet
zu haben — ist das große Verdienst Hase's. So hat er
denn sich nie gescheut, sich einen rationalen Theologen zu
nennen, sich zu dem Princip des Rationalismus, „nichts für
wahr zu halten, als was durch klare und unzweifelhafte
Vernunftgründe gerechtfertigt werden kann", offen zu bekennen.
Freilich unterschied er sehr bestimmt zwischen dem alten ver=
kommenen Rationalismus, den er bekämpfte, und diesem ratio=
nalen Princip, das er mit aller Kraft aufrecht erhielt, und
diese Unterscheidung ist es eben, welche ihm einen so ehren=
vollen Platz in unserer Theologie erworben hat. Die schon
genannte kleine, aber nach Inhalt und Form classische Schrift,

ein Meisterstück seiner, geistig=vornehmer Polemik (die „Theolo=
gischen Streitschriften" vom Jahre 1834), ist insofern Epoche
machend und verdient immer von neuem gelesen zu wer=
den, als in ihr der alte, geistesarme, aber noch immer hoch=
müthig verdammende und sich der ganzen neuen Wissenschaft
in verblendeter Selbstüberhebung entgegenstellende Rationalis=
mus in der Person seines sichtbaren Oberhauptes zu Weimar
auf immer vernichtet wurde; — vernichtet — nicht von einem
Rechtgläubigen oder Supranaturalisten, sondern von einem
hochgebildeten, der freiesten Wissenschaft ergebenen Theologen.
Wie einst Lessing sich gegen die falsche und oberflächliche
Aufklärerei, Fichte gegen Nicolai und seinen geistlosen An=
hang erhoben, so nun Hase gegen Röhr und seine bereits
lächerlich gewordenen rationalistischen Verdammungsbullen. Es
war dieser Sieg ein vollkommener, aber bedeutender noch als
durch die Vernichtung des alten Rationalismus durch die Ge=
winnung eines neuen wissenschaftlichen Bodens für die wahr=
haft rationale, mit allen Waffen des Geistes und der Bildung
ausgerüstete, Theologie. Hase hat in diesen Streitschriften
gegen die falsche Vernunft und ihre Anmaßungen für die
wahre und ihre unveräußerlichen Rechte gekämpft. In der
That war es nöthig, endlich über den alles verwirrenden
Streit zwischen den Rationalisten und Supranaturalisten hinaus=
zukommen. Schleiermacher hatte es leider und zum Ver=
derben seiner Anhänger unterlassen, in dieser Frage ein ernstes
und aufrichtiges Wort zu sprechen; er hatte sich nur mit Ab=
neigung von den hohlen Phrasen und dem nüchternen Ver=
standeswesen der damaligen Rationalisten abgewandt, nicht aber
dem unveräußerlichen Recht der Vernunft gegen allen Supra=
naturalismus mit Entschiedenheit das Wort geredet und war
mit lächelnder Miene und flüchtigen Fußes in dem bekannten

§. 13 seiner Dogmatik und in der Abweisung des „schlecht=
hin" Uebernatürlichen und Uebervernünftigen, über die Schwie=
rigkeiten hinweggeschlüpft. Ebenso wenig hatte die speculative
Vermittelung der Gegensätze, wie Hegel und Marheineke sie
versuchten, zu einer befriedigenden Lösung geführt. Denn
wenn Marheineke orakelte, daß das Falsche am Supranatu=
ralismus die Lehre von einer göttlichen Offenbarung, die der
Vernunft fremd und äußerlich bleibe, das Falsche am Ra=
tionalismus dagegen die Lehre von einer Vernunft, die von
der göttlichen Offenbarung nichts wisse, sei, und schließlich
darauf hinauskam, daß der Supranaturalismus den objec=
tiven Inhalt, der Rationalismus dagegen die subjective
Form der Wahrheit enthalte; so war mit solch leeren For=
meln nichts gewonnen, es blieb vielmehr die alte und ver=
worrene Vorstellung stehen, als ob die Offenbarung den gött=
lichen Inhalt bezeichne, die Vernunft dagegen nur ein formales
menschliches Vermögen sei, während doch die Vernunft selbst
Inhalt und Form zugleich ist und am wenigsten einer äußer=
lich hinzukommenden Offenbarung bedarf. Einen andern Weg
schlug Hase ein. Er wollte nicht den Rationalismus durch
den Supranaturalismus überwinden, auch nicht die beiden
miteinander speculativ vermitteln, er wollte vielmehr durch eine
rückhaltslose Kritik des Rationalismus in seiner überlebten,
empirischen Erscheinung ihn in seiner berechtigten Wahrheit
erhalten und zu seinem idealen Princip erheben. So kämpfte
er gegen den Rationalismus, welcher 1) die historische
Bedeutung des Christenthums verkennt, 2) die In=
nigkeit des religiösen Lebens verflacht, und 3) den
philosophischen Ernst des Christenthums vermeidet.
Er hat hier die drei wunden Stellen mit scharfer Sonde be=
rührt. Zuerst den Mangel an historischem Sinn, an Ver=

ſtändniß für die Vergangenheit, für die nothwendigen, all=
mählich und langſam fortſchreitenden Entwickelungen der Ver=
nunft. Er hatte hier beſonders den dogmatiſchen Rationalis=
mus im Sinne, für welchen die Vernunft eine zu allen Zeiten
gleiche und von vornherein fertige iſt, der alles Unvernünftige,
d. h. alles, was der Vernunft des aufgeklärten Subjects aus
dem 18. oder 19. Jahrhundert widerſpricht, auf Betrug und
Verdummungsſtreben der Prieſter und Machthaber zurück=
führt; für den die Dogmengeſchichte nichts als eine Ge=
ſchichte der menſchlichen Narrheiten iſt und der überhaupt ſo
wenig Auge und Empfänglichkeit für das Specifiſche und In=
dividuelle hat, daß er dies als das Unweſentliche, als nur
local und temporell, abſtreift, um das Allgemein=Ver=
nünftige durch ſolche Vernichtung herauszufinden. Dieſer dog=
matiſche Rationalismus, der gar ſehr zu unterſcheiden iſt
von den überaus verdienſtlichen hiſtoriſch=kritiſchen Arbeiten,
namentlich auf dem Gebiet des Kanons, wie ſie mit Semler
beginnen und bis zu De Wette hinführen, war ja nichts anderes
als eine Vergötterung der abſtracten Vernunft, der Vernunft=
formel, im Gegenſatz zu Erfahrung und Geſchichte, und be=
ruhte auf einem ganz einſeitigen Apriorismus, auf der
falſchen Gegenüberſtellung der ſogenannten reinen Vernunft
und der Empirie. Ueber dieſe ſogenannte reine, in der That
ſehr inhaltsleere Vernunft, über dies abſtracte Conſtruiren,
ohne Geſchichtskenntniß und Geſchichtsſinn, über dies hoch=
müthige Verurtheilen der Vergangenheit, ſchritt die ganze Zeit=
bildung mit dem Anfang des 19. Jahrhunderts mächtig und
einmüthig hinaus; die Romantiker, mit ihnen Schleiermacher,
machten auf die Bedeutung des Individuellen gerade auf dem
Gebiet der Religion zuerſt aufmerkſam, Schelling und Hegel
ſuchten Vernunft und Wirklichkeit wieder zu verſöhnen und in

dem großen Gange der Weltgeschichte die nothwendigen Ent=
wickelungsstufen der Vernunft zu erkennen; die sogenannte
historische Schule endlich, sowol in der Rechtswissenschaft
wie in der eigentlichen Geschichte, verwarf entschieden den aprio=
ristischen Weg des Construirens, Raisonnirens und Kritisirens
und ging mit ernstem Studium und hingebender Liebe zu der
Vergangenheit und ihren Quellen zurück, um Völker und Zeiten,
Vorstellungen, Sitten und Gesetze als organische Bildungen
aus sich selbst zu verstehen und nach ihrem eigenen Maße
zu messen. Hase steht hier ganz und gar auf dem Boden
der modernen Bildung. Er, wie kein anderer, hat mit fein=
stem Sinn und Geschmack und mit fast raffinirter Vorliebe
für alle kleinen Züge sich dem Individuellen in der Geschichte
zugewandt, er wie kein anderer hat die Kunst ausgebildet,
sich in die Vergangenheit und ihren Geist zu vertiefen, aus
ihr heraus zu reden und zu argumentiren, zur großen Ver=
wunderung und Verwirrung der Gläubigen wie der Rationa=
listen. Die Gläubigen, Tholuck und seinesgleichen, behandel=
ten mit ernsthafter Gründlichkeit die Frage, wie es möglich
sei, daß der ungläubige Hase in seinem Hutterus redivivus
die alte Dogmatik mit so tiefem Verständniß darstelle und in
ihrem Geiste für Offenbarung und Inspiration, für Erbsünde
und Teufel die scharfsinnigsten Beweise führe. Die alten Ra=
tionalisten dagegen in arger Täuschung hielten ihn selbst für
einen gefährlichen Orthodoxen, in welchem „ein naturphilo=
sophischer Geist den Dogmatismus der alten Kirchenlehre
schwängere".

Der zweite Vorwurf, daß der alte Rationalismus die
Innigkeit des religiösen Lebens verflacht, das Recht des Ge=
fühls hintangesetzt und deshalb bei dem neuen Erwachen des
religiösen Sinnes im Volksleben von allen tiefern und ernstern

Gemüthern verlassen sei — war nicht minder wahr. Hase berief sich hier und mit vollstem Recht auf Schleiermacher, auf den großen Fortschritt, der durch seine Lehre vom „Gefühl" begründet worden, auf die Trockenheit der rationalistischen Predigten, auf die Verkehrtheit des homiletischen Grundsatzes, daß man nur durch den Verstand auf das Gefühl wirken könne, auf die Mishandlung und Verstümmelung der alten Kirchen= lieder durch die Rationalisten, auf ihren völligen Mangel an Geschmack und poetischem Sinn, ihren unverständigen Haß gegen die „Mystik", die als das ärgste Schimpfwort allen über sie Hinausgehenden, Schleiermacher, Schelling u. s. w., ent= gegengeschleudert wurde.

Endlich auch der dritte Vorwurf, daß die alten Ratio= nalisten hinter der philosophischen Bildung der Zeit zurück= geblieben, daß es ihnen an jeder wissenschaftlichen Schärfe und Kraft gebreche, daß ihre Vernunft nicht wahrhaft speculative Vernunft, sondern nur der nüchternste Verstand sei — war ein vollkommen berechtigter. Hase machte darauf aufmerksam, daß diese Vernunft, die sana ratio der Röhr'schen Briefe und der Wegscheider'schen Dogmatik, von der Vernunft im höhern, im philosophischen Sinne gar nichts an sich habe, daß sie nichts als der sensus communis, der Niederschlag der Durchschnittsbildung sei, vielmehr ein Resultat der Ver= gangenheit als ein Fortschritt für die Zukunft, und wenn auch immer berücksichtigenswerth, doch nie im Stande, der strengen Wissenschaft als Quelle oder Norm zu dienen. Er zeigte ferner, daß diese Vernunft einen wirklichen Beweis, eine dia= lektische Entwickelung zu führen unfähig sei, daß sie nur in beständigem Orakeln, Behaupten und Aburtheilen bestehe, und also auf den Dogmatismus, welchen sie bekämpfe, und auf die kleinlichste und gehässigste Verdammungssucht gegen

alle höhern, von ihr unverstandenen Geisteserscheinungen
zurückfalle.

Und bei dem allen war Hase selbst ein Rationalist, wenn
auch einer andern und höhern Ordnung. Noch in der Vor=
rede zur 5. Auflage seiner Dogmatik (1860) sprach er es aus,
daß er „das rationale Princip mit unbedingter Aufrich=
tigkeit durchgeführt habe"; daß ihm Christus die Vollendung
- der Menschheit auf religiösem Gebiete sei, nicht aber ein
Gottmensch im Sinne der orthodoxen Dogmatik, den er nicht
anzunehmen vermöge, weil der unübersteigliche Gegensatz vom
unendlichen Sein und endlichen Werden keine Vereinigung
beider Prädicate in Einer Person erlaube, ohne Vernichtung
des einen durch das andere. Und so stellte ihm sein Gegner
Luthardt das offene und vollkommen zutreffende Zeugniß aus:
„Allerdings kommen Sie von allen, die auf Ihrer Seite
stehen, der Grenze des kirchlichen Glaubens so ziemlich am
nächsten; aber Sie bleiben doch noch immer dießseits
des Grabens."

Am unzweifelhaftesten bekundete sich dieser Rationalismus
in dem „Leben Jesu", in welchem Christus durchaus nur
in idealer Menschlichkeit aufgefaßt wurde, ja als ein solcher,
dem der Irrthum nicht fremd geblieben, da er einen doppel=
ten Plan gehabt und die frühere Vorstellung von dem Reiche
Gottes, als einem mit äußerer Macht geschmückten, erst gegen
Ende seines Lebens mit einer rein geistigen Anschauung ver=
tauschte. Hase selbst hat freilich später diesen Gedanken eines
doppelten Plans aufgegeben, nicht aber die Ansicht, daß Chri=
stus nicht gleich von Anfang an Tod und Untergang voraus=
gesehen und vorausgesetzt habe. Es kam ihm überall darauf
an, die durchaus natürliche Entwickelung des Heilandes in
das vollste Licht zu setzen, nach den verborgenen psychologi=

 schen Motiven zu forschen und die Züge menschlicher Liebens=
würdigkeit herauszufinden. So erschöpfte er sich in Ver=
muthungen über „den Cölibat Christi", gab einem Kapitel
die Ueberschrift: „Die Heiterkeit Christi", einem andern: „Die
Inconsequenz", scheute sich nicht von einer „schönen Schwach=
heit" zu reden; — das alles zum großen Aergerniß für die
Gläubigen, die laut über Profanation des Heiligsten Anklage
erhoben. Dies „Leben Jesu" war freilich nur eine Jugend=
arbeit und ist jetzt fast verschollen, seitdem das bekannte Werk
von Strauß und die nachfolgende Tübinger Kritik so vieles
in Trümmer gelegt, was bis dahin für sichere geschichtliche
Grundlage gegolten. Aber bei allem Mangel der kritischen
Vorarbeiten zeigte sich hier doch ein feiner psychologischer
Spürsinn, der bei den wichtigsten Fragen auf dem rechten
Wege war und aus den abgeblaßten und verzeichneten Zügen
des dogmatischen Christusbildes das volle geschichtliche
Lebensbild wiederherzustellen suchte. So ist denn Keim in
der kleinen, aber sehr werthvollen Abhandlung „Ueber die
menschliche Entwickelung Jesu Christi" (1861) auf diesem
Wege mit reichern Mitteln weiter geschritten und Renan
hat in seinem neuen, Aufsehen erregenden Werk dasselbe Ziel
verfolgt.

Blicken wir nun noch einmal zurück auf die Hase eigen=
thümliche und scharf ausgeprägte Begabung, die ihm eine
eigene Stelle in unserer Theologie sichert, so besteht sie vor
allem in dem für die Geschichte aufgeschlossenen Sinn,
in der unendlichen Beweglichkeit des Geistes und der sie be=
gleitenden liebevollen Vertiefung in alles, was menschlich groß
und schön ist, was im Menschengeiste vom Hauche des in der
Geschichte sich offenbarenden Gottes berührt wird. Diese
Liebe hat bei ihm nie abgenommen, ihm vielmehr eine Jugend

des Geistes bewahrt, wie sie wenigen beschieden. Sie zeigt
sich vornehmlich als geschichtliche Pietät, die überall an
die Stelle der dogmatischen Autorität getreten ist. Zarte,
liebende und anerkennende Pietät gegen die Vergangenheit,
bei aller Freiheit von ihren dogmatischen Vorstellungen, ist
sein innerstes Wesen. Geschichtlich ist seine ganze Theo=
logie, geschichtlich selbst seine Dogmatik — vielmehr eine Dog=
mengeschichte als eine systematische Entwickelung —; geschicht=
lich alle seine polemischen Erörterungen, in denen er, mit
seiner Zurückhaltung der eigenen Kritik, die große Lehrerin
Geschichte ihren thatsächlichen Beweis führen läßt. Mit wel=
cher Kraft plastischer Darstellung, mit welcher Kunst der Be=
nutzung kleiner, individueller Züge, Aussprüche und anekdoten=
haften Stoffs, mit wie vielsagender epigrammatischer Kürze
alles Bedeutsame herbeigezogen und zu Einem Gesammtbilde
verschmolzen wird — das ist wol allen bekannt, die an seinem
lebendigen Wort oder an seinen geistsprühenden Schriften sich
je entzückt haben. Freilich ist mit dieser Virtuosität des dar=
stellenden Künstlers eine Gefahr der Ausartung verbunden,
die nicht immer vermieden wurde. Oefter wol wird die Ge=
schichte zu einer Anekdote oder zu einem Epigramm. Zu fein,
zu geistreich, zu sehr nur anstreifend und andeutend, ist oft
der gewählte Ausdruck. Namentlich für das Gros der studi=
renden Jugend ist diese Kost nicht selten zu pikant und sie
hat sich wol öfter von den feinen, eingemachten Früchten des
Hase'schen Tisches zu der magerern Freitischküche hinwegge=
wandt. Noch eine andere Einseitigkeit ist die allzu große Vor=
liebe für das Kleine, das Empfindsame und Genrehafte, für
alle Gedenktage und Ueberbleibsel der Geschichte, alle geweihten
Stätten, wo große Männer gewandelt, mit Einem Wort: für
das Reliquienwesen. Das ist der Grund, weshalb Hase

es nicht zu Compositionen im großen, historischen Stil ge=
bracht, sondern wesentlich bei der Genremalerei stehen geblieben;
weshalb seine unendlich reiche und knappe, auf den engsten
Raum zusammengedrängte Kirchengeschichte in so viele kleine,
selbständige Bildchen mit fein geschnitzten Rahmen zerfällt, bei
denen die großen Zusammenhänge des Ganzen, wenigstens dem
Auge des Ungeübtern, sich entziehen.

Noch Eins dürfen wir nicht übersehen, um diesem tapfern
und geistreichen, in jugendlicher Begeisterung wahrhaft liebens=
würdigen Manne ganz gerecht zu werden, was mit seinem auf=
geschlossenen Geschichtssinn aufs engste zusammenhängt. Das
ist: die Universalität des Geistes, der volle Reichthum welt=
licher Bildung, die wahre, menschliche Freude an allem,
was schön ist und geisterfüllt. Man hat ihn wol öfter einen
„eleganten" Theologen genannt und die feine Noblesse der
Behandlung, das englische Gentlemanlike an ihm gerühmt.
Besonders in seiner Polemik hat er diese Noblesse oft genug
bewährt, und auch die geistig=rohesten Gesellen, einen Hengsten=
berg und Genossen, mit ritterlichem Anstand behandelt. Diese
Eleganz der Form, diese Ritterlichkeit des Kämpfens hat aber ihren
tiefern, sittlichen Grund in wahrhaft menschlicher Bildung.
Bei ihm ist das Christenthum human geworden. Er hat diese
menschliche Bildung nicht wie so mancher andere, wie z. B. Herr
Hoffmann in Berlin und die unter seinem Schutze und Einflusse
stehende „Neue evangelische Kirchenzeitung", als einen bunten
Modelappen auf das pfäffische Gewand geflickt, sie nicht als
Mittel zu einem höhern Zweck benutzt, sich nicht hochmüthig
herabgelassen zu ihr und sie „vom Standpunkt des christlichen
Theologen aus" oder „im Lichte des Reiches Gottes" und im=
mer mit den nöthigen Beschränkungen und Bemängelungen, zur
äußern Zier und zur Verherrlichung der Kirche, sich angeeignet

— nein! er hat ihr seine volle Liebe und sein warmes Herz
geschenkt, ohne zu fürchten, daß sein Christenthum dabei Schiff=
bruch leide, ohne, als auf ein fremdes Gebiet, zu ihr herunter=
zusteigen, um sie erst mit Christenthum zu erfüllen. Wahre
Bildung und Christenthum sind für ihn von vornherein un=
unterschieden! In diesem Sinn hat er den engen Begriff
der „Kirche" erweitert und seine Geschichte der Kirche ge=
schrieben! „Nicht das, was wir gemeinhin Kirche nennen",
sagt er, „nicht der sonn= und festtägliche Cultus allein ist die
ganze Kirche, nein! das ist die Gemeinschaft alles dessen,
was von christlicher Bildung ein Jahrhundert dem andern
überliefert. Denn unser häusliches und öffentliches Leben,
unsere Sitten und Literatur, unsere Wissenschaft und Kunst,
selbst unsere Sprache, alles ist von christlichen Einflüssen
durchzogen."

Sehr verschieden von seinem Jenenser Collegen, fast ein
vollkommener Gegensatz in Geistesart, aber wie er ein ratio=
naler Theolog, ist L. J. Rückert. Er bewegt sich in einem
viel engern Kreis des theologischen Wissens und Mitempfindens,
hat sich aber in diesen wie in eine Festung eingeschlossen und
alles Einzelne zur sichern, gewissenhaften Ueberzeugung, zu
großen, ethischen Grundgedanken durchgebildet. Er ist eine ein=
fache und ursprüngliche Natur, unberührt von der theologischen
Lüge, wie von dem Raffinement falscher Bildung, aus hartem
und sprödem Stoff geformt, selbständig bis zum Eigensinn,
von unerschrockenster Wahrhaftigkeit. Für die Exegese des
Neuen Testaments, der seine verdienstvollsten Werke angehören,
hat er den Grundsatz der Voraussetzungslosigkeit nicht
allein mit voller Unbedingtheit ausgesprochen, sondern auch mit
ebenso großem Muthe durchgeführt. Unter dieser Voraus=
setzungslosigkeit verstand er nicht, wie seine Gegner, die gläu=

bigen Exegeten, ihm andichteten, eine völlige Leerheit und
Ueberzeugungslosigkeit des auslegenden Subjects, vielmehr die
Unabhängigkeit der eigenen Ueberzeugung von den Resultaten
der Auslegung. Er erkannte mit Einem Worte die absolute
und bindende Autorität der Schrift nicht an. Dies Dogma
von der Schrift sollte dem Exegeten nicht den Kopf verwirren,
seine Erklärung nicht im voraus beeinflussen. Er sollte seinen
Weg geradeaus gehen ohne fromme Quälereien, den Schrift=
steller aus dem Schriftsteller, das Einzelne aus dem Zusammen=
hange des Ganzen, genau so wie bei jedem Profanscribenten,
erklären, unbekümmert, ob das Ergebniß dieser wissenschaftlichen
Operation mit den eigenen Vorstellungen und Wünschen über=
einstimme oder nicht. In diesem freien Sinne hat Rückert die
Exegese des Neuen Testaments geübt und damit einen großen
und heilsamen Fortschritt begründet. Er hat sich tief in den
Gedankengang des Apostels Paulus hineingelebt, und dies
gerade deshalb vermocht, weil er, bei aller liebevollen Hin=
gebung, doch wieder so unabhängig über dem auszulegenden
Schriftsteller stand.

Er hat sich freimüthig in einer eigenen Schrift (Der Ra=
tionalismus, 1859) zum Rationalismus, dem viel geschmähten,
bekannt, nicht als zu einem fertigen System, am wenigsten in
der veralteten Gestalt, wol aber als zu einem großen und un=
vergänglichen Princip, dem Bestreben, im Urtheile durch nichts
anderes als durch die Kraft und Nothwendigkeit des Denkens
bestimmt zu werden. Dies Bestreben hält er für ebenso be=
rechtigt in der Theologie, wie in jeder andern Wissenschaft.
Er ist dessen gewiß, daß ein vernünftiges Denken, wenn es
nur nicht von falschen Voraussetzungen, sondern von der rechten
Unterlage, dem ganzen geistigen und sittlichen Wesen der
menschlichen Persönlichkeit ausgeht, geradeswegs zu Gott hin=

führe. So hat er in seiner „Theologie" (1851), anknüpfend
an Kant und Fichte, vom idealen Ich, welches im Kampfe mit
der niedern, sinnlichen Natur, mit dem radicalen Bösen steht,
sich zum absoluten Ich, dem persönlichen Gott, an der Spitze
der sittlichen Weltordnung, erhoben. Die psychologischen und
ethischen Kategorien Kant's schließen sich bei ihm mit den
Paulinischen Gedanken von dem Gegensatze des Geistes und
Fleisches, von der Sündhaftigkeit und Erlösungsbedürftigkeit
des Menschen, von Christo als dem zweiten Adam, dem idea=
len Menschen, der die Herrschaft und das Reich des Geistes
gegründet hat, zusammen; und so bildet der Erlösungsproceß
und der Erlöser den Mittelpunkt seines Lehrsystems. Der Ge=
danke der Erlösung findet seine geschichtliche Verwirklichung im
Christenthum. „Sie stellt sich objectiv dar in Christus', der
in der freien Hingabe für das höchste Gut bis in den Tod, seine
unbedingte Einheit mit dem göttlichen Willen bezeugend, die
Gnade Gottes über eine sündige Menschheit offenbart; sub=
jectiv im Leben des Gläubigen, der in der Hingabe an Christus
dessen heiliges Leben in sich aufnimmt, sodaß die Erlösung ebenso
religiös als Gotteswirksamkeit wie ethisch als freie Menschen=
that erscheint."

Während so in der Universität Jena zum großen Leid=
wesen Hengstenberg's und seiner Partei ein Eiland auftauchte,
auf welchem eine echt rationale, wissenschaftlich freie Theologie
vor den wilden Fluten der alles bedrohenden kirchlichen Reac=
tion geborgen war, erhob sich zu gleicher Zeit in Berlin
selbst, dem eigentlichen Mittelpunkt und fruchtbaren Boden
dieser Reaction, eine Anzahl muthiger und geistesklarer Män=
ner, welche dem Kampfe der extremen Parteien nicht länger

müßig zuzuschauen vermochte, vielmehr entschlossen war, die
traurige Vermittlerrolle aufzugeben und sich eine eigene Stel=
lung zu erkämpfen. Es waren dies diejenigen Anhänger
Schleiermacher's, welche gewöhnlich als die linke Seite seiner
Schule, im Unterschiede von den sogenannten „positiven"
Schleiermacherianern, bezeichnet werden, die ich aber lieber die
„eigentlichen" oder „treuen" Schüler nennen möchte, solche,
die das kritische Element des großen Lehrers gleichmäßig mit
dem mystisch=religiösen in sich ausgebildet, die sich von dem
dogmatischen Miasma der Zeit frei erhalten, deren Theologie
von klarem Verstande und vor allem von charaktervoller Ueber=
zeugungskraft getragen wurde. Es waren solche, welche den
ganzen Schleiermacher und seinen vollen lebendig=persönlichen
Eindruck in sich aufgenommen und dabei erfahren hatten, wie
tief das religiöse und das ethische, das intellectuelle und das
praktische Geistesleben in diesem Manne verbunden war, welche
Schätze der Objectivität dieser sogenannte „Subjectivismus"
zu heben vermochte, ja! wie diese „Gefühlstheologie" mehr
war als das, was sie zu sein meinte, wie sie Gewissens=
theologie war.

Diese Männer traten zuerst mit voller Entschiedenheit, sich
trennend von dem dogmatisirenden Theil der Schule, hervor in
jener Zeit der Erklärungen, Demonstrationen und Proteste, in
welcher die ganze evangelische Kirche Preußens in Proteste und
Gegenproteste, in Ausschließende und Austretende zerfallen zu
wollen schien. Der Protest, welchen die bezeichneten Schleier=
macherianer, Männer wie Jonas, Sydow, Eltester, Pi=
schon, Schweder und Ehsenhardt, mit ihnen die beiden
Bischöfe Dräseke und Ehlert und eine ganze Anzahl gebil=
deter und hochstehender Männer Berlins unterzeichneten, war
der vom 15. August 1845. Er wurde hervorgerufen durch

das immer schamloser und unerträglicher werdende Gebahren
Hengstenberg's, der in seiner Evangelischen Kirchenzeitung ein
förmliches Verdammungstribunal aufgeschlagen und mit dem
zügellosesten Terrorismus alle gemäßigtern Elemente einzu=
schüchtern suchte. Dagegen erhoben sich nun diese Männer.
Sie erklärten, es habe sich in der evangelischen Kirche eine
Partei gebildet, welche starr an der Fassung des Christenthums
halte, die sie aus den Anfängen der Reformation ererbt habe.
Diese Formel sei ihr Papst, und für ungläubig, auch politisch
verdächtig, gelten ihr alle diejenigen, welche derselben sich nicht
unterwerfen wollen. Sie strebten nach unbedingter, alles andere
ausschließender Herrschaft in der Kirche, seien zuerst in ihrem
gemeinschaftlichen Organ, der Evangelischen Kirchenzeitung, zu=
sammengetreten und hätten mit Verletzung der kirchlichen Ord=
nung und zur Gefährdung evangelischer Glaubens= und Ge=
wissensfreiheit den Kirchenbann geübt, und versucht, mit der
Zahl zu schlagen. So sei es denn ihnen gegenüber zu extrem=
sten Gegenbekenntnissen gekommen und die Gefahr völliger
Zersplitterung der Kirche stehe drohend da. Die Unterzeichner
sprachen diesem kirchenzerstörenden, engen Dogmatismus gegen=
über ihre eigene Fassung des Christenthums dahin aus, daß
Christus der alleinige Grund der Seligkeit sei, die Lehrformel
aber der freien Entwickelung von Christus aus zu Christus hin
angehöre. Von dieser Ueberzeugung aus erklärten sie zum
Schluß, daß sie eine heilsame Lösung des Kampfes nur dann
für möglich hielten, wenn keinerlei willkürliche Ausschließungen
stattfänden, allen Theilen das Recht freier Entwickelung unge=
kränkt erhalten und eine Kirchenverfassung ins Leben gerufen
werde, welche der Kirche dazu verhelfe, sich selbst, unter leben=
diger Theilnahme der Gemeinden, frei zu gestalten. Als die
Führer dieser Fraction der Schleiermacher'schen Schule galten

damals unbestritten Jonas und Sydow. Ihnen verband sich später der Redacteur der Protestantischen Kirchenzeitung, H. Krause, und schlossen sich außer den schon genannten die jüngern Prediger Müller, Liskow jun., Platz, Thomas u. a. an. Sie alle gehörten Berlin an. Alle, mit Ausnahme Krause's, wirkten hier in praktischen Kirchenämtern. Ihr geistiges Haupt war der zu früh (1859) verstorbene, unvergeßliche Jonas. Der Treueste der Treuen, der Lieblingsjünger Schleiermacher's, auf den er wol öfter im engern Freundeskreise als auf seinen eigentlichen und besten Schüler hinwies und den er weit über die in der theologischen Welt berühmten Dogmatiker, seine sogenannten Schüler, Nitzsch und Twesten, erhob. Es fehlte ihm das, was man gewöhnlich und oberflächlicherweise „Talent" nennt, Routine, Gefälligkeit und Leichtigkeit der Form. Aber bei aller Schwerfälligkeit der Zunge wie der Feder lebte in diesem Manne ein so energischer sittlicher Geist und eine so scharfe, dialektische Kraft, daß alle seine nähern Freunde sich willig vor solcher Ueberlegenheit beugten. Er war es, der nach dem Tode Schleiermacher's der feste Mittelpunkt, Halt und Trost der zerstreuten Schar wurde. Er war gleichsam der Petrus der Unionskirche, der unerschütterliche Fels des Vertrauens für viele, dem der weichere und sinnige Sydow, eine Johanneische Natur, ergänzend zur Seite stand. Es lebte in ihm, und darin lag die fesselnde Kraft seiner Persönlichkeit und sein Führerberuf, eine heroische Seele, ein unverzagter Muth, der auch in den schlimmsten Tagen nicht gebrochen wurde und auf den viele sich stützen durften. Mit diesem muthigen Geist erhob er inmitten der durch die politisch-kirchliche Reaction tief corrumpirten Hauptstadt Preußens die Fahne der Freiheit mit den eingewirkten Losungen: Union und Kirchenverfassung, und hat sie unter

langen und schweren Kämpfen, nie rückwärts weichend, bis zum
letzten Hauch hoch gehalten. Er war nicht ein glänzender
Redner, aber ein Mann des Vertrauens für alle Klassen
der Gesellschaft, hoch und niedrig; geachtet selbst von seinen
Gegnern, unantastbar für die vorgesetzte Kirchenbehörde, die,
bei allem geheimen Groll gegen den allzu Freimüthigen, doch
an diesen Mann ihre Hände nicht zu legen wagte. Er übte
in der großen, frivolen Stadt und unter den höchsten Ständen
eine Seelsorge, nicht in methodistischer Art, nicht im Ge=
schmack des Herrn Wichern und der dazu besonders angelernten
und zugerichteten Geistlichen Berlins, — nein! im höhern und
freiern Stil; er war wirklich ein Freund und Berather, ein
sittlicher Regulator in allen schwierigen Gewissensfragen, in
den wichtigsten Entscheidungen und Wendepunkten des Familien=
lebens. Wie tief gewurzelt dieser Mann im Leben der vielbe=
wegten Stadt bastand, welch allgemeine Ehrerbietung dem ein=
fachen Pastor entgegengebracht wurde, trat wol am deut=
lichsten vor die Augen, als sein Sarg durch die Straßen Ber=
lins getragen wurde und, ähnlich wie einst bei seinem großen
Lehrer, die ganze Stadt, auch die sonst gleichgültige Menge
von stiller Scheu und Theilnahme, von dem Gefühl eines
großen, unersetzlichen Verlustes mit ergriffen wurde. Vergleichen
wir ihn mit dem ihm in der letzten Zeit durch die Wirksamkeit
an derselben Kirche so nahe gestellten Nitzsch, so ist der Con=
trast zwischen beiden Männern, den Typen der beiden Frac=
tionen der Schleiermacher'schen Schule, ein sehr großer. Dem
deutschen Professor mit altsächsischer Aengstlichkeit und Rücksicht=
nahme nach allen Seiten, dem geborenen Vermittler, stand
hier der einstige Kämpfer der Freiheitskriege, der Held der
Gewissenswahrheit, gegenüber. Dem gelehrten, tiefsinnig in
der ganzen Vergangenheit der Kirche umherwühlenden Theo=

logen der scharf durchschneidende und kurz angebundene Dialek=
tiker. Wol konnte in dem diese Beiden Anschauenden der
Wunsch aufsteigen, sie möchten zu Einer Persönlichkeit ver=
schmolzen sein, und Jonas selbst hat, in voller Anerkennung
der theologischen Bedeutung von Nitzsch, ihn um des reichen
Schatzes seiner Gelehrsamkeit, wie um der stillen Stunden
wissenschaftlichen Fortarbeitens willen, die ihm selbst nicht ge=
gönnt waren, oft gepriesen. Fehlte doch dem ganzen Kreise
der treuen Jünger Schleiermacher's, die sich in Berlin zu=
sammenschlossen, bei dem täglichen Andrang praktischer Arbeiten
in den ungeheuern Parochien der Hauptstadt, diese Stille des
wissenschaftlichen Fortarbeitens. So wurde von ihnen die Theo=
logie Schleiermacher's nicht fortgebildet, sie erhielt sich nur in
einem treuen und scharfen Abdruck, und allein in der Anwen=
dung auf die praktischen Fragen der Zeit, auf Union und
Kirchenverfassung, wurden die Grundsätze des großen Leh=
rers in nicht ermüdendem Kampfe weiter durchgeführt. Zu
diesem Zwecke wurde die „Monatsschrift für die unirte evan=
gelische Kirche" (seit 1845) gegründet. Die Union, ihre
Aufrechterhaltung in Preußen, ihre klare und volle Durch=
führung, das war ja die brennende Frage der Zeit! Schleier=
macher selbst war einer der aufrichtigsten Freunde und Beför=
derer des seit 1817 in Preußen beginnenden Unionswerks
gewesen. Er hatte durch den Satz „daß nur dasjenige im
Protestantismus wesentlich sein könne, worin beide Bekennt=
nisse wirklich übereinstimmten", der kirchlichen Vereinigung der
verschiedenen Confessionsverwandten den Weg gebahnt und die
Berechtigung zuerkannt. Im Grunde war die Unionstheologie
viel früher als das Unionswerk. Und nur deshalb, weil jene
diesem voranging, hat das letztere, trotz der äußerlich=bureau=
kratischen Art seiner Ein = und Durchführung, trotz des geistlos=

militärischen Uniformitätsstrebens, welches dabei mitwirkte, eine
historische Nothwendigkeit, eine innere Wahrheit. Die innere
Union des religiösen Bewußtseins und die geistig=wissen=
schaftliche Union der modernen Theologie waren in Deutsch=
land der äußern Einführung der kirchlichen Union in den ein=
zelnen Staaten längst vorangegangen, die einenden Mächte
eines großen, gemeinsamen Cultur= und Literaturlebens hatten
gewaltig vorgearbeitet. In dieser alles durchströmenden, ge=
meinsamen Geistesatmosphäre waren die confessionellen, zum
Theil auf individuellen Dispositionen der Reformatoren und
auf nationalen Besonderheiten beruhenden, zum großen Theil
aber durch theologischen Eigensinn und Engherzigkeit befestig=
ten Schranken gefallen. Deutschland, das neben seinem Luther
seinen Melanchthon hatte, war von Hause aus zur Union be=
stimmt. Man kann in heutiger Zeit die charakteristischen
Unterschiede zwischen einzelnen Landeskirchen, zwischen dem
schottischen, französischen und deutschen Protestantismus, in
der Lehre, vornehmlich aber in Cultus und kirchlicher Sitte,
verfolgen und festhalten, aber innerhalb des deutschen Pro=
testantismus, in solchen Ländern, wo die verschiedenen Con=
fessionen jahrhundertelang neben=', mit= und untereinander ge=
lebt haben, die Sonderbekenntnisse urgiren, die Kirchengemein=
schaften auseinanderhalten, oder gar wieder auseinanderreißen,
ist ein unhistorisches, innerlich unwahres, nur von Theologen
und theologischer Beschränktheit gefordertes Unternehmen. Die
deutsche Union knüpft sich nicht an die Namen einzelner Für=
sten und ihrer Hofprediger, sondern an die großen Namen:
Melanchthon, Calixt, Spener, Schleiermacher. Und
durch die ganze Geschichte des deutschen Protestantismus geht
das unbefriedigte Sehnen, das immer wiederholte Suchen
nach Vereinigung der getrennten, innerlichst zusammengehörenden

Glieder zu Einem Ganzen. Die Unionstheorien der neueren
Zeit, wie sie namentlich in Preußen ausgebildet worden, lassen
drei verschiedene Stellungen zu dieser Frage, drei Haupt=
gruppen unterscheiden. An der Spitze der ersten stehen die
Lutheraner innerhalb der alten preußischen Landeskirche mit
ihrem Wortführer: Stahl.*) Sie wollen die Union auf ein
Minimum zurückführen, zu einer nur äußerlichen, kirchen=
regimentlichen herabsetzen. Sie halten sich an die Cabinets=
ordre vom 28. Februar 1834, in welcher den Scheibelianern
die Concession gemacht wurde, daß durch die Union die
alte Geltung der Sonderbekenntnisse nicht geändert sei, diese
vielmehr geschützt und gepflegt werden sollen, und erklären
diese Cabinetsordre, mit Beseitigung der Grundlegenden vom
Jahre 1817, für die magna charta der Union. Stahl kämpft
gegen die volle und consequente Durchführung der Union, für
die unvollständige Union, oder wie er es richtig bestimmt, für
die „grundsätzlich und für immer eingeschränkte". Er
will ein einheitliches Kirchenregiment, aber mit confessioneller
Gliederung, er will die Zulassung des confessionell geschiede=
nen Theils zum Abendmahl, aber nicht als ein allen zustehen=
des Recht, sondern nur in der Form der Hospitalität und
Toleranz, je nach der besondern Beschaffenheit des Indivi=
duums und unter Ausprägung des confessionellen Typus in

---

*) Von den Lutheranern der neu annectirten preußischen Provinzen,
namentlich den Hannoveranern, welche unter dem Beistande der lutheri=
rischen Führer in Baiern und Sachsen zahlreiche Conferenzen halten,
in denen sie gegen den unirten Oberkirchenrath in Berlin, wie gegen
die Zulassung des unirten Militärs zum lutherischen Abendmahlsgenuß
protestiren, kann hier ebenso wenig die Rede sein, wie von dem neuesten,
aber verunglückten Versuch Hengstenberg's, auch in den altpreußischen
Provinzen die Union zu sprengen. Es ist hier nur die Rede von solchen,
welche wenigstens ein Minimum von Union zulassen.

der Abendmahlshandlung, namentlich in der Spendeformel. Offen=
bar ist diese nur kirchenregimentliche Union, in welcher zugleich
die Confession gepflegt, und „einzelne Unionsmomente", nicht
aber das Wesen der Union erhalten werden soll, gleich einer
völligen Lockerung des Unionsbandes, das nur noch in der Person
des Landesfürsten und in einigen Aeußerliches und Unwichtiges
behandelnden Sessionen des Consistoriums und des Oberkirchen=
raths (in allen dogmatischen Fragen soll ja eine itio in partes
nach den Confessionen stattfinden) zusammengehalten ist.

Eine andere Stellung zur Union nehmen bekanntlich die
sogenannten Consensusmänner, als deren Repräsentant J. Mül=
ler anzusehen ist, ein. Sie wollen nicht bei einem vereinzel=
ten Unionsmoment stehen bleiben, sie wollen nicht allein die
kirchenregimentliche, sondern auch die Lehr= oder Be=
kenntnißunion. Sie behaupten, daß die eine ohne die
andere gar nicht zu denken sei. Der Consensus in den Be=
kenntnissen der verschiedenen Confessionen ist viel größer und
durchgreifender als der Dissensus, er bildet die geistig einende
Macht. Vor dieser Uebereinstimmung in den Fundamental=
artikeln muß der Zwiespalt in den nicht fundamentalen
zurücktreten. Und der Streit zwischen den beiden Confes=
sionen besteht nur in solchen nichtfundamentalen Lehren. Ist
doch das materiale wie das formale Princip des Protestan=
tismus in beiden Kirchengemeinschaften gleicherweise an die
Spitze gestellt. Ist doch der Unterschied nicht ein princi=
pieller, bis auf die religiose Grundanschauung zurückgehender,
sondern nur ein wissenschaftlicher, nicht ein allgemeiner,
sondern nur ein individueller, ja! bei Lichte besehen, ein
zum großen Theil durch Eigensinn und Leidenschaftlichkeit ver=
festeter. Ist doch der Unterschied in der Abendmahlslehre zwi=
schen Luther und Calvin so feiner und dialektischer Art, nur

eine subtile Schulfrage, daß ihn kaum die Theologen rich=
tig anzugeben wissen und die Laien nur durch theologische
Agitation auf die längst dem Bewußtsein entschwundene Con=
troverse aufmerksam gemacht worden sind. Ist doch endlich
in der modernen, sogenannten gläubigen Theologie, welche
das Jahrhundert der Aufklärung und Auflösung hinter sich
hat, und viel tiefere Gegensätze, die gegen den Rationalismus
und Pantheismus, in sich durchzumachen gehabt, jene Differenz
zwischen Luther und Calvin völlig vergessen und verwischt, ist
sie doch nicht auf die Sondersymbole, sondern auf den Con=
sensus der beiden Confessionen auferbaut! Und worin be=
steht dieser Consensus? Hier scheiden sich wieder die Wege
zwischen der zweiten und dritten Gruppe der Unionsmänner.
Bei J. Müller und den sogenannten „positiven" Unions=
theologen ist der Consensus wieder ein articulirtes Dogma,
entweder die Augsburger Confession, oder das Gemeinsame der
verschiedenen evangelischen Bekenntnisse, oder ein neues zusammen=
geflicktes Symbol. Müller selbst hat als Probe eine solche
Consensusformel entworfen und für die Zukunft in Vorschlag
gebracht. In ihr soll die ganze Fülle des gemeinsamen dog=
matischen Inhalts der Sondersymbole enthalten sein, wobei
nur die Differenzpunkte in heilsamer Unbestimmtheit und Ab=
schwächung erhalten bleiben. Von diesem neuen Consensus=
symbol, der Erfindung des äußersten Unionsdoctrinäris=
mus, durch welches dem Gewissen nur noch eine größere
Last aufgelegt wird denn zuvor, ist schon ausführlich die
Rede gewesen.

Von diesen Unionsdoctrinären nun sammt ihren künst=
lichen Fabrikaten unterscheiden sich die schon genannten eigent=
lichen Schüler Schleiermacher's. Von ihren Gegnern wird
die Union, welche sie wollen, die negative, absorptive oder

die bekenntnißlose genannt. Am richtigsten wird sie als
die antibogmatische bezeichnet. Denn sie geht nicht auf den
ausgeprägten bogmatischen Consensus, sondern auf den un=
ausgesprochenen religiösen, nicht auf den articulirten, sondern auf
den principiellen, d. h. auf die großen gemeinsamen Principien
der Reformation; nicht auf eine Formel der Vergangenheit,
sondern auf die innere und religiöse Einheit der Gegenwart
zurück. Sie richtet sich nicht nur gegen die protestantischen
Sondersymbole, sondern gegen die altprotestantischen Symbole
überhaupt, soweit sie eine juridisch verpflichtende Bedeutung in
Anspruch nehmen, ja! gegen die verpflichtende und geistig fes=
selnde Autorität aller bogmatischen Formeln. Diese Männer
sehen in der Union mehr als die Ueberwindung des confes=
sionellen Dissensus, sie sehen in ihr die Ueberwindung und
Umbildung der ganzen Symboltheologie, sie bleiben nicht an
der Oberfläche der nächstliegenden Erscheinung stehen, sondern
gehen bis auf die letzten Gründe derselben zurück. Und da
finden sie denn, daß der Unterschied der beiden Confessionen
deshalb für uns ein so unwichtiger geworden, weil der Unter=
schied zwischen der gegenwärtigen oder modernen und der alt=
protestantischen Theologie ein unendlich größerer ist, ein solcher,
vor welchem die Abendmahlsdifferenzen zwischen Calvin und
Luther oder zwischen Melanchthon und Luther in nichts ver=
schwinden und die Fortsetzung dieser Streitigkeiten als ein
wunderlicher Anachronismus erscheint. Wenn diesen Männern
der Vorwurf gemacht wird, ihre Vorliebe für die Union sei
nichts als religiöser Indifferentismus, so ist dies nur ein Zeichen
äußerster und bornirtester Verkennung. Zunächst beruht er
auf der Verwechselung von religiösem und bogmatischem
Indifferentismus, eine Verwechselung wie sie den orthodoxen
Theologen nur zu geläufig ist. Aber selbst der Vorwurf des

dogmatischen Indifferentismus ist wol auf die Consensustheo=
logen, nicht aber auf die consequenten Anhänger der Union an=
wendbar. Sie gehen ja nicht darauf aus wie jene, die alten
Controverslehren durch unbestimmte Formeln zu indifferenziren.
Sie wissen recht wohl, was sie wollen. Sie geben der Calvini=
schen Lehre vom Abendmahl den Vorzug vor der Lutherischen.
Sie finden in dieser noch einen Rest von katholischer Magie.
Sie halten es für die Aufgabe des Protestantismus, sich dieses
Wesens zu entäußern. Sie geben die Behauptung der Lutheri=
schen Eiferer, die Union sei nichts anderes als ein Einzug des
Calvin'schen Geistes in die Lutherische Kirche in gewissem Sinne
zu. Sie halten diese Reinigung und Ergänzung des Luther=
thums durch Calvin'schen Geist in der Sakramentslehre für
sehr heilsam, so sehr sie auch sonst von den eigenthümlichen
Vorzügen der Lutherischen Kirche, welche ihrerseits der refor=
mirten gar viel Schönes und Herrliches zur Ergänzung bieten
kann, überzeugt sind. Sie sehen also in der Union nicht eine
Indifferenzirung der confessionellen Eigenthümlichkeiten, sondern
vielmehr einen gegenseitigen Austausch und respective eine Rei=
nigung und Fortbildung der einen Confession durch die andere.
Aber in einem andern Sinne werden diese Männer den Vor=
wurf des dogmatischen Indifferentismus gern acceptiren, ja!
recht eigentlich darin ihre principielle Stellung zur Union
wiedererkennen. Nämlich in dem, daß das Dogma überhaupt
entwerthet oder richtiger, daß es auf den ihm zukommenden
nur relativen Werth zurückgeführt wird. Denn das ist doch
unzweifelhaft der von Schleiermacher zuerst in aller Schärfe
ausgesprochene, unendlich fruchtbare Grundgedanke dieser ganzen
Unionstheologie, daß Religion und Dogma, Glaube und
Glaubenslehre nicht ohne weiteres zusammenfallen, daß eines
nicht an dem andern gemessen werden kann, daß vielmehr

zwischen beiden ein weiter Weg der Arbeit und Erkenntniß in
der Mitte liegt, ein Weg, der durch viel Um= und Irrwege
hindurchgeht. Mit dieser rechten Würdigung des Dogma, als
des Abgeleiteten und Secundären, als der Reflexion auf
die Religion, welche nicht selbst Religion ist, hängt die
Stellung zu den altprotestantischen Symbolen überhaupt zu=
sammen. Das Streben geht offenbar dahin, die normative
Autorität derselben, im Sinne der Rechtgläubigkeit, zu beseiti=
gen, an Stelle der articulirten Dogmen einfache Grund=
gedanken, Principien des Protestantismus, große Anti=
thesen gegen die katholische Kirche als Warnungstafeln und
Wegweiser zu setzen; die Ausbildung der einzelnen Dogmen
aber allein der freien, fortarbeitenden und sich selbst corri=
girenden Wissenschaft zu überlassen. Diese Vereinfachung und
Verinnerlichung des symbolischen Lehrbestandes war ja schon
das Ziel, auf welches die Generalsynode, an ihrer Spitze
Nitzsch, hinstrebte, das aber, bei der entgegentretenden Ungunst,
nur allzu bald und allzu leicht, gerade von den Führern selbst,
aufgegeben wurde. Männer, wie Sydow, Jonas u. a. sind
sich treu geblieben, während Nitzsch und Müller vor der ersten
Reactionsströmung zurückwichen! Mit diesem Streben nach
Vereinfachung des symbolischen Lehrbestandes hing sehr nahe
zusammen die veränderte Stellung zu den alten Symbolen.
Sie war nicht mehr die der normativen Autorität. Ein
freies, sittliches Verhältniß sollte an die Stelle der juri=
dischen Verpflichtung treten, Pietät und gewissenhafte, wissen=
schaftlich=gründliche Berücksichtigung an die Stelle der Autori=
tät. In diesem Sinne haben sich wiederholt und bei den ver=
schiedensten Veranlassungen die echten Jünger Schleiermacher's
über ihre Stellung zu den sogenannten „Rechtsgrundlagen der
Kirche" ausgesprochen, wie namentlich auch bei Gelegenheit

des Berliner Kirchentags, an welchem ſie nicht theilnahmen,
weil ſie ſich nicht auf die „Grundlage" der Augsburgiſchen
Confeſſion, d. h. nicht auf ſie, als die Grundlage, ſondern
nur auf das ihr ſelbſt zu Grunde liegende Princip zu ſtellen
vermochten.

Der Kampf, welchen dieſe Männer für die in Preußen
zu Recht beſtehende Union und für die in der Verfaſſung
Preußens (v. J. 1850) zugeſicherte Selbſtregierung der Kirche,
in den böſeſten Zeiten perfider Unionslockerung und Verfaſſungs=
beuterei mit rückſichtsloſem Freimuth führten, erhob ſich
allmählich über die preußiſchen Landesgrenzen, erweiterte ſich
zu einem Kampf für proteſtantiſche Freiheit überhaupt und
fand ſeinen Mittelpunkt in der mit dem Jahre 1854 ins
Leben tretenden „Proteſtantiſchen Kirchenzeitung". Hier
wurde der Gegenſatz gegen die geſammte kirchliche Reaction
zu einem bewußten und principiellen. Die „Proteſtantiſche"
Kirchenzeitung nahm den Kampf auf mit der „Evangeli=
ſchen". An ihrer Spitze ſtanden die Proteſtmänner vom
15. Auguſt 1845, Jonas, Sydow, Elteſter, H. Krauſe,
u. ſ. w. Der Kreis ihrer Mitarbeiter erweiterte ſich aber
durch faſt alle namhaften, liberal geſinnten Theologen, Alex.
Schweizer, Schwarz in Jena, Rückert, Haſe, Redepenning,
Dittenberger, Männer einer gelehrt=kritiſchen Richtung, wie
Credner, Hitzig, Knobel, Hilgenfeldt u. a., ſpeculative Phi=
loſophen, wie Weiße, Hiſtoriker, wie Gervinus, Häuſſer u. a.
Alle dieſe Männer waren, bei ſonſt mannichfachen Differenzen
in Bildung und Richtung und von den verſchiedenſten theolo=
giſchen Ausgangspunkten, der Hegel=Baur'ſchen, der Schleier=
macher=Neander'ſchen, der alt= und neurationaliſtiſchen Schule
herkommend, verbunden in der tief empfundenen Ueberzeugung
von dem grundverderblichen, wiſſenſchaftsfeindlichen Weſen der

neuen Orthodoxie und in dem Gefühl ernstester Pflicht, die=
sem unprotestantischen Treiben mit aller Kraft und Offenheit
entgegenzuwirken. Dieser polemisch=negativen Beziehung, welche
sich nicht allein gegen die immer zunehmenden Anmaßungen
des Confessionalismus richtete, sondern zugleich als gegen die
letzte Consequenz, gegen den Katholicismus und dessen Aus=
breitung innerhalb der protestantischen Kirche selbst, lag zu=
gleich ein klar und entschieden ausgesprochenes positives Princip
zum Grunde. Man ging nicht nur von den Symbolen zur
Schrift, sondern auch von dem Buchstaben der Schrift zu
dem in ihr wohnenden Geist, von den Evangelien zum ein=
fachen Evangelium, zu „Christus selbst, wie ihn die Schrift
bezeugt", zurück. Man stand damit in Wahrheit auf echt
Lutherischem Boden, auf der Grundlage, die der große Re=
formator in seiner ersten, freien Zeit sich selbst gegeben. In
diesem einigen Grund erklärte man sich schlechthin gebunden
und in dieser Gebundenheit schlechthin frei von aller Menschen=
autorität in Dingen des Heils. In diesem Christusglauben
erkannte man das wahrhafte Princip des Protestantismus und
diesen freien Protestantismus in allen seinen Folgerungen
gegen jede Art von Autoritätswesen zur Durchführung zu
bringen, zeigte man sich entschlossen. Man hielt sich von
neuem die bekannte Schleiermacher'sche Frage vor: „Soll denn
der Knoten der Geschichte so auseinander gehen, das Christen=
thum mit der Barbarei und die Wissenschaft mit dem Unglau=
ben?" Und man beantwortete sie mit einem zuversichtlichen
„Nein!" Man erinnerte sich an das Wort des Meisters,
„daß in der Reformation der Grund gelegt sei zu
einem ewigen Vertrag zwischen dem lebendigen, christ=
lichen Glauben und der nach allen Seiten frei ge=
lassenen, unabhängig für sich arbeitenden wissen=

schaftlichen Forschung". Man war von der Ueberzeugung
durchdrungen, daß der rechte lebendige Glaube die freie Wissenschaft nicht nur ertrage, sondern sie auch fordere und erzeuge,
daß derselbe wie mit der freien Wissenschaft, so mit aller
vernünftigen Freiheit, einen „ewigen Vertrag" geschlossen
habe: mit der Freiheit der Person und des Eigenthums, des
Gewissens und des Denkens, des bürgerlichen Lebens und
des öffentlichen Verkehrs, der Selbständigkeit der Staaten
wie der Kirche. Man wollte den evangelischen und darum
im Innersten frei machenden Glauben. Man wollte die
Gottgebundenheit, welche selbständig macht gegenüber allen
Mächten der Welt. So stellte man dem Bekenntniß des Unglaubens wie dem des knechtischen Glaubens ein freudiges
Bekenntniß innerlichen, lebendigen, frei machenden, mit allen
sittlichen und wissenschaftlichen Mächten im tiefsten Grunde
geeinten Glaubens entgegen. Besonders klar wurde dieser
Grundgedanke der ganzen Zeitschrift von ihrem scharfsinnigen
und charaktervollen Redacteur, H. Krause, in dem Vorwort
des Jahres 1854, wie in einem Sendschreiben an Dr. Rückert
entwickelt. Mit dem Katholicismus innerhalb des Protestantismus, dem katholischen Autoritätsprincip, wie es sich
in der Verwechselung von Religion und Theologie, von Glauben und Dogma, in der Verknechtung unter Lehrformeln und
Symbole offenbart, sollte ein unausgesetzter, systematischer
Krieg geführt werden. Nicht auf den Inhalt der Orthodoxie,
wol aber auf die Stellung der Orthodoxie zur Kirchenlehre
kam alles an und nicht die Kirchenlehre, wol aber die Autorität der Kirchenlehre, die gesetzliche Fixirung derselben müsse
bekämpft werden. Ueberhaupt war Krause die Seele dieser
Kirchenzeitung, das dialektische Schwert der durch sie reprä-

sentirten Partei. Mit diesem guten und immer scharf treffen=
den Schwert, das nach allen Seiten, bald nach rechts,
bald nach links geführt wurde und selbst die näher stehenden
Parteigenossen nicht schonte, hat er, oft nur von Wenigen
unterstützt, und seit dem Tode seines Freundes Jonas sich
fast vereinsamt fühlend, mit ungebrochenem Muth den Kampf
fortgeführt, um jeden Schritt protestantischer Freiheit in dem
schwer bedrohten Preußen ringend.

Nun ist auch e r, der tapfersten Einer, dahin gegangen
(gest. den 8. Juni 1868). Entsprossen einem kernigen und
kräftigen Stamm, eines Bauern Sohn, hat er, an unsern
großen Luther erinnernd, oft mit gewaltigen Keulenschlägen
das Gewissen des schlaffen und gesinnungslosen Theologen=
geschlechts, der Schriftgelehrten und des hohen Rathes, getroffen
und dafür reichlichen Haß geerntet. Sie wußten, warum sie ihn
haßten. Der unabhängige und kühne, von dem Gefühl des
Rechts und der Wahrheit ganz durchdrungene Mann, war ein
unablässiger Mahner, ein bis in die Seele brennender Vorwurf
für die Schlangenwindungen eines mit allen wechselnden Win=
den, bald der Union, bald der Confession, fahrenden Kirchen=
regiments. Das immer wiederholte Dringen auf die Er=
füllung des Art. 15 der preußischen Verfassung war eine tief
verhaßte Erinnerung für Diejenigen, welche keinen andern
Grund ihrer Existenz hatten als diese Erfüllung und 18 Jahre
lang rathlos zaudernd vor ihrer Aufgabe standen. Und dieser
von dem sittlichen Pathos der Wahrhaftigkeit überall getragene
Mann war darum so wuchtig in seinem Angriff, weil ihm
eine köstliche Klarheit des Gedankens, die treffendste, leichteste
Form des Ausdrucks, edelste Volksthümlichkeit zur Seite stand.

Es ist schon angedeutet worden, wie die berliner Schüler
Schleiermacher's, welche die Erinnerungen an ihn und seine

Lehre rein zu erhalten strebten und in zahlreichen Protesten,
Erklärungen, Eingaben und Petitionen um die Erhaltung der
Union und die Durchführung der Kirchenverfassung kämpften,
keinen irgendwie bemerkbaren Fortschritt über den Meister
hinaus machten, ja überhaupt auf dem Gebiet der Wissenschaft,
außer in Journalen und einzelnen Streitschriften, fast un=
thätig waren. Es war dies ein offenbarer Mangel, daß das,
was in Schleiermacher selbst so energisch verbunden gewesen,
die der Wissenschaft und der Kirche gewidmete Kraft, hier
wieder sich sonderte, daß seine echten und treuen Schüler,
die in seiner Gesinnung, seinem wahrheitsmuthigen
Charakter, wurzelnden, unter der Last der kirchlichen Arbei=
ten erlagen; daß dagegen diejenigen, welche in der Wissen=
schaft mit seinem Namen sich schmückten und durch gelehrte
Arbeiten glänzten, von dem innersten Geiste seines Forschens
und Strebens verlassen blieben! Um so rühmenswerther sind
diejenigen, in denen diese Synthese von Wissenschaft und Kirche
sich ähnlich wie bei ihm vollzog! Unter ihnen steht in erster
Reihe: Alexander Schweizer in Zürich. Er kann wol als
der eigentlichste, der bedeutendste und scharfsinnigste Schüler
Schleiermacher's angesehen werden. In ihm ist etwas von
der Verstandeskühle, der ruhigen Klarheit und dem prak=
tisch=tüchtigen männlichen Sinn seines großen Vorgängers im
Amte am Münster, des in Zürich noch immer geistig fort=
lebenden Ulrich Zwingli. Wie in der reformirten Kirche
überhaupt alle Geisteskräfte in Verstand und Willen cul=
miniren und der Verstand nie ein einseitig doctrinärer ist,
sondern vom sittlichen Willen getragen wird und immer wie=
der auf ihn hinlenkt, ebenso auch in Alex. Schweizer, diesem
echten Typus des reformirten Geistes. In ihm ist, möchte
man sagen, Schleiermacher in das Schweizerische übersetzt.

Das verständige Element der Schleiermacher'schen Theologie hat in ihm seine reinste Ausprägung erhalten, die philosophischen Voraussetzungen derselben sind von ihm am gründlichsten ermessen. Schon in seinem frühesten, aber noch immer nicht veralteten Aufsatz der Studien und Kritiken „über die Dignität des Religionsstifters", in welchem er sogleich als ein vollkommen Fertiger und bis zum Haupte Gerüsteter auftrat, ist eine bei den sonstigen theologischen Schülern Schleiermacher's seltene Kenntniß seiner Psychologie und Ethik erkennbar. Auch hier schon zeigt sich bei aller Abhängigkeit von den Gedanken des Meisters eine große Selbständigkeit in den Folgerungen, welche aus ihnen gezogen werden. Die Neigung, alles Uebernatürliche und Ueberschwängliche abzuweisen, ist schon hier bemerkbar. Es ist der Gedanke des religiösen Genius, auf den die Bedeutung Christi zurückgeführt wird, indem seine Einzigkeit aus dem individuellen und unübertragbaren Charakter des Gefühls erklärt wird. In der „Glaubenslehre der evangelisch-reformirten Kirche" (1844), wie in der „Geschichte der reformirten Centraldogmen" (1853), zeigt sich eine bewundernswürdige Herrschaft über einen reichen bis dahin so gut wie unbekannten Stoff, es werden ganz neue Einblicke in die Eigenthümlichkeiten der reformirten Dogmatik und ihren Unterschied von der lutherischen eröffnet. Ueberhaupt hat Schweizer das Verdienst, bei aller Erhabenheit über confessionelles Parteiwesen und wahrhafter Unionsgesinnung, das Urtheil über die tief und bis ins einzelnste gehenden Typen der beiden Confessionen geschärft und für diesen wichtigsten Theil der Symbolik neue Bahnen gebrochen zu haben. Seine „Christliche Glaubenslehre" (1863, 1. Thl.) ist ein klares, ausgereiftes, in sich geschlossenes Werk. Es steht in Schärfe des Formulirens, in Einfachheit und Geradheit des Ausdrucks, in

festem Gefüge alles Einzelnen zum Ganzen unter allen dog=
matischen Arbeiten der letzten 20 Jahre am höchsten da. Hier
ist ein wirklicher Fortschritt über Schleiermacher hinaus er=
kennbar. Hier sind die supranaturalistischen Zweideutigkeiten
des Meisters abgestreift. Hier ist jeder Compromiß zwischen
dem wissenschaftlichen Bewußtsein der Gegenwart und der alten,
abgelebten Dogmatik mit offenster Entschiedenheit abgelehnt.
Selbst das Wort „Dogmatik" verschmäht Schweizer für die
systematische Darstellung des christlichen Glaubens. Er ver=
steht darunter eine Kirchensatzungs=Wissenschaft, der nur
noch eine historische Bedeutung zukommt, während die von den
dogmatischen Fesseln freie Glaubenslehre den christlichen Glau=
ben auf der gegenwärtigen Stufe seiner Entwickelung zu=
sammenzufassen hat. So nennt er alle Versuche, eine Dog=
matik, welche ihrem Namen entspreche, wiederherzustellen, ohn=
mächtige Halbheiten und Fehlgeburten, die er in ihrer innern
Unwahrheit und Selbstquälerei vortrefflich abfertigt mit dem
Wort: „Einst haben die Väter ihren eigenen Glauben bekannt,
jetzt hingegen müht man sich ab, ihre Bekenntnisse zu glau=
ben." Daß in dieser Glaubenslehre der Gegenwart der „ganz
unhaltbare und Vielen zur Verlegenheit gewordene Wunder=
begriff", daß alles äußerliche Offenbarungswesen keine Stelle
mehr finde, wird mit rücksichtsloser Wahrheitsliebe eingeräumt.
Schweizer kämpft gegen die Gottes unwürdige Vorstellung, die
dem Supranaturalismus ebenso sehr wie dem Deismus zu
Grunde liegt, als gebe es eine von Gott geschiedene Welt=
ordnung, und erklärt, daß diese nichts anderes sei als „die in
sich geordnete Gesammtthätigkeit Gottes, hingerichtet auf die
Welt", oder „Gott in seiner Bethätigung". So sind „die
Menschen als Naturwesen von Gott schlechthin abhängig durch
seine Naturordnung, als sittliche Wesen durch seine sittliche

Weltordnung, als Kinder Gottes durch seine Reichsord=
nung". Eine andere Abhängigkeit aber von Gott, eine andere
Art seines Einwirkens auf uns durch wunderhafte Acte, welche
seiner geordneten Gesammtthätigkeit entnommen sind, gibt es
nicht und diese ganze Vorstellung eines über seine eigenen Ord=
nungen übergreifenden Gottes ist eine „phantastische", ein
Ungedanke. Daß Schweizer also mit voller Unumwundenheit
und derber Abfertigung des „phantastischen" Gottesbegriffs
sich auf den Boden der Immanenz stellt, daß er überall die
Thätigkeit Gottes als eine „geordnete Gesammtthätigkeit" be=
stimmt, die in ihrem geschlossenen Netze kein Loch für die
Wunder offen hält, daß er auch die Gebetserhörungen in
allerlei äußern Noth durch einen Deus ex machina erbar=
mungslos abweist, wird ihm bei den weichlichen Vermittelungs=
Theologen unserer Zeit sicherlich zum harten Vorwurf gerei=
chen, wie denn die „Neue evangelische Kirchenzeitung" in ihrem
Neujahrsgruß (1864), ganz im Ton und Geschmack ihrer ältern
Schwester, bereits das Gericht über den „Determinismus",
den „türkischen Fatalismus", den „verschämten Pantheismus
mit christlichem Firniß" gehalten hat.

Auch bei der Lehre von der Schrift geht Schweizer durch
alle zweideutigen und nebelnden Phrasen unserer halbgläubigen
Apologeten mit männlicher Geradheit hindurch. Ihm ist überall
der einfachste und unverhüllteste Ausdruck der liebste. Das
kanonische Ansehen der Schrift, gegenüber der kirchlichen Ueber=
lieferung, bezweckt nach seiner Auffassung nichts anderes als
die sichere Ausmittelung des lautern Christenthums, und
diese Lehre von der Schriftautorität ging nur aus dem Be=
dürfniß hervor, sich aus den Urdocumenten eine richtigere
Erkenntniß der evangelischen Wahrheit zu verschaffen, um sich
dadurch von den Fesseln einer hierarchisch geschützten Tradi=

tion zu befreien. So spricht er am liebsten von einer „freien
Hochhaltung," der Schrift und ihrer freien Autorität. So
ist ihm diese Autorität nicht Selbstzweck, sondern nur Mit=
tel zum Zweck. Die Bibel ist nicht eine einheitliche, überall
gleiche und absolute Autorität. Auch ist es im Grunde nur
ein Schein, freilich ein blendender, daß die protestantische
Kirche die Bibelautorität in solcher Weise gelehrt. Die Re=
formation war in ihrem Princip weit davon entfernt, irgend=
eine starr=objective Glaubensautorität aufzustellen und zu
solcher die Bibel zu erheben; vielmehr war ihr die innere
Selbstgewißheit des Glaubens das Erste und Höchste, von der
aus sogar die einzelnen Schriften der Bibel nach ihrem In=
halt geprüft und verworfen wurden. Also, wie Luther es that,
der von der subjectiven, in ihm lebendig gewordenen christ=
lichen Wahrheit, von dem sogenannten Materialprincip, dem
rechtfertigenden Glauben aus, über den Werth der einzelnen
kanonischen Schriften mit Freimüthigkeit aburtheilte.

Mit der absoluten Autorität der Schrift verwirft Schweizer
auch die Inspirationslehre, welche ja nichts anderes als
die Begründung von jener ist. Diese Inspirationslehre, als eine
mechanische und überweltliche, nennt er „die bis zur Unerträg=
lichkeit rauhe Hülle", in welche der Kern, die Einzigkeit des
Werths der biblischen Schriften, eingeschlossen ist. Das kirch=
liche Inspirationsdogma, führt er aus, ist schon seit lange als
eine „Verlegenheit", ein „hemmendes Uebel" anerkannt. Es
ist nichts als eine Uebertreibung und Ueberwucherung der
Wahrheit, dient nicht einem wirklichen, sondern nur einem ein=
gebildeten Bedürfniß der Frömmigkeit, nämlich dem, einen
absolut fertigen Ausdruck der Wahrheit zu haben, welches aber
in der That nicht der protestantischen, sondern der katholischen
Kirche angehört und nur gedankenloserweise von ihr zu uns

herübergenommen ift. Wie Schweizer ohne Frage der bedeu=
tendfte Theologe der Schweiz ift, find die Einwirkungen feines
Geiftes auf die junge Generation der heimatlichen Geiftlichkeit,
wenn auch geräufchlofe, doch tief einbringende gewefen. Es
darf mit Recht von einer jungen fchweizerifchen Theologie,
die in der Geiftlichkeit des Landes tiefe Wurzel gefchlagen, ge=
redet werden. Freilich ift fie nicht auf Schweizer allein und
den viele Jahre neben ihm ftehenden und im Geifte vorurtheils=
lofefter, gründlichfter Wiffenfchaft wirkenden Hitzig zurückzu=
führen. Die philofophifche Bildung, wie fie von Hegel aus=
gegangen, die mächtig aufregenden und geiftig befreienden kriti=
fchen Forfchungen Baur's und feiner Jünger — das waren
die neuen, fermentirenden Elemente, welche zu der durch
Schweizer vermittelten Schleiermacher'fchen Theologie hinzu=
traten. Die Verbindung der Schweiz mit Würtemberg war
immer eine nahe und lebendige. Aus ihr ging die junge
Schweizerfchule hervor. Ihr namhaftefter und entfchloffenfter
Vorkämpfer ift H. Lang (Pfarrer in Meilen am Züricherfee),
ihr bedeutendftes Organ die feit 1859 erfcheinenden „Zeit=
ftimmen". Nicht neue philofophifche oder theologifche Prin=
cipien finden wir hier, wol aber die bewußte, offene und
charaktervolle Durchführung alles deffen, was wiffenfchaftlich,
fei es in den philofophifchen Grundanfchauungen über Gott
und Welt, fei es in den kritifchen Forfchungen über die Schrif=
ten des Kanon, in den letzten 30 Jahren erarbeitet worden.
Der lange philofophifche Gährungsproceß, von Kant bis Hegel,
hat fich hier zu einem ganz einfachen und unbeftreitbaren
Niederfchlag, der fogenannten „modernen Weltanfchauung",
abgefetzt. Die von Schleiermacher und De Wette bis auf die
jüngften Ausläufer der Baur'fchen Schule geführten kritifchen
Unterfuchungen haben hier eingehende Berückfichtigung gefunden

und ein durchaus freies Verhältniß zum Kanon herbeigeführt. Alle diese großen, nur noch von theologischer Aengstlichkeit und Engherzigkeit bestrittenen Eroberungen sind hier mit männlicher Unerschrockenheit festgehalten. Der weit verbreiteten Halbheit und Lüge soll durch vollste Wahrhaftigkeit gesteuert werden. Und — was die Hauptsache — die Resultate der Wissen= schaft sollen in das Gemeindeleben umgesetzt, in die amtliche Thätigkeit des praktischen Geistlichen hinübergeführt werden. Dieser Uebergang der freien Wissenschaft in die Praxis, diese Verbindung theologischer Bildung und Kritik mit dem ganzen sittlichen Ernst und der praktischen Hingebung, welche das geistliche Amt fordert, diese Freudigkeit und Freimüthigkeit eines guten Gewissens — auch auf der Kanzel — das ist das Neue und Hoffnungsreiche der jungen Schweiz!! — Wie groß ist der Fortschritt von der hoffnungslosen Blasirtheit eines Strauß, der mit dem unheilbaren Riß zwischen Glauben und Wissen endet und keinen andern Trost zu geben weiß, als daß der Gläubige den Wissenden und ebenso der Wissende den Gläubigen ruhig seine Straße ziehen lassen solle; — von der nur kritisirenden und meistens über die ersten Jahrhunderte des Christenthums nicht hinausgehenden Thätigkeit der meisten Schüler Baur's — zu diesem wahrheitsmuthigen, überall auf die Bedürfnisse der Gegenwart, auf den unzerstörbaren religiös = sittlichen Kern des Christenthums gerichteten, überall erhaltenden und Gemeinde sammelnden Streben einer jungen, für die großen Aufgaben der Kirche der Gegenwart be= geisterten Geistlichkeit!

Will man die Theologie der „Zeitstimmen" auf ein ein= faches Schlagwort zurückführen, so ist dies das von ihrem Herausgeber gleich zu Anfang mit vollstem Bewußtsein gewählte und in seinen Consequenzen klar entwickelte: die moderne

Weltanschauung. Der tiefgehende Gegensatz zwischen der
modernen Weltanschauung, zwischen den Denkformen der Wissen=
schaft und Bildung unserer Tage und den dogmatischen Vor=
stellungen der Kirche, zwischen der immanenten Weltbetrachtung
der Gegenwart und dem wundergläubigen Supranaturalismus
der frühern Zeit — und das Bedürfniß, diesen Gegensatz
nicht zu verdecken, sondern offen einzugestehen, ist der Aus=
gangspunkt für die „Zeitstimmen". Darum ein Hauptbestreben,
die Selbsttäuschungen der Vermittelungstheologie, dieses charakter=
losen Gemisches widersprechender Weltanschauungen, erbarmungs=
los aufzudecken und zu bekämpfen.

Aber dieser scharfen und gewissenhaften Negation liegt zu=
gleich eine sehr bestimmte und ernst=gemeinte Position zum
Grunde. Nämlich die Ueberzeugung, daß die wahren keim=
kräftigen Elemente der gegenwärtigen Bildung nicht in un=
versöhnlicher Feindschaft stehen mit dem Christenthum, mit der
Bibel, mit der evangelischen Kirche, daß vielmehr das Christen=
thum in seinem tiefsten Grunde, in seinem ewigen Wesen
nichts anderes ist als die vollendete Darstellung des religiösen
Verhältnisses zwischen Gott und Mensch, im Wort und in der
Person Jesu Christi, das Evangelium die fröhliche Botschaft
auch für unsere Zeit, die Bibel das Urkundenbuch göttlicher
Offenbarungen in den für die Religion bahnbrechenden Zeiten,
an dessen religiöser Tiefe und Größe wir uns noch heute aufs
kräftigste erbauen, stärken und erquicken können.

Die Frage: ist die moderne Weltanschauung noch reli=
giös, ist sie noch christlich, wird mit einem entschiedenen
ja! beantwortet. Sie wird verneint von den beiden Extremen,
von den orthodoxen Dogmatikern wie den radicalen Philo=
sophen, von Stahl und Strauß — und zwar aus gleichen
Gründen. Deshalb, weil beide das Eigenthümliche des Christen=

thums in einer Anzahl von Glaubenssätzen suchen, weil sie Religion und Theologie miteinander verwechseln. Sie ist aber zu bejahen, deshalb, weil das Christenthum wesentlich prak= tischer Art ist, eine Kraft, selig zu machen, und weil dieser praktische Kern durch und durch human ist.

Wie aber wird nun diese „moderne Weltanschauung" näher bestimmt und wie unterscheidet sie sich von der alten? Lang hat in einer Reihe von Aufsätzen (Protestantische Kir= chenzeitung, 1859, Nr. 33; Zeitstimmen, 1861) diese Frage zu beantworten versucht. Nicht ganz genau findet er den Gegensatz zwischen Transscendenz oder Dualismus auf der einen, und Immanenz oder Monismus auf der andern Seite; ebenso wenig wie den zwischen mechanischer und dynamischer Weltanschaunng. Das Charakteristische der alten, supranatu= ralistischen Weltanschauung sieht er vielmehr darin, daß die Natur hier noch gar nicht als selbständig auftritt, nicht als eine mit ihren eigenen Kräften und nach ihren eigenen Ge= setzen wirkende, daß sie noch gar nicht als ein Zusammen= hängendes und Gesetzmäßiges, als ein Kosmos, angeschaut wird. Gott, der außer und über der Natur steht, gebraucht sie vielmehr wie ein schrankenloser und willkürlicher Herrscher für seine Zwecke. Von einer Aufhebung der Naturgesetze kann, im strengen Sinne des Worts, noch nicht die Rede sein, weil diese Naturgesetze sich noch gar nicht zu einem geschlossenen Zusammenhang befestigt haben. Die Natur ist ein loses, hal= tungs = und selbst=loses Product Gottes, Gott herrscht mit un= begreiflicher Willkür über sie. Nach der modernen Welt= anschauung dagegen, deren Begründer schon Cartesius und Baco, deren Vollender Leibnitz, Schelling und Hegel sind, steht eine Welt vor uns, ohne Wunder und Willkür in ihren eigenen Bahnen kreisend, in sich selbst ruhend und in sich ge=

schloſſen, ein einiges, harmoniſches Ganze, die wol von Gott
innerlich durchdrungen und belebt wird, in die er aber nicht
äußerlich, aufhebend oder den Zuſammenhang zerreißend, ein=
greift. Dies iſt das Weſentliche der modernen Weltanſchauung:
Geſeßmäßigkeit, Zuſammenhang, innere Zweckmäßig =
keit; und den Gegenſaß dazu bildet der Dualismus und Supra=
naturalismus, die Aeußerlichkeit und Willkür eines geſeßlos
ſchaltenden Gottes. Ueberall erſcheinen in der alten Dogma=
tik, infolge der dualiſtiſchen Grundlagen, äußerliche Gegenſäße,
willkürliche Trennungen, wunderhafte Vermittelungen, magiſche
Wirkungen. Die Willkür des Falls des erſten Menſchen, die
Abſolutheit der Sünde, die Unbegreiflichkeit und Magie der
Gnade, der harte Gegenſaß zwiſchen den Gläubigen und Un=
gläubigen, den Seligen und Verworfenen, zwiſchen Himmel
und Hölle, Reich Gottes und Welt, das alles gehört hierher.
Ebenſo iſt charakteriſtiſch für dieſen Standpunkt, daß der ganze
Schwerpunkt des religiöſen Proceſſes in das Jenſeits verlegt
wird. Die Religion ſteht hoch über und außer der Sittlich=
keit, das Reich Gottes über den weltlichen Geſchäften und
Sorgen, die beſeligende und rechtfertigende Kraft des Glau=
bens über der bürgerlichen Gerechtigkeit, die Ewigkeit über
und außer der Zeit. Nach der modernen Weltanſchauung da=
gegen iſt die Forderung die: dieſe Gegenſäße nicht als aus=
ſchließende, ſondern als zuſammengehörende, ſich tief und inner=
lich durchbringende zu betrachten, ewig zu ſein im Augenblick,
unendlich in der Endlichkeit, das Göttliche hineinzupflanzen in
der gottbeſäeten Erde heiligen Boden, das Profane heilig, das
Weltliche göttlich, das Irdiſche himmliſch zu machen und alſo
ſelig zu ſein nicht in überſchwänglichen Phantaſien und Ge=
fühlen, ſondern mitten in der Arbeit, der Freude und dem
Kampf der Erde.

Offenbar leidet diese Darstellung der modernen Welt=
anschauung an einer gewissen Weite und Unbestimmtheit und
ist vorzugsweise nur negativ, den alten Gottesbegriff mit sei=
ner Willkür= und Wunderthätigkeit verneinend. Dagegen bleibt
es ungewiß, was an die Stelle der in sich haltlosen, von
Wundern durchlöcherten Natur treten solle. Ob dies ein teleo=
logischer Naturalismus, ob Pantheismus, ob speculativer Theis=
mus sei. Infolge sehr einschneidender Bemerkungen von
Heinrich Krause (Protestantische Kirchenzeitung, 1859,
Nr. 34 u. fg.), der diese moderne Weltanschauung als eine
noch unfertige, erst werdende, bezeichnete und nachwies, daß
der wahrhaft immanente Gott zugleich ein Moment der Trans=
scendenz an sich habe, weil er sich als der reale Grund der
Welt nicht allein von den einzelnen Dingen, sondern auch
von der Totalität dieser Einzelheiten unterscheide, versuchte es
Lang (Zeitstimmen, 1861), den Vorwurf des Pantheismus
und Naturalismus zurückzuweisen und über das Verhältniß
Gottes zum Naturzusammenhang, wie über die Wesensbestim=
mungen Gottes Genaueres auszusagen. Er hielt sich an die
Schleiermacher'sche Unterscheidung zwischen einem „persön=
lichen" Gott, den er eine falsche Theologendoctrin, und dem
„lebendigen", den er eine religiöse Erfahrung nannte.
Er erkannte, daß das, was in der Persönlichkeit Wahres und
Ewiges, auch im Gottesbegriff erhalten werden müsse. Er
wies die Vorstellung einer blind wirkenden, bewußtlosen Natur=
kraft zurück und forderte einen absoluten Geist, der dem end=
lichen als ein „Du" gegenüberstehe, bei dem das bedrängte
Herz Licht, Kraft, Trost, ewiges Leben finde, der ein ab=
solut durchschimmerndes, allgegenwärtiges Licht, ein schöpfe=
risches Princip der Welt und für den „Vater im Himmel"
nicht allein der schönste, sondern auch der tiefste und er=

schöpfendste Name sei. Ebenso protestirte er gegen Fatalis=
mus und Determinismus im Namen der sittlichen Frei=
heit, die nie und nimmer durch Naturnothwendigkeit, durch
die Summe aller Kräfte, Anlagen und äußern Umstände ersetzt
werden könne. Er hob hervor, daß in dem Menschen die
Kraft liege, den endlosen Faden gegebener Bedingungen abzu=
brechen und den Quellpunkt des Handelns in sich selbst zu
suchen. Das eben sei „Freiheit", „ein über alles Natür=
liche schlechthin hinausliegendes, schöpferisches Lebensprincip voll
innerer Unendlichkeit". Auch über die persönliche Unsterb=
lichkeit äußerten sich in den „Zeitstimmen" manche beruhigende
Stimmen, ohne daß es in allen diesen letzten, metaphysischen
Fragen zur rechten freudigen Parrhesie einer tief begründeten
und selbsterrungenen Ueberzeugung gekommen wäre. Die Haupt= ·
sache, das Erste und unzweifelhaft Sichere blieb immer: „die
zusammenhängende und einheitliche Weltanschauung", von wel=
cher aus der ganze Bestand der alten Dogmatik einer ehrlichen
und ernsten Prüfung unterworfen werden sollte. In Bezug
auf die Person Christi hat H. Hirzel (Diaconus in Zürich)
in der schon oben genannten Antwort an Herrn Professor Tho=
luck (Zeitstimmen, 1861, Nr. 22 u. 23) vortrefflich die Stel=
lung der modernen Theologie abgegrenzt. Er stellte die These
auf: „Das Evangelium Christi ist vollendete Heilswahrheit",
sodann die Antithese: „Die Lehre der Kirche über das Chri=
stenthum und dessen Werk ist insoweit nicht mehr Wahrheit,
als sie auf eine dualistische Weltanschauung und die dieser
eignende Wundertheorie gestellt ist", und endlich die Synthese:
„Die Heilswahrheit ist in der wirklich geschichtlichen Person
Jesu von Nazareth persönliche Lebenswahrheit geworden und
pflanzt sich von ihr aus im geschichtlichen Verlauf in der
Menschheit ein." Danach werde also nicht Christus, sondern

nur der dogmatische Christus, die unhaltbar gewordene
Glaubenslehre über Christum, von der freien Theologie der
Gegenwart bekämpft. Nach der alten Weltanschauung stehe
Gott oben und die Welt unten und Gott greife in seiner
Offenbarung nur ausnahmsweise von oben und von außen
her in den Naturzusammenhang wie in den geschichtlichen Ver=
lauf ein, durch Wunder im rechten und strengen Sinne. Da=
nach sei auch die Person Christi nichts anderes als ein Wun=
der, das Hereinragen einer höhern Weltordnung in die niedere,
ein von oben und außen kommender Gott, ein Mensch und
doch wieder nicht ein Mensch, der wol ein Mensch sein solle,
dessen Menschlichkeit aber immer wieder aufgehoben und illu=
sorisch gemacht werde durch seine göttliche Natur, mit ihren
absoluten Eigenschaften, ihrer Unendlichkeit und Ewigkeit. Und
ganz ebenso sei es auch mit seinem Erlösungswerk. Das sei
nicht ein freier und innerlicher, wahrhaft sittlicher Proceß in
der Seele des Menschen, vermittelt durch die geschichtliche
Persönlichkeit des Heilands, das sei vielmehr ein überwelt=
licher Hergang, ein großes, zwischen Gott und seinem Sohn,
zwischen Himmel und Erde hin= und hergehendes Drama, das
wol für die Menschheit ins Werk gesetzt werde, nicht aber sich
aus ihr und in ihr menschlich entwicke. Und gegen all diese
wunderhaften, magischen, mit dem tiefsten Wesen sittlicher
Freiheit und sittlichen Werths streitenden Dogmen richtet er
das prophetisch klingende, aber aus der tiefsten Seele der
Gegenwart gesprochene Wort: „Es wächst jetzt — und das
geschieht nicht zufällig und willkürlich, sondern es ist eine gött=
lich geordnete Entwickelung des Menschengeschlechts, welche
kein noch so heftiger Theologenjammer aufhalten wird — eine
Generation heran, die durchaus an keine andern Wunder mehr
als an diejenigen, welche im göttlich geordneten Lauf der Natur

und der Geschichte vor Augen liegen, also im strengen Sinne
des Worts gar keine Wunder mehr sind, glauben will."
Nächst diesem consequenten Festhalten der „modernen
Weltanschauung" und in nahem Zusammenhange mit ihr ist
es die rücksichts= und voraussetzungslose Kritik des Kanon und
eine rein geschichtliche Behandlung des Urchristenthums, welche
den Theologen der „Zeitstimmen" am Herzen liegt. Freilich
ist es nichts als eine leichtfertige Insinuation Tholuck's, die
schweizerische Geistlichkeit dieser Richtung zu unselbständigen
Nachtretern von Strauß und Baur herabzusetzen. Das Ver=
hältniß zu Strauß ist keineswegs das einfacher Zustimmung.
Das Gemeinsame ist nur die Antithese, die Negation der ge=
meinen Uebernatürlichkeit und Wunderhaftigkeit der evangeli=
schen Geschichte, sowie der wohlberechtigte Zweifel daran, daß
diese Geschichtsberichte überall wirkliche Geschichte seien. Aber
der Unterschied ist der, daß Strauß im Zweifeln und Negi=
ren stehen blieb und nur das verzehrende Feuer war, welches
den dogmatischen Christus hinwegbrannte, während man hier
bestrebt ist, den wirklich geschichtlichen aus den mythischen
Hüllen zu befreien. Es wird von dieser Seite mit Be=
stimmtheit ausgesprochen, daß Strauß in seiner Schlußabhand=
lung die ganze Frage unglücklich formulirte, wenn er meinte,
alles hänge daran, daß die Idee nicht ihre ganze Fülle in Ein
Individuum ausschütte, während vielmehr alles darauf ankomme,
daß die Idee selbst kein Individuum sei. So ging bei Strauß
über und unter der Idee ihr Träger verloren, sie wurde um
ihre persönliche Verwirklichung gebracht, irrte gleichsam halt=
los in der menschlichen Gattung umher. Die wahrhaft ge=
schichtliche Persönlichkeit Christi und ihr tiefster Geistesgehalt
löste sich bei diesen kritischen Operationen auf. Es blieb nur
ein Schemen übrig, die „Gattung", nichts als ein Ausdruck

der Noth und Verlegenheit. Ganz ebenso ist das Verhältniß
zu Baur, bei aller hohen Anerkennung und Pietät für den
großen Lehrer, ein durchaus freies. Biedermann sprach es
in einer eingehenden Charakteristik Baur's offen aus, daß bei
seiner Behandlung der Geschichte überhaupt das Individuelle
nicht zu der gebührenden Geltung komme, und daß in seinen
Schriften über das Urchristenthum der Mangel eines nähern
Eingehens auf die Person Christi sich als eine große und
empfindliche Lücke zeige. Die Uebereinstimmung mit ihm besteht
in diesen Kreisen nur in der völlig voraussetzungslosen Kritik,
in der rein historischen Behandlung des Urchristenthums und
der dieser Zeit angehörenden Schriften, nicht aber in einzelnen
Ergebnissen dieser Kritik.

Die Zahl derer, welche in diesen „Zeitstimmen" den
Ausdruck ihrer eigenen Ueberzeugung, ihres tiefsten Strebens
und Ringens wiedererkannten, war unter den schweizer Geist=
lichen keine geringe. Diese Männer traten mit dem guten
Gewissen der Wahrheit und mit der festen Ueberzeugung, noch
innerhalb der christlichen Kirche zu stehen, ja das Christen=
thum in seinem tiefsten, von den judenchristlichen Schalen los=
gelösten Kerne zu erfassen, auf den Kampfplatz. Sie scheuten
sich nicht, mit voller Offenheit das lebendige Glaubensbekennt=
niß der Gegenwart dem abgestorbenen der Vergangenheit ent=
gegenzustellen. Ihre Gegner waren außer den Strenggläubi=
gen auch und ganz besonders die Vermittler, die sich durch
den scharfen, kritischen Nordwind in ihrer warmen Gemüths=
seligkeit aufs unbehaglichste angeweht fühlten. Auf den allge=
meinen Predigerconferenzen, in den Kirchenblättern der Schweiz,
in einzelnen Streitschriften wurde dieser Kampf lebhaft fort=
gesetzt, oft mit derber Schweizerpolemik, aber doch immer mit
einer persönlichen Anerkennung des Gegners, wie wir sie in

Deutschland namentlich bei der gläubigen Partei leider so
wenig kennen. Es war dies ein ehrliches Ringen und keine
der Parteien achtete die feindliche für rechtlos oder des Kampfes
unwerth. Auf der Predigerconferenz in Bern, 1861, sprach
Hirzel den Gegensatz zwischen den Altgläubigen und den Modernen sehr scharf aus, aber er ertheilte einer jeden der beiden
Parteien ihre eigene Mission, je nach den Bedürfnissen und
dem Bildungszustand ihrer Gemeinden, und meinte, daß, wie
einst nach Galat. II, 9 die στύλοι Johannes, Jakobus und
Petrus mit dem Barnabas und Paulus eins geworden und
ihnen die Bruderhand geboten, so auch jetzt noch die Predigt
unter den Juden- und den Heidenchristen der Gegenwart nach
den Persönlichkeiten und Gaben eine verschiedene sein könne.
Die Hauptvertreter der „freien Theologie" sind H. Lang,
H. Hirzel und Biedermann, die Gebrüder Langhans und
Vögelin, ihre Gegner: Riggenbach, der einst radicale,
Güder in Bern, der Schüler Schneckenburger's, Auberlen
und Hagenbach. Das Princip der modernen Theologie, der
Religionsunterricht auf den höhern Lehranstalten nach ihren
Grundsätzen, die Hauptfragen der Kritik, vor allem die That-
sächlichkeit der Auferstehung Christi — das sind die wichtigsten
Punkte, um welche der Streit entbrannte. Die bedeutendste
hierher gehörige Schrift aus dem feindlichen Lager ist die von
Riggenbach: „Der heutige Rationalismus, besonders in der
Schweiz", ein Vortrag auf der Versammlung der evangelischen Allianz in Genf 1861 gehalten, auf welche Biedermann in einer gründlich eingehenden Abhandlung: „Die Zeitstimmen vor dem Richterstuhl der evangelischen Allianz" (Zeitstimmen, 1862), antwortete.

Bei der Frage nach der wissenschaftlichen Bedeutung wie
nach der Lebensfähigkeit dieser Theologie der modernen Welt-

anschauung lautet freilich die Antwort eines Tholuck und eines Hirzel sehr verschieden. Wie viel namhafte Anhänger hat denn noch diese Kritik von Strauß und Baur in Deutschland? so fragt Tholuck in blindem Professorendünkel. Wo finden sich noch die Vertreter der christologischen Schlußabhandlung von Strauß? Höchstens bei einem Balzer und Wislicenus und in den Versammlungsstunden der freien Gemeinden. Alle theo= logischen Autoritäten dagegen sind längst über diesen angeblichen Fortschritt hinausgeschritten. Sollte also nicht auch die junge theologische Schweiz, welche an der Spitze der Bewegung zu stehen glaubt, sich in einem Irrthum befinden und in der That zurückgeblieben sein? Sollte ihr nicht mit Recht ein erneuertes Studium angerathen werden dürfen? Und beruft sie sich auf die Sympathien in Holland, auf die keckern Stimmen in Frank= reich und dem jungen England, ist es nicht auch hier also — daß das, was als ein anbrechender Geistesfrühling erscheint, nichts als ein matter Nachsommer ist? Ist es nicht immer so gewesen, daß Deutschland in seiner Theologie der ganzen übrigen Welt um Decennien vorangeschritten, sodaß längst überwundene und abgeblühte Geistesrichtungen nach 10 oder 20 Jahren im Auslande ihr Echo fanden? Und ist diese Theologie der Zeit= stimmen etwas anderes als ein langsam verhallendes Echo ver= gangener deutscher Irrthümer in den Schweizer Bergen? Die Antwort Hirzel's auf diese Fragen lautet ungefähr also: Ja! viel Professorennamen stehen nicht auf unserer Seite, obwol ein Baur mehr werth sein möchte als Ihr alle zusammenge= nommen. Aber Ihr selbst habt ja auch redlich und mit Erfolg dafür gesorgt, daß uns solche Namen fehlen. Ihr und die Eurigen haben Zeller von Tübingen hinweggetrieben, Schwegler aus der Theologie in die Philosophie hinübergedrängt, Köstlin für die Wissenschaft der Religion mit der der Schönheit ver=

tröstet. Ihr versteht dies Handwerk im Bunde mit den feigen
deutschen Regierungen vortrefflich. Ihr habt viel herrliche
Kräfte geknickt und ausgehungert, viele, die mit frischer Stimme
sich erhoben, zu stillen Männern gemacht. Nun aber, da Ihr
ausgeseufzt und geklagt und verklagt habt und glücklich auf
dem Platze geblieben und alle Talente beseitigt aus den einfluß=
reichen Stellen, nun erhebt Ihr das große Wort und sprecht:
„Nennt uns Professoren, nennt uns Autoritäten!" Ihr also
tragt den Schimpf, daß Baur keinen würdigen Nachfolger ge=
funden und nicht auf ihn selbst und seine Sache fällt er!!
Dann aber, was die Rede von Deutschland betrifft, als dem
auserwählten Lande der Religion und Religionswissenschaft,
in welchem alle epochemachenden religiösen Erscheinungen Ur=
sprung, Verlauf und Ende genommen, um sich dann als Echo
fortzusetzen unter den übrigen Völkern, so ist sie doch etwas
gar zu hochmüthig und unwahr zugleich. Richtiger möchte,
bei aller Anerkennung deutscher Wissenschaft und Gründlichkeit,
die Auffassung sein, daß die theoretischen Anregungen, welche
die Welt Deutschland verdankt, praktisch, das heißt im kirch=
lichen Volksleben, unter den Völkern der That angewandt und
verwerthet wurden und dann später, also befruchtet und be=
reichert, nach Deutschland zurückflossen. Vor allem falsch aber
und eine thörichte Einbildung ist es, den kirchlichen Positivis=
mus, wie er dermalen in Preußen herrscht, als ein wirkliches
Hinaussein, als eine wissenschaftliche Ueberwindung der specu=
lativen Philosophie und der durch Baur tief aufgeregten Kritik
anzusehen. Ebenso falsch, ihn, wie Tholuck es thut, als
die geradlinige Fortsetzung, die gesunde und nothwendige
Weiterbildung des neuen und echt=volksthümlichen religiösen
Aufschwungs der ersten Decennien dieses Jahrhunderts, seit
den Freiheitskriegen, zu verherrlichen. Dies ist eine offenbare

Geschichtsfälschung. Vielmehr ist dieser kirchliche Positivismus, gleichviel ob in mehr. pietistischen oder mehr dogmatischen Formen, diese modernste Frömmigkeit, nichts als eine traurige Zerrbildung der ursprünglichen Gestalt. In göttlicher Nothwendigkeit war jene schöne Zeit geworden und in menschlicher Willkür und Laune haben Könige, Minister, Professoren und Consistorialräthe aus dem Gewordenen das gemacht, was ihnen diente. Gottes Werk war die Erneuerung des religiösen Sinnes und Lebens, dagegen eine Verpfuschung des Gotteswerks durch Menschenhand ist die Ausnutzung des neuen religiösen Lebens zur Restauration einer alten Dogmatik gewesen. So ist denn gerade die freie Theologie der Gegenwart als die rechte wissenschaftliche Durchbildung und geistige Klärung dessen, was der religiöse Aufschwung der Freiheitskriege wollte, anzusehen; als eine Belebung und Vertiefung des religiösen Gefühls, im Unterschiede von der Vernüchterung des alten Rationalismus, aber zugleich als eine Befestigung und Schärfung des Gewissens, eine Incinsbildung des religiösen und sittlichen Geistes, eine Durchbildung des Glaubens zum Wissen. Fragt man, woher jene Misbildung des ursprünglichen Strebens, jene Corruption, welche fast alle deutschen theologischen Facultäten mit ergriffen und namentlich in den Kreisen der praktischen Geistlichen so große Verwüstungen angerichtet, so ist die Antwort: es war der **deutsche Polizeistaat** und die von ihm beherrschte **Polizeikirche**, durch welche die traurige politische Reaction auch in diese Kreise mit hinübergeleitet wurde. Eine wahrhaft freie Theologie konnte in Deutschland, und namentlich in Preußen, unter dem bisherigen Landesepiskopat, mit Cultusministern, Oberkirchenrath und Consistorien nicht gedeihen, noch weniger unter den Geistlichen des Landes begeisterte und entschlossene Anhänger gewinnen. Früh

schon und systematisch wurden die jungen Theologen niederge=
drückt und sittlich gebrochen. Dem consistorialen Kirchenregiment
in den verschiedenen Bundesstaaten und Staatchen standen Mittel
und Wege in unendlicher Fülle zu Gebote, um Richtungen zu
unterdrücken und Systeme zu machen. An Hetzereien, Angebe=
reien und Verdächtigungen fehlte es, namentlich seit Errich=
tung des Berliner Inquisitionstribunals, geleitet von Herrn
Hengstenberg, nicht. Die von der Studienzeit oder dem Exa=
men her durch eine freiere Ueberzeugung anrüchigen Candida=
ten erhielten so lange keine Pfarreien, wurden ausgehungert,
bedroht, bei Seite gesetzt, bis sie gebrochen oder gebeugt waren.
Die große Mehrzahl lernte schweigen, laviren, sich durchwin=
den. Vor allem die theologischen Facultäten wurden argwöh=
nisch überwacht und jedes freiere Regen im ersten Keime er=
stickt. So bildete sich denn eine Schule der Heuchelei, der
Schwachsinnigkeit und Charakterlosigkeit. Alle edlern Kräfte,
alle begabtern Köpfe zogen sich instinctmäßig von den theolo=
gischen Facultäten wie von dem praktischen Kirchendienst zurück.
Es blieb für Theologie und Kirche nichts übrig als Charakter=
schwäche und Talentlosigkeit! Dies ist der wahre Grund,
weshalb gerade in Deutschland, der Heimat der Philosophie
und Theologie, unter der jüngern Geistlichkeit ein freies,
wissenschaftliches Streben wie ausgestorben erscheint. Dies
der Grund, weshalb gerade in der Schweiz die niedergetretene,
aber nicht überwundene, die nicht todt zu redende und zu
schweigende kritische Theologie, die sich an Baur's Namen
knüpft, fröhlich aufblüht. Der derbe, gesunde, thatkräftige
Volkscharakter, welcher auch der schweizer Geistlichkeit noch
einwohnt und der die frische Bergluft der Wissenschaft wohl
verträgt, war der Grund und Boden, auf welchem diese freie
Theologie, die in der eigenen Heimat verkümmern mußte, hoch

aufwuchs. Daju kam die republikanische Verfassung, die
Wahlen der Geistlichen durch die Gemeinden, die Freiheit von
eigentlicher Verpflichtung auf die Symbole. Alles bewegt sich
hier im Element eines freien Gemeindelebens; unbehindertes
Streben und Ringen ist die Form, die Wahrheit zu finden
und das Rechte zu thun. So auch im kirchlichen Leben. Hart
und heiß ist wol der Kampf, welcher hier geführt wird, aber
gleich ist Licht und Sonne für die Parteien, es gibt keinen
Appell an die Staatsgewalt und die persönliche Achtung wird
auch dem entschiedensten Gegner nicht versagt.

Blicken wir über die Schweiz hinaus, so gewahren wir
eine rasche und begeisterungsvolle Ausbreitung dieser freien
Theologie in der reformirten Kirche Hollands und Frank=
reichs. Namentlich in Holland unter den jüngern Geistlichen
zeigt sich die wärmste Sympathie und ein aufmerksam horchen=
des Ohr für die Klänge der „Zeitstimmen". Es besteht in
der That eine innere Verwandtschaft zwischen dem Lande der
Alpen und des Meeres, zwischen der Quelle und dem Ziel=
punkt des mächtigen Stroms. Der derbe, verständige, geistig=
gesunde Volkscharakter, die reformirte Kirche mit ihrer freien
Verfassung, die nie durch die Symbole gefesselte Schriftfor=
schung, das alles hat der offensten Besprechung theologischer
Fragen mühelos den Weg gebahnt. Vor Allem ist hier die
neue Leydener Schule zu nennen und ihr berühmtes Haupt
J. H. Scholten, der bedeutendste holländische Theologe un=
sers Jahrhunderts; neben ihm Männer wie Kuenen, Réville,
Pierson und Busken Huet. Wie die unabhängigen und
thatkräftigen Schweizer, die betriebsamen, nüchternen Holländer,
so waren es auch die formgewandten und beweglichen Franzosen,
welche die durch die deutsche Theologie erarbeiteten Schätze sich
rasch zuzueignen und ins Gemeindeleben hinüberzuführen unter=

nahmen. Es war die Strasburger Schule, vor allem
Reuß, ein Meister der Kritik und den ersten Theologen Deutschlands ebenbürtig, der den Strom freiester und gründlichster
Wissenschaft nach Frankreich hinüberleitete. Als Organ dieser
neuen Theologie diente seit 1850 die von Colani und Scherer
gegründete „Revue de théologie", dann seit 1858 die „Nou-
velle revue", der sich die in Paris erscheinende „Revue ger-
manique" zugesellte. Der Kampf, welcher hier mit allem
Glanz französischer Darstellungskunst geführt wurde, bewegte
sich zuerst um das Dogma der Inspiration und Schriftautorität, sodann, wie naturgemäß, um die weitere Anwendung
und Ausführung der gewonnenen Freiheit, um die Kritik des
Kanon, die Geschichte des Urchristenthums. Mit jugendlichem
Feuer, mit dem Enthusiasmus des ersten Wahrheitsfundes,
mit leichter, fast spielender Eleganz, wurden die ernsten Fragen
und schwerfälligen Arbeiten des deutschen Geistes ins Franzö-
sische übertragen. Nicht in dem Inhalt der Untersuchungen ist
hier ein Fortschritt bemerkbar, wohl aber in der Frische der
Zueignung, in dem überall aufs Praktische gerichteten Sinn,
in der Verschmelzung wissenschaftlicher Fragen mit den lebendigen Bedürfnissen der Kirche. So genießen die Fremden die
Früchte unsers Fleißes, während bei uns Wissenschaft und
Leben noch immer durch eine tiefe Kluft getrennt sind, während
die unter dem langen Druck entarteten Geistlichen sich nach
den alten Bekenntnissen der Staatskirche heiser schreien und
kurzsichtige Theologen wähnen, über die neuesten Entwickelungen
der Theologie weit hinaus zu sein, deshalb weil sie dafür gesorgt, daß ihre Vertreter unterdrückt, aus der Theologie herausgedrängt oder abgesetzt wurden!

Und doch ist gerade in Deutschland seit einigen Jahren
der Versuch gemacht worden, für alle mannichfach nuancirten

und weithin zerſtreuten Elemente der freien Theologie wieder
einen Mittelpunkt zu gewinnen, ſie um Ein großes, practiſches Ziel
zu ſammeln. Der ſchon am 30. September 1863 in Frankfurt
gegründete und dann zu Eiſenach 1865 zuerſt ins Leben ge=
tretene Proteſtanten=Verein will dieſen Zweck erfüllen.
Die „Erneuerung der proteſtantiſchen Kirche" iſt ſeine
Loſung. Eine wirkliche Erneuerung, wie R. Rothe, ſein
geiſtiger Urheber, in einer ergreifenden Rede auf der erſten
conſtituirenden Verſammlung zu Frankfurt ausführte. Nicht
eine Flickarbeit, eine oberflächliche Vermittelei, ein eitles Prun=
ken mit Formen und Farben der Gegenwart. Vielmehr eine
ernſte, tiefgehende, unerſchrockene Erneuerung, eine neue Geburt
aus den eigenſten und edelſten Kräften der Gegenwart, ein
neuer, lebendiger Geiſt in neuen Formen. Dieſe Erneuerung
ſoll geſchehen: „im Geiſte evangeliſcher Freiheit und im
Einklang mit der geſammten Culturentwickelung un=
ſerer Zeit." In dieſen Worten ſind die Grundgedanken
der nothwendigen Erneuerung, gleichſam das formale und
das materiale Princip derſelben, ausgeſprochen. Das for=
male Princip iſt das der Freiheit, der rechten, evangeli=
ſchen, aus dem Evangelium ſtammenden und die Wahrheit
und Kraft des Evangeliums immer tiefer erſchöpfenden Frei=
heit, welche nicht allein eine Freiheit des Glaubens und Ge=
wiſſens, ſondern auch des Forſchens und Lehrens, des Beken=
nens und Fortſchreitens im Bekennen iſt und welche vor Allem
ankämpft gegen die wund reibenden Feſſeln enger und alt ge=
wordener Bekenntniſſe, gegen alles todte Satzungsweſen in
der Kirche. Daß dieſe evangeliſche Freiheit, dies am Evange=
lium genährte unendliche Recht der Subjectivität, vor welcher
Nichts Werth hat in der Religion, was nicht im Innerſten
erfahren und bewährt iſt, was nicht mit Freiheit gewonnen

und zugeeignet wurde, das bewegende Princip des Protestanten-
Vereins ist, wie es das der ganzen Reformation war, geht
daraus deutlich hervor, daß in diesem Vereine nicht eine enge
Partheidoctrin die ausschließliche Herrschaft hat, vielmehr die
Schranken des Strebens und Forschens nach Rechts wie nach
Links weit aufgethan sind und nur Eines gefordert wird:
evangelische Freiheit und Duldung, nur Eines ausgeschlossen ist: der dem Geiste des Evangeliums tief widerstrebende äußere Zwang im Bunde mit der Unduldsamkeit, in allen Gestalten des Staats- und Bekenntniß-
Christenthums, mit allen hassenswerthen Mitteln des Anklagens
und Hetzens, des Ausschließens, Absetzens und Verfolgens.

Und mit diesem Princip evangelischer Freiheit ist das andere, das wir das materiale nannten, der „Einklang mit der
gesammten Culturentwickelung unserer Zeit", aufs engste verbunden. Ist doch diese „gesammte Culturentwickelung unserer
Zeit", ein Stück unseres eigenen Lebens, die geistige Nahrung,
die wir täglich in uns aufnehmen, die Lebensluft, die wir
athmen, und ist es doch unmöglich, daß wir als volle, freie
Menschen mit ganzer Aufrichtigkeit und Ehrlichkeit, und aus
der innersten Tiefe unserer Subjectivität, das Evangelium uns
zueignen, wenn wir es nicht in Einklang setzen mit unserm
ganzen sonstigen Empfinden und Streben, mit unserm Wissen
und Denken, mit unsern sittlichen Vorstellungen und Seelen-
erfahrungen, mit Einem Worte mit der gesammten Welt- und
Lebensanschauung, die uns aus der Blüte und dem geistigen
Erwerb der Vergangenheit überliefert wurde, und deren wir
uns als lebendige und gegenwärtige Menschen nimmer entäußern
können. Daß in der Gegenwart eine tiefe Kluft aufgethan
ist zwischen der auf den alten Rechts- und Bekenntnißgrund-
lagen ruhenden, nur oberflächlich restaurirten Kirche und der

gesammten Bildung, daß die Gefahr, welche schon Schleier=
macher voraussah, jetzt drohender als je vor uns steht, die
nämlich, daß „das Christenthum mit der Barbarei und die
Wissenschaft mit dem Unglauben einen Bund schließen", wird
wol von Vielen erkannt und der Dualismus von Christenthum
und Bildung als ein unheilvoller beklagt, — aber die Mittel,
diese Kluft zu überbrücken und den Zwiespalt zu versöhnen,
sind gewöhnlich der allerkläglichsten Art. Dem Protestanten=
Verein wird von seinen Gegnern der Vorwurf gemacht, daß
bei der Versöhnung von Christenthum und Bildung überall das
erstere zu kurz komme und dazu verurtheilt werde, der anti=
christlichen durch die Sünde verunreinigten Zeit= und Welt=
bildung sich anzubequemen. Dieser Vorwurf ist ein durchaus
ungerechter. Unter der „gesammten Culturentwickelung" ist
nicht alles was glänzt und gährt, was sich Wissenschaft nennt
und mit dem Firnis der Mode schmückt, nicht alle ephemere
Schein= und Halbbildung, an der die ungeheuere Mehrzahl
der Mitlebenden theilnimmt, gemeint; vielmehr der unwider=
rufliche Fortschritt ernster Wissenschaft; die dauernden Errungen=
schaften der Jahrhunderte, die edelste und echteste Menschen=
bildung. An der Spitze dieser Culturentwickelung stehen die
Heroen der neuen Zeit, die Naturforscher, Geschichtschreiber,
Dichter und Denker, von Baco und Cartesius, Leibniz und
Lessing, bis auf Kant und Schleiermacher, Schiller und Goethe.
Was sie geforscht und geschaffen, soll durch das Christenthum
nicht wieder in Frage gestellt werden. Das Verhältniß von
Christenthum und Bildung ist nicht ein solches, wie jene An=
kläger des Protestanten=Vereins es allein zulässig finden, daß
nämlich das Christenthum, und zwar in seiner kirchlichen und
eng=dogmatischen Gestalt, die einige Quelle aller wahren Bil=
dung sei, und daß nichts was nicht aus dieser Quelle ge=

schöpft, den Anspruch auf Bildung und Wahrheit erheben dürfe.

Vielmehr besteht zwischen jenen beiden Hauptfactoren unsers geistigen Lebens, dem Christenthum und der Weltbildung, ein Verhältniß der Gegenseitigkeit, des lebendigen Zusammen- und Aufeinanderwirkens, also daß durch das Christenthum die weltliche Bildung vielfach gereinigt, vertieft und verinnerlicht wird, aber ebenso sehr auch durch die gesammte Bildung und Wissenschaft der Zeit das Christenthum freiere und weitere Darstellungsformen erhält und die zu eng gewordenen kirchlichen Hüllen abstreift. Das Christenthum ist eben nicht gleichbedeutend mit Kirchenthum und Dogmatik, vielmehr ein unendlich bewegliches, der mannichfachsten Fortbildungen fähiges Lebensprincip, das nicht in bestimmten officiellen Formen erstarrt, vielmehr immer von Neuem sich mit den Wirklichkeiten des Lebens und der Geistesarbeit der Zeit erfüllt und aus ihnen neue Nahrung und Wachsthum erhält. Das Christenthum hat in sich selbst ein ewiges, immer selbiges, die Einheit des Lebens bewahrendes, und ein bewegliches, wandelbares Element, einen Kern und eine Schale, ein Centrum und peripherische Punkte. Zu den letztern gehört das sogenannte „Weltbild" oder die „Weltanschauung", welche aus dem gesammten Wissen der natürlichen und geistigen Welt sich auferbaut und gleichsam den einschließenden Rahmen bildet, in welchen das religiöse Bild des Selbst- und Gottesbewußtseins hineingezeichnet wird. Daß dies Weltbild, dieser metaphysische Hintergrund, ein anderer war in den Anfängen des Christenthums, in denen die jüdische und heidnische Weltanschauung noch fortlebte, ein anderer wieder in den Zeiten des Mittelalters, dann in denen der Reformation und endlich in der Gegenwart und daß mit dem veränder-

ten Weltbilde und der dem entsprechenden Weltbildung das
Christenthum tiefgehende Wandlungen erfahren hat, wird
Niemand leugnen. Und ebenso wie der Hintergrund des religiösen Selbstbewußtseins ein wechselnder ist, ebenso auch alle
die spätern Schichten und Bildungen, die aus der Reflexion
und mit Zuhülfenahme der gerade herrschenden philosophischen
Ausdrucksweisen hervorgegangen und sich an den ursprünglichen
und eigentlichen Kern des religiösen Lebens angesetzt haben.
So hat also das Streben des Protestanten-Vereins, das Christenthum in Einklang zu setzen mit der ganzen Culturentwickelung
der Gegenwart, ein gutes und heiliges Recht, und bedeutet im
Grunde nichts Anderes, als das Christenthum durch eine unheilvolle Krankheitskrise hindurch zu retten, durch dogmatische
Stagnation zu neuem, frischem Leben zu führen. Daß eine
solche Erneuerung nicht durch feige und täuschende Vermittelei,
sondern allein durch vollste Wahrhaftigkeit, durch das alles in
der Kirche aufgesammelte Heu nebst Stoppeln verzehrende Feuer
der Kritik gewonnen wird, daß der ganze alte dogmatische Bestand durch dies Reinigungsfeuer hindurchgehen, daß vor Allem
der äußerliche Supranaturalismus in den Kapiteln über Offenbarung und Inspiration, über Wunder und Weissagungen, der
vom Judenthum her die urchristliche Weltanschauung mit berührt hat, umgeschmolzen werden muß, soll nicht geleugnet
werden. Diese Aufgabe ist eine große und schwere, aber eine
solche, die trotz alles Ketzergeschreies der geistlichen Zunft sich
vollziehen muß und wird durch die Mitwirkung der gebildeten
Laienwelt, durch eine neuorganisirte Kirche. Und so ist
denn im Sinne des Protestanten-Vereins der mächtigste Hebel
für die neue Bewegung, der geradeste Weg zu dem Ziele einer
wahrhaft freien, mit der gesammten Bildung und Wissenschaft
der Gegenwart versöhnten Kirche, die einzige Hoffnung für die

Zukunft: die aus dem vollen und wirklichen religiösen Leben der Gemeinde sich auferbauende Volkskirche. Evangelische Freiheit — und halbkatholisches Autoritätswesen, wahrhafte Bildung — und eine dem Bewußtsein der Gegenwart entfremdete scholastische Theologie; die neugeborene Volkskirche — und die alte absterbende Geistlichkeitskirche; das sind die großen Gegensätze, welche sich in diesem vom Protestanten-Verein begonnenen Kampfe gegenüberstehen und um den Sieg ringen!*)

---

*) Die Anklage gegen den Protestanten-Verein, welche Herr General-Superintendent Dr. W. Hoffmann in seiner Schrift „Deutschland einst und jetzt", S. 491 fg., sich erlaubt hat, ist eine so grundlose und genau genommen in jedem einzelnen Worte unwahre, daß für diesen Würdenträger der preußischen Staatskirche nur die traurige Alternative absichtlicher Verleumdung oder völligen Nichtverstehens übrigbleibt. Wir wollen zu seiner Ehre das letztere annehmen, obgleich es schwer zu begreifen ist, wie ein sonst gebildeter und vielgewandter Mann zu solcher Leichtfertigkeit des Aburtheilens sich hinreißen lassen konnte. Die Hauptstellen der Anklage sind folgende:

„Was der Protestanten-Verein als Union betrachtet, ist das Aufgeben aller Dogmen, aller Ergebnisse der Geschichte auf dem Gebiete des Glaubens und seiner Erkenntniß, ist das Neugestalten des Glaubens und der Glaubenslehre und zwar nicht aus der Heiligen Schrift, sondern aus dem Gemeindeprincip, das heißt aus der Art, wie in der Gemeinde die Heilige Schrift sich abspiegelt." (S. 491.)

Und dann: „Dieses Gemengsel nun von schlechter Philosophie, misbrauchter Naturwissenschaft, falschem Humanitarismus, ästhetischer oft auch sehr zweifelhafter Cultur, eine Bildung, eine christliche Bildung, oder gar eine Union zu nennen ist eine Beleidigung gegen die Begriffe des Christenthums, der Union und der Bildung. Diese ganze Ansichtsweise hat ein Recht in der evangelischen Kirche überhaupt nicht, sie hat mit ihr nicht nur, sondern mit dem historischen Christenthum überhaupt gebrochen. Viel eher kann es sich hier um eine neue Religion, als um eine christliche Kirche handeln." (S. 492.)

Zum Schlusse wird dann freilich zugegeben, daß nicht alle Mit-

glieder des Protestanten=Vereins diese extremen Ansichten theilen, zugleich
aber versichert, es sei dies „die scharfe Consequenz der dort publicirten
Principien". Also zu den vom Protestanten=Verein publicirten Prin=
cipien gehört „das Aufgeben aller Dogmen", — „aller Ergebnisse der
Geschichte auf dem Gebiete des Glaubens und seiner Erkenntniß", —
„die Bildung einer neuen Religion" u. s. w. Wann und von wem
sind diese Principien innerhalb des Protestanten=Vereins, in seinem
Statut, oder seinen öffentlichen Kundgebungen, oder auch nur von ein=
zelnen extremen Mitgliedern publicirt worden? Herr Dr. Hoffmann hat
auf diese Frage eine ernsthafte Antwort zu geben. Wir aber antworten
ihm vorläufig auf seine Anschuldigungen:

1) Der Protestanten=Verein hat nimmer daran gedacht „alle Dog=
men aufzugeben" oder zu bekämpfen, vielmehr nur alle Dogmen=
herrschaft. Er sieht die Dogmen als einen Ausdruck, und zwar
einen nothwendigen, aber zugleich unvollkommenen und wandelbaren,
nicht aber als eine Fessel des Glaubens an. Er erkennt die Bedeutung
der Lehre sehr wohl an, nicht aber die der Lehrsatzung. Er legt
mit Einem Worte, was übrigens seit Schleiermacher nichts Neues
mehr ist, überall den Schwerpunkt nicht auf die Glaubenslehre, son=
dern auf den Glauben, nicht auf das Dogma, sondern auf das religiöse
Leben.

2) Der Protestanten=Verein hat nimmer daran gedacht „alle Er=
gebnisse der Geschichte auf dem Gebiete des Glaubens und seiner Er=
kenntniß" aufzugeben, denn es gäbe keinen unsinnigern Gedanken als
diesen. Er kennt vielmehr recht wohl die Bedeutung der Geschichte und
der geschichtlichen Persönlichkeiten, namentlich im Christenthum, und hat es
sich ausdrücklich zur Aufgabe gesetzt, die geschichtlichen Grundlagen
des Christenthums genauer und gewissenhafter zu erforschen, als es
bis dahin geschehen, die wahre Geschichte aus den entstellenden Ge=
schichtsberichten und dem Zusatz frommer Phantasie und Philosophie
auszusondern, das ursprüngliche Bild des geschichtlichen Christus,
welches durch die dogmatischen Uebermalungen fast verloren gegangen,
wieder herzustellen. Dies Dringen auf den wahrhaft geschichtlichen
Christus im Gegensatze zu dem mythischen wie dem dogmatischen
ist auf dem zweiten Protestanten=Tage zu Neustadt in dem vortreff=
lichen Vortrage des Dr. Holtzmann wie in den sich daranschließenden
Verhandlungen zu energischem Ausdrucke gekommen.

3) Der Protestanten=Verein hat nimmer daran gedacht, „eine neue

Religion zu bilden", das Christenthum umzuformen nach dem Maßstab der Zeitbildung, u. dgl. m. Er unterscheidet vielmehr, wie schon ausgeführt worden, zwischen Glauben und Glaubenslehre, zwischen Inhalt und Form, zwischen einem einigen und selbigen religiösen Kern, und wechselnden Vorstellungshüllen; er unterscheidet ferner, und vielleicht ebenso sicher als Herr Dr. Hoffmann zwischen einer auf der Oberfläche schwimmenden ephemeren Schein= und Halbbildung und wahrhafter unveräußerlicher Geistesbildung, wie sie der unverlierbare Erwerb ernster und fortschreitender Wissenschaft ist, und unsere gesammte Welt= anschauung zu einer einheitlichen und zusammenhängenden gestaltet hat, welche durch den Semitismus der Bibel, der auch in das Neue Testament hineinragt, nimmer gestört und durchbrochen werden darf.

Was daher „das Gemengsel von schlechter Philosophie, misbrauch= ter Naturwissenschaft, falschem Humanitarismus und sehr zweifelhafter ästhetischer Cultur" betrifft, dessen Herr Dr. Hoffmann den Protestanten= Verein anklagt, so ist es nichts als die Ausgeburt seiner eigenen Phantasie, welche auf der Voraussetzung ruht, daß gerade er der Inhaber der guten Philosophie, der rechten Naturwissenschaft und des wahren Humanitarismus sei, und das Richteramt darüber zu verwalten habe, welche Philosophie, Naturwissenschaft und Humanitarismus innerhalb der christlichen Kirche noch zu dulden sei. Wie lächerlich der dem Protestanten=Verein gemachte Vorwurf ist, wird Jedem in die Augen fallen, der die beiden Männer, R. Rothe und W. Hoffmann, im Geiste miteinander mißt und sich ernsthaft fragt, auf welcher Seite das „Gemengsel", die ober= flächliche und schlechte Philosophie, die falsche Schminke ästhetischer Bil= dung, überhaupt das Flitter= und Scheinwesen gesinnungsloser Rhetorik zu suchen sei. Was den Materialismus und Pantheismus unserer Zeit betrifft, so muß Herr Dr. Hoffmann wissen, daß diese Verirrun= gen innerhalb des Protestanten=Vereins nie einen Vertreter, immer nur die entschiedensten Gegner gefunden, und daß Männer wie Rothe und Weiße (welcher letztere mit seiner Gesinnung ganz und gar dem Protestanten=Verein angehörte) sich die größten Verdienste um die Durchbildung eines wahrhaft speculativen Theismus erworben haben.

Suchen wir schließlich das psychologische Räthsel zu lösen, wie Herr Dr. Hoffmann dazu gekommen, statt des wirklichen Prote= stanten=Vereins ein reines Phantom zu bekämpfen, so glauben wir nicht irrezugehen, wenn wir in dem versatilen Hoftheologen, der sonst so Vieles „flüssig zu machen" und zu „vermitteln weiß, ein phantastisches Element erkennen, das an seinen schwärmerischen und

sektirerischen Bruder, **Christoph Hoffmann**, den Jerusalemiten, er=
innert. Nur richtet sich die schwärmerische Phantasie des preußischen
Hofpredigers nicht sowol auf das himmlische Jerusalem und das tausend=
-jährige Reich, als auf das irdische Jerusalem in Berlin und das Hohen=
zollernreich, und malt das letztere mit den glühendsten Farben messia=
nischer Weissagungen aus. Dazu gehört denn auch, daß die angeb=
lichen Feinde dieses Reichs, das ist diejenigen, welche der Verwirklichung
desselben im Sinne seines Propheten im Wege stehen, die Gestalt des
Antichrist annehmen müssen und mit allen Symbolen des Thiers der
Offenbarung geschmückt werden.

Fünftes Kapitel.

Das Resultat der kritischen Arbeiten. Die neuesten Darstellungen des Lebens Jesu. Renan. Strauß. Schenkel. Keim. Weizsäcker. Hausrath.

Wie tief eingreifend auf dem Gebiete der Theologie die mit dem berühmten Werke von Strauß beginnende Bewegung gewesen, zeigt sich am deutlichsten darin, daß sie in einem Augenblicke, da sie nach dem Urtheile der Vorkämpfer des Glaubens zurückgedrängt und spurlos verlaufen war, mit erneuter Gewalt noch Einmal hervorbrach, daß nach einem Verlauf von 30 Jahren das Leben Jesu wieder in den Mittelpunkt trat und diesmal nicht die theologische Welt allein, auch das gebildete Laienthum, in Theilnahme und Aufregung um sich sammelte. Aber — wie hätte es auch anders kommen können! Und wie kurzsichtig und oberflächlich waren die Beruhigungen der Theologen, die sich selbst und der Welt vorspiegelten, Strauß und die ganze ihnen so sehr verhaßte tübinger Theologie seien für immer überwunden! Der Kampf war noch keineswegs beendet. Noch weniger der Sieg den mehr mit praktischen als wissenschaftlichen Mitteln wirkenden

Apologeten zugefallen. Strauß stand noch immer unüberwun=
den da. Die rohen, ihm so wenig ebenbürtigen Gegner, hatten
wohl das letzte Wort behalten, aber viel mehr als mit wissen=
schaftlichen Gründen mit Geschrei, Verdächtigungen, salbungs=
vollen Zeugnissen u. dgl. m. Baur und seine Schüler hatten
die Untersuchungen an einem andern Punkte aufgenommen und
ihnen dadurch ein sicheres Fundament gegeben, ohne aber über
die gelehrten, kritischen Vorarbeiten, bis zum eigentlichen Ziel=
punkt, dem neuen „Leben Jesu", vorzudringen. Nur ver=
einzelte, prophetisch hinausweisende Blicke, von einem tiefern ge=
schichtlichen Sinn aus gerichtet, waren von Männern wie Weiße,
Ullmann, Hase, Reuß gethan, nur einzelne Bausteine zu=
sammengetragen, um über die fast nur negativen Ergebnisse
der Strauß'schen Kritik hinaus eine festere, historische Unter=
lage zu gewinnen.

Da, nach fast 30 Jahren, als, ebenso wie damals, die
theologische Welt im tiefsten Frieden lag, und nur noch die
Kämpfe zwischen der alten und der neuen evangelischen
Kirchenzeitung, zwischen Hengstenberg und Hoffmann, die
bald versteckter, bald offener, bald unter zärtlichen Händedrücken,
bald mit verwundendem Katzenstreicheln, geführt wurden, den
großen Haufen der Pastoren beschäftigten, brach der Kampf
von neuem hervor, wurde die Kirche wieder von heftigen Er=
schütterungen durchbebt. Von den verschiedensten Seiten, fast
gleichzeitig, ohne äußern Zusammenhang, nur durch die Kraft
innerer Nothwendigkeit getrieben, von Frankreich wie von
Deutschland her, von Tübingen und von Heidelberg aus,
wurde dieser Kampf eröffnet, traten eine Reihe von wissen=
schaftlich wohl begründeten, aber zugleich an die christliche „Ge=
meinde", an „das Volk" sich wendenden Schriften über das
Leben Jesu hervor.

Die erste, zündendste, die große Menge wirklich mit er=
regende, ging von Frankreich aus. Das „Vie de Jésus par
Erneste Renan" (1863) machte, namentlich in der romanisch=
katholischen Welt, gleich bei seinem ersten Erscheinen unge=
heneres Aufsehen, verbreitete vor allem unter dem Klerus blei=
chen Schrecken. „Ein Buch", sagt Strauß zum Ruhme dieses
Werks, „das, kaum hervorgetreten, bereits von, ich weiß nicht
wie vielen Bischöfen und von der Römischen Curie selbst ver=
dammt worden ist, muß nothwendig ein Buch von Verdienst
sein." Der Verfasser war ein in der wissenschaftlichen Welt
wohl bekannter Gelehrter, ein ausgezeichneter Orientalist, dessen
Ruhm bereits weit über Frankreich hinaus gedrungen und von
dessen Uebergang zu den biblischen Studien die ihm näher
stehenden Freunde Großes hofften. Er hatte sich längere Zeit
(1860—61) bei Gelegenheit einer wissenschaftlichen Sendung
zur Erforschung des alten Phöniziens, auf dem Schauplatz der
evangelischen Geschichte aufgehalten, mit Begeisterung die heili=
gen Stätten alle durchstreift, Jerusalem besucht, in Hebron
und Samarien geweilt, unter den Cedern des Libanon geruht,
und an den Grenzen von Galiläa, in Ghazir, das Bild, welches
sich hier, einer Offenbarung gleich, vor seiner Seele erhob,
hingezeichnet. „So gewann diese Geschichte", mit diesen Wor=
ten beschreibt er uns die Entstehung seines Werkes, „welche in
der Ferne, in den Wolken einer unwirklichen Welt zu schweben
scheint, für mich Körper und eine überraschende Bestimmtheit.
Die auffallende Uebereinstimmung der Texte mit den Orten,
die wunderbare Harmonie des evangelischen Ideals mit der
Landschaft, welche ihm als Einfassung diente, waren für mich
wie eine Offenbarung. Ich hatte ein fünftes Evangelium vor
den Augen, zerrissen wol, aber noch leserlich, und nun sah ich
durch die Erzählungen des Matthäus und Markus hindurch,

statt eines niemals lebendig gewesenen, abstracten
Wesens eine bewundernswerthe menschliche Gestalt
leben und sich bewegen. Als ich während des Sommers,
um mich ein wenig auszuruhen, nach Ghazir in den Libanon
hinaufziehen mußte, entwarf ich in raschen Zügen das Bild,
was mir erschienen war, und so entstand dieses Werk."

Der Begeisterung, mit welcher dies Bild in die Seele auf=
genommen war, entsprach ein eigenthümlicher Schwung der
Darstellung, eine orientalische Pracht der Farben und eine
Vollendung künstlerischer Composition, welche Renan eine Stelle
unter den ersten Schriftstellern Frankreichs anweist. In dem
allen finden wir die Erklärung des großen, überwältigenden
Eindrucks, welchen diese Schrift hervorrief. Das Neue und
Fesselnde darin war, daß „statt eines niemals lebendig ge=
wesenen abstracten Wesens, eine bewundernswerthe menschliche
Gestalt" vor den Augen der Lesenden emporstieg, daß „das
bis dahin in den Wolken einer unwirklichen Welt schwebende
Christusbild nun plötzlich einen Körper und eine überraschende
Bestimmtheit erhielt". Mit Einem Wort, die Bedeutung
dieses Lebens Jesu war: seine volle farbenreiche, mensch=
liche Lebendigkeit und Gegenwärtigkeit. Der legenden=
haft ausgeschmückte, dogmatisch verunstaltete, und über die
Wirklichkeit in die Wolken emporgehobene Christus der Kirchen=
lehre, der einem alten, flachen, auf Goldgrund gemalten und
vielfach verzeichneten Heiligenbilde glich, stand, mit einem male,
in voller Gestalt, ein ganzer, lebendiger Mensch, wie das Bild
eines modernen Meisters, voll realistischer Kraft, und gesättigt
mit den Localfarben des Heiligen Landes vor den Augen der
erstaunten Welt! Diese Localfarben, in die alles getaucht,
dieser landschaftliche Hintergrund, in welchen das Bild hin=
eingestellt ist, dieser Schein voller und warmer Wirklichkeit,

welcher die verblaßten Gestalten der Vorzeit erhellt und durch
welchen nicht selten die handelnden Personen der evangelischen
Geschichte in ein ganz neues, überraschendes Licht gestellt wer=
den, bildet die Hauptstärke des Werkes, aber auch zugleich
seine große Schwäche. Mit Recht hat schon ein Freund
Renan's, Coquerel der Jüngere, hervorgehoben, wie nament=
lich die ersten Scenen des Lebens und Wirkens Jesu, sein
Aufenthalt in Galiläa, seine Predigten am See, in eine Land=
schaft voll Reiz und Schönheit eingefaßt seien und ein Land=
schaftsbild ähnlich denen von Nik. Poussin vor uns hinstellen,
dessen Zauber wir kaum zu widerstehen vermögen; wie aber
zugleich dieser Außenwelt ein übertriebener Einfluß auf das
Innere Jesu zugeschrieben und er selbst dadurch zu einer Art
von Aeolsharfe gemacht wird, welche bei jedem Hauche der
Natur poetisch erzittert, und vermöge deren er dann wieder,
in einer andern Umgebung, in dem düstern Jerusalem, zu
einem ganz andern Wesen gemacht wird. Aber — nicht
allein, daß hier das Landschaftliche das Persönliche weit
überragt und zu einem Reflex der Außenwelt herabsetzt; —
die Phantasie übt auch nach allen Seiten hin eine ganz un=
berechtigte, fessellose Gewalt, mischt Wahrheit und Dichtung,
Geschichte und Roman ununterscheidbar durcheinander. Renan
hat sich selbst diese Freiheit des Phantasirens als sein Recht
erbeten und beansprucht von seinen Lesern, daß der „Eingebung"
und „Vermuthung" vergönnt sein müsse, mitzuwirken, daß eine
tiefere Empfindung das Ganze umfasse und zur Einheit gestalte
und ist überzeugt, daß der „künstlerische" Standpunkt bei
einem solchen Stoffe der beste Führer sei. Aber — welch
eine gefährliche Anwendung hat er von dieser „hypothetischen
Methode" gemacht und wie sehr hat eine schrankenlose Phan=
tasie alle Wirklichkeit überwuchert! Alles dient nur dem künst=

lerischen Effect, der modernsten, echt französischen Poesie
der Contraste! Der brillanteste dieser Contraste ist der
zwischen dem heitern, lieblichen Galiläa und dem trübseligen
Jerusalem, zwischen dem Idyll des Anfangs und der Tra=
gödie des Schlusses, dem gewinnenden, liebenswürdigen Jesus
der frühesten Tage und dem durch die Anforderungen sei=
ner Rolle beherrschten, fanatischen Wunderthäter der spätern.
So schildert Renan ihn uns mit der Anschaulichkeit eines
Augenzeugen, wie er, auf sanftem Maulthier reitend, in der
entzückendsten Natur, an den Ufern des Sees Genezareth
predigt und lehrt. Umgeben ist er von einer Menge, die ihm
zujauchzt, junge Fischer sind seine begeisterten Freunde, Frauen
und Kinder sein Gefolge, Zöllner und Magdalenen, die in
seinem Umgang ein leichtes Mittel finden, wieder ehrlich zu
werden. So zieht er durch das Land, sein Leben ist ein hei=
terer Festzug, ein ununterbrochener Rausch, eine ländlich=himm=
lische Hochzeitfeier. Aber auf dies helle Idyll folgt dann ein
plötzlicher Umschwung. Ein Umschwung nicht allein in dem
Verhältniß zu seinen Umgebungen, zu Natur und Men=
schen, nein! auch in seiner eigenen Seele, in Stimmung und
Charakter. Mit dem beginnenden Conflict in Jerusalem
tritt seine natürliche Sanftmuth zurück, er wird scharf, be=
fehlerisch, duldet keinen Gegensatz mehr, seine Worte klingen
immer härter und herausfordernder. Die Situation wird bis
aufs Aeußerste gespannt, so sehr, daß zuletzt kein Ausweg mehr
bleibt als der Tod, der Jesu willkommen ist, um den
selbstgeschürzten Knoten zu lösen. So wird er, der zuerst ein
frommer liebenswürdiger Schwärmer war und von einem köst=
lichen, aber nicht zu verwirklichenden Ideal träumte, zu einem
düstern verbitterten Schwärmer, der gegen die Wirklichkeit hart
anrennt und die Posaune des Jüngsten Gerichts, die Wieder=

kunft in den Wolken verkündet; sodann zu einem Betrüger
wider Willen, der Wunder thut, weil er sie thun muß und
sich von seinen Umgebungen und ihren Messias=Hoffnungen ein
Zugeständniß nach dem andern abnöthigen läßt. Neben diesen
grellen, ganz an die Poesie der modernsten französischen Ro=
mantiker, an die jüngsten Producte eines Victor Hugo er=
innernden Contrasten, ist es eine bedenkliche sittliche Laxheit,
auch neuesten pariser Datums, die überall hindurchscheint und
das geschichtliche Bild mit dem häßlichsten Schmuz bedeckt.
Die gefälligen Urtheile über Schwärmerei und Betrügerei, und
die vielfachen Beschönigungen derselben, wie wir sie von Renan
vernehmen, erinnern an die casuistische Moral der Jesuiten und
an die katholische Kirche, welcher der radicale Verfasser, trotz aller
scheinbaren Lossagung, doch noch innerlich angehört. Er redet
von „unschuldigen kleinen Kunstgriffen" Jesu, seinen Jüngern
gegenüber, er meint, daß alle großen Dinge sich nur durch
das Volk machen, und daß dieses nur dadurch geleitet werden
könne, daß man sich ganz seinen Ideen hingebe, es nehme,
wie es sei, mit seinen Illusionen, um auf dasselbe einzuwirken.
Der einzig Schuldige in diesem Falle sei die Menschheit, die
betrogen werden wolle und darum betrogen werden müsse.

Mit solchen sittlichen Anschauungen scheut er sich denn
nicht, Jesu ein erbärmliches Täuschungsspiel anzudichten, ihn
zu einem haltungslosen, von Stufe zu Stufe tiefer sinkenden
Gaukler zu machen, der ganz unter dem Einfluß seiner Jünger und
schwärmerischer Frauen steht. Der Höhepunkt dieser gaukelnden
Wunderthäterei, der häßlichste Fleck in diesem „Leben Jesu"
ist bekanntlich die Erklärung von der Auferweckung des Lazarus.
So weht uns überall aus diesem Werke der neueste pariser
Geist mit seiner sittlichen Fäulniß entgegen, und trotz des schein=
baren orientalischen Colorits, der heißen Luft Palästinas, die

wir zu athmen meinen, haben wir es nicht mit einer geschichts=
treuen Darstellung, sondern einer Geschichtsfälschung, einer
französirenden Travestie des uralten Evangeliums, einem histo=
rischen Roman; nicht mit dem wirklichen Stifter des Christen=
thums, sondern einem communistisch=demokratischen Apostel des
19. Jahrhunderts, nach Art der Saint=Simonisten, zu thun.
Wie viel hohle Phrase, falsche Schminke, gemachte Religiosität,
bei einem halb pantheistischen, halb naturalistischen Hinter=
grunde; wie viel willkürlichste, romanhafte Ausschmückung in
diesem Werke zu finden, kann hier nur angedeutet werden.
Welch ein verständiger Sinn kann bei dem philosophischen
Standpunkt des Verfassers noch mit den Worten verbunden
werden: „Einige Monate, vielleicht ein Jahr lang, wohnte Gott
wirklich auf Erden"? Welch eine unerträgliche Phrase ist es:
„Am Tage, da er dieses Wort (zu der Samariterin am Brun=
nen) sprach, war er wirklich Gottes Sohn"? Schon Coquerel
hat den befreundeten Landsmann ernstlich gebeten, wenigstens
Eine Phrase von unglaublicher Geschmacklosigkeit zu entfernen,
die nämlich, von den belles creatures. Vortrefflich redet er
ihn also an: „Schön? Was wissen Sie davon? Das Evan=
gelium in seinem strengen Ernste hat nirgends gesagt, ob Mag=
dalena und ihre Genossinnen schön oder nicht schön gewesen.
Nicht von ihrer Schönheit handelt es sich, sondern von ihrem
Glauben. Sie haben ihren Meister bis zur Schädelstätte
treu begleitet — das ist ihr Ruhm. Lassen Sie den Maler
und Bildhauer mit einer idealen Schönheit sie bekleiden —
aber Sie, ein Geschichtschreiber, im Namen des Geschmacks
und der höchsten und zartesten Forderungen des Anstands, reden
Sie von ihnen mit würdigerm Ernste." Freilich, gerade diese,
dem Geschmack der Romanleser und Leserinnen zusagenden
Ausschmückungen sind es, welche Renan besonders liebt. Dahin

zielen die romanhaften Andeutungen in Bezug auf die Maria
Magdalena, auf die Frau des Pilatus, welche aus dem Fenster
die bezaubernde Gestalt des jungen Galiläers sieht, die im=
mer wiederkehrenden Prädicate „der junge Rabbi", „der schöne
Galiläer", u. dgl. m. Fragen wir, mit welchen wissenschaft=
lichen Mitteln Renan zu diesem in den grellsten Farben=
contrasten gemalten Bilde Jesu gekommen, so ist die Antwort:
durch die gewaltthätigste Willkür. Die Evangelien werden
durcheinandergemischt wie ein Kartenspiel, in lauter einzelne
Stücken und Stückchen aufgelöst und diese dann zu einem Mo=
saik zusammengestellt, ohne jede Beachtung der Chronologie
und des Plans der Evangelien. Das nennt er „ein sanftes
Bearbeiten der Texte". Oft reißt er einen einzelnen geschicht=
lichen Zug ganz aus dem Zusammenhange, und fügt ihn in
einen ganz andern selbsterdachten ein. So werden eine Menge
von Aussprüchen, die sich gegenseitig ergänzen und beschränken,
voneinander getrennt und wie in Schlachtordnung einander
gegenübergestellt. Die orientalische Form der Hyperbel, welche
den Reden Jesu so eigenthümlich, daß sie ohne dieselbe gar
nicht verstanden werden können, wird dabei ganz außer
Acht gelassen, die hyperbolischen Ausdrücke erscheinen als
ganz buchstäblich gemeint, womöglich noch geschärft und zuge=
spitzt. So wird es denn Renan nicht schwer, Jesum zu
einem Schwärmer und Utopisten zu machen, zu einem com=
munistischen Feind des Reichthums, einem ascetischen Ver=
ächter des Familienlebens, der in einer Art von wildem
Fanatismus „alle Familiengefühle mit Füßen getreten habe".
In dieser gewaltthätigen Behandlung der evangelischen Texte
wird er dadurch bestärkt, daß er über die Bedeutung der
Quellen, ihren geschichtlichen Charakter und Tendenz, wie ihr
Verhältniß zueinander, nirgends zur Klarheit gekommen ist.

Es rächt sich hier schwer an dem geistreichen Franzosen, daß er an den gewaltigen kritischen Arbeiten der deutschen Theo= logie, namentlich an den Untersuchungen Baur's und seiner Schule so flüchtigen Fußes vorübergegangen ist. Wohl hat er sich über den historischen Werth der Evangelien ein allge= meines Urtheil gebildet, das er in folgenden Worten zusammen= faßt: „Die Evangelien sind weder Biographien nach Art Sueton's, noch erdichtete Legenden, in der Weise des Philo= stratus. Es sind legendenhafte Biographien. Ich ver= gleiche sie gern mit den Legenden der Heiligen, dem Leben des Plotin, des Proclus und Isidorus und anderer gleichartiger Schriften, in denen die historische Wahrheit und die Absicht, Tugendbilder aufzustellen, sich in verschiedenen Abstufungen ver= binden." Aber bei der Frage nach der Bedeutung, der ein= zelnen Evangelien kommt er nirgends über ein unsicheres Tasten hinaus. Von der Tendenz des dritten Evangeliums wie der Apostelgeschichte hat er kaum eine Ahnung, wenn er den Ver= fasser derselben durch die Apostelgeschichte als Begleiter des Paulus beglaubigt hält und zugleich ihn zu einem „exaltirten Ebioniten" (!) macht. In Bezug auf das vierte Evange= lium ist er mit der deutschen Kritik der letzten 20 Jahre und ihren Ergebnissen über Johannes so gut wie ganz unbekannt und greift zu einer längst überwundenen Halbheit zurück. Er will nämlich die Reden nicht für geschichtlich halten, urtheilt aber über die erzählenden Stücke, sie seien großentheils so genau, daß sie den Augenzeugen nicht verkennen lassen und daß der Gang des Lebens Jesu im Ganzen bei Johannes viel schärfer und befriedigender gezeichnet sei als bei den Synoptikern. So ist ihm das Resultat: das vierte Evan= gelium sei wahrscheinlich auf Grund der Erinnerungen, welche Johannes im Alter schriftlich niedergelegt, von einem seiner

Schüler verfaßt und mit jenen Redestücken bereichert worden, die dem Geist und der Sprache des synoptischen Christus so wenig entsprechen. Diese halbe und kritiklose Stellung zu dem vierten Evangelium hat sich aufs schwerste bei ihm gerächt, ihn zu den abgeschmacktesten, „natürlichen" Erklärungen der Wunder, bis zu den Abenteuerlichkeiten eines Bahrdt und Venturini und zur Betrugshypothese hingeführt.

Das „Leben Jesu" von Strauß (1864) in seiner zweiten Gestalt, „für das deutsche Volk bearbeitet", ist bekanntlich seiner ganzen Richtung und Geistesströmung nach dem Renan'schen Werke nahe verwandt. Dennoch ist der Unterschied zwischen beiden ein sehr großer, der sich oft zum schärfsten Gegensatze zuspitzt. Renan ist ja der Vertreter der französischen, Strauß der deutschen Wissenschaft. Jener ist aus dem Schose der katholischen, dieser der protestantischen Kirche geboren. Beide haben für das Volk schreiben wollen. Aber nur der Franzose hat es erreicht. Sein Werk ist wirklich in die Boudoirs der Damen wie in die Werkstätten der Arbeiter hinabgestiegen, in Frankreich, Oesterreich, Italien. Das Strauß'sche Buch dagegen hat den Weg zum Volke nicht gefunden und seiner Natur nach nicht finden können. Nicht einmal bis zum Arbeitstisch des Geschäftsmannes, des Politikers, des Dichters und Denkers, ist es hindurchgedrungen. Von den Wenigen unter den Gebildeten unsers Volks, welche im ernsten Ringen nach Wahrheit den Versuch gemacht, die schwere theologische Arbeit über sich zu nehmen, haben wol Manche, getäuscht und entmuthigt, das Buch wieder aus der Hand gelegt. Renan ist ein Maler voll glühender Phantasie, durch welche er ein farbenreiches Bild geschaffen, Strauß gleicht dem Reiniger eines alten Gemäldes, von dem nur noch wenige Linien erkennbar sind. Renan ist ein Dichter, der oft Wahres und Falsches, Mögliches und Wirkliches zu bunter Scene mischt; Strauß gleicht einem gewissenhaften Buchhalter; der keinen Posten einträgt in das „Haben", welcher zweifelhaften Werthes ist. Was dort zu viel, ist hier zu wenig. Dort ein Uebermaß combinirender Phantasie, hier ein ängstliches und trockenes Herausrechnen, das in jedem Moment die Factoren öffentlich vorweist, aus welchen die kleinen Restziffern genommen sind. Renan hat seinen Stoff wunderbar zu beseelen gewußt, ihm Feuer und Leben eingehaucht. Ein Strom der Empfindung geht durch das ganze Buch, der sich elektrisch dem Leser mittheilt. Eine glühende Atmosphäre durchzieht alles, die wir für orientalisch zu halten geneigt sind, wenn sie auch künstlich gemacht und echt französisch ist. Strauß dagegen steht seinem Gegenstande kühl und mistrauisch gegenüber, er ist das unerbittliche kritische Gewissen, das, allen Vorspiegelungen der Phantasie abhold, lieber zu wenig als zu viel aussagt. So übt er die strengste Entsagung der Wissenschaft, während Renan im Schöpfergenusse schwelgt. Einer wahrhaft geschichtlichen Composition tritt bei dem leichtfüßigen Franzosen der Drang nach subjectiver Gestaltung und dramatischem Effect, bei dem ernsten Deutschen der Scrupel und die Schranke der Kritik entgegen. So erscheint uns die Darstellung von Strauß oft allzu nüchtern, und da, wo Renan die Dinge schildert, als sei er dabei gewesen, sieht dieser sich zu dem leidigen Bekenntniß genöthigt, daß von dem wirklichen Hergang nichts Sicheres mehr erkannt werden könne. Fast nirgends kommt er über das traurige „non liquet" hinaus. Von den Thatsachen des Lebens Jesu ist nach seinem Urtheil das die Summa, „daß es solche sind, von denen zum Theil gewiß ist, daß sie nicht geschehen sind, zum Theil ungewiß, ob sie geschehen sind, und nur zum geringsten Theile außer Zweifel, daß sie geschehen sind". In Wahrheit — so hoch Strauß in wissenschaftlichem Ernst und Gründlichkeit, in strenger Scheu vor dem Heilig= thum geschichtlicher Wahrheit über dem phantasirenden Roman= schreiber steht, — so hoch wie der keusche, wissenschaftliche Geist Deutschlands über der koketten Darstellungskunst der Franzosen — auch Strauß ist nur in der entgegengesetzten Einseitigkeit stehen geblieben und hat sich zu einer wahrhaft geschichtlichen Composition nicht erhoben. Er wollte in dieser Umarbeitung seines Werkes das früher Versäumte nachholen, dem Negativen das Positive hinzufügen, von einer „Kritik des Lebens Jesu" zu einem wirklichen „Leben Jesu" übergehen. Aber — wenn auch das letzte Ziel ein positives war, die Methode blieb doch wie früher, die negativ=kritische, der Uebergang von der Kritik als einem bloßen Mittel, einer reinigenden Vorarbeit, zur Ge= schichte wurde nicht gewonnen. Der kritische Auflösungs= proceß wurde auch hier wieder in voller Breite und mit Nichts erlassender Gründlichkeit durchgeführt, nicht die Resultate der Kritik allein, auch ihr ganzer mühseliger Weg dem Leser aus dem „Volke" zugemuthet. Es zeigte sich hier die Grenze des Strauß'schen Talents, über die er nicht hinauskommen konnte. Seine Virtuosität ist die sichere und scharfe Analyse des Ver= standes, die Kunst der Auftrennung des Mythengewebes, der Entwirrung des Knäuels von gläubigem Wahn und theologischer Sophistik. In dieser Unerbittlichkeit des Verstandes gegenüber allem „Schwindel", wie er ihn so gern nennt, hat er sich ein unvergängliches Verdienst erworben. Aber dieses Verdienst ist auch seine Schranke. Er ist ein Specialist des auftren= nenden und entwirrenden Verstandes. Er hat ein Leben Jesu geschrieben „innerhalb der Grenzen der bloßen Kritik". Zu einem Geschichtsbilde gehört mehr. Vor allem gehört dazu die Kraft der Intuition. Das Amt des Geschichtschreibers

ist zugleich das eines Sehers, der den Stoff beseelt, welchen
er vorfindet, die Ursachen und Wirkungen in seinem Geiste frei
verknüpft, aus zerstreuten Spuren, vereinzelten Andeutungen,
dasjenige wiederherstellt, was sich in verwirrendes Dunkel verloren, aus kleinen, unscheinbaren Zügen ein Ganzes bildet, aus
der Trümmerwelt die versunkenen Tempel wieder aufbaut.
Strauß bleibt auf dem Trümmerhaufen stehen. Der trostlose
Schluß seines Werkes ist der, „daß nachdem die Masse mythi-
scher Schlinggewächse verschiedener Art, die sich an dem Baume
der Geschichte hinaufgerankt haben, entfernt sind, sichtbar wird,
wie das, was bisher für Aeste, Belaubung, Farbe und Gestalt
des Baumes ist gehalten worden, großentheils jenen Schling-
gewächsen angehörte und daß, anstatt daß nun durch Weg-
räumung derselben der Baum in seinem wahren Bestand
wiederhergestellt worden, die Schmarotzer ihm die eigenen
Blätter abgetrieben, den Saft ausgesogen, Zweige und Aeste
verkümmert haben, sodaß seine ursprüngliche Figur gar nicht
mehr vorhanden ist". Strauß nimmt allerdings von einzelnen
Aussprüchen Jesu an, daß sie mit einer der Gewißheit nahe
kommenden Wahrscheinlichkeit ihm zugesprochen werden können;
mit den Thaten aber steht es viel schlimmer, sodaß das Resultat stehen bleibt: „Ueber wenig große Männer in der
Geschichte sind wir so ungenügend unterrichtet wie
über Jesus."

Vergleichen wir die zweite Bearbeitung des Lebens Jesu
mit der ursprünglichen, so ist allerdings nach gewissen Seiten
ein Fortschritt unverkennbar, der aber mit nicht gering anzu-
schlagenden Verlusten erkauft wird. Die virtuose Kraft in der
Auftrennung des mythischen Gewebes tritt in der ersten Gestalt
des Werkes darum viel glänzender hervor, weil der Stoff hier

bis in seine feinsten Verzweigungen zergliedert wird, außerdem
weil der Verfasser es hier nicht nur mit der evangelischen Ge=
schichte selbst, sondern auch mit der theologischen Auslegung
dieser Geschichte zu thun hat und weil die Polemik gegen
die theologische Halbheit und Verlogenheit das Köstlichste des
ganzen Werkes ist. Aber auch in der Form der Darstellung,
in Frische, Kühnheit und Anschaulichkeit des Ausdrucks steht
das Jugendwerk hoch über dem des Alters. Der Mangel an
Popularität, von dem schon geredet wurde, hat außer in der
kritischen Umständlichkeit, in der Magerkeit und Farblosigkeit
der Darstellung, in dem durchaus doctrinären Ton, seinen
Grund. Das ist nicht eine Sprache für die „Gebildeten",
sondern für die Theologen. Es fehlt überdies die Freudigkeit
des ersten Wurfs; wir meinen es mit einem Werke zu thun
zu haben, das mühsam und wie mit innerm Widerstreben bis
zu Ende geführt ist. Es geht etwas von der verstimmten und
morösen Art, die der neuesten Polemik des Verfassers in seinen
Flugschriften „Die Halben und die Ganzen" und „Christus des
Glaubens und Jesus der Geschichte", so eigen ist, auch durch
dies Leben Jesu. Der unzweifelhafte Fortschritt des spätern
Werks dagegen besteht einmal in den einleitenden Kapiteln
über die Quellen des Lebens Jesu und die Vorbereitung des
Christenthums durch den Entwickelungsgang des Judenthums wie
der griechisch=römischen Bildung, sodann in der völlig neuen Ein=
theilung des Stoffes in zwei Haupttheile, in einen geschichtlichen
und einen mythischen Theil. Den Vorwurf Baur's, daß Strauß
eine Kritik der evangelischen Geschichte ohne eine Kritik der Evan=
gelien geschrieben, sucht dieser in der neuen Bearbeitung gut zu
machen. Er hat sorgfältig das nachgetragen und zusammen=
gestellt, was in den letzten 30 Jahren, namentlich durch die
Tübinger Schule auf dem Gebiete der Evangelienkritik er=

arbeitet worden. Freilich will es uns scheinen, als ob er, der während dieser ganzen Zeit in Haß und Widerwillen der Theologie den Rücken gewandt, nur das Nothwendigste gesammelt, nicht selbstständig und mit voller Kraft und Liebe fortgearbeitet habe. Die mißfällige Aeußerung, „daß die Evangelienkritik allzu sehr ins Kraut geschossen", die Thatsache, daß wir nirgends bei ihm auf neue und eigene Ansichten stoßen, er vielmehr überall in den alten Gleisen Baur's und seiner eigentlichsten Schüler geht, bestätigt diese Annahme. In Bezug auf das vierte Evangelium schließt er sich in allen wesentlichen Punkten widerspruchslos an Baur an, dem er es zum unvergänglichen Ruhme anrechnet, den Kampf um dieses Evangelium so durchgeführt zu haben, wie selten kritische Kämpfe durchgefochten seien. In seinem Ergebniß über die Synoptiker kommt er ebenfalls auf die Ansicht Baur's und seiner treuesten Schüler (Zeller, Schwegler) zurück, indem er für das älteste und verhältnißmäßig glaubwürdigste Evangelium das des Matthäus hält. Lukas hat den Matthäus benutzt, zugleich aber andere Quellenschriften, und die Ueberlieferung, die er vorfand, mit schriftstellerischer Selbständigkeit bearbeitet und im Sinne des paulinischen Universalismus umgebildet. Markus endlich ist von Matthäus und Lukas in der Weise abhängig, daß seine Schrift als ein nur durch wenige einzelne Zuthaten bereicherter Auszug aus den ihrigen zu betrachten ist. Sein Grundcharakter ist der dogmatischer Neutralität.

Zur Erklärung der Anfänge des Lebens Jesu geht Strauß sodann zu einer Entwickelung der allgemeinen ;geschichtlichen Verhältnisse innerhalb des Judenthums wie der griechisch-römischen Welt über. Uns will es scheinen, als ob er auch hier bei einer bereits überwundenen Art der Behandlung historischer Stoffe stehen geblieben. Er gibt uns ein Stück Religions-

philosophie, in der Weise der Hegelianer ältern Stils. Mit
derartigen philosophischen Geschichtsconstructionen gewinnt man
aber nicht einen wirklichen und lebendigen Hintergrund für ein
persönliches Leben. Einen viel glücklichern Griff hat schon Renan
gethan, der sich mitten in die Jesum umgebende Welt stellt,
Nazareth und seine anmuthige Gegend uns schildert, die Weise
des jüdischen Unterrichts beschreibt, die Bedeutung der heiligen
Schriften des jüdischen Volks auf den von griechischer Bildung
unberührten Jüngling, die Sittensprüche eines Hillel und an=
derer Rabbiner, den Geist einer wundergläubigen Weltansicht,
die Entwickelung der messianischen Idee und die Gärung, welche
dadurch in den Gemüthern veranlaßt wurde, den Gegensatz
zwischen Galiläa und Judäa, in dem Charakter der Landschaft
wie des religiösen und geselligen Lebens; — das Alles in
farbenreicher Schilderung uns vor Augen führt und uns so aufs
lebendigste in die Situation Jesu mit versetzt. Diese „neu=
testamentliche Zeitgeschichte", wie sie Hausrath in sei=
nem geistvollen Werke behandelt hat, wie sie auch durch Keim
und Holtzmann („Geschichte des Volks Israel") schon angeregt
worden, vermissen wir gar sehr in dem „Leben Jesu" von
Strauß, das auch in seinem Hintergrunde unbestimmt und
farblos bleibt. Charakteristisch für die Strauß'sche Erklärung
der Anfänge des Lebens Jesu ist das Gewicht, welches er
(darin mit seinem Freunde Zeller einverstanden) auf die Wechsel=
wirkung legt, in welche das jüdische Volk außerhalb Palästinas,
in Syrien, Kleinasien, vor allem in Aegypten, mit dem grie=
chischen Geiste getreten und welche selbst nach Palästina
hinüberdrang und in den Kreisen sich einbürgerte, welche Jesu
den Bildungsstoff lieferten. Dies ist der Hellenismus in
dem Bewußtsein Jesu, wie Strauß ihn genannt, der humane
Kern, für den er besondere Anerkennung hat.

Der Fortschritt in der Eintheilung und Gruppirung des Stoffs, gegenüber der ältern Behandlung, ist der, daß Strauß, der früher den analytischen Weg eingeschlagen, das heißt von den einzelnen Erzählungen ausgegangen war und bei einer jeden den unhistorischen Theil bis auf einen verschwindenden Rest ausgeschieden hatte, in der zweiten Bearbeitung den synthetischen wählt und also mit einer Darstellung des geschichtlichen Verlaufs, soweit er sich noch ausmitteln läßt, beginnt, um dann zu zeigen, wie sich an diesen geschichtlichen Kern das Sagenhafte, Ring an Ring, angesetzt hat. So behandelt der erste Theil das Leben Jesu im geschichtlichen Umrisse, der zweite die mythische Geschichte Jesu in ihrer Entstehung und Ausbildung, und der ganze Stoff wird in zwei Hauptgruppen, eine positive und eine negative zusammengefaßt. Offenbar ist das ein Fortschritt zum Positiven. Denn, während früher die wenigen, unbestimmten Andeutungen des übrigbleibenden Geschichtskerns in dem ausgedehnten Apparat, der zur negativen Kritik gebraucht wurde, fast spurlos sich verloren und vereinzelt blieben, wird jetzt ein Leben Jesu im Zusammenhange gegeben und alle positiven Momente übersichtlich nebeneinandergestellt. Und auch darin ist ein Fortschritt erkennbar, daß die allmähliche Bildung des Mythus, in der an jede Schicht eine neue sich ansetzte, veranschaulicht und in ihrer stufenweisen Entwickelung erfaßt wird. Die Zersetzung der Mythen hat nicht mehr blos den Zweck, die Unvereinbarkeit dieser Erzählungen untereinander oder mit dem modernen Bewußtsein aufzuzeigen, sondern zugleich ihre Entstehung und allmähliche Verfestigung nachzuweisen.

Von besonderer Bedeutung in dem ersten Haupttheile des Werkes ist die hier entwickelte Ansicht über das „religiöse

Selbstbewußtsein" Jesu, als den Mittelpunkt seines Lebens und Lehrens. Der Lieblingsspruch für Strauß, auf den er öfter zurückkommt, der eigentliche Schlüssel zur Erkenntniß Jesu, ist die Stelle: Matth. 5, 45 fg. Der große Fortschritt im Bewußtsein Jesu bestand darin, daß Gott von ihm als die „unterschiedslose Güte" erkannt wurde, als „der himmlische Vater", der seine Sonne aufgehen läßt über Böse und Gute. Dies konnte er nur aus sich selbst nehmen, eine solche Erkenntniß konnte nur Folge davon sein, daß jene unterschiedslose Güte die Grundstimmung seines eigenen Wesens war, und hieraus folgte dann wieder die Forderung, vollkom= men zu sein wie Gott, vollkommene Gerechtigkeit zu üben im Gegensatz zu der pharisäischen Gerechtigkeit, und die um= fassendste schranken= und rückhaltsloseste Menschenliebe walten zu lassen, die Anerkennung aller Menschen als gleicher vor Gott. Für Jesum entsprang aus dieser allgemeinen Menschen= liebe und aus dem Gefühle seines Einsseins mit Gott eine innere Heiterkeit, die ihn über alle Entbehrungen, Sorgen und Wünsche emporhob, die harmonische Gemüthsverfas= sung, welcher keine schweren, innern Kämpfe vorangegangen, die Narben für alle Zeiten zurückließen, wie bei einem Pau= lus, Augustinus, Luther. Jesus war eine „schöne Natur", die sich wie aus sich selbst heraus entfaltete und sich immer mehr befestigte, ohne umzukehren und ein anderes Leben zu be= ginnen. Und dies Heitere und Ungebrochene in seiner Persön= lichkeit, dies Handeln ganz aus der Lust und Freudigkeit eines schönen Gemüths heraus, nennt er das „Hellenische" in ihm. Daß dieser eigene Herzenstrieb und im Einklange damit seine Vorstellung von Gott rein geistig und sittlich war, dies, was der Grieche nur mittels Philosophie erreichen konnte, war bei ihm die Mitgift, mit der ihn seine Erziehung nach dem

mosaischen Gesetze, seine Bildung durch die Schriften der
Propheten, ausgestattet hatte. Das messianische Bewußt=
sein in Jesu entwickelte sich nach Strauß, der hier an Schleier=
macher anknüpft, nur allmählich aus seinem religiösen Selbst=
bewußtsein und seinem Verhältnisse zu der ihn umgebenden
Welt. So war es allein möglich, daß er mit den messianischen
Erwartungen, die er vorfand, eine so tiefgreifende Veränderung
vornahm, alle politischen Elemente aus ihnen entfernte und das
ganze Gewicht auf die Lehrthätigkeit legte. Erst bei dem
Mangel an Empfänglichkeit, bei dem Widerstande von allen
Seiten, von der politischen Gewalt, der Schultheologie u. s. w.,
faßte er den Gedanken, daß er diesem Widerstande zum Opfer
fallen werde und im Anschluß an messianische Stellen, nament=
lich des spätern Jesaias, erkannte er die Nothwendigkeit, daß
der Messias durch Leiden und gewaltsamen Tod hindurchgehen
müsse. Freilich auch diese Erkenntniß war keine absolut ge=
wisse, die noch im Momente vor seiner Gefangennehmung nach
Matth. 26, 39 keineswegs feststand. Je mehr sich aber die
Ueberzeugung ihm aufdrängte, daß er äußerlich unterliegen
werde, desto bestimmter verband sich auch mit seinem Messias=
bewußtsein die Annahme, er werde nicht im Tode bleiben,
sondern dann, wenn Gott die neue Ordnung der Dinge, sein
himmlisches Reich, in wunderbarer Weise aufrichte, durch die
göttliche Allmacht auferstehen und wiederkommen in Sieg und
Herrlichkeit. Neben dieser Hauptfrage über das religiöse Selbst=
bewußtsein Jesu und seiner Stellung zur Messiasidee, be=
handelt Strauß in einer Reihe von Abschnitten sein Ver=
hältniß zum Gesetz, zu den Nichtisraeliten den Schauplatz
und die Dauer seiner öffentlichen Thätigkeit, seine Lehrart,
Wunder, seine Reise nach Jerusalem, das letzte Mahl nebst
Gefangennehmung und Hinrichtung, seine Auferstehung und

endlich Zeit und Ort der apostolischen Christus = Visionen.
Der Unterschied zwischen Renan und Strauß, in der ganzen
Auffassung Jesu, der ein sehr großer ist und sich kurz dahin
zusammenfassen läßt, daß Jesus bei Renan als ein religiös =
socialer Schwärmer, bei Strauß als ein weiser und
menschenfreundlicher Lehrer erscheint, tritt besonders stark
hervor in der verschiedenartigen Behandlung der eschatologi =
schen Reden und der Wunder. Wenn Strauß auch annimmt,
daß Jesus die Ueberzeugung seiner Wiederkehr aus dem Tode
und seiner einstigen Herrlichkeit gehabt habe, will er damit
doch nicht zugeben, daß er Alles das wirklich gesagt, was ihm
in den evangelischen Berichten über das Wiederkommen in den
Wolken, unter Begleitung der Engel, sowie über die Vor =
zeichen dieser Wiederkunft, und das Jüngste Gericht, in den
Mund gelegt wird; während Renan sämmtliche eschatologischen
Reden der Evangelien, mit all ihrer Aeußerlichkeit und Phan =
tastik, ihren Härten und Widersprüchen, ohne weiteres auf
Jesu Rechnung stellt. Ganz ähnlich ist es mit den Wundern.
Während Renan keinen Anstoß daran nimmt, den utopistischen
Schwärmer auch zum gaukelnden Wunderthäter zu machen,
und ihn damit hinlänglich zu entschuldigen meint, daß diese
Rolle des Wunderthäters ihm mehr von Andern aufgezwungen
als von ihm selbst erwählt sei, ist Strauß der Ansicht, daß
nur das Wunderbedürfniß der Zeit all diese Wunder gebildet
und daß Jesus weder Wunder thun wollte, noch zu thun
glaubte. Er legt besonderes Gewicht auf die Antwort Jesu,
die er den Zeichen fordernden Pharisäern gab, auf die Bedeu =
tung, welche er selbst bei seinen Heilungen dem Glauben
an ihn zuschrieb, d. i. dem Einfluß des Gemüths und der Phan =
tasie auf die körperlichen Leiden, welche mit dem Nervenleben
in nächstem Zusammenhange standen. Wenn Jesus in solchen

Fällen, wo die erregte Einbildungskraft der Kranken seines wirk=
liche Hebung, oder doch augenblickliche Linderung der Uebel her=
vorbrachte, sagte: „Dein Glaube hat dir geholfen" (Matth. 9, 22;
Mark. 10, 52; Luk. 17, 19; 18, 42); so konnte er sich nicht wahr=
haftiger, nicht bescheidener und präciser ausdrücken. So ist
auch in der Angabe der Evangelisten, daß ihm in seiner Heimat
Nazareth wegen des Unglaubens der Leute nur wenige Curen
gelungen seien (Matth. 13, 58; Mark. 6, 3) noch eine ver=
lorene Spur der richtigen Einsicht zu erkennen. Eine solche
Heilung durch Einwirkung auf die Einbildungskraft war be=
sonders bei einer Krankheitsart möglich, die selbst zur Hälfte
auf Einbildung beruhte und gerade in damaliger Zeit bei den
Juden eine Modekrankheit war, bei der Besessenheit.

Im zweiten Buche des Werks, betitelt: „Die mythische Ge=
schichte Jesu in ihrer Entstehung und Ausbildung", ist es die Auf=
gabe des Verfassers, die Umgestaltung in ihren einzelnen Zügen
und Wendungen zu verfolgen, welche die Lebensgeschichte Jesu
unter dem Einfluß der phantastischen Stimmung der ältesten
Gemeinde, die in manchen Beziehungen zugleich ein Rückfall
in jüdische Zeitvorstellungen war, erfahren hat. Hier soll
nun, nachdem die „ungefähren Umrisse" einer wirklichen
Lebensgeschichte gezogen, soweit die Gestalt durch ein trübes
die Strahlen eigenthümlich brechendes Medium erkennbar ist,
dieses Medium selbst zersetzt werden, d. h. die darin sichtbaren
Scheinbilder sollen dadurch aufgelöst werden, daß die Be=
dingungen, unter denen sie entstanden, in ihrer innern Noth=
wendigkeit erkannt werden. Nach dieser Auflösungsarbeit, die
die Resultate der ersten Bearbeitung in sich aufnimmt, und
mit dem trostlosen Ergebniß endet, daß ein dichtes Mythen=
gewebe das wirkliche Leben Jesu umsponnen habe, das alle
gesunden Blätter und Zweige dieses Lebensbaumes fast ganz

zerstört, kommt Strauß ähnlich wie in der ersten Bearbeitung bei einer Schlußabhandlung an, in welcher er, freilich nicht wie dort die geschichtlichen Thatsachen des Lebens Jesu, welche die Kritik zerstört, idealiter wiederherstellen, wohl aber von dem geschichtlichen Jesus zu dem idealen hinführen will. Unter diesem idealen versteht er, anknüpfend an Kant, „das in der menschlichen Vernunft liegende Ideal der gottwohl=gefälligen Menschheit", zu welchem ein jeder Mensch sich erheben soll. Er will den geschichtlichen Jesus von diesem Vernunftideal bestimmt unterschieden wissen und fordert, daß der seligmachende Glaube sich von dem erstern hinwegwende und auf den letztern übertragen werde. Das nennt er das unabweisbare Ergebniß der neuern Geistesentwickelung, die Fortbildung der Christusreligion zur Humanitäts=religion, worauf alle edlern Bestrebungen dieser Zeit gerichtet seien. Freilich gibt er zu, darin sich wieder von Kant und seiner aprioristischen Vernunft unterscheidend, daß die Vernunft nicht von vornherein fertig gewesen, und daß dies Urbild in uns nicht ebenso entwickelt wäre, wenn niemals ein geschicht=licher Jesus gelebt hätte; er erkennt gern an, daß dieser Jesus in der Fortbildung des Menschheitsideals jedenfalls in erster Linie stehe und daß er Züge in dasselbe eingeführt, die ihm bis dahin gefehlt oder unentwickelt geblieben, andere beschränkt, die seiner allgemeinen Gültigkeit im Wege gestanden, ja, daß er demselben durch religiöse Fassung eine höhere Weihe, durch Verkörperung in seiner Person eine lebendigere Wärme gegeben habe. Und dennoch — das ist der Weisheit Schluß, das der Refrain, auf den er immer wieder mit unerbittlicher Hartnäckig=keit zurückkommt, — „die Idee liebt es nicht in Ein Exemplar ihre ganze Fülle auszuschütten", und so hoch auch Jesus unter denjenigen stehen mag, welche der Menschheit ihr Ideal

reiner und deutlicher vorgebildet haben, war er doch hierin
weder der erste noch der letzte. „Vielmehr ist auch nach
ihm jenes Vorbild noch weiter entwickelt, allseitiger ausgebildet,
seine verschiedenen Züge mehr ins Gleichgewicht miteinander
gebracht worden." Strauß ist mit diesem Gedanken in einen
engen und sehr unfruchtbaren Kreis hineingerathen, aus dem
er, wie es scheint, den Ausgang nicht mehr zu finden weiß.
In seinen „Friedlichen Blättern" hatte er noch die Ansicht
vertreten, daß in Jesu innerhalb des religiösen Gebiets das
Höchste erreicht sei, über welches keine Zukunft hinausgehen
könne, und daß alle spätern Läuterungen des Princips der
Einheit des göttlichen und menschlichen Selbstbewußtseins sich
zu dessen erster Aufstellung als unendlich kleine Größen verhalten, die Urheber solcher Weiterbildungen nur Sandkörner
reichen können zu dem ewigen Bau, zu welchem Jesus den
mächtigen Grundstein gelegt habe, und er war hier zu dem
Schlusse gekommen, daß, so wenig die Menschheit je ohne
Religion sein werde, so wenig werde sie je ohne Christus sein.
Von diesem Zugeständniß ist er nun wieder zurückgegangen und
bei jenem alten traurigen Liede, bei jener rein negativen Behauptung angekommen, daß Jesus unter den Verkündigern des
Menschheitsideals weder der erste noch der letzte, daß er mit
Einem Worte nicht der alleinige sei. Damit ist aber gar
wenig gesagt. Ueber den Werth Jesu für das religiöse Gebiet
und insbesondere des religiösen Gebiets für das Ganze der
Menschheit erfahren wir Nichts. Mit jener Alleinigkeit und
Ausschließlichkeit, die auch wir nicht Jesu zuschreiben, ist doch
keineswegs seine Einzigkeit, d. h. seine durchaus eigenthümliche und unvergleichliche Stellung für das religiöse Gebiet
zurückgewiesen. Diese Einzigkeit ist nicht metaphysischer Art,
besteht nicht in einer besondern Doppelnatur oder einer höhern

Natur, einer „kosmischen" Stellung, wie Dorner meint, sondern
ist zugleich individueller und geschichtlicher Art, besteht
in der eigenthümlichen Begabung, wie in der ganz besondern
Stellung, die Jesu in der Geschichte angewiesen und zwar in
dem Wendepunkte der Weltgeschichte, und die sein ganzes Wesen
und innerstes Selbstbewußtsein eigenartig gestaltet hat. Unter
dieser Einzigkeit verstehen wir seine centrale Stellung für die
ganze christliche Gemeinschaft, die dauernd, in allen mannich=
faltigen Gestalten und fortschreitenden Entwickelungsstufen unter
der Herrschaft seines Geistes gestanden und bis auf den heuti=
gen Tag, wie die Geschichte uns lehrt, von diesen Impulsen bewegt
wird. Daß eine solche von der Alleinigkeit wohl zu unter=
scheidende Einzigkeit gerade auf dem Gebiete der Religion ihre
volle Berechtigung hat und in ganz anderer Weise als bei den
Heroen der Kunst und Wissenschaft, hat schon Keim („Der
geschichtliche Christus", S. 100, Anmerkung) Strauß gegenüber
ausgesprochen. „Es scheint", sagt er mit vollem Recht, „ebenso
erklärlich, daß Wissenschaft und Künste nie einen absolut Höchsten
besitzen, weil sich in ihnen die höchste Synthese von Gott und
Mensch nie darstellt und auch schon darum, weil Begriffe
und Technik allerdings stetig fortschreiten, als, daß
das Gebiet der Religion eine höchste Höhe producire,
weil ein Maximum eines von den theoretischen und praktischen
Fortschritten der Welt unabhängigen, intensiv sittlich=religiösen
Lebens, ein Maximum von zwingenden, geschichtlichen Motiven,
ein Maximum eines unendlichen in Gott und in die Menschheit
sich vertiefenden Freiheitsactes, ein Maximum endlich göttlicher
Liebesneigung zu einer menschlichen Persönlichkeit auf einem
nur eben nicht pantheistischen Standpunkt möglich erscheint.
Die Thatsache in Christus garantirt diese Möglichkeit, indem
sie die Wirklichkeit zeigt."

Die Einseitigkeit des Strauß'schen Geistes, welche bei allem Glanz seiner Detailkritik in dem neuesten Werke besonders auffallend hervortritt, ist ein doppeltes Vacat, ein Mangel an geschichtlichem Blick und religiösem Sinn. Es ist als ob diese Organe unter der steten, zehrenden Arbeit der Kritik ausgetrocknet oder doch in ihren Functionen erlahmt seien. Wie unendlich dürftig und unbestimmt ist überall der Ausdruck, wenn einmal nach den vielen Auflösungen ein positives, ein letztes, übrigbleibendes gewonnen werden soll! Daß es mit dem Christenthum noch nicht ganz und gar aus sei, daß noch irgendetwas übrig bleibe von seinem ursprünglichen Wesen, ja daß dies „Etwas" nicht ganz unbedeutend sei, gibt er zu, aber zu nennen weiß er es nicht, oder wenn er es versucht, bleibt er bei den äußerlichsten und leersten Bestimmungen stehen. So in seiner Streitschrift über „Die Halben und die Ganzen" (1865), in welcher er damit schließt, daß das Christenthum in der Gestalt, wie Paulus, wie alle Apostel es im Sinne hatten und wie es in den Bekenntnißschriften sämmtlicher christlichen Kirchen vorausgesetzt werde, fallen müsse, da es mit dem Glauben an die Auferstehung Jesu unauflöslich verbunden sei, und daß die Frage, ob damit das Christenthum selbst falle, eigentlich nur noch ein Streit um Namen und Worte sei. Er fügt dann noch dieser vornehmwegwerfenden Behandlung der allerwichtigsten Frage, wie zum Troste hinzu: „Er glaube, daß Etwas und nicht wenig übrig bleibe", worin aber dies Etwas bestehe, darüber die Menschheit zu belehren hält er nicht der Mühe werth. Der Mangel an geschichtlichem Sinn und Blick zeigt sich auch darin, daß er als den Mittelpunkt des religiösen Selbstbewußtseins Jesu jene unterschiedslose Güte, die Heiterkeit und Harmonie einer schönen Natur, das „Hellenische" in ihm bezeichnet. So wahr

das Alles ist, ist es doch nicht das Letzte und Tiefste seines
Wesens, sondern nur eine Erscheinungsform, nicht der Grund
seiner weltbewegenden und überwindenden Kraft, sondern nur
ein Symptom. Diese liebenswürdige Güte und Freundlichkeit
war vor Allem Erbarmen, unendliches Erbarmen gegen die in
Sünde versunkene, unglückliche Menschheit. Und dies Erbar=
men hatte wieder seinen letzten Grund in seiner tiefreligiösen
Natur, seinem Gott aufgeschlossenen Sinn, seinem innersten
Einssein mit dem Gott des unendlichen Erbarmens. Mit
Einem Wort: an Stelle jener mehr ästhetischen Bezeichnun=
gen wären richtiger die religiösen getreten, an Stelle des
Hellenischen die kostbarste Erbschaft des jüdischen Volks,
das Theokratische im reinsten und erhabensten Sinn des
Worts, wie es in den Gleichnissen vom Reiche Gottes nieder=
gelegt ist. Daß „alle Kräfte in Jesu zur Religion gravitirten“,
daß sich in ihm „Gottinnigkeit und Weltoffenheit“ wunderbar
verbanden, daß er die höchste und reinste Blüte des Juden=
thums war, hat bereits Keim überzeugend dargethan und ist
damit in den Mittelpunkt der Eigenthümlichkeit Jesu viel tiefer
eingedrungen, als Strauß es vermochte. Wie fremd und un=
verstanden für diesen das ganze sittlich=religiöse Gebiet ist,
geht auch aus seiner fast krankhaften Abneigung gegen die Be=
zeichnung „Erlöser“ hervor. Der Vorwurf der „Halbheit“
und „Zweideutigkeit“, welchen er gegen Schenkel erhebt, richtet
sich vorzugsweise gegen diese Bezeichnung. Mit Recht hat
Schenkel dagegen eingewandt, daß Jesus die Menschheit von
der dumpfen Gewalt der Sünde, den verderblichen Mächten
der Sinnlichkeit und Selbstsucht frei gemacht habe und als ein
solcher Befreier von den harten Fesseln, ein Erlöser sei;
Strauß erwidert darauf, „daß wir diese Mächte auch nach
Jesu Erscheinen noch in vollster Wirksamkeit finden“, daß der

Ausdruck Erlöser von der Vorstellung des Sühnopfers her=
genommen sei, und daß Jesus nur ein Befreier von Irrthum,
ein weiser Lehrer gewesen.

Mit viel geringern Ansprüchen als Strauß, der Mono=
polist des Lebens Jesu, trat Schenkel, fast gleichzeitig mit
diesem, und bald auf Renan folgend, in seinem „Charakter=
bild Jesu" (1864) hervor. Er beschied sich selbst dahin,
für sein Werk auf den Titel eines Lebens Jesu keinen An=
spruch zu erheben, nur ein religiös=sittliches Charakterbild, nur
den innersten idealen Kern des Erlösers der Menschheit von
den umhüllenden Sagen befreit, vor Augen zu stellen. Auch
er wandte sich, wenn auch nicht wie Strauß, sogleich auf
dem Titel „an das deutsche Volk", so doch in dem Vorwort,
über den engen und engherzigen Kreis der Zunftgenossen hinaus
schreitend, an die „Gemeinde". Und er hat sicherlich in
höherm Grade als dieser den Weg in das Volk gefunden.
Denn wenn schon die 8000 Geistlichen Preußens, welche sein
Werk öffentlich verdammten und welche dem Maße ihrer Bildung
nach nicht den Theologen, sondern dem untersten Volke ange=
hören, billiger Weise das Buch, über welches sie sich zu Ge=
richt setzten, auch gelesen haben mußten, so kamen zu diesen
Männern des Volks noch zahlreiche wirklich Gebildete hinzu,
die den heißen Durst nach Wahrheit in den höchsten und
ernstesten Fragen der Menschheit zu stillen suchten. Schenkel
selbst hatte schon seit 25 Jahren, seit dem Beginn seiner aka=
demischen Thätigkeit, durch Schleiermacher angeregt, wieder=
holt Vorlesungen über das Leben Jesu und biblische Theo=
logie gehalten und sich durch manche Schwankungen und innere
Kämpfe, namentlich in Bezug auf die Evangelienfrage und die
Echtheit des Johanneischen Evangeliums hindurch gerungen.
Er war auch hier wie die ganze Vermittelungstheologie von

Schleiermacher und dem in seiner Schule lange für unumstöß=
lich geltenden Dogma der Echtheit dieses Lieblingsevangeliums
ausgegangen, dann aber, auf seinem Wege durch die großartige
Kühnheit der Baur'schen Untersuchungen betroffen und tief an=
geregt, weiter geführt worden. So war er denn endlich, sich
nur mühsam losreißend von der Schleiermacher'schen Tradi=
tion, bei der Ueberzeugung angekommen, daß das vierte Evan=
gelium in seiner vorliegenden Gestalt nicht ein Werk des
Apostels sein könne, wenn es auch einem spätern Schülerkreise
desselben entsprungen sei. Auch die neuesten Untersuchungen
über das Evangelium des Markus hatte er mit lebhafter
Theilnahme begleitet und sich der Ansicht angeschlossen, daß die
älteste Evangelienurkunde wahrscheinlich durch Markus, noch
vor dem Jahre 60 n. Chr. innerhalb der römischen Gemeinde,
entworfen sei und daß dieser Urmarkus in unserer jetzigen kano=
nischen Gestalt eine Umarbeitung erfahren habe durch eine
spätere Hand, welche theils erweiternde Zusätze beifügte, theils
das Ganze in eine größere Ordnung brachte. In diesem zwei=
ten Evangelium spiegelt sich nach seiner Ansicht das Charakter=
bild Jesu am ungetrübtesten, weil hier nicht nur die evangeli=
schen Thatsachen mit größerer Lebendigkeit und Anschaulichkeit
als in den andern Evangelien erzählt sind, sondern auch die
sagenhafte Vorgeschichte, sowie die Erzählungen von den Er=
scheinungen des Auferstandenen und der Himmelfahrt fast ganz
fehlen. So unternimmt er es denn zum ersten mal, an der
Hand des zweiten Evangeliums und fast durchweg der chrono=
logischen Ordnung desselben Schritt vor Schritt folgend, den
Gang der innern Entwickelung Jesu und seines Kampfes mit
den feindlichen Mächten bis zu seinem tragischen Ende zu be=
schreiben. Ueber Schleiermacher geht er nicht nur durch seine
kritische Stellung zum vierten Evangelium, auch durch die ganze

mehr objective und quellenmäßige Art der Behandlung hinaus
und urtheilt mit Recht, daß der Schleiermacher'sche Christus
nicht das Resultat geschichtlicher Untersuchungen, sondern aus
dem subjectiven, religiösen Bedürfniß des großen Theologen
entsprungen sei, „eine kunstreiche Schöpfung der edelsten und
reinsten modern=religiösen Empfindung". Auch darin geht er
über Schleiermacher hinaus, dem er sonst viel näher steht als
die Beiden, mit denen er durch das oberflächlichste Urtheil so
oft in Eine Reihe gestellt worden — Strauß und Renan —,
daß er die Sündlosigkeit Jesu nicht mehr in jener steifen und
unlebendigen Form festhält, wie Schleiermacher sie in seiner
Dogmatik construirt und zugleich zur festen Voraussetzung für
seine Untersuchungen über das Leben Jesu gemacht hat.
Nicht jene Sündlosigkeit vermag er in dem wirklichen Jesus
der evangelischen Quellen wieder zu erkennen, vermöge deren
er allen innern Versuchungen und Kämpfen fern, wie der ab=
solut heilige Gott, als ein sittlich=unveränderlicher hoch über
allen Schwankungen stand, sondern nur diejenige, vermöge
deren er im heißesten und echt menschlichen Kampfe, im Zittern
und Zagen und Beten, der Sieger geblieben.

Von Strauß unterscheidet er sich sehr wesentlich dadurch,
daß er in dem Evangelium des Markus, wenn er auch in der
jetzigen Gestalt desselben manche sagenhafte Ausschmückung findet,
doch wieder einen sichern, geschichtlichen Boden gewinnt, daß er
überhaupt nicht in der auflösenden Kritik die höchsten Triumphe
feiert, vielmehr überall darauf ausgeht, darin einem praktischen
und auf die christliche Gemeinde abzielenden Zuge seines Geistes
folgend, auf das religiös=sittliche Ideal, welches durch Jesum
für alle Zeiten aufgerichtet worden, mit warmer Begeisterung
hinzuweisen. Diese höhere Wärmetemperatur, welche das

Schenkel'sche Werk durchzieht, berührte das absolut-kühle, kritische Gewissen von Strauß, das nicht einmal mehr Ausdrücke
wie „das Licht der Welt" zu ertragen vermochte, aufs unan-
genehmste und ist vorzugsweise neben der Concurrenz der
„Heidelberger" gegen die „Tübinger" die Veranlassung zu jener
kleinlichen und verbissenen Polemik geworden, in welcher Strauß,
darin ein echt kaufmännischer Kopf, herausrechnete, daß Schenkel
zu drei Viertheilen auf Seiten der Kritik stehe, aber es noch
für gerathen finde, das letzte Viertel dem Glauben einzuräumen. Von Renan unterscheidet sich Schenkel nicht allein dadurch, daß er die geistreich-willkürliche Art der Behandlung,
mit ihren phantastischen Ausschmückungen, verschmäht, noch
mehr dadurch, daß er das Charakterbild Jesu, welches er auf
idealer Höhe hält, sorgfältig vor den angedichteten Schmuz-
flecken der Schwärmerei und Charlatanerie bewahrt.

Nur in Einem trifft er mit den beiden Letztgenannten, und
darin auch im tiefsten Grunde mit Schleiermacher, und, fügen
wir hinzu, mit dem ganzen unwiderstehlichen Zuge der Zeit
und ihrer Wissenschaft, zusammen, daß er „eine echt menschliche
und wirklich geschichtliche Darstellung des Lebensbildes Jesu"
geben will. Alles was dieses echt- und vollmenschliche Bild
von jeher getrübt und entstellt hat, sucht er auf den Wegen
wissenschaftlicher Forschung zu entfernen und in diesem Sinne
vor Allem diejenigen Wundererzählungen der ausschmückenden
Sage zu überweisen, welche die menschliche Kraft und natürliche Vermittelung absolut übersteigen und die er als „All-
machts- und Allwissenheitswunder" bezeichnet. Zu ihnen
rechnet er die Beschwichtigung des Sturmes, die Verwandlung
des Wassers in Wein, die Brotvermehrung, die Todtenerweckungen, die Verdorrung des Feigenbaums u. s. w. und
will von ihnen die sogenannten Heilwunder unterschieden

wissen, in welchen eine, wenn auch noch so erhöhete, „mensch=
liche Naturgabe“, die Einwirkung einer geheiligten Persön=
lichkeit auf leibliche, seelische oder gemüthliche Krankheitszustände,
vermittels des geheimnißvollen Zusammenhanges von Seele und
Leib, zur Erscheinung kommt. Er fordert bei der Anerkennung
dieser Heilwunder, daß sie „überall auf sittliche Vermittelungen
zurückgehen, eine entsprechende Empfänglichkeit voraussetzen und
eine begrenzte Tragweite haben“. Am meisten Anstoß gab
er seinen gläubigen Gegnern durch das letzte Kapitel des
Charakterbildes, in welchem er die evangelischen Erzählungen
von den Erscheinungen des Auferstandenen, in ihren Verschieden=
heiten, innern Widersprüchen und allmählich anwachsenden Zu=
sätzen einer rücksichtslosen Kritik unterzog. So blieben ihm
denn als unbestrittene Thatsachen nur die drei stehen: 1) „daß
das Grab Jesu leer gefunden“, 2) „daß die Jünger und noch
andere Glieder der apostolischen Gemeinde überzeugt waren,
Jesus nach seiner Auferstehung noch gesehen zu haben“ und
3) „daß die Erscheinungen Jesu nach seinem Tode, welche in
den Evangelien erzählt sind, im wesentlichen keinen andern
Charakter hatten, als denjenigen, welcher auch der Christus=
erscheinung des Apostel Paulus auf dessen Reise nach Damaskus
eigenthümlich war“. Aus der letzten Thatsache folgerte er,
daß die Nachrichten nicht richtig seien, welche den Leib des
Auferstandenen als einen irdischen, mit den gewöhnlichen, grob=
stofflichen Organen ausgerüsteten schildern, da Paulus von Chri=
stus, der sich in ihm offenbart, rede und unter ihm den ver=
klärten und verherrlichten Christus, den Herrn, welcher der
Geist ist, verstehe. Auf diesen lebendigen und in der Gemeinde
als Geist fortlebenden Christus komme es allein dem Apostel
Paulus und so auch uns an, und so sei denn die Auferstehung
nicht als eine leibliche Wiederbelebung des Gekreuzigten, vermöge

deren die vom Leibe geschiedene Seele durch ein Wunder noch
einmal in ihn zurückgekehrt sei, sondern als ein geistiges Fort=
leben in der Gemeinde aufzufassen. Zum genauern Verständniß
dieser Deutung dient, daß Schenkel später, als ihm die völlige
Leugnung der Auferstehung, die Strauß'sche Visionshypothese,
zum Vorwurf gemacht wurde, sich ebenso sehr von dieser wie
von der Annahme einer wunderbaren Wiederbelebung des ge=
storbenen Leibes lossagte, mit der Bemerkung, die Gründung
der christlichen Kirche aus Hallucinationen widerstrebe seinem
historischen Gefühl, und daß er die Erscheinungen des Auf=
erstandenen als „reale Manifestationen des aus dem Tode
lebendig und verklärt hervorgehenden Christus" zu verstehen
suchte. Was es mit diesen „realen Manifestationen" oder „ob=
jectiven Visionen" auf sich habe, ob dies Christo etwas Eigen=
thümliches gewesen, oder allen abgeschiedenen Geistern zukomme,
und wie die innere Geistesmittheilung zu einer äußern Geister=
erscheinung geworden, darüber erfahren wir freilich nichts
einigermaßen Klares und Faßbares. Noch auf Einen Zug in
diesem Charakterbilde Jesu, als den geradezu bedeutsamsten und
denjenigen, welcher das wüste Verdammungsgeschrei orthodoxer
Pastoren uns einigermaßen erklärlich macht, haben wir hier
hinzuweisen. Schon in der Vorrede war besonders hervorgehoben,
„daß Jesus sein ganzes Leben dem armen, nothleidenden, ge=
drückten Volk" gewidmet habe. Dies Demokratische, oder
richtiger im besten und höchsten Sinne Volksthümliche und
Volkserbarmende im Charakter Jesu, dieser „Anschluß an die
mittlern und untern Volksklassen" ist für Schenkel unauflöslich
verbunden mit seiner kühnen und von Stufe zu Stufe höher
sich steigernden Opposition gegen die herrschenden Mächte, vor
allem gegen die orthodox=hierarchische Partei. Schenkel be=
zeichnet diese Gegner mit den mannichfaltigsten, von dem Partei=

wesen der Gegenwart entlehnten Namen, als die Anhänger des
„hierarchisch gesinnten Hochkirchenthums", der „orthodoxen
Schultheologie", der „religiös-gesetzlichen Observanz" u. s. w.
Er sucht zu beweisen, daß die Sünde wider den Heiligen Geist
nichts Anderes sei als die „theologisch-hierarchische Verhärtung
und Verstockung". Die pharisäische Religion ist ihm nur die
sittliche Schminke und religiöse Maske, welche in allen Satzungs-
religionen wiederkehrt und zu allen Zeiten als Hierarchie und
Orthodoxie sich aufbläht. Ihr gegenüber ist die Religion Jesu
die unbedingt sittliche. Er wollte das Volk zur sittlichen Freiheit erziehen. Er hat das „bekenntnißmäßige, todte, dumpfe
Kirchenthum" bei jenen mächtigen und heldenmüthigen An-
griffen auf die Pharisäer jener Zeit für alle Zeiten gezeichnet und gerichtet. Diese vorzugsweise polemische Stellung,
welche Jesu zugewiesen wird, als dem mit seinem Blute die
Wahrheit besiegelnden Kämpfer für religiös-sittliche Freiheit,
diese überall durchsichtigen Parallelen mit den Freiheitsfein-
den der Gegenwart, hat den Schriftgelehrten und Hohen-
priestern der protestantischen Kirche tief ins Herz getroffen.
Die große, bis dahin fast übersehene Wahrheit, daß die
eigentlichen und erbittertsten Feinde Jesu zu allen Zeiten die
Priester, die kleinlichen und herrschsüchtigen Satzungs-Men-
schen gewesen, war ihnen nur allzu persönlich nahe gebracht.
So allein erklärt sich der glühende Haß, welcher gerade dem
Verfasser „des Charakterbildes Jesu" von dieser Seite her zutheil geworden, der in jener schmählichen und unserer Kirche
unwürdigen Protesthetze seinen Ausdruck gefunden hat. Es
sollte durch einen unerhörten Terrorismus, durch Haufen fa-
natisirter Pastoren, das verletzte Priesterthum gerächt und jeder
ähnliche Angriff für alle Zeiten niedergeschlagen werden. Es
wagte die gesalbte Unwissenheit in ihren „Zeugnissen" zu Gericht

zu sitzen über ein Werk freier Forschung und das Urtheil, welches allein der Wissenschaft zusteht, für sich in Anspruch zu nehmen.

Unter den Darstellern des Lebens Jesu aus neuester Zeit steht neben den genannten Theodor Keim in erster Reihe. Sein größeres Werk, „Geschichte Jesu von Nazara" (1867), liegt freilich nur noch seinem ersten Theile nach vor uns, welcher den „Rüsttag" umfaßt, und nach einer grünblichen Quellenschau ein Bild des „Heiligen Bodens", der „Heiligen Jugend" und des ersten „Entschlusses" in der Seele Jesus entwirft. Aber die Bausteine zu diesem Werke sind schon früher zusammengetragen in drei, dem Umfange nach kleinen, dem Werth nach sehr bedeutsamen Vorträgen, die mit Recht die Aufmerksamkeit der ganzen theologischen Welt auf den bis dahin fast Unbekannten hinlenkten. Diese Vorträge waren: 1) Ueber die menschliche Entwickelung Jesu (Antritts-rede bei Uebernahme der theologischen Professur in Zürich, 1860), 2) Ueber die geschichtliche Würde Christi (gehalten am 24. und 28. Juni 1864 in Zürich), 3) Ueber die religiöse Bedeutung der Grundthatsachen des Lebens Jesu (gehalten in der Versammlung der schweizerischen Prediger-gesellschaft zu Frauenfeld am 15. August 1865).

Der theologischen Richtung nach steht Keim unter den genannten Schenkel am nächsten, ja seine Kritik führte wol öfter zu noch positivern Resultaten, als sie bei dem Verfasser des „Charakterbildes" sich ergeben, sobaß Luthardt in seinen Arbeiten das „Noahzeichen des Rückgangs der kritischen Sturm-flut" zu sehen glaubte. Er wird, wie Schenkel, nicht nur von einem abstract-kritischen, sondern zugleich von einem warmen, religiösen Interesse geleitet, das oft einen schwungvoll-begeister-ten Ausdruck erhält, wie er selbst dies in den Worten seiner Vorrede ausgesprochen: „Ich kenne keinen höhern Namen, der

mein ganzes Bewußtsein füllt, als den Namen Jesu Christi,
des Weltheilands, und ich meine im Interesse der Frömmigkeit
selbst zu schreiben, indem ich ehrlich, offen und unerschroden
mich an der Aufgabe betheilige, das Leben Jesu, herausgewickelt
aus allen Binden und Tüchern der Ungeschichtlichkeiten, Halb=
heiten und Vermittelungen, in seiner reinen und dann ge=
wiß majestätisch auferstehenden Geschichtlichkeit zu enthüllen.„
Freie Kritik, ohne Unglauben gegen die Geschichte, menschliche
Auffassung Jesu, ohne Verzicht auf seine Hoheit, — das be=
zeichnet er als das Eigenthümlichste seines Strebens, und mit
Recht ist der „volle und fromme Glockenton" seiner Schriften
gerühmt worden, in welchen das Rothe'sche Wort sich bewahr=
heite, „daß die freie und furchtlos gewissenhafte Untersuchung
und die genaueste Erforschung des Thatbestandes, die Herrlich=
keit Christi nur immer heller und überführender ans Licht
führen kann". Er ist durch die Baur'sche kritische Schule mit aller
Gründlichkeit, aber auch mit voller Selbständigkeit hindurch=
gegangen, er nennt Baur mit unverhaltener Verehrung seinen
„großen Lehrer" und verweist auf ihn als auf denjenigen, der
über Strauß, „bei dem sich die Evangelisten im Kampfe mit=
einander verbluten", hinausgeführt und den geschichtlichen Bo=
den des Lebens Jesu, wenn auch nicht „geebnet", doch „be=
zeichnet" habe. Er hält an den wesentlichsten Resultaten der
Baur'schen Evangelienkritik, an der Priorität des Matthäus
vor den andern Synoptikern, wie an der spätern unjohanneischen
Abfassung des vierten Evangeliums mit voller Bestimmtheit fest
und unterscheidet sich dadurch ganz ausdrücklich sowol von den
Markus=Verehrern (Holtzmann, Schenkel u. s. w.), wie von
den Johannes=Rettern und Vermittlern (Renan, Weiße, Ewald,
Weizsäcker u. s. w.).

Er ist endlich Geschichtsforscher und Schreiber aus in=

nerfter Neigung und Begabung, die er von seiner vaterländi=
schen Geschichte, mit der er einst begonnen (Geschichte der
schwäbischen Reformation) nun auf den erhabensten Gegenstand
der Weltgeschichte überträgt. Ihm ist nicht wie Strauß die
Kritik selbst höchster Zweck, sondern nur ein Mittel, eine rei=
nigende Vorarbeit, um den Weg zur Geschichte durch die
Trümmerhaufen der Sage und Entstellung hindurch zu finden.
Das hervorragende Talent ist bei ihm das geistvoller in den
bewegenden Mittelpunkt der Geschichte sich versenkender In=
tuition, durch welche aus lang übersehenen, fast unscheinbaren
Einzelheiten, die in die rechte Stelle gerückt und zu entschei=
denden Instanzen gemacht werden, die überraschendsten Fol=
gerungen sich ergeben, und ein lebendiges Geschichtsbild vor
uns aufsteigt. Mit dieser Sehergabe, wie sie vorzugsweise dem
Historiker eigen, verbindet sich eine so unerschrockene Kritik und
glücklich analysirender Scharfsinn, eine von allen bisherigen Au=
toritäten so unabhängige und eigenthümliche Schrifterklärung,
daß sich ganz neue Funde aufgethan, „ganz neue Adern und
Gänge für das Leben Jesu erschlossen haben, die noch lange
nicht abgebaut sind".

Keim, sonst so verschieden von beiden, Strauß wie Renan,
steht doch in Einer Beziehung zwischen ihnen in der Mitte.
Was bei jenem zu wenig und bei diesem zu viel, die Kraft
zurückschauender, die Vergangenheit neu schaffender und beleben=
der Phantasie, ist bei ihm in dem rechten Maße zu finden und
in der rechten Verbindung mit scharfsinniger, auf sichern, wissen=
schaftlichen Unterlagen ruhender Kritik. Der unbefangene, kei=
nem Fortschritt der Wissenschaft sich verschließende Kritiker,
der geistvolle aus den dürftigen Fragmenten der Vergangenheit
ein volles Bild wiederherstellende Geschichtschreiber und der
gläubige, von der Hoheit seines Gegenstandes ganz erfüllte

Christ, sind hier in seltener Harmonie verbunden. Ein Ge=
danke ist es, welcher von ihm energischer als je vorher und
mit glücklichem Erfolge betont und durchgeführt worden, der
auch den ersten Anstoß für seine Untersuchungen über das
Leben Jesu gegeben und in seiner zu Zürich gehaltenen aka=
demischen Antrittsrede (dem ersten und vorzüglichsten unter
seinen kleinen Vorträgen) zum Mittelpunkte des Ganzen er=
hoben wurde, das ist der: von der wahrhaften, durchaus
menschlichen, durch Kampf und Versuchung hindurch=
gehenden Entwickelung in dem Selbstbewußtsein Jesu.
In diesem Punkte freilich hat er nur das starke und unabweis=
bare Verlangen der ganzen Gegenwart, welches, wie schon gezeigt
wurde, allen neuern Darstellungen des Lebens Jesu zum Grunde
liegt und das selbst von einem Beyschlag anerkannt werden
mußte, am schärfsten zur Geltung gebracht. Wie er selbst es in
den Worten ausgesprochen: „Der auf Erden verhüllt und unver=
hüllt wandelnde Gott, der Alles weiß und Alles kann, ist der
Menschheit kaum ein Gegenstand der Neugier, nimmer des
Glaubens. Leben, Sterben und Auferstehen des persönlichen
Gottes fällt als unnütze, hohle Spreu auf den Boden, weil es
nur als Geschichte eines Menschen für sie fruchtbar wäre."
Aber — in dem Einen unterscheidet er sich wieder von den
sich an Schleiermacher eng anschließenden Vermittelungstheo=
logen, daß er mit dem Gedanken der menschlichen Ent=
wickelung vollsten Ernst macht und darunter nicht eine nur
formale, allmähliche Entfaltung und Ausbreitung der bis dahin
schlummernden Kräfte, sondern eine wahrhafte, vom Niedern
sich erhebende, Sinnliches und Enges abstreifende, durch manche
innere Versuchungen hindurchgehende Entwickelung versteht. Er
verwirft ja vorzüglich deshalb die Echtheit des Johanneischen
Evangeliums, weil hier fast alle Spuren der Entwickelung

fehlen, weil hier kein sittliches Werden und Kämpfen eines strebenden Menschen zu Anschauung kommt. Wenn Baur dies Evangelium vor Allem aus sich selbst erklärt, seine innere Einsicht, Plan und Composition bloßgelegt, und seine durchaus idealistisch=philosophische Tendenz klar gemacht hatte: so schließt sich ihm in alle dem Reim aufs vollkommenste an, aber er verschärft noch diese ganze Beweisführung dadurch, daß er die Ungeschichtlichkeit des vierten Evangeliums, nicht nur aus jener idealen Tendenz, sondern aus einer Menge von einzelnen ge= schichtswidrigen Darstellungen und Widersprüchen mit den besser unterrichteten Synoptikern erweist. Er macht auf die „bleierne Monotonie", des überall von vornherein fertigen, sein Leiden und Sterben gleich zu Anfang verkündenden, gegen jüdisches Gesetz und Tempeldienst sogleich in schroffster Einseitigkeit sich erhebenden und darin schon den Apostel Paulus weit überbie= tenden Christus, aufmerksam und kommt zu dem Schlusse, daß ein solches Auftreten ein durch und durch ungeschichtliches sei, weil durch dasselbe die wirkliche Geschichte, die ernsten, großen Kämpfe der apostolischen Zeit zu einem Phantom herabgesetzt werden. In Vergleich mit den Synoptikern hebt er hervor, daß, während bei diesen die Katastrophe lückenlos aus innerer Nothwendigkeit verlaufe, bei dem vierten Evangelisten alle Mo= tive des Untergangs Jesu schon vor der Katastrophe längst verbraucht seien, da Jesus den Tempel längst gereinigt, in Jerusalem längst gewesen, den Kampf mit den Juden und die Offenbarung seiner Gottessohnschaft längst vollendet habe. Aus diesem Grunde werde denn als Motiv für den Einzug die Auferweckung des Lazarus erfunden und an diesem Wunder, über welches die Synoptiker ein tödliches Schweigen beobachten, hänge der Tod Christi, oder mit andern Wor= ten, er hänge völlig in der Luft. In der Verwerfung des

Johanneischen Evangeliums, in dem Kampfe gegen seine ge=
schichtliche Glaubwürdigkeit und Benutzung als Geschichtsquelle,
ist Keim unerbittlich und hat die Resultate der Untersuchungen
Baur's, Zeller's, Schwegler's und Hilgenfeld's, mit neuen,
wie aus unerschöpflicher Quelle strömenden Beweisreihen ver=
stärkt und zugespitzt und durch diese wahrhaft glänzende Leistung
die große Frage für Alle, die noch unbefangenen Blickes fähig,
zum Abschluß gebracht. In diesem Punkte ist er der Antipode
Schleiermacher's, dem er es zum Vorwurf macht, daß er
als Postulat die menschliche Entwickelung Jesu hingestellt, das=
selbe aber nirgends erfüllt habe, da Niemand mehr als er dazu
geholfen, alles Aeußerliche nur als eine „Veranlassung" für
seine innern Entwickelungen, und alle Versuchungen nur als
von Außen an ihn herantretende anzusehen.

Bei der Frage nach der menschlichen Entwickelung Jesu
sind es drei Punkte, die von besonderer Wichtigkeit und die
auch bei Keim vorzugsweise ins Auge gefaßt werden. Zuerst:
die innerste Eigenthümlichkeit Jesu, seine göttliche Be=
gabung; sodann: sein Bildungsgang, seine Anknüpfung an
die Vergangenheit; endlich: die innern Kämpfe und Ent=
wickelungsstufen im Fortschritt des Lebens. Die eigent=
liche Charakteristik Jesu, die Darstellung des innersten, treiben=
den, alles Andere beherrschenden Mittelpunktes seiner Persön=
lichkeit, ist eine tief eindringende und verglichen nicht allein mit
Strauß und Renan, auch mit der Schleiermacher'schen Auf=
fassung ein großer Fortschritt. Sie faßt sich darin zusammen,
daß in Jesu eine wunderbare Verschlingung der Weltoffen=
heit und Weltverschlossenheit oder Gottinnigkeit gewesen.
„Mit den Wurzeln aus der Erde saugend, in der Krone gött=
liche Lüfte athmend, so gedieh das edle Gewächs, in welchem
Welt und Ichheit, Gottheit und Menschheit sich zusammen=

faßte." Er macht mit Recht aufmerksam auf die tiefe, aus den edelsten Wurzeln des Judenthums stammende Religiosität Jesu, nach welcher hin alle andern Geisteskräfte gravitirten, auf seine contemplativen Rückzüge aus der Welt und der Ge= meinschaft der Menschen in die Einsamkeit der Wüste und der Berge, wie der stillen, heiligen Nächte, in denen er sich, gleich einem Moses und Elias, Gott nahe wußte. Denn Jesus war nicht ein Mann der Wissenschaft im engern Sinne, die sogenannte reine Wissenschaft hatte für ihn kein Interesse, ja! nicht einmal die speculative Gotteserkenntniß, wie bei einem Philo und Paulus; er beschränkte sich vielmehr auf die „Liebes= gedanken Gottes mit der Menschheit", und jene von den Theo= logen behauptete Allseitigkeit seiner Begabung, nach welcher er zum Philosophen, Staatsmann, Naturforscher u. s. w. in gleicher Weise die Anlage in sich getragen, ist ein leerer Traum. Aber — zu einem „Helden und Sprecher der Religion" war er geboren, sein religiöses Gefühl war ebenso warm, still und tief, wie sein Gestaltungstrieb voll Glut und Anschaulichkeit. Und mit dieser Gottinnigkeit verbunden war die Weltoffen= heit und Aufgeschlossenheit, die lebendigste, mitfühlende Theil= nahme für das Leben der Natur und der Menschheit. Bei einem weichen und melancholischen Elemente seines Wesens, das uns an Jeremias erinnert, und das für alle Unglücklichen, Kranken und Verstoßenen, wie für die Frauenwelt überhaupt eine so wunderbare Anziehungskraft hatte, ist ihm doch wieder eine fröhliche Natürlichkeit und Sorglosigkeit, eine idyllische Heiterkeit eigen, welche eine Mitgift seiner galiläischen Hei= mat war und welche schon Josephus den Bewohnern dieser Provinz nachrühmt.

Auf die Frage nach dem „Bildungsgange Jesu" lautet die Antwort: Alles entwickelte sich bei ihm viel mehr von

Innen nach Außen, als von Außen nach Innen, er war eine religiös=schöpferische Natur. Aeußerlich aufgenommen und schulmäßig gelernt hat er nicht viel, weder von der heidnischen Welt und ihrer Bildung noch in den rabbinischen Schulen seines Volks. Er war ein naturwüchsiges Kind dieses Volks, in keinerlei Schulgeist zu einem Weisen seiner Zeit verbildet. Er war die reinste und letzte Blüte des Judenthums, empor= geblüht in der Zeit seines Untergangs und seiner Auflösung zur Weltreligion. „Unter dem offenen Sternenhimmel, im Zwiegespräch mit den Propheten, im Gedanken an sein leidendes Volk hat er sich auf sich und seinen Gott besonnen, hat gefleht und gerungen, bis er das neue Wort fand, an dessen Nennung sich die Edelsten zerarbeitet hatten, mit welchen. Gottheit und Menschheit gerufen werden wollte." Bei der Darstellung der Anknüpfung Jesu an Vergangenheit und Ge= genwart, bei der Ausmalung des religiösen, politischen und culturgeschichtlichen Hintergrundes, auf welchem dies Lebensbild steht, ist Keim sehr ausführlich, und hat in dem ganzen bis dahin erschienenen ersten Theil seines großen Werks vielmehr eine Zeitgeschichte Jesu als sein Leben selbst beschrieben. Allein gerade diese Abschnitte, über den „Heiligen Boden" und die „Heilige Jugend", über die politischen Auflösungszustände jener Zeit, die Herrschaft der edomitischen Emporkömmlinge, die Charakteristik Herodes des Großen und seines tragischen Ver= falls, die immer mächtiger andringenden und Alles zersetzenden Einwirkungen Roms, die Procuratorenwirthschaft in Judäa und Samaria; sodann über die religiösen Zustände der Juden außerhalb und innerhalb Palästinas, Philo und die jüdische Aufklärung, die messianischen Hoffnungen der damaligen Juden, das Sektenwesen der Pharisäer, Sadducäer und Essäer, end= lich die galiläische Heimat Jesu, sind so werthvoll und gehen

mit Benutzung der neuesten Forschungen von Geiger, Jost,
Grätz, Herzfeld u. s. w. so weit hinaus nicht nur über
die dürftigen Skizzen von Strauß, sondern auch über alles,
was bis dahin :zur Aufhellung des Lebens Jesu von Theo=
logen geleistet ist, daß wir von diesem Stück Zeitgeschichte nicht
gern etwas entbehren möchten.

Bei der Darstellung der innern Kämpfe und Entwickelun=
gen in der Seele Jesu tritt der Fortschritt Keim's über das
Schleiermacher'sche Christusbild besonders deutlich hervor. Vor
Allem ist hier die Frage nach der Sündlosigkeit Jesu zu be=
antworten. Keim nimmt, ähnlich wie Schenkel, eine vermit=
telnde Stellung ein. Er behauptet, der ganze Eindruck von
Jesu sei ein solcher, als von einem, der den Stachel der
Sünde nicht gefühlt. Der des ewig hellen Sonnenlichts
der Kindschaft Gottes sich erfreut. Der nie selbst um Ver=
gebung der Sünde gebetet, auch in Gethsemane und Golgatha
nicht, vielmehr im Namen Gottes die Sünde vergeben habe
und für die Sünder gestorben sei. Aber doch will er diese
Sündlosigkeit wieder einschränken auf die Zeit der öffentlichen
Wirksamkeit Jesu und die thatsächlichen Sünden. Denn wohl
sei in ihm ein Reiz zum Bösen wie zum Guten, ein Zunder
der Sünde, gewesen, ohne welchen eine rechte und tiefe Kenntniß
der Sünde gar nicht zu denken. Wohl habe er geschwankt und
gezittert und sei versucht worden, nicht äußerlich, sondern von
Innen her, nicht einmal nur in der Wüste, immer wieder, und
habe gerungen, in Gethsemane und Golgatha, mit dem Todes=
gedanken wie mit dem Tode selbst; und habe die Anrede „gut"
als die Bezeichnung vollendeter über dem Kampfe stehender
Heiligkeit von sich gewiesen, und sei nur allmählich über enge,
an die Grenzen des jüdischen Volks, an Tempel und Gesetz
gebundene Vorstellungen von der Reichsbürgerschaft empor=

gestiegen zu der die ganze Menschheit umfassenden Geistes=
religion. So habe er innerlich gekämpft mit der alten Messias=
idee, mit dem politischen Messiasthum, das die ganze Zeit und
die Hoffnungen seines Volks ihm entgegentrugen, so, im Siege
über diese versuchenden Gedanken, das Band mit der nationa=
len Partei zerrissen und sei an die stille, demüthige Dienstarbeit
gegangen. So habe er namentlich erst später die Vorstellung
vom leidenden Messias in sich aufgenommen und den Fort=
schritt vom Messiasreich zum Kreuzesreich gemacht.
Ueberall sucht Keim, um eine volle, menschliche Entwickelung
in der Seele Jesu zu begründen, auf die einzelnen Wendepunkte
und Stationen, durch die er hindurchgegangen von einer noch
jüdisch gefärbten und beschränkten zu einer geistigern und uni=
versalistischen Denkart, an der Hand des Matthäusevangeliums,
hinzuweisen und unterscheidet sich dadurch vorzugsweise von den
Tübingern, daß er in den scheinbaren Widersprüchen nicht das
Werk verschiedener Verfasser oder Ueberarbeiter, sondern die
Stufen eines innern Entwickelungsprocesses sieht. In seinem
Vortrag „über die religiöse Bedeutung der Grundthatsachen
des Lebens Jesu" spricht er sich mit besonderer Schärfe gegen
den Strauß'schen Dualismus von Idee und Geschichte, von
idealem und geschichtlichem Christo, in welchem er einen Rück=
fall auf den kategorischen Imperativ Kant's und einen uner=
träglichen „Anachronismus" erblickt, aus und macht mit
Recht dagegen geltend, daß alle großen, nationalen und mensch=
heitlichen Erhebungen und Erlösungen, alle Bezwingungen von
stumpfsinniger Thatlosigkeit und lähmendem Schuldgefühl, von
Ohnmacht und Verzweiflung, nicht durch den kategorischen Im=
perativ oder das allgemeine Vernunftideal, sondern durch große
Persönlichkeiten und Thaten geschehen, daß die geschicht=
lichen Träger der Ideen, nicht die abstracten Ideen selbst, die

schöpferischen Mächte seien. Bei dem Uebergang aber von
diesem allgemeinen Gedanken zu den sogenannten Grund=
thatsachen im Leben Jesu, das heißt zu denen, welche im
apostolischen Symbol als solche aufgeführt werden und an
welche alle gläubigen Protestmänner sich wehklagend und dro=
hend anzuklammern pflegen, steht Keim wesentlich auf dem
freien Standpunkte, welchen schon Schleiermacher in seiner
Dogmatik eingenommen. Er meint: „Früher lag alles an
jenen Thatsachen, heute dagegen würde Jesus selbst dann nicht
für uns verloren sein, wenn wir auf alle jene Thatsachen ver=
zichten sollten. Wir halten uns nicht an Christi Kleid,
an Schleppe und Quasten, sondern an die erlösende
Macht seines Geistes." So wird die wunderbare Ge=
burt entschieden abgewiesen, als solche, welche Paulus nicht
kenne, gegen welche die Genealogieen streiten und für welche die
ersten Kapitel des Matthäus, die jüngern Ursprungs, keine
Gewähr geben. Die Wunderthaten Jesu werden, ganz ähn=
lich wie bei Schenkel, auf die Heilungswunder beschränkt und
auf psychologische Vermittelungen zurückgeführt. Auf die sicht=
bare Himmelfahrt, von der ohnehin nur die beiden Lukas=
schriften wissen, wird kein Gewicht gelegt, da dies Aufsteigen
in die Lüfte nur ein sinnliches Bild für eine unsinnliche und
unschaubare Thatsache, für das Scheiden der Seele von der
Erde, sei. Es bleibt nur noch die Auferstehung, und bei
dieser Thatsache, auf welche bekanntlich von den Gegnern der
Visionshypothese, mit besonderer Anrufung des Apostel Paulus
und seines Ausspruches, 1 Kor. 15, 17, das ganze Gewicht
des Christenthums, wie an den Faden einer Spinne, gehängt
worden, steht Keim unentschlossen und unklar da. Er gibt
wol zu, daß die Auferstehung nicht „schlechthin erweislich" sei
und daß es immerhin möglich bleibe, sie aus Visionen zu er=

klären. Er hält auch dafür, daß das Christenthum nicht
an der Auferstehung hänge, daß die Würde Jesu sich nicht
durch die Auferstehung auferbaue, die Hoffnung einer Zukunft
des Menschen sich nicht darauf gründe und daß auch der apo=
stolische Glaube, welcher derartiges aussage, wie namentlich
das viel berufene Wort des Paulus, in der Form, das ist
in der Nichtunterscheidung von Unsterblichkeit und Auferstehung,
oder von Auferstehung und Erscheinung des Auferstandenen,
irre. Aber es erheben sich ihm doch wieder gegen die Zweifel
höhere Zweifel. Die Visionshypothese genügt ihm nicht, um
die Entstehung der christlichen Kirche zu erklären. Er kann
nicht begreifen, wie aus (!!) überreizten Visionen die christ=
liche Kirche mit der ganzen Helle ihres Geistes und mit dem
ganzen Ernste sittlicher Aufgaben sich habe bilden können. Er
übersieht, daß die Visionen nicht der Grund, sondern nur die
Form des Glaubens waren, aus welchem die christliche Kirche
sich auferbaute, daß auch bei Paulus nicht die Erscheinung auf
dem Wege nach Damaskus der Grund seines Glaubens war,
Gott ihm vielmehr, wie er selbst sagt (1 Kor. 2, 10) das
Evangelium offenbarte durch seinen Geist. Er wendet ein,
daß es ihm unbegreiflich bleibe, wie eine visionäre Massen=
bewegung voll elementarer Kraft und ohne ein nennbares
Gegengewicht, nach ein paar Wochen sich einfach verlau=
fen konnte. Er übersieht aber, daß die Visionen sich nicht
so einfach verliefen, daß vielmehr die Apostel Paulus und
Petrus und der Märtyrer Stephanus noch solche hatten, daß
auch die ekstatischen Zustände des Zungenredens und der Ver=
zückungen, deren Paulus sich rühmt (2 Kor. 12, 1), ganz ähn=
licher Art waren, und endlich daß, wie schon Strauß ihm er=
widert, „wir über die Verfühlung des christlichen Be=
wußtseins nichts Sicheres wissen können". Er flüchtet

endlich ganz auf das Gebiet der Wunder, appellirt an Jesum als das „potenzirte Wunder", verspottet die „trostlose Berufung auf die Naturgesetze", das Bestreben, die Grenzen eines Rie= sigen gegenüber uns Pygmäen, eines kerngesunden Geisteslebens gegenüber dem Siechthum unsers Geschlechts, abzuzirkeln. Er nennt Jesum den „untöblichen Todten", dem das Natur= gesetz, was uns ein Wunder, glaubt an seine Erscheinungen in „verklärter, neu organisirter Leiblichkeit" und erklärt die Auferstehungsgeschichten als solche reale Einwirkungen des er= höhten Christus. An dieser geheimnißvollen Grenze des Lebens Jesu angekommen, an welcher Keim Strauß und den schweize= rischen „Zeitstimmen" gegenüber festen Fuß zu fassen und sich zu verschanzen sucht, dürfen wir auch die Schwächen nicht verbergen, die seinen glänzenden Arbeiten wie verdunkelnde Nebelflecke anhängen. Die Neigung zum Geistreichen und Ueberschwänglichen, zum ungewöhnlichen und räthselnden Aus= druck, wie sie gleich zu Anfang schon erkennbar war, hat sich im weitern Verlaufe bedenklich gesteigert und dem größern, von Vielen mit Spannung erwarteten Werke einen Theil der Anerkennung entzogen, welche den kleinern Vorträgen so reichlich zutheil geworden. Der Eindruck dieser Schrift blieb hinter den Erwartungen zurück. Das unendlich reiche, fast überhäufte Material war nicht zu durchsichtiger Form gestaltet, die vielen Anregungen und neuen geistvollen Anschauungen nicht zum sichern Abschluß gebracht. Viel kecke und desultorische Polemik und Abweisung nach allen Seiten, verband sich wieder mit einem geistreich=nebelhaften Ausweichen, da wo mit Recht eine klare Antwort gefordert wurde. Und dennoch bezeichnet dieses Werk einen großen Fortschritt und ist voll lebendiger Zukunftskeime. Es ist jetzt erst der Anfang zu einer wahrhaft ge= schichtlichen Behandlung des Lebens Jesu im großen

und freien Stile gemacht. Dieser Fortschritt ist besonders
erkennbar bei Vergleichung der Keim'schen Schriften mit denen
der ältern Vermittelungstheologen, die aus erster Apologetenangst
geboren, zur Löschung jenes Strauß'schen Feuerbrandes, zur
Beruhigung der gläubigen Gemüther, von einem Tholuck,
Neander, Steudel, P. Lange ausgingen. Wie viel ist
seitdem auf dem Gebiete der neutestamentlichen Kritik gearbeitet
und gewonnen! Wie viele, wenn auch schwer abgerungene Zu=
geständnisse haben der verhaßten Tübinger Schule gemacht
werden müssen! Wie tief ist die unwiderlegliche Baur'sche
Analyse des vierten Evangeliums eingedrungen in die bis dahin
unzugänglichen Kreise der Schule Schleiermacher's, und be=
stätigt und verschärft durch Männer wie Schenkel, Scholten,
Keim! Wie ernst und muthig, gegenüber den Strauß'schen
Verdächtigungen, ist der Weg wahrer Positivität betreten und
die nur auflösende, sich selbst genießende Kritik überwunden!
Wir erkennen solchen Fortschritt gern auch in den Arbeiten
des Mannes, der, zum nächsten Nachfolger Baur's berufen,
durch die Macht des von ihm entzündeten und in Tübingen
noch fortwirkenden kritischen Geistes nur widerwillig ergriffen
und fortgezogen worden, und finden in Weizsäcker's „Unter=
suchungen über die evangelische Geschichte" (1864) sehr werth=
volle Beiträge für die Evangelienfrage. Mit Recht hebt Keim
die innere und nahe Verwandtschaft mit ihm in den Grund=
ansichten vom Leben Jesu, bei aller großen Abweichung in der
Quellenfrage hervor. Und auch hier, trotz der sehr ausdrück=
lichen und starken Betonung der Echtheit des Johanneischen
Evangeliums im Allgemeinen, werden doch wieder im Einzelnen
so viele Zugeständnisse gemacht, wird die weitgehende Herrschaft
der Idee und der idealen Zusammenhänge gegenüber der Wirk=
lichkeit, die einer spätern Zeit angehörende Färbung, die Ein=

förmigkeit, Nebelhaftigkeit und unwahre Härte in der ganzen
Stellung Jesu zu seinen Umgebungen und namentlich in seinen
Reden, in so vollem Maße anerkannt, wird selbst von dem
Thatsächlichen des hier geschilderten Lebens so viel in Frage
gestellt, daß von der behaupteten Echtheit und Geschichtlichkeit
gar wenig übrig bleibt. In viel höherm Maße stellt sich der
Fortschritt zu einer wahrhaft geschichtlichen Behandlung des
Lebens Jesu, im großen und umfassenden Stil weltlicher Ge=
schichtschreibung dar in der neuestens (1868) erschienenen „Neu=
testamentlichen Zeitgeschichte" Hausrath's. Dieselbe
berührt sich an vielen Punkten mit dem Keim'schen „Leben Jesu",
ist im Geiste ihm nahe verwandt, in der Sauberkeit und Klar=
heit der Zeichnung, wie in künstlerischer Darstellungskraft un=
zweifelhaft ihm überlegen. Alles theologische Unwesen, alle
falsche Ueberschwänglichkeit oder Bedenklichkeit ist hier abge=
streift. Der Verfasser redet nirgends einen besondern Theologen=
jargon, sondern die Sprache der gebildeten Welt, des Geschicht=
schreibers im reinsten und edelsten Stil. Seine Darstellung
verhält sich von vornherein abweisend „gegen die magische,
wie die mythische Ableitung des Christenthums". Er kennt
nur die geschichtliche. Die kritischen Operationen selbst, in
welche Strauß fast aufging, treten bei ihm ganz zurück, ge=
hören nur zur unerläßlichen Vorarbeit, die in die positive Dar=
stellung der Geschichte selbst nicht mehr störend und verwirrend
hineinredet. Die sogenannte „heilige Geschichte" erhält zu
ihrem Hintergrunde die allgemeine Geschichte, die abgerisse=
nen Fäden des Zusammenhangs mit ihr werden überall auf=
gesucht und angeknüpft, das Geschichtsbild, wie es uns in
den Evangelien entgegentritt, wird hineingerückt in den weiten
und prächtigen Rahmen der umgebenden Völker= und Cultur=
geschichte. Das gründlichste Studium des Josephus, der

Philonischen Schriften, der römischen und griechischen Schrift=
steller der ersten Jahrhunderte, die Forschungen der Orienta=
listen, der classischen Philologen, der Geographen und Palä=
stina=Reisenden werden zu Hülfe genommen, um den blassen
Hintergrund der Zeitverhältnisse, wie sie durch die evangelischen
Berichte hindurchscheinen, mit frischern Farben auszumalen, die
vor allem Josephus an die Hand gibt, und so das Bild Jesu
selbst und seines Wirkens in schärfern Umrissen zur Anschauung
zu bringen. Der Verfasser bezeichnet es als seine vorzüg=
lichste Aufgabe, „die durch Josephus geschilderten Zustände
mit den Augen der Evangelien zu sehen und aus ihren Er=
fahrungen zu ergänzen, die Erzählungen der Evangelien aber
im Zusammenhang der von Josephus gezeichneten, geschichtlichen
Verhältnisse zu verstehen“. Diese Aufgabe hat er in glänzendster
Weise gelöst. Wenn wir meinen, es sei ein durchaus unbefan=
gener, geistvoller Geschichtschreiber, der dies Buch, nicht für
den engen Kreis der Theologen, sondern für die große, gebil=
dete Welt geschrieben, so wollen wir damit nicht einen Tadel,
sondern die höchste Anerkennung aussprechen. Durch solche
Schriften, die über alle leeren Verneinungen wie alle Aengste
und Vorurtheile wunderbedürftiger Theologen weit erhaben und
durch und durch positiv sind, weil sie nur der Geschichte die=
nen, ist die rechte Vermittelung der Wissenschaft und des Glau=
bens gefunden, die beide in gleicher Weise ehrt.

Schlussbetrachtung.

.

Nach diesen Wanderungen durch die Vergangenheit der letzten dreißig Jahre nur noch Ein Blick in die Zukunft unserer Theologie und Kirche! Wie viel hoffnungsreicher ist die Aussicht geworden, als sie vor zwölf Jahren, bei dem ersten Erscheinen dieser Schrift, vor unserm Geistesauge bastand! Wie viel rascher sind die Entwickelungen durchgedrungen und die heilsamen Krisen eingetreten, als wir damals nur zu hoffen wagten! Damals wünschten und prophezeiten wir der triumphirenden theologischen Reaction, der neulutherischen Partei, eine größere Ausbreitung und Macht, eine längere Lebensdauer, als ihr wirklich beschieden war. Wir wünschten, daß sie nicht auf halbem Wege stehen bleiben, sondern ihr innerstes Wesen, ihre letzten Gedanken aussprechen möge, damit gleichsam alle die unreinen Säfte, welche dem Leben unserer protestantischen Kirche Gefahr drohten, an die Hautoberfläche getrieben, alle die katholischen Ansätze und Wünsche vollkommen ausgetragen würden. Wie anders ist es gekommen! Wir haben unsern Gegnern zu hohe Ehre erwiesen! Ihnen ein inneres Leben, eine substantielle Geisteskraft zugetraut, welche sie nie besaßen. Es ist eilend mit ihnen zu Ende gegangen! Deshalb weil alles hohl und gemacht, eitle Restaurationsspielerei und herrschsüchtiges Pfaffengelüste war. So ist denn der Geistesbankrott zum Entsetzen rasch hereingebrochen. Schon jetzt fliehen die Spuk= gestalten der Nacht vor dem hereinbrechenden Tage! Ueberall erblicken wir nichts als Chaos und Willkür, wüste Uebertrei= bungen und innere Zerstörungen. Einer kämpft gegen den andern, das angebliche Lutherthum führt in die Arme der katholischen Kirche, die eingebildete Rechtgläubigkeit ist im Kern zerfressen und löst sich in lauter Ketzerei auf, die alten Bünd= nisse dauern nicht mehr, die künstlich verschlungenen Fäden kirch= licher und politischer Reaction werden mit lauten Protesten zerrissen. Der Eine, welcher über diesem Chaos stand und mit kluger Berechnung das Widerstrebende zusammenhielt, der ein= zige Mann von Geist und vielseitiger Bildung — J. Stahl — ist dahingegangen. Schon er hatte den nicht mehr aufzuhal= tenden Verfall in trüben Ahnungen vorausgesagt. Während der kurzen, sogenannten neuen Aera Preußens im Jahre 1859 hatte er wehklagend ausgerufen: „Wo ist noch eine irdische Stütze, wo noch eine irdische Hoffnung für unsere Kirche? Die Macht ist gegen uns, die Massen sind gegen uns, die Zeitströmung ist gegen uns, die kräftigen Irrthümer in der Kirche selbst sind gegen uns." Und doch waren es nur zwei kurze Jahre (1858—60), in welchen die Macht Preußens nicht, wie bisher, mit dieser Partei schön that! Und doch waren die Fürsten, die Minister, die Consistorien, die theolo= gischen Facultäten, die Würdenträger und Stelleninhaber der Kirche in fast allen deutschen Landen dieser Partei angehörig oder doch von ihr abhängig! Aber — „die Massen sind gegen uns, die Zeitströmung ist gegen uns" — das war die furcht= bar niederschlagende, die nicht mehr abzuleugnende Wahrheit!

Sie, die bis dahin laut triumphirt, daß Rationalismus, Philo=
sophie und Kritik im Bewußtsein der Gegenwart überwun=
den seien und der Glaube allein auf dem Plane geblieben,
brachen nun in die verzweiflungsvolle Klage aus, daß alles
vom Glauben der Väter verlassen, das Volk in seinem
Kerne vom Rationalismus zerfressen sei, daß, wie Hengsten=
berg verkündete, die Kirche von der Welt überflutet werde
und der Zeitgeist sich zum letzten Sturme gegen die kleine
Heerde rüste.

Sie, die bereits die unumschränkte Herrschaft in der
Kirche gewonnen zu haben wähnten, machten nun plötzlich die
Erfahrung, daß dies eine Kirche sei ohne Gemeinden,
eine Kirche der Theologen und Consistorialräthe, nicht aber
des christlichen Volks, und daß die restaurirte Glaubenslehre
dieser Kirche nur eine verschollene und vergangene Dogmatik,
nicht der wirkliche und fortlebende Glaube der Gegenwart sei.
Da brach das Jammern und Weinen und Hülferufen aus!
Da wurden diese Helden und Triumphatoren zu Flücht=
lingen und Klageweibern! Sie, die nie der Wahrheit wie
Männer ins Auge geschaut, sondern immer nur von Selbst=
betrug gelebt, brachten es auch nie über dies Schwanken
zwischen den äußersten Gegensätzen, zwischen eitler Sieges=
gewißheit und zitternder Todesfurcht, nie über die apokalyp=
tische Weltanschauung hinaus! Und sie hatten recht, wenn sie,
freilich zu spät, erkannten, daß sie eine Kirche gegründet ohne
Gemeinden, daß sie den ganzen kirchlichen Apparat, alles so=
genannte Anstaltliche, den geistlichen Stand, die Bekenntnisse,
die Liturgien, Gesangbücher und Katechismen, in ihre Gewalt
gebracht und nach ihrem Geschmack eingerichtet, daß aber die
Gemeinden von allen diesen Erwerbungen nichts wissen woll=
ten, daß sie keine Gewalt hatten über die lebendige Kirche,

über die Seelen und Gewiſſen der heilsbedürftigen Menſchen.
Eine Macht war übriggeblieben, die ſie bis dahin kaum in
Rechnung gebracht, und die doch höher war als alle andern:
der Gewiſſensglaube der Gemeinden! Dieſe bittere,
aber heilſame Erfahrung machte jene Partei in allen Ländern
Deutſchlands, bei allen einzelnen Verſuchen, die alte Kirche
des 16. Jahrhunderts zu reſtauriren und in das Leben der
Gegenwart hineinzuſtellen, bei allen Attentaten auf den inner=
ſten Glauben und das Gewiſſen des Volks. Sie alle —
dieſe Kirchenzuchts=, Agenden=, Katechismus= und Geſang=
buchsattentate — wurden, wo ſie nur auftraten, nicht in der
Pfalz und Baden allein, auch in Baiern und Hannover, auch
da, wo alle kirchlichen Behörden bis zum Landesbiſchof hin=
auf einmüthig zuſammenwirkten, mit einer ſo tief inſtinctiven
und ſo unwiderſtehlichen, elementaren Gewalt zurückgeſchlagen,
daß eilender Rückzug einzige Rettung blieb. Aus dem tiefſten
Gewiſſen des Volks, nicht aus Formeln vergangener Jahr=
hunderte — das war die große Lehre dieſer Volksbewegungen
— iſt die Kirche der Gegenwart aufzuerbauen! Und vermögen
dies die Vermittelungstheologen? Es iſt wiederholt dar=
auf hingewieſen, wie ſie an wiſſenſchaftlicher Bildung, an Fein=
ſinn und maßvoller Einſicht ihren oft ſehr plumpen Gegnern
weit überlegen ſind, wie ſie aber in ihrer künſtlich=gewundenen
Theologie, in ihrem Doctrinarismus dem Volke und ſei=
nen Bedürfniſſen ferne blieben, wie es ihnen überhaupt an
Einfachheit und Wahrhaftigkeit, an Vertrauen auf die Gegen=
wart, an geſunden, ſchöpferiſchen Kräften fehlte, um aus
vollem Holz ein Neues zu bauen.

Und worin ſoll die Reinigung und Fortbildung unſerer
Theologie und Kirche beſtehen? Vor allem in der conſequen=
ten Durchführung einer wahrhaft ſpeculativen, einheitlichen

und zusammenhängenden Weltanschauung, in der Ueberwin=
dung des äußerlich supranaturalistischen, unserm ganzen Den=
ken fremd gewordenen Schemas, in der völligen und ehrlichen
Beseitigung desselben mit allen seinen Ueberbleibseln und An=
hängseln, in der klaren Erkenntniß, daß der Inhalt des Christen=
thums bei einer solchen Beseitigung nichts verliert als die
Form der Aeußerlichkeit, der Willkür und Aphoristik in der
Offenbarungsthätigkeit Gottes. Die Theologie wird also eine
speculative sein, welche, so fern sie sich auch von den
pantheistischen wie atheistischen Abirrungen der Speculation
hält, doch mit gleicher Entschiedenheit sich der Willkür= und
Wundertheologie mit allen ihren modernen Verbrämungen ent=
gegenstellt.

Sodann wird diese Theologie eine historisch=kritische
sein. Das heißt, sie wird das Christenthum in seinem ganzen
Verlauf, seine Anfangs= und Quellpunkte nicht ausgenom=
men, als ein geschichtlich Gewordenes begreifen; sie wird
überall die wahre Geschichte aus den oft sagenhaften Ge=
schichtsberichten aussondern; sie wird in die geschichtliche Ent=
wickelung des Christenthums auch die große, schöpferische,
classische Literatur des Christenthums, d. i. die kanonischen
Schriften, mit hineinziehen und sich nicht scheuen, auf sie die=
selben Regeln und Maßstäbe geschichtlicher Kritik anzuwenden,
welche für die sogenannte Profanliteratur gelten. Sie wird
aber auch in der Beziehung eine historische sein, als sie
sich in die Vergangenheit vertieft, jede Zeit und ihre Schöpfun=
gen nach ihrem Maße mißt und für die Größe und Herrlich=
keit des productiv=religiösen Lebens, der neuen Quellpunkte
göttlicher Offenbarung, das Auge offen hält. Ihre Haupt=
aufgabe wird also darin bestehen, offen und klar mit der dog=
matischen Auffassung der Schrift, mit der alten Lehre von

der Inspiration und der normativen Autorität der Bibel, mit der dogmatischen Auffassung Christi, und der alten Lehre von den beiden Naturen zu brechen und an ihre Stelle die ge= schichtliche zu setzen, sowie die Kritik der einzelnen kanoni= schen Schriften mit ganzer, voraussetzungsloser Freiheit durch= zuführen. Zu dieser geschichtlichen und menschlichen Auf= fassung Jesu drängt sichtbar in unserer Zeit Alles hin. Der Protest Beyschlag's auf dem Altenburger Kirchentage gegen den „Incognito auf Erden wandelnden Gott", war ja nichts Anderes als ein mit bis dahin unerhörter Offenheit her= vortretendes Bekenntniß, das bisher in den Herzen der Ver= mittelungstheologen geruht hatte. Selbst ein Luthardt hat das Eingeständniß nicht gescheut, daß der „byzantinisch=unbe= wegliche, leblose und fertige Christus" der alten Kirche, dem Bedürfniß der Gegenwart nicht mehr genüge. In dieser ge= schichtlichen Auffassung Jesu ist der mythische wie der ma= gische Standpunkt gleicher Weise überwunden, und die, wie es scheinen mochte, nur negative Kritik zur wahren Position hin= durchgedrungen.

Endlich wird diese Theologie eine religiös=sittliche sein. Das heißt, sie wird das innerste Wesen der Religion, nach dem Vorgang von Schleiermacher, in den Tiefen des Gemüths, als in dem Lebensgrunde des Menschen, in dem letzten Einheitspunkte seines Geistes erfassen, aber mit diesem centralen Leben alle Entwickelungen der Erkenntniß wie des Willens in freie und innerliche Verbindung setzen. Sie wird dies tiefe, innerliche und nothwendige Band von Religion und Sittlichkeit überall hervorheben und auf die nothwendigen Fol= gen dieser Einheit hinweisen. Sie wird vom ethischen Stand= punkt aus die Reinigung und Erneuerung eines großen Theils von Dogmen, des anthropologisch=soteriologischen Kreises, der

Lehre vom freien Willen, von der Sünde, von der Gnade, von
der Stellvertretung u. s. w. unternehmen. Sie wird eine tiefere
Synthese der göttlichen Abhängigkeit und der menschlichen Frei=
heit, eine wahrhaftere Durchdringung und Wechselwirkung des
göttlichen und des menschlichen Factors in dem Heilsproceß zu
gewinnen suchen. Sie wird aber nicht allein die Dogmatik
reinigen und verinnerlichen, ihre äußerlich=juridischen und schlecht=
magischen Vorstellungen in religiös=sittliche umbilden; sie wird
ebenso sehr die Moral vertiefen, sie ihres schlechten Subjectivis=
mus, ihrer eiteln Selbstgerechtigkeit, ihres oberflächlichen Pela=
gianismus, mit Einem Wort ihrer Endlichkeit entheben, indem
sie die Wurzeln der Sittlichkeit in die Tiefen der Religion,
den endlichen Willen des Menschen in die Unendlichkeit des
Göttlichen, seine Freiheit in die Gottgebundenheit einpflanzt.
Sie wird damit die verhängnißvolle, unendlich verderbliche
Trennung des Religiösen und des Sittlichen zur Einheit des
Religiös=Sittlichen aufheben.

Auf die Anfänge zu einer solchen Durcharbeitung der
Theologie haben wir bereits hingewiesen. Auf den sogenann=
ten speculativen Theismus, der mit dem Pantheismus
zugleich das andere Extrem des Dualismus und Supranatu=
ralismus zu überwinden sucht. Auf den großen Fortschritt der
neuesten Kritik, durch welche, ganz abgesehen von den ein=
zelnen Ergebnissen und deren Richtigkeit oder Unrichtigkeit,
die Schriften des Kanon im Zusammenhange mit der ganzen
Literatur des apostolischen und nachapostolischen Zeitalters be=
trachtet und in dieselbe als organisches Glied eingeordnet wer=
den. Auf die neuesten Darstellungen des Lebens Jesu, welche
alle sich von der dogmatischen Unnatur zu einem wahrhaften
Menschenbilde hinwenden. Endlich: auf die namentlich bei Rothe
in seiner Synthese des Religiösen und Sittlichen, bei Schenkel in

seiner Lehre vom Gewissen sehr stark hervortretende Tendenz, die Religion aus ihrer abstracten, überweltlichen und übersittlichen Höhe, mitten in die realen sittlichen Interessen hineinzuziehen und mit dem ganzen Culturleben der Gegenwart zu versöhnen. Wendet man ein, daß die so charakterisirte Theologie im Grunde nur ein neuer Aufputz des Rationalismus sei, gleich= viel ob man ihn den speculativen, den historischen oder den Gefühlsrationalismus nenne, so ist darauf zu erwidern, daß man mit geschichtlichen Namen immer vorsichtig umgehen soll und daß es Zeichen von Unbildung ist, die charakteristi= schen Unterschiede zu übersehen, eine äußere Aehnlichkeit zur Identität zu steigern. Der Rationalismus in seiner ab= geschlossenen, geschichtlichen Gestalt, diese Vernünftelei des 18. und beginnenden 19. Jahrhunderts ohne tieferes Gemüths= leben, ohne die idealen Geisteskräfte, welche in Religion, Poesie und Philosophie mit dem Beginn der neuen Zeit er= weckt wurden, ist abgestorben und überwunden; das rationale Princip dagegen ist, wie überall, so auch in der Theologie, unüberwindlich und ewig; deshalb, weil die Vernunft im wahren und höchsten Sinne des Worts den ganzen Menschen= geist in allen seinen Höhen und Tiefen, in seinem Gottes= und seinem Selbstbewußtsein, in seinem Gemüthsleben wie in seinen Verstandeskräften umfaßt, und weil es für den Men= schen nichts Höheres gibt, wie es sich auch nennen möge, als diese Gottgegebene und Gotterfüllte Vernunft! Die Aehnlichkeit zwischen dem alten Rationalismus und der freien Theologie der Gegenwart besteht nur in der Negation, in dem Gegensatz gegen allen äußerlichen Supranaturalismus, in der Abweisung aller Willkür= und Wunderacte aus der Offen= barung Gottes im Menschengeist. Dieser Gegensatz und diese Abweisung wird bekanntlich viel schärfer und bewußter und, was die Hauptsache ist, in viel berechtigterer Weise, auf dem Wege geschichtlicher Untersuchungen, von unserer kritischen Theologie durchgeführt, als dies jemals vom Rationalismus auch nur versucht ist. Gegenüber der göttlichen Autorität der Bibel, der Geschichtlichkeit ihrer Erzählungen, der Authentie ihrer einzelnen Schriften, ist diese neueste Kritik viel unerbitt= licher und viel ehrlicher, als der Rationalismus es je war. Und doch ist sie wieder viel conservativer, hat viel mehr Ver= ständniß für die Vergangenheit, viel mehr Liebe und innerliche Anknüpfung an die Gemüthstiefen des Christenthums, an den unvergänglichen Inhalt des einfachen, beseligenden Evange= liums. Es ist in der That der Unterschied zwischen jener dürren, selbstgefälligen und ungeschichtlichen Vernünftelei und dieser Vertiefung des Gemüths wie des erkennenden Geistes in den ewigen Kern des Evangeliums ein sehr großer. Er zeigt sich in allen einzelnen Positionen. Denn dem Ra= tionalismus ist es eigen, nicht speculativ zu sein, vielmehr die sana ratio an die Stelle der Speculation, die orakelnde Versicherung an die Stelle der wissenschaftlichen Entwickelung zu setzen und überdies den Gegensatz von Gott und Welt so äußerlich und dualistisch zu fixiren, daß damit auch für den Eintritt eines milden und verschämten Supranaturalismus immer wieder die Thür geöffnet ist. Dem Rationalismus ist es ferner wesentlich, sich nicht in die Geschichte zu vertiefen, die subjective Vernunft über die objective zu erheben, den Maßstab der Gegenwart meisternd an die Vergangenheit an= zulegen, einen äußerlichen und kleinlichen Pragmatismus der innern Nothwendigkeit des Geschehens zu substituiren. Dem Rationalismus ist es endlich eigen, das Wesen der Religion zu verkennen, das Leben des Gemüths zu mißachten, das Chri= stenthum in eine Anzahl von Lehren und Moralvorschriften zu verlegen und also, anstatt die Sittlichkeit in die Tiefen der Frömmigkeit einzupflanzen, sie auf sich selbst zu gründen und an die Stelle der Religion zu setzen.

Fragen wir nun zum Schlusse, welche Aussicht hat diese neue und freie Theologie für die nächste Zukunft, so ist die Antwort viel tröstlicher, als wir sie einst zu geben vermochten. Sind doch die politischen und nationalen Zustände unsers Volks durch die großen Entscheidungen des letzten deutschen Kampfes der Lähmung und Trostlosigkeit entrissen, welche bis dahin auch auf dem Gebiete der Kirche und Theologie unheilvoll lastete und die treueste Bundesgenossin der Alles beherrschenden staat= lichen wie kirchlichen Reaction war! Drängt doch die mächtige, erst begonnene, nicht vollendete Einheitsbewegung, die ungeheuere Aufgabe, welche noch vor uns steht, um die nur erst mechanischen Eroberungen zu wirklich organischen und sittlichen zu erheben, unwiderstehlich dahin, alle freien und sittlichen Kräfte des Volks zur Bewältigung der feindlichen Mächte mit aufzurufen und also den zum Theil wohl begründeten Widerwillen gegen den starren Soldatenstaat dadurch zu überwinden, daß er wieder zu einem Staate der Intelligenz, von dem er herabgesunken, er= hoben wird. Und wenn es auch scheinen könnte, als ob das preußische Cultusministerium von den großen Impulsen der Gegenwart ganz unberührt geblieben und gesonnen sei, in den alten und schlechtesten Gleisen der Vergangenheit fort= zugehen; — wir vertrauen, daß der in seinem Kerne ge= sunde und an sittlichen Kräften reiche Staat die bösen Krankheitsstoffe, welche ihm eingeimpft, mit unwiderstehlicher Gewalt wieder ausstoßen und darin seine inwohnende pro= testantische Geistesart bewähren wird. Wahrlich es ist kein Grund zum Verzagen! Die Gemeinden sind aus ihrem Schlummer erwacht, die Unnatur, Unduldsamkeit und hoch=

müthige Unwissenheit der lutherischen Priester, der Knak's und
zahlloser Geistesgenossen, ist auf eine so unerträgliche Höhe
gestiegen, daß sie die stärksten Gegenschläge des Volks her=
vorrufen mußte. Die tiefern religiösen Bedürfnisse der Ge=
bildeten fordern gebieterisch und mit vollem Bewußtsein
eine andere Befriedigung, als sie bis dahin geboten wurde.
Noch stehen wir im Augenblick des Wartens und Hoffens.
Aber sie naht schon, die neue Zeit, wir fühlen das Wehen
ihres Geistes. Das Eine, worauf alles hindrängt und was
von allen bewußten Geistern erstrebt werden muß, ist die Be=
freiung der Kirche aus den festen Umklammerungen des bis=
herigen Staatswesens, damit sie nicht durch alle seine unheil=
vollen Krisen mit hindurchgezogen werde. Diese Befreiung ist
gleichbedeutend einer Auferbauung aus den Tiefen des Volks=
gewissens, einer freien Herausgestaltung des echten, einfachen
und innerlichen Christenthums, wie es in unserm Volke noch
lebt. Nur in einer aus der Mitte der Gemeinden hervor=
steigenden und sich organisch zusammenfassenden Gemeinschaft
werden alle die niedergedrückten und latenten Geisteskräfte ent=
bunden, wird die gesammte Bildung der Gegenwart in die
ausgetrockneten kirchlichen Kanäle zurückgeführt und die Kirche
selbst wieder zu einer Stätte der Wahrheit und des
Lebens, zu einer Verkünderin des innersten Gewissens=
glaubens!

Erst eine solche freie Kirche vermag eine freie Theologie
zu ertragen und aus sich zu schaffen. Wie aber mag diese
sich erheben und die Herrschaft gewinnen auf den jetzigen theo=
logischen Facultäten Deutschlands? Wir sehen es nicht, aber
wir glauben es mit der ganzen Zuversicht des von der Ober=
fläche der Erscheinungen auf die unsichtbare und untrügliche
Welt der Wahrheit gerichteten Sinnes. Ja! noch sehen wir

kaum die ersten Anfänge. Aber die jungen Kräfte werden wie der Thau aus der Morgenröthe geboren werden! Die Luft des Geistes, die sie täglich einathmen, ist ja die der Gegenwart, der Freiheit! Sie können sich nicht einschließen in den Moder verlebter Systeme! Alles ist vorbereitet, die Bausteine sind schon behauen, und es bedarf nur Eines Mannes von schöpferisch gestaltender Kraft, von entschlossenem Muth, um das neue Gebäude aufzuführen, um die noch nicht verderbte Jugend um sich zu sammeln und auf den Weg der Wahrheit zu leiten!!

———————